AMÉRICA LATINA

DEMOCRACIA Y TRANSICIÓN A COMIENZOS DEL TERCER MILENIO

von

Julio Roldán

Tectum Verlag
Marburg 2005

Roldán, Julio:
AMÉRICA LATINA.
DEMOCRACIA Y TRANSICIÓN A COMIENZOS
DEL TERCER MILENIO.
/ von Julio Roldán
- Marburg : Tectum Verlag, 2005
ISBN 978-3-8288-8822-7

Tectum Verlag
Marburg 2005

AGRADECIMIENTOS

Como siempre, deseamos hacer público nuestro agradecimiento a todas las personas que de diferentes formas contribuyeron para que este libro se materialice.

A Birgitte Baldeck, Renata Hofmann, Daniela Plaschke, Adita Gordillo, Inés Garzón, Sonia Hurtado, Percy Salas, Andreas Baumgart, Gorgonio Ruedas y Michael Brune.

A mi hija Eleonora, por su ayuda en las traducciones, y a Tanja, por su constante colaboración y todo lo vivido.

DEDICADO,

con el mayor cariño, para mis dos pequeños hijos: Fiona Saya y Max Salomón.

"Toda rama del saber está pidiendo una segunda, y ésta una tercera, y así sucesivamente; lo mismo da rastrear el árbol por la raíz o por sus brotes y ramas, pues siempre de lo uno sale lo otro, y cuando más vida adquiere en nosotros un conocimiento, con tanta mayor fuerza nos veremos impelidos a seguir investigándolo por arriba y por abajo, en toda su completa estructura".

Johann Wolfgang Goethe,
Tag und Jahreshefte (1807)

ÍNDICE

CUARTO CAPÍTULO
DE LAS EXPLOSIONES SOCIALES A LAS REFORMAS. DE LAS
REFORMAS A LA REVOLUCIÓN.

QUINTO CAPÍTULO
DE LA REFLEXIÓN MARXISTA AL NEOLOBERALISMO.

SEXTO CAPÍTULO
AMÉRICA LATINA. DEMOCRACIA Y TRANSICIÓN A
COMIENZOS DEL TERCER MILENIO.

INTRODUCCIÓN

Antes de compenetrarnos en el tema propiamente dicho, deseamos comenzar esta parte del trabajo mencionando que el presente libro es el resultado-síntesis de cinco años de investigación, análisis y discusión sobre la problemática histórica, política y filosófica latinoamericana. La misma tiene sus fuentes en la prolífera información que existe sobre América Latina en bibliotecas de universidades y en institutos especializados.

A lo dicho hay que agregar la información sistematizada como resultado del intercambio de opiniones, tanto a nivel colectivo como a nivel individual, sobre la problemática latinoamericana con especialistas y no especialistas. Estos últimos, con sus inquietudes, han permitido ampliar, en unos casos, y profundizar, en otros, las hipótesis sobre la problemática histórica, política y filosófica de esta parte del mundo.

Vivir un buen tiempo fuera de América Latina, conocer otras culturas, hablar en otro idioma son elementos que permiten comprender mejor el escenario general en el cual se mueve Latinoamérica. La verdad es que desde la distancia, la investigación gana panorama y amplitud. En contraposición a ello, desde la distancia, la investigación pierde profundidad y detalles. Son los riesgos consustanciales en toda investigación en ciencias sociales.

Entre las motivaciones que han impulsado abordar esta investigación hay que mencionar los grandes contrastes en que se mueve América Latina. Algunos de ellos se concretizan en las desproporciones naturales, en los abismos económico-sociales y en particular en la mezcla de los desengaños del ayer y las esperanzas del mañana.

Por ello, o a pesar de ello, esta parte del continente americano sigue siendo una promesa para construir un mundo donde abunde el pan y se disfrute de la belleza; y a la vez es una realidad donde la explotación, la miseria y toda clase de injusticias corroen el alma de las mayorías marginadas y oprimidas. En este nivel, la frase que resume la compleja situación de esta parte del mundo es que América Latina es muy rica para los ricos y es muy pobre para los pobres.

En este mundo contradictorio, los especialistas están divididos. Unos creen que la suerte de esta parte del continente está de antemano echada y como consecuencia hay que seguir viviendo cada uno como pueda. Unos segundos sostienen que no hay mayor problema, que las soluciones están al alcance de la mano, a condición de seguir transitando la vía capitalista. Unos terceros, los izquierdistas, creen que a pesar de los fracasos circunstanciales, el socialismo sigue siendo la alternativa válida al capitalismo, también en esta parte del mundo.

Más aún, América Latina es un crisol histórico-político. Es en esta parte del mundo donde se juntan, como en ninguna otra a nivel económico, todos los modos de producción hasta hoy existentes. Se habla de la subsistencia de la comunidad primitiva, del esclavismo, del feudalismo, del capitalismo y por último hasta del socialismo.

Latinoamérica es una parte del continente no culminada, está a medio hacer. Una sociedad donde el esclavismo fue interrumpido, el feudalismo no fue completo, de igual manera el capitalismo convive con sus predecesores. En esta parte del continente los términos semi-semi, aún-aún o casi-casi tienen total respaldo en la realidad histórico-social.

Por otro lado, América Latina cobra importancia en la medida que es la única parte del mundo donde se encuentran, se mezclan y cruzan todas las "razas", muchos idiomas y la mayoría de culturas. Es la parte del continente mestizo por excelencia y este hecho lo convierte en un buen ejemplo en contra de los racismos de arriba y de los racismos de abajo, de los culturalismos de allá y de los culturalismos de acá, que, dicho sea de paso, han causado tanto daño a la humanidad.

El continente americano aparece en la escena de la historia universal a partir del descubrimiento, ocurrido en 1492. En el siglo XIX los franceses agregarán al sustantivo América el adjetivo Latina, de esa forma buscaban, además de acercar esta parte del mundo al país galo, diferenciar la zona del continente de habla española y portuguesa de la otra parte de habla inglesa, llamada también América Sajona.

Antes del descubrimiento, en la hoy América Latina, existieron culturas (Maya, Azteca, Chibcha y Quechua) que lograron un nivel de desarrollo relativamente elevado para su tiempo. Con la conquista y el coloniaje la mayoría de los logros de estas culturas fueron liquidados, en otros casos fueron por la fuerza asimilados generando ese fenómeno del mestizaje y el sincretismo (García Canclini sostiene que el término hibridez es el que mejor expresa este fenómeno), y un tercer sector fue ignorado, de ahí que hasta la actualidad existen algunos pueblos que aún mantienen su vida y sus costumbres milenarias, se les puede ubicar, especialmente, en la selvas de Brasil, Venezuela, Perú y Ecuador.

Con la empresa de la independencia del viejo colonialismo español y portugués, sucedida a lo largo del siglo XIX, ocurren algunos hechos que caracterizan a esta parte del mundo. En primer lugar, América Latina entra de lleno a orientarse por las leyes del sistema capitalista mundial con sus respectivas características.

Capitalismo, que en principio, sin liquidar esa base feudal predominante, se sobrepuso en unos casos o se coludió en otros y así generó, lo que en ciencias sociales, se denomina la *semifeudalidad*. En segundo lugar, potencializando a las nuevas clases dominantes que devienen intermediarias del capital y el dominio internacional, generaron lo que los científicos sociales denominan *semicolonialidad*.

A la par de lo anterior se van estructurando los Estados y los gobiernos modernos con casi absoluto predominio de las Fuerzas Armadas. Se habla de gobiernos democráticos, de elecciones libres, de representantes del pueblo, de Estado de derecho y del imperio de la ley, etc. En otras palabras, tomando muchos conceptos que animaron la Revolución Inglesa (1642-1644) y especialmente la Revolución Francesa (1789), se dio origen al ordenamiento democrático-liberal predominante hasta nuestros días en América Latina.

No hay que soslayar que el ordenamiento democrático liberal se ha dado en la forma, en el fondo es la dominación de clase (o alianza de clases) la que ha impuesto su dictadura. Cuando hablamos de dictadura no sólo nos referimos a los prolongados gobiernos (encabezados por militares o civiles) sustentados directamente por las Fuerzas Armadas a través de golpes o autogolpes de Estado. Nos referimos más bien a la dictadura de las clases dominantes, las mismas que tienen, más que en el gobierno, en el Estado su instrumento fundamental de dominio y control de las clases dominadas o subalternas.

La investigación consta de seis capítulos, más las notas y la bibliografía. En el primer capítulo se desarrolla el concepto de democracia con sus pilares, la justicia y la libertad, la misma que ha sido sistematizada por sus principales teóricos. Luego el largo camino transitado por la democracia, desde la democracia esclavista hasta la democracia socialista. Se desarrolla también el papel del capitalismo como sistema histórico y la burguesía como clase política con sus principios de igualdad, libertad y confraternidad como expresiones mayores de este tipo de democracia.

Se continúa con las ideas de los rebeldes, los desobedientes y los revolucionarios político-sociales. Y se termina con el imperialismo, el rol de Estados Unidos de Norteamérica en la actual escena mundial y la polémica en torno al Imperio.

En el segundo capítulo se ve cómo estos conceptos generales-abstractos, desarrollados en el primer capítulo, fueron repensados y aplicados en América Latina apenas logró su independencia del colonialismo español. De igual modo se analiza cómo se organizó y estructuró el Estado y cómo se impuso la democracia formal-liberal, como sistema político, en esta parte del mundo.

Luego se continúa con la influencia político-social del positivismo y sus dos principales representantes, en la segunda mitad del siglo XIX, en América Latina. Nos referimos al pensamiento del argentino Domingo Faustino Sarmiento y del uruguayo José Enrique Rodó. Además se desarrollan las ideas del libertario peruano Manuel González Prada y del latinoamericanista cubano José Martí.

Se termina el capítulo con la influencia y desarrollo de las ideas marxistas, las que se inician a fines del siglo XIX y logran su mayor desarrollo teórico-político, en esta etapa, a fines de la década del veinte del siglo XX. Esta corriente de ideas tiene en el llamado "Amauta", el peruano José Carlos Mariátegui, su mayor exponente.

El tercer capítulo centra sus atención en la reflexión filosófica en América Latina. La misma está sintetizada en lo que se ha dado en llamar la mentalidad colonial y el ser del latinoamericano. En esta dirección son analizadas las ideas filosófico-teológicas del peruano Gustavo Gutiérrez, las ideas filosófico-sociológicas del mexicano Octavio Paz, las ideas filosófico-antropológicas del argentino Ezequiel Martínez Estrada, las ideas filosófico-históricas del mexicano Leopoldo Zea y se termina con las ideas filosófico-teológicas del argentino Enrique Dussel.

El cuarto capítulo abarca los hechos político-militares en esta parte del mundo. El eje es la violencia que se ha manifestado, entre otras formas, en las explosiones sociales (El Bogotazo), en las reformas (la agraria boliviana) y las revoluciones (la cubana). Además se analiza la relación de los partidos comunistas con el problema del Poder en América Latina.

Se desarrolla, de igual modo, el ejemplo de la Revolución Cubana y sus continuadores en México-Centro América, en el Cono Sur y los Países Andinos. Se continúa con la respuesta de las clases dominantes del continente, especialmente de EE.UU., con la *Alianza para el Progreso* primero y *La guerra de baja intensidad* después, la misma que tuvo su mayor experimento en la guerra contrasubversiva desarrollada en El Salvador. Finalmente se termina el capítulo con el símbolo de la rebeldía y de la lucha armada en América Latina, el latinoamericano universal Ernesto "Che" Guevara.

El quinto capítulo trata sobre "los treinta años de oro" de la influencia marxista en la vida político-cultural de América Latina. Ella se expresa, entre otros, en el nivel científico-académico en los trabajos del escritor uruguayo Eduardo Galeano y en los del sociólogo ecuatoriano Agustín Cueva.

Se termina con las causas que motivaron la crisis de esta corriente de ideas y la contraofensiva ideológico-política del neoliberalismo. La última se concretiza en las investigaciones del economista peruano Hernando de Soto y en la de los periodistas: el colombiano Plinio Apuleyo Mendoza, el cubano Carlos Alberto Montaner y el peruano Álvaro Vargas Llosa.

El sexto capítulo es algo así como una síntesis, en otro nivel y tiempo, de la investigación en su conjunto. Se vuelve, a principios del tercer milenio, sobre la mayoría de los temas tratados a lo largo de la investigación. Se comienza con el tema de una nueva acumulación de capital y con la "eterna" transición, tanto a corto como a largo plazo, y sus consecuencias.

Se continúa con la globalización, el carácter del régimen y el Estado de EE.UU. y la posible aparición de China como la nueva potencia mundial. Además se desarrollan algunas de las características positivas atribuidas al carácter o al ser del latinoamericano. Destacando la afectividad, la cordialidad, la familiaridad y la solidaridad del habitante de esta parte del mundo, generalizaciones que no necesariamente se ajustan a la realidad de los hechos.

Y se termina la investigación con los enfoques de los liberales y neoliberales, de los populistas y socialdemócratas, de la izquierda oficial y la no oficial sobre la democracia y sus posibilidades de construirse en una región con las características del latinoamericano. El título del libro es: América Latina. Democracia y transición a comienzos del tercer milenio.

Julio Roldán.

PRIMER CAPÍTULO

EL CONCEPTO DE DEMOCRACIA Y SU ROL

HISTÓRICO

NECESIDAD, LIBERTAD Y DEMOCRACIA

"Así pues, libertad: ésta es la integridad de todos los objetivos del espíritu, de todo ideal humano. Libertad es movimiento, liberación del terruño y elevación respecto al animal: progreso y humanidad. Ser libre significa ser justo y verdadero; significa estar en el nivel en el que uno no soporta más la desigualdad. Sí, libertad es igualdad. La desigualdad torna esclavo a aquél por cuya utilidad existe. Quien ejerce el poder no es menos siervo que quien lo sufre".

Heinrich Mann,
Por una cultura democrática (1910)

Muy pocos teóricos y menos políticos cuestionan, en las últimas décadas, la idea de democracia. Unos y otros, con distintos argumentos, consideran la democracia como una de las más altas conquistas, en la vida político-social, de la sociedad humana.

La idea de democracia es el punto de convergencia de las diferentes corrientes ideológicas actualmente en pugna. La derecha conservadora y la fascista la escriben en sus programas y la pronuncian en sus discursos. La gran burguesía liberal, en sus diferentes facciones, de igual manera a diario la enarbola. Por último, la izquierda reformista como la izquierda marxista se consideran ser sus auténticos herederos y, en especial los últimos, sus futuros realizadores.

¿Por qué la democracia se ha convertido en una de las más altas aspiraciones humanas? Es porque se la conceptualiza, en un primer nivel, como sinónimo de justicia o se la emparenta, en un segundo nivel, con la idea de igualdad. Conceptos que son las expresiones fenoménicas del principio sustancial de necesidad, su extensión y desarrollo.

Wilhelm von Humboldt ahondando en el principio central de necesidad, escribió: "...este principio de la necesidad debe ser el principio que dicte la suprema norma a todos los esfuerzos prácticos dirigidos al hombre, pues es el único principio que conduce a resultados seguros y ciertos." (Humboldt 1988: 198).

Estos tres conceptos: la necesidad, la justicia y la igualdad que se han ido labrando en el proceso histórico-político (que subyacen en el inconsciente colectivo desde los orígenes mismos de la civilización) tienen un significado determinante y vital en el largo y sinuoso proceso de la evolución humana.

El tema de la justicia con su extensión la igualdad como base y armazón de la democracia ha sido desde hace varios cientos de años discutido y puesto en tela de juicio. Hubo quienes decididamente tomaron partido por la justicia y otros que la negaron o la negaron dudando. Este último fue el caso de Platón, quien al respecto escribió: "Nadie ha considerado la justicia y la injusticia tales como son en sí mismas, en el alma del justo y del injusto, ignoradas de los dioses y de los hombres; y nadie ha probado aún, ni en prosa, ni en verso, que la injusticia sea el mayor mal del alma y la justicia su mayor bien." (Platón 1996: 110).

Hecha esta atingencia, deseamos continuar diciendo que el hacer consciente el principio de necesidad, y sobre todo, entenderlo en su desarrollo interno y externo nos lleva directamente a comprender el concepto de libertad. Estos contrarios unidos, necesidad-libertad, por siglos desligados en la cabeza de los filósofos, confusos en la mente del común y poco comprendidos por unos terceros es condición determinante para una real comprensión del hombre como totalidad y su realización histórica.

Así lo entendió, entre otros, el gran Liev Tolstói cuando vinculaba estrechamente el rol que desempeña la esencia-necesidad en el desarrollo-transformación del fenómeno-libertad y viceversa, escribió: "Fuera de estos dos conceptos, que, unidos, se determinan mutuamente como forma y contenido, no es posible ninguna representación de la vida." (Tolstói 1987: 1457).

En la lucha y unidad de esta tríada (hombre, vida, historia) radica, posiblemente, una de las razones de fondo del por qué la democracia se ha convertido, en el plano histórico-político, en una de las más altas aspiraciones humanas, especialmente en lo que corre de los llamados tiempos modernos, como veremos a continuación a lo largo de este trabajo.

Asimismo, es menester insistir nuevamente en lo siguiente. El concepto de democracia está relacionado intrínsicamente con el concepto de libertad, no sólo porque la libertad es el reconocimiento de la necesidad como lo planteó Hegel, sino también porque la felicidad del cuerpo y la sensibilidad de la carne activan las vibraciones del alma y la liberación del espíritu, y viceversa. En esa acción de dar y recibir es determinante y permanente, en la medida que la humanidad no sólo lucha por la conquista del pan, sino lucha también por la conquista de la belleza.

En otras palabras, no sólo por el bienestar del cuerpo-masa y la sublimación del espíritu absoluto sino, sobre todo, por la realización plena de esa zona claro-oscura donde se dan cita todas las contradicciones, donde todos los nudos se atan y desatan; espacio que lamentablemente no es de nadie -decía un poeta- porque felizmente es de todos. Estamos hablando del alma, entendida como sinónimo de vida inmanente, cambiante y trascendente.

Además hay que agregar que, como consecuencia del desarrollo y desdoblamiento de la libertad, la voluntad racional juega un rol activo, tanto en el nivel individual como en el plano colectivo. Esta voluntad racional sistematizada y sintetizada deviene lo que los especialistas denominan conciencia histórico-colectiva.

Dando a este concepto una nueva y mayor perspectiva histórico-política, Antonio Gramsci escribió: "... es necesario que la voluntad colectiva y la voluntad política en general, sean definidas en el sentido moderno; la voluntad como conciencia activa de la necesidad histórica, como protagonista de un efectivo drama histórico." (Gramsci 1975: 29).

Estos dos aspectos de la necesidad (justicia y libertad) y sus consecuentes, por naturaleza contradictorios y aparentemente irreconciliables, encuentran su modo de concreción, de síntesis y realización en el concepto de democracia. Naturalmente, hay que comprender la misma no como un hecho dado y menos acabado, por el contrario, hay que comprenderlo como un reto por acometer, como una obra a realizar o como una meta a conquistar. En la medida que: "La felicidad del hombre sano y lleno de energía estriba, en efecto, en perseguir un fin y alcanzarlo, aplicando a ello su fuerza física y moral." (Humboldt 1988: 4).

Este tema de la justicia y la libertad, que en el plano histórico-político (ya lo dijimos) se concretiza en la democracia ha sido y es, para la mayoría de teóricos, un problema poco comprendido, controvertido y, en consecuencia, polémico.

En el mundo filosófico, en distintas épocas y con personajes distintos, se puede observar esta disputa con meridiana claridad. Sólo a manera de ilustración recordemos algunas ideas sistematizadas por cuatro filósofos, en los últimos cuatro siglos, sobre el tópico aquí tratado.

El francés René Descartes (1596-1650) sostenía como principio básico el concepto del *Cogito* o *La ratio* y así ponía las bases fundamentales para el desarrollo de la corriente filosófica denominada *racionalismo*. Décadas después, en franca discrepancia con Descartes, el holandés Varuch Spinoza (1632-1677) sostenía el predominio del *Conatus* sobre el *Cogito*, poniendo las bases, de esa manera, de lo que posteriormente, se dio por llamar la escuela filosófica del *materialismo moderno*.

Lo planteado podría ser completado con lo escrito por el filósofo Jorge Oshiro (1942-), leamos: "Descartes construye un sistema de la naturaleza que podemos llamarlo *el determinismo de lo inerte*. Y en medio de este determinismo inerte coloca al hombre sustancialmente diferente y ontológicamente dotado de libertad. Spinoza en cambio sitúa el principio de dinamismo, el principio de la actividad en ese mismo sistema de la única sustancia que se define como potencia de existir y de ser y no solamente en la región de la conciencia. De allí puede oponer *al determinismo de lo inerte cartesiano, el determinismo de lo viviente*." (Oshiro 1996: 20).

Algo más de un siglo después, el filósofo alemán G.W.F. Hegel (1770-1831), retomando y desarrollando, entre otros, a Descartes, nos dio el concepto de *Espíritu puro* o *Verdad absoluta* y así la escuela filosófica del *idealismo dialéctico* llegaba a su máximo nivel de desarrollo. Por último, décadas después, el también alemán Karl Marx (1818-1883), de igual manera, tomando y desarrollando, entre otros, a Spinoza, antepone el concepto de *Ser* o *Realidad objetiva* al de *Espíritu puro* o *Verdad absoluta* y así da inicio a la concepción filosófica conocida como *materialismo dialéctico*.

Para Descartes y Hegel, primero la razón, el espíritu, el deseo y por consiguiente la libertad. Para Spinoza y Marx, primero la vida, el

26

mundo objetivo, el cuerpo, la necesidad y por consiguiente la justicia. Esta controversia tiene en otro plano de la sociedad sus actores y representantes. Las grandes mayorías comunes y corrientes buscan como primera condición de y para su existencia la justicia. Mientras, por su parte, la mayoría de las élites ponen como condición principal de y para su existencia la libertad. En la medida que para estos últimos, en el plano personal-individual, el problema de la justicia es un tópico sustancialmente superado.

En un mundo dividido en diversos sectores, grupos y clases sociales, en una humanidad, en su conciencia profunda, totalmente enajenada y doblemente escindida no podía ser de otra manera. En razón de ello la tarea para el futuro (recordando una vez más que todo futuro comienza en el presente y todo presente en gran medida es consecuencia del pasado) es el reconciliar, en el plano filosófico, el cuerpo con la razón, el mundo objetivo con el espíritu puro, las verdades cuantitativas con las verdades cualitativas y la inmanencia con la trascendencia en un plano cualitativamente superior.

Mientras en el plano histórico-político, de igual modo, reconciliar la justicia con la libertad, el individuo con la sociedad, los objetivos personales con las metas colectivas. En otras palabras, hacer que el coro humano con sus diferentes acordes, sus variados tonos y sus diversas voces sea realmente un coro humano.

De esta manera, ese nivel que denominamos realización plena del hombre sobre la tierra, buscará y encontrará su materialización, para su momento histórico, en ese sistema que trasciende el campo meramente político-formal que hoy es denominado democracia y construya una auténtica democracia en todos los planos y niveles de la vida del hombre, tanto en la realidad contingente como en la realidad trascendente.

En un trabajo anterior, resaltando este tópico, hemos escrito lo siguiente: Similar problema se presenta, en función de la realización plena, con esa contradicción hasta hoy poco comprendida y menos aún resuelta, entre la justicia y la libertad, en la medida que quien sacrifica la libertad a la justicia no es justo o quien sacrifica la justicia a la libertad no es libre. Sólo es libre y justo quien lucha por la realización plena del hombre en la utopía de la justicia justa y la libertad libre. Y después de esa realización plena, para su momento histórico, con ella y a través de ella, buscará y encontrará otra utopía por la cual seguir luchando y así por los siglos de los siglos. En la medida que ésta es la esencia, el escenario y el destino del hombre en este mundo.

Naturalmente, desde los orígenes mismos de la humanidad, en medio de estas fuerzas centrífugas se desarrollan de igual modo tendencias que buscan el punto medio en función de un determinado equilibrio, para luego volver a recomenzar en función de un nuevo y superior equilibrio y así sucesivamente hasta el infinito. Este principio que se llama principio de la compensación, se dio y se da en lo más elemental y hasta en el inconsciente en el cotidiano vivir al interior de este mundo complejo y contradictorio que es la sociedad humana.

Este principio de la compensación, que está cimentado y construido sobre la necesidad, moldeado y transformado por la libertad, ha venido madurando a través de los tiempos al interior de la convivencia humana. De esa forma y siguiendo este camino, la democracia ha devenido en el plano histórico-político, hay que decirlo una vez más, una de las más altas aspiraciones humanas.

Esto implica superar la democracia formal y transformarla en una democracia real, en otras palabras, no sólo quedarnos en la democracia fenómeno sino llegar a construir la democracia esencia. De esa democracia que descansa sobre la justicia y se moldea con la libertad, no sólo en el discurso, sino sobre todo en la práctica cotidiana del diario vivir.

Esto implica, como consecuencia del desarrollo histórico y por natural contradicción, que su realización plena significará el fin de una etapa y a la vez el comienzo de otra. En la medida de que en el discurrir histórico de la humanidad los comienzos y los finales, o si se quiere, los finales y los comienzos se matizan y se tejen mutuamente, y con esa acción eslabonan a esa especie de cadena que es el largo trajinar del hombre sobre este mundo.

Lo aquí expuesto es un aspecto y hasta una declaración de parte, lo que viene después con la aparición de la propiedad privada, las clases sociales, el Estado, el mundo ideológico-cultural y cómo los distintos sectores y diferentes clases sociales, a través de sus representantes teóricos, han conceptualizado, utilizado y manejado la idea de democracia en su largo recorrido, es otra parte de la historia política que a continuación desarrollamos.

EL LARGO CAMINO DE LA DEMOCRACIA

"Por todas partes se ha visto que los diversos incidentes de la vida de los pueblos se inclinan a favor de la democracia. Todos los hombres la han ayudado con sus esfuerzos; los que luchan por ella y los que declaran ser sus enemigos; todos han sido empujados confusamente por la misma vía y todos han actuado en común, unos contra su voluntad y otros sin advertirlo, como ciegos instrumentos de Dios".

Alexis de Tocqueville,
La democracia en América (1835)

Es idea común, al interior de los especialistas en los estudios histórico-políticos, aceptar que como consecuencia del desarrollo de las fuerzas productivas al interior de la sociedad, se dio un excedente en el proceso de producción y fue este excedente en la producción lo que determinó el surgimiento de las clases sociales y por consiguiente la lucha entre ellas.

Las diferentes clases sociales en su proceso de estructuración, diferenciación y afianzamiento, así como en un momento dado generaron por necesidad el Estado, también haciendo uso de la libertad, generaron un conjunto de representaciones y explicaciones del mundo, del hombre, de la vida, del alma y del espíritu en general. Representaciones y explicaciones que pueden ser falsas o verdaderas; descriptivas, analíticas o sintéticas a las cuales posteriormente se las denominó, en un determinado nivel, como ideología o falsa conciencia, y en otro, como razón o ciencia.

En este cruce de ideas (como reflejo objetivo o subjetivo de las diversas y diferentes corrientes ideológicas al interior de este conglomerado humano llamado sociedad) el tema de la democracia fue abordado y sistematizado en un primer momento, por los ideólogos representantes de las clases dominantes. El común denominador, en la mayoría de estos teóricos, fue el desvincular totalmente los conceptos de justicia, libertad y democracia. Y peor aún, en otros casos, estos conceptos apenas fueron mencionados. Estos últimos tienen en Platón (428-348 a.n.e.) a uno de sus mayores representantes. La verdad es que Platón empleó la mayoría de su tiempo y su formidable capacidad intelectual para argumentar *La desigualdad divina de los hombres*, en la medida que: "... vosotros -les diré continuando la ficción- sois hermanos; pero el dios que os ha formado ha hecho entrar el *oro* en la composición de aquellos que están destinados a gobernar a los demás, y así son los más preciosos. Mezcló *plata* en la formación de los auxiliares, y *hierro y bronce* en la de los labradores y demás artesanos." (Platón 1998: 176).

De igual modo *El de los filósofos reyes o reyes filósofos* tomando en cuenta que: "... los filósofos no gobiernan los Estados (...), o como los que hoy se llaman reyes y soberanos no sean verdadera y seriamente filósofos, de suerte que la autoridad pública y la filosofía se encuentren juntos en el mismo sujeto, ..." (Platón 1998: 251).

Y por último la teoría del *Estado ideal,* que no es otra cosa que un Estado o una República piramidal donde en la cúspide se encuentran los *Reyes filósofos*, luego *los guardianes* (magistrados-gobernantes), les siguen *los auxiliares* y en el fondo *los artesanos y labradores.* Sin tomar en cuenta a *los esclavos*, que ni siquiera son mencionados. Éstas fueron sus preocupaciones mayores que no le quedó tiempo para ocuparse, como se diría, de problemas menores.

Deseamos insistir en este último tópico en Platón. El tema del *Estado ideal* ha sido interpretado frecuentemente por muchos estudiosos como la salida utópica, y como consecuencia revolucionaria, que propone Platón a los problemas generados por los intereses económicos y la lucha de clases al interior de la sociedad. En principio hay que subrayar, una vez más, que hay utopías y mitos que miran hacia el futuro y también hay utopía y mitos que miran hacia el pasado. Como consecuencia hay utopías y mitos progresistas y hasta revolucionarios y utopías y mitos retrógrados y hasta contrarrevolucionarios.

En este nivel, Platón tenía como modelo de su Estado ideal a las idealizadas aristocracias tribales de Creta y Esparta y no a las de Atenas, que sin dejar de ser esclavistas, eran las más democráticas y avanzadas, para su tiempo. Consecuentemente, pensamos que el filósofo austriaco Karl Popper (1902-1994) tiene razón cuando en torno al punto se pregunta: "¿Cómo resuelve Platón el problema de la eliminación de la guerra de clases?" A renglón seguido, Popper responde: "Si hubiera sido un progresista, se le hubiera ocurrido la idea de una sociedad igualitaria, desprovista de clases." Y luego el filósofo termina siendo concluyente: "...su tarea no consistía en construir un Estado para el futuro, sino en reconstruir un Estado pretérito, a saber, el padre del Estado espartano, que no fue por cierto una sociedad sin clases. Muy por el contrario, existía en este Estado el régimen de la esclavitud y, en consecuencia, el Estado platónico perfecto se basa en la más rígida distinción de clases." (Popper 1994: 57 y 58).

Las principales ideas de Platón fueron heredadas por la mayoría de representantes teóricos de la escolástica antigua y medieval, especialmente por San Agustín de Hipona (354-430) y Santo Tomás de Aquino (1225-1274) quienes, de igual modo, estuvieron casi exclusivamente preocupados por el destino de las almas en el cielo o en el infierno y más por el sexo de los ángeles antes que por los problemas de la justicia, la libertad y la democracia del hombre de carne y hueso en este valle de lágrimas. Y de esa forma cubren y justifican el dominio ideológico-político de toda una etapa histórica.

Con el advenimiento de los tiempos modernos y sus enunciados del reino de la ciencia, de la razón, de la justicia, de la libertad y de la democracia, estas ideas platónico-tomistas fueron derrotadas o postergadas mas no liquidadas. Siglos después, concretamente, a partir de la segunda mitad del siglo XIX (con la aparición del imperialismo) reaparecen con mucha fuerza en la escena político-filosófica adoptando indistintamente los nombres de neo-platonismo, neo-espiritualismo o neo-tomismo. Ideas que dieron contenido teórico y coherencia lógica a las diferentes corrientes políticas (nazismo, kremalismo, nazionismo, falangismo, justicialismo, etc.) a las que se denominó y denomina con el genérico nombre de fascismo. (1).

El filósofo György Lukács (1885-1971) (2), entre otros, sostiene con toda propiedad, que el asalto a la razón y el regreso al misticismo, al espiritualismo, al neo-tomismo y al irracionalismo se dio, especialmente, en la mayoría de intelectuales idealistas alemanes, a fines del siglo XIX y comienzos del siglo XX. Años después, los también filósofos Víctor Farias (1940-) y Francis Fukuyama (1952-), sin mencionar a Lukács pero coincidiendo con él, sostienen que esta reacción está representada en el plano filosófico por Friedrich Nietzsche (1844-1900) con sus ideas del "super hombre" y "la raza pura" y por Martín Heidegger (1889-1976) (3) con su teoría de que: "Sólo pensando en alemán resulta posible alcanzar la condición humana en sentido estricto." (Farías 1989: 403).

La otra corriente de ideas, sin ser antagónica a las líneas antes mencionadas, está expresada, entre otros, en los escritos político-filosóficos de Aristóteles (384-322 a.n.e.), pasando por los de Thomas Hobbes (1588-1679), John Locke (1632-1704), Alexis de Tocqueville (1805-1859), Joseph Schumpeter (1883-1965), Hans Kelsen (1881-1973) y terminando con Francis Fukuyama quien en la última década del siglo XX fue bastante promocionado.

Para comenzar, para Aristóteles no es la democracia una de las esencias fundamentales y vitales de la condición humana. Este filósofo es uno de los primeros teóricos en rebajar y reducir la democracia al simple plano de un sistema de gobierno. Y más aún, para Aristóteles, la democracia no es más que una desviación de su sistema político ideal al cual el filósofo denomina república.

Aristóteles sostiene que las politeias rectas son la monarquía, la aristocracia y la politeia o república. Mientras que las desviaciones son la tiranía, la oligarquía y la democracia. En otra parte, haciendo la diferencia entre estas dos desviaciones: democracia y oligarquía, escribe: "Es una democracia cuando los libres y pobres, siendo los más, ejercen la soberanía, y una oligarquía cuando la ejercen los ricos y nobles, siendo pocos." (Autores varios 1999: 119).

El filósofo piensa que los dos extremos son malos, como consecuencia sostiene que: "La politeia es, en términos generales, una mezcla de oligarquía y democracia: las que se inclinan a la democracia suelen llamarse politeias, y las que tienden más bien a la oligarquía, aristocracia." (Autores varios 1999:120).

Para concluir con Aristóteles, hay que recordar que para él, como consecuencia del predominio de la razón, de la amistad, de la estabilidad y más la capacidad individual de los legisladores, la auténtica república o politeia debe ser gobernada por los sectores medios. Este gobierno sería consecuencia-síntesis de lo mejor de estas dos desviaciones anteriormente planteadas.

Muchísimos siglos después, en la etapa de afianzamiento del sistema capitalista, el inglés Thomas Hobbes, teniendo como antecedente inmediato al incómodo y poco comprendido Nicolás Maquiavelo (1469-1527) (4), tiene, entre otros, el mérito de haber roto con la tradición político-filosófica aristotélica que predominó por muchos siglos. Él no buscó la causa, la explicación y la solución a los problemas político-sociales en las alturas celestiales o en la lejana trascendencia, más bien las buscó y las encontró en la inmanencia concreta del ser sobre la Tierra.

En cuanto a la forma y tipos de gobierno, él continúa con la tradicional clasificación política hecha por Aristóteles. En su más conocido libro *Leviatán*, escribe: "Cuando el representante es un solo hombre, el Estado es una *Monarquía*; cuando es una asamblea de todos cuantos quieren unirse, es una *Democracia* o un Estado popular; cuando el representante es una asamblea de sólo unos pocos, el Estado se llama entonces una *Aristocracia*." (Hobbes 1999: 169).

Hobbes, después de Jean Bodin (1530-1596), es uno de los primeros teóricos en sostener que la esencia de la democracia estriba en la conjunción y delegación de intereses y responsabilidades de la población, en la medida que el hombre en estado de naturaleza vive sobre este mundo en guerra permanente. Concepción que fue sintetizada en su ya famosa y hasta hoy repetida frase: *El hombre es el lobo del hombre*.

Hobbes explica la raíz del problema en estos términos: "De modo que, en la naturaleza del hombre, encontramos tres causas principales de disensión. La primera es la competencia; en segundo lugar, la desconfianza; y en tercer lugar, la gloria. La primera hace que los hombres invadan el terreno de otros para adquirir ganancia; la segunda, para lograr seguridad; y la tercera, para adquirir reputación. La primera hace uso de la violencia, para que así los hombres se hagan dueños de otros hombres, de sus esposas, de sus hijos y de su ganado. La segunda usa la violencia con un fin defensivo. Y la tercera, para reparar pequeñas ofensas, como una palabra, una sonrisa, una opinión diferente, o cualquier otra señal de desprecio dirigido hacia la propia persona o, indirectamente, a los parientes, a los amigos, a la patria, a la profesión o al prestigio personal." (Hobbes 1999: 115).

Es en estas condiciones de violencia extrema que el hombre en estado natural delega, endosa o cede su poder de decisión a otros, los que devienen sus representantes o gobernantes, y son ellos quienes garantizan, no sólo su supervivencia personal, sino y por sobre todo la continuidad de la especie humana. Conjunción y garantía que llegan a su máximo nivel de representación en ese *animal artificial* llamado Estado.

Leamos cómo Hobbes conceptúa el Estado: "Pues es mediante el arte como se crea ese gran Leviatán que llamamos República o Estado, en latín Civitas, y que no es otra cosa que un hombre artificial. Es éste de mayor estatura y fuerza que el natural, para cuya protección y defensa fue concebido." (Hobbes 1999: 13).

Y en otra parte del libro vuelve sobre lo mismo y dice: "... una multitud así unida en una persona es lo que llamamos *Estado*, en latín *Civitas*. De ese modo se genera ese gran *Leviatán*, o mejor, para hablar con mayor reverencia, ese dios mortal a quien debemos, bajo el Dios inmortal, nuestra paz y seguridad." (Hobbes 1999: 157).

Todas estas contradicciones, en el pensamiento político de Hobbes, tienen su explicación en la medida que, como consecuencia del momento histórico-político que le tocó vivir, fue una personalidad escindida. Hegel diría un espíritu desgraciado. Él se debatió, hasta su muerte, entre sus inclinaciones materialistas en el campo filosófico y sus simpatías por el absolutismo monárquico en el campo político.

Algunas décadas después que Hobbes hizo público sus teorías políticas y luego como consecuencia de la llamada *Gran revolución* ocurrida en 1688 en Inglaterra (es la etapa cuando la burguesía revolucionaria no sólo intentaba controlar, sino liquidar a la aún fuerte aristocracia, y de esa forma, acelerar el tránsito hacia la centralización del Estado-nación) aparece John Locke como el gran ideólogo del movimiento y en directa relación personal con el jefe del mismo, Guillermo de Orange. Por su compromiso e identificación con dicho movimiento, en una carta a Konrad Schmidt, con toda razón, Engels, escribió: "Locke era, lo mismo en religión que en política, un hijo de la transición de clases de 1688." (Marx y Engels 1974: 724).

Locke retoma la idea de estado de naturaleza del hombre (es por allí que afirma *que los hombres son por naturaleza iguales*) pero a diferencia de Hobbes, dicho sujeto suelto en el mundo ya no se encuentra en estado de guerra, más bien se encuentra en estado de paz. En este estado reina la libertad, la igualdad y la propiedad privada. Esta propiedad privada no está asegurada en el estado de naturaleza, pero como los hombres tienen que vivir en comunidad, se ven en la necesidad de establecer un contrato social y así aparece el Estado que deviene garante de la igualdad, de la libertad y en especial de la propiedad privada. Lo afirmado, como se evidenciará después, fue y es una verdad a medias.

A cambio de esta seguridad que le brinda la comunidad organizada o Estado, el hombre renuncia a parte de sus derechos naturales, especialmente la igualdad y libertad, y así se integra como un miembro más del Estado. Pero hay que tener presente que en Locke, como escribe con mucha razón Marcel Prelot: "El hombre entra en el Estado, no con todo su ser sino solamente con una parte de él. Pretende asegurarse un cierto número de ventajas en relación al sacrificio que consiente. De otro modo, no tendría razón ninguna para elegir el Estado como forma de vida." (Prelot 1971: 448).

Ésta es una de las razones del por qué Locke encuentra en las monarquías constitucionales y la división de poderes en el Estado el mejor sistema jurídico-político que garantice la parte del derecho natural irrenunciable y el contrato social establecido entre los miembros de la comunidad. Por último, si este sistema de gobierno (monárquico constitucional, con su división de poderes) es subvertido, los pueblos tienen todo el derecho a rebelarse y reestablecer lo que por mutuo acuerdo se han dado como sistema político. Lo último está plasmado en el principio de *El derecho a la rebelión* que es uno de sus libros más conocidos.

A mediados del siglo XIX aparece el trabajo del francés Alexis de Tocqueville; él, luego de conocer directamente el funcionamiento de la sociedad norteamericana, la misma que para entonces se perfilaba como la futura gran potencia capitalista mundial, plasmará sus impresiones en su conocido libro *La democracia en América*. Especialmente con este estudio, de Tocqueville es otro de los estudiosos que siguiendo a Aristóteles, Hobbes y Locke no sólo reduce la democracia a un *sistema de gobierno* sino que de esa manera lo confunde (como hacen los ya mencionados) de igual modo con el *sistema de Estado*. A lo largo de más de 700 páginas que contiene el trabajo, se puede observar que estos dos conceptos son frecuentemente pensados como si fueran sinónimos.

Cuando de Tocqueville interpreta las diferentes actitudes y diversos sentimientos de los seres humanos y más su actitud hacia la justicia, la igualdad y la libertad, evidencia, como todos los teóricos, sus simpatías con unos y antipatías con otros. Leamos: "... existe una pasión viril y legítima por la igualdad, que incita a los hombres a querer ser todos fuertes y estimados. Esta pasión tiende a elevar a los pequeños a la altura de los grandes; mas también alberga en el corazón humano un afán depravado de igualdad que induce a los débiles a querer rebajar a los fuertes a su nivel, y que reduce a los hombres a preferir la igualdad en la servidumbre, a la desigualdad dentro de la libertad." (de Tocqueville 1998: 53).

Luego, en otra página, agrega: "No es que los pueblos de estado social democrático desprecien naturalmente la libertad; al contrario, sienten un amor instintivo por ella. Pero la libertad no es el objeto principal y constante de su deseo. Lo que aman con amor eterno, es la igualdad. Hacia la libertad se lanzan con impulso rápido y súbitos esfuerzos, pero acaban resignándose si no la alcanzan. En cambio, nada podría satisfacerles sin la igualdad, y antes preferirían morir que perderla." (de Tocqueville 1998: 54).

Décadas después, siguiendo esta misma orientación ideológica, fueron, entre otros una vez más, dos prominentes miembros del *Círculo de Viena*, el jurista Hans Kelsen y el economista Josehp Schumpeter, quienes abordaron el tema en cuestión con aparentemente renovados argumentos. Ellos reducen la democracia a métodos y a técnicas, olvidándose de los intereses políticos e ideológicos que lo engendran en cada etapa histórica.

En principio, el autor de la *Teoría pura del derecho,* sin ser concluyente en torno a la justicia, la libertad y la democracia, escribe: "Verdaderamente, no sé ni puedo afirmar qué es la Justicia, la Justicia absoluta que la humanidad ansía alcanzar. Sólo puedo estar de acuerdo en que existe una Justicia relativa y puedo afirmar qué es la Justicia para mí, (...) la Justicia, para mí, se da en aquel orden social bajo cuya protección puede progresar la búsqueda de la verdad. Mi Justicia, en definitiva, es la de la libertad, la de la paz; la Justicia de la democracia, la de la tolerancia." (Kelsen 1992: 63).

Luego, en otro trabajo, sobre concretamente la democracia, sostiene que ésta es fundamentalmente un procedimiento para elegir a líderes que tiene como base el proceso electoral. Leamos: "... la democracia es solamente un método o una técnica para la producción de las normas del ordenamiento, independientemente de la estructura de las relaciones económicas a las cuales se aplica." (Kelsen 1981: 130).

Por su parte Joseph Schumpeter fue mucho más lejos, otros autores ya han mencionado este aspecto que lo caracteriza, cuando no sólo desvincula los tres conceptos, antes mencionados, sino que reduce la democracia, por un lado, a un hecho meramente formal y burocrático y, por otro lado, al rutinario acto de emitir el voto cada cierto tiempo. Leamos lo que el economista escribe: "... el método democrático es aquel sistema institucional de gestación de las decisiones políticas que realiza el bien común, dejando al pueblo decidir por sí mismo las cuestiones en litigio mediante la elección de los individuos que han de congregarse para llevar a cabo su voluntad." (Schumpeter 1983: 321).

Y finalmente agrega: "La democracia es aquel sistema institucional, para llegar a las decisiones políticas, en el que los individuos adquieren el poder de decidir por medio de una lucha de competencia por el voto del pueblo." (Schumpeter 1971: 343).

En los últimos años del siglo XX aparece el filósofo e historiador norteamericano Francis Fukuyama, él afirma orientarse por las ideas político-filosóficas de los alemanes G.W.F. Hegel y Karl Marx y del ruso-francés Alexander Kojéve (1900-1968). Fukuyama sostiene que la historia ha llegado a su fin con la democracia liberal capitalista, la misma que se concretizaría en el sistema político-social predominante hoy en EE. UU.

Para Fukuyama, el concepto central del fin de la historia no descansa sobre argumentos histórico-filosóficos como podríamos suponer dada su formación académica y de sus supuestos paradigmas teóricos. Al contrario, descansan sobre argumentos de carácter fundamentalmente psicológicos. En primer lugar, el concepto de *La lógica del deseo* y en segundo lugar, el concepto de *La lucha por el reconocimiento*. (5)

El filósofo es concluyente cuando afirma: "Nuestro intento anterior de construir una historia universal produjo dos procesos históricos paralelos, uno guiado por la ciencia natural moderna y la lógica del deseo y el otro guiado por la lucha por reconocimiento. Ambos culminaron en el mismo punto final, la democracia liberal capitalista." (Fukuyama 1992: 389).

En otra página retomando viejos argumentos, los mismos que lindan con el racismo (como el de la desigualdad natural de los hombres), escribe: "Las sociedades de clase media seguirán no siendo igualitarias en ciertos aspectos, pero las causas de la desigualdad serán achacables cada vez más a la desigualdad natural del talento, a la división del trabajo económicamente necesaria y a la cultura. Podemos interpretar la observación de Kojéve, según la cual la América de posguerra ha alcanzado en realidad la `sociedad sin clases´ de Marx, en el sentido de que si no se ha eliminado toda la desigualdad social, todas las barreras que persisten son en cierto modo `necesarias y no erradicables´, debido a la naturaleza de las cosas más que a la voluntad del hombre. Dentro de estos límites se puede decir de esa sociedad que ha conseguido el `reino de la libertad´ de Marx, al abolir realmente la necesidad natural y al permitir a la gente que se apropie de lo que quiere a cambio de una cantidad mínima (en términos históricos) de trabajo." (Fukuyama 1992: 392).

Lo dicho por el filósofo es lo suficientemente claro que no amerita posteriores comentarios. Terminamos con Francis Fukuyama diciendo que después de diez años de haber hecho público estas ideas y haber provocado algunas reacciones, más negativas que positivas, el mismo autor se encargó de escribir que la historia no puede tener fin, porque sencillamente las ciencias naturales, como reflejo del movimiento de la naturaleza, y las ciencias sociales, como reflejo del movimiento de la sociedad, siguen su rumbo, su desarrollo y su transformación incesantemente. (6)

Como podemos observar en esta apretada síntesis, a lo largo del proceso del desarrollo de las ideas políticas, con diferencias más o diferencias menos, hay algunas ideas matrices como justicia, libertad, democracia, gobierno y Estado que son una constante, a pesar de las diferencias de tiempo y espacio, en el pensamiento de los autores aquí citados.

El sistema capitalista engendra una clase: la burguesía. La burguesía en su proceso de desarrollo, afianzamiento, florecimiento y decadencia retoma el concepto de democracia y le da un contenido diferente a las demás clases. La relación entre el sistema capitalista, la burguesía como clase social y la democracia como forma de organización política es el tema que a continuación investigamos.

CAPITALISMO, BURGUESÍA Y DEMOCRACIA

"Como el dominio de la burguesía se extiende realmente a toda la sociedad, como la burguesía tiende efectivamente a una organización entera de acuerdo con sus intereses, y hasta la ha realizado en parte, esta clase tenía que construir una cerrada doctrina de la economía, el Estado, la sociedad, etc (...), y tenía también que desarrollar y hacerse consciente la fe en su propia *misión* por lo que hace a ese dominio y a esa organización".

György Lukács,
Geschichte und Klassenbewusstsein (1924)

En el siglo XVI, el viejo y cansado sistema feudal, como consecuencia de sus contradicciones internas, para entonces ya insuperables, llegaba a su ocaso. Con este sistema se iban más de doce siglos de explotación terrateniente y dominación de la iglesia católica, principalmente.

El nuevo sistema que se abría ante los ojos del mundo por acción del hombre, tenía su expresión en tres acontecimientos que Hegel sintetizó de esta manera: "Estos tres hechos que acabamos de ver, a saber, la llamada restauración del saber, el florecimiento de las bellas artes y el descubrimiento de América y de la vía hacia las Indias Orientales pueden compararse a la aurora que, tras largas tormentas, por vez primera anuncia de nuevo un día hermoso. Ese día es el día de la universalidad, el cual, tras la larga noche catastrófica y temible de la Edad Media, irrumpe por fin; un día que se caracteriza por el saber, el arte y el impulso descubridor, es decir, por lo más noble y excelso que el espíritu humano, liberado del cristianismo y emancipado de la iglesia, exhibe como su perenne y verdadero contenido." (Hegel 1830: 416 y 417).

El sistema capitalista emergía activo y lozano con la burguesía como clase llamada a cumplir con todos los sueños y todas las necesidades histórico-políticas. La burguesía venía con la idea de mercancía y mercado en lo económico, de Estado-nación, democracia, libertad, igualdad y confraternidad en lo político, con los conceptos de razón y ciencia en lo filosófico. Además con la idea de nuevos mundos, nuevas metas, nuevos horizontes en la imaginación y la fantasía.

Con el sistema capitalista, y la burguesía como clase de vanguardia, el mundo creció tanto vertical como horizontalmente, creció hacia atrás como hacia delante, creció hacia la derecha como hacia la izquierda. Creció en el tiempo y en el espacio. Expresión de este crecimiento es el Renacimiento, el descubrimiento de América, la Reforma, el desarrollo de la razón y la ciencia, las revoluciones político-sociales, una nueva moral y una nueva ética.

Con esta transformación y revolución, el hombre se alejó de la naturaleza por un lado y se alejó de Dios por el otro, y así, en su soledad se vuelve a sí mismo y se redescubre. De esa manera el antropocentrismo ganó la batalla a la teología y al panteísmo. Los psicólogos y psiquiatras se adueñan del alma de los pacientes desplazando a los curas por un lado y a los brujos y chamanes por otro.

De igual modo, en el plano trascendente, el hombre queda doblemente libre y abandonado a su suerte en el mundo. Libre de la mano y la voz de Dios que hasta entonces orientaba sus pasos y le revelaba la última esencia de la verdad. Libre para pensar, buscar y dar explicaciones a los hechos y problemas inmanentes y trascendentes. Libre para imaginar, crear fantasías, para hacer y deshacer mundos, vidas y figuras. Libre para convertirse en deicida y cumplir el papel de nuevo Dios en este y en todos los mundos habidos y por haber.

Este nuevo actor central, el hombre suelto en el mundo, creció y se desarrolló signado por el peso y la medida de la necesidad, temporalidad, la carga y la casualidad histórica. En este ambiente político-histórico, el dominio de la razón y la política invadieron la vida de las colectividades públicas y privadas, de las personas y las personalidades, algunos de ellos fueron quienes terminaron haciendo las revoluciones burguesas en Europa (7) y en especial la Gran Revolución Francesa de 1789.

Este hecho fue un acontecimiento histórico de alcances universales como se verá más tarde. Esta conmoción nacida en el mundo occidental fue saludada por muchos espíritus progresistas, por algunos hasta en exceso, entre otros por el ya citado Hegel, leamos esta cita: "Desde que el Sol se halla en el firmamento y los planetas giran en torno suyo, no se había visto aún que el hombre se basara en su cabeza, esto es, en el pensamiento, y que constituyera según éste la realidad. Anaxágoras fue el primero en decir que él rige el mundo, pero sólo ahora ha llegado el hombre a conocer que el pensamiento debe regir la realidad espiritual. Con lo cual era esto un magnífico amanecer. Todos aquellos que piensan han celebrado esta época. En aquel tiempo reinó una emoción excelsa; un entusiasmo del espíritu estremeció el mundo como si solamente ahora se hubiese logrado la conciliación real de lo divino con el mundo." (Hegel 1830: 448).

Con este acontecimiento la burguesía occidental convertía al cristiano en ser humano, al hombre común en ciudadano, la burguesía abría nuevas vetas y fronteras al mundo y a la historia. Con esta acción todas las necesidades del alma y todas las fantasías del espíritu fueron sueltas al vaivén del viento. En este momento, las más grandes aspiraciones humanas coincidían, o parecían coincidir, plenamente con las aspiraciones de la burguesía en ascenso. El solo hecho de su presencia, como clase histórico-política, la burguesía imponía un nuevo ritmo y a la vez desbrozaba el nuevo curso del mundo. Esta clase, y con ella la humanidad, el ciudadano, habían recuperado la memoria, podían recordar y organizar el pasado y a la vez mirar, y hasta predecir, en términos generales, el futuro del hombre.

El optimismo por todos estos acontecimientos fue tan grande que se pensaba que sólo el hecho de haber ocurrido lo justificaba, lo llenaba y lo explicaba todo. Uno de estos optimistas con la revolución burguesa fue nada menos que el agnóstico Inmanuel Kant. Leamos lo que el profesor de Königsberg escribió: "Y aunque los fines perseguidos por la revolución no hubiesen sido alcanzados, aunque hubiesen sufrido una derrota completa, no perdería su significación filosófica como acontecimiento sobre cuya base podemos predecir los destinos futuros de la humanidad". A renglón seguido, se preguntó el filósofo: "¿Son posibles en general las predicciones históricas?", para luego responder afirmativamente: "Las predicciones son posibles sobre la base de unos u otros acontecimientos que de por sí no son causas, sino, simplemente, síntomas históricos que caracterizan la tendencia del avance." (Kant 1798: 142).

Con la revolución y la burguesía dueña de la escena, la política se adueñó de la calle, de la plaza, del hogar, de la escuela y hasta de la iglesia. En este contexto se escribieron y difundieron los tres famosos y conocidos conceptos que sintetizaban la razón y la voluntad de quienes deberían construir el nuevo mundo. Estamos pensando en la *Libertad*, la *Igualdad* y la *Confraternidad*. Conocidos principios que fueron el imán y el encanto de una clase heroica que vivía su etapa de mayor apogeo y gloria.

Destacando un aspecto de la razón burguesa, la actividad política, que a partir de este momento copaba todo el ámbito social, el escritor Abram Moiséievich Deborin escribió: "La Revolución Francesa movió a las mentes a prestar atención particular, y a veces exclusiva, a la vida político-social. La política pasó al centro de los intereses de los ideólogos de la burguesía, que se preparaban a desempeñar un papel dirigente en el Estado. Y se comprende, puesto que la política abarca, en esencia, todos los aspectos de la vida humana, ya que el hombre es miembro de la sociedad y es incapaz de salir de ella aunque lo quisiera. La política abarca, en esencia, todo el conjunto de los intereses vitales del hombre. Todas las esferas restantes del saber - filosofía, literatura, arte, al igual que las ciencias naturales- se hallan unidas inseparablemente a la política en cuanto se encuentran al servicio de la vida, de las necesidades del hombre." (Deborin 1968: 217 y 218).

Hemos dicho anteriormente que la burguesía como nueva clase política y como nueva clase histórica expresaba y aglutinaba tras de sí, de su ideología, de sus consignas, de sus colores, de sus banderas y hasta de sus gustos y sentimientos, las aspiraciones y deseos de las grandes mayorías. En consecuencia, cuando se hablaba de progreso, de modernidad, de razón, de democracia, de moral y de arte, todas las clases subalternas estaban comprendidas, comprometidas y nadie estaba excluido. (8)

Los intereses de la burguesía eran los intereses de la humanidad, el progreso de la burguesía era el progreso de la humanidad, la ideología de la burguesía era la ideología de la humanidad, la democracia de la burguesía era la democracia de la humanidad, la moral de la burguesía era la moral de la humanidad. Todo esto tuvo su más alta concretización en *La Declaración de los Derechos del Hombre y del Ciudadano* que fue aprobada por la Asamblea

Constituyente en agosto de 1789. Consecuentemente, muy elemental, los derechos eran los derechos de la burguesía, el hombre era el hombre burgués, el ciudadano era el ciudadano burgués.

En este contexto se comprende mejor los principios de *Libertad, Igualdad y Confraternidad* los que expuestos así, en abstracto y genéricamente, eran entendidos como la libertad humana, la igualdad humana y la confraternidad humana. Además, estos tres principios mostraban ya su doble moral y, en perspectiva, los límites de una clase con capacidad política, pero sin mayores posibilidades históricas. El tiempo y los acontecimientos posteriores hicieron comprender al mundo que esa libertad tenía un apellido, no era más que la libertad burguesa, que la igualdad no era más que la igualdad burguesa y la fraternidad no era más que la fraternidad burguesa.

El historiador francés Georges Lefebvre (1874-1959) sostiene que: "La burguesía de occidente -y la de Inglaterra fue la primera en tomar conciencia de ello- había elaborado una concepción de la vida y de la sociedad que correspondían, sin duda, a sus orígenes y a su papel, pero que a sus ojos era válida *para todo el mundo.* (...) La burguesía puso el acento sobre la felicidad terrestre y la dignidad *del hombre*, sobre la necesidad de acrecentar una y elevar la otra dominadas las fuerzas de la naturaleza por la ciencia y transformándolas en beneficio del enriquecimiento general. Creyó encontrar los remedios concediendo completa libertad al espíritu de investigación, de invención y de empresa, estimulado por el afán del lucro personal y por el atractivo del descubrimiento, de la lucha y del riesgo. Era una concepción dinámica que llamaba a todos *los hombres*, sin distinción de cuna, a una competencia universal de la que debía resultar el progreso interminable de la *especie.*" (Lefebvre 1982: 83 y 84).

La realidad y la experiencia, madre de todas las teorías, nos demostraba cómo la burguesía había estructurado su sociedad. Esto implicaba en realidad que la libertad de la burguesía significaba dominación sobre las mayorías. Que la igualdad de la burguesía significaba desigualdad para las mayorías. Y que la fraternidad de la burguesía significaba división y odio para las mayorías.

El reino de la grandeza histórica de esta clase se había agotado y había dado paso al reino de su miseria política. La miel de la libertad, de la igualdad y de la confraternidad en abstracto en la vida diaria se había transformado en el vinagre de la dominación de clases, de la desigualdad de clases y del odio de clase.

Por último, en torno a las tres famosas palabras, hasta el orden en que fueron expuestas revela las intenciones ideológico-políticas de esta clase. Tomemos las dos primeras expresiones como ilustración. Cuando en una determinada sociedad dividida en clases sociales con intereses antagónicos se antepone el concepto de *libertad* al concepto de *igualdad*, sencillamente se está partiendo de lo abstracto para dar vueltas y revueltas en el mundo de las abstracciones. En otras palabras, moviéndose en el cielo de libertad en general o de la libertad sin apellido.

Lo contrario es cuando se parte de lo concreto, en este caso, de la igualdad, haciendo uso de la libertad: describirla, analizarla, interpretarla y sintetizarla, para nuevamente someterla a la prueba de la práctica, sea ésta de carácter político-social o de carácter histórico-cultural. Sólo así podemos llegar a la conclusión de que la libertad en concreto no puede de ninguna manera estar separada de su base, que es la igualdad. Libertad sin igualdad es simplemente una caricatura o una simple palabra que no tiene ningún significado real.

Después de todo, ¿qué es la libertad? Hegel ya lo definió, "La libertad no es más que el reconocimiento de la necesidad". Y la necesidad tiene que ver directamente, en la sociedad humana, con la supervivencia diaria, con el problema de satisfacer las necesidades imprescindibles para seguir viviendo y reproduciendo la especie, la que consecuentemente lleva directamente a la justicia o la igualdad.

Por consiguiente (en la primera parte de este capítulo ya hemos tratado estos conceptos con detenimiento), si se piensa en un hombre de carne y hueso libre y liberado, o una sociedad de hombres y no de ángeles auténticamente libre y liberada, se tiene que comenzar aceptando que la igualdad es la piedra angular sobre la cual descansa y se levanta la libertad y la fraternidad. Lógicamente no es una relación ni pasiva ni mecánica, por el contrario, es una relación entre alimentarse y retroalimentarse mutuamente y que a la vez se condicionan y, en algunos casos y circunstancias, hasta se determinan, pero sin perder en el fondo su matriz genérica.

Sobre los conceptos de libertad, igualdad y fraternidad en general y en abstracto, la burguesía construyó el concepto de *democracia* en contraposición al de *dictadura*. Se enunciaba la democracia como forma y sistema de gobierno, el que descansaba, de igual manera, en la siguiente fórmula: *Gobierno del pueblo, por el pueblo y para el pueblo.*

Con estos tres *mágicos* principios, la burguesía fue conquistando territorio tras territorio en la sociedad, ganando batalla tras batalla en la conciencia de los pueblos, hasta llegar en algunos casos a sostener que la historia en general y la historia política en particular, con este sistema de la democracia representativa y la democracia liberal después, con esta clase, con esta forma de gobierno e inspirados en estos principios, ha llegado a su fin.

Como en el caso anterior, cuando la burguesía contrapone abstractamente democracia a dictadura, conscientemente está encubriendo el problema de fondo, en la medida que nos habla sólo y exclusivamente del gobierno y en ningún momento y para nada, del Estado. Es sabido que el gobierno no es más que la forma en que las clases, sus facciones y sectores se organizan al interior de la sociedad y del Estado. (9)

En consecuencia puede haber contradicciones, pugnas, rupturas y hasta liquidación de un grupo, una facción o un sector al interior del gobierno, que no son más que problemas de correlación de fuerzas al interior de las clases y sus sectores que se concretizan en lo que algunos sociólogos y politólogos llaman crisis de gobierno o de gobernabilidad.

Los gobiernos, no olvidemos que son entes circunstanciales y pasajeros, pueden tener diferentes orígenes, matices o formas organizativas. Estos gobiernos pueden ser civiles o militares (los hay cívico-militares), haber sido elegidos por el pueblo, componendas o productos de golpes de Estado, orientarse por Constituciones o por simples pronunciamientos, hechos que no cambian para nada el carácter del Estado. (10)

A los gobiernos civiles elegidos a través del voto universal y secreto, que nacen como consecuencia de la libre competencia partidaria y que se orientan por una determinada Constitución, comúnmente se les denomina gobiernos democráticos, los que serían la antítesis, ya sabemos en la formalidad, de los gobiernos dictatoriales o simplemente de las dictaduras, sean éstas civiles o militares.

Planteadas así las cosas, todo está bien; el gran problema es que no se habla de la esencia del Poder, que viene a ser el Estado. Para con el Estado no caben las contraposiciones democracia o dictadura, civiles o militares, o esos principios de elecciones libres y secretas, de Estado de derecho y Constitución. En la medida que el Estado es la base y el marco sobre el cual descansa y se mueven los gobiernos.

El Estado es la mayor expresión de la violencia organizada, legalizada y no siempre legitimada. Es el aparato burocrático y militar al servicio de la clase o alianza de clases para garantizar el dominio y justificar la opresión de las grandes mayorías por las minorías dominantes. A esto agréguese todos los adjetivos posibles; pero el Estado, además de ser permanente, no cambiará su carácter. En esencia, mientras no desaparezca, seguirá siendo la violencia organizada, legalizada y legitimada.

Este concepto sobre el Estado no sólo es compartido, con algunas diferencias, por los estudiosos anarquistas, libertarios y marxistas. Muchos teóricos, que no tienen nada de revolucionarios y más por el contrario son hasta conservadores, como el filósofo Friedrich Nietzsche y el sociólogo Max Weber (1864-1920), con variantes más o variantes menos, sostienen lo mismo.

El filósofo comenzaba su discurrir mental haciendo esta pregunta: "¿Estado? ¿Qué es eso? ¡Bien! Abrid los oídos, pues voy a deciros mi palabra sobre la muerte de los pueblos. Estado se llama al más frío de los monstruos fríos. Es frío incluso cuando miente; y ésta es la mentira que se desliza de boca: `Yo el Estado soy el pueblo´." (Nietzsche 1995: 82).

En la página siguiente continúa: "Pero el Estado miente en todas las lenguas del bien y del mal; y diga lo que diga, miente -y posea lo que posea, lo ha robado." (Nitzsche 1995: 83).

Por último termina: "`En la Tierra no hay ninguna cosa más grande que yo: yo soy el dedo ordenador de Dios´ - así ruge el monstruo. Y no sólo quienes tienen orejas largas y vista corta se postran de rodillas." (Nietzsche 1995: 83).

Por su parte el sociólogo, algunas décadas después, escribió: "Desde el punto de vista sociológico, el Estado moderno sólo se puede definir, más bien en último término por el medio específico que, como toda asociación política, posee: la violencia física. `Todo Estado está fundado en la violencia´, dijo Trotsky en Brest-Litowsk.

Esto es realmente cierto. Si existieran solamente formaciones sociales que desconociesen el medio de la violencia, entonces habría desaparecido el concepto de `Estado´ y se habría instaurado lo que llamaríamos `Anarquía´ en el sentido específico de la palabra.

La violencia no es, naturalmente, el medio normal ni único del Estado; no se trata de eso en absoluto, pero sí es su medio específico. Precisamente hoy es especialmente íntima la relación del Estado con la violencia. En el pasado, las más diversas asociaciones -empezando por la asociación familiar- han conocido la violencia física como un medio totalmente normal. Hoy, por el contrario, tendremos que decir que el Estado es aquella comunidad humana que, dentro de un determinado territorio -el `territorio´ es un elemento distintivo-, reclama para sí (con éxito) el monopolio de la violencia física legítima. Pues lo específico de nuestro tiempo es que a todas las otras asociaciones o individuos sólo se les concede el derecho a la violencia física en la medida en que el Estado, por su parte, lo permite: él es la única fuente del derecho a la violencia. (...) El Estado es, así como las asociaciones políticas que la han precedido históricamente, una relación de dominación de hombres sobre hombres, basado en medio de la violencia legítima (es decir, de la violencia considerada legítima). Para que exista, por tanto, los dominados deben someterse a la autoridad a que aspiran los que dominan en cada momento." (Weber 1992: 94 y 95).

Después de lo dicho: ¿Dónde queda la famosa contradicción entre democracia y dictadura? Nada más que en cientos de discursos, en miles de páginas escritas, en las buenas intenciones de unos y en las mentiras conscientes de otros. ¡En concreto, en la nada! La libertad en abstracto, la justicia en abstracto y la democracia en abstracto nos lleva a dar la razón a los que piensan que: "Para las clases dominantes la democracia se restringe sólo a los niveles formales de decisión política, pues defienden en primer término su situación de privilegio, manteniendo las diferencias sociales y económicas existentes. Al no ser hombres iguales los que la ley define como tales, el postulado de la igualdad llega a la caricatura. Al definirse la libertad como principio genérico, fue libertad sólo para algunos, y devino libertad formal y sometimiento real para las mayorías. (...) De esta forma, lo que es democracia para unos pocos -

para las clases dominantes- no lo es necesariamente para las grandes mayorías." (Autores varios 1978: 18 y 19).

Mientras haya Estado, en cualquier época histórica, habrá dictadura. Ésta es la regla de oro para diferenciar el problema de la democracia, que no es más que una forma de gobierno, y la dictadura, que es la característica de todo Estado. Dictadura de la clase (o alianza de clases) económica, social, ideológica y culturalmente dominante. La forma cómo se organizan las clases para orientar los sistemas de gobiernos adoptan distintos nombres (democracia, república, monarquía, etc.); ello sólo expresa las distintas formas o métodos de gobernar en las diferentes clases o sectores de clase en coyunturas políticas e históricas diversas y específicas.

Leamos lo que los autores líneas antes citados, ahondando en el tema, dicen al respecto que: "... se combina en el ejercicio del poder político el consenso y la coacción, la hegemonía y la dictadura. El grado en que se combinan estos elementos depende de las condiciones concretas de cada sociedad, de la agudización de sus contradicciones. El ejercicio del poder político tiene su expresión en el Estado, punto de encuentro de las clases dominantes y sus aliados, a la vez que núcleo que define el ordenamiento jurídico de la sociedad en función de esos intereses. Por definición, el poder del Estado supone el monopolio de la violencia legal y de la fuerza. A partir de ello diseña los aparatos ejecutivos de esa fuerza -el ejército y la policía- y los aparatos que manejan la cosa pública -la burocracia. En la cumbre formal del Estado, un gobierno conduce sus aparatos y aplica el ejercicio del poder." (Autores varios 1978: 80 y 81).

Es pertinente hacer algunas preguntas adicionales en torno a la democracia representativa. ¿Qué es la democracia en el plano económico? ¿Qué posibilidad tienen las grandes mayorías para elegir el trabajo que van a desempeñar y cuánto deben ganar? ¿Qué es la democracia a nivel social? ¿Qué posibilidad tienen las grandes mayorías para decidir el rol social que deben desempeñar en la sociedad? ¿Qué es la democracia en el aspecto cultural? ¿Qué posibilidades tienen las mayorías para elegir el lugar, medio y nivel en que deben culturizarse? Con algunas excepciones, como para que se cumpla la regla, ninguna. (11)

Aquí, en concreto, es cuando podemos ver cómo la democracia se reduce a caricaturas, mitos y fetiches que las clases dominantes utilizan como armas eficaces de dominación, control y enajenación de las grandes mayorías. Además la democracia en la boca y en el accionar de la gran mayoría de sus beneficiarios, se ha convertido en una palabra hueca por un lado y mágica por otro, en la medida que envuelve todos los contrabandos políticos y justifica todas las carencias conceptuales.

Por otro lado, la democracia, desde su aparición en la sociedad esclavista griega, cubre y justifica la explotación y el dominio de unos sobre los otros. Este fenómeno, con variantes más o variantes menos, ha sido y es una constante en el largo proceso de desarrollo de la sociedad humana. Es cierto que cambiando las formas pero manteniendo los contenidos.

Planteadas así las cosas, la burguesía cumplió sus metas y sus objetivos; algunos, como Alexander Kojéve, piensan que los ha traicionado. La verdad es que los mismos, en esencia, no correspondían a las aspiraciones y deseos de las mayorías y menos de la humanidad en su conjunto, como en un primer momento se hizo creer. La razón histórica de la burguesía, sus normas, sus principios y sus ideales, en la práctica, terminaron siendo pequeñas y subalternas para liberar al hombre de la inmundicia de la explotación, de la dominación, de la estupidez y de la ignorancia.

El hecho real, hoy se comprende mejor que antes, tampoco era su tarea como hasta un determinado momento se creía casi con fe ciega. La burguesía cumplió su papel histórico-político, no pidamos a esta clase que renuncie a su razón de ser y solucione los problemas de la humanidad, porque tampoco lo hará. Esa tarea será obra de otras clases que la necesidad, la temporalidad, la voluntad y la historia ya los han revelado.

El sociólogo Enrique Bernales tiene razón cuando hace unos años atrás, sobre el tema, escribió: "El Estado de la dominación burguesa no pudo antes, ni puede ahora realizar la democracia. Por ello la lucha en contra del capitalismo y contra la hegemonía del Estado que expresa el interés de la burguesía se presenta como una lucha por la democracia y por un Estado democrático; es decir, por un Estado cuyo protagonista, al ser prácticamente inevitable por la misma complejidad de la sociedad contemporánea, está dado por su carácter democrático, por la activa presencia del pueblo en el Poder; por ser el marco de una sociedad regulada en sí misma y por sí misma y no sometida a la dominación de una clase sobre otras." (Bernales 1979: 220).

La gran interrogante histórico-política es saber si estos nuevos sectores, las clases subalternas, no sólo tendrán que cumplir las tareas que la burguesía ofreció y no cumplió. Y aquí está el gran reto que estriba en devolver su esencia a la democracia, eso implica retomarla y desarrollarla en la práctica concreta hasta sus últimas consecuencias, llevarla hasta sus últimos límites, agotarla y como consecuencia negarla superándola totalmente.

Por la importancia adquirida en los últimos años, desarrollemos dos ideas puntuales de Alexander Kojéve. Él sostiene que la burguesía, como clase histórica y sobre todo como clase política, ha traicionado los principios y los ideales con los cuales logró aglutinar a la mayoría de la población, en un momento dado, para hacer la revolución. Pero por otro lado, siguiendo a Hegel, en el año 1947 sostenía que con estos principios que orientaron la Revolución Francesa, los que eran encarnados por Maximiliano Robespierre (1758-1794) y Napoleón Bonaparte (1769-1821), más concretamente en 1806 con la batalla de Jena, ha llegado: "... el fin de la historia propiamente dicho." (Kojevé 1975: 321). (12)

Esta contradicción entre "el fin de la historia" a pesar de "la traición de los principios de la revolución por la burguesía", Kojevé la resolvió así: "Lo que ha sucedido desde entonces sólo es una extensión en el espacio de la fuerza revolucionaria universal actualizada en Francia con Robespierre y Napoleón. Desde el punto de vista auténticamente histórico, las dos guerras mundiales, con su cortejo de grandes y pequeñas revoluciones, sólo han tenido por efecto alinear las civilizaciones atrasadas de las provincias periféricas con las posiciones históricas más avanzadas de Europa. Si la sovietización de Rusia y la comunistización de China son algo más o algo distinto de la democratización de Alemania imperial o el acceso de Togo a la independencia, o incluso la autodeterminación de los papúes, es porque la actualización soviético-china del bonapartismo robespierrano obliga a la Europa pos-napoleónica a acelerar la eliminación de las numerosas escuelas, más o menos anacrónicas, de su pasado prerrevolucionario." (Kojévé 221: 1975).

Lo del fin de la historia fue, en el mejor de los casos, un buen deseo o una falsa interpretación de la realidad. Así lo reconoce también Fukuyama, uno de los actualizadores del filósofo ruso-francés. Consecuentemente, sobre el punto no hay nada más que discutir. Lo realmente interesante y discutible es la idea de que con la Revolución Rusa y la Revolución China los principios de la Revolución Francesa, traicionados por la burguesía, se intentaron llevar a la práctica. En otras palabras, esto implicaría que los principios de estas revoluciones son la actualización, el desarrollo y la profundización de los principios de la anterior revolución y no su negación y menos aún una nueva etapa en el proceso histórico-social como comúnmente los teóricos marxistas sostienen.

Continuando con este acápite, creemos que es pertinente nuevamente plantear esta interrogante: La burguesía, como clase histórica y sobre todo como clase política, ¿ha traicionado o ha sido consecuente con sus principios? Si la respuesta es afirmativa, implica que la burguesía realmente podía (¿puede aún?) solucionar los problemas básicos de las grandes mayorías. Si la respuesta es negativa implica que la burguesía con lo que hizo y dejó de hacer simplemente cumplió su rol que la historia le asignó y su voluntad le permitió.

El escritor italiano Claudio Magris, sin mencionar directamente qué clase será la encargada de materializar estos ideales, cree aún en estos principios y banderas. Sus palabras: "... es el fantasma de una subversión radical de la historia que quedó inacabada y que, hasta hace pocos años, parecía a muchos el fin último de la misma, una bandera caída muchas veces pero destinada a levantarse una y otra vez y, un día indefinido, a ser izada en un mundo renovado." (Magris 2000: 101).

Volviendo sobre lo anterior, estas dos respuestas tienen sus consecuencias político-prácticas. Si la burguesía no ha traicionado sus principios, implica que le queda aún mucho camino por recorrer y muchas tareas por cumplir; entonces los pueblos, caminando a su diestra, deben exigir a la burguesía que sea consecuente y recorra paso a paso ese camino y que cumpla con puntos y comas lo que ofreció.

Si la respuesta es negativa, teniendo en cuenta la experiencia teórico-práctica de la Revolución de 1848 en Francia y Alemania y más la aparición del imperialismo, los pueblos tienen que voltear la página y caminar en contra de los dueños del mundo, porque la

51

Revolución Rusa y China fueron buenos ejemplos. Los que piensan así creen que la hora de los rebeldes, desobedientes y revolucionarios simplemente ha llegado.

LOS REBELDES, LOS DESOBEDIENTES Y LOS REVOLUCIONARIOS

"En lo que a su descontento se refiere, un hombre que no lo estuviera en tal ambiente y con una vida tan mísera apenas sería más que un bruto. La rebeldía, para todo el que haya leído la Historia, es una virtud primordial del hombre. Ella y la desobediencia han hecho posible el progreso humano".

Oscar Wilde,
El alma del hombre bajo el socialismo (1881)

En contraposición a los párrafos antes nombrados, en las obras de algunos historiadores y filósofos primero, sociólogos y politólogos después, se puede observar cómo el concepto de democracia está urdido directa o indirectamente con la idea de la justicia y teñida con los colores de la libertad. Consecuencia de ese encuentro, la democracia es una de las principales razones político-filosóficas que activa la vida del hombre sobre este mundo.

Entre los escritores antiguos destaca, entre otros, Demócrito de Abdera (470-380 a.n.e.), pasando por los utópicos del siglo XVI, Jean-Jacques Rousseau (1712-1779), los socialistas utópicos de comienzos del siglo XIX, los anarquistas, los libertarios, Karl Marx (1818-1883), Friedrich Engels (1820-1895), Lenin (1870-1924) y León Trotsky (1879-1940). A este grupo hay que añadir el conjunto de utopistas y los anarquistas-libertarios que fueron la piedra en el zapato, a lo largo de la historia, del orden establecido.

Y terminando con tres personajes de la misma generación, de continentes distintos, de parecidas trayectorias políticas y de planteamientos ideológicos comunes en la medida que, con sus singularidades, los tres fueron marxista-leninistas.

Nos referimos en Europa al italiano Antonio Gramsci (1891-1937), en América al peruano José Carlos Mariátegui (1894-1930) y en Asia al chino Mao Tsetung (1895-1976). Esto nos demuestra, como el caso anterior, cómo en diversos espacios geográficos y en diferentes épocas el tema de la democracia, con sus principios de justicia y libertad, estuvo y está en el centro mismo de la reflexión teórica y de la preocupación político-práctica.

Veamos sumariamente algunas ideas de algunos de los líneas antes nombrados. En la Grecia antigua Demócrito, con una fuerte tendencia hacia el humanismo, vinculaba estrechamente las ideas de justicia, libertad y democracia. Esto lo podemos ver con mucha claridad en lo que sigue: "No por miedo, sino por el sentimiento de lo que es justo, debemos abstenernos de hacer el mal (...) La virtud se basa, sobre todo, en el respeto a los demás hombres (...) Cada hombre constituye un pequeño universo propio (...) Debemos hacer todo lo posible para ayudar a aquellos que han padecido injusticias (...) Ser bueno significa no hacer el mal, y también, no querer hacer el mal (...) Son las buenas acciones, no las palabras, las que cuentan (...) La pobreza y la democracia son tanto más preferibles a la llamada felicidad de los ciudadanos bajo los reyes, cuando que la libertad es mejor que la esclavitud." (Autores varios 1966: 50).

Especialmente los momentos de crisis y decadencia de las formaciones económico-sociales han sido terreno fértil para la aparición de escritores e ideólogos que en forma de cuentos, mitos, leyendas, y posteriormente, de historias noveladas han rechazado el orden social existente y han propuesto soluciones, mirando hacia atrás en unos casos o mirando hacia delante en otros, a los grandes problemas, no de un grupo o de una clase, sino de la humanidad en su conjunto. Que su voluntad, su sentimiento y sobre todo su fantasía hayan pesado más que la realidad y la razón no quita para nada que algo o mucho de sus sueños, de sus utopías y de sus mitos se hayan convertido en bases o ensayos para los rebeldes y los revolucionarios del futuro. (13)

Lo cierto es que esta experiencia se ha dado en todas las civilizaciones, especialmente en Occidente; en tiempos específicos aparecen frecuentemente este tipo de reflexiones que expresan, en algunos casos, la idealización del pasado, el deseo de refundirse con la madre tierra, recuperar la edad de oro y reencontrarse con la inocencia perdida. En otras palabras, con la naturaleza original del hombre. A la par y en relación con lo dicho, idealizar a los muertos y querer a los ausentes es común denominador en todos los pueblos y civilizaciones del mundo.

Deseamos ilustrar lo aquí planteado con dos casos concretos y relativamente conocidos. A comienzos de la civilización occidental, en un momento de crisis y descomposición de las sociedad espartana y cretense, Platón pone en boca de Sócrates la siguiente añoranza: "La vida de entonces era dichosa, dicen ellos, mientras que la presente no merece ni el nombre de vida." (Platón 1996: 62).

Cerca de 1500 años después, de igual modo en un momento de crisis y descomposición del mundo feudal, este mismo sentimiento será retomado por el poeta español Jorge Manrique (1440-1479) quien en unos versos de su conocida elegía escribió: "... cómo, a nuestro parecer, cualquier tiempo pasado fue mejor." (Correa 1985: 16).

Otros, por el contrario, en cuenta de mirar al pasado, pero sin perder las raíces ni las semillas, sus sueños, sus mitos y sus fantasías los han proyectado hacia el futuro y así, algunos de ellos, nos han dado grandes proyectos utópicos. No otra cosa han hecho en los estertores del sistema feudal y la aurora de la sociedad capitalista los denominados utópicos. Entre los más conocidos se puede mencionar a Pedro Mártir de Alegría (1459-1526) con su *Década de orbe novo*, Tomás Moro (1478-1535) con su *Utopía*, Francisco Bacón (1561-1626) con su *La nueva Atlántida*, Tomás Campanella (1568-1639) con su *La ciudad del sol* y por último Thomas Münzer (1490-1525) con su prédica comunista y su práctica revolucionaria, en la guerra campesina en Alemania.

Estos pensamientos y personajes han jugado un rol activo en las ideas de cambio y transformación. El filósofo Deborin, dice: "Las utopías han desempeñado en la historia de la humanidad un papel muy positivo. Sus autores negaban el régimen existente, hacían ver la injusticia reinante en la sociedad de clases, la opresión de los trabajadores, la desigualdad, etc., y todo esto no podía menos de influir en el desarrollo del pensamiento científico." (Deborin 1968: 97).

En pleno desarrollo y afianzamiento del sistema capitalista expresados en la revolución industrial y el predominio de la razón y la ciencia, aparece (a pesar de todo con mucha influencia de la cultura de mitos e utopías) a mediados del siglo XVIII el contradictorio y hasta hoy discutido Jean-Jacques Rousseau. Él, además de ser uno de los primeros teóricos modernos en diferenciar claramente el *sistema de gobierno* del *sistema de Estado*, fue quien inició la ruptura y así daba al traste con una larga tradición de veinte siglos de predominio político-filosófico de las ideas aristotélico-tomistas.

A la par de ello, tiene de igual modo el mérito de ser el ideólogo-puente entre la producción teórica político-social moderna producida por los teóricos de la burguesía y el pensamiento político que revolucionará la vida intelectual primero y material después a partir de mediados del siglo XIX. Revolución que está asociada a los nombres de los socialistas utópicos primero, los anarquistas y libertarios después, y de Karl Marx y Friedrich Engels y todo el movimiento marxista y de izquierda finalmente.

La ruptura con lo establecido, en el pensamiento de Rousseau, se manifiesta en torno a dos conceptos básicos (los mismos que vienen siendo tratados a lo largo de este trabajo) *la igualdad y la libertad*. En primer lugar, él inicia la crítica a fondo a la libertad burguesa, que para entonces ya se había consagrado en un buen sector del pensamiento, como la libertad en abstracto y sin apellido. En *El contrato social* (14), en referencia a la libertad más avanzada y perfecta de entonces, escribió: "El pueblo inglés piensa que es libre y se engaña: lo es solamente durante la elección de los miembros del Parlamento; tan pronto como éstos son elegidos, vuelve a ser esclavo, no es nada. El uso que hace de su libertad en los cortos momentos que la disfruta es tal, que bien merece perderla." (Rousseau 1994: 114).

Y en relación al otro concepto, de igual modo, escribió: "Bajo los malos gobiernos, esta igualdad no es más que aparente e ilusoria: sólo sirve para mantener al pobre en su miseria y al rico en su usurpación. En realidad, las leyes son siempre útiles a los que poseen y perjudiciales a los que no tienen nada. De esto se sigue que el estado social no es ventajoso a los hombres sino en cuanto que todos ellos poseen algo y no demasiado." (Rousseau 1994: 45).

Algunas páginas después, sobre el mismo concepto, reiteró: "... respecto de la igualdad, no debe entenderse que los grados de poder y riqueza deban ser absolutamente los mismos, sino que, en cuanto al poder, esté por encima de toda violencia y no se ejerza nunca sino en virtud del rango y de las leyes, y, en cuanto a la riqueza, que ningún ciudadano sea bastante opulento para poder comprar a otro y ninguno sea bastante pobre para necesitar venderse." (Rousseau 1994: 56).

Claro que sus preceptos ideológicos no se reducen a libertad y justicia, hay otros como la preeminencia de la voluntad general, el derecho indelegable del pueblo a ejercer su poder, y el considerar a los gobernantes como empleados del pueblo, son de igual forma conocidos. Rousseau, siguiendo en gran medida a Locke, cree firmemente en las bondades y pureza del ser natural, del hombre en estado de naturaleza. Él comienza su más conocido libro diciendo: "El hombre ha nacido libre y, sin embargo, en todas partes se encuentra encadenado. Se considera amo, pero no deja por eso de ser menos esclavo que los demás." (Rousseau 1994: 25).

Este hombre, en estado de naturaleza, al entrar a convivir en comunidad, degenera, la sociedad lo corrompe y para salvaguardar y mantener parte de su antigua condición, Rousseau propone: "Encontrar una forma de asociación que defienda y proteja con la fuerza común la persona y los bienes de cada asociado, y por lo cual cada uno, uniéndose a todos, no obedezca sino a sí mismo y permanezca tan libre como antes. Tal es el problema fundamental cuya solución da el *Contrato social.*" (Rousseau 1994: 38).

El tan llevado y traído *Contrato Social* consiste nada más ni nada menos en la fórmula siguiente: "Cada uno de nosotros pone en común sus bienes, su persona, su vida, y todo su poder bajo la suprema dirección que la voluntad genera, y nosotros recibimos corporativamente a cada miembro como parte invisible del todo." (Rousseau 1995: 627).

Naturalmente las ideas de Rousseau nunca fueron llevadas a la práctica, más por el contrario, fueron y son duramente criticadas por aquellos que debieron y deben ser sus auténticos realizadores. Nosotros terminamos con nuestro personaje dando la razón a los autores de esta idea: "Llamará la atención saber que, si bien por un lado Rousseau es considerado un clásico de la democracia y antecesor del liberalismo político, en la práctica ha sido muchas veces criticado por los pensadores y postergado por la teoría política. Ello se debe a sus consideraciones políticas (...) que pronto empezaron a estorbar a la burguesía victoriosa." (Autores varios 1978: 48 y 49).

La tarea de ruptura y continuidad, realizada por el autor de *El contrato social*, en el plano político-sociológico en la segunda parte del siglo XVIII, tiene su correspondencia en la producción intelectual de su contemporáneo, el economista escocés Adam Smith, quien publicó *Una investigación sobre la naturaleza y la causa de la riqueza de las naciones* 14 años después que Rousseau hiciera público su más conocido trabajo líneas antes citado. Y por otro lado, de igual modo, en toda la producción político-filosófica de G.W.F. Hegel algunas décadas después.

Rousseau, Smith y Hegel, cada uno en su respectivo campo de acción, son, en primer lugar, las tres máximas figuras intelectuales que la burguesía como clase históricamente determinada ha producido (15). En segundo lugar, en lo dicho y hecho por estos tres titanes (la investigación política, el análisis económico y la reflexión filosófica), la razón y la voluntad de la burguesía como primera clase universal toca sus límites más extremos y coherentes.

Como consecuencia, su ciclo histórico, la fuerza de su razón y su voluntad han llegado a su fin. Esto no implica, naturalmente, que su tiempo político haya corrido la misma suerte que su tiempo histórico. Por el contrario, en este nivel, la burguesía todavía tiene gran capacidad de acción, con problemas más o problemas menos, es la clase que comenzando el siglo XXI aún domina, explota y gobierna la mayor parte del planeta.

En el pensamiento de estos tres gigantes se puede observar, en síntesis, las luces y las sombras que cubren a la clase que heroicamente liquidó el modo de producción feudal y todo su sistema cultural e inició sobre los escombros la colosal construcción de la nueva sociedad, que a partir del siglo XV se le comenzó a llamar los tiempos modernos o sistema capitalista con sus consecuencias bastante conocidas, gozadas y sufridas.

De igual modo, para ser leales con la historia y la ciencia, hay que decir que por lógica y por contradicción, fueron Rousseau, Smith y Hegel los tres teóricos que vieron con mayor claridad, incluso en su propia producción, cómo la burguesía como clase históricamente determinada iniciaba su inevitable y natural declive. Vieron que su futuro se reducía a su presente y sus límites ya no tenían más límites.

Fueron ellos quienes en múltiples oportunidades orientaron y saludaron positivamente la acción revolucionaria de la burguesía europea de liberar los pies, las manos y el cuerpo de los campesinos y artesanos de las cadenas, de los grillos y de los azotes que por más de diez siglos tuvieron que soportar atados al modo de producción feudal. De igual manera fueron ellos quienes saludaron la acción de la burguesía que con su reforma protestante liberó el alma y el espíritu de los campesinos y artesanos de curas, de papas, de santos y de un sin número de telarañas medievales.

Pero a la vez fueron, principalmente estos tres personajes, quienes brindaron las primeras armas teóricas que posteriormente enfilaron en contra de las bases mismas del sistema capitalista. En la medida que el capitalismo al liquidar el modo de producción feudal liberó y humanizó al hombre y parecía haberlo elevado a ser el amo y señor en este mundo. Esto fue en la apariencia. En la esencia se cortaron las cadenas de los pies para remachar el alma, se cortaron los grillos de las manos para engrillar el espíritu, se terminaron con las torturas del cuerpo para trasladarlas a la mente. Así el sistema capitalista humanizaba en la forma y deshumanizaba en el fondo, liberaba en la apariencia y esclavizaba en esencia.

En el fondo de los fondos es así cómo nació y se estructuró el sistema capitalista, con la mercancía como centro y eje, la que en su proceso de producción y reproducción implica necesariamente la enajenación del hombre. Hecho que tiene su correlato en la dominación social, la manipulación psicológica y la alienación ideológica. Esta razón en la sin razón o esta sin razón razonada, en la cual se asienta el sistema actual, el mismo que ya fue criticado por muchos, entre ellos por Smith y Hegel.

Smith, cuando hablaba de la automatización de los obreros, decía que terminaban: "... en la aletargada idiotez que en las sociedades civilizadas parece entumecer la inteligencia de casi todas las clases bajas de la población." (Smith 1999: 718).

Por su parte Hegel de igual manera: "El trabajo, que así se ha hecho igualmente más abstracto, conduce por un lado, mediante su uniformidad, a la facilidad de la tarea y al aumento de la producción; pero por otro lado, conduce a la limitación a una sola habilidad y con ello a la dependencia más incondicional respecto de la interconexión social. La habilidad misma se hace así mecánica y recibe la capacidad de permitir la entrada de la máquina en el lugar del trabajo humano." (Hegel 1997: 544).

Siglo y medio después, Hebert Marcuse (1898-1979) siguiendo a los líneas antes citados, demostrando así que estos males no sólo se mantienen sino que se han profundizado, escribió: "De nuevo nos encontramos ante uno de los aspectos más perturbadores de la civilización industrial avanzada: el carácter racional de su irracionalidad. Su productividad y eficacia, su capacidad de incrementar y difundir las comodidades, de convertir lo superfluo en necesidad y la destrucción en construcción, el grado en que esta civilización transforma el mundo-objeto en extensión de la mente y el cuerpo del hombre hace cuestionable hasta la noción misma de alienación. La gente se reconoce en sus mercancías; encuentra su alma en su automóvil, en su aparato de alta fidelidad, su casa, su equipo de cocina. El mecanismo que une el individuo a su sociedad ha cambiado, y el control social se ha incrustado en las nuevas necesidades que ha producido." (Marcuse 1985: 39).

Lo anterior tiene su correlato en el plano religioso en el enfrentamiento entre el catolicismo y el protestantismo. Hegel sostenía que el catolicismo era sinónimo de hipocresía, de santurronería, de tiranía y en contra de ella se levantó la religión "purificada por Lutero". Leamos lo que escribió el filósofo: "Lutero había conseguido la libertad espiritual y la conciliación concreta; había establecido victoriosamente que lo que es la eterna determinación del hombre debe tener lugar en él mismo. Pero el contenido de lo que ha de cumplirse en el hombre y en el tipo de verdad que debe tomar vida en él, según Lutero son algo dado, revelado por la religión. Se sentó ahora el principio de que este contenido ha de ser actual, pudiendo yo convencerme interiormente de él, y el de que todo debe ser referido a este fundamento interior." (Hegel 444: 1989).

Analizando precisamente esa religión "... purificada por Lutero..." a la cual adhería incondicionalmente Hegel, Karl Marx desarrollando y, sobre todo, negando al filósofo en la medida que el protestantismo intentaba humanizar deshumanizando, escribió: "Lutero ha vencido la servidumbre por devoción, pero le ha sustituido la servidumbre por convicción. Ha roto la fe en la autoridad, porque ha restaurado la autoridad de la fe. Ha transformado a los sacerdotes en laicos porque ha transformado a los laicos en sacerdotes. Ha liberado al hombre de la religiosidad exterior, porque ha hecho de la religiosidad la esencia misma del hombre." (Marx 1980: 97).

Para con Rousseau, Smith y Hegel, por sus acciones de ruptura y continuidad, en los ideólogos de la burguesía se observa tres actitudes claramente diferenciadas. En primer lugar, algunos los imitan con alguna calidad y los repiten con cierta originalidad, de esa forma, pretender eternizar e inmovilizar su pensamiento.

Unos segundos, como representantes de los sectores más conservadores y retardatarios de la sociedad, arremeten contra ellos, muchas veces, como si fueran sus peores enemigos. El motivo es por representar la ruptura con lo establecido y ser el puente intelectual hacia el futuro. Es por ello que estos últimos, haciendo tabla rasa de los grandes aportes de los mencionados, intentan, tanto en teoría como en la práctica, volver al pasado. Los neo-tomistas en filosofía y los fascistas, con sus variantes, en política son sus mejores expresiones.

Por último unos terceros, teniendo en cuenta las nuevas condiciones histórico-políticas, heredan, revolucionan e intentan llevar hasta sus últimas consecuencias, tanto en la teoría como en la práctica, estos pensamientos. De esa manera se propusieron y se proponen bajar el cielo a la tierra y construir un mundo con hombres de carne y hueso y de esa forma concretizar lo que los Rousseau, los Smith y los Hegel en algunos momentos sólo avizoraron y en otros momentos simplemente soñaron.

Para terminar con los mencionados, hay que decir que la razón objetiva para hablar de ruptura y continuidad es que, sin cambiar los cuadrantes principales del sistema, el mundo capitalista ha cambiado ostensiblemente desde mediados del siglo XIX. En otras palabras, habiendo cambiado su razón histórica no ha cambiado su razón política.

El progreso, el cambio y la transformación que fueron las características fundamentales del capitalismo heroico y revolucionario (predominio del capital industrial y la libre concurrencia) ha dado paso al predominio del imperialismo (dominio del capital financiero y la imposición de los precios) con su moderno colonialismo, sus enfrentamientos por el control de los mercados, su división internacional del trabajo y sus guerras imperialistas, entre otras consecuencias.

La independencia y la revolución en EE. UU., la revolución inglesa y sobre todo la Revolución Francesa fueron las tres acciones políticas más significativas realizadas por la burguesía hasta comienzos del siglo XIX. Teniendo en el plano económico como centro la *revolución industrial* y en el plano político l*a democracia liberal o representativa,* el mundo parecía girar en sentido contrario al acostumbrado. Se cambió la noción de tiempo y las dimensiones se ampliaron.

La esperanza en una nueva vida y la ilusión en un nuevo hombre fue desbordante en estos tiempos. Pero como sucede siempre en la historia, los tiempos pasaban y las aguas volvían lentamente a su nivel. Las clases, otrora revolucionarias, se acomodaban y se trastrocaban no sólo en conservadoras sino en reaccionarias y hasta contrarrevolucionarias. La miseria y la explotación adquirían otro carácter al pasar del vientre al alma, del cuerpo a la mente y de las manos al espíritu.

Las primeras décadas del siglo XIX, fueron una etapa aún de ensueño para unos y de desencanto para otros. La burguesía, ya no tan fresca ni lozana, vivía aún los restos de su etapa heroica, mientras que la clase obrera apenas terminaba su proceso de formación e iniciaba su toma de conciencia política. En estas circustancias a nivel filosófico-político: "... fueron apareciendo diversas teorías que, de distinta manera y diversos puntos de vista, enjuiciaron críticamente la explotación y la miseria que sufría el pueblo con la instauración de la propiedad privada y el avance de la revolución industrial." (Rubio 1979: 120).

Como no podía ser de otro modo, la propiedad privada se acentuaba con la revolución industrial, la división del trabajo se ahondaba y la plusvalía se perfeccionaba. Para entonces la burguesía, como clase histórica, había tocado fondo; este hecho se evidenciaría con más claridad décadas después. Los sueños de construir una sociedad del reino de la libertad, igualdad y confraternidad terminaban en pesadillas, de igual modo que el ardiente deseo de justicia quedaba transformado sólo en las cenizas de la explotación.

En medio de este panorama es cuando aparece la segunda generación de utópicos, los que diferenciándose claramente de los anteriores (en otro momento histórico y sus objetivos se orientarían decididamente hacia el socialismo) pusieron muchas de las bases para lo que se teorizaría después. Esta corriente tiene sus antecedentes inmediatos en las ideas del francés Francois-Noël Babeuf (1760-1797), más conocido como Graco Babeuf, está representada por los también franceses Henri Saint-Simon (1760-1825), Charles Fourier (1772-1837) Joseph Proudhon (1809-1865), Luis Blanqui (1805-1881) y el inglés Robert Owen (1771-1858).

A este grupo hay necesidad de integrar al joven libertario y escritor alemán Georg Büchner (1813-1837), quien murió a los 24 años; a pesar de su corta edad, Büchner escribió una serie de piezas teatrales donde su blanco principal fue desentrañar los crímenes y los embustes que el orden dominante de entonces a diario cometía. Él fundó en 1834, en Darmstadt-Alemania, una organización secreta, llamada *Sociedad de los derechos del hombre*. A Büchner pertenece esa conocida frase que reza: "¡Friede den Hütten! ¡Krieg den Palasten! (¡Paz a las cabañas! ¡Guerra a los palacios!)." (Büchner 1980: 211).

Friedrich Engels en su conocido estudio sobre el tema, haciendo resaltar algunas de las características de los socialistas utópicos, escribió: "Sus teorías incipientes no hacen más que reflejar el estado incipiente de la producción capitalista, la incipiente condición de clase. Se pretendía sacar de la cabeza la solución de los problemas sociales, latente todavía en las condiciones económicas poco desarrolladas de la época. La sociedad no encerraba más que males, que la razón pensante era la llamada a remediar." (Engels 1974: 118).

Consecuentemente con ello, en el párrafo siguiente, agrega: "Tratábase por ello de descubrir un sistema nuevo y más perfecto de orden social, para implementarlo en la sociedad desde afuera, por medio de la propaganda, y a ser posible, con el ejemplo, mediante experimentos que sirviesen de modelo. Estos nuevos sistemas sociales nacían condenados a moverse en el reino de la utopía; cuanto más detallados y minuciosos fueran, más tenían que degenerar en puras fantasías." (Engels 1974: 118).

Además de las ya mencionadas se puede anotar algunas otras características comunes a este grupo. Ellos propugnaban un comunismo ascético, el reino de la "razón" y la justicia eterna, intentaban solucionar, de una vez por todas y de golpe, no sólo los problemas de una clase o de clases, más bien de toda la humanidad en su conjunto. Ellos fueron, sin lugar a dudas, grandes pensadores, moralistas consumados, voluntaristas sin límite; pero poco realistas, poco políticos.

Muchas de las ideas y actitudes de estos socialistas utópicos se confunden en unos casos y en otros son el puente que vincula a esa nueva corriente de rebeldes y descontentos sociales que aparecen a mediados del siglo XIX. Estamos pensando en los libertarios y los anarquistas, los que tienen, entre otros, en Mijaíl Bakunin (1814-1876), Ferdinad Lassalle (1825-1864), Pedro Kropotkin (1842-1921) y Jorge Sorel (1847-1922) sus mayores representantes.

Este grupo tenía como punto central de convergencia su odio visceral a la opresión. Opresión que para ellos estaba encarnada en las tres maldades: la religión, la propiedad privada y el Estado. De ahí su adhesión sin condiciones ni límites a la libertad.

Las corrientes anarquistas y libertaria, con una fuerte tendencia al humanismo y a la hermandad, fueron muy eficaces en su labor de oposición y sobre todo en su acción de denuncia de los crímenes del sistema. A la par de ello sus problemas no eran pequeños, los mismos pueden ser resumidos del siguiente modo. En primer lugar: ¿Cómo deben organizarse los revolucionarios? En segundo lugar: ¿Cuál es la forma de lucha para terminar con la vieja sociedad? En tercer lugar: ¿Con qué tipo de sociedad se debe reemplazar a la sociedad capitalista? Y en cuarto lugar: ¿Qué hacer con el viejo Estado burgués? Las respuestas son múltiples y van desde la organización familiar, local, sindical; pasando por la huelga general y la acción directa e individual; las mutuales, las cooperativas; la democracia directa; el auto-gobierno hasta la idea del Estado-municipio que podría ser la base del Estado-comuna.

Repitiendo en algunos casos, heredando en unos segundos y negando-superando en unos terceros, las ideas de los anteriores, la crítica a lo establecido y la propuesta alternativa al mismo viene básicamente, desde mediados del siglo XIX, de lo que genéricamente se denomina los movimientos ideológico-políticos de izquierda. En este conglomerado se encuentran sobre todo los socialistas y los marxistas (los marxistas a secas, los marxista-leninistas, los trotskistas, los maoístas, los castristas, los guevaristas, etc.) entre los más conocidos. Estas corrientes coinciden, básicamente, en algunos puntos que podrían ser resumidos de la siguiente manera.

En primer lugar, los mencionados sostienen que el capitalismo es un sistema histórico y que por ser tal ya llegó a su fin. Lo dicho no implica necesariamente que haya llegado a su fin en el plano político. Que el sistema capitalista no ha podido ni puede dar solución a los problemas básicos de la humanidad, porque, dicho sea de paso, tampoco es su razón de ser. Que el sistema capitalista debe ser radicalmente cambiado por otro sistema, el que sí debe solucionar los problemas básicos de la sociedad. Que el sistema capitalista ha nacido, se ha desarrollado y se mantiene básicamente a través de la explotación en el plano económico y del monopolio de la violencia organizada (legal o ilegal) en el plano político. Consecuentemente recurriendo a este método, de igual modo, debe ser totalmente transformado.

Por último, en la futura sociedad llámese como se la llame, la que reemplace al sistema capitalista, deben ser inscritos y materializados estos principios básicos: "¡De cada cual, según su capacidad; a cada cual, según su necesidad!" Y: "¡Sociedad del reino de la justicia, sociedad del reino de la libertad!"

La diferencia en el mundo de la izquierda radica, básicamente, en cómo y sobre qué bases democráticas reales debe construirse la sociedad que reemplazará al sistema capitalista y a su democracia formal. Teniendo en cuenta que ya hubo experiencias histórico-políticas concretas que fueron orientadas por estas ideas. La Revolución Rusa y la Revolución China son sus más ricas experiencias históricas.

Como parte del debate, al interior de la izquierda, el mismo que dura ya más de un siglo y medio, en torno a la democracia, sólo por mencionar un caso, es lo referente al centralismo democrático. Esto implicaba, según el enunciado teórico, que el control debe ser de abajo hacia arriba, de las mayorías hacia las minorías, de las masas hacia los dirigentes. Los hechos han demostrado, casi hasta el cansancio, que no fue así, más bien ha ocurrido todo lo contrario. En realidad la democracia fue totalmente sacrificada en función del centralismo. En dos palabras, el centralismo burocrático devino regla y el centralismo democrático, excepción. Y a este mal crónico, pocas organizaciones de izquierda, hasta el momento, han podido dar una solución, en la práctica, acertada.

En el proceso del desarrollo histórico-político la burguesía, como es bastante conocido, gracias a la práctica de más de dos siglos, ha hecho de la idea de democracia mito y fetiche, mentira y embuste. Y de sus métodos, no sólo trampas abiertas o veladas, sino sobre todo dominio y control ideológico-político de la población, de casi todo el mundo.

Para los marxistas, la democracia adquiere un carácter cualitativamente superior. La democracia dejará de ser una formalidad y medio de dominio y control para transformarse en la esencia misma de la vida y en un medio de emancipación y liberación del hombre. Los autores del *Manifiesto Comunista* expresaban muy claramente este objetivo, así: "... el primer paso de la revolución obrera es la elevación del proletariado a clase dominante, la conquista de la democracia." (Marx y Engels 1974: 49).

Lo planteado no implica que la izquierda y en particular los marxistas desconozcan el significado que tiene en el proceso del desarrollo histórico-político la democracia formal (libre juego de partidos, Estado de derecho, los procesos electorales periódicos, etc.) como lo entiende y lo practica la burguesía, deje de ser un avance en la toma de conciencia de las grandes mayorías. Marx y Engels tenían muy claro esto e incluso recomendaban que los partidos proletarios deberían participar, cuando las condiciones así lo requieran, activamente en los procesos electorales que la burguesía convoca y controla.

Años después de haber sido expuestas algunas ideas en el *Manifiesto*..., recogiendo la experiencia política del Partido Socialista en el proceso electoral en Alemania, Engels escribió: "Ya el *Manifiesto Comunista* había proclamado la lucha por el sufragio universal, por la democracia, como una de las primeras y más importantes tareas del proletariado militante, y Lassalle había vuelto a recoger este punto. Y cuando Bismarck se vio obligado a introducir el sufragio universal como único medio de interesar a las masas del pueblo por sus planes, nuestros obreros tomaron la cosa inmediatamente en serio y enviaron a Augusto Bebel al primer Reichstag Constituyente." (Engels 1974: 683).

Luego de exponer el hecho, saca la enseñanza y generaliza: "Y, desde aquel día, han utilizado el derecho de sufragio de un modo tal, que les ha traído incontables beneficios y ha servido de modelo para los obreros de todos los países. Para decirlo con las palabras del programa marxista francés, han transformado el sufragio universal de medio de engaño que había sido hasta aquí en instrumento de emancipación. Y aunque el sufragio universal no hubiese aportado más ventaja que la de permitirnos hacer un recuento de nuestras fuerzas cada tres años; la de acrecentar en igual medida, con el aumento periódicamente constante e inesperadamente rápido del número de nuestros votos, la seguridad en el triunfo de los obreros y el terror de sus adversarios, convirtiéndose con ello en nuestro mejor medio de propaganda;...".

Y finalmente: "Pero con este eficaz empleo del sufragio universal entraba en acción un método de lucha del proletariado totalmente nuevo, método de lucha que se siguió desarrollando rápidamente. Se vio que las instituciones estatales en las que se organizaba la dominación de la burguesía ofrecen nuevas posibilidades a la clase obrera para luchar en contra de estas mismas instituciones. Y se tomó parte en las elecciones a las dietas provinciales, a los organismos municipales, a los tribunales de artesanos, se le disputó a la burguesía cada puesto, en cuya provisión mezclaba su voz una parte suficiente del proletariado. Y así se dio el caso de que la burguesía y el gobierno llegaron a temer mucho más la actuación legal que la actuación ilegal del partido obrero, más los éxitos electorales que los éxitos insurreccionales." (Marx y Engels 1974: 683 y 684).

Con Lenin, además de recomendar la participación electoral por táctica, la democracia adquiere un carácter cualitativamente diferente y concreto. Leamos lo que en *El Estado y la revolución,* en 1917, escribió: "Democracia implica igualdad. Se comprende la gran importancia que encierra la lucha del proletariado por la igualdad y la consigna de la igualdad, si ésta se interpreta exactamente en el sentido de destrucción de las clases". Luego de esta reflexión, continúa: "La democracia es una forma de Estado, una de las variantes del Estado. Y, por consiguiente, representa, como todo Estado, la aplicación organizada y sistematizada de la violencia sobre los hombres. Eso, de una parte. Pero de otra, la democracia implica el reconocimiento formal de la igualdad entre los ciudadanos, el derecho igual de todos a determinar la estructura del Estado y a gobernarlo. Y esto, a su vez se halla relacionado con que, al llegar a un cierto grado de desarrollo de la democracia, ésta, en primer lugar, cohesiona al proletariado, la clase revolucionaria frente al capitalismo, y le da la posibilidad de destruir, de hacer añicos, de barrer de la faz de la Tierra la máquina del Estado burgués, incluso del Estado burgués republicano, el ejército permanente, la policía y la burocracia, y de sustituirlos por una máquina más democrática, pero todavía estatal, bajo la forma de masas obreras armadas, como paso hacia la participación de todo el pueblo en milicias." (Lenin 1970: 94).

Y en otro escrito, proyectándose mucho más, reitera: "Sólo en la sociedad comunista, cuando se haya roto ya definitivamente la resistencia de los capitalistas, cuando hayan desaparecido los capitalistas, cuando no haya clases (es decir, cuando no exista diferencias entre los miembros de la sociedad por su relación hacia los medios sociales de producción), sólo entonces `desaparecerá el Estado y *se podrá hablar de libertad'*. Sólo entonces será posible y se hará realidad una democracia verdaderamente completa, que no implique, en efecto, ninguna restricción. Y sólo entonces comenzará a *extinguirse* la democracia, porque la sencilla razón de que los hombres, liberados de la esclavitud capitalista, de los innumerables horrores, bestialidades, absurdos y vilezas de la explotación capitalista, *se habituarán* poco a poco a observar las reglas elementales de convivencia, conocidas a lo largo de los siglos y repetidas desde hace miles de años en todos los preceptos; a observarlas sin violencia, sin coacción, sin subordinación, *sin ese aparato especial de coacción* que se llama Estado." (Lenin 1970: 374).

En otras experiencias socialistas, los marxistas han tolerado y hasta han garantizado, por lo menos teóricamente, la existencia y vida pública de otros partidos políticos con ideología e intereses distintos a los del Partido Comunista. En plena construcción del socialismo en China, en un escrito de 1956, Mao Tsetung se planteó esta pregunta: "¿Qué es mejor: que haya un solo partido o varios partidos? Luego se respondía: "Por lo que hoy parece, es preferible que hayan varios". Lo afirmado no sólo está pensado en un determinado sentido del tiempo, por el contrario va mucho más allá, leamos: "Esto no sólo es válido para el pasado, sino que puede serlo también para el futuro; significa coexistencia duradera y supervisión mutua." (Mao Tsetung 1977: 321).

En otro párrafo continúa: "De manera consciente permitimos que subsistan los partidos democráticos, les brindamos oportunidad para expresarse y aplicamos para con ellos la política de unidad y lucha. (...) debemos asegurarles la subsistencia y permitirles que nos ataquen, debatiendo lo que haya de infundado y aceptando lo que haya de razonable en sus ataques. Esto es más ventajoso para el Partido, el pueblo y el socialismo." (Mao Tsetung 1977: 322).

Y finalmente pensando no sólo el tiempo político sino sobre todo el tiempo histórico, dice: "Tanto el Partido Comunista como los partidos democráticos surgieron en el proceso histórico. Todo lo que surge en el proceso histórico desaparece en el mismo proceso. Así, tarde o temprano desaparecerá el Partido Comunista y, de igual modo, los partidos democráticos." (Mao Tsetung 1977: 322).

La experiencia teórico-práctica de la izquierda en general y de los marxistas en particular es grande, honda y frondosa. Las derrotas tienen la virtud de hacer reflexionar a los sensatos y la desgracia, de obnubilar a los impacientes. Los problemas político-ideológicos de hoy son mucho más grandes y complejos que los de ayer. Consecuentemente la reflexión y la investigación tienen que ser más finas y más profundas en este abanico de posibilidades que se abre ante nuestros ojos. De esa manera la síntesis teórica de las leyes y los principios de estos nuevos problemas, en estos nuevos tiempos históricos y circunstancias políticas, serán las vigas maestras que orientarán la posterior acción.

A pesar de la profunda crisis del sistema, del desorden teórico, el cruce de ideas y de los ricos precedentes, aún no aparece la o las cabezas (parece que sin anular a los individuos, la tendencia, la experiencia y la necesidad indica antes que éstos serán los colectivos quienes cumplan este rol) que sistematice el actual desorden filosófico-político. Así lo entiende el profesor Atilio Boron cuando rememorando el rol de Platón y Aristóteles en un primer momento, de Agustín y Tomás de Aquino en un segundo, de Lutero, Moro y Maquivelo en el Renacimiento; Hobbes y Locke en la primera etapa del desarrollo del sistema capitalista; Montesquieu, Kant y Hegel más tarde y en la otra orilla, teniendo como antecedente directo la contradictoria figura de Rousseau, Karl Marx.

Leamos lo que el mencionado profesor escribió: "En la actualidad, sin ir más lejos, la crisis general del capitalismo no ha encontrado todavía una cabeza capaz de sistematizarla teóricamente. Las `condiciones históricas' están maduras para el surgimiento de nuevas ideas y propuestas, pero no está claro quién, o quiénes, podrán estar en condiciones de acometer semejante empresa." (Boron 1999: 26).

Precisamente algunos de estos temas a dilucidar es el nuevo papel y características actuales del imperialismo. El rol de EE. UU. de Norteamérica en esta etapa. Y por último, la configuración del nuevo Imperio. La polémica está abierta, las teorías se cruzan y exhiben sus mejores argumentos. Esperamos, en unos casos, la llegada de las nuevas síntesis. O caminemos, en otros casos, en busca de las renovadas conclusiones.

EL IMPERIALISMO. EE.UU. EL IMPERIO

"Saqueadores del mundo, cuando les falta tierras para su sistemático pillaje, dirigen sus ojos escrutadores al mar. Si el enemigo es rico, se muestran codiciosos; si es pobre, despóticos; ni el Oriente ni el Occidente han conseguido saciarlos; son los únicos que codician con igual ansia la riqueza y la pobreza. A robar, asesinar y asaltar llaman con falso nombre imperio, y paz al sembrar la desolación".

Cornelio Tácito,
La vida de Julio Agrícola (98)

En otra etapa del desarrollo del sistema capitalista, Lenin (1870-1924) a comienzos del siglo XX, siguiendo y desarrollando las ideas, principalmente, del inglés John Hobson (1858-1940), coincidiendo con las del austriaco Rudofl Hilferding (1877-1941) y el alemán Karl Kautsky (1854-1938) en la caracterización del imperialismo en el plano económico y discrepando totalmente, especialmente con los últimos, en sus conclusiones políticas, sostuvo que el imperialismo es la fase superior y última del capitalismo.

Lenin caracterizó este fenómeno de la siguiente manera: "1) la concentración de la producción y del capital ha llegado a un punto tan alto de desarrollo, que ha hecho surgir los monopolios, los cuales desempeñan un papel decisivo en la vida económica; 2) se opera la fusión del capital bancario con el industrial y surge, sobre la base de este `capital financiero´, la oligarquía financiera; 3) adquiere particular importancia la exportación de capitales, a diferencia de la exportación de mercancías; 4) se forman agrupaciones monopolistas internacionales de capitalistas, que se reparten el mundo, y 5) se pone fin al reparto territorial del mundo entre las potencias capitalistas más importantes." (Lenin 1974: 96).

Desde la caída del llamado bloque socialista, con la ex URSS a la cabeza, se inició una nueva polémica en torno al imperialismo, sus características teóricas, su accionar práctico y su ubicación geográfica en el mundo. Algunos teóricos sostienen que el desarrollo impresionante del imperialismo ha liquidado los Estado-nación y como consecuencia el imperialismo ya no es ubicable geográficamente en el mundo. En contra de lo que es idea común, sostienen que EE.UU. no es su centro. Por el contrario, creen que se está configurando una nueva forma de poder que podría devenir Imperio.

Otros, coincidiendo con los argumentos anteriores, discrepan con dos de sus conclusiones. En principio, que ese nuevo Imperio es ubicable y no es otro más que EE.UU. de Norteamérica. Parte de esta polémica desarrollamos a continuación.

A comienzos del siglo XXI el italiano Antonio Negri y el norteamericano Michael Hardt en su libro *Imperio* sostienen que el imperialismo, quien tenía como base en el plano jurídico-político el concepto de Estado-nación, desde hace unas décadas atrás ya no existe como fue concebido a principios del siglo XX. En la medida que la base y el marco sobre el cual se estructuró, es decir sus principios político-jurídicos, ha sido superado y ha dado paso a la existencia del mundo económico sin fronteras, al poder sin gobierno geográficamente localizable. Éste es el *Imperio*, otros lo llaman globalización, fenómeno que se caracteriza por ser un hecho envolvente y totalizador

Los autores líneas antes mencionados, en la introducción a su trabajo, sintetizan lo medular de su tesis en estos términos: "Durante las últimas décadas, a medida que se derrumbaban los regímenes coloniales, y luego, precipitadamente, a partir de la caída de las barreras impuestas por los soviéticos al mercado capitalista mundial, hemos asistido a una globalización irreversible e implacable de los intercambios económicos y culturales. Junto con el mercado global y los circuitos globales de producción surgió un nuevo orden global, una lógica y una estructura de dominio nuevas: en suma, una nueva forma de soberanía. El Imperio es el sujeto político que efectivamente regula estos intercambios globales, el poder soberano que gobierna el mundo." (Hardt y Negri 2002: 13).

Hasta el momento la mayoría de los estudiosos del fenómeno imperialista y el común del interesado en el tema aceptan la idea de que, como consecuencia de la desaparición de la Unión Soviética, EE.UU. de Norteamérica ha devenido la única super-potencia imperialista en el mundo. Para los autores líneas antes citados, sin dejar de ser importante, la configuración mundial del Imperio tiene otras características al antiguo imperialismo que encarnaban los norteamericanos, leamos: "Ante todo, el imperio actual no es estadounidense y Estados Unidos no es el centro. El principio fundamental del imperio, como lo hemos indicado en todo este libro, es que su poder no tiene un terreno ni un centro reales y localizables. El poder se distribuye en redes, mediante mecanismos de control móviles y articulados. Esto no equivale a decir que el gobierno de Estados Unidos y el territorio estadounidense no sean diferente de cualquier otro: Estados Unidos ocupa ciertamente una posición privilegiada en las segmentaciones y jerarquías globales del imperio. No obstante, a medida que decaen los poderes y las fronteras de los Estados-nación, las diferencias entre los territorios nacionales se hacen cada vez más relativas. Ahora ya no son diferencias de naturaleza (como lo eran, por ejemplo, las diferencias de los territorios de la metrópoli y el de la colonia) sino que son diferencias de grado." (Hart y Negri 2002: 348).

El analista Ryszard Kapuscinski coincidiendo de alguna manera con la idea anterior y comentando lo dicho por el autor del libro *La crisis del capitalismo global*, George Soros, en relación al tema aquí tratado, escribe: "George Soros, una gran figura de las finanzas mundiales, advierte en *On Globalización* que ese proceso genera también grandes amenazas. Soros advierte que crece la dominación de dos grandes instituciones financieras, el Fondo Monetario Internacional y el Banco Mundial, que ya imponen sus concepciones a los Estados nacionales debilitando su posición." (Kapuscinski 2002: 8).

Finalmente, sobre el mismo punto, el conocido historiador Eric Hobsbawn sostiene que como consecuencia de la globalización y del cuestionamiento del Estado-nación, la sociedad ha entrado en una etapa peligrosa en su proceso de desarrollo. Leamos lo que el inglés declaró: "La nación-Estado pierde control, y eso produce enorme inseguridad y violencia. También temo el enorme aumento de las desigualdades sociales que se ha producido en los 20 ó 30 años. (...) Y son desigualdades peligrosas. En mi opinión, eso generará inestabilidad, pero una inestabilidad imprevisible. Lo que me da miedo es que los que más probabilidades tienen de sacar provecho político de esta inestabilidad son los reaccionarios. Está en aumento la xenofobia, el racismo, el fundamentalismo económico y, sobre todo, el fundamentalismo religioso. Este último por desgracia afecta a todas las religiones." (Hobsbawn 2002: 5).

Las discrepancias con las tesis de Hardt-Negri y de Hobsbawn, en particular con la idea de la no localización territorial del nuevo Imperio de los primeros y de la crisis del Estado-nación, también sostenida por el segundo, son muchas. Para la ocasión comencemos con lo escrito por Rubén Dri. El sociólogo argentino, dice: "Es cierto que los poderes económicos manifiestan una cierta independencia de los poderes políticos, pero da la casualidad que los inmensos poderes económicos actuales se concentran en las naciones más poderosas, es decir, USA, Unión Europea y Japón." (Dri 2002: 2).

Y luego continúa: "Para Negri todo centro de poder se ha difuminado, se ha desterritorializado, de manera que no se le puede ubicar en ninguna parte, salta de un lugar a otro. Derriba, el gran constructor nos invita a saltar del centro a la periferia y de ésta al centro. (...) El imperio ha hecho prácticamente desaparecer lo que antes, en la etapa del imperialismo se denominaba primer mundo, segundo mundo y tercer mundo, (...) Esa desaparición de los mundos, dicha de esa manera, configura también un error. En primer lugar porque siempre en el primer mundo hubo tercer mundo y viceversa. Lo nuevo, en este sentido es la figura que se hizo en estos mundos o submundos en el seno de cualquiera de los mundos. En segundo lugar, afirmar que Haití, Bolivia, Argentina, el Congo pertenecen al mismo primer mundo que Estados Unidos es, por lo menos, una cargada." (Dri 2002: 2).

Por su parte el publicista Andrés Ortega, siguiendo a estudiosos como Hassner, Johnson y especialmente Philip Bobbitt, sostiene que después de los hechos del 11 de septiembre: "Estaríamos así asistiendo al surgimiento, en parte por diseño, en parte sobrevenido, de un nuevo imperio global, basado en la absoluta superioridad militar de EE.UU..." y dos páginas después reitera: "Para Bobbitt, la globalización ha llevado a dejar atrás el Estado-nación para dar paso al Estado-mercado, cuyo mejor ejemplo es EE. UU., que tiene que estar dispuesto a intervenir militar y políticamente para defender este orden." (Ortega 2002: 2 y 4).

Terminamos este cruce de ideas, al interior de la izquierda, con las opiniones de la filósofa norteamericana Ellen Meiksins. Ella acepta la globalización; pero en contraposición a los antes citados sostiene que este proceso necesita de los Estados-nación para su acumulación y para mantener el control y orden. Leamos: "... el capitalismo no puede existir sin el respaldo del poder extra-económico, aún si ese poder es esgrimido como una quita del capital mismo. La capacidad de imponer su poder económico a tan amplia escala depende de la capacidad que tenga de apartarse de las limitaciones de la dominación militar y política. Pero todavía necesita de la ayuda de los poderes políticos y militares, para mantener el orden social y crear condiciones de acumulación de capital. De hecho el capitalismo más que cualquier otra formación social necesita un elaborado, estable y predecible orden legal, político y administrativo." (Meiksins: 2004: 5).

Haciendo ver la relación de necesidad de la globalización con el Estado-nación, continúa: "Sin duda es verdad que el Estado-nación está teniendo que responder a las demandas del capital global. Y sin duda es verdad que ciertos principios administrativos que se han internacionalizado para facilitar los movimientos del capital a través de las fronteras nacionales. También es cierto que hay ciertas organizaciones internacionales que hacen el trabajo del capital global. Si eso es a lo que la gente se refiere cuando habla de la `internacionalización´ del Estado no tengo objeciones. Pero afrontémoslo: los principales instrumentos de gobierno global siguen siendo, sobre todo, Estados-nación." (Meiksin 2004: 6).

Y finalmente termina, nosotros terminamos con los especialistas sobre el tema, reiterando: "El punto básico es que el capital global se beneficia de lo que nosotros llamamos globalización, pero lo que no hace ni puede hacer es organizar la globalización. Algunos investigadores han demostrado que las corporaciones globales no pueden organizar sus propias operaciones internacionales, ni hablar de la economía global. De todas maneras, necesitan Estados que organicen el mundo para ellos, y mientras más global se haya convertido la economía, más circuitos económicos han sido organizados por relaciones estatales e interestatales. Son los Estados, no las organizaciones internacionales como el FMI o la OMC, los que son indispensables para el capital global." (Meiksin 2004: 6).

En primer lugar, el tema del imperialismo y el actual Imperio con su manto, la globalización y sus consecuencias teórico-prácticas, sin ser nuevo, es un tema complejo y sugerente, en la medida que obliga a los científicos sociales iniciar un replanteamiento teórico-metodológico del concepto de Estado-nación, de imperialismo, de la relación entre economía y política, de la división internacional del trabajo, de la teoría de los Tres Mundos, de la violencia y de la revolución. Todo esto pasa por comprender objetivamente cuánto ha cambiado la realidad económica y las relaciones político-sociales en los últimos veinte o treinta años.

En segundo lugar, detectar con precisión si los cambios son de grado o forma; o si los cambios son de fondo o contenido. Ésta es la tarea de los científicos sociales y especialmente de los políticos contestatarios al sistema imperante. En la medida que la comprensión cabal de los nuevos actores sociales en las nuevas circunstancias políticas obligará, si es que son coherentes, a cambiar las formas y los métodos de lucha, sean éstos en lo táctico o formal o quizás en el fondo o estratégico.

En tercer lugar, comprender a cabalidad el nuevo rol que desempeñan en el plano económico y su influencia política, en las últimas décadas, los organismos económicos internacionales como el Fondo Monetario Internacional, el Banco Mundial y el encuentro anual de Davos (16), etc., es de importancia capital para comprender el momento político y su perspectiva.

En cuarto lugar, el cuestionamiento del concepto de Estado-nación en el plano político. Teniendo en cuenta que los Estados más poderosos, comenzando por el de EE. UU. y continuado por el de Alemania, tiene una deuda astronómica (para algunos hasta impagable) con el sector privado y con los organismos económicos internacionales.

Y en quinto lugar, el desarrollo y privatización de la violencia en el plano militar (el 11 de septiembre sólo habría sido su pico más alto en un determinado momento) son los cinco temas, que sin ser totalmente nuevos, están en primera línea en la mesa de discusión en los últimos años. La izquierda tiene mucho que decir al respecto, la derecha casi nada, allí reside la ventaja de lo nuevo en perspectiva.

La investigación, el análisis y la síntesis que se haga de estos cinco temas nos brindará nuevas ideas, y por consiguiente, nuevos retos que sugerirán nuevas respuestas teóricas que no sólo tienen que acometerse en este nivel, sino sobre todo, en el terreno teórico y práctico, resolverse. (17)

En el contexto de los últimos cien años, EE.UU. en el plano económico, político y militar, ha tenido su evolución, algo particular, que lo diferencia de los otros imperialismos. Con lo ocurrido en la Primera Guerra Mundial, desplazando principalmente a Inglaterra del escenario económico-político mundial. Con los hechos de la Segunda Guerra Mundial se convirtió en la primera potencia imperialista en el mundo. Y finalmente con el derrumbe del llamado Campo Socialista devino la potencia única en el planeta.

En estos tres momentos, con sus respectivos hitos, hay una constante, la acción político-militar condicionó, desarrolló y fortaleció el desarrollo económico y viceversa. Los triunfos políticos y militares le han dado mucha seguridad en sí misma, una elevada auto-estima y un gran prestigio ante los ojos del mundo. De esa manera la seguridad y las ganancias de los que controlan el mundo descansan en paz.

EE.UU. es en la actualidad la primera potencia político-militar en el mundo. Esta situación condiciona la profusa y variada investigación científico-tecnológica, especialmente, en el campo militar. La investigación en las ramas fundamentales de la industria está militarizada y controlada por el Estado. Como consecuencia, las inversiones y las ganancias de los capitalistas que buscan orientación y apoyo están de igual modo garantizadas. Ningún otro país, en el planeta, tiene la capacidad política y sobre todo militar que tiene EE.UU. para brindar a los trusts, a los monopolios y consorcios mundiales tanta seguridad y ganancia.

Los centros de operaciones de donde se extrae la mayor plusvalía están ubicados en los más alejados rincones del planeta, pero el centro de administración, control, decisión y sobre todo de ganancias, está ubicado principalmente en EE.UU., de allí su importancia. Si hace más de doscientos años el conde de Mirabeau (1715-1789) con respecto al Estado prusiano dijo: "El ejército tiene su Estado".

Hoy se podría decir que los más importantes consorcios que dominan el mundo económico y financiero tienen su Estado, tienen su nación y tienen su país. Ese Estado, que a la vez es policía y empresario, es el Estado de EE.UU. Allí radica su importancia, su poder, y a la larga también su debilidad, como no puede ser de otra manera, en el mundo actual.

El poder del Estado norteamericano es impresionante y hasta aplastante por muchas razones, entre ellas en el campo de la investigación. Cuando hablamos de investigación que tiene fines de poder y control principalmente, se da en todos los ámbitos del conocimiento. Y dentro de ello el dominio del espacio es fundamental. Si las antiguas potencias se interesaron en dominar la superficie terrestre, desde hace cerca de 600 años el interés pasó al dominio de los mares. Hoy, desde hace unas cuatro décadas atrás, el gran desafío es el espacio, es decir el dominio tridimensional del mundo. Estas investigaciones, bajo el concepto de "dominio tridimensional" en EE.UU. son el centro de su accionar en este nivel.

No podemos ser unilaterales en reducir el poder de EE.UU. sólo al plano político-militar y secundariamente, al económico o a la investigación técnico-científica. La aparición y desarrollo de la escuela filosófica del *pragmatismo* que tiene su correlato directo en la escuela psicológica del *conductismo* es una buena muestra de lo contrario. Además se han desarrollado en este país variados niveles de expresión y producción cultural. Es, por ejemplo, el primer país exportador de música y hace bailar a gran parte del mundo.

De igual manera la industria del cine es impresionante y ridiculiza a la realizada en el resto del planeta. La industria de la información-desinformación nos martilla constantemente el inconsciente y a la vez uniformaliza nuestras opiniones. La moda nacida y recreada allí viste y desviste a buena parte del mundo. Por último su estilo y espíritu consumista, querrámoslo o no, nos agobia y nos consume.

El prestigio, llamado también *poder blando o poder inofensivo*, que tiene y que sobre todo vende de buena forma al mundo, es realmente impresionante. Millones de seres humanos, especialmente los más pobres, ven a este país como la lejana tierra prometida donde se pueden materializar los sueños, como el paraíso terrenal del cual hablan los llamados libros sagrados. Esta admiración está mezclada con un respeto que linda con el miedo y hace de este país el gran poderoso, que al parecer todo lo sabe, todo lo ve y todo lo puede.

Lo dicho no sólo se limita a los sectores populares. Esta admiración y respeto contagia también a otros sectores de la población. Las declaraciones del conocido intelectual australiano Gareht Evans sobre este *inofensivo poder blando* es de alguna forma representativa al respecto. Leamos lo que Evans declaró: "Yo soy total partidario del poder real que tiene EE.UU., el poder blando; el poder de los valores, las ideas y la cultura. Deberíamos darnos cuenta. Hay enormes deseos de emularlo en el mundo. Hay una disposición instintiva a aceptar a EE. UU. en sus propios términos, en lo que ellos denominan su idealismo, una gran voluntad de recibir la corriente cultural que procede de allí. Sólo con eso, aquel bendito país está ya tan por delante de todos los demás que no necesita todo el resto; es más, es todo el resto lo que complica la situación." (Carlín 2002: 5).

Bueno, como no todo puede ser color de rosa, hay en este país una corriente de opinión diferente, encabezado por un grupo de intelectuales, que por su privilegiada condición de haber nacido en "las entrañas del monstruo", como dijo José Martí, comprenden mejor que otros las luces y las sombras que envuelven y marcan a esta sociedad. Sin ser necesariamente la mayoría de tendencia ideológica de izquierda, algunos no pasan de ser demócrata-liberales, sus opiniones son dignas de tomarse en cuenta.

El espíritu crítico al sistema, en la mayoría de ellos, es claro y convincente. Ningún otro país, en los últimos cincuenta años, ha producido en cantidad y en calidad intelectuales que analicen y denuncien los males que la sociedad estadounidense acarrea tanto interna como externamente. Estos disidentes, que recogen la rica tradición del pueblo que dio al mundo las ocho horas de trabajo (el primero de mayo), el día internacional de la mujer (el ocho de marzo), son de la talla del lingüista Noam Chomsky, de la escritora Susan Sontag, del escritor Norman Mailer, del sociólogo James Petras, del crítico literario Michael Hardt, del historiador Gore Vidal, del publicista Ralph Shoenman, de las filósofas Ellen Meiksins y Susan George, etc. Sin olvidar a los artistas, sean éstos músicos, actores, escritores o pintores.

Uno de los temas que EE.UU. mejor ha vendido y vende al mundo es su sacrosanta democracia liberal. Propaga constantemente que encarna la democracia más grande, la más profunda y perfecta que haya existido. Y además, con su democracia la historia de la humanidad ha llegado a su fin. Esta idea ha tenido doble efecto. Por un lado, en lo interno, ha servido para adoctrinar subliminalmente al pueblo norteamericano, controlar a los disidentes y hacerles creer que viven en el mejor de los mundos. Y en lo externo, justificar y cubrir con ese manto democrático sus invasiones, sus saqueos y sus crímenes.

Para la ocasión nos limitaremos a mencionar tres opiniones, en torno a la democracia norteamericana, de tres intelectuales líneas antes mencionados. En primer lugar el historiador Gore Vidal, días antes de las elecciones de 2000, declaró: "Ese sistema está muerto. Los dos candidatos son representantes de un solo partido que tiene dos alas de derecha. Los dos son de los estados del sur, los dos vienen de la vieja dinastía, los dos darán a los militares más dinero. Bush es insoportable: su Estado es el campeón del mundo en ejecuciones, el campeón de EE.UU. en contaminar el medio ambiente." (Luik 2000: 96).

Por su parte la escritora Susan Sontag, sobre el mismo tema dos años después, añade: "Pero ha habido un error al creer que hay dos partidos políticos en EE.UU. En verdad sólo hay uno con dos alas políticas, el demócrata y el republicano, entre el uno y el otro no hay más diferencias." (Rohwe 2002: 2).

Finalmente Noam Chomsky, declara: "Nosotros no tenemos en realidad un sistema político, no hay partidos. Sólo hay un proyecto de partido con dos alas. Y eso es así ya largo tiempo. ¿La elección presidencial de 2000 fue un fraude? ¿A quién interesa eso? Las tres cuartas partes de la población ve todo el espectáculo electoral como una farsa, como una forma privada de diversión para las mejores ganancias controladas por la participación de la industria de propaganda." (Fusch 2002: 3).

Si estas opiniones vienen de gente como la nombrada, por lo menos nosotros tenemos el derecho a la duda en torno a la propagandizada democracia norteamericana. Lo cierto es que, como no puede ser de otra manera, es democracia para unos y dictadura para otros, con el agravante de que ya se sabe de antemano, si no son los republicanos serán los demócratas quienes ganen las elecciones y administren y legislen, por un período, el poder de los grandes trusts, consorcios y monopolios quienes financian los actos electorales.

Este poder monolítico que parecía realmente ser invencible se vio, por primera vez en la historia, mancillado y humillado por las acciones del 11 de septiembre de 2001, cuando tres aviones, según la información oficial, piloteados por militantes de Al-kaida, fueron estrellados en el edificio del Pentágono y en las torres gemelas en New York. Hecho con el cual se abre otro capítulo, por lo menos de la historia norteamericana, el mismo que podría significar el principio del fin del imperialismo estadounidense.

En torno a los hechos del 11 de septiembre, hasta hoy persiste mucha confusión, alimentada por la desinformación oficial. Las interpretaciones son bastante encontradas. Por las características de esta investigación sólo haremos un apretado resumen de los hechos. Tomaremos en cuenta sus antecedentes, sus consecuencias y algunas de sus interpretaciones.

Aceptando la idea oficial, hasta hoy sin mostrar prueba alguna, de que miembros de la organización político-religiosa y militar que dirige Osama Bin Laden sea la responsable de las acciones, habría que decir que las clases dominantes de EE. UU. cosechan lo que por muchos siglos, con violencia y terror, sembraron.

En la historia del Estado norteamericano hay una constante que lo marca para siempre, nos referimos al rol de la violencia que se ha materializado tanto externa como internamente. Violencia que ha sido la base de su expansión geográfica, su desarrollo económico, su poder político-militar y su dominio cultural. Su génesis como Estado-nación está determinado íntegramente por esta constante, que es el común denominador del nacimiento y desarrollo del sistema capitalista.

EE.UU. es el país capitalista-imperialista típico y modelo por antonomasia de este sistema.

La clase dominante de EE.UU., en función de sus fines de expansión, dominio y control, desarrollando a cabalidad la vieja *teoría del otro*. En base a ello o como consecuencia de ello, han estructurado su racionamiento binario. Ellos ven las cosas y los hechos en términos excluyentes, o es blanco o es negro, los matices no existen. Como consecuencia, ellos sostienen, nosotros los buenos y ellos los malos, nosotros los civilizados y ellos los primitivos. Los indios, los negros, los anarquistas, los comunistas, los chicanos han cumplido el rol del *otro* al interior de esta sociedad.

Mientras que en lo externo, escribe Carlos Fuentes: "... existe una constante de la política exterior de los Estados Unidos, la de buscar el enemigo afuera de Estados Unidos. El villano confiable, como lo ha llamado el politólogo James Chace, le es indispensable al norteamericano para justificar su propia moralidad maniquea. Ingleses, mexicanos, españoles, alemanes, rusos, coreanos, chinos, cubanos, árabes han asumido cumplidamente el papel hollywoodesco de la nación detestable." (Fuentes 2001: 2).

A partir de los años setenta, los teóricos y consejeros políticos (en la medida que las condiciones tanto interna como externamente habían cambiado y el término se había desgastado) dejaron de utilizar el clásico adjetivo "comunista" para atacar, descalificar y satanizar a los opositores o enemigos reales o supuestos, para reemplazarlo con uno más elemental, más simple, efectivo y brutal: *terrorista*. Esto no implica que estas acciones no existan, que estemos de acuerdo y que nos alegremos por ellas, de ninguna manera.

Los resultados están a la vista, todo aquel individuo u organización que difiera, más aún que se enfrente al orden y rompa sus reglas, es simple y llanamente un criminal *terrorista*. Las razones o motivaciones de este tipo de acciones no cuentan, más aún, están prohibidas de ser evidenciadas o analizadas, quien se atreve a hacerlo es inmediatamente catalogado como cómplice o apologista, por lo tanto, un terrorista más.

En las investigaciones y los discursos de la mayoría de los científicos sociales (dando la impresión que coordinan su lenguaje; pero sí repitiendo el discurso oficial-policial) es fácil comprobar que los rebeldes, los contestatarios, los luchadores sociales, los combatientes, los huelguistas, los guerrilleros son simplemente y llanamente criminales *terroristas* y punto.

Como nos enseña la realidad y la historia, a pesar de todo y contra todo, siempre hay los indeseables que salen al frente para aguar la fiesta, como es el caso del conocido historiador Eric Hobsbawn, quien el año 2002, declaró: "... el terrorismo no es un enemigo; es un término propagandístico para calificar los actos de personas que no nos gustan y que emplean la violencia. Todo el mundo usa la violencia; a los que nos gustan no los llamamos terroristas, sino combatientes de la libertad o alguna otra cosa." (Hobsbawn 2002: 4).

Y en la misma dirección del historiador inglés, el publicista francés Jean Daniel, escribe: "Todos tienen rebeldes a los que someter; están de acuerdo sobre el modo de hacerlo otorgándole el mismo nombre: *terroristas*. Sean en Chechenia o en Argelia, en Egipto o en Túnez, en Indonesia o en Sudán, en Perú o en Nigeria, ..." (Daniel 2002: 3).

Si esto es lo general, lo particular con respecto a los hechos del 11 de septiembre, fue el Estado norteamericano, a través de la CIA, quien organizó, financió, armó e ideologizó (integrismo) a los grupos y organizaciones anticomunistas para su lucha en contra del que en esos tiempos se llamaba *el peligro comunista*. Al-kaida-Bin Laden y los talibanes, fueron dos entre muchos, hechura de EE.UU. y de la CIA en las bases de Afganistán y en las academias y universidades de Pakistán, para luchar en contra de la invasión rusa de Afganistán en los años ochenta del siglo pasado.

En la medida que la información sobre este tema es realmente impresionante y concluyente, nosotros sólo nos limitaremos a recoger dos opiniones al respecto. La primera, del conocido intelectual libanés George Corm y la segunda, del sociólogo norteamericano James Petras. En lo dicho por estos dos intelectuales, en alguna forma, está sintetizada la abundante información que sobre el tema existe.

Corm, declaró: "EE.UU. decidió movilizar los sentimientos religiosos como parte de su estrategia durante la guerra fría, no sólo entre los musulmanes sino también entre los católicos y los judíos. En el caso de aquéllos, miles de muchachos fueron enviados a luchar contra la URSS en Afganistán después de recibir entrenamiento de la

CIA, y se les consideraba combatientes de la libertad". Líneas después da su opinión: "Encuentro escandaloso lo que tuvimos que escuchar entonces: que no había nada que temer, que todo iba según las previsiones. La realidad era, por el contrario, que el wahabismo, una forma extrema del Islam, se fue apoderando casi por completo del sunnismo gracias a los medios aportados por Arabia Saudí." (Ridao 2002: 4).

Por su parte el profesor de la universidad de Binghamton (New York), sobre lo mismo, escribió: "Si, como parece ser el caso, los extremistas musulmanes están implicados en los violentos ataques de Nueva York y Washington, el gobierno de Estados Unidos debe asumir su responsabilidad: decenas de miles de fanáticos fueron financiados en su violenta locura contra el secular régimen afgano, al que apoyaba la Unión Soviética a fines de los años 70. Estados Unidos entrenó y pertrechó a estos extremistas con la última tecnología armamentística, incluyendo mísiles guiados por calor (los llamados mísiles de `ojo rojo´)." (Petras 2002: 2).

A continuación, nos recuerda: "A principios de los 90, el régimen musulmán de Bosnia, con apoyo de Estados Unidos, reclutó tropas islámicas en la guerra afgana para que participen en su conflicto con Serbia. En Kosovo y Macedonia, Estados Unidos, además de suministrarle armamento, se alió con el Ejército de Liberación de Kosovo, integrado por gran cantidad de veteranos islámicos, combatientes de otras guerras extranjeras. Los fanáticos islámicos a los que en un tiempo alababa Washington calificándoles de `luchadores de la libertad´ son ahora `terroristas violentos´ que atacan a Estados Unidos, dirigido por su primer terrorista sospechoso, Osama Bin Laden, el mismo que en otros tiempos era apoyado por la CIA." (Petras 2002: 2).

Las reacciones en el mundo ante estos hechos, en una nota de un trabajo anterior ya lo dijimos, fueron en términos muy generales tres, recordemos: "Ante los hechos ocurridos el 11 de septiembre en EE.UU. se ha podido observar algunas reacciones contrapuestas. El mundo oficial, especialmente europeo, se ha sentido simplemente atacado y su reacción ha sido de condena, sin más, a los "terroristas", "fundamentalistas", "asesinos", "diabólicos"; es decir adjetivos y más adjetivos. La mayoría de ellos, presos del *síndrome de inseguridad*, reclamaban venganza y más sangre, es decir, que el imperio contraataque. Esa reacción fue normal y comprensible.

Por otro lado, muchos sectores populares en el mundo entero celebraron esta acción como la primera respuesta en la historia a los millones de crímenes ejecutados directa o indirectamente por EE.UU. en el último medio siglo. Comenzando por Corea y Vietnam, pasando por Chile y Centroamérica y terminando en Iraq, Yugoslavia y Palestina. De igual manera, esta reacción fue normal y comprensible.

Por último, unos terceros, los menos, intentaron comprender y dar una explicación racional a lo ocurrido. Las principales ideas se podrían resumir en las siguientes.

En primer lugar, con la desaparición del denominado Campo Socialista y al entrar en crisis las ideas progresistas, de izquierda o comunistas, ese espacio quedó libre y estos grupos religiosos intentan llenar ese vacío ideológico y político.

En segundo lugar, la ideología religiosa y el proyecto de sociedad que anima y ofrecen como alternativa al actual sistema los grupos musulmanes-fundamentalistas no tiene nada de progresista, menos de izquierda; intentan por el contrario organizar una sociedad y un Estado al estilo del siglo VI.

En tercer lugar, la mayoría de estos grupos y personas han sido creados o apoyados por EE.UU. en su lucha en contra de lo que ellos llamaron "el peligro comunista". Saddam Hussein, los talibanes y Bin Laden son los mejores ejemplos.

EE.UU. a través del presidente Bush (sin mostrar ninguna prueba concreta y al mejor estilo propagandístico del Nacional Socialismo), dando la impresión de que todo o casi todo estaba ya previamente programado, señaló al fundamentalismo islámico en general y a su hijo político Osama Bin Laden en particular como el autor intelectual de la acción armada del 11 de septiembre.

De ser verdad que los fundamentalistas islámicos tienen la fuerza e importancia que se les atribuye, la mayoría de la población en el mundo está en medio de dos ideologías, de dos sistemas (que utilizan de igual manera el terrorismo cuando sirve a sus proyectos políticos) que no tiene nada que ver con sus necesidades fundamentales y menos con sus ideales históricos. La tarea pendiente para la gente de izquierda y progresista (sostienen Avnery, Chomsky, Geleano, Petras, etc.) es denunciar el terrorismo de los dos lados por igual y levantar una alternativa totalmente diferente al proyecto imperialista de los norteamericanos y del fundamentalismo musulmán." (Roldán 2002: 123).

En cuanto a la acción del 11 de septiembre propiamente dicho, sin ser experto en la materia y sin tener ningún tipo de simpatía por los supuestos autores, para ahorrar palabras hay que decir que, desde cualquier óptica que se le mire, fue simple y llanamente una acción perfecta. Se atacó el símbolo del poder económico y el símbolo del poder político-militar. En el tiempo, el día y la hora precisa, evitando la mayor cantidad de víctimas inocentes posibles, a pesar de la propaganda oficial, que dice lo contrario.

Si en ese país, y en especial en esas zonas donde todo está controlado y protegido con los mayores avances científicos y tecnológicos, el mérito de los actores es mucho mayor. De no ser así, es posible que haya sido una acción inducida o tolerada por el mismo Estado norteamericano como piensa el publicista norteamericano Ralph Shoenman. O de lo contrario una acción organizada por ellos mismos, como sostiene la estudiosa colombiana, Gloria Gaitán.

Sólo a manera de reflexión, de ser cierto que Al-Kaida es responsable de estos hechos, con estas acciones demostraron que pudieron haber orientado sus cuatro aviones en dirección de algunas de las cientos de bases nucleares que tiene EE.UU. desparramadas en su territorio. Consecuencia, no serían tres edificios destruidos, sino muchas ciudades, no serían seis mil muertos, sino diez o veinte millones. En resumidas cuentas, teniendo ese poder y posibilidad, no fueron estos *terroristas* ni tan fanáticos ni tan locos como se los presenta, por el contrario tuvieron un objetivo político-militar muy preciso y sabían lo que hacían y parece que evitaron en realidad, hasta donde les fue posible, cualquier desmesura.

Sobre las razones de estas acciones, como casi en todo, las discrepancias son evidentes. La oficial, una vez más sin ninguna prueba contundente hasta hoy, ha simplificado las cosas de tal manera que para ellos no hay ninguna razón válida que explique el por qué de estos hechos. El presidente Bush se preguntó, en un tono más de farsante que de ingenuo: "*¿Por qué contra nosotros?*"

Los argumentos más frecuentes inciden que son locos, envidiosos, fanáticos, bárbaros, primitivos y terroristas que quieren destruir al símbolo de la civilización, de la democracia, de la libertad y del progreso para imponer el fundamentalismo, el islamismo y hacer retroceder a la humanidad al oscurantismo, al primitivismo y la barbarie. Es decir adjetivos y más adjetivos. Consecuentemente la respuesta debe ser una *guerra total* contra ellos y quienes los apoyan. En esta guerra no caben los análisis ni las discusiones, el tiempo de las medias tintas se acabó. No hay más alternativas, la barbarie o la civilización, la libertad o la opresión, la cultura o la ignorancia, *con EE.UU. o con los terroristas,* se ha repetido y se repite constantemente.

Lo anterior ha sido planteado abierta y directamente. De manera indirecta y hasta subliminal se ha planteado en términos absolutos y trascendentes, de esa forma se intenta calar en lo más profundo de la conciencia-inconsciencia de la población. Se repite una y mil veces que hay que elegir entre nosotros, que somos la vida y ellos, que son la muerte; entre nosotros, que somos el bien y ellos, que son el mal. En dos palabras, elegir entre nosotros, que somos el Dios y ellos, que son el Diablo. Así lo entiende también el ya citado escritor Corm cuando declara: "El 11 de septiembre lo demostró a las claras, los terroristas habían atacado a un poder divino y, por consiguiente, todos teníamos que esperar el castigo de dios. Este lenguaje narcisista y mitológico es un lenguaje religioso bajo una apariencia laica." (Ridao 2002: 7).

Otros, como Toni Negri, sostienen que: "El 11 de septiembre, una parte del capital mundial atacó a la otra parte." (Galán 12: 2001). Es decir, estos hechos serían parte de las contradicciones entre diferentes grupos de poder económico que tratan de esa forma, en este reacomodo mundial, de solucionar sus contradicciones y ganar mayor influencia y así entrar en mejores condiciones a ser el centro del Imperio en configuración.

Las preguntas serían: ¿Son los capitales de la gran burguesía árabe lo suficientemente fuertes como para entrar a resolver sus contradicciones, con los otros grupos financieros, de esa forma? O de lo contrario: ¿Sin saberlo estos grupos están preparando las condiciones para que otros sectores económicos y políticos mundiales, como China, tomen la posta y se conviertan en los jefes del futuro Imperio? Nosotros no estamos en condiciones de responder, por el momento, estas preguntas.

Por último hay un tercer grupo de especialistas, como el publicista norteamericano Ralph Shoenman y la periodista colombiana Gloria Gaitán, que interpretan estos hechos entre tolerados, inducidos y hasta como hechura del mismo Estado norteamericano, en particular de la CIA y el actual presidente Bush. La estudiosa colombiana sostiene que Bush, sin mostrar ninguna prueba, acusó de buenas a primeras a Bin Laden y su Al-Kaida como los autores intelectuales y materiales de los sucesos del 11 de septiembre. Ella sostiene que al no tener un enemigo visible al frente, la necesidad de imponerse como cabeza del nuevo Imperio, reactivar la guerra de las Galaxias y más, en lo doméstico, reactivar su economía en recesión, son las razones, el por qué había, *entonces, que construir un enemigo.*

La razón para *construir un enemigo*, en estas circunstancias, no es ninguna novedad. Ella recuerda los hechos del 27 de febrero de 1933 cuando los nazis incendiaron el Reichstag y sin prueba alguna acusaron a la oposición de ser los autores. Este enemigo inventado fue el perfecto chivo expiatorio que necesitaban para iniciar la construcción del Dritte Reich. Ella cree que la misma lógica ha guiado a este *Hitler del siglo XXI,* como Gaitán llama al presidente Bush.

En todo este montaje, como en el pasado en Alemania, la propaganda ha jugado un rol fundamental, la que insistentemente propaga un razonamiento elemental, primitivo y amenazador: *El que no está con los Estados Unidos está con los terroristas.* Por último, ella está convencida que sí es posible que la CIA organice fuerzas y amaestre hombres para cumplir acciones de esta naturaleza. Leamos: "Mas dirán algunos que sólo los fundamentalistas islámicos o los kamikazes japoneses son capaces de suicidarse en un acto terrorista, no así un norteamericano. Eso no es cierto. Los televidentes de televisión por cable vimos horrorizados, hace pocas semanas, un programa profusamente documentado donde se denunciaba cómo la CIA venía entrenando, mediante el uso de sustancias psicotrópicas, hipnosis e intervenciones neurológicas, a agentes robotizados para adelantar operativos suicidas que incluían actos terroristas." (Gaitán 2001: 3).

Por su parte Shoenman dice que estos hechos fueron anticipados por muchos organismos y servicios de inteligencia internacionales al gobierno de Bush. Menciona al servicio de inteligencia ruso, al hindú, al Mossad israelí, e inclusive a la información pública aparecida en el diario alemán Frankfurt Allgemeine Zeitung. Conclusión, los servicios de inteligencia norteamericanos sabían de antemano la posibilidad de estos ataques.

Luego dice que ese espacio aéreo, donde estuvieron ubicadas las torres en New York y el Pentágono en Washington son espacios prohibidos y cuando son violados inmediatamente son interceptados por los aviones caza F-16, que en este caso, teniendo el tiempo más que suficiente, no lo hicieron. Conclusión, su actitud es más que sospechosa. Continúa diciendo que muchos de los supuestos secuestradores estaban en la lista de sospechosos de la CIA y el FBI y pesar de ello fueron entrenados en Bases de las fuerza aérea estadounidense: "Y también, Atta y su equipo se hospedaron en la residencia de una persona involucrada con la CIA en el asunto Irán-contra." (Yehya 2002: 1).

Shoenman recuerda el atentado al WTC del año 1993 que fue ejecutado por un miembro del servicio de inteligencia de Egipto e informante del FBI. Toda la información relacionada con el hecho fue depositada en los almacenes del FBI: "Esta dependencia -dice- tuvo cincuenta cajas de información acerca del atentado con seis meses de antelación. Y la gente que se encargó de obtener un departamento, proveer los fondos y rentar la camioneta resultó ser la Mossad. Este atentado fue una operación del FBI y la Mossad y éste es el fondo de la operación del 11 de septiembre." (Yehya 2002: 2).

Posteriormente hace un recuento de las principales acciones terroristas hechas e inducidas por la CIA tanto externa como al interior de EE UU., para concluir diciendo: "El verdadero origen del terrorismo en contra del pueblo estadounidense puede encontrarse en el pentágono y la clase gobernante, ese dos por ciento que es dueña del noventa por ciento de la riqueza nacional." (Yohya 2002: 4).

Pasando a otro tema, pero relacionado con el anterior, en base a la información hecha pública por el Houston Chronicle, Wall Street Journal y Judicial Watch en los años 90, Shoenman evidencia la relación comercial y financiera (18) entre la familia Bin Laden con la familia Bush. Alianza que ha dado origen al grupo Carlyle: "Esta compañía, con su enorme capital y relaciones con 240 jefes de gobierno, es un vehículo para comprar empresas que tengan cualquier relación con la industria de la defensa y después conseguirles contratos maravillosos que inflen sus acciones de manera gigantesca dejando ganancias de miles de millones de dólares. El Carlyle Group no sólo controla contratos militares, sino que tiene enormes subsidiarias como United Defence y está profundamente involucrada en la industria farmacéutica: Carter Wallace, Endo, Kelso, Unilab y Eli Lilly. ¿Qué tiene que ver esto con las circunstancias del 11 de septiembre? El grupo Carlyle está tan asociado con los fondos de Bin Laden que prácticamente existe gracias a ellos; además está relacionado directamente con la compañía que tiene el monopolio para producir la vacuna contra el ántrax, Bioport." (Yohya 2002: 5).

Terminamos esta parte diciendo que, sin compartir por completo las opiniones de Gloria Gaitán y Ralph Shoenman, eso no invalida su veracidad. De igual modo, si la mayoría de los especialistas tienen otra interpretación de los hechos, eso no implica que las anteriores sean necesariamente falsas. Uno de los grandes problemas, no sólo para el común de los mortales, sino incluso para los expertos, es escapar de la lógica trabajada por la propaganda, de la inducción que con mucha facilidad nos orienta. Mas por el contrario, nos es difícil aceptar ideas que van en contra de la corriente por más coherentes que sean.

La reacción sobredimensionada y brutal del Estado norteamericano ya estaba prevista; la búsqueda de culpables en cualquier parte del mundo, de igual manera, anunciada; el apoyo del mundo oficial, de antemano deducible. Que este hecho sería una gran oportunidad para chantajear a unos y sacar ventaja sobre otros en su competencia sin competidor visible, en función de la meta de ser el centro del Imperio, es lo relativamente nuevo.

El Estado y la clase dominante norteamericana ha contentado a la población, en especial a su población, con la política de gran potencia, de la propaganda psico-social y más con el arma del miedo y el terror psicológico. La liquidación del gobierno de los talibanes en Afganistán, la detención de muchos de ellos y la masacre de miles de pobladores afganos son los mejores trofeos que muestran al mundo y en especial a la población de su país. Con ello han escondido su fracaso, el de destruir a los terroristas de Al-Kaida y capturar, vivo o muerto, a su jefe Osama Bin Laden, que fue su objetivo principal.

Esta campaña seguramente, como muchas otras, pasará y se iniciará otra y así sucesivamente. Las construcciones derribadas serán rápidamente reconstruidas y modernizadas, las pérdidas económico-financieras, puntualmente resarcidas; los *terroristas,* sin miramiento, terminarán aniquilados o encarcelados, la deseada calma volverá a las calles, a los cafés; algunos de los artistas seguirán con sus cruzadas de solidaridad, la gente volverá a sonreír y a vivir la vida como antes.

Pero en el fondo de los fondos algo palpita en el inconsciente colectivo. Es el *síndrome de la inseguridad* que se levanta sobre la base de *la duda de sí misma* instalada en el inconsciente del común del norteamericano. Y ese palpitar perdurará por muchos años y será el acompañante incómodo para varias generaciones más. Este *síndrome de inseguridad* en la población norteamericana es más grande y más profundo que su conciencia de seguridad que lo caracterizaba hasta el 11 de septiembre.

El 11 de septiembre, el común del poblador norteamericano, perdió la inocencia. La casta y arrogante dama perdió la virginidad y se transformó en una vulgar prostituta que puede ser poseída por el más ruin de los rufianes. Se acabó la edad de oro, el paraíso terrenal fue destruido por *los cuatro pilotos del Apocalipsis* que un 11 de septiembre de 2001 hicieron llover fuego y ceniza sobre los cielos de Washington y New York.

Adentrándose en este aspecto del sentimiento de seguridad del norteamericano común, el que casi siempre fue sinónimo de arrogancia de país intocado, el publicista John Carlín hace un tiempo atrás escribió: "El americano medio es un ser optimista, religioso, poco dado a la ironía, nada interesado en el resto del mundo pero convencido de que su país es el más grande, el más civilizado, el más justo, el más democrático, el más poderoso y el más invulnerable en la historia de la humanidad." (Carlín 2001: 1).

Párrafos después, agregó: "Y es normal que así piense, (...) porque Estados Unidos, en lo que a territorio geográfico se refiere, nunca ha sido un país víctima, Estados Unidos ha atacado a otros países, ha sido el agresor. (Aunque siempre, siempre a favor de una causa justa, piensa nuestro americano medio.) Estados Unidos lanzó las bombas sobre Hiroshima y Hanoi, pero jamás se hubiera imaginado que Hiroshima y Hanoi se repetiría en Washington y Nueva York." (Carlín 2001: 1).

Por su parte el sociólogo francés Alain Touraine, haciendo resaltar otro aspecto, en la misma dirección de la idea anterior, de igual modo escribió: "Lo que hace que dure la importancia del 11 de septiembre es que representa el primer día en que América sólida, valiente y eficaz, ha comenzado, sin embargo, a dudar de sí misma y de su rechazo testarudo y comprender a los otros." (Touraine 2001: 2).

Todo norteamericano medio se pregunta en voz baja: ¿Qué pasó con el control tridimensional desde el espacio aéreo? ¿Qué fue de los radares, de los cazas y del control remoto? ¿Qué fue de la CIA, del FBI y todo el aparato de control y seguridad? Preguntas que posiblemente nunca encontrarán una respuesta convincente, y así hasta la tumba.

Otras personas, con una metáfora acuñada por Mao Tsetung, se preguntan: ¿"Son tigres auténticos o son tigres de papel"? Si son tigres auténticos, por qué no actuaron y por qué permitieron que unos cuantos bárbaros y primitivos terroristas hayan "clavado un puñal en el corazón del imperio", como declaró el profesor argentino Atilio Boron. En esa dirección, lo sostenido por Gaitán y Shoenman tendría mucho asidero. Si no son tigres auténticos, se tiene que aceptar esa derrota y reconocer que hubo mucho de bobería o ingenuidad, que para la ocasión tienen el mismo significado, por haber aceptado y haber vivido muchas décadas creyendo en este tamaño embuste.

Al margen de que se encuentren o no respuestas, en estos momentos, a estas interrogantes, la verdad de las verdades es que *la instalación de la duda de sí misma* en la conciencia-inconsciencia de esta sociedad, que es la base sobre la cual se forma el *síndrome de la inseguridad,* se irá empozando más y más en la vida del norteamericano común. Y este problema no se soluciona con invasiones, tampoco con guerras, menos con propaganda subliminal. Por el contrario estas acciones, según los especialistas, los ahondan y complican más.

¿Será posible que la clase dominante del Estado norteamericano se recupere de la herida en el alma y de la puñalada en el corazón? Si la respuesta es positiva, tendremos por un buen tiempo más al gigante de pies de acero caminando por sobre el mundo y haciendo guerras donde le plazca, en la medida que argumentos siempre tendrá y si no los hay los inventará.

De ser la respuesta negativa, se habrá iniciado aquel 11 de septiembre de 2001 la cuenta regresiva o el principio del fin, quizá no de un sistema, menos de una civilización; pero sí de un país que llevó al capitalismo hasta sus últimas consecuencias, como lo sugieren estudiosos del nivel de Gore Vidal, Alan Woods y, en especial, del historiador alemán Ralph Bollmann.

Retomando el debate en torno al imperialismo páginas antes expuesto, en primer lugar, nosotros pensamos que los cinco puntos expuestos por Lenin que caracterizan al imperialismo siguen siendo válidos. El problema es que no son suficientes, a esta altura del desarrollo del sistema, para explicar la compleja realidad mundial actual. Éste nos parece que es el gran tema a investigar, analizar y sintetizar.

En segundo lugar, estamos de acuerdo que el Estado-nación está en crisis y más aún su relación con el movimiento económico es más profundo aún, en la medida que (con la aparición de la mercancía, el mercado, la plusvalía, el capital) el capitalismo es un sistema que no tiene patria ni bandera, que no tiene sabor ni color, que sólo cree en el Dios de la ganancia y sólo habla el idioma de la seguridad, de su seguridad. Por lo tanto, el Estado-nación fue en gran medida una formalidad. En otras palabras, fue bastante Estado y poco nación.

Ya en los años 40 del siglo XIX, Marx y Engels sostenían, con toda razón, que: "Mediante la explotación del mercado mundial, la burguesía ha dado un carácter cosmopolita a la producción y al consumo de todos los países. Con gran sentimiento de los reaccionarios, ha quitado a la industria su base nacional. Las antiguas industrias nacionales han sido destruidas y están destruyéndose continuamente. Son suplantadas por nuevas industrias, cuya introducción se convierte en cuestión vital para todas las naciones civilizadas, por industrias que ya no emplean materias primas indígenas, sino materias primas venidas de las más lejanas regiones del mundo." (Marx y Engels 1974: 36).

En tercer lugar, que se esté configurando y más aún que ya existe un Imperio es aún discutible. En la medida que hasta hoy no se evidencian, por ejemplo: ¿Cuáles son las características de este Imperio? ¿En base a qué normas y principios se puede hablar ya de ese nuevo Imperio? ¿Con cuál de los imperios del pasado se le compara o se le asemeja?

91

La tesis de la decadencia de la sociedad norteamericana y el Imperio USA no es nueva, si bien es cierto que en los últimos años ha tomado mucha fuerza e importancia en la discusión político-académica, eso no implica que recién comience el debate.

En 1980, Octavio Paz, analizaba estos dos hechos con mucha claridad. Él, en torno al Imperio, escribió: "... Estados Unidos no está en el futuro, región inexistente; está aquí y ahora, entre nosotros los pueblos extraños de la historia. Son un *imperio* y sus más ligeros movimientos estremecen al mundo entero. Quisieron estar fuera del mundo y están en el mundo. Así, la contradicción de la sociedad norteamericana contemporánea: ser un *imperio* y ser una democracia, es el resultado de otra más honda: haber sido fundada contra la historia y ser ella misma historia." (Paz 1990: 38 y 39).

Y en relación a la decadencia continuó: "... es difícil no convenir en que desde hace años asistimos a una gradual disminución del poderío militar y político de Estados Unidos. La república imperial, según nos avizoran muchos signos, alcanzó ya su mediodía y probablemente ha iniciado su descenso. Es un proceso lento y que puede durar un siglo, como el de España, o cuatro o cinco, como el de Roma. Sólo que, a diferencia de lo que ha ocurrido en el pasado, no se ve todavía en el horizonte histórico apuntar un nuevo astro." (Paz 1990: 39).

Volviendo a la discusión actual en torno al Imperio y la decadencia, parte de estas inquietudes fueron también de algún modo, hace un tiempo atrás, respondidas por el historiador alemán Ralph Bollmann. En un resumen de su investigación sobre dicho tema que es titulado *Ist America das neue Rom*? (¿Es América la nueva Roma?) da respuesta a la mayoría de estas interrogantes. Sus argumentos, sin dejar de ser discutibles, son serios y sugerentes. Hay que decir asimismo que las ideas de Bollmann, sin ser copias naturalmente, están bastante influenciadas por los argumentos del autor de *Der Untergang des Abendlandes* (La decadencia de occidente). (19)

En función de seguir profundizando el tema, las tesis de Bollmann pueden ser resumidas así. En las dos experiencias (Roma y EE.UU.) se ve el gran poder que concentra el Estado. La mayoría de sus territorios fueron y son conquistados a través de las guerras. El rol de los super-presidentes norteamericanos son similares al de los césares romanos.

El idioma latín se imponía en todas las provincias como idioma oficial, de igual modo se hace hoy con el idioma inglés. Europa juega un rol cultural para con EE. UU. del mismo modo que Grecia lo hizo en el pasado para con Roma. A pesar de ello Roma convirtió a Grecia en una provincia, de igual modo EE.UU. ha hecho de Europa algo así como un super-Estado con presencia militar incluida.

El historiador continúa. Hasta hace más de una década existía un cierto equilibrio en el mundo, la Unión Soviética y EE.UU., esto se acabó con la caída del muro de Berlín. De igual modo en el pasado existió por algún tiempo un equilibrio entre Roma y Cartago, hecho que se rompió con la caída de Cartago y terminando Roma como la única potencia. Posterior a este hecho comenzaron los ataques contra el Imperio Romano de los pueblos que ellos llamaron bárbaros (germanos y hunos).

De igual manera, después del 11 de septiembre, los bárbaros primitivos de antaño son, según el mundo oficial norteamericano, los fundamentalista-terroristas árabes. Se sostenía en el pasado que los bárbaros querían terminar con la cultura, con la religión y con la humanidad en su conjunto. De igual modo hoy se habla que se está librando una lucha cultural, religiosa y que los islamistas quieren terminar con el mundo civilizado.

Esto, que podría ser lo general, tiene también sus pequeñas coincidencias. En el pasado existían los estadios donde los gladiadores, con su sangre y su muerte, hacían delirar a los esclavistas espectadores. Hoy, esa historia en alguna forma se repite, especialmente con la industria del box en EE.UU., donde los nuevos gladiadores hacen delirar al público de los coliseos a golpes y manando sangre al interior del cuadrilátero.

Finalmente el historiador Bollmann encuentra otra coincidencia: "Se aseguraba el premio con cereales y vino, una elegante toga o la distracción en el teatro. Todo tenía en la antigüedad una parecida atracción como ahora McDonald's o Coca Cola, Levi's o Hollywood." (Bollmann 2002: 2).

Por último, de los argumentos líneas antes expuestos, siendo el tema del Imperio aún discutible, lo que muy pocos discuten es la existencia del imperialismo norteamericano como potencia única que domina y controla a gran parte del mundo. ¿Ha devenido este Estado-país un nuevo Imperio? De no ser cierto, ¿es ésa su tendencia? De ser verdad lo último, ¿en cuánto tiempo podrá devenir Imperio propiamente dicho? ¿Es otro país quien se perfilará como el futuro nuevo Imperio? Son algunas preguntas que rondan en la cabeza de los especialistas. ¿Por cuánto tiempo y hasta qué medida estas interrogantes esperarán respuestas? Ésta es tarea de la historia que avanza sin prisa pero sin pausa y de la acción de los encargados a ordenar y sistematizar los hechos, leyes, principios y tendencias histórico-sociales.

Lo cierto es que por el momento, las clases dominantes de la mayor parte del mundo, y en especial los grandes capitalistas y financistas, tienen en EE.UU. su Estado, su país y piensan, como han pensado siempre este tipo de personas, que su poder es eterno (20). Nosotros terminamos esta parte recordando lo que Adam Smith, adelantándose más de 200 años al debate actual, escribió: "Pero aunque los imperios, como todas las obras humanas, han probado ser hasta hoy mortales, a pesar de ello todos los imperios aspiran a la inmortalidad." (Smith 1999: 750).

Algunos de los temas, como el Estado, la democracia, las ideas político-filosóficas, que han sido tratados en este capítulo, los desarrollamos en el siguiente capítulo de esta investigación centrando en América Latina.

SEGUNDO CAPÍTULO

REFLEXIÓN POLÍTICO-SOCIOLÓGICA EN AMÉRICA LATINA DESDE MEDIADOS DEL SIGLO XIX HASTA COMIENZOS DEL XX

ESTADO Y DEMOCRACIA EN AMÉRICA LATINA

"Una modernidad liberal de ruptura con las legitimidades tradicionales, según el modelo de la Revolución francesa, se encuentra por doquier en el origen de las constituciones políticas de los nuevos Estados independientes latinoamericanos. No hará falta decir que tanto Europa como la modernidad pasaron por mil avatares en estas tierras. Por encima de elementos específicos bien delineados, e incluso de una `duplicación´ liberal, ¿puede percibirse allí una inclinación `latina´ a establecer leyes, a concebir, abstraer, proclamar o a imponer un ideal universal o una ideología mesiánica, o bien a laicizar un catolicismo universalista, incluso mediante la revolución? En los siglos XIX y XX, ¿acaso tales tendencias no se traducen en todas partes en las `revoluciones liberales´ como herederas de la Ilustración; en el gran éxito de un positivismo comtiano o spenceriano en México, en Venezuela, en Brasil (sobre todo en Brasil), en Chile y en otros países que en aquel entonces tenían pocas relaciones entre sí;...".

Francois Chevalier,
América Latina. De la independencia a nuestros días
(1999)

Tres hechos predominantemente violentos y concatenados (el descubrimiento, la conquista y la colonización) fueron y son la base sobre la cual se ha venido construyendo y se construye la sociedad latinoamericana. Son estos hechos los que han determinado y a la vez influenciado en la configuración de la personalidad histórica y la razón político-cultural de este continente.

Las consecuencias son diversas y las interpretaciones encontradas. Un aspecto, en comparación, poco discutido y discutible es el relacionado con el trauma histórico de la conquista y la mentalidad colonial que de la misma se derivó. Hecho que perdura, con toda su carga de traumas y frustraciones, empozada en el alma del común del latinoamericano, hasta nuestros días. Diferentes fueron las causas que determinaron la configuración de la mayor parte de la hoy América del Norte (EE.UU. y Canadá). Esta última parte del mundo tuvo, desde sus orígenes, un proceso de evolución diferente y hasta cierto punto contrapuesto, sin prescindir de la violencia, al resto del continente americano. (1)

Obviando el aspecto interno y centrando en el externo, Francis Fukuyama explica esta diferencia, así: "Mientras que América del Norte heredó la filosofía, las tradiciones y la cultura de la Inglaterra liberal que había surgido de la `gloriosa revolución´ del siglo XVII, América Latina heredó muchas de las instituciones feudales de los siglos XVII y XVIII de España y Portugal. Entre ellas estaba la poderosa tendencia de las coronas de estos países a controlar la actividad económica para su mayor gloria, práctica conocida con el nombre de mercantilismo." (Fukuyama 1992: 158 y 159).

La hoy América Latina, con algunas diferencias, construye su razón histórica y su representación cultural, en gran medida, determinada e influenciada principalmente por la producción y recreación del denominado mundo occidental.

Sin lugar a dudas, como producto de la influencia de diversos pueblos y culturas, hay diferencias de grados y de niveles al interior de las sociedades latinoamericanas. A la par es menester no olvidar la herencia (oculta en unos, semi-ocultas en otros y evidentes en unos terceros) de las culturas autóctonas, las que en su conjunto tienen aún presencia y vigencia en la vida de estas sociedades.

El peso y presencia de la herencia pre-colombina, a pesar de ser el aspecto dominado y en proceso de extinción, está allí presente. Lo dominante y en proceso de expansión son los principios y las normas que el mundo occidental, fundamentalmente, le ha impuesto y le impone.

Lo último es evidente en el aspecto económico y político principalmente, mientras que en el plano ideológico-cultural se puede observar, en unos niveles y en unos países más que en otros, el mestizaje, el sincretismo y la hibridación, producto del aún vivo pasado histórico-cultural.

Alejo Carpentier, en contra de las ideas y los gustos de los racistas de ayer y hoy, ve en este amasijo y encuentro de mundos un hecho trascendental para América Latina: "... puesto que este suelo americano fue teatro del más sensacional encuentro étnico que registra los anales de nuestro planeta: encuentro del indio, del negro y del europeo de tez más o menos clara, destinados, en adelante, a mezclarse, entremezclarse, establecer simbiosis de culturas, de creencias, de artes populares, en el más tremendo mestizaje que haya podido contemplarse nunca..." (Carpentier 1981: 81).

Así como el descubrimiento, en parte la conquista del Mundo Nuevo se hizo con las ideas que emanaron del Renacimiento; en contraposición a ello, la colonización se hizo con el espíritu que alimentó la contra-reforma, es decir, con el espiritualismo y la escolástica en sus diferentes formas y variantes.

Mientras que las guerras de la independencia, formalmente, se hicieron con la ideología, los principios e ideales de la burguesía en general y de la Revolución Francesa en particular, los nuevos Estados que aparecieron, producto de esta acción, se organizaron, en esencia, con las mismas ideas con las cuales se organizaron los Estados coloniales.

Esta misma experiencia se repitió a nivel de clases y grupos dominantes. Leopoldo Zea es muy claro al respecto: "La lucha no ha sido entre América y España, sino entre España y España. Una España más joven, pero España al fin, es la que ha vencido a la vieja España. Nada ha cambiado, los mismos y ya viejos privilegios siguen en pie, los propios libertadores se han encargado de que así sea. Hispanoamérica sigue siendo una colonia." (Zea 1965: 43).

En consecuencia, las nuevas repúblicas que aparecieron organizaron sus gobiernos, su legislación y su vida cultural en base a estos principios y normas. De esa manera el mundo aristocrático-terrateniente logró prolongarse y ser predominante hasta más o menos las primeras décadas del siglo XX. A partir de estos años se observa una evidente y lenta evolución por la vía capitalista de la estructura económica y también de la vida político-social en el continente.

A pesar de lo antes descrito, muchos ideólogos y políticos desde muy temprano en estas nacientes repúblicas, repitiendo a sus pares europeos, hablaron de libertad, de igualdad, de confraternidad, de democracia, de elecciones, de partidos políticos, de constituciones, de leyes, de Estado de derecho, etc. La clásica polémica ideológico-política desarrollada en Europa tuvo eco en las comarcas latinoamericanas.

Algunos ideólogos creían que la mejor forma de organizar los gobiernos de estos países era la monarquía, que se enfrentaron con los que creían que la mejor forma era la república. Luego hubo los que propugnaban el federalismo, los mismos que polemizaban con los que defendían el unitarismo. Y finalmente existieron los conocidos liberales en oposición a los clásicos conservadores.

La mayoría de éstos, teóricos llenos de buenas intenciones, en su afán de construir la democracia, terminaron por imponer una caricatura de la misma, esto nos confirma el ya citado Zea cuando escribe: "La democracia tenía que ser impuesta en estos pueblos sin tener en cuenta que estos pueblos la quisieran o no. Había que elegir entre dos absolutismos, entre dos predominios de carácter absoluto. El predominio del absolutismo, dice Bilbao, o el predominio de la libertad. Monarquía feudal o república federal. (...) La meta de estos hombres era la democracia. Pero una democracia que era imposible alcanzar de un golpe. Lo importante era que el poder fuese alcanzado por quienes estaban animados por esas ideas. Ya desde él, se forzaría la realidad para adaptarla al ideal de la democracia." (Zea 1971: 48 y 49).

Lo bueno fue que se habló de estos principios y se barajaron estos proyectos. Lo malo fue que solamente se habló sin tener en cuenta la realidad social del continente. Aquí radicaba la diferencia con los movimientos revolucionarios burgueses europeos que hablaron y en algunos países, y hasta cierto punto, también llevaron a la práctica.

La burguesía europea, como consecuencia de su momento histórico, su desarrollo económico, su necesidad social y su producción ideológico-cultural, especialmente en una primera etapa, llevó a la práctica concreta algunos de estos principios, de ahí que aparecen los gobiernos orientados por normas y principios que se denomina hasta la actualidad sistema de democracia representativa. Mientras que en América Latina, por las mismas razones, pero en sentido opuesto a las anteriores, estos principios se limitaron a la formalidad de las proclamas, a la grandilocuencia de los discursos y al articulado de las constituciones.

En la mayoría de estos nuevos Estados, que se proclamaron repúblicas y sus gobiernos se declararon democráticos y liberales, aparecieron algunos estudiosos que intentaron comprender la problemática político-social de sus respectivos países. En estos investigadores, sin ser su preocupación única, el tema de la organización del gobierno ha sido un tópico recurrente. Consecuentemente la polémica al respecto ha sido larga, cruenta y prolongada, pero lamentablemente, en la práctica concreta poco productiva.

En torno al sistema de gobierno que debería implementarse en estas nuevas repúblicas, sin salirse de los marcos diseñados por los ideólogos europeos, la intelectualidad del continente analizó, discutió y discrepó sobre la viabilidad de los métodos y las normas que sus pares europeos recomendaban. A fin de cuentas se organizaron los gobiernos, desde México hasta Chile, en la mayoría de los casos, como caricatura o en el mejor de los casos como un mal remedo de los organizados en el Viejo Continente.

Lo aquí afirmado coincide, en alguna forma, con la opinión del historiador francés F. Chevalier; cuando se refiere a esta etapa de la historia de América Latina, escribe: "Hay que pensar ese continente del que forman parte una veintena de Estados, todos salidos teóricamente de la `soberanía popular´ y de la modernidad de la Ilustración. De hecho, en esas `repúblicas´ formales y en un imperio liberal, el `pueblo´ y la `nación´ se redujeron, durante un tiempo más o menos largo, a grupos de ciudadanos convertidos a veces en oligarquías cerradas, incluso en clanes familiares de corte liberal o clientelas de caudillos ya ocasionales, ya más duraderos." (Chevaler 1999: 9).

La situación fue distinta con respecto a la organización del Estado, en este caso no se discutió, simplemente se actuó. Los encargados de montar este aparato fueron dos sectores sociales, principalmente. En primer lugar, una facción de la vieja aristocracia colonial que se había metamorfoseado y que había adecuado sus intereses y su vida a las condiciones económico-políticas de la nueva situación. Y, en segundo lugar, la naciente aristocracia criolla formada, y sobre todo articulada, en los prolegómenos de y en la guerra de la independencia.

Los nuevos Estados, en el aspecto militar y burocrático, se puede decir que fueron la prolongación o la extensión de los Estados coloniales. Y en el plano ideológico, con alguna pálida influencia del ideario político burgués en el discurso, la mentalidad del medioevo (la escolástica, el espiritualismo, principalmente, en su versión tomista) fue quien preponderantemente orientó estos organismos hasta más o menos las dos primeras décadas del siglo XX.

Las clases sociales, especialmente la aristocracia criolla, fueron apoyadas y hasta financiadas (aquí está la génesis de la actual impagable deuda externa de América Latina) en gran parte por las burguesías europeas (principalmente la inglesa) que se interesaron en desarrollar el mercado, facilitar la penetración de sus capitales y asegurar sus ganancias en esta parte del mundo. Al pasar el tiempo, esta fórmula empréstito-deuda, se acentuó notoriamente con consecuencias y resultados más que funestos para los pueblos de América Latina.

Finalizando el siglo XIX, el escritor francés Gustave Le Bon comprendió con mucha claridad este problema y denunciando estos leoninos empréstitos, escribió: "Las 20 Repúblicas Latinas de América viven de empréstitos europeos que se reparten bandas de bribones políticos asociados a bribones de la finanza europea encargados de explotar la ignorancia del público (...) En esas desgraciadas repúblicas el pillaje es general y como todos quieren participar en él, las guerras civiles son permanentes." (Le Bon 1894: 20).

Estos sectores sociales, para dar concreción y viabilidad a estos nuevos Estados, por un lado, recurrieron a la mayoría de los miembros de la antigua burocracia colonial, y por otro lado, reclutaron a parte de las fuerzas armadas realistas que las fusionaron con las fuerzas armadas patriotas nacidas de las campañas de la independencia.

Con algunos cambios secundarios, el espíritu y la estructura de las nuevas fuerzas armadas y de la nueva burocracia seguían obedeciendo a la mentalidad y la savia del antiguo Estado colonial. Se pudo observar que la mayoría de los antiguos funcionarios mantuvieron sus cargos y muchos militares, que incluso habían luchado en contra de la independencia, continuaron su carrera militar en las nuevas fuerzas armadas y hasta mantuvieron sus antiguos grados. Muchos de estos individuos terminaron su carrera militar como presidentes de las nuevas repúblicas. Con este hecho dieron origen al muy comentado fenómeno del llamado militarismo en Latinoamérica. (2)

Cuando hablamos de la mentalidad que orientó a estos nuevos Estados, nos referimos básicamente al rol del espiritualismo, la escolástica en general y del tomismo en particular. Mentalidad que tenía en la Iglesia católica su mayor representante. Esta institución, si bien es cierto no fue lo mismo que el Estado, su influencia y peso en las sociedades latinoamericanas fue determinante. Esta alianza del Estado con la Iglesia católica o, si se prefiere, de la Iglesia católica con el Estado, fue una fórmula que dio buenos resultados en la explotación, dominio y control de estas sociedades.

El escritor Carlos Fuentes cree que la alianza de la Iglesia católica y las Fuerzas Armadas, como base y sustento del Estado, ha sido la causa que ha determinado esa figura política contrapuesta y recurrente que cubre gran parte de la vida política de este continente. Nos referimos a la anarquía y a la dictadura. Leamos lo que el mexicano, en torno al tema, escribió: "La independencia expulsó al Estado español. La iglesia y el ejército permanecieron, a veces más fuertes que los incipientes Estados nacionales, aunque siempre más fuertes que las débiles sociedades civiles. El resultado fue anarquía y fue dictadura, alternándose hasta la desesperación en la mayoría de nuestros países." (Fuentes 1990: 17).

El rol determinante del Estado, y dentro de él de las Fuerzas Armadas, de los jefes o caudillos (militares o civiles) en la historia política de Latinoamérica tiene su origen en este momento histórico y su base, en el tránsito de esta base económica feudal a una semi-feudal. Lo que sucedió posteriormente, en especial después de la Segunda Guerra Mundial (para entonces bajo el control y la orientación de EE. UU.), ha sido adecuarlas a las nuevas circustancias y eso implicaba, en alguna forma, desarrollarlas y modernizarlas, pero sin perder su esencia original.

Lo cierto es que la condición de países semi-coloniales tercermundistas en lo externo y su lento desarrollo por la vía burocrático-capitalista en lo interno hace imprescindible la existencia de este tipo de Estado y Fuerzas Armadas que se prolongan, con ciertas variantes, hasta nuestros días.

Culminada apenas la independencia, consecuencia de su realidad político-social, aparecen un rosario de personajes civiles y militares, en la actitud política de los mismos se combina lo real y lo grotesco, lo cómico y lo fantástico (3). Todos ellos, como en todo el mundo y en todas las épocas justifican su presencia en nombre del pueblo: "En nombre del pueblo, y para su bien, el doctor José Gaspar Rodríguez de Francia impone en el Paraguay una de las más crueles dictaduras que conoce la historia. En Argentina, un hacendado y militar, Juan Manuel de Rosas, enarbolando la bandera de la libertad y de los derechos de las provincias, impone otra histórica dictadura. En México, enarbolando unas veces una bandera, otras veces las opuestas, el general Antonio López de Santa Anna establece igualmente una nefasta dictadura. En Ecuador, Gabriel García Moreno establece una especie de teocracia, y en Chile, Diego Portales logra establecer un mecanismo gubernamental que, a semejanza del orden español, impone un orden impersonal, pero no por esto menos efectivo. Y así, en otros países, el hombre de mentalidad colonial va estableciendo el orden que sustituye al español." (Zea 1965: 74 y 75).

A despecho de los comentados procesos de democratización, el maridaje y la influencia directa del poder económico y el poder militar es aún preponderante en las sociedades latinoamericanas; así lo corrobora la historiadora Pau Villanota en un reciente estudio sobre dicho acápite. Leamos lo que ella dice: "Y si nos preguntamos si los opresores de ayer son los mismos que continúan oprimiendo hoy, tendremos que contestarnos que sí. Los militares y el capital que los defiende, van programando `masacres´ para continuar sometiendo al pueblo y apoderarse de sus tierras." (Villanota 2002: 363).

Ese proceso de transformación revolucionaria que experimentaron algunos países de Occidente en el plano económico, político y cultural no se dio en América Latina. En principio, en el nuevo continente, el modo de producción feudal no fue liquidado, la acumulación originaria no tuvo ni la fuerza ni las condiciones para desarrollarse; como consecuencia no se liberaron las fuerzas productivas, no se generó un mercado interno, nacional y auto-sostenido. En pocas palabras, no se pusieron las bases para el desarrollo del modo de producción capitalista. Por el contrario, sólo experimentó una evolución lenta por la vía burocrática hacia la semi-feudalidad. Otros dirían hacia el semi-capitalismo.

La clase llamada históricamente a cumplir esta tarea, la burguesía, no existió como tal y como resultado no se estructuraron ni construyeron los Estados-nación modernos, a pesar de la experiencia y la influencia europea y de los principios que ya estaban formulados y sintetizados. Y finalmente, la construcción de la nación quedó sólo en proyecto, reduciéndose, especialmente en los países de fuerte presencia indígena, a simplemente nacionalidades en formación. En resumidas cuentas se construyeron fuertes y poderosos Estados y escuálidas y pequeñas naciones.

Si en los años treinta del siglo XX se acuñó el término *Repúblicas Bananeras* para caracterizar y caricaturizar a ciertos países de Centroamérica (por el peso de las Fuerzas Armadas, el papel de los caudillos y el dominio externo), a pesar de las décadas transcurridas y de cierta modernización de estas sociedades, no estaríamos muy lejos de la realidad si esta caracterización la hacemos extensiva a gran parte de los países latinoamericanos hasta mediados del siglo XX.

El problema de la semi-feudalidad y la semi-colonialidad y todas sus implicancias y consecuencias en el plano de la representación política, son los dos hechos básicos que caracterizan en esta etapa a la sociedad latinoamericana. Coincidiendo en el fondo, pero con otras palabras, el ya citado sociólogo Enrique Bernales, sobre el punto, hace algún tiempo atrás, escribió: "Los dos elementos básicos que caracterizan la realidad de las nacientes repúblicas latinoamericanas: la subordinación exterior y la presencia de las relaciones pre-capitalistas negaron la posibilidad del Estado Liberal. La subordinación exterior determinó la existencia de una falsa soberanía, la subsistencia de las relaciones pre-capitalistas impidió la existencia de formas democráticas." (Bernales: 1979: 237).

De todo este amasijo económico, político-social y de dependencia, las clases dominantes, como es natural en todo el mundo, han sido las directamente beneficiadas, a pesar de que sólo han permitido la evolución del modo de producción social de esta parte del mundo.

Así piensa también el autor mexicano, párrafos antes citado, cuando escribe: "Desde la independencia, nuestra dependencia *dependió* de un espejismo: la prosperidad de América *Latina* estaba condicionada por la prosperidad de las clases altas. Por desgracia, estas clases han sido muy ágiles en copiar los modos de consumo occidentales, pero muy morosas en adaptarse a los modos de producción europeos y norteamericano." (Fuentes 1990: 15).

105

En las sociedades donde la burguesía ha cumplido en alguna forma su rol, acción que ha pasado necesariamente, como es bien conocido, por la revolución, ha estructurado un Estado, que sin dejar de ser tal, refinándose en unos casos y sometiéndose en otros casos, acepta reformas pacíficamente, se somete a la sociedad civil con algo de resignación, respeta la constitución, el Estado de derecho y el libre juego de partidos.

De igual manera tolera el contrapeso entre los poderes del Estado y se mantiene distante de la vida política menuda y cotidiana. En otras palabras, en estas sociedades el consenso, la democracia y la legalidad lucen sus mejores argumentos y cualidades. Y hasta se puede afirmar que se ha forjado algunos niveles de cultura democrática en el cotidiano vivir. Algunos países del llamado Primer Mundo, en alguna forma, podrán ser sus mayores representantes.

Se tiene que decir, por otro lado, que lo descrito líneas arriba dista mucho del discurso de los políticos, de lo escrito por los teóricos y de la prédica diaria de los medios de comunicación en torno a las bondades de las democracias avanzadas. En principio, esta democracia y este liberalismo, hasta en los países modelos, nunca ha dejado de ser de clase y hasta de castas, que se encumbren, se alimentan y retro-alimentan mutuamente. Y por otro lado, especialmente el liberalismo lleva inevitablemente al individualismo y al consumismo. Actitudes éstas que han devenido la nueva religión de estas democracias "laicas".

Esta cadena continúa y sólo termina a ojos vistos, en la mayoría de los casos, con el florecimiento, en el seno de estas sociedades avanzadas, de un nuevo autoritarismo y despotismo, aparentemente ya no del Estado ni de la autoridad, sino más bien del extremismo individualista-consumista que reina al interior de la población. Ese conocido principio de que "... ya no existe sociedad, que sólo existen individuos" atribuido a la ex-primera ministra inglesa Margaret Thatcher podría ser el corolario de lo aquí afirmado.

A pesar de todo, es pertinente recordar que esta democracia liberal y representativa es una de las caras bonitas de la burguesía, el rostro dulce y progresista que lo exhibe sobre todo en tiempos de paz y en los países desarrollados, llamados del Primer Mundo. Muy distinta es la otra cara en tiempos de guerra y particularmente en el Tercer Mundo. Las dos guerras mundiales, el viejo y el nuevo colonialismo, la miseria de los pobres del Tercer Mundo, que estos países liberales y democráticos los dominan, los explotan y les endosan sus crisis y sus problemas, son suficientemente presentes, palpables y sufribles que nos ahorra mayores comentarios.

En algunas sociedades europeas la democracia y el liberalismo no comulgaban con la gran propiedad terrateniente y todo su espíritu feudal, esto se dio especialmente en la etapa de libre concurrencia. Luego, en la etapa monopólica, la contradicción deviene conciliación y la democracia liberal florece incluso sobre una base económica pre-capitalista y sobre un mundo cultural con muchos rezagos medievales. Los casos de Alemania e Italia hasta después de la Segunda Guerra Mundial y de España y Portugal hasta los años 70 del siglo pasado son buenos ejemplos a mencionar.

Esta última experiencia descrita en Europa se ha dado, en términos generales, en América Latina, donde las clases dominantes no han podido o no han querido saldar cuentas con el pasado feudal, entre otras razones por su vinculación y dependencia al capital monopolista extranjero. En este sector de la feudal-burguesía o aristocracia terrateniente predominó, en gran medida, la mentalidad medieval combinada con algunos rasgos del ideario capitalista-imperialista.

Mientras que en la gran burguesía predominó y predomina el ideario capitalista-imperialista combinando con rezagos medievales y es esta ideología quien orienta su vida económica, política y cultural. Estos dos sectores sociales, teniendo algunas diferencias, tienen como rasgo común el haber propugnado y realizado una lenta y tortuosa evolución de las estructuras económico-sociales, con consecuencias bastante conocidas en la vida económica, política y cultural de esta parte del mundo.(4)

El rol del Estado, dentro de ello las Fuerzas Armadas, en Latinoamérica está íntimamente ligado a su historia colonial, a la evolución de su estructura económica, a su carácter semi-colonial y de igual modo al movimiento de las clases sociales. Primero como aparato al servicio de la aristocracia terrateniente y luego al servicio de la gran burguesía y sus facciones, sus formas de dominio y estilos de gobierno. Esta evolución y desarrollo tardío o burocrático, predominante en América Latina, donde el Estado, dentro de él las

Fuerzas Armadas, es el eje y el centro del dominio y control, es lo que caracteriza hasta hoy la vida político-social del continente.

Seguramente no estaremos lejos de la realidad si afirmamos que las sociedades y en particular los Estados latinoamericanos se han construido en base a las armas antes que a los votos, en base a la imposición antes que al consenso, en base a la unidad antes que a la multiplicidad; por último, en base a la improvisación antes que a la planificación.

Lo aquí sostenido no es patrimonio de esta parte del mundo, se ha dado también, en los últimos dos siglos, en buena parte de Europa por no hablar de otras partes del planeta. El Estado prusiano en el siglo XIX y el Estado alemán hasta el fin de la Segunda Guerra Mundial, con todas sus implicancias bastante conocidas y sufridas, son los que mejor ilustran esta experiencia. (5)

A este tipo de Fuerzas Armadas-Estados y Estados-sociedades se les ha denominado militaristas, totalitarios, piramidales, etc. Los mismos que han sido, en estos últimos cien años, orientados por una mezcla de ideología imperialista con ideología neo-tomista, con un marco nacionalista. Las corrientes políticas más conocidas son el fascismo, el nazionismo, el falangismo, el cremalismo, el justicialismo y el nacionalsocialismo.

Lo cierto es que son sociedades piramidales y militarizadas donde el Estado, y dentro de él las Fuerzas Armadas como institución, deciden en gran medida la vida y el accionar de la sociedad. Al final de cuentas, este método o estilo de gobernar no es una excepción. Es simplemente la otra cara, para algunos teóricos moralistas, la sucia y fea de la burguesía.

En América Latina, esta forma ha sido implementada y predominante, algunas veces llamándose democracia liberal y representativa, otras, dictadura a secas. Y por último, en otros casos, hasta proclamándose de revolucionarias. En medio de este mar torrentoso los caudillos y los caudillitos, sean militares o civiles, han tenido casi siempre el viento a su favor. (6)

En este continente, desde sus orígenes, se han construido, estructurado, desarrollado y mantenido los Estados siguiendo el modelo prusiano en el pasado y el modelo turco-israelí en la actualidad. Se puede afirmar (para ello sólo bastaría revisar la historia política desde México hasta Chile) que las Fuerzas Armadas latinoamericanas tienen sus Estados y los Estados tienen a la vez sus países. Con el agregado que no son independientes, por el contrario, son aparatos orientados y controlados por fuerzas externas, en especial en estos últimos cien años, por EE.UU.

Sobre el problema de la evolución del Estado, la democracia y la transición del feudalismo a la semi-feudalidad y de ésta al capitalismo; más la trasformación de la aristocracia terrateniente a gran burguesía en América Latina volveremos posteriormente. Ahí evaluaremos hasta qué punto las ideas en torno a estos tres tópicos se han desarrollado o se mantienen todavía.

Si lo desarrollado hasta aquí ha sido el camino de las clases dominantes, a pesar que no es tema de nuestra investigación, hay que decir que los sectores populares, los grupos marginados y las clases explotadas siempre han estado activamente presentes. La lucha ha sido una constante, en diferentes direcciones, en diversos frentes, aunque no siempre, y esto es lamentable, por sus reales intereses y menos por los históricos.

El escritor Alejo Carpentier cree encontrar en la historia de esta parte del mundo algo muy típico. Leamos lo que el cubano escribe: "La historia de América Latina tiene una característica muy importante y muy interesante. Es una ilustración constante de la lucha de clases. La historia de América no se desarrolla sino en función de la lucha de clases. Nosotros no conocemos guerras dinásticas como las de Europa, guerras de sucesión al trono; no conocimos guerras de familias enemigas como la guerra de los cien años, que fue una lucha de feudos; no conocimos las guerras de religión en el sentido estricto de la palabra." (Carpentier 1981: 185 y 186).

Con lo escrito por el autor de *Viaje a la semilla*, en lo esencial, estamos de acuerdo. Solamente deseamos recordar que hubo en el continente algunos movimientos de indios rebeldes que propugnaban el regreso a los tiempos precolombinos. De negros cimarrones que intentaban organizar las *comunidades negras* en unos países y en otros los llamados *Proyecto del Palenque*. Y por último hubo también algunos movimientos de carácter religioso; pero teniendo en el fondo una motivación económico-social.

Sin olvidar que hubo muchísimos movimientos en todo el continente, a lo largo del período analizado, deseamos recordar dos de las expresiones más importantes, las mismas que sacudieron esta parte del mundo y a la vez fueron acciones fundamentales que impulsaron la transición del mundo feudal a semi-feudal en unos casos o de la semi-feudalidad al capitalismo en otros.

En primer lugar la Revolución Mexicana (1910) puso sobre la mesa de discusión y en la punta de los rifles el problema de la tierra, una reivindicación de carácter económico, la misma que estaba directamente relacionada con la producción y reproducción elemental de la vida y a la vez encerraba una reivindicación, en el plano político, de aspiración y representación democrático-popular. Los sectores más pobres, en particular el campesinado, fueron, con sus aciertos y debilidades, sus mayores y más grandes protagonistas. Mientras que a nivel de individuos Emiliano Zapata en el sur y Francisco Villa en el norte fueron sus jefes. (7)

En segundo lugar la Reforma Universitaria de Córdoba (1918) fue un movimiento del espíritu, de la conciencia principalmente, algunos han dicho que fue una pequeña "revolución cultural". En ésta fue la pequeña burguesía ilustrada o clases medias acomodadas sus actores centrales. Sus reclamos fueron en contra de la mentalidad, los sistemas y los métodos feudales de enseñanza y levantaban como alternativa sistemas y métodos de carácter democrático-popular. Se dio en Argentina, en la ciudad símbolo de la anticuada influencia cultural española, en Córdoba.

Estas dos experiencias sucedieron en los dos extremos del continente. Sus actores en el Norte fueron los pobres-pobres y básicamente mexicanos. En el Sur fueron los sectores medios y hasta acomodados (algunos de ellos terminaron como dirigentes de la gran burguesía en ascenso) y fue la inteligencia latinoamericana en conjunto.

México, para entonces, era uno de los países más atrasados del continente, de significativa presencia indígena y con una fuerte herencia del pasado pre-colombino. Por su lado Argentina era uno de los países más desarrollados, capitalistamente hablando, del continente, de mínima presencia nativa-indígena y con una predominante inmigración blanca y con fuerte influencia cultural del Occidente-europeo.

A pesar de todas estas diferencias y las distancias, estos dos movimientos se conectaron perfectamente. Representaron los dos extremos de la misma obra y de los mismos actores político-sociales en ascenso: la pequeña burguesía que aspiraba a ser burguesía y hasta gran burguesía.

A los mexicanos, por su pasado histórico, por sus condiciones concretas, les tocó hacer el trabajo duro, dar los muertos y derramar la sangre. A los reunidos en Argentina, el trabajo blando, ventilar las ideas y hasta cosechar lo que los del Norte sembraron.

Finalmente, en medio de esta amalgama social, de anarquía política y de predominio de los Estados-Fuerzas Armadas en América Latina, también hubo interés por conocerla, comprenderla, construirla, organizarla y hasta transformarla. Esta preocupación ha sido permanente en algunos intelectuales y estudiosos en el continente. Algunas de estas investigaciones han sido plasmadas en planes y proyectos de grupos, de clases, de naciones y hasta continentales.

Prescindiendo de los proyectos tomistas y neo-tomistas que de alguna forma fueron la base con la cual se construyeron los Estados coloniales, las otras tendencias filosófico-políticas (positivismo, anarquismo y marxismo) que han tenido cierta incidencia y han sido plasmadas en textos las desarrollamos a continuación en esta parte del trabajo.

Nosotros, por las características de este estudio, centraremos básicamente en el aspecto filosófico, político-sociológico, tomando como modelo de análisis a un autor y de él a una de sus obras, en la cual que se expresa mejor esa corriente de ideas que nos interesa desarrollar.

EL POSITIVISMO EN AMÉRICA LATINA

El interés por conocer y comprender la realidad histórica, político-social del continente latinoamericano fue evidente desde los primeras décadas de la independencia. Los intelectuales latinoamericanos influenciados por diferentes escuelas sociológicas europeas, en una primera etapa, principalmente por el positivismo, iniciaron algunas investigaciones que al correr del tiempo han devenido clásicas para comprender el movimiento social de esta parte del mundo.

Algunas de estas investigaciones orientadas por el positivismo, centrando en el concepto de Estado, democracia, gobierno, transición y sus alternativas económico-sociales que proponen serán analizadas en esta parte de este trabajo.

Con respecto al positivismo, como es bien sabido, es una de las escuelas sociológicas más importantes, más difundidas e influyentes en el estudio de las ciencias sociales y del pensamiento. Su nacimiento está vinculado al desarrollo y, sobre todo, al afianzamiento del capitalismo de libre concurrencia en lo económico y al establecimiento de la democracia liberal en lo político.

El positivismo se desarrolló principalmente en Francia e Inglaterra. Esta escuela está ligada, en una primera etapa, a los nombres de los franceses Henri Saint-Simon (1760-1825), Agusto Comte (1798-1857), Emilio Littré (1801-1881) y a los ingleses John Stuart Mill (1806-1873) y Herbert Spencer (1820-1903).

Intentando hacer una apretada síntesis de esta escuela, se puede afirmar que el positivismo descansa sobre tres principios básicos. En primer lugar, la importancia que le asigna a la *práctica* en el conocimiento. En segundo lugar, la orientación del conocimiento siguiendo las leyes y principios de las *ciencias naturales*. Y en tercer lugar, su fe en la idea de *cambio-evolución* y *progreso*.

Al interior del positivismo clásico hay diversas tendencias, como el "biologismo" o "darwinismo social" (se le da ese nombre por la influencia de las leyes y la terminología extraídas de los estudios hechos por Darwin para aplicarlos a los estudios e interpretación de las ciencias sociales).

Directamente ligado a ello e influenciado por Charles Darwin, Herbert Spencer acuñó la frase "la supervivencia de los más listos", en los estudios sociales. Hacemos esta atingencia a viva cuenta que a fines del siglo XIX y comienzos del siglo XX aparecieron en América Latina muchos trabajos, comenzando por los títulos influenciados por esta corriente de ideas al interior del positivismo. (8)

El positivismo vino a ventilar el ambiente intelectual copado, hasta entonces, por la escolástica y el tomismo. Esta nueva escuela fue vista, por algunos intelectuales latinoamericanos, como la ciencia que venía a salvar a estos pueblos. El peruano Manuel González Prada a fines del siglo XIX, escribió: "Si la ignorancia de los gobernantes y la servidumbre de los gobernados fueran nuestros vencedores, acudamos a la Ciencia, ese redentor que nos enseña a suavizar la tiranía de la naturaleza; adoremos la libertad, esa madre engendradora de hombres fuertes. No hablo, señores, de la ciencia momificada que va reduciéndose a polvo en nuestras universidades retrógradas: hablo de la Ciencia robustecida con la sangre del siglo, de la Ciencia de radio gigantesco, (...) de la *Ciencia positiva* que en sólo un siglo de aplicaciones industriales produjo más bienes a la humanidad que milenios enteros de Teología y Metafísica."(González Prada 1894: 66 y 67).

Antonio Lago, en el prólogo al libro *Ariel* del uruguayo José Enrique Rodó, evidencia la influencia del positivismo spenceriano-biologista (9) de esta manera: "No nos extrañe que la palabra *enfermedad* asome en varios títulos de libros-*diagnóstico*: en 1899 el argentino Agustín Álvarez publica un *Manual de patología política* y en ese mismo año el venezolano César Zumaeta editó en Nueva York *El continente enfermo*. Y en 1905 un argentino injustamente olvidado, Manuel Ugarte, escribía su libro *Enfermedades sociales* y cinco años más tarde el boliviano Alcides Arguedas daba a la prensa su famoso *Pueblo enfermo*. El mismo criterio *clínico* había de inspirar análisis e interpretaciones como los hechos por el argentino Carlos Octavio Bunge, quien en *Nuestra América*, que publicó en 1903, al lado de una rendida admiración por la cultura latina, presentaba una cerrada actitud racista menospreciadora del legado indígena. Y aún se podría ampliar esta nómina, más de una vez establecida, con otro título: *Psicología genética*, obra de José Ingenieros, aparecida en 1911." (Lago 1991: 11).

La aparición del imperialismo en lo económico y sus dos guerras mundiales en lo militar, la crisis de la democracia liberal y la aparición del fascismo por un lado y del socialismo por el otro lado, en el plano ideológico-político, evidenciaron la crisis del positivismo clásico, en especial, de sus conceptos de *evolución* y *progreso*. Entre la Primera y la Segunda Guerra Mundial, reaparece esta escuela con algunos cambios e innovaciones, a la que se llamó (nombre que mantiene hasta la actualidad) neo-positivismo. La mayoría de los miembros del *Círculo de Viena* y *La sociedad berlinesa de filosofía empírica* son considerados, genéricamente, como sus mayores representantes.

En América Latina, incluso algunos presidentes son considerados como implementadores, no necesariamente consecuentes, de las recomendaciones positivistas. Los más conocidos son José Faustino

Sarmiento en Argentina (1811-1888), pasando por Porfirio Díaz (1830-1915) en México y terminando con Augusto B. Leguía (1864-1932) en el Perú. Además algunos símbolos nacionales, en algunos de estos países, llevan el sello inconfundible de esta corriente de ideas. El slogan *orden y progreso* escrito en el escudo de la bandera brasileña es un caso ilustrativo. (10)

La discusión y análisis que iniciamos, con los autores que han sido previamente seleccionados según los objetivos de esta investigación, centraremos básicamente en los que consideramos más representativos de su respectiva generación y a la vez del período analizado.

De igual modo hemos tomado, básicamente, un libro de cada autor, en el cual se refleja mejor, según nuestro criterio, la problemática político-sociológica, si no de todo el continente, sí de una gran parte del mismo.

Somos conscientes de que al analizar y discutir básicamente un libro de cada autor corremos algunos riesgos. Si bien es cierto que por un lado el lector ganará agilidad en la lectura de esta investigación, por otro lado, al no abarcar la totalidad de la producción de los autores mencionados, perderá en panorama. A pesar de ello, en función de los objetivos de este trabajo, nos inclinamos a correr este riesgo.

DOMINGO FAUSTINO SARMIENTO
FACUNDO. CIVILIZACIÓN Y BARBARIE

Uno de los primeros libros de carácter político-sociológico, influenciado por las ideas del positivismo, que se publicó en América Latina, fue *Facundo. Civilización y barbarie* en el año 1835, del argentino Domingo Faustino Sarmiento. Sarmiento escribió el trabajo en los tiempos del dictador argentino Juan Manuel de Rosas (1793-1877) viviendo él en calidad de exiliado en Chile.

En *Facundo. Civilización y Barbarie* se puede observar la influencia del pensamiento francés en general y del positivismo, a pesar de que Sarmiento no lo menciona, en particular. Leyendo el trabajo se comprende mejor el movimiento y las contradicciones sociales y políticas al interior de la sociedad argentina de entonces. Incluso se puede decir que esos problemas se prolongaron hasta las primeras décadas del siglo XX.

Los temas-problemas en el libro tratados, con diferencias más o diferencias menos, fueron el común denominador en las sociedades latinoamericanas del período histórico-político analizado. Comencemos con el nombre de su personaje. *Juan Facundo Quiroga* (1788-1835) fue el *gaucho malo*, apodado *El tigre*, que como consecuencia de las condiciones político-sociales de su tiempo se transformó en caudillo militar. Fue un mestizo estanciero, un guerrero provinciano que luchó, especialmente, contra el entonces presidente argentino Bernardino Rivadavia (1780-1845) con el lema de *Religión o muerte*. Facundo, señor de horca y cuchillo (un Rosas en pequeño), representa, según el autor, a indios, negros, mestizos y también a un buen sector de españoles. En otras palabras, a lo americano-nativo en general. Facundo era sinónimo de lo anticuado, de la anarquía. Sarmiento lo sintetiza en una palabra. Representante de *la barbarie*.

El autor, ubicando al individuo-personaje en medio de su contexto histórico-social, escribe: "Facundo Quiroga enlaza y eslabona todos los elementos de desorden que hasta antes de su aparición estaban agitándose aisladamente en cada provincia; él hace de la guerra local la guerra nacional, argentina, y presenta triunfante, al fin de diez años de trabajos, de devastaciones y de combates, el resultado de que sólo supo aprovecharse el que lo asesinó." (Sarmiento 1997: 47).

En otra parte del libro, Sarmiento hace una descripción psicológica del personaje de la siguiente forma: "Es el hombre de la naturaleza que no ha aprendido aún a contener o a disfrazar sus pasiones; que las muestra en toda su energía, entregándose a toda su impetuosidad. Éste es el carácter original del ser humano, así se muestra en las campaña pastoras de la República Argentina. Facundo es un tipo de la *barbarie* primitiva: no conoció sujeción de ningún género; su cólera era la de las fieras." (Sarmiento 1997: 141).

Por último, cuando hace un análisis en el plano propiamente político, dice: "Facundo, genio *bárbaro*, se apodera de su país; las tradiciones de gobierno desaparecen, las formas se degradan, las leyes son un juguete en manos torpes; y en medio de esta destrucción efectuada por las pisadas de los caballos, nada se sustituye, nada se establece. El desahogo, la desocupación y la incuria son el bien supremo del gaucho." (Sarmiento 1997: 155).

Si el gaucho Juan Facundo Quiroga representaba, en el plano individual, al campo, a la provincia, al feudalismo, a la colonia, en su conjunto, según Sarmiento, a lo español; en el plano social, en Argentina de entonces, este mundo está representado por la ciudad de Córdoba. El autor describe a esta ciudad del siguiente modo: "Córdoba ha sido el asilo de los españoles, en todas las demás partes maltratados. ¿Qué mella haría la revolución de 1810 en un pueblo educado por los jesuitas, y enclaustrado por la naturaleza, la educación y el arte? ¿Qué asidero encontrarían las ideas revolucionarias, hijas de Rousseau, Mably y Voltaire, si por fortuna atravesaban la pampa para descender a la catacumba española, en aquellas cabezas disciplinadas por el peripato, para hacer frente a toda idea nueva; en aquellas inteligencias que, como su paseo, tenían una idea inmóvil en el centro, rodeada de un lago de aguas muertas, que estorbaba penetrar hasta ellas? Hacia los años de 1816, el ilustre y liberal Déan Funes logró introducir en aquella antigua universidad los estudios hasta entonces tan despreciados: matemáticas, idiomas vivos, derecho público, física, dibujo y música." (Sarmiento 1997: 171 y 172).

Si lo anotado líneas antes representaba el pasado o la barbarie, el futuro de Argentina y de América Latina residía, según el autor, en seguir el ejemplo de Europa, en especial de Francia, y EE.UU. El capitalismo, la gran urbe, el orden, la planificación, la unidad, la democracia, la libertad, la ley, etc. En una palabra, Sarmiento lo sintetizaba, en el progreso o la *Civilización*. Esta civilización está expresada, como individuo, por el presidente Rivadavia, y por la ciudad de Buenos Aires como ente colectivo. Por el capitalismo como sistema económico y por los emigrantes europeos como capital humano. Finalmente por Rousseau, Voltaire y Montesquieu en el mundo de la cultura y las ideas.

El polo opuesto a *Facundo*, como individuo, es presentado por el autor del siguiente modo: "Rivadavia viene de Europa, se trae a la Europa; más todavía, desprecia a la Europa; Buenos Aires lo que la Francia republicana no ha podido, lo que la aristocracia inglesa no quiere, lo que la Europa despotizada echa de menos. Esto no era una ilusión de Rivadavia; era el pensamiento general de la ciudad, era su espíritu, su tendencia." (Sarmiento 1997: 175).

En el proceso de trasformación del feudalismo al capitalismo, la aldea cede su lugar a la ciudad, la ciudad hace lo propio con la metrópoli y el nacionalismo finalmente con el cosmopolitismo. La capital de la república, de la aún no unida Argentina, es presentada por el autor, así: "Ella sola en la vasta extensión argentina, está en contacto con las naciones europeas; ella sola explota las ventajas del comercio extranjero; ella sola tiene poder y rentas. En vano le han pedido las provincias que les deje pasar un poco de civilización, de industria y de población europea. Una política estúpida y colonial se hizo sorda a estos clamores." (Sarmiento 1997: 59).

Sarmiento cree que en los hechos, aunque no en las formas, Buenos Aires está ya totalmente desligada de España: "La actividad del comercio había traído el espíritu y las ideas generales de Europa; los buques que frecuentaban sus aguas traían libros de todas partes, y noticias de todos los acontecimientos políticos del mundo. (...) Buenos Aires se cree una continuación de la Europa, y si no confiesa francamente que es francesa y norteamericana en su espíritu y tendencias, niega su espíritu español." (Sarmiento 1997: 174).

El autor, haciendo sobresalir, una vez más, la importancia y hasta la elegancia de Buenos Aires, continúa: "Todos los europeos que arribaban creían hallarse en Europa, en los salones de París, nada faltaba, ni aun la petulancia francesa, que se dejaba notar entonces en el elegante Buenos Aires." (Sarmiento 1997: 180).

Insistiendo en su extrapolación, en otra parte, reitera que el pasado es sinómimo de feudalismo y clericalismo. El futuro es sinónimo de capitalismo e ilustración. En dos palabras: la *civilización y la barbarie* están representadas por dos ciudades: "Córdoba, de la España, de los Concilios, los Comentadores, el Digesto; Buenos Aires, de Bentham, Rousseau, Montesquieu y la literatura francesa entera." (Sarmiento 1997: 181).

Sarmiento, pasando a otro acápite, confía en la Europa capitalista y cree en la justicia del intercambio como forma de progreso, leamos: "Por otra parte, los españoles no somos ni navegantes ni industriosos, y Europa nos proveerá por largos siglos de artefactos a cambio de nuestras materias primas; y ella y nosotros ganaremos en el cambio; La Europa nos pondrá el remo en la mano y nos remolcará río arriba hasta que hayamos adquirido el gusto de la navegación." (Sarmiento 1997: 354).

Resaltando la importancia y la fecundidad de la migración europea, sostiene: "Pues bien: cien mil por año harían en diez años un millón de europeos industriosos diseminados por toda la República, enseñándonos a trabajar, explotando nueva riqueza, y enriqueciendo el país con sus propiedades; y con un millón de hombres civilizados la guerra civil es imposible, porque serían menos los que se hallarían en estado de desearla." (Sarmiento 1997: 372).

Ésta es la razón del por qué el autor ve con muy buenos ojos la presencia europea, ya en estos primeros tiempos, en la capital de la República Argentina. Sarmiento escribe: "No hay más que tomar una lista de vecinos de Buenos Aires para ver cómo abundan en los hijos del país los apellidos ingleses, franceses, alemanes, italianos." (Sarmiento 1997: 175).

Antes de concluir con *Facundo. Civilización y barbarie*, citemos una idea de Sarmiento que, en alguna forma, perdura hasta hoy en todo el continente latinoamericano. Haciendo la aclaración de que ese nacionalismo de antaño de algunos argentinos (mejor digamos de algunos porteños) se ha trocado en racismo de semi-colonia tercermundista en la actualidad. Leamos: "Los argentinos, de cualquier clase que sean, civilizados o ignorantes, tienen una alta conciencia de su valer como nación; todos los demás pueblos americanos les echan en cara esta vanidad, y se muestran ofendidos de su presunción y arrogancia." (Sarmiento 1997: 73).

Deseamos terminar con Sarmiento ubicando *Facundo. Civilización y barbarie* en su contexto histórico y decir que el mismo es consecuencia natural del momento político-social que le tocó vivir al autor. Y a la vez, el libro traduce en sus páginas, el interés político-ideológico de un sector de la aristocracia liberal naciente en el continente.

Los críticos al mismo, que son muchos, centran en el subjetivismo, el simplismo y el radicalismo de Sarmiento cuando contrapone, excluyentemente, *Barbarie a Civilización*. Y además por su cerrada apuesta en el sistema capitalista, con todas sus consecuencias, como la única solución a los problemas económico-sociales de América Latina.

Por otro lado, uno de los mayor méritos de *Facundo. Civilización y barbarie* es el haber devenido un "... libro fundador", como dijo décadas después José Martí, en lo concerniente a las investigaciones político-sociológicas en el continente. En segundo lugar, Sarmiento es un seguidor del positivismo, consciente o no, y esto en los tiempos de predominio del espiritualismo en general y del tomismo en particular significó un avance considerable en esta actividad del conocimiento humano.

Las criticas a las ideas plasmadas en el libro han sido variadas en estos largos 165 años. Ello demostraría, por una parte, su vitalidad y por otro lado, y hasta cierto punto, su vigencia. Para la ocasión nos limitaremos a la primera crítica hecha por un argentino cuando el libro apenas fue publicado. Y la última, que conocemos, de igual modo hecha por otro argentino hace un par de años atrás.

A los meses de ser publicado el libro, Sarmiento recibió una crítica de su amigo el doctor Valentín Alsina (1802-1869). Alsina, entre otras ideas, escribió las siguientes: "Me parece entrever un defecto capital en este libro, el de la exageración, independientemente de cierta prisa, si no en las ideas, en los giros de la elocución. Si no se propone escribir un romance ni una epopeya, sino una verdadera historia social, política y militar a veces, forzoso es no separarse de la exactitud y rigidez histórica y a esto se oponen las exageraciones".

Y en otro párrafo, demostrando una agudeza metodológica, continúa: "Muéstrese Ud. propenso a los sistemas y éstos, en las ciencias sociales, no son el mejor medio de arribar al descubrimiento de la verdad." (Sarmiento 1997: 185).

Casi 160 años después, como consecuencia de la terrible crisis económica, política y social que azotó a la sociedad argentina el año 2001, como corolario de su afán desmesurado por integrarse decididamente a la *Civilización* (en esta etapa bajo el control del Fondo Monetario Internacional y el Banco Mundial principalmente) como lo recomendaba en su tiempo Sarmiento, nuevamente se retomaron, se discutieron y se pusieron en tela de juicio estas ideas.

Uno de estos críticos fue el profesor Alfredo Moffatt. Él en una entrevista declaró que como consecuencia del desarrollo y reacomodo del imperialismo, con su llamada globalización, es posible que los términos se hayan invertido. Los civilizados de Sarmiento serían los bárbaros de hoy y los bárbaros de Sarmiento serían los civilizados de hoy. Leamos: "El nefasto prejuicio esquema sarmientino de civilización y barbarie supone como civilización la europea y como barbarie la cultura criolla, esto lleva directamente a la dependencia psicológica y cultural de los valores europeos, también prepara el sometimiento económico a los imperialismos de turno (español, inglés y ahora norteamericano)." (Moffatt 2001: 1).

Luego insiste: "Es increíble que el ideólogo de la educación de nuestra patria haya dicho `No ahorren sangre de gaucho que sólo sirve para regar la tierra´. Pienso que se lo eligió justamente para que la cultura europea civilice a estos bárbaros o sea a los criollos, que nos hubieran podido dar el núcleo de identidad desde donde resistir la colonización." (Moffatt 2001: 1).

Compartiendo en gran medida la crítica de Alfredo Moffatt, debemos decir en descargo de Sarmiento, que a los sembradores de ideas, aunque sus frutos sean muchas veces agridulces, se les respeta por haber preparado la tierra, por haber abierto el surco y por haber echado la semilla. Esto es lo que hizo en los estudios político-sociológicos, en esa parte del mundo, el argentino Domingo Faustino Sarmiento con su *Facundo. Civilización y barbarie.*

MANUEL GONZÁLEZ PRADA
HORAS DE LUCHA

Si Domingo Faustino Sarmiento, sin ser el único (11), inauguró la primera generación de los estudios político-sociales en el continente latinoamericano, la segunda generación fue mucho más nutrida y a la vez más heterogénea, como veremos a continuación. En esta segunda generación se puede diferenciar con mayor claridad las diversas corrientes que atravesaron y hasta desbordaron la clásica escuela positivista.

El peruano Manuel González Prada (1848-1918), tomado en orden cronológico, es bastante representativo en este cruce de influencias. González Prada, como estudiante de matemáticas primero y de derecho después, comenzó sus investigaciones político-sociológicas influenciado por esta corriente de ideas. Posteriormente evolucionará hacia las ideas libertarias, las que en ciertos momentos, sin dejar de ser tales, lindaban con las ideas del socialismo marxista.

El pensamiento político-sociológico de González Prada, en el plano interno, no es producto de la simple casualidad o la mera voluntad, por el contrario, es la continuación y el desarrollo de la producción intelectual de sus antecesores. Los que están representados, básicamente, por ese grupo de liberales y anti-clericales peruanos encabezados por Benito Lazo (1783-1862), Francisco Javier

Mariátegui (1834-1894) y Francisco de Paula González Vigil (1824-1894).

Siguiendo la metodología de antemano elegida, así como hemos hecho con Sarmiento y haremos con los demás autores, de González Prada analizaremos y discutiremos básicamente un libro, el que creemos que es el más representativo de toda su producción intelectual: *Horas de Lucha.*

Este libro no es un trabajo orgánico que obedece a un plan teórico-metodológico previamente sistematizado. Por el contrario es un conjunto de ensayos y discursos escritos en tiempos y sobre temas diversos (desde 1898 hasta 1907) como consecuencia de la necesidad impuesta al calor de las luchas políticas y los deslindes ideológicos que González Prada se vio en la obligación de acometer.

El autor, adhiriendo y aceptando, e incluso justificando lo negativo que el *naturalismo* o el *positivismo* podrían tener, escribió: "Se ha dicho también que la excelencia de una verdad científica y la bondad de un método filosófico no desmerece por lo indigno y lo bajo de sus anunciadores; y efectivamente: aunque Darwin y Comte, en vez de figurar como tipos de elevación moral, fueran citados como ejemplos de criminalidad y vileza, el Darwinismo no sería una hipótesis menos probable ni el Positivismo encerraría menor número de verdades." (González Prada 1970: 34).

En otra parte, haciendo resaltar el rol que juega la *razón* y la *ciencia*, continúa: "Erradiquemos de nuestras entrañas los prejuicios tradicionales, cerremos nuestros oídos a la voz de los miedos atávicos, rechacemos la imposición de toda autoridad humana o divina, en pocas frases, creemos un ambiente laico donde no lleguen las nebulosidades religiosas, donde sólo reine los esplendores de la razón y la ciencia." (González Prada 1970: 173).

González Prada, consecuente con la razón y la ciencia, como todo buen irreverente, embiste decididamente contra todo misticismo y oscurantismo; es por ello que con cierta ironía, escribió: "Se ha dicho: *dime lo que comes y te diré quién eres*, se puede asegurar también: dime el veneno que segregas y te diré la religión que profesas. Los secretadores de ponzoña bendita, los aglomeradores de estiércol divino, tienen una peculiaridad: viven rabiando. Y la rabia denuncia la impotencia y la mentira, que la fuerza nunca hizo gala de insolencia ni

121

la verdad se armó con el diente de la víbora." (González Prada 1970: 70).

Posteriormente enfila sus armas contra la religión católica y su relación con las clases dominantes y el Poder. Lo hace en estos términos: "...hoy el catolicismo figura como aliado inevitable de todos los opresores y de todos los fuertes: donde asoma un tirano, cuenta con dos armas -la espada militar y la cruz del sacerdote. Cuando la iglesia favorece o aprueba el espíritu revolucionario de las muchedumbres, no lo hace con el fin de contribuir a la emancipación integral del hombre, sino con el propósito de encauzar la revolución, de beneficiarla en provecho del catolicismo." (González Prada 1970: 128).

Finalmente, el autor denuncia a los directos representantes de la religión católica (curas y frailes) en estos términos: "Los frailes, sanos y rollizos, que actualmente ocupan el primer lugar en las mesas de las familias, supieron conducirse con tanta prudencia que, desde los primeros años de su vida cosecharon sin sembrar, descansaron sin fatigarse y pecaron sin pagar. Ellos no merecen ni amor ni respeto porque simbolizan la explotación en nombre de la misericordia, la mentira bajo capa de verdad, la ignorancia con presunciones de omnisciencia." (González Prada 1970: 160).

En otro acápite *el maestro* (como es llamado con frecuencia en su país), abordando el tema político propiamente dicho en América Latina, dice: "La República sigue las tradiciones del Virreinato. Los Presidentes en sus mensajes abogan por la redención de los oprimidos y se llaman protectores de la raza indígena,..." (González Prada 1970: 81).

Luego, denunciando los males de las clase superiores, a quienes sirven los presidentes, escribe: "... en las naciones más civilizadas subsiste un fondo primitivo de donde suben a la superficie los elementos de la barbarie; pero entre nosotros existe una clase superior, y en esa clase una costra de donde baja al asiento los gérmenes de todas las miserias, de todas las prostituciones y de todos los vicios. Nuestras mil revoluciones fracasaron o fueron contraproducentes porque esa costras, después de momentáneas inmersiones, sobrenadó siempre. Se derrocó presidentes, se derramó sangre de infelices; pero nunca se volteó lo de abajo para arriba ni se practicó una verdadera liquidación social." (González Prada 1970: 113 y 114).

Un tema recurrente hasta la actualidad en América Latina (especialmente en México, Guatemala, Ecuador, el Perú y Bolivia) es el problema de 30 millones de nativos indígenas. Nuestro autor, 100 años atrás, rememorando el pasado colonial, dice que la pobreza y el sufrimiento de los nativos fue directamente proporcional a la riqueza y bienestar de los españoles. Sus palabras: "Sin las faenas del indio americano, se habrían vaciado las arcas del tesoro español. Los caudales enviados de las colonias a la metrópoli no eran más que sangre y lágrimas convertidas en oro." (González Prada 1970: 81).

Luego en otra parte, además de ubicar el problema en su verdadera dimensión y matriz, toma decididamente partido por los nativos indígenas, lo hace en estos términos: "La cuestión del indio, más que pedagógica, es económica, es social, ¿cómo resolverla?" La respuesta la plantea a continuación, en esta forma: "La condición del indio puede mejorar de dos maneras: o el corazón de los opresores se conduele al extremo de reconocer el derecho de los oprimidos, o el ánimo de los oprimidos adquiere la virilidad suficiente para escarmentar a los opresores. Si el indio aprovechara en rifles y cápsulas todo el dinero que desperdicia en alcohol y fiestas, si en un rincón de su choza o en el agujero de una peña escondiera un arma, cambiaría de condición, haría respetar su propiedad y su vida." (González Prada 1970: 90 y 91).

Finalmente, insistiendo en torno a la discutida solución, consecuentemente con su diagnóstico y con algún tinte racista, reitera: "Al indio no se le predique humildad y resignación sino orgullo y rebeldía. ¿Qué ha ganado con trescientos o cuatrocientos años de conformidad o paciencia? Mientras de menos autoridades sufre, de mayores daños se liberta. (...) En resumen: el indio se redimirá merced a su esfuerzo propio, no por la humanización de los opresores. Todo blanco es, más o menos, un Pizarro, un Valverde o un Arreche." (González Prada, 1970: 91).

El autor de *Horas de lucha* manifiesta su incredulidad con el ordenamiento democrático burgués, lo expresa así: "Nadie espera ya que de un parlamento nazca la felicidad de los desgraciados ni que de un gobierno llueva el maná para satisfacer el hambre de todos los vientres. La oficina parlamentaria elabora leyes de excepción y establece gabelas que grava más al que posee menos; la máquina gubernamental no funciona en beneficio de las naciones, sino en provecho de las banderías dominantes." (González Prada 1970: 189).

En contraposición a lo anterior, él manifiesta su optimismo sosteniendo que la solución de estos problemas político-sociales de estas sociedades transitan por otra vía. Leamos: "Subsiste la cuestión social, la magna solución que los proletarios resolverán por el único medio eficaz: la revolución. No esa revolución local que derriba presidentes o zares y convierte una república en monarquía o una autocracia en gobierno representativo; sino la revolución mundial, la que borra fronteras, suprime nacionalidades y llama a la humanidad a la posición y beneficio de la tierra." (González Prada 1970: 189 y 190).

González Prada en el plano filosófico, como ya lo hemos dicho, acepta el *naturalismo*, como primera premisa, pero cree que el principio biológico de la existencia no se puede aceptar en bloque, como una ley infalible de la condición humana. Aquí es cuando se observa su ruptura con el positivismo y su tránsito al anarquismo, hacia el librepensamiento que lo asocia directamente con la revolución.

En su ensayo *Libre pensamiento y acción*, sostiene: "El librepensamiento, ejercido con semejante amplitud de miras, deja de ser el campo estrecho donde únicamente se debaten las creencias religiosas, para convertirse en el anchuroso palenque donde se dilucidan todas las cuestiones humanas, donde se aboga por todos los derechos y por todas las libertades. (...) De ahí que todo librepensador, si no quiere mostrarse ilógico, tiene que declararse revolucionario." (González Prada: 1970: 172).

Nuestro autor sostiene, por ejemplo, que la moral, como parte de la libertad, juega un rol muy importante en la evolución de la humanidad. Sus palabras: "La Humanidad perfeccionada, la que distará de nosotros como nosotros distamos del antropoide será hija del amor y de la misericordia. Si queremos favorecer la evolución de la especie, debemos ensanchar nuestro corazón, de modo que en su amplitud inmensa, hallen cabida todos los seres del Universo." (González Prada 1970: 181).

Y finalmente, como buen amante de las ideas e ideales libertarios, siguiendo a Diógenes de Sípona, plantea su perspectiva humana en estos términos: "A cada momento escuchamos latir el corazón del

Planeta. Con vivir la vida de todos los hombres, vamos dejando de ser los egoístas vecinos de una ciudad para convertirnos en los generosos habitantes del Universo." (González Prada 1970: 36).

Los juicios e interpretación del pensamiento de Manuel González Prada, como sucede frecuentemente con personajes polémicos, son cruzados y vienen disparados desde diferentes trincheras ideológico-políticas. Para la ocasión, veamos lo que en los años 20 del siglo pasado, centrando en este nivel, escribió su compatriota José Carlos Mariátegui: "El pensamiento de González Prada, aunque subordinado a todos los grandes mitos de su época, no es monótonamente positivista. En González Prada arde el fuego de los racionalistas del siglo XVIII. Su Razón es apasionada. Su Razón es revolucionaria. El positivismo, el historicismo del siglo XIX representan un racionalismo domesticado. Traducen el humor y el interés de una burguesía a la que la asunción del Poder ha tornado conservadora. El racionalismo, el cientificismo de González Prada no se contenta con los mediocres y pávidos confucionismos de una razón y una ciencia burguesas. En González Prada subsiste, intacto en su osadía, el jacobino." (Mariátegui 1967: 206).

Y luego, haciendo resaltar sus debilidades políticas, dice que González Prada: "No concreta su pensamiento en proposiciones ni conceptos. Lo esboza en frases de gran vigor panfletario y retórico, pero de poco valor práctico y científico. `El Perú es una montaña coronada por un cementerio´. `El Perú es un organismo enfermo: donde se aplica el dedo brota el pus´. Las frases más recordadas de González Prada delatan al hombre de letras: no al hombre de Estado. Son las de un acusador, no las de un realizador." (Mariátegui 1967: 204).

Finalmente, en un afán de síntesis en este mismo nivel, termina Mariátegui diciendo: "González Prada no interpretó este pueblo, no esclareció sus problemas, no legó un programa a la generación que debía venir después. Mas representa, de toda suerte, un instante -el primer instante lúcido-, de la conciencia del Perú." (Mariátegui 1967: 201).

Algunas décadas después el filósofo Augusto Salazar Bondy, haciendo resaltar otro aspecto de la personalidad de nuestro autor, escribió: "González Prada no sólo fue un hombre de letras en el sentido restringido de la expresión; fue también un rebelde, un combatiente social y un hombre de pensamiento." (Salazar Bondy 1965: 10).

Líneas después, centrando en su componente ideológico, añade: "No se puede decir, en verdad, que su obra sea la de un filósofo puro. Pero si técnicamente no lo es, como trasfondo ideológico, como cuadro mental, la filosofía está presente en ella. De allí que de su basta producción en prosa puede extraerse un conjunto de ideas susceptibles de ordenarse en una concepción del mundo y de la vida bien definida y neta. No es por cierto una concepción original la que así obtenemos; no pretendió tampoco crearla González Prada. Corresponde a la concepción positivista y naturalista que predominó en el siglo XIX europeo y es reflejo de lecturas frecuentes de autores como Spencer, Darwin, Renán, Guyau, Haeckel, Proudhon, Bakunin y Reclus."

Y finalmente termina diciendo: "Cabe decir, sin embargo, que este pensamiento, aunque no en el fondo, tiene en la forma, en la elección y la elaboración de los motivos, un sello personal." (Salazar Bondy 1965: 10 y 11).

Nosotros podríamos añadir, para González Prada el catolicismo y todo oscurantismo estaba ligado a España. En segundo lugar, España fue el país conquistador y colonizador de América Latina, con todas las consecuencias nefastas para los nativos que lo soportaron por varios siglos. Consecuentemente nuestro autor fue decididamente anti-católico y anti-español.

En contraposición a todo ello, por haber realizado la revolución burguesa, por haber permitido el desarrollo de la razón y la ciencia, por haber separado la religión del Estado, y hasta cierto punto, por haber logrado algunos niveles de justicia y libertad, él se sintió mucho más identificado con Francia y todas sus ideas sociales, políticas y culturales.

Por otro lado, el momento histórico que le tocó vivir, su formación intelectual y su carácter no le permitieron hacer un diagnóstico objetivo y sistemático de los principales problemas de América Latina.

Manuel González Prada fue un ideólogo de la denuncia punzante, de la ironía picante y de la polémica liquidadora. Lo dicho, en parte es consecuencia del momento histórico-social que le tocó vivir. Período marcado y copado, casi totalmente, por el dominio de la aristocracia terrateniente, por el espiritualismo, por el oscurantismo y hasta por el sentimiento de sangre y de casta.

La denuncia y el ataque fueron su mayor mérito, por contradicción, fueron también su mayor debilidad, en la medida que América Latina urgía, por entonces, de un diagnóstico objetivo de sus problemas político-sociales y a la vez de propuestas coherentes y consecuentes. El autor de *Horas de lucha* no pudo acometer esta tarea, que dicho sea de paso, fue abordada, y con creces, por los representantes de la generación que continuó a la suya.

Otro de los méritos de González Prada es que, tanto en su vida pública como privada, fue coherente y consecuente con su prédica y nunca renunció a sus ideales. No se integró ni apuntaló al orden, al mismo que lo consideró injusto y criminal (la excepción podría ser la dirección de la Biblioteca Nacional que desempeñó por algún tiempo). Y esta actitud en América Latina, donde la felonía y la inconsecuencia son el dulce idioma que habla la mayoría de intelectuales (especialmente los que en sus años mozos se reclaman de izquierda y de la revolución), es, por sobre todas las pequeñeces contingentes del maestro, un gran mérito.

González Prada intentó dar larga vida al *Círculo literario* en el plano artístico y a la *Unión nacional* en el nivel político. Ya sea por las condiciones de su país, líneas antes mencionadas, o por la personalidad y carácter específico de su fundador, sus vidas fueron muy cortas y no dejaron mayores huellas en la sociedad. González Prada no fue un organizador, no fue un hombre que se sometía a la disciplina. En él, el individuo pesaba más que el colectivo, el intelectual estaba por encima del hombre de acción y el literato empañaba al político.

Terminamos con Manuel González Prada transcribiendo algunas líneas que él dedicó a su maestro Francisco de Paula González Vigil. Ideas que hoy, más de cien años después, coinciden perfectamente con la vida y la obra de nuestro autor. Leamos: "Y el pueblo tuvo razón: pocas vidas tan puras, tan llenas, tan dignas de ser imitadas, como la vida de Vigil. Puede atacarse la forma y el fondo de sus escritos, puede tacharse hoy sus libros, de anticuados o insuficientes, puede, en fin, derribarse todo el edificio levantado por su inteligencia; pero una cosa quedará invulnerable y de pie, el hombre." (González Prada 1976: 47).

JOSÉ MARTÍ
CUBA, NUESTRA AMÉRICA. EE.UU.

De la misma generación del peruano Manuel González Prada fue el cubano José Martí (1853-1895), de quien tomaremos, para este estudio, los trabajos que han sido recogidos bajo el título de *Cuba, Nuestra América, los Estados Unidos*. Las partes que forman este libro (que fue escrito en el exilio como el libro de Sarmiento) tiene en la forma la misma característica que el libro del peruano, líneas antes mencionado. El autor no se propuso de antemano, con un plan meditado y reflexionado, escribir este trabajo. El libro ha sido organizado posteriormente y es una reunión de cartas, artículos, discursos, reportajes, pronunciamientos y ensayos que Martí los fue produciendo en un lapso de 14 años, que va desde 1881 hasta 1895.

En cuanto al andamiaje ideológico de José Martí, sin ser explícito, es implícita la influencia de algunas de las variantes del positivismo. Comencemos por la importancia de la *razón*, la misma que es argumentada por el ensayista cubano en estos términos: "...que el ejercicio libre de la razón va a ahorrar a los hombres mucho tiempo de miseria y de duda, y que al fin del siglo diecinueve dejará en el cenit el sol que alboreó a fines del dieciocho entre caños de sangre, nubes de palabras y ruido de cabezas. Los hombres parecen determinados a conocer y afirmarse, sin más trabas que las que acuerdan entre sí para su seguridad y honra comunes." (Martí 1973: 261).

En cuanto al, hasta hoy discutido, *naturalismo* que tanto impresionó a muchos intelectuales europeos, entre ellos a Rousseau y a los románticos alemanes, es parte también del credo ideológico de nuestro autor. Él lo planteó de esta manera: "El hombre es uno, y el orden y la entidad son las leyes sanas e irrefutables de la naturaleza." (Martí 1973: 211).

Hay que hacer la aclaración que para Martí no es el hombre natural-naturaleza como más o menos lo entendían los teóricos europeos. Para él, el natural son todos los hombres ya asentados y mimetizados en estas tierras (indios, negros, blancos y el resultado de todas las mezclas y cruces, el mestizo), leamos: "Por eso el libro importado ha sido vencido en América por el hombre natural. Los hombres naturales han vencido a los letrados artificiales. El mestizo autóctono ha vencido al criollo exótico. No hay batalla entre la civilización y la barbarie, sino entre la falsa erudición y la naturaleza." (Martí 1973: 113).

En cuanto al *evolucionismo*, comentando el libro titulado *El progreso y la pobreza* del sociólogo norteamericano Heny George (1839-1897), lo planteó en los siguientes términos: "Sólo Darwin en las ciencias naturales ha dejado en nuestro tiempo una huella comparable a la de George en la ciencia de la sociedad. Se ve la guerra de Darwin en la política, en la historia y en la poesía; y dondequiera que se hable inglés, con espíritu soberano se imprime en los pensamientos la idea amante de George." (Martí 1973: 262).

En otra parte, relacionando la actividad político-militar del libertador Simón Bolívar con las ideas del sociólogo Herbert Spencer, a pesar de que el inglés nacía cuando el venezolano moría, dice: "...hemos venido, a pujo de brazo, a nuestra América de hoy, heroica y trabajadora a la vez, y franca y vigilante, con Bolívar de un brazo y Herbert Spencer del otro; una América sin suspicacias pueriles, ni confianzas cándidas, que convida sin miedo a la fortuna de su lugar a las razas todas, ..." (Martí 1973: 128).

José Martí aconseja que en las investigaciones histórico-sociales se debe ver la parte y también el todo, y antes de ser unilaterales se debe ser multilaterales. Leamos: "Para conocer a un pueblo se le ha de estudiar en todos sus aspectos y expresiones: ¡en sus elementos, en sus tendencias, en sus apóstoles, en sus poetas y en sus bandidos!" (Martí 1973: 189).

Pasando al plano histórico-político e influenciado por este genérico y vago positivismo, Martí entiende claramente la diferencia entre colonización y conquista. Hecho que lo evidencia cuando recuerda los orígenes de las dos Américas, leamos: "Del arado nació la América del Norte y la Española, del perro de presa" (Martí 1973: 124). Ese mundo español que se construyó en base a la acción *del perro de presa*, es decir el Virreinato, según el autor se prolonga hasta la etapa republicana, sus palabras: "La colonia continúa viviendo en la república." (Martí 1973: 116).

Esas repúblicas que se formaron, después de la independencia, en el continente latinoamericano, que viven como mero remedo o imitación de las repúblicas europeas o la norteamericana, son descritas por el ensayista, así: "Éramos una máscara, con los calzones de

Inglaterra, el chaleco parisiense, el chaquetón de Norteamérica y la montera de España." (Martí 1973: 117).

En cuanto al discutido tema de las *razas*, Martí las entendió como grupos con ciertas diferencias en el color de la piel o en los rasgos físicos, pero de ninguna manera estas diferencias pueden ser base para aceptar la superioridad de unos o la inferioridad de otros. Es decir, el odiado racismo no tiene cabida en el pensamiento del ensayista.

Para él, en principio, son hombres y punto: "No hay odio de razas, porque no hay razas. Los pensadores canijos, los pensadores de lámparas, enhebran y recalientan las razas de librería, que el viajero justo y el observador cordial buscan en vano en la justicia de la Naturaleza, donde resalta el amor victorioso y el apetito turbulento, la identidad universal del hombre. El alma emana, igual y eterna, de los cuerpos diversos en forma y color. Peca contra la Humanidad el que fomenta y protege la oposición y el odio de las razas." (Martí 1973: 119).

Y en otra parte haciendo resaltar otro aspecto, como para que no quepan dudas, reitera: "Por sobre las razas, que no influyen más que en el carácter, está el espíritu esencialmente humano, que las confunde y unifica; ..." (Martí 1973: 194).

Antes que la división entre razas y el enfrentamiento entre ellas, Martí (conocedor de Karl Marx) ve en el fondo otro problema en el continente latinoamericano, es el de la división entre explotados y explotadores. Él manifiesta su identificación con unos y su rechazo a los otros, lo hace en estos términos: "Con los oprimidos había que hacer causa común, para afianzar el sistema opuesto a los intereses y hábitos de mando de los opresores." (Martí 1973: 116).

Estos oprimidos fueron tratados por Martí con alguna extensión, en un reportaje escrito en su destierro en New York y fue titulado *La guerra social en Chicago*. Nos estamos refiriendo a las luchas obreras de 1886 que son más conocidas con el nombre de los Mártires de Chicago. (12) Martí decepcionado de la democracia burguesa y su instrumento el sufragio universal, escribió: "Habituados los del país a vencer sin sangre por la fuerza del voto, ni entienden ni excusan a los que, nacidos en pueblos donde el sufragio es un instrumento de la tiranía, sólo ven en su obra despaciosa una faz nueva del abuso que flagelan sus pensadores, desafían sus héroes, y maldicen sus poetas." (Martí 1973: 270 y 271).

Evidenciando la esencia misma del sistema capitalista, que se manifiesta mejor en los grandes centros fabriles de EE.UU. de su tiempo, continuó: "... donde la vida como más rudimentaria facilidad el trato íntimo entre los hombres, más fatigados y dispersos en las ciudades de mayor extensión y cultura; donde la misma rapidez asombrosa del crecimiento, acumulando los palacios de una parte y las factorías, y de otra la miserable muchedumbre, revela a las claras la iniquidad del sistema que castiga al más laborioso con el hambre, al más generoso con la persecución, al padre útil con la miseria de sus hijos; ..." (Martí 1973: 271).

Él, identificándose con las acciones e ideales de los luchadores obreros anarquistas de Chicago, acotó: "En sus tres periódicos, de diverso matiz, abogaban públicamente por la revolución social; declaraban, en nombre de la humanidad, la guerra a la sociedad existente; decidían la ineficacia de procurar una conversión radical por métodos pacíficos, y recomendaban el uso de la dinamita, como arma santa del desheredado, y los modos de prepararla." (Martí 1973: 175).

Y por último, recuerda las palabras de un *joven bello* de la misma tendencia política, en estos términos: "...explica el mundo justo que florecerá sobre la tierra cuando el estampido de la revolución social de Chicago, símbolo de la opresión del universo, reviente en átomos." (Martí 1973: 274).

El supuesto problema del enfrentamiento de *razas* y el nada supuesto problema entre los explotados y explotadores en el continente, Martí los canaliza en la dirección de una solución humanista-libertaria en general y nacionalista en particular. Tomando el caso concreto de Cuba, que para entonces era aún una colonia de España, escribió: "En Cuba no hay temor alguno a la guerra de razas. Hombre es más que blanco, más que mulato, más que negro. Cuba es más que blanco, más que mulato, más que negro. En los campos de batalla, muriendo por Cuba, han subido juntos por los aires las almas de los blancos y de los negros." (Martí 1973: 69).

Su rechazo al racismo y a la explotación, él lo transforma en nacionalismo. A la vez su nacionalismo devino, por extensión, internacionalismo latinoamericano con rasgos libertarios, o como otros dicen, latinoamericanismo. Es por ello que José Martí hablaba siempre de *nuestra América* cuando se refería a América Latina, la misma que está conformada por las *clases llanas*, término que parece englobar, en el pensamiento del cubano, tanto a las clases explotadas como a los grupos étnicos marginados.

Él sostiene que debe estudiarse y conocerse principalmente la historia y el mundo latinoamericano antes que los otros mundos. A la vez cree que la base de estas nuevas sociedades debe ser fundamentalmente lo nativo. Martí lo expresaba de esta forma: "Nuestra Gracia es preferible a la Gracia que no es nuestra. Nos es más necesaria. Los políticos nacionales han de remplazar a los políticos exóticos. Injértese en nuestras repúblicas el mundo; pero el tronco ha de ser el de nuestras repúblicas." (Martí 1973: 114).

Continúa haciendo este llamado a los americanos: "¡...a nuestra América desinteresada, la hemos de querer y admirar sin límites, porque la sangre que dio por conquistar la libertad ha continuado dándola por conservarla! ¡Proclamamos, contra lacayos y pedantes, la gloria de los que en la gran labor de América se van poniendo de quicio y abono para la paz libre y decorosa del Continente y la felicidad e independencia de las generaciones futuras!" (Martí 1973: 226).

En su calidad de expatriado, y hablando en nombre de la gente de su condición, siente con más profundidad ese sentimiento americanista. Él lo expresa de la siguiente forma: "Y así, cuando cada uno de ellos vuelva a las playas que acaso nunca volvamos a ver, podrá decir, contento de nuestro decoro, a la que es nuestra dueña, nuestra esperanza y nuestra guía: `¡Madre América, allí encontramos hermanos! ¡Madre América, allí tienes hijos!´" (Martí 1973: 129).

Por último, haciendo una confesión de parte, dice: "De América soy hijo: a ella me debo. Y de la América, a cuya revelación, sacudimiento y fundación urgente me consagro, ésta es la cuna; ni hay para labios dulces, copa amarga; ni el áspid muerde en pechos varoniles; ni de su cuna renieguen hijos fieles." (Martí 1973: 171).

Su nacionalismo latinoamericano se formó en directo enfrentamiento y lucha contra del expansionismo capitalista de la América Sajona. Martí vivió muchos años, en calidad de exiliado, en EE.UU. y conocía directamente la acción del nuevo imperialismo, leamos: "...estoy todos los días en peligro de dar mi vida por mi país y por mi deber (...) de impedir a tiempo con la independencia de Cuba que se extienda por las Antillas los Estados Unidos y caigan, con esa fuerza más, sobre nuestras tierras de América". Líneas después agrega: "...con nuestra sangre estamos cegando, de la anexión de los pueblos de nuestra América, al norte revuelto y brutal que lo desprecia,...". Y finalmente: "Viví en el monstruo, y le conozco las entrañas: y mi honda es la de David." (Martí 1973: 105).

En otra parte describe algo de la mentalidad del "monstruo" y su saber sobre América Latina, en estos términos: "Creen en la necesidad, en el derecho bárbaro, como único derecho: `esto será nuestro, porque lo necesitamos´. Creen en la superioridad incontrastable de la `raza anglosajona contra la raza latina´. Creen en la bajeza de la raza negra, que esclavizaron ayer y vejan hoy, y de la india, que exterminan. Creen que los pueblos de Hispanoamérica están formados, principalmente por indios y por negros." (Martí 1973: 161).

En otro nivel, creemos que tanto el nacionalismo como el americanismo de Martí tienen un norte que lo emparentan con el humanismo libertario. Éstas sus palabras son elocuentes: "Todo lo que atormenta o empequeñece al hombre está siendo llamado a proceso, y ha de sometérsele. Cuanto no sea compatible con la dignidad humana, caerá. A la poesía del alma nadie podrá cortar las alas, y siempre habrá ese magnífico desasosiego, y esa mirada ansiosa hacia las nubes. Pero lo que quiere permanecer ha de conciliarse con el espíritu de libertad, o de darse por muerto. Cuando abata o reduzca al hombre, será abatido." (Martí 1973: 261).

Y finalmente, las ideas anteriormente citadas son plenamente ratificadas en estas líneas: "Se ha de tener fe en lo mejor del hombre y desconfiar de lo peor de él. Hay que dar ocasión a lo mejor para que se rebele y prevalezca sobre lo peor." (Martí 1973: 119).

Como es casi norma común, cuando se analizan las ideas de estos personajes, las discrepancias de sus intérpretes saltan inmediatamente a la vista. Sólo a manera de ejemplo, se puede ver con mucha facilidad que Martí desarrolló y maduró su latinoamericanismo en abierta y permanente oposición al imperialismo norteamericano que lo acosaba. Tal hecho no es lo fundamental para el escritor Carlos Alberto Montaner, si bien es cierto que no niega el antiimperialismo de Martí, intenta suavizar la dureza del juicio y ocultar lo evidente de la afirmación anteponiendo el entusiasmo de Martí por el sistema capitalista a su antiyanquismo.

Leamos lo que el disidente cubano Montaner al respecto escribió: "... de Martí, al que se le atribuye un antiyanquismo que fue sin duda, mucho menor que sus entusiasmos por el arrollador empuje de la entonces joven democracia americana, en plena e impetuosa expansión hacia el oeste." (Montaner 1997: 41).

Mientras que el también cubano Roberto Fernández Retamar va más allá y da una explicación mucho más objetiva al antiyanquismo martiano, él sostuvo: "Martí vive en los Estados Unidos en el momento en que la nación pasa, de su capitalismo pre-monopolista, al capitalismo monopolista e imperialista que la llevará inexorablemente, a arrojarse sobre el mundo; en primer lugar sobre la América Latina, y en particular sobre Cuba. El hecho de que su patria permanezca como colonia ostensible, agudiza dramáticamente su sensibilidad y su comprensión de estos problemas, haciéndolo el primer antiimperialista cabal del continente." (Fernández Retamar 1973: XV).

En otro nivel, Fernández Retamar cree que el paralelismo hecho por el comunista cubano Julio Antonio Mella (1903-1929) entre el demócrata-nacionalista chino, fundador del Kuo Ming Tan, Sun Yat-Sen (1866-1925), y José Martí tiene más asidero en la realidad que el hecho por la escritora chilena Gabriela Mistral (1889-1957) entre José Martí y el dirigente religioso hindú Mahatma Gandhi (1869-1948), en la medida que: "Martí es un nacionalista revolucionario que no ignora las grandes realizaciones de los países metropolitanos, pero que tampoco desconoce -como que siente en carne propia- sus limitaciones y sus crímenes." (Fernández Retamar 1973: XXXVII).

Recapitulando. En el pensamiento del llamado también *apóstol* José Martí, la influencia del positivismo con sus conceptos de *razón*, *evolución*, *naturalismo*, *progreso,* etc, es evidente. De igual manera la solución de una democracia humanista, con alguna influencia libertaria, que propone como alternativa a los problemas sociales y políticos del hombre sobre este mundo, como en el anterior caso, es notoria.

Por otro lado, en el plano político-social, él es un nacionalista continentalista. Todos los problemas los canaliza y les da salida por el camino del nacionalismo americanista, pero sin caer en el chauvinismo o patriotismo harto conocidos, que en la mayoría de los casos han servido, lamentablemente, casi sólo para cambiar de amo. Él fue bastante consciente de este peligro, es por ello que escribió: "... a veces, el patriotismo es la locura." (Martí 1973: 173).

Ese nacionalismo en Martí tiene su explicación concreta. Entonces Cuba era aún una colonia de España y a la par era amenazada de seguir siéndolo por la presencia de EE. UU. Martí hacía esta advertencia: "Para que la Isla sea norteamericana no necesitamos hacer ningún esfuerzo, porque, si no aprovechamos el poco tiempo que nos queda para impedir que lo sea, por su propia descomposición vendrá a serlo." (Martí 1973: 152 y 153).

Luego de su destierro en España, él regresó a América, recorrió y conoció la realidad de otros países del continente, especialmente México, país que era devorado literalmente por su vecino, el gigante del norte. Influenciado por este hecho, Martí escribió: "¡De qué débiles hilos depende la fortuna de este pobre país mexicano, exangüe y admirable! ¡Oh, no: la simpatía no puede estar con la boca del león!" (Martí 1973: 188).

Su nacionalismo lo transformó en un internacionalismo continentalista o americanista. Este nacionalismo americanista tenía que hacer frente, en primer lugar y por sobre todo, a la América Sajona que lo atropellaba, lo despreciaba y lo convertía en una nueva colonia. Es por ello que Martí, con mucha convicción, escribió: "... ha llegado para la América española la hora de declarar su segunda independencia." (Martí 1973: 130).

Para Martí se debe construir *la tierra mestiza* en base a los indios, negros y mestizos principalmente. Aceptaba, de igual modo, lo que venga de afuera, pero que las raíces y la base deben ser estos pueblos con sus idiomas y sus culturas. Y naturalmente independiente. En alguna forma actualizaba y desarrollaba, el escritor cubano, el primogénito proyecto independiente-mestizo que a principios de la conquista propuso el ideólogo Francisco de Carvajal (13) a su jefe, el conquistador Gonzalo Pizarro.

En este proyecto, él creía que la presencia y participación del indio en la solución de los problemas del continente iba en crecimiento, en desmedro de aquellos otros indios traidores que se habían puesto al servicio de sus verdugos. Leamos: "¡Estos hijos de nuestra América, que ha de salvarse con sus indios, y va de menos a más; estos desertores que piden fusil en los ejércitos de la América del Norte, que ahoga en sangre a sus indios, y va de más a menos." (Martí 1973: 112).

En concreto José Martí, para la América de su tiempo, fue uno de los ideólogos más claros y avanzados. Cuando su compatriota Roberto Fernández Retamar sostiene que en este nivel fue un "nacionalista revolucionario", creemos que tiene toda razón. Por otro lado, José Martí, como pocos en el continente, vivió gran parte de su vida luchando por la independencia de Cuba y del continente tanto en su país como en el destierro.

José Martí murió por esa causa en un páramo cubano, el 19 de mayo de 1895, haciendo escuchar la palabra de las armas. Mejor ejemplo de integridad y consecuencia en respaldo de sus convicciones e ideales difícil del encontrar en un continente lleno de traidores, felones y miserables.

JOSÉ ENRIQUE RODÓ
ARIEL

En especial, con las ideas plasmadas en su pequeño libro titulado *Ariel*, el escritor uruguayo José Enrique Rodó (1872-1917), es otro de los teóricos latinoamericanos que intentó comprender la realidad política sociológica de este continente. De igual modo, como en los autores anteriormente analizados y sintetizados, en Rodó se puede observar la influencia del positivismo en su pensamiento. Que el ensayista no haya sido totalmente consecuente con su positivismo en cuanto a las soluciones de los problemas por él formulados, como veremos posteriormente, es verdad, pero ello no niega la influencia, en líneas generales, de esta corriente de ideas.

El trabajo de José Enrique Rodó es un libro pensado y ordenado de comienzo a fin. En ello estriba una de las diferencias formales con los trabajos de Manuel González Prada y José Martí, páginas antes tratados. Si esto sucede por un lado, por otro lado es evidente el acercamiento, en este nivel de la formalidad, al libro *Facundo. Civilización y barbarie* de Domingo Faustino Sarmiento.

En las páginas de *Ariel* se puede ver que los cuatro autores más frecuentemente mencionados y citados son, en términos generales y no es mera casualidad, de la misma tendencia filosófico-política. A la vez, la mayoría de ellos son de procedencia francesa, enumeremos: Ernest Renán (1823-1892), Marie-Jean Guyau (1854-1888), Agusto Comte y el inglés Herbert Spencer.

De todos ellos, el pensador favorito de Rodó es el primero de los nombrados. Estas palabras del ensayista uruguayo, a manera de recomendación, hablan por sí solas: "Leed a Renán, aquellos de vosotros que lo ignoráis todavía, y habréis de amarle como yo. Nadie como él me parece, entre los modernos, duelo de ese arte de `enseñar con gracia´, que Anatole France considera divino. Nadie ha acertado como él a hermanar, con la ironía, la piedad. Aun en el rigor del análisis, sabe poner la unción del sacerdote. Aun cuando enseña a dudar, su suavidad exquisita tiende una onda balsámica sobre la duda." (Rodó 1991: 87).

En cuanto a sus ideas propiamente dicho, en la primera página del libro, el autor plantea el marco general en medio del cual se organiza todo su andamiaje intelectual y asimismo las posibilidades y los límites de la obra. Con un afán pedagógico, Rodó tomó tres figuras conocidas y contrapuesta de *La tempestad* de Williams Shakespeare y más, no sólo las figuras, sino también las ideas del autor de *La vida de Jesús* (Renán) para exponer mejor sus pensamientos.

Poniendo en boca de su imaginario profesor Próspero, escribió: "Ariel es el imperio de la razón y el sentimiento sobre los bajos estímulos de la irracionalidad; es el entusiasmo generoso, el móvil alto y desinteresado en la acción, la espiritualidad de la cultura, la vivacidad y la gracia de la inteligencia; el término ideal a que asciende la selección humana, rectificando en el hombre superior los tenaces vestigios de Calibán, símbolo de sensualidad y de torpeza, con el cincel perseverante de la vida." (Rodó 1991: 40).

Dos principios básicos del positivismo son las ideas de *evolución* y de *progreso*. Rodó las esbozó de esta manera: "Quiere, en efecto, la ley de la evolución, manifestándose en la sociedad como en la naturaleza por una creciente tendencia a la heterogeneidad que, a medida que la cultura general de las sociedades avanza, se limite correlativamente la extensión de las aptitudes individuales y hay que ceñirse el campo de acción de cada uno a una especialidad más restringida." (Rodó 1991: 60).

Este *progreso* y *evolución* tiene también sus bemoles, como la especialización, por ejemplo. Otros positivistas ya vieron estas consecuencias nada agradables para la realización del hombre. Siguiendo a algunos de ellos, Rodó escribió: "Sin dejar de constituir una condición necesaria de progreso, ese desenvolvimiento del espíritu de especialización trae consigo desventajas visibles, que no se limitan a estrechar el horizonte de cada inteligencia, falseando necesariamente su concepto del mundo, sino que alcanzan y perjudican, por la dispersión de las afecciones y los hábitos individuales, el sentimiento de la solidaridad. Augusto Comte ha señalado bien este peligro de las civilizaciones avanzadas." (Rodó 1991: 60).

En otra parte, de igual modo, si bien es cierto que acepta la importancia del rol que juega la razón, no deja de preocuparle su contrapartida, el utilitarismo. Sus palabras: "A la concepción de la vida racional que se funda en el libre y armonioso desenvolvimiento de nuestra naturaleza, e incluye, por tanto, entre sus fines esenciales, el que se satisface con la contemplación sentida de lo hermoso, se opone -como norma de la conducta humana- *la concepción utilitaria*, por la cual nuestra actividad, toda entera, se orienta en relación a la inmediata finalidad del interés." (Rodó 1991: 85).

El utilitarismo lo relaciona el autor con el automatismo, y eso que implica "la esclavitud de nuestro espíritu", es, dice: "...para millones de almas civilizadas y cultas, a quienes la influencia de la educación o la costumbre reduce al automatismo de una actividad, en definitiva, material. Y bien: este género de servidumbre debe considerarse la más triste y oprobiosa de todas las condenaciones morales." (Rodó 1991: 62).

Pasando de lo general a lo particular, abordando la contradicción entre civilización y barbarie, su voto es por la civilización. Aquí se observa, en alguna forma, su inconsecuencia con el positivismo clásico. Porque civilización para él, no es necesariamente sinónimo de industrialización, de bienestar material y democracia liberal como se entiende frecuentemente. Leamos: "La civilización de un pueblo adquiere su carácter, no de las manifestaciones de su prosperidad o de su grandeza material, sino de las superiores maneras de pensar y de sentir que dentro de ellas son posibles; (...). Todo lo que la civilización es algo más que un elemento de superioridad material y de prosperidad económica, constituye un relieve que no tarda en ser allanado cuando la autoridad moral pertenece al espíritu de la medianía." (Rodó 1991: 92).

Y a renglón seguido, su opinión en torno a la barbarie que lo relaciona con la vulgaridad, es: "En ausencia de la barbarie irruptora que desata sus hordas sobre los faros luminosos de la civilización, con heroica, y a veces regeneradora, grandeza, a la alta cultura de las sociedades debe precaverse contra la obra mansa y disolvente de esas otras hordas pacíficas, acaso acicaladas, las hordas inevitables de la vulgaridad, ..." (Rodó 1991: 93).

El ensayista uruguayo siente un cierto desprecio por las mayorías, por el vulgo y lo exterioriza así, cuando escribe: "La multitud, la masa anónima, no es nada por si misma. La multitud será un instrumento de barbarie o de civilización según carezca o no de coeficiente de una alta dirección moral." (Rodó 1991: 91).

Siguiendo a Renán, cree que la democracia multitudinaria rebaja los ideales humanos antes que elevarlos, leamos: "Piensa, pues, el maestro, que una alta preocupación por los *intereses ideales* es opuesta del todo al espíritu de la democracia. Piensa que la concepción de la vida, en una sociedad donde este espíritu domine, se ajustará progresivamente a la exclusiva persecución del bienestar material como beneficio programable al mayor número de personas. Según él, siendo la democracia la entronización de Calibán, Ariel no puede menos que ser el vencido de este triunfo." (Rodó 1991: 88).

Pero esta democracia tiene alguna posibilidad de ser tal, a condición de fortalecer las élites o las "superioridades humanas" en contraposición a las "superioridades injustas". Sus palabras: "Toda igualdad de condiciones es en el orden de las sociedades, como toda homogeneidad en la naturaleza, un equilibrio inestable. Desde el momento que haya realizado la democracia su obra de negación con el allanamiento de las superioridades injustas, la igualdad conquistada no puede significar para ella sino un punto de partida. Resta la afirmación. Y lo afirmativo de la democracia y su gloria consistirán en suscitar, por eficaces estímulos, en su seno, la revelación y el dominio de las verdaderas superioridades humanas." (Rodó 1991: 90).

Y finalmente, para que funcione este sistema, él cree en una nueva aristocracia, en la aristocracia de la inteligencia como única solución a los males de la democracia niveladora: "Racionalmente concebida, la democracia admite siempre un imprescriptible elemento aristocrático, que consiste en establecer la superioridad de los mejores, asegurándole sobre el consentimiento libre de los asociados. Ella consagra, como las aristocracias, la distinción de calidad; pero las resuelve a favor de las calidades verdaderamente superiores -las de la virtud, el carácter, el espíritu-, sin pretender inmovilizarlas en clases constituidas sin apartarlas de las otras, que mantenga a su favor el privilegio execrable de la casta, renueva sin cesar su aristocracia dirigente en las fuentes vivas del pueblo y la hace aceptar por la justicia y el amor." (Rodó 1991: 102 y 103).

En *Calibán*, con su vulgar materialismo y su utilitarismo sin freno, está encarnado a principios del siglo XX, para Rodó, EE.UU. País, de quien él dice: "Los admiro, aunque no los amo". Él observa que esta tendencia tiende a acentuarse en la otra América, la de *Ariel*, y ese hecho le preocupa: "La poderosa federación va realizando entre nosotros una suerte de conquista moral. La admiración por su grandeza y su fuerza es un sentimiento que avanza a grandes pasos en el espíritu de nuestros hombres dirigentes, y aún más quizá, en el de las muchedumbres, fascinables por la impresión de la victoria. Y de admirarla se pasa por una transición facilísima a imitarla." (Rodó 1991: 110).

Párrafos después, continúa: "Se imita a aquel en cuya superioridad o prestigio se cree. Es así cómo la visión de una América *deslatinizada* por propia voluntad, sin la extorsión de la conquista, y regenerada luego a imagen y semejanza del arquetipo del Norte, flota ya sobre los sueños de muchos sinceros interesados por nuestro porvenir, inspira la fruición con que ellos formulan a cada paso los más sugestivos paralelos y se manifiestan por constantes propósitos de innovación y de reforma. Tenemos nuestra *nordomanía*. Es necesario oponerle los límites que la razón y el sentimiento señalan de consumo." (Rodó 1991: 110).

Teniendo en cuenta que EE.UU., para comienzos del novecientos, apenas perfilaba su gran poder imperial y en menor medida, su decadencia, el ensayista vio con mucha lucidez estos hechos. Haciendo una comparación con el Imperio Romano, escribió: "La influencia política de una plutocracia representada por los todopoderosos aliados de los *trusts*, monopolizadores de la producción y dueños de la vida económica, es, sin duda, uno de los rasgos más merecedores de interés en la actual fisonomía del gran pueblo. La formación de esta plutocracia ha hecho que se recuerde, con muy probable oportunidad, el advenimiento de la clase enriquecida y soberbia que en los últimos tiempos de la república romana es uno de los antecedentes visibles de la ruina de la libertad y de la tiranía de los césares." (Rodó 1991: 130 y 131).

A pesar de ello, él tiene la esperanza que "esté reservado a aquella civilización un destino superior" en la medida que: "... una civilización que esté destinada a vivir y a dilatarse en el mundo, una civilización que no haya perdido, modificándose, a la manera de los imperios asiáticos, la aptitud de la variabilidad, no puede prolongar indefinidamente la dirección de las energías y de sus ideas en un único y exclusivo sentido. Esperamos que el espíritu de aquel titánico organismo social, que ha sido hasta hoy voluntad y utilidad solamente, sea también algún día inteligencia, sentimiento, idealidad. Esperemos que, de enorme fragua, surgirá, en último resultado, el ejemplo humano, generoso, armónico, selecto, que Spencer, en un ya citado discurso, creía poder augurar como término del costoso proceso de refundación." (Rodó 1991: 138 y 139).

En contraposición al *Calibán* de la América Sajona, Rodó habla del *Ariel* de América Latina. Él sostiene que a esta parte del mundo le: "Falta tal vez, en nuestro carácter colectivo, `el contorno seguro de la personalidad´. Pero en ausencia de esa índole perfectamente diferenciada y autonómica, tenemos -los americanos latinos- una herencia de raza, una gran tradición étnica que mantener, un vínculo sagrado que nos une a inmortales páginas de la historia, confirmando a nuestro honor su continuación en lo futuro. El cosmopolitismo, que hemos de acatar como una irresistible necesidad de nuestra formación, no excluye ni ese sentimiento de fidelidad al pasado ni la fuerza directriz plasmante con que debe el genio de la raza imponerse en la refundación de los elementos que constituirán el americano del futuro." (Rodó 1991: 113).

Para terminar con Rodó, ratificando su idea de que el futuro, más que de América Latina, de Hispanoamérica fue siempre su principal preocupación, meses antes de su muerte, escribió: "Formar el sentimiento hispanoamericano; propender a arraigar en la conciencia de nuestros pueblos la idea de América nuestra, como fuerza común, como alma invisible, como patria única. Todo el porvenir está virtualmente en esta obra." (Rodó 1991: 21).

De igual manera, como lo hemos hecho con los autores precedentes, de los muchísimos análisis y críticas hechos al trabajo de Rodó, en estos más de cien años, tomaremos únicamente dos. La primera es la que fue escrita, en cuanto el libro fue publicado, por el español Leopoldo Alas (Clarín) (1852-1901) y la segunda, escrita por el escritor uruguayo Mario Benedetti (1920-).

El crítico español, centrando en la forma y el aspecto literario, sostiene con mucha razón y con algo de desagrado que en *Ariel* se percibe el alejamiento del estilo y la tradición española y a la vez la influencia de la forma y el estilo francés. Lo dicho no era evidente sólo en Rodó sino también en los nuevos escritores, especialmente, en los latinoamericanos. (14)

Luego, pasando de la forma al fondo, dice que: "En la oposición entre Ariel y Calibán está el símbolo del estudio filosófico de Rodó. Se dirige a la juventud americana, de América que llamamos latina, y la excita a dejar los caminos de Calibán, el utilitarismo, la sensualidad sin ideal, y seguir los de Ariel, el genio del aire, de la espiritualidad que ama la inteligencia por ella misma, la belleza, la gracia y los puros misterios de lo infinito." (Alas 1991. 29).

Otro aspecto que hace sobresalir el crítico, es su concepto de democracia y en particular de la democracia que hoy llamaríamos popular: "Pero la democracia niveladora, es decir, la atención a los más, y por tanto, a los peor dotados, tal como generalmente se entiende, no es remedio al utilitarismo, y antes suele ir en su compañía. La democracia niveladora, aspira al monótono imperio de las medianías iguales, la democracia mal entendida, las combate Rodó con fuertes razones y elocuencia, y sin que por eso deje que le venzan doctrinas aristocráticas..." (Alas 1991: 32).

Y finalmente sobre el mismo punto, Alas, interpretando a Rodó, escribe: "La democracia es ya un hecho vencedor, es algo definitivo, y además, bien interpretada, es legítima, es lo que piden el progreso y la justicia: se puede y debe, pues, con la idea de Carlyle, con la misión providencial del heroísmo impulsando la marcha de la vida. La democracia debe ser la igualdad en las condiciones, igualdad de medios para todos, a fin de que la desigualdad que después determina la vida nazca de la diferencia de las facultades, no del artificio social; de otro modo, la sociedad debe ser igualitaria, pero respetando la obra de la naturaleza, que no lo es." (Alas 1991: 32 y 33).

Por su parte Mario Benedetti en 1986, tratando de llamar la atención en torno al momento en el cual fue escrito Ariel, y centrando en el aspecto sociológico-político, escribe: "La peor injusticia que puede cometerse con respecto a Rodó, es no ubicarlo, al considerar y juzgar su obra, dentro de un proceso histórico." (Benedetti 1995: 177).

Uno de los mayores méritos del ensayista uruguayo, según el otro uruguayo, es que: "Rodó fue una de las primeras voces que se alzó en el Continente para reivindicar la común raíz latina de estos pueblos, y una de las primeras asimismo en revelar la posibilidad de oponer al poderoso del Norte todo un haz de naciones, unidas por la herencia, el idioma y el pasado comunes." (Benedetti 1995: 175).

Este hecho se desarrolla en oposición al colosal desarrollo de EE.UU. que fue: "... seguido por la victoria de 1898, asombrosamente fácil, sobre una nación que nominalmente seguía conservando rango de potencia mundial, había hallado incontables admiradores en los países del sur. Surgió un brote de *nordomanía*. Y, como la admiración conduce a la imitación, buen número de los admiradores del éxito soñaron con una Sudamérica entregada por entero a empeños `prácticos´, de acuerdo con su interpretación miope del ejemplo dado por la democracia norteamericana. Rodó les puso en guardia contra el remedo a ciegas de una civilización que él veía como magnífico torso, pero no como estatua terminada, y nos advirtió a todos el peligro de que nuestra reciente prosperidad pudiera llevarnos a un futuro fenicio." (Benedetti 1995: 176).

Finalmente, Benedetti cree que: "... pese a sus carencias, omisiones e ingenuidades, la visión de Rodó sobre el fenómeno yanqui, rigurosamente ubicado en su contexto histórico, fue en su momento la primera plataforma de lanzamiento para otros planteos posteriores, menos ingenuos, mejor informados, más previsores; y admitir asimismo que la casi profética sustancia del arielismo rodoniano conserva, todavía hoy, cierta parte de su vigencia." (Benedetti: 1995: 179).

Ubicando a Rodó y su Ariel dentro de su contexto histórico, después de más de cien años transcurridos, muchos fenómenos sucedidos y las sin número de investigaciones, sobre el tema, publicadas, hoy con la serenidad que da la distancia y el tiempo podemos, en alguna forma, ver y comprender mejor las luces y las sombras que envuelven y cubren al escritor y su obra.

Como la mayoría de los méritos, con los cuales estamos de acuerdo, han sido ya expuestos por Alas y Benedetti, nosotros centraremos en lo que creemos que son sus debilidades. En principio

Rodó no fue consecuente con su positivismo en la medida que la evolución y el progreso de la ciencia y la tecnología, dentro del sistema capitalista, llevan indefectiblemente al individualismo, al consumismo, al utilitarismo, que no es más que la enajenación y la estupidización del ser humano.

Rodó, muy influenciado por el biologismo, creía en las razas y más aún en la superioridad de unas sobre las otras. Leamos: "Las razas pensadoras revelan, en la capacidad creciente de sus cráneos, ese empuje del obrero interior." (Rodó 1991: 146).

Es muy probable que este racismo haya sido la razón que lo llevó a ignorar por completo a grandes sectores sociales que tenían y tienen un peso fundamental en la configuración de América Latina. Nos estamos refiriendo al indio y al negro. Para Rodó, a América Latina la componían, seguramente, sólo los blancos y los mestizos.

Ligado íntimamente a lo anterior, recordando una vez más, que en este continente las clases explotadas y dominadas y los grupos étnicos despreciados y marginados están relacionados y entremezclados, sectores que para Rodó no obstante no dan señales de vida. Él fue un defensor de una democracia de élites, en otras palabras, de una democracia aristocratizante. En la medida que él fue un liberal con mucha influencia aristocrática o tal vez, juego de palabras aparte, un aristócrata con influencia liberal.

Para Rodó, por ejemplo, la civilización estuvo encarnada en Grecia y lo demás fue barbarie, en la medida que la civilización es la realización intelectual, moral, espiritual y ese don sólo es patrimonio de las élites. Los pueblos no cuentan en su proyecto de sociedad.

Por otro lado el ensayista no comprendió la esencia del capitalismo, de ahí que se opone a una de las consecuencias, el utilitarismo, mas no al sistema en su conjunto. Su incomprensión del sistema capitalista y del fenómeno del imperialismo lo lleva a oponer a este sistema y a este fenómeno una América Latina en sí y para sí. Una América Latina que acepte lo que el capitalismo le puede facilitar y proveer pero sin perder su esencia aristocratizante y elitista.

Ni una palabra en contra del poder económico y social dominante en el continente encontramos en el libro. Por el contrario, muchas ideas en contra de los que propugnaban la justicia y la libertad, a quienes los vinculó con la "zoocracia". Uno de los problemas que Rodó vio fue reducido solamente a la educación. Mientras que las clases y sectores sociales fueron remplazados por las edades o generaciones. De ahí su llamado y su interés en una juventud ilustrada.

En los cuatro autores aquí tratados, a pesar de haber nacido en distintos países del continente, se puede ver algunos rasgos en común. En primer lugar, en el plano teórico, su genérico positivismo. Luego su interés por los problemas político-sociales del continente latinoamericano y por último, en cuanto a su formación en ciencias sociales, todos fueron autodidactas.

Si intentáramos profundizar en algunas semejanzas y diferencias, tendríamos que decir que el positivismo del ensayista uruguayo estuvo mucho más cercano al positivismo de Domingo Faustino Sarmiento, en la medida que los problemas políticos y sociales del continente, por ellos analizados, los hacen desembocar en una típica democracia aristocratizante, racista y de élites. Y como lógica consecuencia, está mucho más alejado del positivismo de Manuel González Prada y José Martí ya que, en el caso del peruano, su positivismo terminó abiertamente en una democracia niveladora y libertaria. Mientras el positivismo del cubano terminó en una democracia continentalista, humanista con rasgos libertarios.

González Prada y Martí, en contraposición a Sarmiento y Rodó, comprendieron mejor la esencia del capitalismo, sistema que, en el mejor de los casos, humaniza al cuerpo deshumanizando el alma. Libera al espíritu en la forma para esclavizarlo en el fondo. Sarmiento, por el momento y las condiciones en las cuales le tocó vivir, no se interesó en ello. Rodó, a pesar del momento y las condiciones favorables, no pudo o no quiso comprenderlo y se limitó a la denuncia de un gaseoso y genérico utilitarismo.

Para terminar con este grupo de autores, hay que decir que con la excepción de Sarmiento, la producción de González Prada, Martí y Rodó coincide grosso modo, en el plano externo, con la decadencia de España y su alejamiento del continente latinoamericano. Por otro lado coincide también con la influencia de otros países europeos, particularmente Francia, a nivel de las ideas y la cultura en general. Y por último con la avasalladora y brutal ofensiva del imperialismo norteamericano, que inicia su control y dominio sobre esta parte del mundo.

Mientras en el plano interno coinciden, de igual modo, con la aparición y desarrollo particular del capitalismo. Sistema que trae consigo la aparición de la burguesía intermediaria o gran burguesía por un lado, y por otro lado, de la clase obrera, sus organizaciones y sus nuevas formas de lucha. De igual modo coinciden con nuevas acciones de lucha del campesinado-indígena, en los países donde su presencia es significativa, y en otros niveles con las luchas populares en general.

Por último, en el plano propiamente político, coincide asimismo con la crisis y decadencia de las repúblicas aristocráticas, su modo de vida, su estilo de gobernar y, por supuesto, con ese tipo de Estado que fue estructurado al comienzo de la vida republicana.

Con los hechos aquí mencionados y analizados se cierra en alguna forma, a nivel teórico, la influencia del primer positivismo (15) y secundariamente del anarquismo y a la vez se abre otra, la influencia del marxismo, en la vida político-social e intelectual del continente latinoamericano.

EL MARXISMO EN AMERICA LATINA

"A lo largo del siglo XIX, los más ardientes europeístas -sean espiritualistas, socialistas o comunistas- tienden hacia el Nuevo Mundo como a un lugar de promisión, donde se realiza la felicidad que todos aspiran bajo diversos nombres. Hoy por hoy, el Continente se deja abarcar en una esperanza, y se ofrece a Europa como una reserva de humanidad".

Alfonso Reyes,
Antología general (1986)

Así como la corriente espiritualista, la escuela positivista y el anarquismo-libertario, en sus diversas variantes y diferentes formas, tuvieron sus seguidores y representantes en el nuevo continente, el marxismo (el materialismo dialéctico y el materialismo histórico) de igual modo los tuvo y los tiene. El marxismo como concepción del mundo y como método de investigación y acción (es decir sistematizado y sintetizado) nace a mediados del siglo XIX en Europa con el Manifiesto del Partido Comunista (1848) redactado por Karl Marx y Friedrich Engels.

A partir de esa fecha su desarrollo e influencia se propagó por el mundo entero. El continente americano no fue la excepción, en la medida que las condiciones materiales-espirituales estuvieron dadas, esta parte del mundo devino receptor activo de esta nueva forma de pensar que revolucionó el mundo de las ideas y las cosas.

Como hemos hecho con las otras corrientes anteriormente mencionadas y en la medida que el marxismo, en el nivel que estamos analizando, es relativamente conocido no tenemos la necesidad de desarrollar sus postulados, leyes, categorías y principios al estilo de manual. Por el contrario lo utilizaremos y desarrollaremos en la investigación, en el análisis y en la síntesis propiamente dicho.

A fines del siglo XIX y principios del siglo XX, con variantes más o variantes menos, el sistema capitalista, con todas sus características y consecuencias, ha puesto las bases fundamentales para su ulterior desarrollo en el continente latinoamericano. Por el momento histórico en el cual se encontraba entonces, como hemos visto anteriormente, este sistema tuvo un particular desarrollo en América Latina.

Es importante mencionar dos hechos. En primer lugar, en el plano interno, la quiebra del sistema tradicional o feudal que se manifiesta en la crisis en el campo, la expulsión de los campesinos hacia las ciudades y la decadencia de las relaciones artesanales en estas últimas. Y en segundo lugar, en el plano externo, la imposición de la denominada modernidad o capitalismo que se expresa en las importaciones, la aparición de los centros manufactureros y fabriles, y luego los grandes centros industriales en determinadas zonas y países. Éstos son los dos hechos, en la base económica, que aceleran y evidencian la transición en América Latina.

Todo lo anterior, si no fue determinado, por lo menos fue condicionado por el desarrollo y necesidad del sistema capitalista en su conjunto. Pero no perdamos de vista, que el sistema se encuentra en su etapa imperialista. Lo último es importante en la medida que los principales enclaves capitalistas en el continente estuvieron directamente ligados, principalmente, al imperialismo inglés primero y norteamericano después.

147

Daniel Pereyra escribe en relación al tópico aquí mencionado, lo siguiente: "Las grandes inversiones se realizaron en función de `complementar la necesidad de la producción capitalista en los países metropolitanos´. La exportación masiva de capital para la producción de materias primas frenó la acumulación y el nivel de productividad de los países atrasados, los bajos salarios constituyeron un aliciente para demorar la industrialización ampliada del desnivel productivo. Así se explica igualmente la especialización nacional en determinados productos -café, azúcar, banano, cobre, petróleo-, acentuando la dependencia." (Pereyra 1994: 18 y 19).

El desarrollo del capitalismo reorganiza y reestructura las sociedades, le impone nuevas leyes y principios. Como consecuencia de la actividad en la producción y reproducción aparecen las nuevas clases sociales con sus características y componentes, posteriormente con sus respectivas organizaciones e intereses político-sociales. En América Latina, a partir del siglo XX, este sistema, con sus determinadas particularidades y en alianza con el mundo feudal, comenzó a orientar en gran medida la vida de estas sociedades.

Sobre esta base y con esta influencia se puede afirmar que: "Las ideas marxistas comenzaron a difundirse en algunos países de América Latina -Argentina, Uruguay, Chile- en el último tercio del siglo XIX. Esta difusión estuvo limitada inicialmente a pequeños círculos intelectuales e integraba el proceso más vasto de propagación de ideologías de tipo socialista que acompañaba al desarrollo capitalista en estas sociedades. Recién a fines de siglo se formaron grupos definitivamente marxistas que emplearon los principios del materialismo histórico para analizar hechos de la política local." (Autores varios 1972: 7).

Líneas después, los autores aquí citados, nuevamente afirman: "La expansión de las relaciones capitalistas y el correspondiente incremento del movimiento obrero alimentaron estas corrientes que dieron origen a los verdaderos partidos socialistas, especialmente en aquellos países donde la emigración europea conformó la mayor parte del naciente proletariado. Bajo su impulso, y en disputa con los entonces influyentes grupos anarquistas, se organizaron las primeras luchas obreras importantes, se fundó un periodismo de izquierda y se crearon bibliotecas de divulgación doctrinaria." (Autores varios 1972: 8).

El filósofo Raúl Fornet sostiene que las ideas de los socialistas utópicos primero y de los anarquistas y libertarios después se difundieron en América Latina desde las primeras décadas del siglo XIX. Estas ideas fueron la base que preparó el ambiente para que la ideología marxista se desarrolle con mucha fuerza después en esta parte del mundo.

De igual modo sostiene Fornet que los marxistas, desde muy tempranamente, se interesaron en esta parte del mudo. Prueba de lo afirmado es que un prominente miembro de la Liga Comunista y amigo de Karl Marx fue enviado, en misión política y organizativa, al sub-continente.

Leamos lo que el mencionado autor escribió al respecto: "... también es representativo en esta etapa, comenzarlo con el largo viaje de Georg Weerth (1822-1856) miembro de la Liga Comunista y amigo personal de Karl Marx, a través de Centro y Sudamérica entre 1853 y 1856. El significado de su viaje y en especial su estadía en la Habana, donde él murió en 1856, está siempre presente en los autores latinoamericanos". Luego agrega otro hecho importante: "Y habría que aceptar que no fue en 1883 sino en 1872 que fue la etapa en que se creó la sección latinoamericana de la Internacional en Buenos Aires." (Fornet 1994: 13).

Después de la difusión de estas ideas se pasó a la organización de las clases marginadas y en especial del proletariado. Así aparecen en los últimos años del siglo XIX los sindicatos, las federaciones y las confederaciones obreras con una clara orientación de clase. Todo ello se remata con la fundación, en la mayoría de países latinoamericanos, de los Partidos Socialistas primero, Comunistas después con un definido programa marxista y ligados a la Internacional Comunista. En un primer momento a la Segunda y después a la Tercera.

La lista de personajes políticos e intelectuales que se adhirieron al marxismo como método de análisis y de acción es relativamente larga y a la vez conocida en América Latina (16). Teniendo en cuenta los objetivos de esta investigación nosotros nos limitaremos a desarrollar las ideas de dos comunistas del continente.

Por ser los más representativos, los más estudiados y a la vez los más apreciados. Nos referimos naturalmente a José Carlos Mariátegui y a Ernesto "Che" Guevara. Algunas ideas de Mariátegui y sobre él serán desarrolladas a continuación en este capítulo, mientras que las del "Che" Guevara y sobre él, en el capítulo subsiguiente.

JOSÉ CARLOS MARIÁTEGUI

El tema José Carlos Mariátegui (1894-1930) puede ser abordado desde distintos ángulos y perspectivas. Su producción intelectual, su actividad organizativa, su acción como dirigente político y por último hasta su vida privada. De los cuatro puntos aquí mencionados, nosotros nos ocuparemos de su actividad intelectual en general y en especial de su producción en el campo de la sociología y la política.

Mariátegui es de aquellos personajes simbólicos que, de vez en cuando, aparecen en la escena de la historia. Nacido en una sociedad atrasada y dominada, de condición económico-social precaria, lisiado a partir de los 6 años de edad, con sólo segundo año de instrucción primaria. A pesar de todo, en solamente 7 años desarrolló una actividad teórico-práctica impresionante y murió a los 35 años de edad.

Los fenómenos individuales o colectivos hay que comprenderlos en sus contextos y a la vez bajo las condiciones en las cuales aparecen. La vida, la producción y el significado de Mariátegui sólo puede ser explicado cabalmente si entendemos el sistema capitalista y sus implicancias, el fenómeno del imperialismo, la Primera Guerra Mundial y la Revolución Bolchevique a nivel general.

La presencia y desarrollo particular del sistema capitalista, la revolución mexicana y la reforma universitaria de Córdova en América Latina. Y por último, cómo estos fenómenos han repercutido e influenciado en el Perú (país donde nació y creció Mariátegui) de aquellos tiempos.

Una de las consecuencias del capitalismo es precisamente el marxismo. Ideología que fue comprendida por nuestro autor en estos términos: "El marxismo, del cual todos hablan pero que muy pocos conocen y, sobre todo, comprenden, es un método fundamentalmente dialéctico. Esto es, un método que se apoya íntegramente en la realidad, en los hechos. No es, como algunos erróneamente suponen, un cuerpo de principios de consecuencias rígidas, iguales para todos los climas históricos y todas las latitudes sociales. Marx extrajo su método de la entraña misma de la historia." (Mariátegui 1975: 111 y 112).

En otra parte sintiéndose adherente de esta corriente de ideas, escribió: "Los marxistas no creemos que la empresa de crear un nuevo orden social, superior al orden capitalista, incumba a una amorfa masa de parias y de oprimidos, guiada por evangélicos predicadores del bien. La energía revolucionaria del socialismo no se alimenta de compasión ni de envidia. En la lucha de clases, donde residen todos los elementos de lo sublime y heroico de su ascensión, el proletariado debe elevarse a una `moral de productores´, muy distante y distinta de la `moral de esclavos´, de que oficiosamente se empeñan en proveerlo sus gratuitos profesores de moral, horrorizados de su materialismo." (Mariátegui 1978: 72 y 73).

Orientado por esta concepción, Mariátegui aborda la problemática de América Latina desde sus raíces. Para ello recurre a la historia y a la economía como herramientas fundamentales de investigación, análisis e interpretación. A la América precolombina la entiende como una parte y a la vez como eslabón del proceso histórico mundial. A Mariátegui, los particularismos y los culturalismos (que no son más que expresiones del relativismo histórico) le fueron ajenos aunque no desconocidos.

Leamos lo que sostiene con respecto al sistema económico existente en las culturas anteriores al Imperio Inca. Ideas que en alguna forma resumen la situación de la mayoría de culturas del mundo pre-colombino: "Anteriormente a la vasta orientación del Imperio Incaico, existió entre las poblaciones aborígenes que ocuparon el inmenso territorio un régimen de comunismo agrario. Desde que las tribus primitivas pasaron del nomadismo a la residencia fija, en la tierra, dando origen a la agricultura, se constituyó un régimen de propiedad y de usufructo colectivos de la tierra, organizado por grupos que constituyeron las primeras `comunidades´, estableciéndose la costumbre del reparto de la tierra según las necesidades de la labranza." (Mariátegui 1975: 62).

Este modo de producción social del Comunismo Primitivo fue, por causas internas y externas, destruido, aunque no totalmente, por los que lograron convertirse en imperio. Mariátegui escribe: "El Imperio incaico de los quechuas, al formarse y extenderse progresivamente, ya sea por intermedio de la guerra, ya sea por anexiones pacíficas, encontró en todas partes este orden económico existente. Sólo necesidades administrativas y políticas, tendientes a reforzar el poder del control central en el vasto imperio, impulsaron al gobierno de los Incas a organizar en forma especial ese régimen comunista que funcionaba desde un tiempo muy lejano en todo el territorio del imperio." (Mariátegui 1975: 62).

Por último, para terminar con los Incas y su Estado teocrático y esclavista, sostiene: "El poder económico y político del Estado, en el Imperio incaico, residía en el Inca, pues su régimen de gobierno era centralista. Todas las riquezas, como las minas, las tierras, el ganado le pertenecían. La propiedad privada era desconocida." (Mariátegui 1975: 62).

En este momento de desarrollo y afianzamiento del Estado esclavista incaico (lo mismo se dio años antes con los aztecas) fue cuando se produjo la invasión y la posterior conquista europea. Esta etapa histórica problemática y conflictiva en el continente, lo sintetiza nuestro autor de la siguiente manera: "La conquista española destruyó las culturas y las agrupaciones autóctonas, uniformó la fisonomía étnica, política y moral de la América Hispana. Los métodos de colonización de los españoles solidarizaron la suerte de sus colonias. Los conquistadores españoles impusieron a las poblaciones indígenas su religión y su feudalidad. La sangre española se mezcló con la sangre india. Se crearon, así, núcleos de poblaciones criollas, gérmenes de futuras nacionalidades. Luego, idénticas ideas y emociones agitaron a las colonias contra España. El proceso de formación de los pueblos indo-españoles tuvo, en suma, una trayectoria uniforme." (Mariátegui 1985: 13).

En torno a la generación de la Independencia, continúa: "La generación libertadora sintió intensamente la unidad sudamericana. Opuso a España un frente único continental. Sus caudillos obedecieron no a un ideal nacionalista, sino un ideal americanista. Esta actitud correspondía a una necesidad histórica. Además, no podía haber nacionalismo donde no había aún nacionalidades. La revolución no fue un movimiento de las poblaciones indígenas. Es un movimiento de las poblaciones criollas, en las cuales los reflejos de la Revolución Francesa había creado un humor revolucionario." (Mariátegui 1985: 13).

Cumplida la empresa de la independencia, sostiene Mariátegui: "El advenimiento de la República no transformó sustancialmente la economía del país. Se produce un simple cambio de clases: al gobierno cortesano de la nobleza española, sucedió el gobierno de los terratenientes, encomenderos y profesionales criollos. La aristocracia mestiza empuñó el Poder, sin ningún concepto económico, sin ninguna visión política." (Mariátegui 1975: 66).

Entre la independencia y principios del siglo XX se dio un cierto desarrollo al interior de las sociedades latinoamericanas, que se concretiza en la alianza de explotación, dominación y control de clase. Según Mariátegui la misma se expresó así: "Se formó (...) una burguesía, confundida y enlazada en su origen y su estructura con la aristocracia, formada principalmente por los sucesores de los encomenderos y terratenientes de la colonia, pero obligada por su función a adoptar los principios fundamentales de la economía y la política liberales." (Mariátegui 1968: 20).

Y refiriéndose concretamente al Estado, las clases sociales y evidenciando ese binomio histórico, en otro escrito, afirmó: "El Estado actual en estos países reposa en la alianza de la clase feudal terrateniente y la burguesía mercantil." (Mariátegui 1975: 32).

Habiendo muchos puntos en común entre los países latinoamericanos, hay de igual modo algunas diferencias, que en los años veinte del siglo pasado Mariátegui los planteó en estos términos: "Presentemente, mientras unas naciones han liquidado sus problemas elementales, otras no han progresado mucho en su solución. Mientras unas naciones han llegado a una regular organización democrática, en otras subsisten hasta ahora densos residuos de feudalidad. El proceso del desarrollo de todas estas naciones sigue la misma dirección; pero en unas se cumple más rápidamente que en otras". Y en el párrafo siguiente insiste: "Pero lo que separa y aísla a los países hispano-americanos, no es esta diversidad de horario político. Es la imposibilidad de que entre naciones incompletamente formadas, entre naciones apenas bosquejadas en su mayoría se concierte y se articule un sistema o un conglomerado internacional." (Mariátegui 1985: 14).

Posteriormente en otra parte, subrayando la condición de países agrícolas y dependientes, continúa: "Aparece como una causa específica de dispersión la insignificancia de vínculos económicos hispano-americanos. Entre estos países no existe casi comercio, no existe casi intercambio. Todos ellos son, más o menos, productores de materias primas y de géneros alimenticios que envían a Europa y EE.UU., de donde reciben, en cambio, máquinas, manufacturas, etc. Todos tienen una economía parecida, un tráfico análogo. Son países agrícolas. Comercian, por tanto, con países industriales. Entre los pueblos hispano-americanos no hay cooperación; algunas veces, por el contrario, hay concurrencia. No se necesitan, no se complementan, no se buscan unos a otros. Funcionan económicamente como colonias de la industria y la finanza europea y norteamericana." (Mariátegui 1985: 14 y 15).

En estos países, las clases dominantes, en especial la burguesía intermediaria, no cumplieron en absoluto su misión, es decir, fue muy intermediaria y poco burguesía. El autor sostiene: "El mayor cargo contra la clase dominante de la república es que cabe formularle por no haber sabido acelerar, con inteligencia más liberal, más burguesa, más capitalista de su misión, el proceso de transformación de la economía colonial en economía capitalista." (Mariátegui 1975: 32).

Por último, en este nivel, hace ver un hecho que al pasar los años simple y llanamente se ha acentuado sobremanera en el continente latinoamericano. Estamos pensando en el control, no solo económico, sino sobre todo político y cultural de EE.UU. Mariátegui escribió: "El capitalismo yanqui invade la América indo-íbera. Las vías de tráfico comercial pan-americano son las vías de esta expansión. La moneda, la técnica, las máquinas y las mercaderías norteamericanas predominan más cada día en la economía de las naciones del Centro y Sur." (Mariátegui 1985: 28).

El diagnóstico histórico, económico y político hecho por Mariátegui sobre América Latina se podría resumir así: Los pueblos pre-colombinos, sin ser una masa uniforme, tuvieron muchas características en común, las que en parte fueron destruidas por aquellos pueblos que devinieron Imperios primero y por la acción de los invasores europeos después. Estos últimos les impusieron un sistema económico feudal y la religión católica y a la vez se entremezclaron dando origen al mestizaje en sus diversos niveles y vertientes.

De lo planteado se desprenden las distintas clases sociales que caracterizan a este tipo de sociedades. El autor sostiene que las clases dominadas y marginadas son el campesinado, especialmente el pobre y el medio (en los países de presencia indígena, el campesino indígena), la clase obrera, los sectores medios o pequeña burguesía. Las dominantes los terratenientes, especialmente los grandes, la burguesía intermediaria y el imperialismo. Las burguesías nacionales, en estos países, tenían un carácter ambiguo y naturalmente son oportunistas.

Hasta las dos primeras décadas del siglo XX, para Mariátegui, América Latina mantenía, en lo fundamental, su condición de región agrícola y productor de materias primas en función de los mercados europeos y norteamericano. En estos países la burguesía intermediaria jugaba el rol de puente entre la aristocracia-terrateniente y el gamonalismo en lo interno.

En este nivel, con algunas excepciones como Argentina y Uruguay, y más ciertos enclaves en algunas otras regiones, la condición de estos países, con diferencias más o diferencias menos, predominaba la semi-feudalidad, la que se expresaba en la persistencia de variadas formas del latifundismo, de la servidumbre y del gamonalismo.

Mientras que a nivel externo, las inversiones y los empréstitos significaba mayor dominación y dependencia. Sus palabras: "La condición económica de estas repúblicas, es, sin duda, semicolonial, y, a medida que crezca su capitalismo y, en consecuencia, la penetración imperialista, tiene que acentuarse este carácter de su economía." (Mariátegui 1975: 87).

En base a este diagnóstico Mariátegui sostiene que la revolución en América Latina será consecuencia "... de la acción de las masas proletarias, solidarias con la lucha antiimperialista mundial". Siendo éste el primer principio y tomando en cuenta que en el Subcontinente no se ha hecho una revolución democrática burguesa, él continúa: "Sólo la acción proletaria puede estimular primero y realizar después las tareas de la revolución democrático-burguesa, que el régimen burgués es incompetente para desarrollar y cumplir." (Mariátegui 1975: 160 y 161).

Por último plantea claramente la perspectiva: "Cumplida su etapa democrático-burguesa, la revolución deviene en sus objetivos y en su doctrina revolución proletaria. El partido del proletariado, capacitado por la lucha para el ejercicio del Poder y el desarrollo de su propio programa, realiza en esta etapa las tareas de la organización y defensa del orden socialista." (Mariátegui 1975: 162).

Toda esta formulación teórico-política hecha por Mariátegui fue consecuencia de una encarnizada polémica con los representantes ideológico-políticos de las diferentes clases sociales al interior de estas sociedades. De todas ellas queremos destacar la realizada con los representantes del aprismo y en especial con su jefe Haya de la Torre, en la medida que en un momento dado generó mucha confusión y duda.

El tema central se concretizaba a saber qué clase es la llamada a orientar la revolución democrático-burguesa en América Latina. Según el ideólogo del APRA debe ser la alianza de los trabajadores manuales e intelectuales organizados y representados por el APRA, que a la vez es un partido de frente único. Haya de la Torre define a esta organización en estos términos: "La organización de la lucha antiimperialista en la América Latina, por medio de un frente único internacional de trabajadores manuales e intelectuales, con un programa común de acción política, eso es el APRA." (Haya de la Torre 1972: 3).

Concepción con la cual discrepaba Mariátegui diciendo: "Ni la burguesía ni la pequeña burguesía en el Poder pueden hacer una política anti-imperialista. Tenemos la experiencia de México, donde la pequeña burguesía ha terminado por pactar con el imperialismo yanqui." (Mariátegui 1975: 90).

Lo que aquí sólo se avizoraba, en otra parte lo desarrolla con más detenimiento. Siempre tomando a México como caso ilustrativo escribió: "Tanto en tiempos de flujo revolucionario, como de reflujo reaccionario, y tal vez más precisa y nítidamente en éstos que en aquéllos, la experiencia histórica iniciada en México por la insurrección de Madero y el derribamiento de Porfirio Díaz, suministra al observador un conjunto precioso y único de pruebas de la ineluctable gravitación capitalista y burguesa de todo movimiento político dirigido por la pequeña burguesía, con el confusionismo ideológico que le es propio." (Mariátegui 1985: 66).

Luego: "México hizo concebir a apologistas apresurados y excesivos la esperanza tácita de que su revolución propiciaría a la América Latina el patrón y el método de una revolución socialista, regida por factores esencialmente latinoamericanos, con el máximo ahorro de teorización europeizante. Los hechos se han encargado de dar al traste con esta esperanza tropical y mesiánica." (Mariátegui 1985: 66).

Mas por el contrario este *Estado regulador*, que según el teórico mexicano Froylán Manjares, era el puente para el tránsito gradual del capitalismo al socialismo, para nuestro autor tenía otro carácter: "El Estado regulador de Froylán Manjares no es otro que el Estado fascista". Y finalmente termina con el tópico diciendo: "Los políticos de la Revolución Mexicana, bastante distanciados entre ellos por otra parte, se muestran cada día menos dispuestos a proseguirla como revolución democrático-burguesa. Han dado ya marcha atrás. Y sus teóricos nos sirven, en tanto, con facundia latinoamericana, una tesis del Estado regulador, del estado intermedio, que se parece como una gota de agua a otra gota a la tesis del Estado fascista." (Mariátegui 1985: 70).

A lo dicho sólo cabe ver qué pasó con la sociedad y sobre todo con el Estado mexicano, entre los años 1920 y 2000. Cómo fue la relación entre Estado, gobierno y el PRI, ahí comprobamos fácilmente que las tesis de Mariátegui simplemente fueron corroboradas por la realidad. De igual manera, basta revisar la historia del APRA, y en particular de su gobierno entre 1985 y 1990 en el Perú, para llegar nuevamente a la conclusión de que Mariátegui tuvo plena razón.

Sobre el pensamiento de Mariátegui se ha escrito bastante, para la ocasión citaremos solamente a tres de los muchos tratadistas. En primer lugar al estudioso argentino Francisco Posada y en segundo lugar a los filósofos, el cubano Raúl Fornet y el peruano Jorge Oshiro. Las razones para ello son dos fundamentalmente. El primero de los mencionados, siendo un hombre de izquierda, cuestiona abiertamente la formación filosófica marxista de Mariátegui. Y los segundos, por ser sus trabajos los más actualizados sobre el estudioso latinoamericano que nosotros conocemos.

Por nuestra parte, no deseamos contraponer palabra por palabra o línea por línea las discrepancias en torno al marxismo o no de Mariátegui de los tres autores aquí nombrados. Nos limitaremos a hacer una exposición muy apretada de algunas ideas de los mismos y el lector sacará sus propias conclusiones al respecto.

En primer lugar Francisco Posada encuentra dos Mariáteguis. Uno, el Mariátegui que no llegó a comprender los principios fundamentales del materialismo dialéctico, en la medida que sus lecturas al respecto no fueron directamente de las obras de Marx y Engels. Más por el contrario su conocimiento del marxismo fue de segunda y hasta de tercera mano.

En otras palabras fue a través de una amplia gama de intelectuales de pensamiento heterodoxo y hasta de concepciones filosóficas encontradas y contrapuestas. Los más conocidos son Sorel, de Unamuno, Nietzsche, Croce, Papini, Gobetti, etc. Y por otro lado, el Mariátegui profundo, vasto y fino conocedor de la estética marxista.

Leamos lo que Posada escribe en torno al primer Mariátegui: "Para Mariátegui el marxismo se define primordialmente como una `filosofía de la acción´. Rigurosamente hablando no es una teoría, ni una ciencia, sino una ideología de la revolución moderna. Por eso Mariátegui no plantea en su obra una problemática metodológica y ella carece de un conjunto de conceptos estructurados. El marxismo era para él fruto exclusivamente de la confrontación, no fruto de la ciencia y de la práctica teórica. Mariátegui representa en Latinoamérica la tesis de que el marxismo se define como tal en la controversia, descalificándose así implícitamente su valor como teoría." (Posada 1968: 18).

Si Mariátegui no fue materialista dialéctico en su concepción filosófica, preguntamos: ¿Qué fue? El estudioso argentino nos responde en estos términos: "Mariátegui fue marcado por las tendencias pragmáticas y, en menor grado, vitalistas del irracionalismo. De ahí que haya planteado el problema de la verdad no como el de la objetividad, sino como idea fuerza, como mito. Exaspera la dialéctica como verdad absoluta y relativa, y desemboca en la conclusión de que la segunda es verdad no relativa al objeto sino al sujeto. Niega las verdades absolutas no como absolutas; las niega como verdades." (Posadas 1968: 18).

Luego Posada, sobre el segundo Mariátegui, continúa: "Si Mariátegui, influido por corrientes pragmáticas e historicistas, no llegó a la comprensión de los problemas teóricos a que hemos hecho referencia, su gran cultura literaria y artística, su probidad mental, su experiencia de la vida, lo condujeron a configurar una serie de planteos estéticos de indudable trascendencia en América Latina." (Posada 1968: 33).

Y finalmente termina: "Mariátegui nunca vio una falta de congruencia entre el territorio del arte y el reino de la fantasía. Para él los vocablos arte y fantasía son intercambiables, todo arte genuino es fantástico y la fantasía es la potencia humana auténticamente artística. Sin embargo, la realidad no es ajena a ellos; autonomía absoluta no tienen, ni pueden tener, ya que brotan y crecen alimentados por los zumos de la vida colectiva de los hombres. `La vida es la fuente de la fantasía y del arte´; ninguna frase podría expresar mejor la complejidad del credo estético de Mariátegui." (Posada 1968: 33 y 34).

De otro lado el profesor Raúl Fornet (además de afirmar que José Carlos Mariátegui es el mayor representante del marxismo en América Latina) destaca que Mariátegui ha dado una auténtica orientación de cómo debe hacerse una investigación seria y científica en el continente. Fornet toma como ejemplo concreto la investigación titulada *7 ensayos de interpretación de la realidad peruana* (17) para luego afirmar que ella "... marca la hora de nacimiento de la primera versión sistematizada y articulada del marxismo en Latinoamérica." (Fornet 1994: 108).

A continuación desarrollando esta idea original, escribe: "Esa obra representa el primer aporte crítico y sistematizado de la realidad histórico-social latinoamericana, especialmente desde el punto de vista del Perú. Se hace consciente de sí mismo al comprender y definir lo que es propio del método marxista, la interpretación histórica. Asimismo es también decisiva la articulación y la evidencia del método marxista para hacer posible la crítica de una sociedad. A través de este libro de igual modo se rompe con otros modelos de interpretación. Para decirlo con otras palabras: Mariátegui refleja ahí las implicancias de aceptar la perspectiva marxista como una nueva forma significativa para entender el problema de la sociedad..." (Fornet 1994: 108).

Otro de los aportes de Mariátegui, según Raúl Fornet, es el enfoque del problema del indio y consecuentemente de todas las razas. Para Fornet, Mariátegui es exacto y preciso cuando afirma que el problema del indio no es un problema "... administrativo, jurídico, ético, moral, educacional, eclesiástico". Por el contrario es un problema económico-social y como consecuencia su solución será en este nivel. Leamos: "A través del recurso del método marxista,

Mariátegui como crítico socialista, como él denomina, encuentra la raíz al problema del Indio en la cuestión de la explotación económico-social, consecuentemente sólo en el marco de una revolución socialista mundial podrá ser este problema solucionado." (Fornet 1994: 109).

Por último, destacando que sólo la alianza de obreros y campesinos garantiza la solución de este problema y la construcción de la nación, afirma: "Para Mariátegui, en la formación de la nación en América Latina tiene también mucho significado la independencia económica. Desea con ello relacionar la cuestión de la nación con la revolución socialista o presentar la revolución socialista como una adecuada alternativa histórica para la situación latinoamericana. En esto consiste la esencia de sus ensayos, la unión del socialismo y el indigenismo." (Fornet 1994: 116).

Por su parte el filósofo Oshiro sostiene que uno de los principales objetivos de José Carlos Mariátegui (superando la desviación racionalista y el empirismo al interior del marxismo) es: "La búsqueda de una nueva racionalidad" en esta concepción del mundo. Tomando este enunciado, como principio fundamental de su estudio, el filósofo encuentra una línea de influencia en el pensamiento del autor aquí tratado, la misma comenzaría con Barusch Spinoza, pasando naturalmente por Karl Marx y terminando con el filósofo italiano Antonio Labriola.

Oshiro sobre el pensamiento marxista de Mariategui no tiene ninguna duda. Lo que a él le interesa ilustrar, en una primera etapa, es cómo llega Mariátegui al marxismo. Oshiro haciendo resaltar el papel del filósofo italiano, líneas antes mencionado, escribe: "No se trata naturalmente de agregar todavía un `marxismo spinozista´. Se trata de configurar una línea histórico-filosófica dentro de la cual interpretar el pensamiento filosófico marxista de Mariátegui. Para la elaboración de esta línea las reflexiones de Labriola tienen un papel eminente. Rescata el pensamiento de Marx del horizonte mecanicista-cientificista-positivista por un lado y lo libera del idealismo racionalista por otro. Reintegrándolo a la tradición moderna abierta por Spinoza (tradición del `conatus´ en oposición a la tradición `racionalista´, nos abre un horizonte que nos permite) `redescubrir´ a Marx y comprender a Mariátegui en la profundidad de un pensamiento filosófico original, que a pesar de no ser explícitamente desarrollado,

lo encontramos permanentemente latente a lo largo de sus obras."
(Oshiro 1996: 56).

Luego continúa: "El pensamiento de Mariátegui se caracteriza por su unidad orgánica. Todos sus elementos son solidarios y unos se expresan a través de otros; en este sentido se complementan y se profundizan, y no pocas veces se oponen dialécticamente, es decir uno es la superación del otro, pero conservando aspectos de lo superado. Y esto no podría ser de otra manera pues este pensamiento en su totalidad fue expresión de una vida en su lucha permanente contra la muerte." (Oshiro 1996: 533).

El filósofo encuentra la originalidad de Mariátegui en un tema muy discutido. El tema del mito. Leamos: "Este esfuerzo de la originalidad implica una visión hacia atrás para ver mejor hacia delante. Había que conquistar para el hombre moderno lo que el capitalismo había reprimido y en parte destruido: el pensamiento mítico. `Defensa del marxismo´ sigue, como en todo el conjunto de la obra, esta línea. El marxismo, en esta perspectiva, no podía reducirse a ser una ciencia, él tenía que confrontarse y dar una respuesta coherente a todo lo humano, a todos los deseos primarios y a todas las prácticas de los hombres, que sobrepasan el estrecho horizonte del mundo científico." (Oshiro 1996: 605).

Y a renglón seguido continúa: "El socialismo no podía -ni puede- reducirse a proclamar su carácter científico y desconocer los otros niveles de lo humano. El socialismo tenía por lo tanto que redescubrir al propio Marx, en cuanto debía defender la tesis que este movimiento era fundamentalmente un gran esfuerzo por fundar una nueva praxis de los hombres y por lo tanto un `nuevo tipo de hombre´, de allí que Mariátegui designa a Marx no como un científico del socialismo, sino como un profeta. La creación del socialismo por lo tanto no podía ser solamente una actitud científica, sino y sobre todo un esfuerzo que iba mucho más lejos y que envolvía lo anterior, tenía que ser heroico y creador." (Oshiro 1996: 605 y 606).

Como consecuencia: "La racionalidad mariáteguista es polémica e integradora a la vez. Polémica en su pensamiento dialéctico e integradora en su búsqueda del sentimiento de comunidad o `mancomunidad´ como él lo llama al comienzo de sus conferencias en 1923. Mariátegui hace de este sentimiento de comunidad el fundamento de la política contra la racionalidad del Poder". Pero a la vez: "Integra la conciencia y el cuerpo en una unidad indisoluble. Reivindica el valor ontológico del cuerpo contra el reduccionismo racionalista. El cuerpo y el espíritu, como lo dice Spinoza, son dos atributos de una misma sustancia. Y esta es también la intuición mariateguiana. El cuerpo no está al `servicio´ del espíritu. El cuerpo no es instrumentalizable. El espíritu o conciencia es espíritu o conciencia de un cuerpo, es `cuerpo subjetivo´, es `interioridad del cuerpo´." (Oshiro 1996: 621).

Finalmente terminamos con las apreciaciones del filósofo Jorge Oshiro transcribiendo lo siguiente: "La nueva racionalidad mariateguiana reconquista la dimensión cualitativa de la existencia. Contra el racionalismo positivista y cientificista reductora de la existencia y lo existente a la pura cuantificación, la razón mariateguiana reivindica la visión cualitativa de la realidad. Pensamiento y sentimiento, ciencia y Fe, han sido siempre la divisa de Mariátegui." (Oshiro 1996: 621).

En las investigaciones de los cinco estudiosos (Sarmiento, González Prada, Martí, Rodó y Mariátegui) aquí citados y analizados a lo largo del segundo capítulo, encontramos tres conocidas escuelas o corrientes filosófico-sociológicas. El positivismo, el anarquismo-libertario y el marxismo, y ellos son los que con mayor énfasis han intentado comprender la realidad histórico-política del continente y de igual modo son quienes han planteado las posibles soluciones a dicha problemática histórico-política.

Dentro de ello el concepto de transición de la feudalidad hacia la semi-feudalidad y de la semi-feudalidad hacia el capitalismo. El papel del Estado y el rol de la democracia como hecho o como aspiración han sido temas de constante reflexión, análisis y síntesis en los cinco autores aquí tratados.

A manera se síntesis se puede afirmar que las tres corrientes filosófico-sociológicas en esta parte del trabajo desarrolladas coinciden en algunos puntos y difieren en otros. La coincidencia principal es que tanto el positivismo, el anarquismo-libertario y el marxismo se interesan en conocer la realidad histórico-política del continente para luego transformarla.

Mientras que sus diferencias, tanto el anarquismo como del marxismo con el positivismo es en cuanto al método para dicha transformación. En la medida que estas corrientes no aceptan el evolucionismo y el pacifista de los primeros. Por el contrario propugnan la revolución violenta como método de transformación social.

Por último, entre el anarquismo-libertario y el marxismo coincidiendo en todo lo anterior, difieren en cuanto a la alternativa. Es decir, qué tipo de sociedad y qué tipo de Estado debe ser el que reemplace a la sociedad y al Estado capitalista. Ésta es una polémica relativamente larga que comenzó a mediados del siglo XIX.

En base a lo aquí planteado y discutido continuaremos desarrollando el tercer capítulo de esta investigación. En él analizaremos los autores que a partir de la segunda mitad del siglo XX, con renovados argumentos y nuevas reflexiones, han contribuido a la discusión y comprensión de la problemática histórico-política de América Latina.

TERCER CAPÍTULO

REFLEXIÓN SOCIO-FILOSÓFICA EN AMÉRICA LATINA A MEDIADOS DEL SIGLO XX

TRANSICIÓN POLÍTICO-SOCIAL ENTRE LAS DÉCADAS DEL 50 Y DEL 70

"... el continente latinoamericano ha adoptado sucesivos proyectos de modernización, todos ellos inspirados en el ejemplo norteamericano y europeo, sin que hasta la fecha ninguno de nuestros países pueda llamarse con entera propiedad moderno. Esto es cierto no sólo para naciones donde el pasado indio todavía está vivo -México, Guatemala, Perú, Ecuador, Bolivia- sino para aquellos que son casi enteramente de origen europeo, como Argentina, Uruguay y Chile. (...) En nuestros países coexiste el burro y el avión, los analfabetos y los poetas de vanguardia, las chozas y las fábricas de acero. Todas estas contradicciones culminan en una: nuestras constituciones son democráticas pero la realidad real y ubicua es la dictadura."

Octavio Paz,
Tiempo nublado (1980).

Enumerar algunos hechos, de carácter económico-político, nos ayudará a comprender mejor el fenómeno de la transición en América Latina a partir de los años 50 del siglo que acaba de fenecer. Con esa base, esperamos que nuestra reflexión sobre los problemas del continente sea más profunda y la síntesis que hagamos sea más precisa.

Para comenzar, hay que recordar que se vivía en la etapa del imperialismo, con todas sus características y consecuencias ya mencionadas en el primer capítulo. Al interior del mismo ocurrirá la gran crisis económica de 1929. Estos dos hechos evidenciaron, una vez más, las contradicciones intrínsecas al sistema y a la vez cuestionaron radicalmente los principios teóricos y recomendaciones prácticas de la Escuela Clásica de economía.

Este cuestionamiento será respondido, inmediatamente, desde el interior mismo de las clases dominantes, a través del llamado "Karl

Marx de la burguesía". Nos referimos al profesor John Maynard Keynes (1883-1946) y sus recomendaciones económico-políticas plasmadas, principalmente, en su libro titulado *Teoría general de la ocupación, el interés y el dinero*, trabajo que fue publicado en el año 1936.

En otro nivel, la Primera y la Segunda Guerra Mundial cuestionaron la paz armada, la democracia-liberal y el positivismo evolucionista. En consecuencia, el conjunto de los logros de la llamada civilización occidental, particularmente de la europea, quedó profundamente desprestigiado. En otras palabras, la esperanza en los dulces sueños de una vida en paz, en calma y llena de progreso se transformó en la amarga pesadilla de sangre, horror y muerte.

A la par de ello, el triunfo de la Revolución Rusa y de la Revolución China primero y los movimientos de liberación nacional después, hacían ver que el mundo había cambiado ostensiblemente por los cuatro costados. Nunca más el globo volvería a ser lo que hasta antes de estos acontecimientos fue.

Todos estos hechos, ocurridos a nivel mundial, tienen directa o indirecta relación y a la vez inciden significativamente en la vida de América Latina, que para entonces había transitado casi por completo, en el plano interno, hacia la semi-feudalidad en algunos países y hacia el capitalismo (dependiente, mercantilista, burocrático, atrasado, periférico o subdesarrollado) en otros.

Mientras en el plano externo, América Latina evidenciaba mucho más su total sumisión a los intereses de EE.UU., acentuando de este modo su carácter semi-colonial. Lo último se evidenció a través de las inversiones públicas y privadas, las importaciones y exportaciones, los empréstitos, el entrenamiento, equipamiento y control de las fuerzas armadas. Y por último en la imposición de funcionarios, gobernantes, presidentes y termina con el control psico-cultural de la población latinoamericana.

Es menester insistir en lo siguiente: Después del término de la Segunda Guerra Mundial, EE.UU. inició la Guerra de Corea y la llamada Guerra Fría; estos hechos fueron las razones para que las exportaciones de América Latina no sólo mantuvieran su dinámica anterior (desde el inicio de la Segunda Guerra Mundial) sino incluso para que se incrementaran significativamente. Eso implicó un evidente impulso de la transición de un sistema a otro, el mismo que se traducía en la quiebra cada vez más acelerada del sistema semi-feudal y la profundización y desarrollo del capitalismo.

La estudiosa francesa Jacquelin Covo, analizando esta etapa, escribió: "... la Segunda Guerra Mundial favoreció la recuperación económica; de nuevo los aliados necesitaban materias primas alimenticias, textiles y, sobre todo, metales estratégicos -en los que se invirtió el capital norteamericano-. Una vez más, privados de las importaciones occidentales, los países productores más dinámicos, los más ricos en recursos y con más habitantes susceptibles de proporcionar a la vez mano de obra y clientela potencial, pudieron desarrollar sectores industriales de una forma gradual; primero, industria de bienes de consumo (...); más tarde, bienes de equipo de los más sencillos a los más complicados..." (Covo 1995: 39).

Un punto cardinal sobre el cual todos los especialistas, los serios, en América Latina, han insistido, insisten y no sabemos hasta cuándo seguirán insistiendo, es el tema de *la acumulación originaria de capital* en esta parte del mundo. En la medida que es la base para la reproducción simple y reproducción ampliada del capital; el comercio, la industrialización, la creación del mercado interno y consecuentemente el desarrollo por la vía capitalista y así entrar, por la puerta grande, al llamado mundo de la "modernidad".

Sobre el punto, en base a los estudios de Adam Smith y sobre todo de Karl Marx (1), los entendidos hablan de la acumulación normal, de la acumulación acelerada, de la acumulación lenta y por último hasta de la acumulación "eterna". Sobre este tema se comenzó a hablar, en América Latina, desde fines del siglo XIX. Luego se repetirá en los años 20 del siglo XX, para ser retomado cada dos o tres décadas a lo largo del mismo siglo.

El problema de la acumulación originaria, sintomáticamente, se retoma en coyunturas específicas. Normalmente después de las crisis económicas y cuando se cree que hay necesidad de comenzar nuevamente y hasta cierto punto de recomenzar de cero. Como ello implica grandes sacrificios de la población, en especial de los más pobres, es cuando se habla de la acumulación, como verdad real o verdad psicológica, para persuadir a la población y hacer que acepte este nuevo recomenzar con algo de optimismo y como si hubiese en realidad un auténtico despegue económico. Esta discusión ya dura en América Latina algo más de un siglo.

La acumulación en los principales países de Europa fue un fenómeno relativamente largo, tuvo distintas dinámicas y métodos, pero un solo origen: la producción y reproducción de mercancías y naturalmente la plusvalía (en sus diferentes formas) y un solo fin: la imposición del sistema capitalista. La experiencia de algunos países asiáticos, en otro momento histórico y otro referente cultural, fue en alguna forma más acelerada, pero con resultados similares a los de Europa.

En América Latina se habla de los ciclos de acumulación cada 20 ó 30 años. En algunos casos tomando al Estado como motor impulsor y en otros a la empresa privada. De igual manera basándose en los empréstitos públicos y privados o en el ahorro interno. Los resultados, con variantes más o variantes menos, son casi los mismos. Es decir un "eterno" comenzar y recomenzar. Lo dicho tiene que ver con la etapa en la cual se encuentra el capitalismo a nivel internacional y el grado alcanzado por el desarrollo de las fuerzas productivas al interior de estas sociedades.

Si vemos la acumulación en América Latina en tiempos políticos y a la vez la comparamos con la experiencia de algunos países de Asia, llegaremos a la pesimista conclusión de que en América Latina se da una acumulación interna "eterna". Si vemos la acumulación en tiempos históricos y la comparamos con la experiencia europea, llegaremos a la realista conclusión de que en América Latina ocurre una acumulación interna lenta, pero normal.

Pasando al plano de la vida social y directamente condicionado por lo anterior, los años 50 fueron testigos de una gran oleada de migraciones distritales, provinciales y regionales. Lo dicho no significa que antes no se hayan dado estos movimientos, por el contrario, hubo muchos. Lo nuevo y diferente es que a partir de esta década se dio en forma masiva y acelerada en comparación a las décadas anteriores. Por lo tanto, la transición de un sistema económico a otro (de feudal a semi- feudal y de semi-feudal a capitalista) tiene en la población con sus necesidades y sus deseos el principal agente impulsor.

Las minas, los valles de plantaciones agro-industriales y en especial los centros donde se asientan el comercio, la manufactura y la industria fueron los puntos de convergencia de esta incontrolada movilización interna. Como consecuencia las pequeñas ciudades se transforman en medianas, las medianas en grandes, las grandes en metrópolis y cuatro o cinco de ellas en mega metrópolis.

Esta tendencia no es sólo patrimonio de América Latina. Jean-Jacques Rousseau, rememorando un momento similar de la transición en Europa y subrayando uno de los aspectos, el negativo de la misma, a mediados del siglo XVIII, escribió: "Por eso todo afluye a Roma, a París, a Londres. Siempre es en las capitales donde la sangre humana se vende a mejor precio." (Rousseau 1995: 618).

Esta transición al cosmopolitismo tercermundista tiene su correlato en el urbanismo anárquico, urbanismo que tuvo como sujetos centrales de acción a los paisanos, forasteros, serranos, provincianos, estancieros; a la gente del interior que de alguna forma tomaron por asalto, principalmente, los alrededores de las principales ciudades como la Ciudad de México, Río de Janeiro, Sao Paulo, Buenos Aires, Bogotá, Lima, Santiago de Chile, etc.

Este crecimiento urbanístico sin plan y sin orden dista mucho de las ciudades europeas y norteamericanas que a fuerza de necesidad, tiempo e historia están claramente diseñadas y orientadas. En estas urbes se puede observar con mucha facilidad cómo la teoría del espacio, del movimiento y del tiempo ha sido y es cuidadosamente aplicada, y en función del buen funcionamiento del sistema, están muy bien estructuradas.

El también arquitecto Alejo Carpentier, dice: "Las nuestras, en cambio, están, desde hace mucho tiempo, en proceso de simbiosis, de amalgamas, de transmutaciones tanto en lo arquitectónico como en lo humano. Los objetos, la gente, establecen nuevas escalas de valores entre sí, a medida que al hombre americano le van saliendo las muelas del juicio. Nuestras ciudades **no tienen estilo**. Sin embargo empezamos a descubrir ahora que tienen lo que podríamos llamar un **tercer estilo**: el estilo de las cosas que no tienen estilo." (Carpentier 1969: 20).

El crecimiento acelerado y desmesurado de la población urbana no tiene su correlato, en velocidad y en proporción, en el crecimiento de la industrialización. En consecuencia el aumento del número de obreros o proletarios es evidente; pero es casi insignificante en comparación al de los excluidos, los informales, los marginados, los achorados, los ilegales que vendrían a ser, de una manera bastante peculiar, el ejército industrial de reserva que el capitalismo periférico, atrasado, burocrático, tercermundista, necesita.

Un principio básico y elemental es que las sociedades, en todas partes del mundo, están en constante movimiento. La dirección y la intensidad de estos movimientos son relativas, lo absoluto es que se mueven y se transforman. Estos movimientos, que pueden ser de transición hacia adelante o, eventualmente, de transición hacia atrás, descansan, fundamentalmente, en una motivación de carácter económico-social y secundariamente en una de carácter psico-cultural. Estas dos razones son macizas y permanentes. Mientras que las circunstanciales tienen que ver con las catástrofes naturales, las epidemias, las guerras o cualquier otra eventualidad.

El mundo campesino (donde hay indígenas) de América Latina, con mayor fuerza a partir de la década del 50, ha cedido en número a las poblaciones urbanas. Las actividades agrarias fueron sobrepasadas por las actividades industriales, la tecnología natural por la tecnología moderna. Los caminos carreteros cruzan los territorios dejando en desuso los caminos de herradura.

Cuando hablamos del mundo campesino en América Latina nos estamos refiriendo a la totalidad de la población que tiene directa relación con el campo y a la vez reproduce su vida en base a las actividades agropecuarias. Esto no implica que obviemos al indígena como grupo étnico, el que a pesar de su lenta transformación en campesino, en artesano, comerciante o proletario, tiene en México, Guatemala, Ecuador, el Perú y Bolivia presencia importante en la configuración de estas sociedades.

Al no haber estadísticas exactas sobre este sector social, se calcula que en cinco países debe haber entre 25 y 30 millones de indígenas. En contra de los buenos deseos de algunos intelectuales, especialmente antropólogos y etnólogos, la tendencia objetiva del desarrollo capitalista y el deseo de la mayoría de indígenas es el integrarse y participar del mundo moderno, ya sea en el campo económico como en el social, en el político o en el cultural. El mito de la civilización y la modernidad abierta al mundo es más fuerte que su pasado comunitario, cerrado y panteísta.

Luego de esta aclaración hay que insistir que las poblaciones campesinas tienen, históricamente, dos actividades centrales: la agricultura y la ganadería. Hechos que de una u otra manera condicionan, en un primer momento, la actividad de las ciudades y luego cuando en éstas el capitalismo ha impuesto sus leyes, el campo es condicionado por el ritmo que las ciudades le imponen y así se va modificando lentamente.

Las principales ciudades de América Latina para su supervivencia diaria, estamos pensando para su manutención alimenticia, dependen básicamente de la producción campesina y el campo a su vez, en menor grado, del movimiento económico de las ciudades. La necesidad de la producción-reproducción a mayor escala y a nivel nacional ha roto las barreras entre la ciudad y el campo. La producción agropecuaria, a partir de estos años, nunca más será independiente ni cerrada. Por el contrario la interdependencia y la interrelación entre estos dos aspectos del mismo fenómeno es cada día más estrecha.

Esta experiencia no es ni nueva ni exclusiva de América Latina. El especialista en el tema Karl Kautsky nos recuerda que el mismo fenómeno se dio, en una buena parte de Europa, hace sólo cien años atrás. Leamos: "Sin embargo, la agricultura no tiene vida independiente en la sociedad actual; su desarrollo depende estrictamente del desarrollo social. Esta iniciativa y fuerza revolucionaria que la agricultura no produjo por sí misma, le fue comunicada por las ciudades. El desarrollo económico de las ciudades había transformado en absoluto las relaciones económicas del campo, haciendo obligada una transformación de las relaciones de propiedad." (Kautsky 1972: 349).

La discusión sobre esta problemática, en el caso del agro en América Latina, reside en saber, en primer lugar: ¿Cómo se produce?, en segundo lugar: ¿Qué se produce? y por último: ¿Cuál es el destino de lo que se produce? Las respuestas a estas tres preguntas tendrán consecuencias teórico-prácticas para la futura caracterización, no sólo del agro en América Latina, sino de toda la sociedad latinoamericana en su conjunto.

En otro plano, pero siempre ligado al anterior, se puede comprobar que el analfabetismo retrocede y el alfabetismo gana terreno. Los colegios y las universidades aumentan en número y se ven en la necesidad de abrir sus puertas a los hijos de los recién llegados. Los libros, las revistas y los periódicos dejan de ser patrimonio de las élites racistas, clasistas y cerradas. Han abierto (o han sido abiertas) sus páginas a un sector mayor de la población.

Las sociedades latinoamericanas han crecido en diferentes direcciones y aparece una nutrida, inquieta y multiforme pequeña burguesía. Su importancia, entre otras razones, estriba en ser el principal sector social que produce y reproduce el conocimiento, la ciencia, las artes y la fantasía. Por su ubicación flotante en la producción y su posición intermedia en la sociedad, es la clase que mejor se presta para lo bueno, lo malo y lo feo.

La definición política hecha de esta clase, de ser el sector político-social oportunista por excelencia, sigue siendo totalmente válida. Haciendo la aclaración que sobre su vida y conciencia pesan las costumbres, las reacciones y las taras, más que de la burguesía, de la aristocracia y oligarquía en descomposición e incluso ya inexistente. De la costumbre, que muchas veces dura siglos, es muy difícil desprenderse en corto tiempo.

En ese sector se puede encontrar, en el plano de sus representaciones y aspiraciones, todos los matices y todos los extremos de la sociedad. Desde los miserables y despreciables pasando por los honestos y sinceros, hasta los desprendidos y sacrificados. Un buen conocedor de este grupo social, el sociólogo Sinesio López, hace más de diez años atrás, afirmó: "Las clases medias y criollas, en cambio, han sido muy prolíferas en la producción de ideologías, conciencia y cuadros de derecha, de centro y de izquierda, y han sido también muy generosas distribuyéndolos a todas las clases sociales del país. En algunas circustancias esa generosidad pudo rendir sus frutos." (López 1994: 33).

Para la pequeña burguesía, la escalera más segura para la ascensión social o en el peor de los casos para mantener su status en la sociedad es la educación. Unas estadísticas de la población estudiantil universitaria en estos años son bastante ilustrativas. El politólogo mexicano Jorge Castañeda nos da los siguientes datos: "La importancia del aumento de la matrícula universitaria entre 1960 y 1980 nunca será exagerada. Mientras que en Argentina la población estudiantil simplemente se duplicó (...), en México aumentó 15 veces (de 76 mil estudiantes en 1960 a 247 mil en 1970, y a 1.3 millones en 1987), lo mismo que en Brasil (de 95 mil en 1960 a 430 mil en 1970, y a 1.4 millones en 1980). Durante ese mismo lapso, la población estudiantil del Perú creció casi 15 veces: de 16 mil en 1950 a 246 mil en 1980. En Chile la progresión fue similar: 9 mil en 1950 a 120 mil dos décadas después." (Castañeda 1995: 225).

La educación es uno de los pocos medios a través del cual se da el llamado "ascenso" o "movilidad" social. Esto implica que hay una necesidad del sistema por un lado, y hay una presión de las masas populares por el otro, que permite tal apertura. Ello no quiere decir que se haya democratizado el sistema educativo en sus contenidos. La cantidad es una condición pero no es sinónimo de calidad.

Además no olvidemos que este ascenso o movilidad social ha sido y es trabajado ideológicamente; con ello se "demuestra" que todo depende del esfuerzo y la voluntad individual. La especialista en el tema Adriana Puiggrós escribe: "La promoción de la fe en la movilidad social es esencial para el capitalismo. Ella legitima el cambio individual como cambio social, sirviendo de falsa demostración de las posibilidades infinitas que ofrece el capitalismo a los ciudadanos." (Puiggrós 1980: 227).

Más aún el Poder, en estas sociedades y en todas, sigue teniendo el monopolio del discurso-contenido de los programas educativos. Así lo corroboró, entre otros, el filósofo francés Michel Foucault cuando escribió: "La educación, por más que sea legalmente el instrumento gracias al cual todo individuo en una sociedad como la nuestra pueda acceder adquirir tipo de discurso, se sabe que sigue en su distribución, en lo que permite y en lo que impide, las líneas que le vienen marcadas por las distancias, las oposiciones y las luchas sociales. Todo sistema de educación es una forma política de mantener o de modificar la educación de los discursos, con los sabores y los poderes que implican." (Foucault 2002: 45).

En América Latina a partir de la década del 50, el sistema, por necesidad, ha creado nuevas profesiones, especialmente las técnicas, que son llamadas por Max Weber las "profesiones burguesas" y ha perfeccionado y profesionalizado las antiguas, es decir las humanidades. Esto se observa de igual modo en otras expresiones humanas. En esta década, con algunas excepciones, en América Latina se profesionalizó también las actividades deportivas como el fútbol y la misma suerte corrió la música.

Las ciudades importantes y especialmente las grandes urbes, vistas en conjunto (tanto vertical como horizontalmente) a partir de estos años comienzan en los hechos a representar el color, el olor, el acento, la vestimenta, la alimentación y las costumbres de la población de sus respectivos países. Todos buscan un lugar en este mundo en desborde y construcción permanente en que han devenido las principales ciudades de esta parte del mundo.

Ya no son los clásicos trotamundos, los forasteros-pasajeros, como fueron los antiguos. Son por el contrario los forasteros-permanentes, los nuevos en quienes se percibe claramente la diferencia sintetizada por Georg Simmels cuando escribía que en el antiguo forastero fue válido este principio: "... ahora viene y mañana se va". Por el contrario en el nuevo, en el actual, este otro: "... ahora viene y mañana se queda." (Simmels 1992: 9).

La mayoría de estos nuevos conquistadores se asientan en los alrededores de las ciudades o en puntos de mayor tugurización. Las favelas en Brasil, las villas miseria en Argentina, las callampas en Chile, las barriadas o pueblos jóvenes en el Perú, los ranchitos en Venezuela, los barrios pobres en Ecuador, los gamines en Colombia y las colonias en México crecieron a partir de estos años significativamente. Y de esa manera se convirtieron en parte del rostro y del espíritu del proceso de transición del sistema semi-feudal al sistema capitalista.

Como no hay manera de cuantificar estos desplazamientos, los especialistas se guían por cifras aproximadas, que van desde 30 hasta 60 millones, entre comienzos de los años 50 y mediados de los años 70. La ya citada investigadora Covo, centrando en el aspecto económico, diez años atrás, escribió: "Los campesinos, al buscar mejores condiciones de vida, comenzaron un amplio movimiento de éxodo rural -que sigue en la actualidad- que es el origen de una profunda mutación social; se cree que de 1950 a 1976, cerca de 40 millones de campesinos en América Latina han emigrado a las ciudades en busca de empleo." (Covo 1995: 60).

Para el inmigrante, llegar y asentarse en el nuevo hábitat, especialmente en las grandes metrópolis, es una tarea grande, larga y dolorosa. La mayoría tiene en contra el problema de no encontrar trabajo, la vivienda, el racismo, el desprecio y todo el mundo psico-cultural que le es adverso y más aún, ofensivo. Pero por otro lado, tiene a su favor la necesidad, para los optimistas, de sobrevivir y para los pesimistas de sobremorir en esta etapa de transición lenta y dolorosa en la cual están inmersos. La mayoría, como ha sido casi siempre, ni siquiera tiene la capacidad de percibir lo que con su acción cotidiana está haciendo.

En ese proceso de desarraigo y melancolía, de contacto con un nuevo mundo y toda su carga socio-cultural se van creando y recreando, más en forma conflictiva que armónica, nuevas formas y estilos de vida, de trabajo, de integración-desintegración-reintegración. Esto significa superación de lo establecido para los optimistas-izquierdistas y degeneración de lo existente para los pesimistas-conservadores.

Estas formulas sociales de integración-desintegración-reintegración o superación y degeneración, tienen que ver con los hechos que son producto del cruce, de la mezcla y del intercambio, tanto en el plano de la producción y reproducción directa de la vida económico-social, como también en el nivel de la creación y recreación de la imaginación y la fantasía. Un producto típico de esta mezcla y re-mezcla es la música salsa. Para comenzar, su nombre, que viene del arte culinario, ya lo dice todo.

Todo este proceso de transición tiene su costo. Para los oriundos y para los ya por muchas décadas asentados implica contemplar, tender puentes y hasta cierto punto convivir con los nuevos, con los recién llegados. Y para estos últimos significa desprenderse, hasta determinado nivel, de su mundo pasado y adoptar las nuevas reglas que le impone el nuevo universo, las que no siempre son fáciles, por el contrario, casi siempre son problemáticas y conflictivas.

Las principales víctimas de esta acumulación y transición han sido y son, como siempre, los más pobres, entre ellos los niños, las mujeres y los ancianos. La delincuencia, la criminalidad, el abandono, el vagabundaje, el analfabetismo, la prostitución, el alcoholismo, la drogadicción, en especial en los jóvenes adolescentes, son las señales más visibles de esta transición en la ciudad de México y en Sao Paulo, en Río de Janeiro y en Buenos Aires sólo por mencionar a las cuatro ciudades más conocidas y representativas.

De este nuevo tejido ideológico-cultural, normalmente el nuevo inmigrante lleva la peor parte, sobre todo en este aspecto tan importante y vital de la vida que es el alma, la conciencia. Los resultados más conocidos, para los especialistas, son el *síndrome de la desadaptación social* y *la anomia*. (2) Hechos que se traducen en pérdida de valores, normas, leyes y principios, en la medida que las antiguas normas ya no funcionan y las nuevas normas, por vivir el proceso de transición, aún no aparecen lo suficientemente claras y menos estructuradas.

En dos palabras, el inmigrante viene de un mundo desarticulado a integrarse a otro mundo desarticulado. Ése es el gran problema que a la vez, por natural contradicción, se transforma en posibilidad. Las preguntas son: ¿Podrán estos desarraigados y desarticulados arraigarse y articular ese mundo desarticulado? De ser la respuesta positiva, ¿en cuánto tiempo? Y por último: ¿Con qué elementos como base? Respuestas que no deben ser cómodamente dejadas al devenir del tiempo o a los azares de la historia.

Sólo queremos decir, por un principio de lógica-dialéctica, que la *anomia* o es un momento especial de la transición o es una nueva forma de organización y estructuración social, como lo pensó el sociólogo francés Emile Durkheim (1858-1917). Nos inclinamos a pensar que los desarraigados-emigrantes por necesidad o voluntad tienen que organizar y estructurar, como lo vienen haciendo, una nueva sociedad. En qué tiempo y con qué bases, no estamos en condiciones de responder por el momento.

En Latinoamérica, como parte de este nuevo mestizaje, la evolución y desarrollo de los idiomas (3), especialmente el castellano y el portugués, ha sido realmente impresionante. La música producida en América Latina hace bailar a gran parte del mundo. Y el más popular de los deportes, practicado en esta parte del mundo, tiene pocos rivales en la competencia y ninguno en la belleza. En estos tres niveles América Latina, dando la razón a los optimistas (precisamente a partir de la década que estamos analizando), ha producido algo por el cual es reconocida y admirada en todo el mundo. Su fructífera producción literaria, musical y futbolística no necesitan de mayor presentación. (4)

Desarrollando un aspecto de estas expresiones, la literatura (5), Carlos Fuentes escribe: "Pero nuestra modernidad urbana también se manifiesta con la capacidad de desearlo todo a partir de lo que somos y hemos sido. Si Borges conjuga memoria y deseo, éste priva, en la forma de una esperanza crítica, en los novelistas especialmente urbanos. Por primera vez en su historia, Iberoamérica es una civilización preponderantemente citadina". Y párrafos después agrega: "La novela de la ciudad cada vez abarca más, temáticamente, pero sólo porque cada vez libera más, individualmente. Liberada, en primer término, de la dictadura de ciertos géneros, intentando crear formas novedosas, da libre curso a intuiciones y preocupaciones personales tan variadas y contradictorias como lo son la vida urbana de Buenos Aires, Lima, México o San Juan." (Fuentes 1990: 22 y 23).

Y estas tres expresiones (literatura, música y fútbol) y su profesionalización son consecuencia del desarrollo de las ciudades o de la modernidad urbana y toda su problemática psico-social. Parte de la población latinoamericana se ha liberado del panteísmo y de la teología. El antropomorfismo ha devenido llave maestra que abre las puertas del conocerse y reconocerse a sí mismo. La psiquiatría y la psicología comienzan su desarrollo, el chamanismo y la religión católica retroceden y en parte comienzan a perder la guerra por el control del alma de un sector de la población urbana latinoamericana.

Estas grandes ciudades que se engullen al resto del país y a la vez el resto del país toma posesión de estas ciudades, con su dinámica económico-social, su urbanismo y su interés cultural, genera un conjunto de cambios en la mentalidad y el alma del hombre común. La gran ciudad es hechura del capitalismo, es hija de la burguesía y el espacio fecundo para el desarrollo de la modernidad. La ciudad es tiempo del Ser enfrentado al mundo, diría Hegel, o el Ser arrojado en el mundo, diría Heidegger.

A pesar de vivir rodeado de muchos vecinos, el hombre vive en soledad. A pesar de la comunicación permanente, el hombre se ensimisma y se aísla. A pesar de las diversiones y el esparcimiento, el hombre sólo sonríe (no hay lugar para la risa y menos para la carcajada). La gran urbe es sinónimo del Ser anónimo. La ciudad es la hija, pero al mismo tiempo la madre de la razón. Es la razón objetivizada. El Ser enfrentado o tirado en el mundo hace o encuentra en la gran metrópoli su paraíso y a la vez su purgatorio.

La gran urbe, sin abandonar totalmente a las antiguas, genera su nueva religión: el consumismo. Genera sus nuevos iconos y mitos: los actores de cine, los cantantes, los deportistas, los escritores. Genera su nueva simbología: las marcas de ropa, de zapatos, de autos, etc. Con la única diferencia de que estos símbolos y mitos no están muy lejanos, son posibles de tocar con las manos; pero a la vez son circunstanciales y pasajeros.

Además en las grandes ciudades donde reina y gobierna la compra y venta de mercancía todo tiene su precio. La ideología-cultura dominante ha mercantilizado todas las necesidades y en todos los niveles el consumo es lo que orienta la vida de la población. Esta mercantilización-consumo comienza en lo sagrado y termina en lo sexual. Este círculo diabólico exacerba, en función del consumo-ganancia, todos los instintos y a la par erotiza todos los productos.

En estas grandes ciudades, es el tiempo en el cual las almas y los espíritus se han entregado a las manos de los psicólogos y de los psiquiatras, en la medida que el *ser en sí* y *para sí* ha ganado la guerra al *ser para todos*, por un lado. Por otro, es el tiempo largo para que la fantasía y la imaginación trabajen verdades psicológicas y mentiras reales. Es el tiempo de la novela moderna y los nuevos dioses, los deicidas, a decir de G. Luckács y M. Bajtin.

En alguna forma, coincidiendo con lo anterior, Octavio Paz la describe así: "La ciudad es nuestro mundo y nuestro transmundo: el lugar donde los hombres, por sus actos o se salvan o se pierden. Estas palabras tenían antes una dimensión ultra terrena; la modernidad las desacraliza y las inserta en la urbe. Son la vegetación a un tiempo monstruoso y geométrico de los nuevos poderes: la razón; la duda, el análisis. La burguesía es la primera clase que asume el poder no en nombre de un principio intemporal o inamovible sino en nombre del cambio mismo; la razón crítica. Por eso es también la primera clase que no puede fundar su legitimidad: la crítica es su razón de ser, su arma de combate y su llaga incurable." (Paz 1990: 302).

Con el evidente crecimiento de las sociedades latinoamericanas, los Estados y todos sus órganos han crecido y se han modernizado, capitalistamente hablando. Ya en estos años, estos aparatos, a través de sus representantes (órganos coercitivos y burocráticos), han copado casi por completo el territorio de sus respectivos países. Los Estados centrales tenían y tienen en el poder regional y local sus mejores aliados y cómplices.

Por otro lado, los gobiernos centrales contaban con toda una red de gobiernos regionales, provinciales, distritales, etc., los que en alianza hacían viable la gobernabilidad de sus respectivos países. Gobernabilidad de arriba hacia abajo, del poderoso contra el débil, del citadino contra el provinciano, del blanco (6) y blanqueado contra el indio, el negro y su producto el mestizo, del hombre en contra de la mujer, del culto contra el iletrado y así, sucesivamente, la cadena continúa. Y naturalmente teniendo como base la del rico-explotador contra el pobre-explotado.

Con esta herencia y estructura la democracia se ha reducido a beneficiar a las minorías, sean éstas de carácter económico, cultural o racial. Consecuentemente a pesar de la modernización, de la movilización, transformación social y de los buenos deseos de unos y de otros, esta democracia vertical seguía siendo una democracia de caricatura que se reduce, con raras excepciones para las grandes mayorías, a los rituales actos electorales de cada cuatro, cinco o seis años.

Cuando algunos estudiosos sostienen que estas mayorías en América Latina siguen siendo objeto de los políticos y elementos manipulables para una elección, es verdad. De lo que se trata entonces es que los habitantes se transformen en sujetos y a la vez en ciudadanos; cuando esto se haya logrado será un buen indicador de que las sociedades latinoamericanas han logrado algún nivel de democratización.

Claro que siempre habrá palabras y fórmulas para disculpar a estas democracias de opereta. Se dice, por ejemplo, que fueron democracias legales pero no legítimas, que fueron democracias donde predominaba la coerción en desmedro del consenso, de la unidad en contra de la multiplicidad, que fueron democracias de monólogo antes que de diálogo, democracias donde la sociedad política creció en desmedro de la sociedad civil. Pero a fin de cuentas democracia. Y se terminaba, frecuentemente, con este corolario repetido por todos los demagogos: la peor democracia es siempre superior a la mejor dictadura.

La vida política, la grande y oficial, tiene sus canales de realización en los partidos, los movimientos o los frentes políticos, por un lado. Y por otro lado, en las Fuerzas Armadas, las que podrían ser llamadas el "gran partido político" de América Latina. Las FF. AA. han gobernado directamente a través de los golpes de Estado o indirectamente a la sombra de los gobiernos civiles. A esta combinación civil-militar o (para los formalistas) democracia-dictadura (con excepción de Costa Rica), ningún país latinoamericano, en los últimos 50 años, ha escapado.

Otra de las tragicómicas experiencias de la democracia en América Latina, en estos años, fue que EE.UU. encabezando a los aliados, levantó como sus principales banderas la democracia y la libertad, en su enfrentamiento contra el nazi-fascismo primero y en contra de la experiencia socialista después. Con estas mismas banderas iniciaba de igual modo lo que posteriormente se dio en llamar la Guerra Fría.

Estos dos conceptos totalmente devaluados y prostituidos fueron válidos para la exportación, la propaganda y los discursos en la medida que al interior mismo de la sociedad norteamericana se vivió los tiempos de un anti-comunismo visceral encarnado en las ideas del tristemente célebre senador por Wisconsin, el republicano Joseph McCarthy.

Un testigo directo, entre millones, de esta atmósfera anti-democrática fue el escritor Ariel Dorfman. Leamos lo que él, 50 años después, nos dice al respecto: "Faltaba poco para que la política exterior de containment (contener al enemigo, mantenerlo dentro de su zona de influencia) derivara en una política interior de persecución de enemigos ocultos que se habían infiltrado como ratones en los resquicios de la sociedad. Un año más tarde, Truman creó un programa que eliminaba del gobierno a cualquier ciudadano que hubiese tenido lazos con los comunistas o simpatías hacia la URSS, y el Congreso fue más lejos todavía, creando la House Committee on Un-American Activities que investigaría a aquellos compatriotas que, por la sola sospecha de creer en otra ideología, perderían su trabajo, irían a la cárcel, serían perseguidos implacablemente. Era la caza de brujas." (Dorfman 1998: 95).

Esta misma historia se repitió en todo América Latina, a partir del año 1946, se sucedieron como en cadena los gobiernos militares, algunos propiciados, los más, impuestos y todos, sostenidos por la administración norteamericana. El blanco principal fueron los comunistas, que según el argumento de entonces, querían controlar el continente para luego "venderlo al totalitarismo soviético".

Este período se inició con la caída de Gualberto Villarroel (1908-1946) en Bolivia, continuó con el golpe de Manuel Odría (1897-1974) en 1948 en el Perú, de Marco Pérez Jiménez (1914-1980) el año 1952 en Venezuela y cierra el año Fulgencio Batista (1901-1973) dando un golpe en Cuba. En 1953 el general Gustavo Rojas Pinilla (1900-1974) toma el gobierno en Colombia. En 1954 Alfredo Stroessner (1912-1994) se hace del gobierno en Paraguay, Jacobo Arbenz (1914-1971) es derrocado en Guatemala. Asimismo este año, a la muerte de Getulio Vargas (1883-1954), las Fuerzas Armadas brasileñas controlaron directamente el gobierno. En 1957 Francisco Duvalier (1909-1971) iniciaba la era Duvalier en Haití. Para entonces los Somoza seguían dueños de Nicaragua y los Trujillo, de la República Dominicana.

A todo ello hay que agregar la situación de Argentina con el general Juan Domingo Perón (1895-1974) y el justicialismo con una relación no tan cómoda con EE.UU., no se piense por sus vinculaciones ideológicas y prácticas con el nazi-fascismo, sino porque intentaba hacer un gobierno nacionalista y no se sometía directamente a sus diseños económico-políticos que por entonces propugnaban los norteamericanos.

Algo parecido fue la aparente independencia internacional de México que en 1946 inauguró, con el presidente Miguel Alemán (1900-1983), la era de los gobiernos civiles y a la vez iniciaba la etapa del PRI, llamada también la "dictadura institucional" por Octavio Paz o la "dictadura perfecta" por el novelista Mario Vargas Llosa, en América Latina.

México ha sido un buen ejemplo, aunque parezca ironía, de una forma de gobernar para los latinoamericanos. No hubo en los últimos setenta años golpes militares, ningún militar fue presidente, tampoco hubo reelección, se cumplieron con los actos electorales periódicamente. Todo ello, naturalmente, consecuencia de la trenza formada por las clases dominantes, las fuerzas armadas y el PRI. Para la ciencia política, esta experiencia, tiene un nombre y no es otro que: Estado corporativo. Estado corporativo que en México comenzó su diseño luego de la revolución, el mismo que fue avizorado certeramente por J.C. Mariátegui apenas cuando se comenzó a implementar.

Esta experiencia del Estado corporativo no es vista como tal, por el contrario, es aceptada como una experiencia positiva, sin ver el fondo del problema naturalmente, por muchos estudiosos, entre ellos por el historiador francés F. Chevalier. Leamos lo que él escribe al respecto: "Desde hace más de medio siglo la sucesión presidencial se lleva a cabo regularmente, y las instituciones tienen un funcionamiento normal, sin la ingerencia militar tan común en otros países." (Chevalier 1999: 572).

En contraposición a la estabilidad política-corporativa mexicana, en el resto de América Latina los cambios y los golpes de Estado han sido hechos recurrentes. Cada vez que ocurre un golpe de Estado, dijo un escritor, América Latina vuelve a la normalidad. Un buen ejemplo de este último caso es la República de Bolivia. La estudiosa italiana Rosalba Campra nos da un ilustrativo dato al respecto: "... en Bolivia el significativo promedio, desde 1825 (año de la independencia) hasta hoy, es de uno cada nueve meses; ..." (Campra 1987: 83).

*

Un elemento básico del Estado en América Latina son las FF. AA. Sobre las mismas en América Latina y su relación con EE.UU. el especialista en el tema, Víctor Villanueva, sostiene: "Hasta la Segunda Guerra Mundial los países latinoamericanos se habían abastecido de armas casi exclusivamente en Europa, principalmente en Francia, como el Perú, Bolivia y Brasil, o en Alemania, como Chile y Argentina, además, Inglaterra, Bélgica, Checoslovaquia..." (Villanueva 1962: 247).

Una páginas después, el ex-militar añade: "El estallido de la guerra fue la gran coyuntura para satisfacer los viejos anhelos de Estados Unidos. En efecto, en la actualidad han sido desplazadas por completo todas las antiguas misiones europeas. Estados Unidos proporciona `ayuda técnica´ mediante sus misiones militares a todos los países del continente con excepción de México." (Villanueva 1962: 248).

Naturalmente, este control se hizo a través de pactos y de tratados. En 1947 se firmó el Tratado Interamericano de Asistencia Recíproca, la Ley de Seguridad Mutua se firmó el año 1951 y el Pacto de Ayuda Militar, en el año 1952. En consecuencia, dice Daniel Pereyra: "Dentro de este programa, 64,000 oficiales y soldados latinoamericanos fueron adiestrados en bases de Estados Unidos y Panamá entre los años 1950 y 1973." (Pereyra 1995: 20).

En estos años bajo la orientación y control de EE.UU., las FF. AA. de América Latina fueron reestructuradas, modernizadas y adecuadas a las nuevas circunstancias histórico-políticas. Se fundaron escuelas o centros de altos estudios donde civiles y militares, como profesores o como alumnos, confraternizaron. En 1949 se fundó la

Escuela Superior de Guerra del Brasil, en 1950 el Centro de Altos Estudios Militares en el Perú, por mencionar dos casos. Aparte del ya consabido anticomunismo, se unificaron las tres armas en sus decisiones y acciones, se les preparaba para gobernar sus respectivos países con mayor conocimiento de la complicada vida económico-social. Esto implicaba, si bien es cierto no cambiar la mentalidad, ampliar el horizonte que se proyectó más allá de los clásicos conocimientos de táctica y estrategia.

Otro especialista en el tema, Umberto Peregrino, a mediados de la década del 60 en torno a la orientación que se daba en la escuela militar brasileña, idea que puede ser generalizada a todas las FF. AA. de América Latina, escribió: "... la ESG habrá surgido bajo la inspiración norteamericana y, de hecho, en Estados Unidos existe un curso equivalente, el de la Escuela de Alto Comando, cuyo currículum comprende tres fases: el ejército y la seguridad nacional; los actuales problemas del ejército; planeamiento de guerra. Dentro de este cuadro los oficiales están sometidos a amplios estudios de economía política, sociología y ciencias militares." (Peregrino 1966: 14).

En esta misma dirección, el ya citado Villanueva transcribe una opinión del profesor Solamar de la escuela de Alto Mando de EE.UU. Leamos: "En todos los escalones debe existir personal altamente instruido y especializado, principalmente entre los oficiales que deben comandar y administrar en grados más elevados. Tales oficiales deben tener conocimientos actualizados, no solamente sobre estrategia y táctica, deben poseer también conocimientos de economía por las repercusiones de las decisiones militares en la política, la organización y la naturaleza compleja del gobierno, los problemas sociales, leyes de trabajo, así como infinidad de otros asuntos directa o indirectamente relacionados con las operaciones militares en sí mismas." (Villanueva 1972: 230).

En los años posteriores se dieron algunos cambios políticos, pero la incidencia de las Fuerzas Armadas en la vida política de América Latina se volvió a observar desde mediados de los años 60 hasta mediados de los 80. De toda la lista destacan Juan Carlos Onganía en Argentina 1966, Juan Velasco Alvarado en el Perú el año 1968 y Omar Torrijos en Panamá en el año 1969, Hugo Bánzer en 1971 en Bolivia, Augusto Pinochet en 1973 en Chile, la experiencia de José

María Bondaverry y sus militares en 1974 en Uruguay y Jorge Rafael Videla en 1976 en Argentina.

Finalmente un hecho revelador al respecto. El argumento básico de las FF. AA. de América Latina es que son los guardianes de las fronteras nacionales. Son quienes cuidan el territorio nacional de la invasión de los enemigos externos. En América Latina, además de algunas escaramuzas, a lo largo de su historia, sólo se puede hablar de unas cinco o seis guerras, propiamente dicho, destacando entre ellas la invasión norteamericana a México en 1846, la llamada Guerra de la Triple Alianza (Argentina, Brasil y Uruguay contra Paraguay) (1864-1870), la Guerra del Pacífico (1879-1884) el Perú y Bolivia contra Chile) y la Guerra del Chaco (1932-1935) (Bolivia contra Paraguay).

Hay que recordar que por lo menos dos de estas guerras, donde intervino Bolivia, tuvieron directamente participación empresas inglesas de salitre y de petróleo. Con esta aclaración, terminamos diciendo que en casi 200 años de vida independiente no se justifica, de ningún modo, la preparación, la cantidad y el presupuesto que a las FF.AA. se les asigna o se auto-asignan.

El problema, naturalmente, es otro. Es el control interno de sus respectivas poblaciones. Son, desde su fundación, FF.AA. de ocupación. Las centenas de acciones represivas, en un determinado nivel, en contra de paros, huelgas y movilizaciones populares son conocidas. En otro nivel, las guerras internas libradas contra montoneras, guerrillas, subversiones, hoy todas agrupadas en el simplificado adjetivo "terroristas", son realmente impresionantes.

Desde el triunfo de la Revolución Cubana en América y las experiencias de las guerras de Corea y Vietnam, EE.UU. se interesó sobremanera en preparar a las Fuerzas Armadas latinoamericanas para hacer frente a las guerras internas. Se conoce con el nombre de la guerra total o la *Guerra de baja intensidad*. Tema que es desarrollado en el siguiente capítulo de este trabajo.

Como parte de esta guerra de baja intensidad, el número de muertos, desaparecidos, heridos, encarcelados y expatriados por este motivo no tiene comparación con las pérdidas en las guerras formales libradas defendiendo fronteras. Como hasta el momento no se ha logrado cuantificar lo último, se estima que entre la década del 70 y la década del 90 hubo más de un millón de civiles, comprometidos o no, en América Latina, que sufrieron algunas de estas consecuencias a manos de las distintas FF. AA. del continente.

*

A todo lo planteado hasta aquí agréguese el papel histórico que ha desempeñado la Iglesia católica. Institución que tiene presencia física hasta en las regiones más alejadas del continente y a la vez controla, en parte aún, la vida privada e íntima de la población. Esta institución y las FF. AA., son la base de la opresión y el dominio interno.

La historia y la presencia de la religión católica en América Latina es ya de dominio público, de ahí que nos limitaremos a mencionar sólo algunos hechos. Por ejemplo, a partir de los años 20 se impulsó la Acción Católica promovida directamente por la Santa Sede, acción que estuvo orientada en función de hacer política militante. El historiador francés F. Chevalier, comenta: "Ciertamente ha adoptado diversas modalidades en cada país, que debería reconocerse mejor, junto con sus evoluciones posteriores, especialmente en sus relaciones con la política: relación con la fundación de partidos cristo-demócratas." (Chevalier 1999: 434).

Por estos mismos años (1928) se fundó el conocido Opus Dei con su llamado a la santificación del trabajo y de la vida secular, como dice el autor líneas antes citado, el Opus Dei funda escuelas, institutos y universidades donde se propugna el interés individual antes que social. Es decir la Iglesia católica tiene espacio para todos los gustos y los colores, en otras palabras el pragmatismo y el oportunismo no le son incómodos.

Una de las primeras gritas al interior de la fe católica se dio entre fines del siglo XIX y comienzos del XX, y esto está ligado al desarrollo del capitalismo y su profundización en la sociedad latinoamericana. Por estos años aparecieron las primeras sectas o iglesias protestantes. No hay que olvidar que la relación entre el capitalismo y la ética protestante es relativamente conocida. Aunque Max Weber, entre otros, invierta los términos sosteniendo que primero es la cultura religiosa antes que el hecho económico. Olvidando, sin perder su base real, que los dos fenómenos se alimentan y se retro-alimentan mutuamente.

Después de la Segunda Guerra Mundial el desarrollo del capitalismo en otras sociedades donde predominan otras culturas y religiones, especialmente en el continente asiático, donde el papel de

Calvino y Luther con su ética protestante no tiene ninguna significación. Así las tesis del sociólogo alemán fueron, por la realidad, desmentidas.

A pesar de lo líneas antes dicho, contradiciendo en parte su conocida tesis, en otra parte de su trabajo sobre el tema, con razón escribió: "El hecho obedece en parte a motivos históricos, que tiene sus raíces en el lejano pasado, y en lo que la adscripción a una determinada confesión religiosa no aparece como causa de fenómenos económicos, sino más bien como consecuencia de los mismos. La participación en aquellas funciones presupone posesión de capital, una educación costosa y, con frecuencia, una y otra cosa; hoy, aparece ligado a la posesión de la riqueza hereditaria o, al menos, a una situación de mediano bienestar." (Weber 1998: 28).

Algunos años después de lo escrito por Weber en América Latina José Carlos Mariátegui, siguiendo a Waldo Frank, destacaba la diferencia entre el antiguo puritano que generó al *pioner* en EE.UU. del entonces protestante que llegaba a Latinoamérica. Las principales diferencias, además del momento histórico, es que el puritano-pioner era el portavoz y el ejecutor de un sistema que todavía no había jugado todas sus posibilidades históricas. Además el pioner-puritano se sentía el hacedor de un nuevo mundo y a la vez creía haber encontrado la dulzura espiritual en la austeridad y el ahorro. Mientras que el actual, años 20, protestante se limita, por el momento, al trabajo de servicio social y de recreación sin evidenciar una directa relación con capitalismo.

Entre los años 50 y 70, en la medida que el capitalismo impone sus reglas y principios en América Latina, las sectas religiosas y sus adherentes van en aumento, éstas tienen a partir de estas décadas sus sedes principales en Orlando y Tampa (EE.UU.) de allí que: "Esta nueva ola también vino, inicialmente, de Norteamérica, pero logró encontrar, en particular con el pentecostalismo, una dinámica propia en América Latina, fundado en tradiciones populares. Desde principios de los años 60, las comunidades protestantes ya tenían unos 10 millones de fieles. Puede decirse que en 1990 la cifra superaba los 30 millones." (Chevalier 1999: 425).

Parece que los cálculos hechos por el historiador francés fueron algo conservadores. Las iglesias protestantes y sobre todo los adherentes se han incrementado notablemente debido a su renovada fe, su activismo y férreo compromiso en comparación con los católicos. Huntington a mediados de la década de los 90 nos da los siguientes datos: "Un cambio semejante y paralelo tuvo lugar en América Latina, donde el número de protestantes se incrementó, pasando de aproximadamente 7 millones en 1960 a unos 50 millones en 1990. (...) a diferencia de la Iglesia católica, observa un sacerdote brasileño, la Iglesia protestante satisface las necesidades básicas de la persona -calor humano, curación, profunda experiencia espiritual-." (Huntington 1997: 117).

Luego el autor reflexiona sobre la diferencia de lo que se podría llamar los creyentes activos y los creyentes pasivos, sus palabras: "La difusión del protestantismo entre los pobres en América Latina no es principalmente la sustitución de una religión por otra, sino más bien un importante incremento neto del compromiso y la participación religiosa, ya que católicos nominales y pasivos se convierten en evangélicos activos y devotos. En Brasil a principios de los años 90, por ejemplo, el 20 % de la población se identificaba como protestante y el 73 % como católica; sin embargo, los domingos acudían 20 millones de personas a las iglesias protestantes y unos 12 millones a las católicas." (Huntington 1997: 117).

Algunos datos más actuales, a pesar de las muchas visitas del Papa de Roma, simplemente confirman la tendencia del crecimiento del protestantismo en desmedro del catolicismo en América Latina. Jesús Aznárez hace un tiempo atrás escribió: "Las iglesias evangélicas despliegan un ejército de discípulos austeros y sacrificados que subordinan todo a la eficacia y el éxito. (...) El estilo profético contra el estilo empresarial, 'utilzando todos los medios posibles, lícitos e ilícitos, en la conquista de almas'. (...) Las iglesias neopentecostales avanzan precedidas del Espíritu Santo y sus manifestaciones carismáticas: el don de lenguas, la sanación y la risa, entre otros. Esa herramienta es decisiva en los desesperados lazaretos latinoamericanos." (Aznárez 2002: 5).

A continuación el autor da algunos datos: "Las estadísticas disponibles chocan según las fuentes, pero probablemente el país con más presencia evangélica sea Guatemala, con 30 %, seguido por Chile, con un 24 %, y Brasil, con 21 %. El promedio en América Latina puede situarse en torno al 17 % ". El autor termina con estas reflexiones: "El proselitismo carismático, arrollador y sistemático, farsante en numerosos púlpitos, seduce ahora al mundo indígena y mestizo, negro y mulato, las principales canteras de los evangélicos y de sus programas médicos o educativos." (Aznárez 2002: 5).

Es menester mencionar otro hecho, hoy, al interior mismo de la Iglesia católica. Desde mediados de la década del 60, condicionado por los cambios ocurridos en América Latina (7), al interior de la Iglesia católica de esta parte del mundo, se inició en las denominadas "comunidades eclesiales de base" algún nivel de discusión en torno al papel de la religión y su relación con los pobres.

La razón, se decía, es que la iglesia católica se había alejado de los pobres y había abandonado en gran parte la praxis de la vida cristiana. Como consecuencia, los pobres eran seducidos por el protestantismo y por el comunismo-ateo. Esto recuerda Gustavo Gutiérrez cuando citando al holandés E. Schillebeeckx, hace más de 30 años, escribió: "Ésta me parece que ha sido la transformación mayor que se ha operado en la concepción cristiana de la existencia. Es evidente que el pensamiento también es necesario para la acción, pero la iglesia se ha preocupado esencialmente, durante siglos, de formular verdades, y, mientras tanto, no hacía nada por conseguir un mundo mejor. En otras palabras, se limitó a la ortodoxia y terminó dejando la ortopraxis en manos de los que estaban fuera de la iglesia y de los no creyentes." (Gutiérrez 1971: 279)

Esta discusión tuvo como base los documentos emitidos por el Concilio Vaticano II (1962-1965) primero y posteriormente se amplió con los documentos salidos de las reuniones de Medellín (1968) y Puebla (1979), respectivamente. En ellos el denominador común era el volver los ojos a los pobres, las causas y las consecuencias de sus problemas y cómo la fe cristiana tiene que ser confrontada en la praxis social. En pocas palabras vincular a la iglesia con la realidad y así evitar que termine desfasada de la historia.

En estas circunstancias es cuando en algunas universidades europeas se comienza a discutir el problema de los pobres, de la dependencia, el papel de la fe cristina y de la iglesia como institución en relación con los mismos. De esa forma se van poniendo las bases para la llamada Teología de la Liberación.

El historiador francés antes citado, con mucha razón, afirma: "La Teología de la Liberación típica de América Latina, no nació en este continente de masas desheredadas, como lo insinúan algunos. En un principio estuvo vinculada al pensamiento progresista de algunos intelectuales occidentales, pero, por otra parte, es esencialmente obra de sacerdotes o religiosos latinoamericanos, estudiantes de Lovaina, de París, de Lyon, de Colonia e incluso de los Estados Unidos durante los dos decenios posteriores a la Segunda Guerra Mundial." (Chevalier 1999: 430).

Años después esta discusión, al interior de los católicos, tuvo muchos adherentes y algunos representantes, entre estos últimos destacan, en el plano teórico, el brasileño Leonardo Boff, el argentino Enrique Dussel y el peruano Gustavo Gutiérrez. Será precisamente Dussel en un ensayo escrito en Mainz-Alemania el año 1962 uno de los primeros en hablar de la misma. Luego fue Gutiérrez quien sintetizó esta discusión en un trabajo de 1968, el mismo que fue desarrollado y publicado como libro en 1971 y titulado *Teología de la liberación. Perspectivas.*

Como ya hemos dicho algunos párrafos antes, esta corriente al interior de la Iglesia Católica no es un hecho aislado, por el contrario va acompañado de otros hechos de carácter teórico, político cultural y a la vez teniendo como fondo el proceso de transición de feudal a semi-feudal, de semi-feudal a cualquiera de las formas de capitalismo que experimenta la sociedad latinoamericana.

GUSTAVO GUTIÉRREZ
TEOLOGÍA DE LA LIBERACIÓN

Comencemos diciendo que a lo largo de la exposición del libro se puede percibir, teniendo como base la teología cristiana, distintas influencias de corrientes sociológicas (positivismo, materialismo histórico, estructuralismo, funcionalismo) y a la vez influencia de variadas orientaciones políticas como la democracia, el liberalismo y el socialismo.

La presencia del socialismo fue mucho más evidente, entre los años 70 y 80, especialmente en Centroamérica donde la Teología de la Liberación se amalgamó, en alguna forma, con el marxismo y fue un componente ideológico importante de algunos frentes y movimientos armados que buscaron el cambio y trasformación social en esta parte del continente.

El trabajo de Gutiérrez, en su conjunto, tiene una estructura lógica coherente y sistemática. Es un libro pensado de principio a fin, con abundante y actualizada, para su tiempo, bibliografía que nos permite comprender, desde su particular perspectiva, la problemática latinoamericana de hace treinta o cuarenta años atrás.

Por el carácter de nuestro estudio, a pesar de que es problemático y no recomendable separar estos tres componentes, nosotros centraremos en los aspectos sociológicos y políticos antes que en las reflexiones teológicas del autor. Un hecho fundamental es la reflexión del autor en contra del tradicional dogmatismo irreflexivo de la iglesia católica, leamos: "La reflexión a la luz de la fe debe acompañar constantemente el actuar pastoral de la iglesia. (...) La reflexión crítica juega permanentemente, así, en sentido inverso al de una ideología racionalizadora y justificadora de un determinado orden social y eclesial. (...) La teología, así entendida, tiene un necesario y permanente papel en la liberación de toda forma de alineación religiosa, a menudo alimentada por la propia institución eclesiástica, que impide acercarse automáticamente a la palabra del Señor." (Gutiérrez 1981: 30).

Esta reflexión no sólo tiene que ser de carácter teorético. Para ser auténtica y válida tiene que estar vinculada a la praxis. Esto implica que: "La teología como reflexión crítica de la praxis histórica a la luz de la Palabra, no sólo no reemplaza a las otras funciones de la teología, como sabiduría o como ser racional, sino que las supone y las necesita". Insistiendo sobre la "praxis histórica", continúa: "Es en obligada referencia a ella donde deberá elaborarse un conocimiento del progreso espiritual a partir de la escritura; y es en ella, también, donde la fe recibe las cuestiones que le plantea la razón humana. La relación fe-ciencia se situará en el contexto de la relación fe-sociedad y en el de la consiguiente acción liberadora." (Gutiérrez 1981: 32).

Y por último la perspectiva: "Reflexión a partir de la praxis histórica liberadora, es reflexionar a la luz del futuro en que se cree y se espera, es reflexionar con vistas a una acción transformadora del presente." (Gutiérrez 1981: 34).

Páginas después el autor plantea una de sus tesis más radicales, la misma que ha sido, como veremos después, la más criticada: "Estamos aquí al nivel de un análisis de la situación, en el plano de una cierta racionalidad científica. Únicamente una quiebra radical del presente estado de cosas, una transformación profunda del sistema de propiedad, el acceso al Poder de la clase explotada, una revolución social que rompa con esa dependencia, puede permitir el paso a una sociedad distinta, a una sociedad socialista. O, por lo menos, hacer que ésta sea posible." (Gutiérrez 1981: 42).

Lo anterior no es invento ni buena voluntad, está justificado porque: "Surgido de un hondo movimiento histórico, esta aspiración a la liberación comienza a ser acogida en la comunidad cristiana como un signo de los tiempos. Como un llamado a un compromiso y a una interpretación. El mensaje bíblico, que presenta la obra de Cristo como una liberación, nos proporciona el marco de esta interpretación. La teología parecería haber eludido durante mucho tiempo una reflexión sobre el carácter conflictual de la historia humana, sobre el enfrentamiento entre hombres, clases sociales y países." (Gutiérrez 1981: 57).

Sobre esta problemática, tema de igual modo muy criticado, en otra parte insiste: "La historia presenta hoy caracteres conflictuales que parecen oponerse a tal construcción. Entre estos rasgos hay uno que ocupa un lugar central: la división de la humanidad en opresores y oprimidos, en propietarios de los bienes de producción y despojados del fruto de su trabajo, en clases sociales antagónicas." (Gutiérrez 1981: 340).

En base a lo anterior: "La iglesia empezó a percatarse entonces que el servicio al mundo al que se había lanzado alegremente, le exigía y la cuestionaba más allá de lo previsto. La lucha de clases es uno de los problemas cardinales que, presentes en el mundo de hoy, golpean la vida y la reflexión de la comunidad cristiana y no pueden ser esquivados por más tiempo." (Gutiérrez 1981: 340).

En este mundo dividido, la iglesia no puede ser monolítica, tampoco los sacerdotes vivir en unidad, por el contrario: "En esas condiciones hablar del sacerdote como `el hombre de unidad´ es pretender hacer de él una pieza del sistema imperante. Sistema injusto y opresor, basado en la expoliación de las grandes mayorías y necesitado de una justificación religiosa para mantenerse; sobre todo en lugares como América Latina, en los que la iglesia goza de gran influjo en las masas explotadas." (Gutiérrez 1981: 346).

Finalmente sobre este punto: "En un mundo radicalmente escindido, la función de la comunidad eclesial es luchar contra las causas profundas de la división entre los hombres. Sólo ese compromiso puede hacer de ella un auténtico signo de unidad. Esa unidad transita hoy, en particular en América Latina, a través de la opción por los oprimidos; optar por ellos es la manera franca y resuelta de combatir lo que origina esa división social." (Gutiérrez 1981: 348).

Terminamos con Gutiérrez transcribiendo una parte de sus conclusiones: "La teología de la liberación que busca a partir del compromiso por abolir la actual situación de injusticia y por construir una sociedad nueva, debe ser verificada por la práctica de ese compromiso; por la participación activa y eficaz en la lucha que las clases sociales explotadas han emprendido contra sus opresores. La liberación de toda forma de explotación, la posibilidad de una vida más humana y más digna, la creación de un hombre nuevo, pasan por esa lucha.

Pero, en última instancia, no tendremos una auténtica teología de la liberación sino cuando los oprimidos mismos puedan alzar libremente su voz y expresarse directa y creadoramente en la sociedad y en el seno del pueblo de Dios. Cuando ellos mismos `den cuenta de la esperanza´ de que son portadores." (Gutiérrez 1981: 375).

Como sucede en todo hecho las opiniones de los creyentes o de los estudiosos en torno a la *Teología de la liberación* están divididas. Para el teólogo Ignacio Martín-Baró (asesinado en el Salvador por un escuadrón paramilitar en 1989), por citar un caso representativo, además de relacionar religión con política, hace esta diferencia: "Convine, ante todo, establecer una distinción entre la religión como institución social y la religión como experiencia personal. En el primer caso, nos referiremos a las iglesias; en el segundo, a la religiosidad." (Martín Baró 1990: 19).

De ello se desprende su segunda tesis. La religión del orden y la religión subversiva o religión popular. La primera, además de servir al orden establecido, se expresa a través de: La religión como comprensión metahistórica, La religión como evasión milenarista y La religión como catarsis individualista.

Mientras que la segunda es el resultado "... de la mezcla de la imposición y el rechazo...". Y a la vez agrega: "... la religiosidad popular constituye un depósito histórico en el que los pueblos latinoamericanos han logrado preservar un semillero de identidad histórica frente a la colonización, de independencia frente a la cultura dominante y de rebeldía política frente a la explotación opresiva." (Martín-Baró 1990: 32).

En otra parte vuelve sobre el punto y hace la siguiente diferencia: "Así como ciertas formas de religión han servido y siguen sirviendo en América Latina para legitimar y viabilizar el ordenamiento sociopolítico, desde la misma conquista se ha dado también otras formas religiosas que actúan como cuestionamiento y tratan de cambiarlo. Frente a la religión del orden opresor, la religión subversiva del oprimido. (...) Desde esta perspectiva psicosocial, podríamos caracterizar la religiosidad popular latinoamericana mediante cuatro notas: asimilación cultural; la primacía de mediadores cercanos; la corporalización de los ritos, y la responsabilidad colectiva." (Martín-Baró 1990: 32).

Luego continúa: "El mensaje tanto del Vaticano II como de Medellín y Puebla no se quedan en el plano meramente ideológico, sino que dinamiza la vida de la religiosidad popular. *La teología de la liberación*, hoy día considerada como un *bete noire* tanto por Washington como por el Vaticano, constituye la tematización pluriforme de esta vida nueva que aflora entre los cristianos latinoamericanos." (Martín-Baró 1990: 34 y 35).

Por último: "El optar por una u otra religión, por una u otra forma de religiosidad, no es por tanto un puro asunto de valores individuales o de preferencias subjetivas; es también una decisión social y política, que repercute para bien o para mal en el entramado de fuerzas que configuran la vida de los pueblos." (Martín-Baró 1990: 42).

En contraposición a lo sostenido líneas arriba en torno a la *Teología de la liberación* desarrollaremos básicamente dos ideas de los autores del *Manual del perfecto idiota latinoamericano* en torno al tema aquí tratado. Ellos comienzan sosteniendo que: "Es tonto rebatir la teología de la liberación con el argumento de que la religión no debe de mezclarse con la política". Para párrafos después reafirmarse: "A nadie se le puede negar el derecho a prestar una contribución al quebradero de cabeza de cómo organizar una sociedad decente." (Autores varios 1996: 204).

Lo malo y condenable de la *Teología de la liberación* estriba: "... en dos cosas. Primero, en que ese compromiso en la Tierra es por el socialismo y su instrumento, la revolución. Luego, en que apunta a una suerte de fundamentalismo en la medida que hace una lectura marxista, y da a la muy pedestre lucha a favor del socialismo el cariz excluyente e iluminado de la vía hacia la salvación." (Autores varios 1996: 205).

Siguiendo esta lógica de razonar, y a la vez aceptando que sea verdad lo que ellos dicen sobre la *Teología de la liberación*, nos preguntamos: Si la misma apoyara la ideología fascista o la neoliberal y su instrumento, la represión y la contrarrevolución para mantener el sistema capitalista, ¿no habría problema y estaría muy bien? Se deduce de su argumentación que sí. Lo malo y condenable es que, según ellos, apoya a la revolución y al socialismo.

El segundo argumento que los autores sostienen en contra de esta corriente al interior de la Iglesia Católica, la que dicho sea de paso da sustento práctico a la argumentación anterior, es que: "Para los apóstoles de la liberación, la lucha de clases ya existía en la historia y hay que asumirla, si no se quiere estar de espaldas a la realidad. (...) La idea de que la lucha de clases está en la historia y de que ello obliga a la Iglesia a asumirla es, pues, impía. La realidad es inmisericorde con los curas." (Autores varios 1996: 208 y 209).

Los autores, como muchísimos otros, sostienen que la teoría de la lucha de clases es una creación o un invento del marxismo. De ahí su deducción, como la *Teología de la liberación* acepta la lucha de clases en la realidad histórica, acepta la revolución como método para la trasformación social y a la vez tiene como meta el socialismo, consecuentemente son marxistas y por ser tales están totalmente descalificados ideológica, política e históricamente.

Para terminar hay que decir lo siguiente, han existido, existen una variopinta de socialismos. Desde el nacional-socialismo, pasando por el socialismo-democrático hasta el socialismo científico marxista. En segundo lugar, de igual modo hubo, hay muchas revoluciones, ¿de cuál o de qué revolución se está hablando?

Y por último, sobre la lucha de clases. Alguien que tenga una elemental información de la teoría marxista sabe perfectamente que la teoría de la lucha no es ni descubrimiento y menos creación del marxismo. Las clases y sus luchas aparecen como consecuencia de la descomposición de la comunidad primitiva y los primeros gérmenes de la sociedad esclavista, la cual en su proceso de desarrollo simplemente acentúa más las clases y la lucha entre ellas. Para comprobarlo sólo habría que revisar algunos escritos sobre el tema desde hace más de dos mil años atrás.

En los tiempos modernos la teoría de la lucha de clases fue descubierta y hasta cierto punto sistematizada por los economistas (Ricardo y Smith, por el filósofo Hegel y especialmente por los historiadores franceses Francisco Pedro Guillermo Guizot (1787-1874) y Adolfo Thieres (1797-1877), entre otros. Gustavo Gutiérrez, anticipándose más de 30 años a sus críticos, en una nota en la página 342 reproduce una conocida carta de Karl Marx a Joseph Weydemeyer (8) al respecto de las clases y de la lucha entre ellas y ahí Marx reconoce que no le cabe el mérito de haber descubierto las mismas ni la lucha entre ellas.

Con esta aclaración sólo los ciegos y los idiotas no ven y no comprenden este principio, el aceptar la existencia de clases y la lucha entre ellas no implica, de ningún modo, ser marxista. Sólo serían marxistas, según la expresión de Marx, los que aceptan la dictadura del proletariado como una fase de transición hacia la abolición de las clases, y esto, los seguidores de la *Teología de la liberación* nunca lo han aceptado, ni lo aceptarán. Por lo tanto: ¿Sobre qué bases se levanta el argumento de los autores citados al tildar de marxistas, tan sólo porque aceptan la lucha de clases? Realmente es ridículo y sinónimo de ignorancia.

La situación de América Latina, pobre para los pobres y rico para los ricos, fue muy explosiva. Las mayorías, si no estaban convencidas, por lo menos creían que la solución de sus problemas pasaba por la revolución, de cualquier signo, pero revolución. Este hecho fue observado con mucha precisión por algunos teólogos que no deseaban que las masas pobres sean influenciadas y menos que sean organizadas por otras corrientes ideológicas y políticas.

En los años 80 se observarán cuatro hechos que serán la base para que la *Teología de la liberación* pierda bases y hasta se reduzca a su mínima expresión. En primer lugar la contrarreforma al interior de la iglesia iniciada por Juan Pablo II, la contraofensiva neoliberal a nivel económico-político, el agotamiento de los movimientos armados en Centroamérica y la desaparición del llamado campo socialista.

Después de todo, no sólo en América Latina sino en el mundo entero, el tema, no sólo de la *Teología de la liberación*, de la religión en general es ver su esencia en el dominio y control ideológico de la población. Puede haber mucha liberación, pero siempre habrá más teología y éste es el problema de fondo. En un trabajo publicado hace cerca de 20 años, al respecto decíamos: "... no es por la vía de los padrenuestros, las avemarías ni las aguas benditas, por donde el pueblo (...) y la humanidad tendrá que liberarse. Aún más, alertamos que cuando la humanidad, luego de su largo, prolongado y tortuoso camino esté a puertas del paraíso, no quedará ni polvo de liberación, sino montañas de teología..." (Roldán 1986: 235).

La Teología de la Liberación tuvo sus mayores adherentes en algunos países centroamericanos (Nicaragua, Honduras y el Salvador), incluso fue allí donde se dio un encuentro con el marxismo y se habló con mucha propiedad de la iglesia popular. Muchos adherentes formaron parte de la guerrilla, otros fueron asesinados y algunos otros hasta fueron parte del gobierno sandinista en Nicaragua.

En los demás países, bajo la influencia de esta corriente de ideas, hay que mencionar la figura legendaria de los sacerdotes Camilo Torres y José Pérez en Colombia. El primero murió con las armas en la mano en una acción guerrillera el año 1966 y el segundo vivió los últimos 30 años de su vida dirigiendo a las guerrillas del ELN en Colombia hasta su muerte a fines de la década del 90.

Para el también teólogo Frei Betto, el triunfo electoral del Presidente Lula en Brasil en 2002 sería, de igual modo, un triunfo de la Teología de la Liberación. Verdad o mentira lo dicho por Betto, lo cierto es que la Teología de la Liberación ya pasó de moda en América Latina; hasta la mayoría de sus paladines han terminado retractándose indirectamente y refugiándose en el misticismo y la fe, centrando en la teología y olvidándose de la liberación.

Las razones para ello podrían tener las siguientes causas: El tema de la transformación social, a través de la revolución, no es el tópico principal en esta parte del mundo. Luego las ideas de izquierda (ligadas al marxismo) pasan por un momento de crisis en América Latina; consecuentemente no tiene la Teología de la Liberación con quién discutir en la teoría, ni tampoco con quién competir por el control de las masas en la práctica. Y por último, a fines de los años 70, se inició la contraofensiva del Vaticano encabezada por el nuevo Papa Juan Pablo II y su asesor el alemán Joseph Ratzinger en contra de toda idea que signifique liberación.

En la actualidad quedan algunos rezagos de la Teología de la Liberación en América Latina, pero sin mayor importancia. Deseamos terminar esta parte con algunas declaraciones de uno de los últimos y más representativos defensores de esta corriente teológica. Nos referimos al teólogo vasco, residente desde muchos años en el Salvador, Jon Sobrino.

Cuando él habla de su fe, de Dios y recordando los tiempos de toma de posición, los años 60, declara: "El problema de este mundo ya no era yo, ni siquiera mi fe. Había gente que no había tenido una oportunidad en la vida, y que quería vivir. Entendí que Dios era para mí el Dios que hace justicia, el de los pobres. Ese era mi camino, y no el afán de conocerme a mí mismo. Nunca había pensado de Dios de ese modo." (Alameda 1999: 18).

Luego explica el acercamiento de la teología al marxismo en estos términos: "En estos países, los que dieron la vida por los pobres mientras otros no se movían vieron que el marxismo ponía el dedo en la llaga sobre la importancia, que es analizar la infraestructura económica. En el grupo de UCA algunos tenían ese instrumental teórico. ¿Pero era la Teología de la Liberación marxista? No hay que ser cortos... lo fundamental es que es cristiana. ¿Y puede ser marxista? Puede serlo, es cierto. ¿Y maya? Puede. Lo que pasa es que la iglesia no le tiene miedo al marxismo, sino a Dios." (Alameda 1999: 20).

Sobre los que atacaron la Teología de la Liberación, dice el teólogo: "El primero que atacó la Teología de la Liberación fue Nelson Rockefeller, que dijo: `Si esto que han dicho los obispos se pone en práctica, peligra los intereses de los EE.UU.´." (Alameda 1999: 20).

Luego continúa Sobrino con las opiniones del Vaticano: "Antes de Juan Pablo II, algunos cardenales pensaron que se ponía en peligro la fe. Yo creo que, al contrario, con la Teología de la Liberación algunos dubitativos han mantenido la fe, y algunos agnósticos la han respetado más. En Roma temieron que algo se les escapara de las manos, que perdían el poder. Y entró el Vaticano en acción. Coincide con un Papa que viene de Polonia. Él ve en la Teología un modo de facilitar el triunfo de la revolución sandinista, la salvadoreña. Y por eso quieren frenar, o atacar esto." (Alameda 1999: 20).

Y termina sus declaraciones opinando respecto del discutido tema de los católicos y la violencia como método de transformación político-social. Sus palabras: "La violencia a veces es inevitable, eso es lo que he dicho. ¿Y cuándo lo es? Cuando ocurre lo que dijeron los obispos en Medellín; que la primera violencia es la violencia estructural que genera pobreza. Y lo digo hoy porque el mundo sigue en las mismas. Pero no les da la gana de escuchar. Y si lo necesita para vivir mejor, el Primer Mundo seguirá generando una injusticia estructural." (Alameda 1999: 22).

Sobre la teología y su último canto, la liberación en América Latina, se tendría que escribir mucho. Para no remontarnos al cúmulo de argumentos al respecto, tomando en cuenta la praxis concreta, la vida diaria, deseamos terminar este tema con unos versos de un demócrata revolucionario en un mensaje dirigido a los pobres. Heinrich Heine escribió: "¡Michel! ¿Disminuye tu fe o aumenta acaso tu apetito? ¡Tomas la copa de la vida y entonas un canto pagano! ¡Michel! Nada temas y llena aquí en la tierra la barriga, que cuando estemos en la tumba harás la digestión tranquilo." (Heine 1994: 205).

Éste es grosso modo el panorama de América Latina que va desde comienzos de los años 50 hasta comienzos de los 80. Sobre esta nueva realidad, sus problemas y posibilidades y más la herencia teórico-reflexiva, principalmente de los cinco estudiosos en el capítulo anterior desarrollados, será la base para las nuevas reflexiones histórico-político-filosóficas en América Latina.

Lo planteado, la reflexión teórica, se desarrolla sobre una problemática mucho más larga y profunda; nos referimos al problema de las consecuencias de la conquista, la colonización y la perspectiva político-filosófica en esta parte del mundo. En dos palabras: *la mentalidad colonial* y *el carácter del ser latinoamericano*. Estos problemas fueron tratados por un grupo de especialistas que aparecieron entre los años 50 y 70 del siglo que acaba de finalizar.

De este grupo de intelectuales preocupados por la problemática latinoamericana, en este nivel, hemos tomado a los mexicanos Octavio Paz y su libro *Laberinto de la soledad* (1950) y Leopoldo Zea y su trabajo *El pensamiento latinoamericano* (1965), por un lado. Por otro lado, a los argentinos Ezequiel Martínez Estrada con su libro *Diferencias y semejanzas entre los países latinoamericanos* (1962) y Enrique Dussel con su *América Latina. Dependencia y liberación* (1972).

DE LA MENTALIDAD COLONIAL AL SER DEL LATINOAMERICANO

"Sal, hijo de la traición... sal, hijo de puta... sal, hijo de la chingada... adorado hijo mío, sal ya... cae sobre la tierra que ya no es mía ni de tu padre, sino tuya... sal, hijo de las dos sangres enemigas... sal, mi hijo, a recobrar tu tierra maldita, fundada sobre el crimen permanente y los sueños fugitivos... ve si puedes recuperar tu tierra y tus sueños, hijo mío, blanco y moreno; ve si puedes lavar toda la sangre de las pirámides y de las espadas y de las cruces manchadas que son como los terribles y ávidos dedos de tu tierra... sal a tu tierra, hijo de la madrugada, sal lleno de rencor y miedo, sal lleno de burla y engaño y falsa sumisión... sal, mi hijo, sal a odiar a tu padre y a insultar a tu madre...".

Carlos Fuentes,
Los cinco soles de México (2000).

Condicionado por la realidad, que ha sido desarrollada en la primera parte de este capítulo, a partir de esta década, surge en América Latina, una vez más, una renovada preocupación por encontrar y desvelar sus problemas esenciales. Esto implicó retomar, desarrollar o eventualmente desechar los puntos de vista de los estudios hechos por las generaciones anteriores sobre América Latina.

El problema de las clases y de las razas, con ciertas diferencias e intensidad, ya había sido planteado. El tema de la cultura, de igual manera. Pero la problemática de la identidad apenas había sido atisbada por unos y esbozado por otros. Ubicar estos cuatro problemas y en especial encontrar su vinculación interna, recurriendo a la realidad y la ciencia de la historia, obligaba tomar la sociedad latinoamericana en su conjunto como objeto de estudio y con el apoyo de las ciencias, tanto sociales como del pensamiento, descubrir el camino adecuado para llegar a una verdadera comprensión del problema.

En este nuevo momento histórico y en base a los nuevos datos que brindaba la realidad latinoamericana, por un lado, y por otro lado, con el apoyo del nuevo impulso logrado por las ciencias y sus métodos de investigación, análisis y síntesis, los estudiosos, en América Latina, iniciaron la tarea de desvelo, de comprensión y algunos fueron más allá planteando alternativas teóricas para transformar esta realidad.

Como el problema de las clases, de las razas y el de la cultura ya había sido analizado en América Latina, se puso sobre el tapete el tema de la identidad, el mismo que tiene su fuente principal en el colonialismo y toda su secuela, como la mentalidad colonial. Lo dicho no sólo se limita a América Latina, por el contrario, es problema común a todos aquellos pueblos que han sufrido conquista y dominación colonial.

Para una real comprensión es imprescindible rastrear su pasado y en especial comprender hasta qué punto este pasado ha marcado, no sólo el color o el ritmo de América Latina, sino sobre todo lo profundo de su personalidad, de su espíritu, del alma viva del latinoamericano de arriba o de abajo, del grande o del pequeño, del rico o del pobre.

En el nivel superficial y a ojos vistas, en América Latina se ha reencontrado el mundo, se han mezclado los grupos étnicos, se han sincretisado algunas religiones, se han resematizado las culturas y se han influenciado los idiomas sin llegar por el momento a crear o generar uno nuevo como pasó entre el latín vulgar y las lenguas vernáculas en el pasado.

Muchos seres humanos, desde hace 500 años, fueron a parar a estas tierras obligados, unos, y seducidos por el mito del nuevo mundo, otros. La presencia de nativos cobrizos, de blancos europeos, de negros africanos y de amarillos asiáticos, chinos primero y japoneses después, sólo es una muestra, con colores más o tonos menos, de lo que pasa a lo largo y ancho de América Latina.

El resultado más evidente, en un determinado nivel, es el mestizo con toda su carga de no ser nada por un lado y la posibilidad de ser todo por otro. De no tener pasado de ninguna naturaleza como tal; pero de ser el muestrario en sí para el futuro. Para un simple observador, este nuevo mundo (del mestizo), que apenas tiene 500 años de existencia, no es más que una ironía de la vida y de la historia el haberse convertido, por los caprichos de la necesidad y la temporalidad, en una gran posibilidad en este orden de la convivencia humana. Con lo escrito no queremos sobredimensionar este mestizaje y menos vender la ilusión de que con esta experiencia el odiado racismo y la xenofobia son ya un capítulo superado de la historia. Los problemas de la sociedad humana no son tan simples de solucionar como algunos creen y otros desean. Los puristas y racistas de ayer y de hoy, cabalgando contra el tiempo y remando contra la historia, siempre encontrarán argumentos en función de su purismo, creyendo que el purismo, que dicho sea de paso nunca existió, es la llave maestra para solucionar todos los problemas.

Leamos cómo uno de éstos, haciendo resaltar sólo el aspecto negativo del mestizaje, lo denigraba: "El mestizo europeo -un plebeyo, en suma, bastante feo- tiene absolutamente necesidad de un disfraz; la historia le sirve de guardarropa llena de vestidos diferentes. Advierte que ninguno le va bien del todo, y cambia sin cesar de vestido." (Nietzsche 1998: 148).

Y en la página siguiente, embistiendo en contra del sentido histórico, remata: "... ese sentido histórico que reivindicamos, nosotros, los europeos, como nuestro don peculiar, ha surgido después del estado de *semibarbarie* loca y seductora en que cayó Europa a consecuencia de la mezcla democrática de las clases y de las razas. (...) Gracias a esta mezcla de sangre, nuestras `almas modernas´ han sido invadidas por todas las formas de vida y todas las costumbres de las civilizaciones que coexistieron en otro tiempo o se han superpuesto unas a otras; desde este momento, nuestros instintos refluyeron hacia atrás en todas las direcciones; somos una especie de caos; y, finalmente, el `espíritu´, como ya he dicho, acaba por encontrar en ello su provecho." (Nietzsche 1998: 149).

En parte lo dicho por el autor de *Mas allá de bien y del mal* es cierto, sobre todo en lo relacionado al arribismo y al oportunismo que el filósofo los denomina: el disfraz y los vestidos diferentes. El hecho es que, al margen de nuestra buena o mala voluntad, el mestizaje se ha dado, se da y se seguirá dando y, de esa manera, va poniendo las bases para que el odiado racismo de todas las tendencias tienda a ser tema de los arqueólogos.

Los que sostienen que Latinoamérica es mestizo, tienen razón. Es la única parte del mundo donde se puede encontrar a la vez a muchos seres humanos con cabello ensortijado y color castaño, con ojos de forma oblicua y de color celeste, de pómulos salientes y de piel cobriza. Sin caer en el racismo, se puede decir que América Latina, recordando el título de una novela del peruano José María Arguedas, es de *Todas las sangres*. El mexicano José Vasconcelos fue más allá e intentó universalizarlo con su conocida idea de la *Raza cósmica*. (9)

Con este mestizaje se rompió, por un lado y en parte, con el purismo (biologismo-racismo) que dicho sea de paso nunca existió y por otro lado se demostraba, una vez más, que para el capitalismo, como sistema globalizador y totalizante, no tiene mayor importancia el color de la piel, el pasado cultural o la procedencia familiar. Mas por el contrario, cuando estos cruces y mezclas coinciden con sus intereses, los estimula y promueve y así los mercados crecen, las ganancias aumentan y el sistema se legitima.

En otro nivel, en Latinoamérica, recuperar de ese pozo oscuro el pasado, hacer conciencia del mismo (a pesar de los olvidos), traer al presente el inconsciente colectivo, para así diferenciar los límites de la moral, ha sido siempre la tarea de la memoria, en la medida de que, como escribe Milán Kundera: "Recordar el propio pasado, llevarlo siempre consigo, es tal vez la condición necesaria para conservar, como suele decirse, la integridad del propio yo. Para que el yo no se encoja, para que conserve su volumen, hay que regar los recuerdos como a las flores y, para regarlos, hay que mantener regularmente el contacto con los testigos del pasado, ..." (Kundera 1998: 55).

Ese pasado colectivo, que la memoria nos alimenta, en América Latina está cargado para unos, amasado para otros, o construido para unos terceros con las acciones y las consecuencias de la conquista y de la colonización. Los escritores latinoamericanos lo han expresado, en el nivel personal, con distintos nombres: "los golpes" de César Vallejo, "la soledad" de Octavio Paz, "los fantasmas" de Ernesto Sábato, "los demonios" de Mario Vargas Llosa, etc. Por su parte la ciencia (la psicología y la psiquiatría) lo denomina indistintamente como patologías, complejos o traumas. Haciendo la aclaración que los son no sólo individuales sino de carácter histórico-colectivos. Estos últimos son los que en esta investigación nos interesa desvelar.

La historia de la relación entre el colonizador y el colonizado (10) no es nueva ni exclusiva de ellos. La misma consiste, grosso modo, en un trabajo sistemático, de largo plazo, de ir destruyendo de a pocos el universo psicológico y así hacer lo mismo con la personalidad del otro, del colonizado. A la par se va imponiendo, de igual modo de a pocos, la psicología y la personalidad del otro, del colonizador.

Cumplida esta tarea de penetración; los otros, los colonizados, paulatinamente van respondiendo, actuando y defendiendo normas, principios, leyes, valores, códigos, reacciones e intereses del colonizador como si fueran suyas propias. La gran batalla se ha ganado cuando todo esto ha devenido en el colonizado costumbre y cultura. Se dan casos en los cuales el colonizado defiende dichos principios y reglas de mejor manera que el propio colonizador.

La colonización-imposición a través de las religiones, por mencionar una experiencia frecuente, ha sido y es una de las armas más eficaces y refinadas de los colonizadores en la historia. (11) Es la auto-concientización aceptada y personalizada. Herbert Marcuse dice que es la dominación hecha razón. En base a esta experiencia psico-histórica lo dicho por el activista anti-racista surafricano Steve Biko cobra plena validez: "El arma más poderosa en manos del opresor es la mente del oprimido." (Barsamian 2001: 2).

En esta unidad contradictoria se puede observar tres puntos de encuentro entre el colonizador y el colonizado. En primer lugar, los dos se reconocen; en segundo lugar, los dos se aceptan; y, en tercer lugar, los dos son conscientes de su reconocimiento y aceptación. La diferencia es una y consiste que uno de ellos es dominado y el otro dominante. Uno como colonizado y el otro como colonizador.

Por su importancia en el mundo latinoamericano colonizado y su resultante, *la mentalidad colonial*, veamos cómo desde el ángulo de la filosofía ha sido enfocado este tema. El mismo nos sirve como marco general para comprender mejor su significado, por un lado, y, por otro lado, ver que no es problema exclusivo de las sociedades con estas características sino un problema generalizado de la sociedad.

Comenzaremos con Platón. Él fue directo y no tuvo mayor problema en justificar plenamente esta relación: "La verdad es que al enfermo, sea rico o pobre, es al que corresponde acudir al médico; y, en general, lo natural es que el que tiene necesidad de ser gobernado vaya en busca del que puede gobernarle, y no que aquellos cuyo gobierno puede ser útil a los demás supliquen a éstos que se pongan en sus manos." (Platón 1996: 268 y 269).

De esta cita se desprende que esta problemática, para el filósofo, es muy simple y fácil. Proyectando históricamente tendríamos que llegar a esta conclusión. El esclavo tiene la necesidad de buscar al esclavizador, el siervo a su señor, el obrero a su burgués; ¿y por qué no el torturado al torturador?, ¿la víctima al victimario? De la misma forma como el enfermo busca su médico. Su salud física y mental depende por lo tanto del otro. En resumidas cuentas ellos tienen la necesidad imperiosa de ser dependientes.

Por su parte G.W.F. Hegel, en comparación al anterior filósofo, ha trabajado la temática del reconocimiento-dominio desde una posición algo más neutral. En la *Phänomenologie des Geistes*, ubicando el problema, escribe: "Hay que considerar ahora este puro concepto del reconocimiento, de la duplicación de la autoconciencia en su unidad, tal como su proceso aparece para la autoconciencia. Este proceso representará primeramente el lado de la *desigualdad* de ambos o el desplazamiento del término medio a los extremos, que como extremos se contraponen, siendo el uno sólo lo reconocido y el otro solamente el que reconoce." (Hegel 1983: 115).

Una página después, sobre esta relación de mutuo reconocimiento, reitera: "Por consiguiente, el comportamiento de las dos autoconciencias se halla determinado de tal modo que *se comprueban* por sí mismas la una a la otra mediante la lucha a vida o muerte. Y deben entablar esta lucha, pues deben elevar la certeza de sí mismas de *ser para sí* a la verdad en la otra y en ella misma. " (Hegel 1983: 116).

Evidenciando en este reconocimiento el papel de la violencia y el aniquilamiento de una de las partes, continúa: "Solamente arriesgando la vida se mantiene la libertad, se prueba que la esencia de la autoconciencia no es el ser, no es el modo *inmediato* como la conciencia de sí surge, ni es su hundirse en la expansión de la vida, sino que en ella no se da nada que no sea para ella un momento que tiende a desaparecer, que la autoconciencia sólo es puro *ser para sí*. El individuo que no ha arriesgado la vida puede sin duda ser reconocido como *persona*, pero no ha alcanzado la verdad de este reconocimiento como autoconciencia independiente. Y, del mismo modo, cada cual tiene que tender a la muerte del otro, cuando expone su vida, pues el otro no vale para él más de lo que vale él mismo; su esencia se presenta ante él como un otro, se halla fuera de sí y tiene que superar su ser fuera de sí; el otro es una conciencia entorpecida de múltiples modos y que es; y tiene que intuir su ser otro como puro ser para sí o cómo negación absoluta." (Hegel 1983: 116).

Finalmente, siendo mucho más evidente, menciona a los dos sujetos enfrentados y reconocidos, uno en la función de dominador y el otro en la función de dominado: "Ambos momentos son esenciales; pero, como son, al comienzo, desiguales y opuestos y su reflexión en la unidad no se ha logrado aún, tenemos que estos dos momentos son como dos figuras contrapuestas de la conciencia: una es la conciencia independiente que tiene por esencia el ser para sí, otra la conciencia dependiente, cuya esencia es la vida o el ser para otro; la primera es el *señor*, la segunda el *siervo*." (Hegel 1983: 117).

Creemos que Hegel es relativamente claro en desvelar el problema de mentalidades y esa orientación nos ayuda a continuar hurgando en la mentalidad colonial del latinoamericano que tiene que ver, ya lo han dicho otros y nosotros también en otros trabajos, entre otras cosas, con ser hijos y descendientes de una violación histórica, de ser el fruto no deseado, de ser hijos sin padre, y como consecuencia en búsqueda y angustia permanente.

En búsqueda y admiración del padre como sinónimo de color, cultura y clase dominante. Del abandono y desprecio a la madre como sinónimo de color, cultura y clase dominada. Esto es en la representación metafórica. Mientras que en la realidad la acción del mestizo por un lado y la del pequeño burgués por otro es conocida. De esto se deriva el deseo permanente de blanquearse de unos y la conducta arribista y oportunista en otros.

Esta problemática en la forma es cambiante y se va adecuando a la influencia del sector, país o sistema dominante. Para terminar con los filósofos, leamos lo que Herbert Marcuse, desde otra perspectiva, sobre la dominación, escribió: "Hoy, la dominación se perpetúa y se difunde no sólo por medio de la tecnología sino como tecnología, y la última provee la gran legitimación del poder político en expansión, que absorbe todas las esferas de la cultura." (Marcuse 1985: 186).

En otro párrafo relacionando razón y dominación continúa: "El mundo tiende a convertirse en la materia de la administración total; que absorbe incluso a los administradores. La telaraña de la administración ha llegado a ser la telaraña de la razón misma, y esta sociedad está fatalmente enredada en ella. Las formas trascendentes de pensamiento parecen trascender a la razón misma." (Marcuse 1985: 196).

Marcuse sostiene que hay dos clases de dominio: Uno represivo, el que ha sido expuesto. Y el dominio liberador: "Este último comprende la reducción de la miseria, la violencia y la crueldad. Tanto en la naturaleza como en la historia, la lucha por la existencia es el signo de la escasez, el sufrimiento y la necesidad. (...) La historia es la negación de la naturaleza. Lo que es sólo natural es superado y recreado por el poder de la razón. La noción metafísica de que la naturaleza se realiza en la historia señala los límites históricos: como una tarea que debe cumplirse o, más bien, que debe emprenderse. Si la naturaleza es en sí misma un objeto legítimo, racional de la ciencia, es entonces no sólo el objeto legítimo de la Razón como poder, sino también de la Razón como libertad; no sólo como dominio, sino también como liberación." (Marcuse 1985: 264 y 265).

Y por último: "La civilización produce los medios para liberar a la naturaleza de su propia brutalidad, su propia insuficiencia, su propia ceguera gracias al poder cognoscitivo y de transformación de la razón. Y la razón puede satisfacer esta función sólo como racionalidad pos-tecnológica, en la que la técnica es en sí misma el instrumento de pacificación, el *organon* del `arte de la vida´. La función de la razón converge entonces con el arte." (Marcuse 1985: 266).

Lo dicho por Marcuse nos lleva a comprender el fenómeno desde una perspectiva histórica y a la vez desde su doble función y acción. Teniendo en cuenta que el hombre es el centro y eje de la naturaleza y es quien hace, con su acción, la historia, consecuentemente la liberación de él debe implicar en esencia la liberación de la primera a través de la segunda.

Planteado esto, hay que insistir en que la dominación-alienación ha penetrado hasta en los tejidos más íntimos de la conciencia y de las costumbres de la sociedad. Bastaría mencionar un hecho simple pero evidente, cómo han ido evolucionando y cambiando los nombres de las personas en América Latina en lo que va de los últimos 60 años y ahí comprobaremos lo que venimos afirmando. La efectividad del binomio dominación-alienación.

Hasta más o menos los años 40 del siglo pasado, los nombres se ponían en base a la información que se encontraba en el almanaque, el común tenía cumpleaños y santos. Entre los 50 y los 60 se abandona el almanaque y los santos, la mayoría aparece con nombres típicamente españoles y con sólo cumpleaños. Todo esto cambiará entre los 60 y 70 (con la influencia de los medios de comunicación y especialmente la televisión); es muy común encontrar que los nombres españoles fueron desplazados por los nombres ingleses venidos de los EE.UU.

Este hecho que puede parecer anecdótico y superficial esconde toda una problemática de complejos y despersonalización. El razonamiento es muy simple. Si por muchas décadas he sido despreciado, una de las razones por mi nombre, esto no debe repetirse con mis hijos, y si tengo la oportunidad de ponerle un nombre moderno y en inglés, mucho mejor. De esa forma cree el poblador común que con un nombre así mejorará su condición social. Es el típico problema de identidad en sociedades colonizadas.

De igual manera se puede ver esta problemática en el idioma, el interés por hablar el español castizo en desmedro de los americanismos, creyendo que sólo éste es el idioma correcto fue evidente, en determinados niveles, hasta los años 50 del siglo pasado; en otros sectores se mantiene aún hasta hoy. A pesar de *El modernismo* y toda su revolución en la lengua, más los innegables aportes al idioma de los poetas latinoamericanos de la generación del 20, estos problemas se mantuvieron, incluso en la mayoría de los intelectuales, hasta la aparición de *Lo real maravilloso* o el Boom de la novela latinoamericana con quienes el idioma español-latinoamericano se universalizó por primera vez en su historia.

Un conocedor directo del tema, el escritor cubano Alejo Carpentier, al respecto escribió: "A partir de la década del 30-40, fuimos perdiendo el miedo a los americanismos. Sin embargo perduraba en nosotros un *espíritu de gente colonizada* ante la gramática de la Academia Española y el prestigio lingüístico de Madrid." (Carpentier 1981: 140).

Algunos párrafos después, sobre el deseo exagerado de los escritores latinoamericanos de querer escribir en un español castizo y relacionando esto con la conciencia colonizada, dice: "Esta preocupación de pureza lingüística era en nosotros, en cierto modo, un *sedimento de conciencia colonizada*. Queríamos demostrar al antiguo colonizador que sabíamos manejar su idioma tan bien como él." (Carpentier 1981: 140).

*

De los trabajos publicados sobre el problema de *El mestizaje* y *La mentalidad colonial*, creemos que los libros del mexicano Octavio Paz (1914-1996) y del argentino Ezequiel Martínez Estrada (1895-1964) ya mencionados párrafos antes, son los más elocuentes. Y en torno al problema del *Ser y la filosofía latinoamericana*, creemos, de igual modo, que los trabajos de los filósofos Leopoldo Zea (1912-2004) y Enrique Dussel (1934-) son los más ilustrativos para el momento que analizamos.

Antes de adentrarnos en el análisis de los puntos de vista de los autores aquí mencionados, deseamos hacer una apretada síntesis de las condiciones nacionales -de la sociedad argentina y mexicana- en los cuales aparecen y se desarrollan las ideas e inquietudes, tanto de Ezequiel Martínez Estrada como de Octavio Paz, de Leopoldo Zea y de Enrique Dussel. Creemos que no es por casualidad que estas inquietudes teóricas se hayan dado en México y Argentina, respectivamente.

En América Latina, siendo en muchos aspectos una unidad genérica, determinada por sus dos pasados (la cultura nativa y la cultura europea) y su posterior mestizaje en todos los niveles, cohabitan en su interior un número de diferencias de país a país, y de igual modo, de región a región al interior de cada uno de estos países.

Entre México y Argentina hay algunas diferencias a simple vista bastante evidentes. Son países que se encuentran geográficamente en los extremos del continente. Son países, que desde su fundación como tales, tienen un pasado histórico bifurcado. La presencia del indio y su cultura tiene mucha importancia en México mientras que en Argentina es casi insignificante.

El mestizaje, con fuerte presencia del indio, es notorio en México. Mientras que en Argentina, es muy pálida, con un fuerte predominio del blanco occidental, otros dicen del criollo. Esto tiene que ver con la migración, especialmente europea, que ha hecho de Argentina, para los racistas y eurocentristas, un país blanco y europeo.

A la par de lo dicho, la crisis de la sociedad tradicional o feudal y posteriormente de la semi-feudalidad y el consiguiente desarrollo del capitalismo, condicionado por la migración, ha tenido diferentes niveles y dinámicas en estos dos países.

A pesar de estas diferencias (aparte de ser los dos países más grandes de América Latina después de Brasil), hay puntos donde con matices o tonos diferentes los hechos, las figuras y las ideas en los dos países se encuentran, se entrelazan y hasta se confunden. Veamos algunas de ellas. A la revolución agrarista mexicana (1910-1917) le corresponde la Reforma Universitaria de Córdoba (1918) en Argentina. Los objetivos, en diferentes niveles, fueron los mismos: democratizar el poder sobre la tierra en unos y en otros democratizar la posesión de las ideas.

El desarrollo del capitalismo y la imposición de sus leyes ha dado preferencia a la ciudad en desmedro del campo. Consecuentemente con ello aparecen las dos más grandes metrópolis en América Latina (exceptuando Río de Janeiro y Sao Paulo) la Ciudad de México y Buenos Aires. La vida en la ciudad en general y en las grandes metrópolis en particular tiene su dinámica. Cambia la noción del tiempo, del espacio, del movimiento y de la vida en su conjunto.

Son en estos dos países, en especial en estas dos ciudades, condicionado por el desarrollo del capitalismo, donde aparece una diferenciación de clases más o menos evidente, y en ella una pequeña burguesía densa, inquieta y problematizada. Éste será el sector social que mayor interés tiene en la creación de escuelas, colegios, universidades y centros donde se difunden las ciencias, las artes y las ideas en general.

Lo anterior tuvo un gran impulso con la migración de la inteligencia europea y especialmente española después de la derrota de la República. Fueron estos dos países los más beneficiados con los emigrantes, en la medida que ellos fundaron editoriales, revistas, periódicos y escribieron libros. Los centros de enseñanza y las universidades acogieron a los intelectuales y académicos que renovaron las antiguas y difundieron nuevas ideas. Por mencionar algunos de los casos más conocidos: José Ortega y Gasset (1883-1955) vivió en Argentina; José Gaos (1902-1969) y Américo Castro (1885-1972) en México.

En estos dos países es donde se desarrollan casi paralelamente variadas expresiones humanas. Las mismas que con sus diferencias de estilo, de tono, de referente liberan el alma y lo dejan al vaivén del viento. Así podemos encontrar en la literatura, entre otros, a los casi contemporáneos, los dos cuentistas más importantes de América

Latina: Jorge Luis Borges (1899-1986) y Juan Rulfo (1918-1986) y a dos novelistas símbolos del Boom: Julio Cortázar (1914-1984) y Carlos Fuentes (1928-)

Es en estos países donde la investigación en las ciencias naturales, las ciencias sociales y las del espíritu ha logrado un mayor desarrollo en comparación al resto de América Latina a lo largo del siglo XX. Samuel Ramos (1897-1959) y Francisco Romero (1891-1962) trataron el problema de la conciencia, los complejos, de la peculiaridad y de la universalidad. Ezequiel Martínez Estrada y Octavio Paz trabajan el tema de la conquista, la colonia y sus consecuencias: la mentalidad colonial. Posteriormente Leopoldo Zea (1912-) y Enrique Dussel (1937-) abordan la problemática del Ser, de la personalidad, la filosofía y la dominación-liberación en Latinoamérica.

De igual modo el desarrollo y la profesionalización de la música y el cine se dio en estos países con más fuerza y vigor que en otras partes de América Latina. Las rancheras, los corridos y los boleros mexicanos competían con los tangos, las milongas y las sambas argentinas por conquistar el corazón de los latinoamericanos. Jorge Negrete y Pedro Infante por un lado y Carlos Gardel y Agustín Magaldi por el otro fueron los símbolos de esta expresión. De igual manera en el cine las figuras de María Félix y Libertad Lamarque llenan toda una etapa en esta parte del mundo.

En medio de este panorama comprenderemos mejor las reflexiones de los cuatro autores seleccionados en torno a la problemática de la *mentalidad colonial,* sus causas y consecuencias y cómo han contribuido a la formación *del ser* y de *la filosofía* latinoamericana.

OCTAVIO PAZ
EL LABERINTO DE LA SOLEDAD

En este libro el escritor y poeta mexicano Octavio Paz hace un diagnóstico histórico, político y social como base, para luego comprender mejor el problema psicológico y de identidad de la sociedad mexicana y por extensión, diríamos nosotros, de América Latina como totalidad.

El tema central es la conquista, la colonia y sus consecuencias; de estas ideas-base se irán desprendiendo unas detrás de otras, como el fenómeno del pachuco y el sentimiento de soledad, el machismo, la Fiesta, la idea de la muerte, la figura de la Madre chingada y la traición de Malinche, el rol de la religión católica, la división del imperio azteca y el abandono de los dioses a la llegada de los españoles.

La independencia y el papel de los criollos, los caudillos, el positivismo, la democracia y la libertad, la revolución agrarista y el zapatismo, continúa con el sector pensante y nuestros días y se remata con el *Apéndice*, volviendo al punto inicial con la *Dialéctica de la soledad*. Hecho que tiene que ver más con el sentimiento de soledad que con el sentimiento de inferioridad.

En el primer capítulo desarrolla tres ideas, las mismas se irán repitiendo en unos casos y desarrollando en otros, a lo largo del libro. Comienza con la problemática de un sector de adolescentes mexicanos que viven en EE.UU., continúa con el ser del mexicano y termina haciendo una comparación entre los mexicanos y los norteamericanos.

Este primer capítulo, que es titulado *El pachuco y otros extremos*, describe a los mencionados adolescentes en estos términos: "Como es sabido, los `pachucos´ son bandas de jóvenes, generalmente de origen mexicano, que viven en las ciudades del Sur y se singularizan tanto por su vestimenta como por su conducta y lenguaje (...) Pero los `pachucos´ no reivindican su raza ni la nacionalidad de sus antepasados. A pesar de que su actitud revela una obstinada y casi fanática voluntad de ser, no afirma nada concreto (...) El `pachuco´ no quiere volver a su origen mexicano; tampoco -al menos en apariencia- desea fundirse a la vida norteamericana. Todo en él es impulso que se niega a sí mismo, nudo de contradicciones, enigma. Y el primer enigma es su nombre mismo: `pachuco´, vocablo de incierta filiación, que dice nada y que dice todo (...) Queramos o no, estos seres son mexicanos, uno de los extremos al que puede llegar el mexicano." (Paz 1982: 13).

Ahondando más en el mundo espiritual de estos adolescentes, que él observó a fines de la década del 40 del siglo XX en EE.UU., sostiene: "El pachuco ha perdido toda su herencia: lengua, religión, costumbres y creencias. Sólo le queda un cuerpo y un alma a la intemperie, inerme ante todas las miradas. Su disfraz lo protege y, al mismo tiempo, lo destaca y aísla: lo oculta y lo exhibe." (Paz 1982: 14).

La otra parte de este ser quebrado, dual o híbrido se expresa de esta manera: "... el pachuco es un clown impasible y siniestro, que no intenta hacer reír y que procura aterrorizar. Esta actitud sádica se alía a un intento de auto-humillación, que me parece construir el fondo mismo de su carácter: sabe que sobresalir es peligroso y que su conducta irrita a la sociedad; no importa, busca, atrae la persecución y el escándalo. Sólo así podrá establecer una relación más viva con la sociedad que provoca: víctima, podrá ocupar un puesto en ese mundo que hasta hace poco lo ignoraba; delincuente, será uno de sus héroes malditos." (Paz 1982: 15).

Y Paz termina con este tipo de personaje diciendo: "... el pachuco no afirma nada, no defiende nada, excepto su exasperada voluntad de no-ser. No es una intimidad que vierte, sino una llaga que se muestra, una herida que se exhibe. Una herida que también es un adorno bárbaro, caprichoso y grotesco; una herida que se ríe de sí misma y que se engalana para ir de cacería. El pachuco es la presa que se adorna para llamar la atención de los cazadores. La persecución lo redime y rompe su soledad: su salvación depende del acceso a esa misma soledad que aparenta negar. Soledad y pecado, comunión y salud, se convierten en términos equivalentes." (Paz 1982: 16).

En la segunda parte del capítulo, combinando conceptos del existencialismo y del psicoanálisis, hace la diferencia entre el sentimiento de inferioridad y el sentimiento de soledad, para sostener que en *el ser del mexicano* subyace con más fuerza *el sentimiento de soledad* antes que *el sentimiento de inferioridad*, leamos: "La existencia de un sentimiento real o supuesta inferioridad frente al mundo podría explicar, parcialmente al menos, la reserva con que el mexicano se presenta ante los demás y la violencia inesperada con que las fuerzas reprimidas rompen esa máscara imposible. Pero más vasta y profunda que el sentimiento de inferioridad, yace la soledad. Es imposible identificar ambas actitudes: sentirse solo no es sentirse inferior, sino distinto. El sentimiento de soledad, por otra parte, no es una ilusión -como a veces lo es el de inferioridad- sino la expresión de un hecho real: somos, de verdad, distintos. Y, de verdad, estamos solos." (Paz 1982: 18).

En otro párrafo, luego de decir que: "En todos lados el hombre está solo" y así justificar la soledad humana al mejor estilo existencialista, termina con el ser del mexicano diciendo: "Nuestra soledad tiene las mismas raíces que el sentimiento religioso. Es una orfandad, una oscura conciencia de que hemos sido arrancados del Todo y una ardiente búsqueda: una fuga y un regreso, tentativa por restablecer los lazos que nos unían a la creación." (Paz 1982: 19).

Finalmente, en la tercera parte del capítulo, para comprender la diferencia entre los mexicanos y los norteamericanos, comienza deslindando con el mecanicismo-economicista, diciendo: "Algunos pretenden que todas las diferencias entre los norteamericanos y nosotros son económicas, esto es, que ellos son ricos y nosotros pobres, que ellos nacieron en la Democracia, el Capitalismo y la Revolución industrial y nosotros en la Contrarreforma, el Monopolio y el Feudalismo. Por más profunda y determinante que sea la influencia del sistema de producción en la creación de la cultura, me rehúso a creer que bastará que poseamos una industria pesada y vivamos libres de todo imperialismo económico para que desaparezcan nuestras diferencias." (Paz 1982: 19).

Además de mencionar algunas otras diferencias, centra en las siguientes: "Ellos son crédulos, nosotros creyentes; aman los cuentos de hadas y las historias policíacas, nosotros los mitos y las leyendas. Los mexicanos mienten por fantasía, por desesperación o para superar su vida sórdida; ellos no mienten, pero sustituyen la verdad verdadera, que es siempre desagradable, por una verdad social. Nos emborrachamos para confesarnos; ellos para olvidarse. Son optimistas; nosotros nihilistas -sólo que nuestro nihilismo no es intelectual, sino una reacción instintiva: por tanto es irrefutable-. Los mexicanos son desconfiados; ellos abiertos. Nosotros somos tristes y sarcásticos; ellos alegres y humorísticos. Los norteamericanos quieren emprender; nosotros contemplar. Son activos; nosotros quietistas; disfrutamos de nuestras llagas como ellos de sus inventos. Creen en la higiene, en la salud, en el trabajo, en la felicidad; pero tal vez no conocen la verdadera alegría, que es una embriaguez y un torbellino." (Paz 1982: 22).

A continuación se pregunta: "¿Y cuál es la raíz de tan contrarias actitudes? Me parece que para los norteamericanos el mundo es algo que se puede perfeccionar; para nosotros, algo que se puede redimir. Ellos son modernos. Nosotros, como sus antepasados, puritanos, creemos que el pecado y la muerte constituyen el fondo último de la naturaleza humana. Sólo que el puritano identifica la pureza con la salud. De ahí el ascetismo que purifica, y sus consecuencias: el culto al trabajo por el trabajo, la vida sobria -a pan y agua-, la inexistencia del cuerpo en tanto que posibilidad de perderse -o encontrarse- en otro cuerpo. Todo contacto contamina. Razas, ideas, costumbres, cuerpos extraños llevan en sí gérmenes de perdición e impureza. La higiene social completa la del alma y la del cuerpo. En cambio los mexicanos, antiguos o modernos, creen en la comunión y en la fiesta; no hay salud sin contacto." (Paz 1982: 22).

Y Paz, a pesar del sentimiento de soledad que cubre y tiñe al mexicano o quizás por ello, termina el capítulo con una confesión de parte, siendo algo optimista: "Quien ha visto la esperanza, no la olvida. La busca bajo todos los cielos y entre todos los hombres. Y sueña que un día va a encontrarla de nuevo, no sabe dónde, acaso entre los suyos. En cada hombre late la posibilidad de ser o, más exactamente, de volver a ser, otro hombre." (Paz 1982: 25).

En el segundo capítulo desarrolla con cierto detenimiento la personalidad de los mexicanos. Él afirma que ésta es una sociedad cerrada, desconfiada, miedosa y que busca, por todos los medios, conservar su intimidad; pero a la vez es formalista y de gran simulación. Expresión de este mundo cerrado; de este no "rajarse" es el machismo o la hombría del mexicano, que dicho sea de paso es un fin en sí mismo y es presentado de la siguiente forma: "El `macho´ es un ser hermético, encerrado en sí mismo, capaz de guardarse y guardar lo que se le confía. La hombría se mide por la invulnerabilidad ante las armas enemigas o ante los impactos del mundo exterior. El estoicismo es la más alta de nuestras virtudes guerreras y políticas. Nuestra historia está llena de frases y episodios que revelan la indiferencia de nuestros héroes ante el dolor o el peligro." (Paz 1982: 28).

Conviviendo, coludida, integrada o mejor dicho como trama del gran tejido de la personalidad del mexicano está la mujer. Ella es un ser abierto por naturaleza, es un ser "rajado" histórica y socialmente. Ese ser en quien se combina la virgen y la prostituta, entre la abnegada madre o señora y la mujer mala. (12) Es por ello que a la mujer se la acaricia y se la maltrata, se la santifica o se la viola, se le canta y se le despotrica, se la maldice y se la admira.

A esta mujer a quien se debe "someter con el palo y conducir con el freno de la religión", Paz la presenta así: "Como en todos los pueblos, los mexicanos consideran a la mujer como un instrumento, ya de los deseos del hombre, ya de los fines que le asignan la ley, la sociedad o la moral. (...) Prostituta, diosa, gran señora, amante, la mujer transmite o conserva, pero no crea, los valores o las energías que le confía la naturaleza o la sociedad. Es un mundo hecho a la imagen de los hombres, la mujer sólo es un reflejo de la voluntad y querer masculinos. Pasiva, se convierte en diosa, amada, ser que encarna los elementos estables y antiguos del universo: la tierra, madre y virgen; activa, es siempre función, medio, canal. La feminidad nunca es un fin en sí mismo, como lo es la hombría." (Paz 1982: 32).

Hay algunos casos que: "Por obra del sufrimiento, las mujeres se vuelven como los hombres: invulnerables, impasibles y estoicas" y así se transforman de "abnegada madre" en "mala mujer". Y: "La `mala´es dura, impía, independiente, como el `macho´. Por caminos distintos, ella también trasciende su fisiología y se cierra al mundo." (Paz 1982: 35).

A toda esta actitud de vivir el pasado, el presente y, no sabemos hasta qué punto, también el futuro, la mentira como recurso, el narcisismo que termina en masoquismo y el Don nadie o el Ninguno, muy común a todo América Latina, Octavio Paz la resume con el nombre de las *Máscaras Mexicanas*.

En el tercer capítulo trata sobre las fiestas y los muertos. El mismo es titulado *Todos santos, Día de muertos.* Dice que en todos los pueblos y las ciudades del país las fiestas, de distintos caracteres, son lo más común: "Durante esos días el silencio mexicano silba, grita, canta, arroja petardos, descarga su pistola en el aire. Descarga su alma. (...) Esta noche los amigos, que durante meses no pronuncian más palabras que las prescritas por la indispensable cortesía, se emborrachan juntos, se hacen confidencias, lloran las mismas penas, se descubren hermanos y a veces, para probarse, se matan entre sí." (Paz 1982: 44).

Párrafos después describe la famosa Fiesta mexicana en estos términos: "Gracias a las Fiestas el mexicano se abre, participa, comulga con sus semejantes y con los valores que dan sentido a su existencia religiosa o política. Y es significativo que un país tan triste como el nuestro tenga tantas y tantas alegres fiestas. Su frecuencia, el brillo que alcanza, el entusiasmo con que todos participamos, parecen revelar que, sin ellas, estallaríamos. Ellas nos liberan, así sea momentáneamente, de todos esos impulsos sin salida y de todas esas materias inflamables que guardamos en nuestro interior. Pero a diferencia de lo que ocurre en otras sociedades, la Fiesta mexicana no es nada más que un regreso a un estado natural de indiferenciación y libertad; el mexicano no intenta regresar, sino salir de sí mismo, sobrepasarse. Entre nosotros la Fiesta es una explosión, un estallido. Muerte y vida, júbilo y lamento, canto y aullido se alían en nuestros festejos, no para recrearse o reconocerse, sino para entredevorarse. No hay nada más alegre que una fiesta mexicana, pero también no hay nada más triste. La noche de fiesta es también noche de duelo." (Paz 1982: 47).

El duelo tiene que ver siempre con la muerte. El significado de la vida tiene su contraparte en el significado de la muerte: "Muerte de cristiano y muerte de perro son maneras de morir que reflejan maneras de vivir. Si la muerte nos traiciona y morimos de mala manera, todos se lamentan: hay que morir como se vive. La muerte es intransferible, como la vida. Si no morimos como vivimos es porque realmente no es nuestra la vida que vivimos: no nos pertenecía como no nos pertenece la mala suerte que nos mata. Dime cómo mueres y te diré quién eres." (Paz 1982: 48 y 49).

Luego el autor hace una comparación entre el sentido de muerte en las grandes urbes capitalistas con la muerte en México: "Para el habitante de Nueva York, París o Londres la muerte es la palabra que jamás se pronuncia porque quema los labios. El mexicano, en cambio, la frecuenta, la burla, la acaricia, duerme con ella, la festeja, es uno de sus juguetes favoritos y su amor más permanente. Cierto, en su actitud hay quizá tanto miedo como en la de otros; mas al menos no se esconde ni la esconde; la contempla cara a cara con impaciencia, desdén o ironía: `si me han de matar mañana, que me maten de una vez." (Paz 1982: 52).

Finalmente resumiendo: "... si en la Fiesta, la borrachera o la confidencia nos abrimos, lo hacemos con tal violencia que nos desgarramos y acabamos por anularnos. Y ante la muerte, como ante la vida, nos alzamos de hombros y le oponemos un silencio o una sonrisa desdeñosa. La Fiesta y el crimen pasional o gratuito, revelan que el equilibrio de que hacemos gala sólo es una máscara, siempre en peligro de ser desgarrada por una súbita explosión de nuestra intimidad." (Paz 1982: 57).

En el cuarto capítulo titulado *Los hijos de la Malinche* comienza analizando el problema del mundo moderno y en particular la enajenación del trabajo, el mismo que afecta principalmente al obrero; pero también al burgués, en la medida que "... todos son hijos de la máquina", disueltos en una clase y eso genera en los primeros una determinada conciencia, una determinada moral.

Con esta orientación general vuelve sobre la historia y la mentalidad, la personalidad del actual mexicano y afirma: "... el carácter de los mexicanos es un producto de las circunstancias sociales imperantes en nuestro país; la historia de México, que es la historia de estas circunstancias, contiene las respuestas a todas las preguntas. La situación del pueblo durante *el período colonial* sería así la raíz de nuestra actitud cerrada e inestable. Nuestra historia como nación independiente contribuiría también a perpetuar y hacer más neta esta *sicología servil*, puesto que no hemos logrado suprimir la miseria popular ni las exasperantes diferencias sociales, a pesar de siglo y medio de luchas y experiencias constitucionales."(Paz 1982: 64).

Párrafos después vuelve sobre los hechos históricos, para hacer la siguiente aclaración: "Las circunstancias históricas explican nuestro carácter en la medida que nuestro carácter también las explica a ellas. Ambas son lo mismo. Por eso toda explicación puramente histórica es insuficiente -lo que no quiere decir que sea falsa-." (Paz 1982: 65).

El miedo a mostrarse, en la medida que "el mexicano no quiere o no se atreve a ser él mismo", tiene sus raíces, de igual modo, en las circustancias históricas: "En muchos casos esos fantasmas son vestigios de realidades pasadas. Se originaron en la conquista, en la colonia, en la independencia o en las guerras sostenidas contra yanquis o franceses. Otros reflejan nuestros problemas actuales, pero de una manera indirecta, escondida o disfrazando su verdadera naturaleza." (Paz 1982: 66).

Toda esa compleja y conflictiva personalidad se expresa en palabras o frases que normalmente se pronuncian en circunstancias bastantes especiales. Leamos: "Toda la angustiosa tensión que nos habita se expresa en una frase que viene a boca cuando la cólera, la alegría o el entusiasmo nos llevan a exaltar nuestra condición de mexicanos: ¡Viva México, hijos de la chingada! Verdadero grito de guerra, cargado de una electricidad particular, esta frase es un reto y una afirmación, un disparo, dirigido contra un enemigo imaginario, y una explosión en el aire. (...) Los demás son los hijos de la `chingada´: los extranjeros, los malos mexicanos, nuestros enemigos, nuestros rivales. En todo caso, los `otros´. Esto es, todos aquellos que no son lo que nosotros somos. Y esos otros no se definen sino en cuanto hijos de una madre tan indeterminada y vaga como ellos." (Paz 1982: 68).

Y después de todo, ¿qué es la chingada? y ¿quiénes son los hijos de la chingada? Él nos da la respuesta: "La chingada es la madre abierta, violada o burlada por la fuerza. El `hijo de la chingada´ es el engendro de la violación, del rapto o de la burla. Si se compara esta expresión con la española, `hijo de puta´, se advierte inmediatamente la diferencia. Para el español la deshonra consiste en ser hijo de una mujer que voluntariamente se entrega, una prostituta; para el mexicano, en ser fruto de una violación." (Paz 1982: 72).

Relacionando a la mujer chingada con la conquista, continúa: "Si la chingada es la representación de la Madre violada, no me parece forzoso asociarla a la conquista, que fue también una violación, no solamente en el sentido histórico, sino en la carne misma de las indias. El símbolo de la entrega es doña Malinche, la amante de Cortés. Es cierto que ella se entregó voluntariamente al conquistador, pero éste, apenas deja de serle útil, la olvida. Doña Marina se ha convertido en una figura que representa a las indias, fascinadas, violadas o seducidas por los españoles. Y del mismo modo que el niño no perdona a su madre que lo abandona para ir en busca de su padre, el pueblo mexicano no perdona su traición a la Malinche. Ella encarna lo abierto, lo chingado, frente a nuestros indios, estoicos, impasibles y cerrados." (Paz 1982: 77 y 78).

Consecuencia de este pasado, de esta violación histórico-colectiva, termina este capítulo diciendo, evidenciando el drama del común: "El mexicano no quiere ser ni indio, ni español. Tampoco quiere descender de ellos. Los niega. Y no se afirma en tanto que es mestizo, sino como abstracción: es un hombre. Se vuelve hijo de la nada. Él empieza en sí mismo." Y termina nuevamente mencionando el rol del pasado: "La historia, que no nos podía decir nada sobre la naturaleza de nuestros sentimientos y de nuestros conflictos, sí nos puede mostrar ahora cómo se realizó la ruptura y cuáles han sido nuestras tentativas para trascender la soledad." (Paz 1982: 79 y 80).

El quinto capítulo llamado *Conquista y colonia* destaca algunos hechos que fueron comunes en la conquista del resto de América Latina. En principio sostiene que la conquista fue una empresa vertical y fácil en la medida que el Imperio Azteca, por un lado, estaba totalmente dividido y por otro lado, por creer en una concepción circular del tiempo, pensaban que había llegado su ciclo de evolución. Consecuentemente habían sido abandonados por los dioses.

Menciona de igual modo que el descubrimiento y la conquista fueron, por un lado, empresas medievales y por otro lado, empresas renacentistas. Este mundo sin perfil pero violento se fundió con el mundo antiguo-autóctono de igual modo violento. De esas dos violencias nace México: "Si México nace en el siglo XVI, hay que convenir que es hijo de una doble violencia imperial y unitaria: la de los aztecas y la de los españoles." (Paz 1982: 90).

Un hecho capital en la conquista y sobre todo en la colonia es el rol de la religión católica, la misma que en Europa se reducía y entraba en crisis, en América se extendía sobreponiéndose y mezclándose con las religiones nativas. Esto ha contribuido a la riqueza de las creencias y a la pobreza de otras formas de expresión: "El fervor y la profundidad de la religiosidad mexicana contrasta con la relativa pobreza de sus creaciones. No poseemos una gran poesía religiosa, como no tenemos una filosofía original, ni un solo místico o reformador de importancia." (Paz 1982: 95).

Uno de los intentos de creación sería la obra de sor Juana de la Cruz, que fue un intento de búsqueda, de escapar de ese doble control de lo antiguo y de lo moderno. Veamos: "Su imagen es la de una solitaria y melancólica que sonríe y calla. El silencio, dice ella misma en alguna parte, está poblado de voces. ¿Y qué nos dice su silencio? Si en la obra de sor Juana la sociedad colonial se expresa y afirma, en su silencio esa misma sociedad se condena. La experiencia de sor Juana, que acaba en silencio y abdicación, completa así el examen del orden colonial. Mundo abierto a la participación y, por lo tanto, orden cultural vivo, sí, implacablemente cerrado a toda expresión personal, a toda aventura. Mundo cerrado al futuro." (Paz 1982: 105).

El siguiente capítulo trata *De la independencia a la revolución;* en él, Paz sostiene: "La Independencia hispanoamericana, como la historia entera de nuestros pueblos, es un hecho ambiguo y de difícil interpretación porque, una vez más, las ideas enmascaran a la realidad en lugar de desnudarla o expresarla. Los grupos y clases que realizaron la Independencia en Sudamérica pertenecían a la aristocracia feudal nativa; eran los descendientes de los colonos españoles, colocados en situación de inferioridad frente a los peninsulares". En consecuencia, agrega un párrafo después: "... la lucha por la Independencia tendía a liberar a los `criollos´ de la momificada burocracia peninsular aunque, en realidad, no se proponía cambiar la estructura social de las colonias." (Paz 1982: 109).

Luego de esta acción: ¿Qué pasó con los nuevos grupos que tomaron el Poder? El autor responde en estos términos: "... una vez consumada la Independencia las clases dirigentes se consolidan como las herederas del viejo orden español. Rompen con España pero se muestran incapaces de crear una sociedad moderna. No podía ser de otro modo, ya que los grupos que encabezaron el movimiento de Independencia no constituían nuevas fuerzas sociales, sino la prolongación del sistema feudal." (Paz 1982: 109 y 110).

En esta etapa, como consecuencia de la demagogia de estos grupos, es cuando aparece el epidérmico por un lado y por otro lado el brutal nacionalismo. Paz lo enfoca así: "Los `rasgos nacionales´ se fueron formando más tarde; en muchos casos, no son sino consecuencia de la prédica nacionalista de los gobiernos. Aún ahora, un siglo y medio después, nadie puede explicar satisfactoriamente en qué consisten las diferencias `nacionales´ entre argentinos y uruguayos, peruanos y ecuatorianos, guatemaltecos y mexicanos." (Paz 1982: 110).

Continúa enjuiciando el ordenamiento liberal y democrático en esta parte del mundo: "Cada una de las nuevas naciones tuvo, al otro día de la Independencia, una constitución más o menos liberal y democrática. (...) En Hispanoamérica sólo servían para verter a la moderna las supervivencias del sistema colonial. La ideología liberal y democrática, lejos de expresar nuestra situación histórica concreta, la ocultaba. La mentira política se instaló en nuestros pueblos casi constitucionalmente." (Paz 1982: 110 y 111).

Termina esta primera parte del capítulo diciendo: "La libertad y la igualdad eran, y son, conceptos vacíos, ideas sin más contenido histórico concreto que el que le presentan las relaciones sociales, como lo ha demostrado Marx. Y ya se sabe en qué convirtió esa

igualdad abstracta y cuál fue el significado real de esa libertad vacía."
(Paz 1982: 116).

Luego de esta etapa vendrá un momento de reacomodo, que significa, en alguna forma, de tránsito a la semi-feudalidad y a la semi-colonialidad. Este momento histórico-político lo encarna el positivismo formal, a nivel de las ideas, y Porfirio Díaz en la vida político-práctica. Cuando se refiere a este personaje dice: "En realidad, el porfirismo es el heredero del feudalismo colonial: la propiedad de la tierra se concentra en unas cuantas manos y la clase terrateniente se fortalece. Enmascarada, ataviada con los ropajes del progreso, la ciencia y la legalidad republicana, el pasado vuelve, pero ya desprovisto de fecundidad. Nada puede producir, excepto la rebelión." (Paz 1982: 117 y 118).

Y en torno al positivismo: "La época de paz necesitaba una filosofía del orden. Los intelectuales de la época la encontraron en el positivismo de Comte, con su ley de los tres estados y, más tarde, en el de Spencer y el evolucionismo de Darwin. El primitivo, abstracto y revolucionario principio de la igualdad de todos los hombres deja de regir las conciencias, sustituido por la teoría de la lucha por la vida y la supervivencia del más apto. El positivismo ofrece una nueva justificación de las jerarquías sociales. Pero ya no son la sangre, ni la herencia, ni Dios, quienes explican las desigualdades, sino la Ciencia." (Paz 1982: 118).

Finalmente el otro gran tema: "La Revolución mexicana es un hecho que irrumpe en nuestra historia como una verdadera revelación de nuestro ser. Muchos acontecimientos -que comprenden la historia política interna del país, y la historia, más secreta, de nuestro ser nacional- la preparan, pero muy pocas veces, y todas ellas débiles y borrosas, la anticipan". Y en torno a la orientación ideológica de la misma: "La ausencia de precursores ideológicos y la escasez de vínculos con una ideología universal constituyen rasgos característicos de la Revolución y la raíz de muchos conflictos y confusiones posteriores." (Paz 1982: 122 y 124).

Paz explica la participación masiva de los campesinos en la Revolución, por dos motivos: "Los campesinos mexicanos hacen la Revolución no solamente para obtener mejores condiciones de vida, sino para recuperar las tierras que en el transcurso de la Colonia y del siglo XIX les habían arrebatado encomenderos y latifundistas." (Paz 1982: 127).

Luego: "La Revolución se convierte en una tentativa por reintegrarnos a nuestro pasado. O, como diría Leopoldo Zea, por `asimilar nuestra historia´, por hacer de ella algo vivo: un pasado hecho ya presente". Pero como sus posibilidades en sí mismas se agotan: "La Revolución no tuvo más remedio que hacer suya el programa de los liberales, aunque con ciertas mitificaciones. La adopción del esquema liberal no fue sino consecuencia de la falta de ideas de los revolucionarios. La realidad que la `inteligencia´ mexicana ofrecía eran inservibles. La realidad las hizo astillas antes siquiera de que la historia las pusiese a prueba." (Paz 1982: 130 y 131).

Ligado a los problemas internos, especialmente el papel de la clase dominante que no llegó a transformarse en una burguesía nacional, y con esto terminamos el capítulo, menciona el otro problema: "...la influencia del imperialismo frustró en parte   la posibilidad de desarrollo de una burguesía nativa, que sí hubiera hecho viable el esquema liberal. (...) El imperialismo no nos deja acceder a la `normalidad histórica´ y las clases dirigentes de México no tienen más misión que colaborar, como administradores o asociados, con un poder extraño." (Paz 1982: 132).

En el capítulo VII que es llamado *La "inteligencia" mexicana* es muy sintético y hasta radical cuando afirma: "La inteligencia mexicana, en su conjunto, no ha podido o no ha sabido utilizar las armas propias del intelectual: la crítica, el examen, el juicio. El resultado ha sido que el espíritu cortesano -producto natural, por lo visto, de toda revolución que se transforma en gobierno- ha invadido casi toda la esfera de la actividad pública." (Paz 1982: 141).

Paz comienza analizando la figura y el pensamiento de José Vasconcelos (81881-1959), quien tuvo el precedente en Justo Sierra, personaje conocido, a nivel general, por su idea del universalismo étnico o *Raza cósmica*, y en lo interno, por su intento de redescubrir la historia de México a través de la revolución. Además de Vasconcelos destaca su interés por la educación, en la medida que: "La nueva educación se fundaría en `la sangre, la lengua y el pueblo´." (Paz 1982: 136).

Luego, sobre otro planteamiento del autor de la idea y el libro *La raza cósmica*, sostiene: "La filosofía de la raza cósmica (esto es, del nuevo hombre americano que devolverá todas las opciones raciales y el gran conflicto entre oriente y occidente) no era sino la natural consecuencia y el futuro extremo del universalismo español, hijo del renacimiento." (Paz 1982: 138).

Continúa con Samuel Ramos y su Teoría del aislamiento y el resentimiento del mexicano; con Jorge Cuesta, que busca el sentido de la tradición mexicana; sigue con el papel del economista e historiador Daniel Cosío Villegas, para llegar al problema del ser analizado por el filósofo español José Gaos. Destaca asimismo el estilo depurado del escritor Alfonso Reyes y termina con Edmundo O'Gorman y Leopoldo Zea, quienes reflexionaron sobre la filosofía de la historia, la filosofía latinoamericana y a la vez la filosofía mexicana. En cuanto a la filosofía, Paz no cree en los particularismos, tampoco en los relativismos o perspectivismos. Él es un espíritu llanamente universal.

En base a estos principios comienza enjuiciando la historia y sostiene: "Pero nuestra historia no es sino un fragmento de la Historia universal. Quiero decir: siempre, excepto en el momento de la revolución, hemos vivido nuestra historia como un episodio de la del mundo entero. Nuestras ideas, asimismo, nunca han sido nuestras del todo, sino herencia o conquista de las engendradas en Europa. Una filosofía de la historia de México no sería, pues, sino una reflexión sobre las actitudes que hemos asumido frente a los temas que nos ha propuesto la historia universal." (Paz 1982: 151).

Y finamente termina con la filosofía: "Las circunstancias actuales de México transforman así el proyecto de una filosofía mexicana en la necesidad de pensar por nosotros mismos unos problemas que ya no son exclusivamente nuestros, sino de todos los hombres. Eso es, la filosofía mexicana, si de veras lo es, será simple y llanamente filosofía, a secas." (Paz 1982: 153).

El último capítulo del libro se titula *Nuestros días;* en éste el autor hace una síntesis de lo ocurrido en el mundo desde la Primera Guerra Mundial hasta la década del 50. Y en México desde el término de la Revolución hasta, de igual modo, los años 50. A nivel general ve el accionar del capitalismo, en especial del privado, y el accionar del imperialismo ligado a EE.UU.

Ve también el fenómeno de la acumulación acelerada, el papel del Estado y de la burocracia partidaria en La Unión Soviética. De igual modo la acción de los pueblos de Asia, África y América Latina que luchan, unos por desarrollarse y otros por liberarse del viejo y nuevo colonialismo. Él cree que por esa vía, unión de los países atrasados, hay una posibilidad de desarrollo. Esto implica que la intelectualidad y especialmente la de izquierda renueve sus puntos de vista y sus métodos de análisis e interpretación: "Claro está que no sugiero abandonar los antiguos métodos o negar al marxismo, al menos como instrumento de análisis histórico." (Paz 1982: 171).

Y a renglón seguido, reitera: "Pero nuevos hechos- y que contradicen tan radicalmente las previsiones de la teoría- exigen nuevos instrumentos. O, por lo menos, afilar y aguzar los que poseemos. Con mayor humildad y mejor sentido, Trotski escribía, un poco antes de morir, que si después de la Segunda Guerra Mundial no surge una revolución en los países desarrollados quizá habría que revisar toda la perspectiva histórica mundial." (Paz 1982: 171).

Las consecuencias de la Revolución en su país, Paz las ve positivas a pesar de que a nivel económico no ha logrado desarrollar una "industria básica", tampoco "máquinas que fabriquen máquinas" y en el plano político no ha logrado "...instaurar una verdadera democracia social". Pero logró, en parte, barrer con el feudalismo y "... consumar, a corto plazo y con un mínimo de sacrificios humanos, una obra que la burguesía europea había llevado a cabo en más de ciento cincuenta años." (Paz 1982: 158).

Esto implicó crear o imitar una estructura social y política que se remataba en el partido de la Revolución y en el Estado de la Revolución. Estado regulador, dirían unos, Estado de compromiso otros y Estado corporativo unos terceros. Paz dice: "Todo esto explica la marcha sinuosa del Estado y su deseo de `de no romper el equilibrio´. Desde la época de Carranza, la Revolución mexicana ha sido un compromiso entre fuerzas opuestas: nacionalismo e imperialismo, obrerismo y desarrollo industrial, economía dirigida y régimen de `libre empresa´, democracia y paternalismo estatal." (Paz 1982: 161).

A pesar de todo, Paz destaca como unos de los mayores cambios de la Revolución, que dicho sea de paso fue una de las tantas acciones de búsqueda de su ser, el que el mexicano, sin abandonar su soledad, se ha abierto al mundo. Leamos: "En esa búsqueda hemos retrocedido una y otra vez, para luego avanzar con más decisión hacia adelante. Y ahora, de pronto llegamos al límite: en unos cuantos años hemos agotado todas las formas que poseía Europa. No nos queda sino la desnudez o la mentira." (Paz 1982: 174).

Adentrándose en un mundo de ruptura y de sentirse solo en el mundo, la existencia del ser está en el centro mismo de la vida, termina: "Pues tras este derrumbe general de la Razón y la Fe, de Dios y la Utopía, no se levantan ya nuevos o viejos sistemas intelectuales, capaces de albergar nuestra angustia y tranquilizar nuestro desconcierto; frente a nosotros no hay nada. Estamos al fin solos. Como todos los hombres. Con ellos, vivimos el mundo de la violencia, de la simulación y del `ninguneo´: el de la soledad cerrada, que si nos defiende nos oprime y que al ocultarnos nos desfigura y mutila. Si nos arrancamos esas máscaras, si nos abrimos, si, en fin, nos afrontamos, empezaremos a vivir y pensar de verdad. Nos aguardan una desnudez y un desamparo. Allí, en la soledad abierta, nos espera también la trascendencia: las manos de otros solitarios. Somos, por primera vez en nuestra historia, contemporáneos de todos los hombres." (Paz 1982: 174).

Por último, en *Nuestros días*, Paz hace una revisión de los acontecimientos político-sociales nacionales e internacionales, para subrayar que como consecuencia de la revolución mexicana, el mexicano ha dado un salto de la "soledad cerrada" a la "soledad abierta", del nacionalismo al internacionalismo, de la aldea al universo.

El trabajo se cierra (con algo parecido a la *Vuelta a la noria* idea central de su famoso poema *Piedra de sol*) volviendo al comienzo. El colofón es titulado sugestivamente: *Dialéctica de la soledad*. Colofón que, sólo hasta un determinado punto, es una síntesis del primer capítulo. Lo esencial en este acápite es que Paz abre su entraña filosófica por un lado y por otro da un salto del mundo meramente mexicano y latinoamericano para internarse en las profundidades del ser del hombre universal.

Analiza en principio el drama de la soledad. Del hombre abandonado a su suerte; pero a la vez atado a su historia. Al ser humano en guerra constante con sus rupturas y uniones. Al hombre que descansa sobre su razón y que vuela con su fantasía. Al ser humano mezcla de pasado y de futuro que lo atraen y lo expulsan simultáneamente.

Además del tema de La soledad, desarrolla de igual modo el tema del amor sexual, el amor en general, el doble significado de la soledad y termina con el Dios de todos los Dioses, en éste y en todos los mundos, el hombre sobre la Tierra. Hombre que no es más que un hacerse constante y un rehacerse permanente, nadando y remando en sus tres dimensiones.

Sobre el tema de la soledad y con alguna influencia del *Dasein* (ser ahí o estar) existencialista, sostiene: "Todos los hombres, en algún momento de su vida, se sienten solos; y más: todos los hombres están solos. Vivir, es separarnos de lo que fuimos para internarnos en el que vamos a ser, futuro extraño siempre. La soledad es el fondo último de la condición humana. El hombre es el único ser que se siente solo y el único que es búsqueda de otro. Su naturaleza (...) consiste en un aspirar a realizarse en otro. El hombre es nostalgia y búsqueda de comunión. Por eso cada vez que se siente a sí mismo se siente como carencia de otro, como soledad." (Paz 1982: 175).

Expuesto el problema de la soledad humana como una condición de la misma, con evidente influencia de Alfred Adler, plantea que en la intimidad de la soledad, en el fondo de los fondos del hombre, subyace en permanente competencia con esta soledad el sentimiento de comunidad. Sus palabras: "Todos nuestros esfuerzos tienden a abolir la soledad. Así, sentirse solo posee un doble significado; por una parte consiste en tener conciencia de sí; por la otra, en un deseo de salir de sí. La soledad, que es la condición misma de nuestra vida, se nos aparece como una prueba y una purgación, a cuyo término angustia e inestabilidad desaparecerán. La plenitud, la reunión, que es reposo y dicha, concordancia con el mundo, nos esperan al fin del laberinto de la soledad." (Paz 1982: 176).

En el segundo punto sobre la casi imposibilidad del amor, desde la perspectiva del hombre y en base a *La teoría del otro*, escribe: "Todo se opone a él: moral, clases, leyes, razas y los mismos enamorados. La mujer siempre ha sido para el hombre `lo otro´, su contrario y complemento. Si una parte de nuestro ser anhela fundirse a ella, otra, no menos imperiosamente, la aparta y la excluye. La mujer es un objeto, alternativamente precioso o nocivo, mas siempre diferente. Al convertirlo en objeto, en ser aparte y al someterla a todas las deformaciones que su interés, su vanidad, su angustia y su mismo amor le dictan, el hombre la convierte en instrumento. Medio para obtener el conocimiento y el placer, vía para alcanzar la supervivencia, la mujer es ídolo, diosa, madre, hechicera o musa, según nuestra Simone de Beauvoir, pero jamás puede ser ella misma." (Paz 1982: 177).

Luego desde la otra perspectiva, de la femenina, continúa: "Nunca es dueña de sí. Su ser se escinde entre lo que es realmente y la imagen que ella se hace de sí. Una imagen que le ha sido dictada por la familia, la clase, escuela, amigas, religión y amante. Su feminidad jamás se expresa, porque se manifiesta a través de formas inventadas por el hombre. El amor no es un acto natural. Es algo humano y, por definición, lo más humano, es decir, una creación, algo que nosotros hemos hecho y que no se da en la naturaleza. Algo que hemos hecho, que hacemos todos los días y que todos los días deshacemos." (Paz 1992: 177 y 178).

En torno al amor en general, tomando como base las tres etapas fundamentales del hombre: la niñez, la adolescencia y la madurez; desarrolla las rupturas y las uniones que son común a los tres momentos. A la par hace la diferencias de rupturas-uniones en la medida que se dan en momentos cronológicamente distintos. Leamos: "El amor es uno de los más claros ejemplos de este doble instinto que nos lleva a cavar y ahondar en nosotros mismos y, simultáneamente, a salir de nosotros y realizarnos en otro: muerte y reacción, soledad y comunión. Pero no es el único. Hay en la vida de cada hombre una serie de períodos que son también rupturas y reuniones, separaciones y reconciliaciones. Cada una de estas etapas es una tentativa por trascender nuestra soledad, seguida por inmersiones en ambientes extraños." (Paz 1992: 182).

Continúa desarrollando lo que particulariza estas tres etapas: "El niño se enfrenta a una realidad irreductible a su ser y a cuyos estímulos no responde al principio si no con llanto o silencio. Roto el cordón que lo unía a la vida, trata de recrearlo por medio de la afectividad y el juego. Inicia así un diálogo que no terminará sino hasta que recite el monólogo de su muerte. (...) La adolescencia es ruptura con el mundo infantil y momento de pausa ante el universo de los adultos. Spranger señala a la soledad como nota distintiva de la adolescencia. Narciso, el solitario, es la imagen misma del adolescente. En este período el hombre adquiere por primera vez conciencia de su singularidad. (...) La madurez no es etapa de soledad. El hombre en lucha con los hombres o con la cosas, se olvida de sí en el trabajo, en la creación o en la construcción de objetos, ideas e instituciones. Su conciencia personal se une a otras: el tiempo adquiere sentido y fin, es historia, relación viviente y significativa con un pasado y un futuro." (Paz 1982: 182 y 183).

En el doble significado de la soledad tiene que ver con la ruptura con el mundo que se le considera desgraciado y la tentativa por crear otro mundo mejor. Y ello: " ... se manifiesta en nuestra concepción de héroes, santos, redentores. El mito, la biografía, la historia y el poema registran un período de soledad y de retiro, situado casi siempre en la primera juventud, que precede a la vuelta al mundo y a la acción entre hombres. Años de preparación y estudio, pero sobre todo años de sacrificio y penitencia, de examen, de expiación y de purificación. La soledad es ruptura con un mundo caduco y preparación para el progreso y la lucha final." (Paz 1982: 184).

Finalmente en torno al hombre comienza afirmando: "El hombre contemporáneo ha racionalizado los Mitos, pero no ha podido destruirlos. Muchas de nuestras verdades científicas, como la mayor parte de nuestras concepciones morales, políticas y filosóficas, sólo son nuevas expresiones de tendencias que antes encarnaron en formas míticas". Termina con un pesimismo a flor de piel: "El hombre moderno tiene la pretensión de pensar despierto. Pero este despierto pensamiento nos ha llevado por los corredores de una sinuosa pesadilla, en donde los espejos de la razón multiplican las cámaras de tortura. Al salir, acaso, descubrimos que habíamos soñado con los ojos abiertos y que los sueños de la razón son atroces. Quizá, entonces, empezaremos a soñar otra vez con los ojos cerrados." (Paz 1982: 191).

Como uno de los primeros comentarios al libro de Paz en su conjunto, se tendría que decir lo siguiente: En su exposición se puede observar una influencia, aún significativa, del marxismo (13) en combinación con otras corrientes de pensamiento, como algunas ideas del vitalismo, en la versión de José Ortega y Gasset, de esa variante del psicoanálisis, no en la línea de Sigmund Freud, más bien en la del psiquiatra austriaco Alfred Adler y su Psicología individual. Del mismo modo la influencia del existencialismo, en la perspectiva de Jean-Paul Sartre antes que en la de Martín Heidegger. (14).

En base a estas últimas influencias se ha pretendido reducir el contenido del libro y darle una interpretación psicológico-existencial, donde el sentimiento de soledad y el ser ahí (Dasein), arrojado y hasta abandonado en el mundo, marcarían la pauta del trabajo.

Cedamos la palabra al mismo autor para que él, 25 años después, directamente aclare el mal entendido: "Mi libro es un libro de crítica social, política y psicológica. Es un libro dentro de la tradición francesa del `moralismo´. Es una descripción de ciertas actitudes, por una parte y, por otra, un ensayo de interpretación histórica. Por eso no tiene que ver, a mi juicio, con el examen de Ramos. Él se detiene en la psicología; en mi caso, la psicología no es sino un camino para llegar a la crítica moral e histórica." (Paz 1990: 20).

En la primera parte del primer capítulo encontramos un hecho revelador. El fenómeno del desarraigo que puede llevar a la descomposición psíquico-cultural. Es posible que el fenómeno del pachuco en EE.UU. no sea de la misma forma ni en grado extremo, pero es lo que sucede, de igual modo, al interior de las sociedades latinoamericanas en transición en los últimos 50 años.

Esa angustia de ser y no ser, estas personas desgarradas en su ser íntimo, sin rumbo y sin norte que vienen del campo a la ciudad, de la provincia a la capital, del interior y de la periferia al centro son los que mejor expresan este mundo de tierra movediza. Son los extranjeros en sus propios países. Los niños por inconsciencia y los mayores por conciencia o necesidad son los que mejor resisten a estos cambios. Será el joven, en especial el adolescente, quien mejor sintetiza y expresa en grado sumo esta problemática.

Otro tema que Paz trabaja con mucha propiedad, que no sólo es patrimonio de los mexicanos sino de los latinoamericanos en general, es las consecuencias de la conquista y la colonización y la consecuente mentalidad colonial que se ha instaurado en la conciencia del habitante común de esta parte del mundo. Él habla de las máscaras, de las fiestas, del machismo, de la madre chingada, de la traición de la Malinche, de la división interna de los invadidos, de la sentencia de los dioses, creyendo que el ciclo histórico se habría cumplido.

De la independencia y el papel de los criollos, los caudillos, el positivismo, la democracia y la libertad. De la falta de una burguesía nacional capaz de cumplir su papel histórico, como lo hizo en otros países, el rol del imperialismo, especialmente norteamericano. De la revolución, entre otros hechos, reivindica a los bandidos, a los malhechores, a los revoltosos. Todavía no entraba al lenguaje político el término hoy de moda: terroristas.

Francisco Villa y especialmente Emiliano Zapata tenían hasta los años 50 en México y en todo América Latina muy mala prensa, sus figuras y acciones habían sido presentadas y trabajadas en la dirección de criminales, bandidos; hoy serían terroristas (15). Paz es uno de los primeros en ubicarlos en el lugar que les corresponde, es decir como luchadores sociales, como guerrilleros, como revolucionarios.

En 1975 fue preguntado por Claude Fell: "... usted privilegia el zapatismo, lo que en la época que fue escrito el libro era algo nuevo y excepcional, en la medida que casi no se hablaba de Emiliano Zapata. Cuando aparecía en los periódicos o en unos escritos se le presentaba invariablemente como el `Atila del Sur´, como un bandido sanguinario, etc. ¿Cómo se explica el relieve que tiene el zapatismo en su libro?"

Luego de contar algunas anécdotas personales y familiares con relación al zapatismo, dice: "La idea que la propaganda oficial ha dado del zapatismo es bastante falsa y convencional (...) La paradoja del zapatismo consiste en que fue un movimiento profundamente tradicionalista; y en ese tradicionalismo reside, precisamente, su pujanza revolucionaria. Mejor dicho: por ser tradicionalista, el zapatismo fue radicalmente subversivo. Ese elemento a un tiempo tradicional y revolucionario fue el que, desde el principio, me apasionó."

Y termina: "El zapatismo significa la rebelión, el salir a flote, de ciertas realidades escondidas y reprimidas. Es una revolución no como ideología sino como un movimiento instintivo, un estallido que es la revelación de una realidad anterior a las jerarquías, las clases, la propiedad." (Paz 1990: 25).

Casi 20 años después de estas declaraciones, en el sureño Estado de Chiapas, hizo su aparición un movimiento armado que reivindica las ideas, las banderas y las acciones de Emiliano Zapata. Éste responde al nombre de Ejército Zapatista de Liberación Nacional.

Da la impresión que la *Vuelta a la noria*, idea central del poema *Piedra de sol*, y la *Dialéctica de la soledad*, meollo del libro *Laberinto de la soledad*, aún tienen cabida en América Latina a comienzos del tercer milenio.

EZEQUIEL MARTÍNEZ ESTRADA DIFERENCIAS Y SEMEJANZAS ENTRE LOS PAÍSES LATINOAMERICANOS

Este libro tiene como antecedente directo el seminario sobre problemas latinoamericanos que el autor realizó en la Universidad Autónoma de México el año 1959. El trabajo, además de abarcar una buena cantidad de temas de América Latina, expresa asimismo la madurez biológico-intelectual del estudioso argentino. Martínez se hizo conocido como ensayista el año 1933 al hacer público su libro *Radiografía de la pampa.*

A pesar de que el libro ha sido escrito sin intervalos de tiempo a lo largo del año 59, se puede observar que en la compaginación de las materias tratadas de capítulo a capítulo, carece de cierto orden. Coherencia que es normalmente evidente cuando un libro es trabajado con un plan y de principio a fin. Nosotros intentaremos desarrollar nuestra exposición, en función los objetivos de nuestra investigación, sin alterar en lo mínimo la estructura expositiva original que el autor dio al libro.

En la parte titulada *El colonialismo como realidad*, centrando en el problema de la *Conciencia de ser*, sostiene: "Ya no podemos ser inocentes sin ser cómplices, ni podemos avergonzarnos de buscar la salud. Quizás sea todavía hoy uno de los deberes más inmediatos y urgentes ese conocimiento veraz de los datos elementales para adquirir conciencia de qué somos, dónde estamos, qué hacemos y para quién." (Martínez 1993: 13).

A renglón seguido plantea una de sus tesis fundamentales, la que difiere de la idea común de vincular a América con Europa; lo hace en estos términos: "Existe sobre América y sobre el hecho de ser alguien o algo americano, numerosos malentendidos que arrancan de las crónicas de la Conquista, y que llegan hasta las últimas filaturas de los panamericanistas e indigenistas. La noción más bien que concepto, y estereotipo más que noción de que éramos un vástago impúber y glorioso de Europa, aparece recientemente la idea confusa pero que va aclarándose al perfilársela, de que nuestro parentesco de tierra y sangre está más estrechamente sellado con los pueblos de Asia, África y Oceanía." (Martínez: 1993: 13 y 14).

El autor sostiene que el haber creído que los habitantes de esta parte del mundo son descendientes de europeos ha sido una de las fuentes del *complejo de inferioridad* del latinoamericano. Leamos: "Aquellos que hacían creer que pertenecíamos a una variedad social, política y económica que alcanza su más excelente expresión en Alemania, Francia e Inglaterra, pero cuyos modelos máximos son Dinamarca, Islandia y Groenlandia y los países escandinavos, resulta una de las superestructuras mentales cuyo origen fue y es nuestro complejo de inferioridad." (Martínez: 1993: 14).

Lo anterior es la base para que se haya estructurado ese *colonialismo psíquico* el cual, en otras palabras, es la mentalidad colonial: "En esta forma el colonialismo psíquico que nos inculcó el prejuicio de que representábamos un gran papel en la historia de Occidente, nos cegó entregándonos indefensos a la codicia de quienes conocían mejor este juego con trampa. Los hechos, más que las nuevas investigaciones etnológicas e históricas, nos califican ya con el vocablo explícito de países 'subdesarrollados', y tenemos que aceptarlo para sacar provecho de la revelación, como de veras está aconteciendo." (Martínez 1993: 14).

Como no todo es negativo, Martínez cree que el aceptar ser subdesarrollados, de alguna forma, prepara a los latinoamericanos en su toma de conciencia en función de encontrar las soluciones a sus problemas: "A este concepto, generado en las teorías económicas y financieras, paralelamente se le adscribe, o se le adscribirá pronto, el de países retrasados, con lo que habremos admitido que también en los planes de la cultura y de otras actividades superiores a las económicas y financieras nos hallamos en un estado equivalente, completando un cuadro más vasto y de tres dimensiones. En esta conciencia lúcida buscaremos las causas, estudiaremos los hechos, individualizaremos a los culpables y hallaremos las soluciones adecuadas." (Martínez 1993: 14).

Y finalmente en la última parte de este capítulo insiste sobre el parentesco de América Latina con otras partes del mundo y el reconocerlo, según él, es condición para rescatar la *personalidad americana*. De no ser así: "En cambio, persevera en la ilusión de que pertenecemos a la familia europea porque algunos hombres eminentes adquirieron en Francia o Inglaterra sus prerrogativas intelectuales, no sólo sería derivar la mirada de la recta dirección en que debe orientarse el rescate de nuestra personalidad americana enajenada, sino dejar en el mismo abandono que hasta ahora a quienes carecen de recursos de todo género para liberarse por sí mismos." (Martínez: 1993: 15).

Después de haber planteado esta ideas generales retoma el hilo de la historia de América Latina. Lo hace en el subtítulo la *Conquista*; ahí sostiene, entre otras ideas, la siguiente: "Lo que interesa en este momento es tener presente que aquella conquista sobre aquellas culturas de admirable desarrollo, y sobre aquellos pueblos que representaban un gajo de la humanidad primitiva en contraste con otra ya corrompida por las lacras que han hecho un monstruoso tumor de la civilización occidental, ha calado a los estratos más profundos de las organizaciones económicas y políticas y afectado la psicología y el ethos entero de las nuevas poblaciones. No sería posible tener una visión clara para valorar su situación actual, si subvaloráramos aquellos orígenes y las secuencias que en todos los órdenes se prolonga hasta hoy." (Martínez 1993: 51).

Uno de los hechos fundamentales de la conquista es el haber contribuido: "En la formación de un tipo antropológico, étnico y psicológico híbrido, el mestizo y el mulato, cuya gravitación en la vida política y en la formación del ethos americano ha sido decisivo." (Martínez 1993: 52).

De ese grupo destaca a los infaltables intelectuales y lo hace en estos términos: "... los intelectuales, procedentes de las capas patricias y burguesas, formadas intelectualmente en institutos conservadores de la mentalidad colonial y de sensibilidad modelada por el desdén al pobre y al ignorante, que los condujo en la casi totalidad de los casos, a la apostasía de su defensa sentimental de ellos. Por lo regular proclamaron y practicaron un liberalismo o, si puede decirse, un socialismo caritativo. Han sido los más acérrimos defensores del orden estamental heredado de la colonia, y del progreso importado por las empresas financieras y económicas, con sus instrumentos auxiliares de aculturación para la obediencia, o cultivo de la ignorancia alfabetizada." (Martínez 1993: 52).

Diferenciado el rol del criollo y el negro en América Latina, destaca el resultado de este último en cruce con el nativo: el mulato; el autor (mencionando el caso particular de Brasil) escribe: "Pero en Brasil el negro, mediante sus hijos mestizos, constituyó una nueva y poderosa civilización, que el criollo no pudo lograr en su cruce con las razas autóctonas. (...) El mulato es el tipo étnico oriundo de América." (Martínez 1993: 71).

A continuación insiste, con cierta exageración, en la vida y actitud del criollo: "En otro aspecto, la situación del criollo es idéntica a la del mulato y el mestizo. Su función dinámica se orienta a europeizar el continente, entregándole a la dominación extranjera consciente o inconscientemente. Debe ser tratado (...) como el verdadero intruso, el ser desarraigado y boyante que no ha logrado aún echar raíces, asociándose a la empresa del inmigrante más que del nativo. En vez de afincarse él, ha puesto en movimiento la tierra que habita, la cual parece haberse sometido a su inestabilidad. Donde el criollo impera todo está como en un camalote a la deriva: las instituciones, la familia, la justicia, la política, la moral pública. Es el promotor de los grandes escándalos gubernamentales." (Martínez 1993: 71).

Otro acápite importante en el libro es el tema del *Mestizaje* y sus consecuencias en América Latina, el autor al respecto escribe: "El problema de la miscegenación, común y general en todo el territorio de la conquista, presenta diversos y complicados aspectos, desde el biológico y antropológico hasta el psicológico y étnico. Para muchos observadores, ya en la primera fase de la colonización, que fue de mayor y más desenfrenada promiscuidad, el cruce del blanco con el aborigen fue un hecho inevitable y, al mismo tiempo, benéfico." (Martínez 1993: 72 y 73).

Y en directa relación con el hecho de la miscegenación sostiene: "Subsecuentemente al problema de la miscegenación se presenta el del mestizaje en la prole, que da lugar, con la aparición de nuevos tipos, híbridos, a una población predominante que determina, según el grado de su predominio, modificaciones y hasta perturbaciones de fondo en la estructura de la sociedades." (Martínez 1993: 72 y 73).

Estas *perturbaciones* tienen que ver con la *bastardía* y la *ilegitimidad*, en la medida que: "La ilegitimidad (...) es en otro sentido la bastardía que crea una gama amplísima de complejos psicológicos, y, antropológicamente, el tipo social del inadaptado, el resentido y el preterido que papel tan decisivo han de tener en la historia. A esto se puede trazar una dicotomía tajante entre el mestizo (mameluco, cholo, gaucho, huaso, guajiro, llanero, charro, ladino...) y el mulato (caboclo, zambo ...). La suerte del mestizo es la que importa en la consideración de su actuación histórica, pues el mulato ha permanecido, mucho más que él, adscrito al *fatum* de su raza africana, es decir, netamente exótico." (Martínez 1993: 73).

Y citando *La América hispana* de Waldo Frank con quien coincide plenamente, sobre el incómodo mestizo, escribe: "'En el mestizo, España y América se unen por primera vez; y la unión es la guerra. Dos voluntades del mundo se encuentran y se vuelven una contra otra. Ninguna puede prevalecer y ninguna puede morir'." (Martínez 1993: 75).

Este mestizaje problemático y complejo en el resto de América tiene, según el autor, también características positivas como lo demuestra, una vez más, la experiencia brasileña. La razón es que no fue Europa quien se unió a América, fue para bien África, ésta es la razón del por qué: "En Brasil, como en ningún otro lugar, la miscegenación en gran escala entre africanos y lusitanos, y de éstos con indias en grado menor, alcanzó a fijar un tipo antropológico genuino, una modalidad social en todas las actividades nacionales, y hasta en estilo de cultura con valores auténticos y bien diferenciados de la recibida y asimilada por las clases superiores. En razón del inmenso predominio del mestizo, el problema de su adaptación dificultosa y de las correlativas perturbaciones de su desajuste, no existe allí de modo digno de tenerse en cuenta. Lo que pudiera considerarse neurótico es normal. Constituye una nacionalidad, un ethos ecuménico, una civilización. Aunque inevitablemente se den casos esporádicos de colisión con el tipo específico de sus progenitores, ha superado la fase de insurgencia general en todo Hispanoamérica, de repudio entre padres e hijos." (Martínez 1993: 76).

Nosotros terminamos con el libro de Martínez Estrada con el acápite *Familia*. En este punto el autor sostiene: "Sin embargo, nadie puede desconocer que el trauma más profundo y grave que la Conquista y la Colonización causan en el hábeas social americano se produce en la organización de la familia. Esta institución existía entre nosotros con acaso mayor arraigo, estabilidad y pureza que en Europa, aun en la Cristiandad. Al perturbarse la organización familiar se perturban todas las otras estructuras basadas en ella." (Martínez 1993: 77).

Teniendo en cuenta que uno de los pilares históricamente y en todo el mundo es la mujer-mamá. El conquistador y el colonizador tiene una actitud hacia ella meramente de uso. Él lo explica así: "La mujer es usada como instrumento de procreación y de trabajo". Toda esta problemática violenta y traumática tiene su fruto amargo en los miles y millones de hijos sin padre, y así se instaura la sociedad de la ilegitimidad y la bastardía. El gaucho, el cholo, el huaso, el charro, el guajiro, etc. En una palabra la gran mayoría de los latinoamericanos a quienes se les denomina con una palabra: el mestizo.

El autor diferencia claramente el mestizo del mulato y lo hace en estos términos: "En el mestizo aparece el conflicto de sangre que se levanta contra el padre y la madre, el descastado que plantea uno de los más graves problemas políticos y sociales de América Latina. Guerras civiles, como las de las montoneras argentinas, sacrifican a esa población trashumante sin patria y sin hogar." (Martínez 1993: 78).

Mientras que en las colonias lusitanas: "Este fenómeno, aparentemente de disolución y anarquía da, no obstante, un tipo humano y un patrón social de suma importancia y beneficio, pues los prejuicios de sexo, con sus secuelas y tabúes naturales, son obliterados si no abolidos, y la fuerza de la naturaleza predomina sobre las convenciones, fundamentándose todo un orden social ecuménico sobre el principio racional del ente humano biológico sobre la entelequia jurídico-religiosa de la persona sujeta de derecho y de pecado. El portugués, a diferencia del español, trajo la consigna de vida nueva en mundo nuevo, la bandeira es el crisol donde se fragua la formidable civilización brasileña." (Martínez 1993: 78).

En la página siguiente retoma el tema de la Conquista y dice: "Pero fue la Conquista, realizada por hombres sin familia y sin respeto por las instituciones familiares, quien degradó en los hechos y en el concepto a la mujer, e incomparablemente más triste fue su suerte allí donde no existían instituciones como la del Incanato y el Anáhuac. El problema de los países americanos planteó el problema familiar como problema sexual en términos conminatorios y brutales. Con eufemismos que encubren diferentes escrúpulos se alude por lo regular el aspecto de lujuria y lascivia que radicaba en el ayuntamiento del blanco con la india y, con gradación más acentuada, con la africana." (Martínez 1993: 79).

En la medida, continúa el autor, que: "El soldado y el poblador llegaban solos, y su primera ansiedad era el acoplamiento. Muchos de ellos habían abandonado a sus mujeres en la península en busca exasperada de aventuras, entre las que estaba ésa de poseer, sin compromiso, mujeres exóticas. Simultáneamente se produce allí, como señala Ots y Capdequí, el problema de las familias abandonadas y la facilidad con que era posible disolver el vínculo conyugal." (Martínez 1993: 80).

Continúa subrayando ese desprecio y utilización de la mujer: "Todavía hoy encontramos en las poblaciones indígenas, que sin duda han sido contaminadas por la influencia despectiva de los primeros pobladores, que la mujer es despreciada aún por el marido, el hermano y el hijo de su propia estirpe. Del Perú, del Ecuador, de Guatemala y México nos cuentan sociólogos y novelistas contemporáneos, el trato que se les da, sometiéndolas a las tareas más pesadas, como en la región de los zapotecas." (Martínez 1993: 80).

Y luego generaliza esta experiencia a todo América Latina: "El cuadro es el mismo en toda América Latina: allí donde el aborigen mantiene su status y donde está entremezclado con el mestizo, la mujer es la sirvienta del hombre, va detrás de él por los caminos seguida de los hijos en orden de edad; come después y espera para hablar a que el señor la autorice. Esas costumbres, naturalmente, no son oriundas ni exclusivas de Latinoamérica, pero aquí encontramos tierras y clima propicios para institucionalizarse y dar a la vida familiar y social un matiz que corresponde bien a los otros muchos que configuran lo que entendemos por países subdesarrollados." (Martínez 1993: 81 y 82).

Continúa haciendo algunas aclaraciones: "Gran diferencia hay entre la familia que se constituye en el Perú y México y la que en Argentina, Brasil y Cuba. Allí rige el matrimonio como institución de estado con sus códigos religiosos, étnicos, jurídicos y consuetudinarios. En el resto del territorio de la conquista rige el concubinato." (Martínez 1993: 81).

Luego, volviendo al origen agrega: "Las uniones libres son violentas, se diría de animales en celo; el conquistador y el colono hacen presa a las mujeres, las someten a la maternidad como una extraña forma de servidumbre; la relación de macho y hembra no es la de marido y mujer, sino la de amo y esclavo. La lascivia y no el amor es el estímulo de los ayuntamientos, y la prole, relegada por el padre y por la madre, el mestizo de todas partes donde nace como cría de ganado humano, constituye el tipo rebelde, holgazán y vicioso que describen los cronistas: es el paria." (Martínez 1993: 81).

Finalmente termina el capítulo, y nosotros terminamos con el libro, describiendo los problemas que caracterizan a los mestizos: "Los complejos psicológicos y sociales tienen estas características: a) deformación del carácter y la psicología del mestizo, que padece el complejo de inferioridad; b) separación, en los rangos sociales, de la subclase de los bastardos; c) estado permanente de tensión y hostilidad, propenso a la rebelión, el desacato y el delito." (Martínez 1993: 81).

De lo escrito por Martínez Estrada hay que destacar su tesis de la vinculación de América Latina con otras partes del mundo (especialmente África) y no como comúnmente se ha hecho y se hace con Europa. Él pone como ejemplo positivo de esta vinculación la sociedad brasileña construida sobre este encuentro.

En torno a tal idea hay que decir, en primer lugar, lo siguiente: en el inmenso territorio de Brasil la presencia del indio y como consecuencia su desarrollo político-cultural fue realmente mínima si se tendría que comparar con incas y aztecas. En segundo lugar, determinado por lo anterior la principal relación, en esta parte del continente, fue entre dos extranjeros, por dos espíritus que llegan hoy se van mañana. Por un lado el lusitano-portugués en calidad de dominante y el africano en calidad de dominado.

Que el encuentro circunstancial y ocasional con los nativos indígenas de estos dos pasajeros-extranjeros, tomando en cuenta el número y el nivel político-cultural alcanzado por los primeros, es un hecho a tomarse en cuenta. Pero en el cuadro general de la construcción y configuración de la sociedad brasileña su importancia es realmente insignificante.

Martínez Estrada tiene razón, ya lo hemos dicho en otro trabajo, cuando menciona la forma de cómo se dio la relación entre conquistador-colonizador por un lado y conquistada-dominada por el otro. De igual modo con su resultado: el mestizo con toda su carga de complejos, frustraciones y traumas de su origen real y más aún de cómo se prolonga hasta devenir un problema histórico-social.

Creemos que en lo fundamental fueron mujeres violadas, consecuentemente fueron mujeres traumatizadas y ese problema lo transmiten, cuando han sido embarazadas, al niño que llevan en el vientre. Ese niño es el hijo no deseado, es el llamado fruto amargo que acumula y hereda todo el dolor, la tristeza y el sufrimiento de la madre ultrajada desde el vientre mismo, y con esa carga nace, crece y forma su personalidad. Se podría decir que aquí reside el pecado original del latinoamericano.

Al hecho anterior se agrega el problema del padre (16), que es común a todas las culturas y sociedades; pero en aquellas que tienen un pasado colonial se acentúa significativamente. El hijo tiene la necesidad de saber o conocer a su padre. Los especialistas hablan de la identificación negativa, de la identificación con el agresor o también de la contra-auto-identificación. Este hecho tendrá en el plano histórico-político consecuencias desagradables por no decir nefastas en el desarrollo posterior de América Latina.

En esta concreta situación el niño pregunta a la madre quién y dónde está su padre (en esta experiencia histórica la gran mayoría de indias); ella no tiene respuesta, porque no sabe quién fue el que lo engendró ya que fueron varios y desconocidos y como consecuencia no sabe dónde está o están. El hijo da el segundo paso, la búsqueda del padre; cuando lo encuentra, normalmente se decepciona, en la medida que tenía en la mente y el sentimiento un padre idealizado, un padre mitificado. Consecuencia: hay un aferrarse, un revalorar y hasta un sobre-valorar a la madre, y en algunos casos incluso hasta una identificación con su cultura. Se podría decir una identificación por decepción ya que son, figurativamente, hijos sin padre.

Si esto sucede en el plano personal, en el nivel histórico-social el problema se complica en la medida que la clase, la cultura y la "raza" dominante, en otras palabras el poder, es relacionada con el padre que no acepta y desprecia al hijo. Por otro está la clase, la cultura, la sociedad dominada que se vincula con la madre que lo espera y lo acepta. Éste es el drama de estos seres mestizos en un plano y de los pequeños burgueses en otro nivel. Éstos son los seres desgarrados que viven histórica y socialmente en los lomos de dos caballos. Para un hegeliano serían las típicas conciencias desgraciadas y para un teólogo las almas en pena en busca de su cuerpo.

Siendo este hecho un problema histórico-social, se repite en alguna forma en Latinoamérica en la vida real. Con mucha frecuencia los hijos de madres abandonadas, cuando tienen la oportunidad o por casualidad tienen un hijo en esas circunstancias lo primero que hacen es repetir la historia, abandonar a la madre, no reconocer al hijo y evitar el contacto con el mismo. Como ya se ha dicho y de esa forma la cadena de la bastardía con todas sus consecuencias se sigue prolongando, en otras palabras, se repiten las experiencias negativas como llaman los psicólogos y psiquiatras.

Habiendo sido así el cuadro general que marcó el rumbo de América Latina, hay que recordar, lo que Martínez Estrada olvida, que hubo una determinada cantidad de mujeres indias que se brindaron libre y voluntariamente al forastero-extranjero. En este caso se podrían mencionar tres razones: en primer lugar la novedad y la admiración a lo desconocido. En segundo lugar: el ser mujeres de segundo o tercer categoría de los principales nativos que no tenían ni el tiempo ni la energía para copular con ellas, en algunos casos ni siquiera las conocían directamente. (17)

Y por último hubo mujeres de las culturas y pueblos dominados y sojuzgados que trabaron relación con los extranjeros (además de las razones mencionadas) por cuestiones, se podría decir tácticas, en la medida que veían en los extranjeros fuerzas que podrían ayudarles en su enfrentamiento contra los dominantes nativos que para ellas eran, de igual modo, extranjeros. El caso de la Malinche o doña Marina Tolteca para con los Aztecas podría ser un buen ejemplo.

*

El problema de *El mestizo, la mentalidad colonial* y *el sentimiento de soledad* con todas sus expresiones y consecuencias, como ha sido expuesto por los dos autores líneas antes estudiados, es un componente fundamental y poco discutible de la personalidad histórica del latinoamericano. Otros estudiosos, en base a ello, han investigado el otro aspecto de la trama general. Nos referimos al *Ser del latinoamericano* y *la filosofía latinoamericana*. *Ser* y *filosofía* cuya explicación se ha intentado buscar en sus raíces antológicas por un lado y por otro en su desarrollo y proyección histórica.

Antes de adentrarnos en el tema, deseamos hacer algunas preguntas al respecto: ¿Existe realmente el *Ser latinoamericano*? Es decir que en su esencia este *Ser* tenga características que lo diferencien específicamente de otros seres, si éstos en realidad existen. ¿Existe *una concepción del mundo latinoamericana* que se diferencia cualitativamente de las demás concepciones del mundo? Especialmente de las dos principales. Por último, consecuencia del problema del Ser y la concepción del mundo: ¿Existe *una filosofía latinoamericana con leyes, categorías y principios*; es decir, como un todo sistematizado y organizado que lo diferencien de las demás escuelas filosóficas?

El estudioso norteamericano Samuel Huntington a mediados de la década del 90 del siglo pasado, pone en boca de no sabemos qué latinoamericano esta afirmación: "... tenemos nuestra cultura propia y única" y así actualiza la discusión. Leamos lo que él escribe: "La evolución y el desarrollo económico latinoamericanos se han apartado claramente de los modelos predominantes de los países del Atlántico Norte. Subjetivamente, los mismos latinoamericanos están divididos a la hora de identificarse a sí mismos. Unos dicen: `Sí, somos parte de Occidente´. Otros afirman: `No, tenemos nuestra cultura propia y única´; y un cuantioso material bibliográfico producido por los latinoamericanos y norteamericanos expone detalladamente sus diferencias culturales. Latinoamérica se podría considerar, o una sub-civilización dentro de la civilización occidental, o una civilización aparte, íntimamente emparentada con occidente y dividida en cuanto a su pertenencia a él." (Huntington 1997: 52).

Cuánto de verdad encierra esta afirmación de que "... tenemos nuestra cultura propia y única", aunque se refiera genéricamente al plano cultural y a un determinado grupo de personas, es una de las afirmaciones que motiva adentrarnos más en el tema. Y así nuevamente volver a recordar las preguntas formuladas un párrafo antes. Preguntas que no estamos en condiciones de responder ni negativa ni afirmativamente. En otras palabras, no podemos contestar con un *Sí* rotundo, tampoco con un *No*, de igual modo, rotundo. Pero hay algunos estudiosos latinoamericanos que de alguna forma han abordado el tema y han intentado dar respuestas a las susodichas preguntas.

A continuación desarrollamos las ideas de dos de ellos. Nos referimos a los filósofos Leopoldo Zea y Enrique Dussel. La producción teórica de los nombrados es abundante y reconocida.

Nosotros nos limitaremos a tomar del mexicano Zea y del argentino Dussel los libros párrafos antes nombrados.

LEOPOLDO ZEA
EL PENSAMIENTO LATINOAMERICANO

De la producción del filósofo mexicano Leopoldo Zea tomaremos básicamente los tres primeros capítulos de la primera parte del libro ya nombrado y terminaremos con el último capítulo, titulado *De lo concreto a lo universal*. La razón es que en ellos se encuentra una síntesis de todo su pensamiento en la dirección que interesa a esta investigación.

Como buen y honesto investigador, Leopoldo Zea parte reconociendo que sus ideas, que aquí expondremos, tienen como antecedente e influencia las desarrolladas en América Latina, entre otros, por los también filósofos Edmundo O`Gorman, Félix Schwartzmann y Ernesto Mayz. El punto de partida de su razonamiento y sobre el cual organiza su posterior desarrollo es el hombre, el tiempo y la historia.

Es por ello que parte afirmando: "El hombre es lo que ha sido, lo que es y lo que puede llegar a ser. Por ello es dentro de esta triple dimensión de lo histórico que se hace patente el ser del hombre. Pero no el hombre en general, sino el hombre concreto. El hombre concreto suele vivir la historia de una determinada manera que no es, necesariamente, la de otro u otros hombres." (Zea 1965: 1).

Luego desarrolla la idea de la triple dimensión: "Este hombre, viviendo como todos los hombres, dentro de esta triple dimensión histórica, la interpreta sin embargo, de diversas maneras. Existen hombres, o grupos de hombres, que ponen el acento en el pasado, subordinando a él presente y futuro. Otros, por el contrario, lo ponen en un presente, al que subordinan el pasado y el futuro. Y otros, lo ponen en el futuro para el cual el pasado y el presente no son sino tramos que es necesario recorrer para su advenimiento." (Zea 1965: 2).

Esta relación en los tiempos y el acento que se ponga en uno de ellos determinará la actitud hacia la búsqueda del ser. De este ser universal, Zea desciende al ser americano y lo hace en estos términos: "América no podía escapar a tal preocupación, en esta etapa de su cultura que se ha venido definiendo por su preocupación ontológica.

Esto es, por tomar conciencia de su ser, de su humanidad; conciencia de su relación, su puesto, en el mundo de lo humano." (Zea 1965: 2). Después de hacer la diferencia entre la América Sajona y la América Íbera, el autor dice que uno de los rasgos que caracterizarían al ser del americano íbero es su actitud expectante. Leamos cómo él sustenta este punto de vista: "Pero el modo de ser de la América Íbera detenido en un presente expectante. El modo de ser de pueblos que, por razones que expondremos más adelante, se han visto obligados a renunciar a un pasado que siéndoles propio les estorbaba para la realización de un futuro ajeno, pero que necesitaban para poder seguir siendo. Modo de ser de hombres que en una determinada etapa de su historia se vieron obligados a elegir entre lo que eran y lo que querían o tenían necesidad de llegar a ser. Entre un pasado que parecía no tener que ver con el futuro anhelado y un futuro sin relación alguna con el pasado que les era propio." (Zea 1965: 4).

Lo planteado implicaba, según el filósofo mexicano, esa permanente contradicción de ser y no ser. Esa actitud de: "... renuncia a lo que eran, sin que la misma implicase un modo de ser distinto, sino tan sólo su simple posibilidad. Pueblos que se negaban ya a ser lo que habían sido, pero sin poder ser, a su vez, lo que anhelan ser. Pueblos que veían en su pasado la imposibilidad de su futuro, de su posible llegar a ser." (Zea 1965: 4).

Es por ello que este hombre iberoamericano problematizado y contradictorio: "... parece llevar en su epidermis todo el pasado; un pasado que no forma parte de su ser como unidad de pasado-presente-futuro, sino como lo que corta e imposibilita su relación con el futuro. El presente se le hace patente como pugna entre dos relaciones antagónicas entre el pasado y el futuro. El presente es un punto de partida sin principio y sin meta. Porque el principio, la realidad de la cual se parte, es lo que no se quiere ser, una nada por voluntad, y el futuro es lo que aún no se es, una nada de hecho. El pasado representa lo que no se quiere y el futuro lo que no se puede por obra de eso que no se quiere." (Zea 1965: 5).

Consecuentemente, el autor, termina con *La dimensión histórica*, volviendo sobre ese ser expectante, ese ser en permanente alerta y dice: "El estar alerta ante una realidad que un buen día ha de cambiar, sin que este cambio tenga algo que ver con lo que ha sido o está siendo. Lo que ha de ser será independientemente de que nunca haya sido. Tal parece ser el sentido de la espera, de la expectativa, de la dimensión histórica del latinoamericano, de la dialéctica en la que se apoya." (Zea 1965: 6).

Cuál es la razón de esa espera y hasta dónde llega la misma, Zea lo desarrolla en *Dimensión de la Expectativa* y dice siempre en condicional: "Desde esta perspectiva que el iberoamericano fuese un ser de extraña configuración; un ser que se niega a ser lo que es para ser algo distinto: un ser que sólo se caracteriza por lo que quiere llegar a ser. Un ser en permanente espera de llegar a ser." (Zea 1965: 6).

En la página siguiente define, siempre manteniendo el condicional, por primera vez el ser del americano: "El modo de ser del americano parece ser la espera; una espera que, de una manera o de otra, va eliminando, paso a paso, todo lo que fue y va siendo, como simples instantes de un esperar que no es sino instrumento de lo esperado. De lo esperado, de algo que al presentarse, al hacerse presente, se transforma en expresión de la espera, de una espera que parece no terminar nunca." (Zea 1965: 7).

Posteriormente, sobre la espera, insiste: "Es el hombre que espera todo, que puede ser todo y que hace de lo que ha sido, es o va siendo, un simple esperar lo que puede seguir siendo. Es el hombre que está siempre preparado, siempre dispuesto a lo que llegue, a lo que se presente, sea lo que sea, o pueda llegar a ser. Frente a este hombre todo es posible. La meta es infinita, pero no la logra, como el occidental, por pasos, por evolución, sino a saltos. No se sabe lo que va a llegar, sólo se sabe de algo que va a llegar, no importa lo que sea."(Zea 1965: 7).

Siguiendo al filósofo venezolano Ernesto Mayz con su conocida definición de un *no-ser-siempre-todavía*, Leopoldo Zea continúa: "Este `no-ser-siempre-todavía´ parece ser el carácter original del americano, su concepción de la historia, su modo de vivirla, su dialéctica, una dialéctica original, la aportación original del hombre americano a la Historia en sentido más universal. El hombre americano, el latinoamericano, parece que por obra de esa Historia se ha visto obligado a vivirla de una manera original, especial. Nuestro ser -dice Mayz Ballenilla- reside justamente en ser siempre de ese modo." (Zea 1965: 8).

Y finalmente: "Futuro hecho presente, pero como instrumento para su futuro siempre anhelado. Lo que adviene como instrumento de lo que debe advenir. Ya no más lo fortuito, lo que está fuera del control del hombre. `No-ser-siempre-todavía'; pero no para no ser nada, sino para ser siempre algo que no se ha sido y que puede siempre llegar a ser. Una dimensión del hombre apoyada en el presente expectante como instrumento de un modo de ser cada vez más amplio." (Zea 1965: 10).

El tercer punto expuesto por el autor lo ha titulado *La búsqueda del `sí mismo'*. Esta idea está básicamente influenciada por el concepto del *ser como otros para ser sí mismo* expuesta anteriormente por Edmundo O`Gorman. Zea lo plantea en estos términos: "La historia de este hombre sería la historia del hombre que se ha empeñado en ser de otra manera de lo que es. (...) Es el hombre que ha venido haciendo una historia, la propia historia, pero a regañadientes, a pesar suyo. Es el hombre, ya lo anticipamos, que se empeñó, como ningún otro hombre, en borrar su pasado para crear un futuro aparentemente ajeno de sí mismo, de lo que había sido y, por ende de haber sido." (Zea 1965: 12).

Además de la anterior, refiriéndose a la influencia de otras ideas en América Latina, el filósofo continúa: "El latinoamericano se ha servido de ideas que le eran relativamente ajenas para enfrentarse a su realidad; la ilustración, el eclecticismo, el liberalismo, el positivismo y, en los últimos años, el marxismo, el historicismo y el existencialismo. En cada uno de estos casos, en la aceptación de estas influencias, ha estado en la mente del latinoamericano la idea central de hacer de su América un mundo a la altura del Mundo Occidental; de sus pueblos, naciones semejantes a las grandes naciones occidentales." (Zea 1965: 12).

Luego regresa sobre la idea anterior y explica en qué consiste esa fórmula de: *¿Ser como otros para ser sí mismo?* Zea responde así: "Esto es, adoptar las técnicas y los instrumentos materiales que han permitido a otros pueblos el respeto del mundo y la felicidad material de sus individuos, instrumentos puestos al servicio de su humanismo, de su idea del hombre, una idea del hombre a la cual no renuncian." (Zea 1965: 15).

Y ante el hecho agresivo y devastador de Occidente, en su versión de la América Sajona, el filósofo escribe: "Era frente a este mundo que los pueblos latinoamericanos tenían que fortalecerse, aunque fuese a costa de la renuncia del pasado, pero ya vemos que no de todo el pasado, sino del pasado que estorbaba su capacitación para reforzar la herencia que trataba de potenciar. `Ser como otros´, en aquello que sirve a su afán de `ser sí mismo´; una renuncia relativa para lograr una afirmación de lo más positivo de su ser. Un aprovechar el futuro, pero no para ser cualquier cosa, sino aquello que trataba de reafirmar. Ni renuncia radical al pasado, ni aceptación plena del futuro." (Zea 1965: 15).

En la segunda parte y en *Los temas del pensamiento latinoamericano*, sostiene el autor que una de las características del pensamiento y la filosofía occidental ha sido el *exclusivismo* que es el sustento para la *hegemonía* en el resto del mundo de este modo de pensar. Por otro lado, el pensamiento occidental, trabajó de igual modo el principio del *humanismo*. En la actualidad el exclusivismo ha entrado en crisis y el humanismo es el que supervive y trasciende fronteras.

Para el autor, los pueblos de América Latina tienen que definirse: o como herencia o prolongación, como asimilación o como imposición del exclusivismo o el humanismo occidental. Leamos: "Para América Latina, para sus pensadores y filósofos, esta preocupación, como podrá verse en este libro, no es nueva. En esta América, por razones históricas bien conocidas, se han planteado y se plantean problemas semejantes a los que ahora se plantean entre la cultura occidental y los pueblos no occidentales que han recibido su impacto. Heredero de dos mundos, el hombre de esta América se ha resistido a renunciar a uno de ellos anulando el otro. Eclécticamente se ha planteado el problema de occidentalizar la América, o americanizar la cultura heredada. Un problema semejante al que ahora se plantean otros pueblos de nuestra ya estrecha Tierra. Un problema que se plantea al mismo Occidente: ¿occidentalización del mundo o universalización de la cultura occidental? Imitación o asimilación, parece ser la disyuntiva." (Zea 1965: 32).

Ante esta compleja situación, Zea plantea su punto de vista: "En nuestra América la occidentalización, o europeización, sin más, nunca dio resultado. Por eso se ha elegido, en nuestros días, la segunda vía, la de la americanización de la cultura heredada. Esto es, búsqueda de su vigencia en realidades para las cuales no está hecha. El latinoamericano ha terminado, sin abandonar su afán de formar parte de una cultura de la que se sabe heredero, por reconocer la realidad que le es peculiar para adaptar a ella sus aspiraciones de occidentalización." (Zea 1965: 32).

El filósofo termina esta segunda parte con el subtítulo *El camino hacia la universalidad del pensamiento*, en el mismo sostiene: "Si algo caracteriza al pensamiento en Latinoamérica es su preocupación por captar la llamada esencia de lo americano, tanto en su exposición histórica y cultural, como en su exposición ontológica. (...) Este filosofar, a diferencia de la llamada filosofía universal, tiene como punto de partida la pregunta por lo concreto, por lo peculiar, por lo original en América. Sus grandes temas los forman preguntas sobre la posibilidad de una cultura americana; preguntas sobre la posibilidad de una filosofía americana; o preguntas sobre la esencia del hombre americano." (Zea 1965: 34).

Continúa haciendo la diferencia entre los habitantes de estos dos espacios geográficos: "El americano, a diferencia del europeo, nunca se ha sentido universal. Su preocupación ha sido, precisamente, una preocupación por incorporarse a lo universal, por insertarse en él. Y, aunque parezca una paradoja, esa misma pregunta por lo que le es peculiar, es una pregunta que tiende al conocimiento de lo que tiene de universal, esto es, de común con todos los hombres." (Zea 1965: 35).

Insistiendo en lo peculiar encuentra ahí lo general y lo plantea así: "La peculiaridad es la de su humanidad, la de aquello que le hace ser un hombre entre hombres; no en hombre por excelencia, sino el hombre concreto, el hombre de carne y hueso que es, y sólo puede ser, el hombre en cualquier lugar del mundo, con independencia de su situación o, mejor dicho, a causa de esa misma situación, que es lo peculiar a todos los hombres" y termina reafirmándose en ese principio básico y universal de que: "El latinoamericano no es ni más ni menos que un hombre." (Zea 1965: 34 y 35).

En el tercer capítulo desarrolla un sub-punto con el título de *Sentimiento de dependencia*. El autor, entre otras cosas, dice: "Nosotros los hispanoamericanos tenemos aún en la epidermis al conquistador y al conquistado, al colonial, al liberal romántico y a todo esto que fue nuestro pasado. Es más, a pesar de que pretendemos haber sido todo eso, aún seguimos sin serlo plenamente. Todas esas actitudes las hemos ido tomando sólo en el campo de lo formal. En la realidad tales actitudes no han hecho sino enmascarar, en cubrir, un hecho, una realidad no asimilada aún, la primera de que fue consciente el latinoamericano, la colonia. Esto es, la de una realidad como dependencia, la de su conciencia como entidad dependiente de una realidad a la que aún no considera como propia. La de su dependencia con algo que considera le es ajena." (Zea 1965: 38).

A continuación: "El hispanoamericano del siglo XX continúa discutiendo apasionadamente, afirmando o negando, esta realidad. La conquista y la colonia siguen vivas en su mente, en torno a ella giran, al final de cuentas, todas sus discusiones. (...) Siempre está ahí nuestro pasado. Este pasado es España y, con España, Europa, aún no hemos podido asimilar este pasado, porque aún lo sentimos como algo que no es ajeno; aún no lo sentimos en nuestras venas, en nuestra sangre, no lo sentimos como propio. O en otras palabras, este pasado nuestro aún no se convierte en auténtico pasado, sigue siendo un presente que no se decide a ser historia." (Zea 1965: 38 y 39).

Y finalmente termina con el tercer capítulo con *Renuncia negativa al pasado hispanoamericano*. Él sostiene que: "El hispanoamericano, al autoanalizarse, se encontró lleno de contradicciones. Sintiéndose incapaz, insuficiente, para realizar una síntesis de éstas, optó por el camino más fácil, la amputación. Eligió una de las formas de su ser y trató de cortar definitivamente la otra. Pero con esto la contradicción siguió en pie, sin solución, ni siquiera aparente." (Zea 1965: 41).

El latinoamericano, en esa incómoda situación, vivía en medio de un dilema: ¿Qué hacer con ese pasado? ¿Rechazo o sumisión? Zea cree que lo mejor hubiese sido: "... el camino de la negación por asimilación", pero el hispanoamericano eligió el rechazo: "En esta forma el hispanoamericano se comprometió en una difícil, casi prácticamente imposible, tarea: la de arrancarse, amputarse, una parte muy importante de su ser, su pasado. Se entregó al difícil empeño de dejar de ser aquello que era, para ser, como nunca hubiese sido, otra cosa distinta." (Zea 1965: 42).

Terminamos esta parte con esta idea sobre la historia. Zea afirma: "Y sin embargo, pese a todo esto, el hispanoamericano iba haciendo historia, no la historia que hubiera querido hacer, sino su historia. Una historia muy especial, sin negaciones o asimilaciones dialécticas. Una historia llena de contradicciones que no acaba de sintetizarse. Pero historia al fin y al cabo. La historia que ahora a los hispanoamericanos de mediados del siglo XX toca negar dialécticamente, esto es, asimilar." (Zea: 1965: 44).

Para concluir con Zea hemos elegido la segunda parte del epílogo que lleva por título *De lo concreto a lo universal*; ahí, entre otras cosas, dice: "No hay que hacer de lo concreto lo universal; pero hay que ir a lo universal partiendo de lo concreto. Latinoamérica había olvidado esta necesidad y había tratado de despojarse de lo que era ella misma". Lo concreto es entendido por Zea como la patria, y con esta precisión continúa: "El hombre que en primer término ama a su patria aprende por este camino a amar a todo lo que se le parezca, y a comprender a todo lo que se le asemeje." (Zea 1965: 211 y 212).

En base a ello afirma: "Ningún ideal debe ser ajeno a nuestros pueblos, pero todos deben descansar en cada pueblo concreto. Aspirar a todo, pero asimilándolo a lo que se es en concreto. Lo peor es la imitación con olvido de sí mismo", es por ello que: "Latinoamérica deberá volver los ojos a cada uno de sus pueblos, sobre sí misma, y buscar en ellos no sólo la solución de sus problemas, sino el elemento que le permita incorporarse, sin complejo de inferioridad alguna, a una tarea universal." (Zea 1965: 212 y 213).

Consecuentemente con ese espíritu universal, deslinda con aquellos que pretenden ver en el pensamiento de Zea un razonamiento estrecho; el mexicano escribe: "No se trata de romper con la cultura y la filosofía europeas, sino hacerlas auténticamente propias, asimilándolas para ponerlas al servicio de la solución de nuestros propios problemas." (Zea 1965: 213).

En otra parte entra a discutir sobre la filosofía latinoamericana, y siguiendo al estudioso uruguayo Arturo Ardao, sostiene: "A la filosofía universal, la filosofía latinoamericana aporta lo que es propio. Porque Latinoamérica tiene una filosofía, `la tiene igualmente -dice Ardao- aunque de manera especialísima´". Y luego agrega: "Pero hay más, el latinoamericano no sólo asimila y hace suya la cultura y la filosofía europeas para darles su propio aporte, sino que representa la única salida vital a una cultura y una filosofía que se desintegran en el Viejo Continente. El perspectivismo, el historicismo, el marxismo y el existencialismo son la expresión filosófica de esa desintegración. Frente a ello los latinoamericanos afirman su capacidad para prolongar la cultura europea recreándola, dándole un nuevo sentido. Latinoamérica no sólo se incorpora, partiendo de sí misma, a lo universal, sino que lo hace posible asimilando y recreando lo ya realizado en Europa." (Zea 1965: 218 y 219).

Esa filosofía latinoamericana estaría concretizada, para nuestro autor, en *El nuevo humanismo* que lo entiende así: "El nuevo humanismo, el humanismo a que aspiran los pueblos latinoamericanos y con el cual coincide ya la nueva filosofía europea es un humanismo de `abajo hacia arriba´, del hombre concreto, situado, en circunstancia, hacia el hombre como expresión y sentido de todos los hombres." (Zea 1965: 222).

A través de ese nuevo humanismo se dará un salto a lo universal y así Latinoamérica se incorporaría a la historia de la humanidad. Terminamos con nuestro autor con esta cita que de alguna forma sintetiza su perspectiva: "Contemporáneos de todos los hombres; de los hombres de todas las latitudes de la Tierra, con independencia de su situación concreta, historia, cultura, raza, religión, etc (...) El pensamiento latinoamericano salta así a la universalidad después de una larga y penosa marcha por situarse, conocerse a sí mismo y actuar en función con el ser del hombre que lo origina. (...) Dejarse de sentir marginal a la historia, porque la historia es algo que, quieren que no, hacen día a día todos los hombres. (...) El latinoamericano se ve así, por obra de este nuevo pensar, de este nuevo humanismo, como en un espejo. Viéndose a sí mismo ha encontrado a los otros; viendo a los otros, se encuentra a sí mismo. En lo concreto encuentra lo universal; y en lo universal lo concreto que lo hace posible." (Zea 1965: 228).

Como se puede apreciar, para Zea el tema central de su exposición es el hombre histórico con sus tres dimensiones, es decir, el hombre con su pasado, su presente y su proyección al futuro. En base a este cuadro general, él sostiene, siempre en condicional, que lo que caracterizaría al latinoamericano es el *Ser expectante*, un *Ser en espera permanente*. Esto implicaría que el latinoamericano, en contra de su comentado pesimismo, es en lo fundamental un ser optimista, que antes de mirar el pasado mira el futuro.

A este ser expectante se añade el concepto de *no-ser-siempre-todavía* del filósofo Ernesto Mayz y el *ser como otros para ser sí mismo* del también filósofo Edmundo O´Gorman. De las dos ideas se desprende, de ser verdad lo afirmado, que el latinoamericano está en un proceso de hacerse, de elaborarse permanentemente. Aquí cabe una pregunta: ¿qué pueblo o parte del mundo no está en esa dinámica?, ningún pueblo está en estado de reposo, los latinoamericanos no podrían ser la excepción. Y por otro lado: ¿qué pueblo del mundo no asimila, lo malo o lo bueno, que otros pueblos van desarrollando, creando y perfeccionando permanentemente? Negar lo dicho es simplemente indiscutible.

Además Zea sostiene que *al hegemonismo excluyente de occidente* hay que contraponer el *humanismo incluyente universalista*. Sólo hay que recordar que en Occidente, inclusive visto en bloque, olvidándonos de clases, sistemas económico-sociales y momentos históricos, no todo ha sido y es hegemonismo excluyente. Lo contrario, quizás como aspecto dominado, pero siempre ha estado y está allí en pugna permanente.

Por último plantea que hay que partir *de Lo concreto* para llegar a *Lo universal*. Creemos que tiene que ver con el método de abordar los problemas de América Latina. En otras palabras puede ser de lo particular a lo general, en otras palabras seguir el camino de la inducción, que en teoría del conocimiento, no se contrapone al de la deducción o de lo universal a lo particular. En este caso lo importante es la concepción del mundo y el método general con el cual se investiga, analiza y sintetiza. De lo concreto a lo universal o de lo universal a lo concreto, o de lo general a lo particular no es lo determinante, es simplemente una de las vías del conocimiento.

Además recordemos que los que más han aportado al progreso del mundo y en la joven Latinoamérica, incluido Leopoldo Zea, han hecho tales aportes por ser universalistas. Que hayan sido universalistas no implica que se hayan olvidado de lo concreto; precisamente por ser auténticamente concretos son universalistas. Todas las creaciones humanas, cuando han sido verdaderamente humanas, han sido el resultado de la unidad entre lo universal y lo particular, entre el sueño y la realidad, en la medida que las verdades absolutas contienen a las verdades relativas y las relativas a las absolutas.

En resumidas cuentas creemos que el problema con los particularismos, los nacionalismos, los provincialismos tiene que ver con que, cuando se analiza el problema del Ser, en primer lugar se separa *Ser en el espacio* del *Ser en el tiempo* y luego se les contrapone. Revisemos toda la literatura al respecto y siempre encontraremos, abierta o velada, este principio. *Ser en el espacio* en contraposición al *Ser en el tiempo*. Lo cierto es que el Ser es la expresión del tiempo y el espacio y nunca en estado inmutable. Separar Ser en el tiempo y Ser en el espacio, sólo es posible como gimnasia mental y como tal ejercicio está bien.

ENRIQUE DUSSEl
AMÉRICA LATINA. DEPENDENCIA Y LIBERACIÓN

El trabajo de Dussel es el menos orgánico de toda su vasta producción filosófico-teológica; pero a la vez nos parece el más interesante en función del trabajo que realizamos. El libro que aquí trabajamos consta de un conjunto de ensayos escritos entre los años 1962 y 1972. La mayoría de ellos fueron producidos viviendo el autor en el extranjero (Alemania, Israel y Francia) y comenzando su madurez intelectual.

En el pensamiento de Enrique Dussel, en particular sobre el problema del ser y en esta década, se puede notar, en otra parte él lo reconoce, la influencia de los filósofos alemanes G.W.F. Hegel, específicamente con su *Phänomenologie des Geistes* (1807), y Martín Heidegger con *Sein und Zeit* (1927) y a la par de la religión judeo-cristiana.

En el análisis que nosotros hacemos no seguiremos capítulo por capítulo el libro, en la medida que en algunos de ellos (si bien es cierto tienen relación con el tópico) se alejan en alguna forma de nuestro tema central: el problema del Ser, la personalidad y la filosofía latinoamericana. El primer ensayo que hemos tomado es titulado con una pregunta: *¿El ser de Latinoamérica tiene pasado y futuro?*

Un punto de partida para comprender el problema del Ser del latinoamericano es conocer su historia y tomar conciencia de la misma. El autor escribe: "América Latina tiene una historia milenaria, tanto en su vertiente pre-hispánica como en su vertiente hispano-ibérica: tiene una historia centenaria en su originalidad propiamente latinoamericana -desde el siglo XVI-. Ignorar, olvidar o no tomar conciencia de esa evolución es justamente la característica de una conciencia in-culta. La conciencia culta -diferente a la conciencia in-culta- significa, principalmente, el modo de situarse, la actitud de una subjetividad ante su propia evolución, historia, identidad en el tiempo. Un pueblo, un hombre tiene mayor o menor cultura en el sentido que tenga mayor o menor conciencia de su posición en la historia." (Dussel 1973: 28).

De la conciencia histórica como marco general pasa a plantear y desarrollar su idea-hipótesis sobre América Latina como *conciencia de ruptura* que es uno de los componentes del *ser del latinoamericano*. Él dice: "... en América Latina se ha producido una doble ruptura, un doble trauma que pesa sobre nuestra conciencia, y sabiendo asumir plenamente lo que ha sido `negado´ podremos al mismo tiempo integrarnos, identificarnos con nosotros mismos, producir una síntesis, una novedad, una superación (*Aufherbung*). La *primera ruptura* capital fue la que produjo la civilización hispánica al enfrentarse en bloque y destructivamente ante las civilizaciones pre-hispánicas." (Dussel 1973: 31).

Y luego: "*La segunda ruptura* se produjo en el siglo XIX. Conservadores y liberales se enfrentaron sangrienta y espiritualmente, produciendo por doquier la barbarie y la destrucción (...) Se destroza así nuevamente, tal como se había destrozado la cultura pre-hispánica, se destrozó así la cristiandad de América Latina. A tal grado que, realmente, se podría denominar la prehistoria americana, por cuanto, en la conciencia colectiva de América Latina ha sido absolutamente negado ese momento histórico (un hegeliano, diría *Gestalt*). ¡Es necesario que reintegremos esa historia colonial a la conciencia viva de nuestro pasado, o nuestro bastardismo se perpetuará aún durante mucho tiempo! Y no por un afán hispánico, sino esencialmente por el simple interés de *comenzar a ser*, a tomar conciencia de nuestro lugar en la historia universal." (Dussel 1973: 31).

Insistiendo sobre el problema de la poca conciencia de esta problemática, párrafos después, escribe: "El ser de América, su mundo, está falto de una comprensión suficiente de su pasado, y por ello de su presente y futuro. Falto de una esperanza en su futuro, carece del entusiasmo para indagar su futuro. Pero, mientras no tome conciencia plenaria de la totalidad de su ser *histórico*, pasado milenario, presente crítico y futuro universal se debatirá en la noche que nos ha dejado el siglo XIX." (Dussel 1973: 34).

Y finalmente termina el ensayo afirmando: "El ser del latinoamericano -tanto como `mundo´ así como `perspectiva del ser en general´- sólo puede existir en el presente, por cuanto sólo en el horizonte del presente la existencia puede ejercerse. Sin embargo, el ser del latinoamericano tendrá futuro, futuro plenariamente humano, en tanto en cuanto tome conciencia, autoconciencia, de su pasado. Y en la medida que sea capaz de enraizarse en un pasado milenario el hombre latinoamericano estará dispuesto, pre-dispuesto, a afrontar con éxito su participación en la civilización mundial que se está gestando.". (Dussel 1973: 35).

En *Escatología Latinoamérica I*, así se llama el otro capítulo que hemos elegido, se acerca más al objetivo central, es decir, definir el Ser latinoamericano. El mundo pre-colombino, con sus diferencias, tenía algún nivel de unidad, sostiene Dussel. Pero cuando: "El español, el conquistador, el burócrata del imperio pretendía rehacer `su´ España europea en Indias; el misionero, cuando fue auténtico, es la más valiosa excepción en este trasplante. Así se incorporó a América una España mercantil y moderna por sus estructuras económicas, renacentista en parte por su cultura, absolutista y legalista en su política. Era necesario `imponer´, por el antedicho proceso de *traslación*, un `orden´ hispánico, cueste lo que costare, en la América conquistada. Es evidente que así nació lentamente *Algo absolutamente nuevo* y diverso de España, pero perdiendo una enormidad de energía y tiempo en este proceso de `afuera hacia dentro´, de `arriba hacia abajo´." (Dussel 1973: 46).

Pasando del tópico del ser al tema de la filosofía, en *Metafísica del sujeto y liberación*, sostiene que de la Europa de Descartes, Hegel, Heidegger, Levinas, de la Norteamérica de Marcuse (a pesar de que él es alemán) y de la "Escuela de Moscú": "... nos llega todo pensado desde uno de los momentos de la dialéctica que al haber sido explícitamente descubierto obstaculiza el polo de la correlación desde el cual se considera la totalidad, que es así dominada y ocultada." (Dussel 1973: 86).

Estos conceptos un tanto abstractos son desarrollados en un plano mucho más concreto en el siguiente párrafo: "El poderoso al universalizar su polo dominante oculta al que sufre su poderío la situación de oprimido, y con ello la torna irreal. Desde su irrealidad se auto-interpreta (...) como `naturalmente´ dominado. Es decir, el europeo, y por ello su filosofía, ha universalizado su posición de dominador, conquistador, metrópolis imperiales y ha logrado, por una pedagogía inconsciente pero prácticamente infalible, que las élites ilustradas sean, en las colonias, los sub-opresores que mantengan a los oprimidos en la `cultura de silencio´, y que, sin saber decir `su´ palabra, sólo escuchen (...) una palabra que los aliena: los hace otros, les da la imagen de ser dominadores estando efectivamente dominados. La conciencia desdoblada es propiamente conciencia infeliz, desdichada." (Dussel 1973: 87).

Si la influencia de la filosofía, especialmente europea, ha sido y es clara y evidente en América Latina, el autor se pregunta: "... ¿es posible una filosofía auténtica en nuestro continente subdesarrollado y oprimido aún cultural y filosóficamente?" Y a renglón seguido contesta: "Es posible sólo con una condición: que, desde la autoconciencia de su alienación opresión, sabiéndose entonces estar sufriendo en la propia frustración la dialéctica de la dominación, piense dicha opresión; vaya pensando junto, `desde dentro´ de la praxis liberadora una filosofía ella misma también liberadora. Es decir, la filosofía que emerja de la praxis y que la piense, es la filosofía posmoderna cuando parte de una praxis que supera la dialéctica del sujeto como dominador-dominado." (Dussel 1973: 88).

Y finalmente sobre el rol de esta nueva filosofía: "Así, entonces, la filosofía viene a desempeñar un papel histórico en el proceso de liberación. Al pueblo puesto en movimiento, al hombre de acción viene el filósofo a descubrir lo nuevo, el otro, el que interpela como un siempre más allá y que sólo habla al que tiene adiestrado su oído: al que piensa desde la opresión para que nazca la filosofía de América Latina." (Dussel 1973: 89).

Para dar sustento a la filosofía latinoamericana, en otras palabras a *La filosofía de la liberación*, en el capítulo titulado *El método analéctico y la filosofía latinoamericana,* comienza criticando el método dialéctico. Al mismo él lo denomina la *dialéctica de la dominación,* lo hace en estos términos: "El método dialéctico u ontológico llegó hasta el horizonte del mundo, o la com-prensión del ser; el pensar esencial heideggariano, o la Identidad del concepto en y para-sí como Idea absoluta en Hegel: `el pensar que piensa el pensamiento´. La ontología de la Identidad o de la Totalidad piensa o incluye al otro." (Dussel 1973: 108).

Líneas después plantea su propuesta, da un nuevo sentido al término *Analéctica* (18), leamos: "Nos proponemos mostrar cómo más allá del pensar dialéctico Ontológico y la Identidad divina del fin de la historia y el Saber hegeliano se encuentra todavía un momento antropológico que permite afirmar un nuevo ámbito para el pensar filosófico meta-físico, ético o alternativo. Entre el pensar de la Totalidad, heideggeriana o hegeliana, se debe descubrir el estatuto de la *revelación del Otro*, antropológico en primer lugar, y las condiciones metódicas que hacen posible su interpretación. La filosofía no sería ya una filosofía de la Identidad o la Totalidad, no se negaría como una mera teología kierkegardiana, sino que sería una analéctica pedagógica de la liberación, una ética primeramente antropológica o una meta-física histórica." (Dussel 1973: 108).

Dussel sostiene que la crítica a la dialéctica hegeliana fue hecha por los alemanes Feuerbach y Marx y por el danés Kierkegaard. Mientras que la crítica a la ontología heideggeriana fue hecha por el francés Immauel Levinas; estas críticas no son suficientes, en la medida que los tres primeros son todavía modernos y el segundo es aún europeo, de allí que pierden valor sus argumentos en función de una consecuente crítica alternativa.

En contraposición, afirma: "Seguiremos indicativamente el camino de ellos para superarlos desde América Latina. Ellos son la pre-historia de la filosofía latinoamericana y el antecedente inmediato de nuestro pensar latinoamericano. No podíamos contar con el pensar preponderantemente europeo porque nos incluyen como `objeto´ o `cosa´ en su mundo; no podíamos partir de los que lo han imitado en América Latina, porque es filosofía inauténtica. Tampoco podíamos partir de los imitadores latinoamericanos de los críticos de Hegel (los marxistas, existencialistas latinoamericanos) porque eran igualmente inauténticos." (Dussel 1973: 109).

Si todos eran inauténticos, ¿quiénes eran o son los realmente auténticos? Dussel volviendo a los primeros críticos y siendo consecuente consigo mismo, afirma: "Los únicos reales críticos al pensar dominador europeo han sido los auténticos críticos europeos nombrados o los movimientos históricos de liberación en América Latina, África o Asia. Es por ello que, empuñando (y superando) las críticas de Hegel y de Heidegger europeas y escuchando la palabra pro-vocante del Otro, que es el oprimido latinoamericano en la Totalidad nord-atlántica como futuro, puede nacer la filosofía latinoamericana, que será, analógicamente, africana y asiática." (Dussel 1973: 109).

Algunos párrafos después, retoma el tema del Método Analéctico, y lo expone con algún detalle en contraposición a un determinado método dialéctico: "El método del que queremos hablar, el analéctico, va más allá, más arriba, viene desde un nivel más alto (aná) que del mero método dialéctico. El método dialéctico es el camino que la Totalidad realiza en ella misma: desde los entes al fundamento y del fundamento a los entes. De lo que se trata ahora es de un método que parte desde el Otro como libre, como un más allá del sistema de Totalidad; que parte entonces desde su palabra, desde la revelación del Otro y que con-fiado en su palabra obra, trabaja, sirve, crea. El método dialéctico es la expansión dominadora de la Totalidad desde sí; el pasaje de la potencia al acto de `lo Mismo´. El método analéctico es el pasaje al justo crecimiento de la Totalidad desde el Otro y para `servir-le´ creativamente. El pasaje de la Totalidad a un nuevo momento de sí es siempre dialéctica, pero tenía razón Feuerbach al decir que la verdadera dialéctica parte del diá-logo del Otro y no del `pensar solitario consigo mismo´. La verdadera dialéctica tiene un punto de apoyo ana-léctico (es un movimiento ana-dia-léctico); mientras que la falsa, la dominadora e inmoral dialéctica es simplemente un movimiento conquistador: dia-léctico." (Dussel 1973: 113).

El método ana-léctico, el filósofo lo relaciona con el problema ético, leamos este párrafo: "Lo propio del método ana-léctico es que es intrínsecamente ético y no meramente teórico, como es el discurso óntico de las ciencias u ontológico de la dialéctica. Es decir, la aceptación del Otro como otro significa ya una opción ética, una elección y un compromiso moral: es necesario negar como Totalidad, afirmarse como finito, ser ateo del fundamento como identidad." (Dussel 1973: 115).

Además de reconocer la existencia del Otro, el método analéctico implica el saber situarse y así poder revelar e interpretar la palabra del otro y esto sólo se puede hacer desde la praxis liberadora: "Este proyecto, ámbito transontológico de la Totalidad dominadora, es lo más-alto, lo más allá a lo que nos invita y pro-voca la palabra reveladora. Sólo con-fiados en el Otro, apoyados firmemente sobre su palabra, la Totalidad puede ser puesta en movimiento; caminando en la liberación del Otro se alcanza la propia liberación. Sólo cuando por la praxis liberadora, por el compromiso real y ético, erótico, pedagógico y político, se accede a la nueva Totalidad en la justicia, sólo entonces se llega a una cierta Identidad analógica por su parte desde donde, sólo ahora, la palabra antes comprendida confusamente, tanto cuanto era necesario para poder comenzar la ad-ventura de la liberación en el amor-de-justicia, alcanza la posibilidad en una adecuada interpretación." (Dussel 1973: 120 y 121).

Esta filosofía se concretiza en América Latina, en la medida que: "América Latina es el hijo de la madre amerinda dominada y del padre hispano dominador. El hijo, el Otro, oprimido por la pedagogía dominadora de la Totalidad europea, incluido en ella como el bárbaro, el *bon sauvage*, el primitivo o subdesarrollado. El hijo no respetado como Otro sino negado como ente conocido. Lo que América Latina es, lo vive el simple pueblo dominado en su exterioridad del sistema imperante." (Dussel 1973: 123).

Ante esta situación la tarea del filósofo es saber: "... cómo destruir los obstáculos que impiden la revelación del Otro, del pueblo latinoamericano que es pobre, pero que no es materia inerte ni telúrica posición de la *fysis*. La filosofía latinoamericana es el pensar que sabe escuchar disciplinadamente la palabra analéctica, analógica del oprimido, que sabe comprometerse en el movimiento o en la movilización de la liberación, y, en el mismo caminar va pensando la palabra reveladora que interpele a la Justina; es decir, va accediendo a la interpretación precisa de su significado futuro." (Dussel 1973: 123).

De ello concluye en este capítulo que: "La filosofía latinoamericana, que tiende a la interpretación de la voz latinoamericana, es un momento nuevo y analógico en la historia de la filosofía humana. No es ni un nuevo momento particular del Todo unívoco de la filosofía abstracta universal; ni es tampoco un momento equívoco y auto-explicativo del mismo. (...) La filosofía latinoamericana es, entonces, un nuevo momento de la historia de la filosofía humana, un momento analógico que nace después de la modernidad europea, rusa y norteamericana, pero antecediendo a la filosofía africana y asiática posmoderna, que constituirán con nosotros el próximo futuro mundial: la filosofía de los pueblos pobres, la filosofía de la liberación humana mundial." (Dussel 1973: 124 y 125).

Pero el autor no se queda sólo en la reflexión filosófica, va mucho más allá, cuando en el capítulo *Historia de la fe cristiana y cambio social en América Latina,* plantea: "Ahora no se trata ya de una guerra de la emancipación nacional, sino de una lucha por la liberación latinoamericana. Es la revolución del `pueblo´ mismo latinoamericano, contra su propia oligarquía centenaria y por intermedio de ella del imperialismo mundial de los aglomerados internacionales. (...) De allí que las opciones se reduzcan a dos extremos, entre las que caben muchas posiciones intermedias: o un fascismo con capitalismo dependiente o un socialismo latinoamericano." (Dussel 1973: 217).

Finalmente esta acción político-social y su reflexión filosófica encuentra su sistematización en la teología de la liberación: "La teología de la liberación, parte reflexiva de la profecía (profecía como momento ordinario de la fe cristiana y no como carisma extraordinario), parte de la realidad humana, social, histórica para pensar en un horizonte mundial las relaciones de injusticia que se ejercen desde el centro contra la periferia mundial de los pueblos pobres. Pero dicha injusticia la piensa teológicamente a la luz de la fe cristiana, articulada gracias a las ciencias humanas, y a partir de la experiencia y el sufrimiento del pueblo latinoamericano." (Dussel 1973: 218).

De todo lo expuesto podemos decir que Enrique Dussel no ha logrado sustentar detalladamente en qué consiste ese *Algo absolutamente nuevo* que singulariza al *Ser* del latinoamericano. Eso de *absoluto*, sólo es una afirmación sin argumentación. Por ese camino se termina en lo que Hegel, en la *Ciencia de la lógica*, sostuvo: "El Ser puro y la pura Nada son lo mismo". En consecuencia no puede ser más que un buen deseo, de alguien que moralmente estuvo y está comprometido con el cambio y la transformación del continente.

De igual modo, tampoco se menciona cuál es la base epistemológica, las leyes, los principios y las categorías de *Una filosofía auténtica en América Latina*. Lo máximo que se desarrolla es un aspecto de ella: el llamado método analéctico, el mismo que es entendido como un aspecto de la dialéctica correcta en la línea de Feuerbach. Pero el método, como es bastante conocido, no es concepción del mundo.

Por otro lado cuando desarrolla la idea de la *praxis de la liberación* y la vincula con los pobres en oposición a la *praxis de la dominación* de los ricos, para llegar a la conclusión de que hay que oponer a la dominación la liberación. Con esa simplificación termina directamente en una relación al estilo acción-reacción de la mecánica, o estímulo-respuesta de la escuela reflexológica en psicológica. Es sabido que en la realidad político-filosófica las relaciones, influencias, transformaciones, cambios, revoluciones son producto de ese siempre hacerse y deshacerse, sintetizado en ese incesante acometerse de la unidad-lucha-unidad y así hasta el infinito. Como consecuencia, las relaciones político-filosóficas, son algo mucho más complejas, ricas y profundas que la simple fórmula de acción-reacción o estímulo-respuesta.

En ese intercambio constante de dar y recibir, que bajo ciertas circunstancias, se transforma en su contrario, lo pensado, desarrollado y recreado por las clases dominantes, muchas veces, sirve a las clases dominadas y viceversa. Sólo mencionemos al Occidente, parte de la producción científico-filosófica del mundo esclavista griego, lo almacenado y recuperado de la ciencia por los árabes en toda la etapa feudal, las ideas del renacimiento y los avances científicos y filosóficos de los últimos 500 años han servido y sirven, también, a los pobres y a la humanidad en su conjunto, en este tránsito del reino de la necesidad al reino de la libertad.

Pero lo otro, podemos verlo con mucha claridad de igual modo, en uno de los más famosos filósofos chinos, en la filosofía griega y hasta en la religión católica. Muchas ideas de Lao Tse teniendo un origen popular y revolucionario para su tiempo, en un momento dado fueron tomadas y utilizadas por los emperadores y algunos aspectos lo convirtieron en filosofía oficial por muchos siglos.

De igual modo sucedió con parte de la producción filosófica griega que al ser convertido este país en una provincia romana, su filosofía fue tomada y utilizada. Por último la religión católica, religión de esclavos, luego de ser perseguida y condenada fue aceptada, adoptada y oficializada como religión oficial, primero por los romanos, pasando por toda la Edad Media y perdura hasta nuestros días.

En América Latina muchos mitos y leyendas de origen nativo y popular tuvieron la misma suerte. La experiencia de la Virgen de Guadalupe en México y el Dios Wiracocha en el Perú son los mejores ejemplos de cómo se da ese proceso de sincretismo, asimilación, aprovechamiento de unos hacia otros y de esa forma la producción, en cualquier nivel, va mucho más allá de la simple fórmula acción-reacción o estímulo-respuesta.

Además cuando Dussel sostiene que se ha desarrollado es *algo absolutamente nuevo* con respecto al *Ser* y como parte o base para *una filosofía auténticamente en América Latina* que nada tiene que ver con Europa lo hace pensando y escribiendo en un idioma europeo, manejando y utilizando categorías filosóficas desarrolladas y sistematizadas por la filosofía y los filósofos europeos.

En ese punto se contradice de plano. Rechaza lo europeo en nombre de lo americano con toda la carga conceptual y emocional europea. Olvidándose que hay muchos logros que pueden haber sido sistematizados en alguna parte del mundo, donde la necesidad, la temporalidad y la casualidad coincidieron, y se han convertido en patrimonio de la humanidad. (19)

Lo puro, lo absolutamente nuevo, lo único y lo auténtico, hay que decirlo una vez más, son quimeras y muchas veces muy peligrosas. Ya muchos latinoamericanos se han referido a ello. Un compatriota de Dussel, hace cerca de 50 años, sostuvo: "A éstos que rechazan el elemento europeo habría que recordarles que toda cultura es híbrida y que es candorosa la idea de algo platónicamente americano." (Sábato 1997: 15).

El punto de vista geográfico, estuvo de moda a principios del siglo XX con el nombre de perspectivismo, desde donde se analice y se sistematice puede ser acertado y tener buenos resultados sólo hasta un determinado nivel del conocimiento. Los fenómenos político-filosóficos vistos desde Europa y desde América Latina pueden tener diferencias formales mas no esenciales. Sus diferencias son de tono, de grado, de cantidad mas no de calidad. Si no conceptualizamos las cosas así, corremos el riesgo de caer en el relativismo histórico-filosófico y de allí directo en el localismo y el particularismo cultural muy afín a los románticos europeos del siglo XIX. (20)

Por último, para terminar con Dussel, él plantea como herramienta de transformación de América Latina *La teología de la liberación*. La teología entendida en su versión judeo-cristiana; pero vista desde Latinoamérica y con los ojos de los pobres. Aquí se insiste por un lado en el punto de vista geográfico y por otro lado se repite la antigua contradicción, en la medida que esta religión no nació en América tampoco en Europa, viene de afuera, y ha sido, y es entendida como una religión universal que rompe con los localismos o particularismos de culturas o continentes.

Con estos argumentos, la discrepancia con la religión católica oficial sólo sería de forma, el punto de vista geográfico, y de método, mas no hay ningún cuestionamiento de fondo, en sus bases cognoscitivas, filosóficas y teológicas. En este nivel, al margen de reformas, honestos y sacrificados católicos, la religión y no sólo la católica, sigue siendo "... el opio del pueblo".

*

Deseamos concluir esta parte del capítulo diciendo que para los cuatro autores aquí trabajados el tema de la conquista, la colonia y sus consecuencias es un hecho recurrente que se podría catalogar como que es el pecado original del latinoamericano. Que sus consecuencias son *el mestizo* y *la mentalidad colonial* en Martínez Estrada, *el sentimiento de soledad* en Paz y en menor medida en Zea y Dussel. Con discrepancias más o discrepancias menos, son verdades aceptadas por los cuatro en la medida que no sólo son observables sino de igual modo comprobables en la mayoría de latinoamericanos.

Sobre el discutido y viejo problema del *Ser*, más aún del *Ser del latinoamericano*, los filósofos Zea y Dussel, a pesar de que lo bordean, no responden a ninguna de las interrogantes que un especialista moderno en el tema del *Ser* (el ser del ser) ha sistematizado. Veamos cómo Martin Heidegger, en *Sein und Zeit*, planteó esta problemática: "El ser está implícito en el `qué es´, y el `cómo es´; en la realidad en el sentido más estricto; en el `ser ante todos´; en el `constar qué...´; en el ser válido; en el `ser ahí´; en el `hay´." (Heidegger 2001: 16).

Cuando Leopoldo Zea describe el ser del latinoamericano, sostiene en primer lugar que lo que caracteriza al mismo es el ser un *Ser expectante* y a la par un *Ser en espera permanente*. Luego desarrolla la idea del *no-ser-siempre-todavía* y la del *ser como otros para ser sí mismo*. Y en torno a la filosofía latinoamericana, la entiende principalmente como un *Deseo*. Él lo denomina *El humanismo universalista* en contraposición al *hegemonismo excluyente europeo*.

Con respecto al ser, si bien lo entiende a éste en movimiento, ya lo hemos dicho párrafos antes, separa primero y contrapone después *ser-espacio* a *ser-tiempo*. Y con respecto a la concepción filosófica el reducirla a fenómenos mentales, a ideas fijas con estructuras cerradas, donde las diferencias se borran, las contradicciones desaparecen y los matices sucumben. Eso en filosofía no es concepción, es método y tiene un nombre y no es otro que metafísica.

Consecuentemente sobre el *Ser del latinoamericano,* en vista de que Dussel y Zea no lo definen con precisión, lo máximo que se podría decir a favor, muy tentativamente, es que sus componentes básicos son *la mentalidad colonial* y *el sentimiento de soledad.* Pero en contra, con variantes más o variantes menos, que esta mentalidad y este sentimiento es el común denominador de todos los pueblos que han sufrido conquista y dominación colonial por un lado y por otro lado, con diferencia de grado o de tono, que debe tenerse en cuenta, estos conceptos son componentes del *Ser* del hombre en general.

Por otro lado *Lo propio, lo exclusivo, lo absolutamente nuevo, lo auténtico* y *lo único,* términos que Dussel maneja, existen como abstracciones que bien sirven para deducir o inducir fórmulas aproximativas y tendenciales mas no en las realidades histórico-filosóficas. En la medida que los latinoamericanos, en su mayoría, son producto del mestizaje, de la resematización, del sincretismo. En una palabra, con García Canclini son "culturas híbridas". Más aún siendo la perspectiva seguir este mestizaje, sincretismo y resematización cómo puede el latinoamericano producir *algo propio, auténtico y absolutamente único* y *nuevo.*

Nadie puede demostrar con algún argumento válido la existencia de *Lo propio y lo único* o de *Lo absolutamente nuevo,* en la medida que, por principio elemental, lo propio contiene ya lo extraño, lo único cobija lo diferente. De igual manera lo nuevo contiene siempre una parte de lo viejo, así como el presente mucho del pasado y algo del futuro.

Si esto se da a nivel de las abstracciones y construcciones mentales, en la sociedad la tendencia general, hay que mirar solamente los últimos siglos, es la búsqueda incesante de lo común y la conjunción de lo diferente a pesar de que en ciertas circunstancias, aparentemente, se haya hecho lo contrario. Los nacionalismos, los regionalismos, los provincialismos y los particularismos son horas de división en busca de los siglos de universalización y unificación, como decía Hegel, del espíritu del mundo.

Otro problema es con qué mentalidad, con qué ideología, cómo y en función de qué intereses se unifica y universaliza, éste es tema a debatir. Lo último es un punto clave para poder comprender la actual y discutida globalización en marcha que tanto papel, tinta y tiempo viene ocupando en los últimos 20 años. Sobre este tema volveremos al final del libro.

Sobre *la filosofía latinoamericana*, de igual modo, al no haberse argumentado sus orígenes ontológicos, su concepción del mundo, sus leyes, categorías y principios, debemos contentarnos con lo dicho por Leopoldo Zea, es decir, con *El universalismo humanista*, idea filosófica que es aceptada por unos y combatida por otros. Haciendo la aclaración de que los postulados fundamentales de *El universalismo humanista* como corriente filosófica tiene una larga historia y variadas fuentes que no nacieron, naturalmente en Latinoamérica. Entre sus forjadores y sistematizadores hay que mencionar la escuela de los Cínicos y los Estoicos griegos, y en especial, a dos de su más grandes exponentes: Diógenes de Sípona El *primer ciudadano del mundo* y Zenón de Citio el creador del *Estado-mundo*.

¿Que en Latinoamérica se filosofa y se hace filosofía? Por esos predios no transita nuestra preocupación, en la medida de que casi todos, en distintos niveles, filosofan y en casi todo el mundo se hace filosofía. Hubo y hay en América Latina buenos, cumplidos y exigidos profesores de filosofía. Pero no ha habido, hasta el momento, ningún filósofo con rigor. Estamos pensando al nivel de un Lao-Tsé, Platón, Descartes, Hume, Kant, Hegel, por citar sólo algunos.

Consecuencia de ello, nuestra preocupación central es saber qué corriente, escuela o sistema filosófico se ha organizado y sistematizado en América Latina. La misma que no sólo debería tener alcances o valor continental, nacional, regional o local. Por el contrario, una filosofía que tenga alcances y valor universal, ésa es la que reclamamos, y ésa hasta el momento, aún no se ha sistematizado.

Aparte de los intentos, principalmente, de Leopoldo Zea y de Enrique Dussel, párrafos antes mencionados, hay muy poco. Y esta misma preocupación la hacemos extensiva a todo el mundo hispanohablante, en la medida de que en dicha lengua tampoco se ha logrado ese nivel de sistematización y universalización filosófica.

Recordemos a dos de los más conocidos filósofos españoles. Miguel de Unamuno (1864-1936) sostiene que *La concepción del mundo* es igual a *La intuición del mundo* o a *un concepto de la vida*. Aquí reside su problema para comprender la abstracción y la sistematización filosófica. Consecuente con esta idea, Unamuno escribe: "... nuestra filosofía, la filosofía española, está líquida y difusa en nuestra literatura, en nuestra vida, en nuestra acción, en nuestra mística sobre todo, y no en sistemas filosóficos. Es concreta." (Unamuno 1995: 279).

Y líneas después añade: "Filosofía ésta nuestra que era difícil de formularse en esta segunda mitad del siglo XIX, época afilosófica, positivista, tecnicista, de pura historia y de ciencias naturales, época en el fondo materialista y pesimista". Finalmente remata: "Nuestra lengua misma, como toda lengua culta, lleva implícito una filosofía. Una lengua en efecto es una filosofía potencial." (Unamuno 1995: 279).

Como se puede ver con alguna facilidad, Unamuno remplaza *Lo abstracto* por *Lo concreto*, *Lo sistemático* por *Lo difuso*, *La razón* por *La intuición*. En base a estas tres incomprensiones termina generalizando, algo elemental y sabido, que todas las lenguas cultas cobijan implícitamente alguna filosofía, la misma que se expresaría en la producción literaria principalmente.

Por su parte José Ortega y Gasset (1883-1955) es mucho más cuidadoso y menos genérico en comparación a Unamuno. En vez de sostener tal o cual argumento difuso o intuitivo a favor de la filosofía española, más bien sostiene que la inteligencia española tiene: "Una innata conciencia de su limitación, de no estar calificado para teorizar, se lo vedaba completamente". Párrafos después reitera: "La escasez de la cultura intelectual española, esto es, del cultivo o ejercicio disciplinado del intelecto, se manifiesta no en que se sepa más o menos, sino en la habitual falta de cautela y cuidados para ajustarse a la verdad que suelen mostrar los que hablan y escriben." (Ortega 1995: 124 y 125).

Por último se pretende considerar como filosofía española a las ideas sistematizadas por los teóricos de la Contra-reforma. Si vamos a ser condescendientes aceptando que ahí hay filosofía sistematizada, tendríamos que decir que en ellos no hay nada realmente nuevo, diferente a la escolástica y al tomismo principalmente. Pero además no perdamos de vista y recordemos que la Contra-reforma fue una acción eminentemente teológico-política antes que filosófica.

Retomando el tema de la filosofía latinoamericana, nosotros en nuestro libro *Las dos caras de América Latina...* (2002) hemos planteado algunas hipótesis al respecto. Las razones de por qué no se ha desarrollado una corriente filosófica orgánica o una escuela filosófica sistematizada en América Latina, pensamos que se reducen a cuatro razones básicas. Para no repetir, resumiremos lo ya planteado así. Primero, tiene que ver con la necesidad. Segundo, tiene que ver con la temporalidad. Tercero, tiene que ver con el predominio de la religión católica. Cuarto, tiene que ver con el idioma español.

Terminamos este capítulo diciendo que estos entredichos e incomprensiones, estas luces y sombras que oscurecen el camino de la integración del latinoamericano en el concierto universal no es nuevo. La desgracia del ser humano en general y del latinoamericano en particular es vivir en este constante vaivén de la vida, de la historia y del conocimiento. Pero al mismo tiempo es su dicha y felicidad, su alegría y razón última de vivir, y de este modo ser alguien en este largo trajinar del hombre sobre la Tierra. De no ser así, la vida sería tan desgraciada y tan miserable que no merecería llamarse vida y menos aún vivirla.

En el cuarto capítulo de esta investigación desarrollamos ese aspecto de la existencia humana, donde muchos latinoamericanos, intentaron pasar esa dura prueba en la vida práctica. Las teorías, las ideologías, las doctrinas y los sueños se fundieron en la fragua de la existencia misma. Los resultados han dejado en la boca de la mayoría de los participantes un sabor entre dulce y amargo.

CUARTO CAPÍTULO

DE LAS EXPLOSIONES SOCIALES A LAS REFORMAS. DE LAS REFORMAS A LA REVOLUCIÓN

EL PROBLEMA DE LA VIOLENCIA
EN AMÉRICA LATINA

"¡... tierra bendita, tierra regada con sangre de
mártires, con sangre de soñadores... de los únicos
buenos!"

Manuel Azuela,
Los de abajo (1915).

América Latina, ya lo dijimos al comenzar el segundo capítulo, es
consecuencia de una doble violencia. Las más desarrolladas sociedades
autóctonas se estructuraron violentamente. Aztecas e incas vienen a ser
los dos ejemplos últimos, representativos y más conocidos.

Posteriormente la conquista y la colonia fueron todo, menos
pacíficas. La emancipación y la independencia confirman esta regla.
Sobre este accionar violento han venido construyendo su presente y por
añadidura su futuro político-social los países que hoy conforman la
América Latina.

La violencia de la conquista y la colonia fue respondida, de igual
modo, con violencia por parte de indios y negros principalmente. Con
la participación de los criollos, la emancipación se forjó y la
independencia se logró violentamente.

La república se estructuró vertical y violentamente. El capitalismo
impone sus leyes y principios no de otra manera. La respuesta de las
clases dominadas y explotadas ha sido y es, en la mayoría de los casos,
asimismo violentas.

Es pertinente una pequeña aclaración. Cuando decimos que la
violencia ha sido el común denominador, no implica que reduzcamos
todo a la violencia. Hubo naturalmente métodos pacíficos, de
compromiso y hasta de consenso, pero siempre subordinados a los
primeros. Y en segundo lugar, cuando hablamos de violencia no
limitamos el concepto a la violencia física, hay en otros niveles, como
la psíquica y cultural por no hablar de la violencia estatal-estructural.

Pero el problema de la violencia no hay que buscarlo en la rabia de
los dioses o en la maldad innata de los hombres como creen algunos
interesados. Por el contrario hay que buscarlo en la realidad doliente y

quemante de las grandes mayorías de América Latina. Alejo Carpentier, entre otros, creía lo mismo cuando afirmaba: "No es en vagas teorías de gabinete, de tertulias de café, de coloquios eruditos, donde se encuentran las soluciones de los problemas fundamentales, vitales, de este continente, continente cuya unidad indudable, en ciertos aspectos, no ha de buscarse en el uso de un idioma común a muchos países, sino en la existencia de idénticos o parecidos problemas." (Capentier 1969: 78).

Con esta previa aclaración, retomamos el tema del proceso de transición en América Latina a partir de la década del 50 del siglo XX. El desarrollo del capitalismo condicionó el crecimiento de las ciudades, que se caracterizan por ser conglomerados de muchedumbres o multitudes. Como producto de su accionar diario, en las ciudades se da cierto tipo de acciones que en el campo o en las aldeas son sencillamente improbables.

Las explosiones sociales son movimientos eminentemente urbanos, su terreno de acción son las ciudades. Sus actores no se reducen a una clase o alianza de clases, por el contrario es un conglomerado multiforme e incoloro, donde se encuentra el ama de casa, el obrero, el pequeño comerciante, el desocupado, el excluido, el informal, el delincuente y el lumpen. En resumen, como se dice, la mayoría del pueblo llano.

Además es pertinente decir que muchas veces las mismas clases dominantes, a través de sus gobiernos, inducen, motivan o toleran este tipo de acciones con el fin de solucionar contradicciones internas o saldar problemas no resueltos y así librarse de estorbos momentáneos o simplemente para tranquilizar circunstancialmente a las masas descontentas.

Entre estas acciones se pueden mencionar los paros, las huelgas, las movilizaciones, los incendios y los saqueos, medios a través de los cuales expresan los pueblos sus reclamos, su descontento o malestar. Cuando en algunos casos coinciden todos o casi todos estos hechos, ocurre lo que se ha dado en llamar desborde popular o más propiamente *explosiones sociales o explosiones populares.* Explosiones sociales que pueden ser el origen de insurrecciones, rebeliones y hasta de revoluciones.

A este tipo de acciones sociales, el historiador Eric Hobsbawm las denomina *La turba urbana.* Además de sostener que son *movimientos pre-políticos* los relaciona directamente con la *asonada*, leamos: "La turba puede definirse como el movimiento de todas las clases urbanas pobres encaminado al logro de cambios políticos o económicos mediante la acción directa -es decir; por el motín o la rebelión- pero un movimiento que todavía no estaba inspirado por ninguna ideología específica; o, si es que encontraba la expresión de sus aspiraciones en algún modo, lo hacía en términos tradicionales y conservadores." (Hobsbawm 1983: 168)

En otra parte, resaltando que estos movimientos son de carácter eminentemente citadinos, escribe: "La muchedumbre podía alzarse. Podía hacerlo con notable eficacia porque, viviendo en ciudades y capitales, tenía una concepción mucho más precisa que los campesinos de pueblos alejados de lo que significa 'el gobierno', 'el Poder' y también 'la toma del Poder'. Pero no podía hacer más que levantarse periódicamente contra el destino del hombre, y luego volver a su cauce, y prefería la aceptación tácita del gobierno y de los que brindaban trabajo -es decir algún gobierno, cualquier gobierno- y luego el procedimiento de la asonada para objetivos limitados o de corto plazo." (Hobsbawm 1983: 185).

Finalmente tomando en cuenta el momento histórico, el nivel de desarrollo del capitalismo, la capacidad aglutinante de los Estados y la experiencia de las clases dominantes para sofocar o controlar este tipo de acciones, sostiene: "Sólo fuera de Europa Occidental puede todavía esperarse que el ciudadano corriente de las grandes ciudades conozca de su propia experiencia la asonada y la turba preindustriales." (Hobsbawm 1983: 168 y 169).

Más aún, habría que agregar que en este tipo de movimientos, el rumor y luego el pánico juegan un rol importante. Se podría decir que el aspecto psicológico-subjetivo es el que orienta las acciones. Por lo tanto estos acontecimientos parecen materializar ese viejo principio que reza: la acción concreta es todo, el objetivo final no es nada.

Normalmente estas explosiones sociales son de corta duración, se reducen a horas o máximo a días (en los fines de semana son infrecuentes), luego que el descontento ha logrado su clímax y así su desfogue, la sociedad recobra su normalidad.

La calma contribuye para enterrar a los muertos, curar a los heridos y visitar a los presos, por un lado. Por otro lado, en muchos casos, tales explosiones populares son el motivo o condicionante para cambios, giros o reformas político-sociales.

EL BOGOTAZO, 1948

En América Latina, esta experiencia de explosiones populares se ha dado con alguna frecuencia a lo largo del siglo XX; pero una de las que más se recuerda y que a la vez marca, en alguna forma, la vida político-social de América Latina, en este nivel, fue la explosión social ocurrida en Colombia, más concretamente en Bogotá los días 9 y 10 de abril de 1948. Explosión social que es conocida con el nombre de El Bogotazo.

Estas explosiones sociales se repetirán con bastante frecuencia a lo largo de América Latina, las más recordadas en los últimos 50 años, aparte del Bogotazo, son las sucedidas en Argentina, en la ciudad de Córdoba en el mes de mayo de 1969, conocida como el Cordobazo. La de Venezuela, en Caracas a fines de febrero de 1989, conocida como el Caracazo. Y el 19 y 20 de diciembre del año 2001 en Buenos Aires llamada el Argentinazo.

Los motivos, en la forma, han sido diferentes; pero el fondo siempre ha sido el latente malestar social o el permanente descontento popular. Lo que caracteriza a estas explosiones sociales es la masiva participación de la población, la violencia incontrolada, la poca o casi nula influencia político-ideológica consciente de partidos o frentes.

Por su importancia y significación, a la vez, por ser la primera explosión social de esa magnitud, en la etapa que analizamos en esta parte del continente, desarrollamos a continuación algunos hechos, características y consecuencias del llamado El Bogotazo sucedido el 9 y el 10 de abril de 1948 en la capital colombiana.

Previamente hay que decir que la violencia político-social en Colombia no es ninguna excepción; a pesar de ello, es uno de los hechos típicos que caracteriza al país de la cumbia y García Márquez. El historiador inglés, párrafos antes citado, subrayando la violencia cruzada en esta parte del mundo, en el año 1963, escribió: "Durante los últimos quince años, la República sudamericana de Colombia ha sido devastada por una combinación de guerra civil, acciones guerrilleras, bandidaje y simples matanzas no menos catastróficas por ser virtualmente desconocidas en el mundo exterior. Este fenómeno es conocido como la Violencia, a falta de un término mejor." (Hobsbawm 1968: 263).

Para las ciencias sociales, la violencia o este tipo de explosiones sociales o populares, no se pueden entender en sí y por sí. Más por el contrario, ellas buscan su explicación y esclarecimiento, fundamentalmente, en la realidad histórica, económico-social.

En esa dirección, Colombia, antes del 9 de abril de 1948, venía experimentando una larga experiencia, especialmente en el campo, de enfrentamientos armados. Bastaría recordar la denominada "violencia partidista", la que en alguna forma fue la prolongación de la violencia iniciada, y muchas veces reiniciada, en las primeras décadas del siglo XX.

Lo nuevo de los hechos antes y después del Bogotazo, fue que la violencia tuvo, como consecuencia de la transición, su principal teatro de operaciones en las ciudades, con causas y características algo diferentes a la violencia en el campo.

Leamos lo que al respecto escribe el estudioso colombiano José Jesús Bejarano: "1946-1949: en esa primera fase, la violencia es fundamentalmente urbana y puede caracterizarse como una ofensiva sistemática de las clases dominantes contra los sectores populares urbanos. (...) Ello, junto a las numerosas huelgas, lleva a una agudización de las tensiones entre los partidos, que acaban con el abandono del gabinete por parte de los liberales. En este sentido, la violencia es claramente la prolongación de la crisis política y de la disociación entre el campo social y el campo político, que se expresa en manifestaciones partidistas." (Bejarano 1985: 55).

Insistiendo en la crisis política y de gobernabilidad, como uno de los motivos de la violencia y coincidiendo con el anterior estudioso, otro especialista en el tema dice que la violencia tuvo su pico más elevado entre los años 1948 y 1949. Lapso de tiempo en el cual ocurrió el asesinato del dirigente liberal Jorge Eliécer Gaitán y el consecuente mencionado Bogotazo del 9 y 10 de abril. Leamos: "... la violencia generalizada que prevalece a partir de 1948-1949, la disociación entre el campo social y el campo político, que es a la vez el origen y el síntoma, no pueden producirse sino a partir de una dislocación entre el aparato de Estado y el poder del Estado. Antes de ser el resultado de la lucha por el Poder, entre las dos comunidades políticas, la dislocación del Estado es el efecto de la política económica adoptada por las clases dominantes en una coyuntura de gran prosperidad económica." (Pecaut 1985: 53).

El día 9 de abril (minutos después de la una de la tarde) en la puerta del edificio donde estaba ubicada su oficina de abogado, con tres disparos de pistola, fue asesinado el dirigente liberal Jorge Eliécer Gaitán. Este hecho fue el detonante para que el pueblo de Bogotá, al escuchar los gritos de "Han asesinado a Gaitán". "Han asesinado a Gaitán" se volcara a las calles y convirtiera la ciudad, en especial los símbolos del Poder, en blancos de su ira, de su odio y de su descontento acumulado.

La movilización multitudinaria, los incendios, los saqueos, las barricadas y los enfrentamientos con la policía y los militares, entre otras acciones, fueron el común denominador de esta explosión social. La muerte de Gaitán sólo fue el detonante. El pueblo derrotó a las fuerzas del orden, controló y tomó por dos días la ciudad capital y algunas otras ciudades. Como ya es historia conocida, después el pueblo no supo qué hacer con ellas, y al paso del tiempo, las fuerzas del orden recuperaron el control de la situación.

Un participante directo en el Bogotazo fue, el entonces desconocido estudiante universitario, Fidel Castro. Él en una entrevista concedida a Arturo Alape, décadas después, respecto del Bogotazo declaró lo siguiente: "Estábamos mirando y la gente subió y desde allá arriba empezó a tirar sillas, empezó a tirar escritorios, empezó a tirar todo, no se podía estar allí porque era un diluvio lo que venía de allá arriba. Y ya te digo, un hombre trataba de pronunciar un discurso en un balcón en una esquina, cerca del parque, pero nadie le hacía caso, aquello era un espectáculo increíble. (...) y en ese momento ya se ve como una gran procesión de gente, un río de gente que viene por una calla paralela más o menos a la carrera séptima. Van algunos ya con armas, hay algunos fusiles, otros con palos, hierros, todo el mundo con algo, porque el que agarraba un palo, un hierro, cualquier cosa lo llevaba en la mano." (Alepe 1983: 292 y 293).

De igual manera, el después famoso escritor Gabriel García Márquez, fue testigo presencial del mismo hecho. Él recuerda lo que vio algunas horas después del inicio del desborde popular. Sus palabras: "Ya entonces era incalculable el número de muertos en las calles, y de los francotiradores en posición inalcanzables y de las muchedumbres enloquecidas por el dolor, la rabia y los alcoholes de grandes marcas saqueadas en el comercio de lujo. Pues el centro de la ciudad estaba devastado y todavía en llamas, y diezmadas o incendiadas las tiendas de pontifical, el Palacio de Justicia, la Gobernación, y otros muchos edificios históricos." (García Márquez 2002: 351).

Saber quiénes organizaron y quiénes se beneficiaron con esta acción no tiene mayor importancia. Lo fundamental en este caso es ver la acción social, el desborde popular, los excesos de la explosión, el hecho donde se confundió el pueblo y se adueñó de la ciudad. Y por otro lado comprobar el rol de la acción subjetiva, la espontaneidad y los límites de estas acciones que normalmente carecen de plan, de orientación consciente y son de corta duración.

En este tipo de explosiones sociales las masas opacan al individuo, la multitud ensombrece al dirigente. La espontaneidad derrota a la organización, el rumor psicológico hace lo mismo con la teoría sociológica. De igual modo en el plano militar, la táctica entierra a la estrategia.

Y por último se comprueba que en estas explosiones populares el valor y la entrega sin límite del individuo-masa llega a niveles increíbles. Sin pretender que fue lo mismo, cuando Karl Marx recordaba parecidas acciones, y en especial este tipo de individuos en la Comuna de París 1871, decía que "... los comuneros fueron valientes hasta la locura".

Entre las consecuencias más notorias de la muerte del dirigente liberal Jorge Elíecer Gaitán y del Bogotazo es que a partir de ese momento la violencia política en este país se ha incrementado e instalado como un elemento gravitante y cotidiano en la sociedad colombiana. Más aún, con estas acciones, más otros hechos posteriores, se ahondaron los abismos de odio, enfrentamientos y muerte en dicha sociedad.

A pesar del más de medio siglo transcurrido, es Colombia el país más violento, políticamente hablando, de América Latina; los actores (hoy los movimientos guerrilleros, el Estado, sus paramilitares y la mafia de la droga) y los escenarios (hoy la cordillera, los valles, la selva, las ciudades) han cambiado pero las raíces históricas, económicas y sociales, en este proceso de transición, que motivaron éste y otros hechos de violencia político-social, en lo esencial, se mantienen esperando o pugnando por una solución de fondo como en casi toda América Latina.

*

La transición tiene además otras manifestaciones, aparte de las explosiones sociales, están las reformas que se propugnan y se realizan. Las reformas, especialmente en el agro, tienen una doble función. En principio sirven para evitar las explosiones sociales y sobre todo, las revoluciones. Revoluciones que pueden terminar cambiando radicalmente la estructura de clases y el Estado en un determinado país. Es por ello que la reforma apunta a generar un cambio pacífico y ordenado al interior de la sociedad, evitando así "los traumas de la violencia"; pero sin renunciar totalmente a ella.

Las reformas normalmente son cambios ordenados-controlados y muchas veces extremadamente lentos. Estas reformas se dan en todos los niveles de la sociedad; pero de todas ellas destaca la reforma agraria, la que cumple el papel de liberar al campesinado de las ataduras feudales o semi-feudales y allanar el camino para el desarrollo capitalista, desarrollar el mercado, construir la nación, estructurar un Estado a nivel nacional y poner las bases para los regímenes democrático-liberales.

Las reformas agrarias, en la mayoría de los casos, son emprendidas por las mismas clases dominantes y desde el Estado. Se concretiza en la compra-venta de la tierra, en otras palabras en la expropiación de la misma. Se le denomina también desarrollo del camino burocrático o terrateniente en el agro. El mejor ejemplo de esta experiencia fue la reforma agraria emprendida por los Junkers (grandes hidalgos-terratenientes) en los tiempos del imperio prusiano. De allí que se le llame también la vía prusiana en el agro.

En contraposición a la vía anterior, existe la reforma por la vía campesina o camino democrático, se concretiza en la confiscación de la tierra. En esta experiencia el campesino toma la tierra sin pago alguno. Es expeditiva y normalmente es parte de una revolución mayor. La experiencia en los Estados Unidos, a través de los Farmer o granjeros, es la que ha dado nombre a esta forma de desarrollo del capitalismo en el agro. (1)

Normalmente los interesados y los que propugnan las reformas son sectores sociales desplazados de la antigua aristocracia o de la oligarquía. De igual manera sectores intermedios, como la pequeña burguesía o clases medias, que aspiran a ser burguesía o gran burguesía, además de sectores intelectuales, de la empleocracia y naturalmente los campesinos.

Todos ellos por su indirecta relación con la producción, su ubicación intermedia en la sociedad y más su complejo-confuso mundo ideológico cultural rechazan a la gran burguesía aliada del imperialismo y lo que queda del sector aristocrático-oligárquico; pero de igual modo rechazan, y hasta con mayor fuerza, a la revolución, a la misma que en los últimos 150 años se le identifica con el marxismo.

La actitud de estos sectores sociales ante el capital imperialista es levantar el nacionalismo. Nacionalismo que intenta crear una burguesía nacional capaz de desarrollar el capitalismo sin ingerencia extranjera o en su defecto en entendimiento y con respeto mutuo. Derivado de su nacionalismo es su antiimperialismo que de ningún modo hay que confundir con anticapitalismo.

A partir de la década del 20 del siglo XX, como expresión de estos sectores sociales, aparecen a nivel político-ideológico los denominados movimientos reformista-populistas para unos, nacionalistas para otros y filo-fascistas para unos terceros, en el continente. Leopoldo Zea dice: "La primera gran expresión de este nacionalismo, preocupado por un fortalecimiento interno que permita, a su vez, resistir los embates del exterior, lo representa la revolución mexicana iniciada en 1910. Posteriormente surgieron movimientos con signos, inclusive, continentales, como el APRA en el Perú, el Varguismo en Brasil, el justicialismo peronista en Argentina, el Movimiento Nacionalista Revolucionario en Bolivia, la Acción Democrática de Venezuela y otros más. Movimientos nacionalistas de diversa inspiración doctrinaria, mezclas de socialismo y liberalismo, corporativismo e, inclusive, fascismo." (Zea 1971: 17).

Coincidiendo en lo esencial con la idea de Zea, Francois Chevalier recordando el régimen que se instauró después de la revolución mexicana y sus parientes políticos en América Latina, escribió: "Entonces habría que aproximarlo a gobiernos o partidos latinoamericanos de tipo más o menos `populistas´, como AD de Venezuela, el APRA del Perú, el MNR de Bolivia, el partido de Figueres de Costa Rica, etc. En todos influyó Marx, pero al fin han tenido que acomodarse a cierto *leadership* estadounidense." (Chevalier 1999: 404 y 405).

Luego el historiador sintetiza los principales lineamientos político-sociales que caracterizan a estos movimientos, así: "Estos `populismos´ latinoamericanos son de tipo nacional, popular, reformista, antiimperialista, partidarios de la distribución de los bienes, pero sin `lucha de clases´. En ellos el papel central le corresponde al Estado, con frecuencia representado por un hombre carismático, a quien se tiene por expresión de la comunidad del pueblo. ¿Se trata de un `despotismo ilustrado o de una democracia social autoritaria´?" (Chevalier 1999: 405).

En el plano ideo-filosófico, lo que define a estos movimientos, como correctamente opina Zea, es la indefinición, la confusión y la amalgama de ideas. En una palabra, el eclecticismo filosófico. Es fácil encontrar en su ideario puntos de vista afines como contradictorios. Son todo y no son nada a la vez. Se podría afirmar que entre los creyentes son ateos y entre los ateos son creyentes. Esta base teórica les permite moverse entre el materialismo y el idealismo, entre la metafísica y la dialéctica en el plano filosófico con cierta facilidad. Teniendo este marco conceptual, a nivel político-social expresan la sangre pura y el alma viva del oportunismo.

Por estas razones las clases dominantes, especialmente la gran burguesía, los acusa de comunistas, mientras que los comunistas y la izquierda en general los cataloga como fascistas. El motivo es porque, estos movimientos, cuando se enfrentan a las clases dominantes blanden planteamientos y terminología marxistas y les motejan de reaccionarios-pro-imperialistas. Mientras que cuando se enfrentan a la izquierda lo hacen con planteamientos calcados de los manuales fascistas para acusarles de comunistas antipatriotas.

Resumiendo sus puntos de vista políticos, se tendría que decir: estos movimientos o partidos se definen, ante todo y sobre todo, como revolucionarios anti-imperialistas. El antiimperialismo, como decía Mariátegui, no sólo es elevado a nivel de programa sino que inclusive a nivel de doctrina. La verdad es que su camino es la reforma y su meta es crear un capitalismo de Estado con un gobierno de una, supuesta o real, burguesía nacional. Este último planteamiento ha sido abandonado en las dos últimas décadas en la mayoría de países, gracias a su oportunismo, se han adaptado fácilmente a las recetas neo-liberales en las últimas décadas en boga.

Otro hecho que les caracteriza, es que se dan la mano con el fascismo, es su anticomunismo visceral. Niegan la lucha de clases y como alternativa levantan la lucha de pueblos. A todo ello agregan su concepción corporativa para organizar el Estado y la sociedad. Algunos de estos movimientos en América Latina, hasta cierto nivel, lograron estructurar un Estado y una sociedad corporativa, como el PRI en México. En otros países se quedaron en intentos como el MNR en Bolivia y el justicialismo en Argentina.

Además son movimientos amplios o partidos de masas, que buscan la defensa del orden, en el mejor de los casos, haciendo reformas. En ellos es fácil conservar lazos familiares, vecinales, regionales y hasta matrimoniales. El sacrifico de algunos, el martirologio de otros es trabajado y recordado con cierta frecuencia al interior de las bases y es uno de los puntos de unidad, cohesión, perseverancia y hasta de vida longeva.

Otra es la historia de la dirigencia, de la mayor, en particular cuando han llegado a ser gobierno o parte de él. En esas circunstancias han defendido y defienden el orden como el mejor de los conservadores, como el aprismo con Haya de la Torre y Alan García en el Perú, Acción Democrática con Rómulo Betancourt y Carlos Andrés Pérez en Venezuela y los justicialistas con Juan Domingo Perón y Carlos Saúl Menen en Argentina, por no hablar del PRI en México.

La polémica con los movimientos reformista-nacionalistas para unos, populistas para otros y filo-fascistas para unos terceros fue dada desde la izquierda marxista principalmente y para muchos, en el plano ideológico y político, incluso finiquitada. Este debate se dio a mediados de los años 20 del siglo que acaba de terminar. De esta polémica es menester recordar la emprendida por el cubano Julio Antonio Mella y el peruano José Carlos Mariátegui con uno de los teóricos y dirigentes máximos de estos movimientos, el peruano Víctor Raúl Haya de la Torre y su Alianza Popular Revolucionaria Americana.

Los temas del debate en América Latina son relativamente conocidos por un lado y por otro, y ya no tiene mayor importancia en vista de que la prédica, aparentemente revolucionaria y anti-imperialista, de estos movimientos, se evidenció al correr del tiempo, no pasó de gestos y palabras. De esa manera los supuestos revolucionarios terminaron, en la mayoría de casos, defendiendo el orden establecido y no escamotearon prácticas contrarrevolucionarias y hasta genocidas. Para comprobarlo sólo hay que revisar la historia política del justicialismo, del aprismo, del priísmo, por citar sólo algunos casos, de allí que no profundizamos más en el tema.

Hay que agregar algo más, condicionados por el desarrollo del capitalismo y la transición de la semi-feudalidad al mismo; estos movimientos logran atraer y organizar a gruesos sectores de la población, de esa manera hicieron crecer y, en alguna forma, hasta democratizar las sociedades latinoamericanas. A través de ellas llegan los provincianos, los marginados, los pobres y los despreciados por la aristocracia-oligarquía, a la vida política nacional.

Que estas masas sean manipuladas y utilizadas, en la mayoría de veces como ganado electoral y en otras como carne de cañón por las dirigencias, no niega la importancia de su participación, acción y politización. Su entrada masiva a la vida política, en la organización partidaria y en la movilización social significa democratización. Una democratización forzada, una democratización impuesta y desde arriba es verdad; pero democratización a fin de cuentas.

Para terminar es menester decir que en el seno de la mayoría de estos movimientos, como consecuencia de esa amalgama filosófico-ideológica, se han originado fuerzas revolucionarias que incluso, en la práctica, intentaron hacer la revolución que por años sus dirigentes habían predicado. El APRA Rebelde (después MIR) en el Perú (1959), el Movimiento de Izquierda Revolucionario (1960) en Venezuela y en alguna forma los Montoneros (1968) en Argentina son tres casos ilustrativos.

Pero a la vez tampoco hay que olvidar que a su interior cobijaron y alimentaron grupos anticomunistas de clara orientación fascista como los Halcones en México, la AAA (Alianza Anticomunista Argentina) en Argentina y el MDRF (Movimiento Democrático Rodrigo Franco) en el Perú. Todos organizados y preparados con una clara ideología fascista, por la dirigencia máxima de dichos partidos.

LA REFORMA AGRARIA BOLIVIANA, 1953

Aparte de la experiencia mexicana, la mejor muestra del accionar práctico de este tipo de movimientos nacionalistas, populistas o filo-fascistas es lo sucedido en Bolivia a comienzos de la década del 50 del siglo XX. Primero la llamada revolución dirigida por el Movimiento Nacionalista Revolucionario (MNR) y Víctor Paz Estenssoro (1907-1989) entre los años 1951 y 52, luego la reforma agraria y la nacionalización de las minas de estaño iniciada por este Movimiento el año 1953.

Es menester señalar, de igual modo, que sobre todo el movimiento obrero-minero organizado en la Central de Obreros Boliviana (COB) y orientado por una facción del trotskismo principalmente y muy secundariamente por otros grupos comunistas y anarquistas, tuvo una significativa participación en dicha acción.

Antes de entrar al análisis detallado del tema que nos interesa, la reforma agraria, debemos recordar, muy sintéticamente, cuál fue la situación político-social en este país en los años previos a esta medida. Este hecho nos permitirá comprender mejor las acciones, las consecuencias y enseñanzas político-sociales en América Latina.

Leyendo *Pueblo enfermo* y *Raza de bronce* de Alcides Arguedas (1879-1946), en la medida que en estos trabajos se entremezcla la vena del ensayista, el olfato del periodista, la fantasía del fabulador y no faltando un tufillo racista, se puede comprender en parte la situación de la sociedad boliviana hasta las dos primeras décadas del siglo XX. En estos trabajos queda evidenciado que el tema central, en este país, es el problema del indio ligado a la tierra y a su cultura. En la Bolivia de entonces, el nativo indígena bordeaba el 80 por ciento de la población total.

Décadas después, a mediados del siglo XX, se podía afirmar con cierta seguridad, que Bolivia es el país más pobre y atrasado de Sudamérica. Además seguía siendo el país donde se concentraba la mayor cantidad de habitantes indígenas en todo América Latina. El censo de 1950 registró que el 62 por ciento de la población eran indígenas quechuas, aymaras y guaraníes hablantes.

Y por último es Bolivia el país más inestable, políticamente hablando, en toda la historia de Sudamérica. Según la información proporcionada por la italiana Rosalva Campra, el promedio fue de un golpe de Estado o cambio de gobierno cada 9 meses desde la independencia (1825) hasta la década del 80 del siglo XX. Confirmando en parte la información anterior, el historiador Carlos Mesa al respecto escribe: "... el 65 por ciento de los gobiernos de

Bolivia han sido castrenses y la mitad de sus gobiernos no han durado más de un año." (Mesa 1990: 45).

Otro dato a tomarse en cuenta es que Bolivia, junto con Paraguay, es el único país en América Latina que ha librado dos guerras con sus vecinos y como consecuencia de ellas perdieron su contacto con el mar. En el caso de Bolivia, la llamada Guerra del Pacífico formalmente contra Chile y la llamada Guerra del Chaco formalmente contra Paraguay. Los resultados fueron sendas derrotas para los bolivianos con la consiguiente pérdida de parte de su territorio. Es menester mencionar que organizando y financiando las mismas estuvieron empresas inglesas de salitre primero y empresas de petróleo norteamericanas e inglesas-holandesas después. (2)

En el plano de la organización económico-política social interna, hasta los años 30-40 del siglo XX, la sociedad boliviana fue una de las pocas en América Latina que mantenía, en cierta forma, la estructura de las dos repúblicas heredada de la colonia. Por un lado la "república oligárquica" que controlaba el Estado y se asentaba sobre la base de la alianza económico-social de grandes mineros, grandes comerciantes y grandes terratenientes. Oligarquía que tenía en las empresas y nombres de los Patiño, los Hochschild y los Aramayo su mejor expresión. Y por otro lado la "república de campesinos-indios" que para entonces se habían agregado otros sectores, es decir los explotados en su conjunto.

La estudiosa boliviana Silvia Rivera, ubicando su análisis a fines del siglo XIX y comienzos del XX, explica esta relación de explotación y dominio en estos términos: "La sociedad oligárquica se ve con ello imposibilitada de construir una imagen coherente de sí misma, y expresa su ambigua relación con el territorio y la población del país mediante la dicotomía *civilización y barbarie*, que prolongaba el racismo colonial de la vieja casta dominante, añadiéndole un matiz más a tono con los tiempos. Por otro lado, el campesinado indio desarrollará reiterados intentos de replantear sus relaciones con la sociedad y de formular sus demandas en el lenguaje de sus contemporáneos. Tropezará, empero, invariablemente, con la represión y la masacre. Así la rebelión terminará siendo el acto y el lenguaje a través del cual el indio formula las reinterpretaciones que la sociedad le exige en sus momentos críticos." (Rivera 1985: 147).

Algunas de estas interpretaciones que habla Rivera serán el intento de muchos sectores indígenas de volver al pasado, reorganizar la sociedad indígena colonial y hasta pre-colombina. Estos movimientos fueron fundamentalmente de caciques del altiplano y de los valles interandinos que reclamaban la propiedad privada de sus ayllus y la sucesión hereditaria, entre otras demandas. Estos movimientos llamados también mesiánicos o pasadistas comienzan, este ciclo, con la rebelión del cacique aymara Pablo Zárate Willka en 1899, continúa años después con las rebeliones de Pacajes en 1914, Caquiaviri en 1918, Jesús de Machaca en 1921, Chayanta en 1927 y Achachaqui que dura desde 1920 hasta 1931.

Un año después de haber terminado este ciclo de movimientos indígenas se inició la Guerra del Chaco (1932-1935). Las Fuerzas Armadas bolivianas, que habían sido reorganizadas y orientadas por militares alemanes, fueron aparatosamente derrotadas. En torno a la guerra en sí, el también historiador, Luis Alberto Sánchez, destacando el aspecto geográfico, escribió: "La guerra del Chaco fue un gran espejismo y una gran quiebra. Bolivia, cuidadosamente preparada en lo militar, bajo la vigilancia de técnicos alemanes (el general Kundt, sobre todo), creyó poder realizar una campaña rápida. No contaba con el medio geográfico, puesto que la mayor parte de su ejército, constituido por hombres de puna y valle templado no podían soportar la terrible hostilidad de la selva tropical y los medios de lucha que ello impone. (...) A lo largo de esos años, en los cuales la indiferencia de los países americanos y la lenidad de la Sociedad de las Naciones hicieron posible la prosecución de las hostilidades, ambos países se desangraron espantosamente. Y, algo peor, en cuanto a política exterior, ambos quedaron desquiciados, especialmente Bolivia." (Sánchez 1963: 411).

Esta derrota trajo consecuencias funestas para la sociedad boliviana. Aparte de los 50 mil muertos, como siempre en su gran mayoría indios y pobres, perdió también Bolivia una parte de su territorio. A éstos agréguese los cambios de correlación de fuerzas-clase que al interior de la sociedad condicionó. La ya citada estudiosa Silvia Rivera, detallando algunas de estas consecuencias, escribió: "La derrota del Chaco operó como una suerte de ruptura violenta del muro de contención en que la oligarquía parapetaba su legitimidad, y liberó un caudal de fuerzas contestatarias, en principio desarticuladas, que socavarían el orden oligárquico por dentro y lo acorralarían por fuera. Quizás la derrota fue el único hecho nacional de la guerra, y por ello el ejército, en calidad de protagonista, el más llamado a la solución de los problemas nacionales. Una generación de jóvenes oficiales, portadores del sentimiento de frustración y de la misión reivindicadora de las víctimas de la guerra ingresó en la arena política con argumentos simples e incontrastables." (Rivera 1985: 159).

Entre los años 35 y 46 sucederán en este país una serie de acciones políticas, las mismas que tuvieron como protagonistas centrales a los militares que aparecieron coordinando y hasta trabajando junto con los nuevos sectores político-sociales que habían emergido. Éstos son las clases medias e intelectuales, los llamados nacionalista-populistas o filo-fascistas ya párrafos antes descritos.

Este encuentro entre militares y nacionalista-populistas (para entonces ya había aparecido el MNR que fue fundado el año 1941 por Paz Estensoro) se dio por primera vez a través del golpe militar que llevó al gobierno a la alianza del RAPEDA (Logia Militar Razón y Patria) y el MNR (Movimiento Nacional Revolucionario) encabezado por el General Gulberto Villarroel.

Período (del 43 al 46) en el cual se hicieron algunas reformas sociales. Se permitió la sindicalización obrera y campesina y se predicó en contra del imperialismo yanqui, por ejemplo. El general Villarroel fue visto por muchos indígenas como el nuevo tata. "El tata presidente". El general y su coalición fueron derrocados y él fue asesinado, colgado en la plaza pública de La Paz.

Para entonces se puede decir que la vieja oligarquía asentada en las minas, en el comercio y en el poder de la tierra había sido desplazada, en alguna forma, del control directo del Estado y de las FF.AA. Estos militares encontrarán en el recién fundado MNR su canal de expresión político- ideológica. Leopoldo Zea explica este encuentro así: "Grupos de militares formados por alemanes, y varios de ellos en la misma Alemania de Hitler. De allí recogen una serie de ideas respecto a reformas sociales y a un nacionalismo que es reforzado, ideológicamente, por el Movimiento Nacional Revolucionario encabezado por Víctor Paz Estenssoro. Movimiento que busca apoyo en los hombres del campo y los explotados trabajadores de las minas, en manos de fuertes consorcios extranjeros. En 1952, el propio Paz Estensoro juega en las elecciones con un programa altamente revolucionario: nacionalización de las minas, reparto de tierras y lucha contra el imperialismo yanqui. La contrarrevolución, que ha colgado a Villarroel, se opone al reconocimiento de su triunfo; pero una revolución popular hace que el poder le sea entregado." (Zea 1971: 120 y 121).

Dos años después el vicepresidente Mamerto Urriolagotía llamó a elecciones generales, las mismas que fueron ganadas por el MNR y su candidato Paz Estensoro, a pesar de que él estaba fuera del país. Para evitar que se materialice un gobierno del MNR, en el año 51 se dio un golpe de Estado y tomó el control del gobierno una junta militar presidida por el general Hugo Ballivián. A los pocos meses estallaron una serie de acciones armadas en muchas zonas del país y en parte fueron dirigidas por el vicepresidente en la fórmula de Paz, Hernán Siles Zuazo. Al triunfar estos movimientos, en abril de 1952, llamaron como presidente legal a Víctor Paz Estensoro.

Si estos hechos fueron los que marcaron las alturas políticas, nos interesa saber cuál era la situación del agro boliviano al iniciarse el gobierno del Movimiento Nacional Revolucionario. (3) En lo general la situación se repite como en todos los países de América Latina, en especial en aquellos donde el campesinado indio tiene fuerte presencia. Es decir un fuerte predominio del sistema de hacienda y los hacendados o grandes terratenientes son los dueños de las mejores tierras tanto en ubicación como en calidad. A ellas uncidos, bajo distintas formas de servidumbre, están los campesinos indígenas sin tierra. Además existen la mediana propiedad, la pequeña propiedad y por último las tierras de los ayllus o comunidades indígenas, especialmente en zonas de altura.

El resumen hecho por el historiador Chevalier, en alguna forma, nos ayuda a comprender mejor esta problemática. Leamos lo que él escribió: "A principios de los años treinta, Bolivia presentaba dos rostros: el de un campesinado miserable, en diversos niveles, según se encontrase en las tierras altas o en las bajas, y el de una nación minera a quien el estaño había proporcionado una estabilidad relativa. Las comunidades indígenas de los valles se habían desvanecido desde la época colonial; con mucha frecuencia, igual que en otras partes de la región andina, los indios habían pasado al servicio de las haciendas, a las cuales estaban vinculados por relaciones de servidumbre. Estas estructuras `feudales´ prácticamente no habían cambiado. Tampoco habían cambiado en las tierras del altiplano, donde las comunidades habían podido mantenerse, con sus tierras, costumbres y creencias en las que se mezclaban el cristianismo y los cultos indígenas." (Chevalier 1999: 541 y 542).

El Movimiento Nacional Revolucionario ya como gobierno se propone tres acciones: la reforma agraria, la nacionalización de las minas y el voto democrático. Antes y después de la publicación de la ley de reforma agraria, el 3 de agosto de 1953, se dieron muchas y diferentes acciones, en función de la reforma, a lo largo del territorio. La confiscación espontánea y las expropiaciones organizadas abundaron y se confundieron en el campo.

Un punto clave para el gobierno fue organizar las cooperativas agrarias de producción (organizaciones corporativas) como alternativas a la gran propiedad y a la pequeña propiedad individual. Para su ejecución creó comandos especiales que se encargaron de su concretización en los tiempos posteriores. El reparto de las tierras directa y en forma individual y la devolución de las tierras a las comunidades fue un aspecto muy secundario e insignificante. Estas cooperativas, sobre todo en el altiplano no lograron funcionar como estaban planificadas; algunos años después (1960) el mismo MNR pareció desinteresarse y hasta renunciar a esta alternativa de trabajo y organización.

La mayoría de dirigentes campesinos indígenas que participaron en los movimientos previos y en la reforma, en la organización y funcionamiento de las cooperativas agrarias terminaron integrados al MNR, luego al mundo político oficial y al gobierno. Algunos de ellos llegaron a ser diputados y hasta ministros de Asuntos Indígenas. A pesar de toda la frustración que significó la reforma para la mayoría del campesinado indígena, la sociedad boliviana, en su conjunto, amplió y flexibilizó sus estructuras político-sociales y así puso ciertas bases para el desarrollo del capitalismo. Y en el nivel político-cultural, significó de igual modo cierta democratización de la sociedad boliviana en su conjunto.

Algunos estudiosos como el inglés James Dunkerley, autor del libro sobre Bolivia titulado *Rebelión en las venas*, sostiene que con la revolución de 1952 se fundó: "... el Estado moderno boliviano ...". Si él entiende moderno como sinónimo de capitalismo creemos que se equivoca. Opiniones como ésta confunden los hechos y por tanto los términos, en la medida que con la reforma el Estado boliviano sólo logró una pálida evolución, sin llegar a ser moderno, capitalistamente hablando.

En términos generales, con esta acción, la sociedad boliviana en su conjunto experimentó un tránsito lento de la feudalidad a la semi-feudalidad y en algunos sectores pálidamente al capitalismo, propiamente dicho. Sólo cuando este sistema se impone como tal, se puede decir que las bases para la denominada modernidad (mercado interno y autosostenido, burguesía-proletariado, Estado-nación, democracia liberal, etc.) están dadas.

Al pasar los años y las décadas, lo que pareció en su momento un gran esfuerzo por poner las bases y hacer evolucionar la sociedad boliviana, desarrollar el capitalismo, democratizar y modernizar el país e instaurar un régimen democrático-liberal sólo fue un buen deseo de algunos, en el mejor de los casos no pasó de ser sólo un espejismo.

La realidad dura y fría es que después de más de medio siglo de haber sido iniciada la reforma agraria, Bolivia (si exceptuamos Haití) sigue siendo el país más pobre, más inestable, más atrasado y el de mayor presencia indígena en América Latina. El problema del campesinado indígena, elemento central de la reforma, hasta el momento no ha sido resuelto en sus bases últimas.

Los problemas en este país, con diferencias de grado, son los mismos que los del resto de América Latina. Por lo tanto sus soluciones, guardando esas diferencias cuantitativas, tendrán que ser también las mismas. En Bolivia se dio, una vez más, ese experimento de los movimientos populistas, nacionalistas y filo-fascistas. El resultado es la mejor prueba de estas teorías y así nos demuestra que por esa orilla no camina la historia. La auténtica liberación y democratización de los pueblos latinoamericanos camina seguramente por otra vertiente, vertiente a descubrir o a construir.

Lo escrito por la ya citada estudiosa Silvia Rivera nos sirve como reflexión final para terminar esta parte del capítulo de nuestra investigación. Ella, en referencia al intento político-social del MNR, escribió: "Jacobinos sin burguesía, los dirigentes del MNR acaban en la cresta de la insurrección popular más importante de la historia boliviana contemporánea. Su resultado parecía desproporcionado con respecto al programa de reformas que portaban los vencedores: para imponer la ampliación de la esfera estatal de la economía (nacionalización de las minas), la destrucción de las relaciones feudales en la agricultura (reforma agraria) y la incorporación del campesinado indígena en el ámbito de la democracia formal (voto universal) los insurgentes habían tenido que desmantelar completamente el Estado oligárquico, destruir físicamente su aparato represivo e imponer la capitulación material de todo el viejo orden." (Rivera 1985: 180).

Y finalmente la estudiosa es concluyente: "La clase media del partido que se sentía imbuida de la misión histórica de convertirse en `burguesía nacional´ termina así imponiendo un rumbo burgués a un movimiento donde todos habían participado menos la burguesía." (Rivera 1985: 180).

*

Iniciadas, probadas y derrotadas las explosiones sociales; experimentadas, implementadas y liquidadas las reformas en América Latina, queda por entender y analizar el papel de las revoluciones como camino y método de transformación histórico-político-social y como parte, una de las más dolorosas y heroicas, de la transición en esta parte del continente.

La compresión teórica de la misma es relativamente conocida, en la medida que es entendida, en su acepción original, como un cambio de calidad de los fenómenos. Una transformación cualitativa de la realidad, que a nivel de la sociedad o historia se traduce como cambio de estructuras, de clases, del Estado. Estos cambios de estructuras, de clases y del Estado, por lo general, son cambios rápidos y violentos.

Que muchas veces las revoluciones han sido derrotadas inmediatamente, en otros casos han sido derrotadas después de un corto y hasta de un largo y prolongado período, no invalida su rol en la historia. Como consecuencia de esas derrotas, algunas sociedades han experimentado un ostensible regreso al pasado, de igual modo, no es lo principal, es sólo lo secundario, en el proceso histórico general.

Estos avances y retrocesos tienen que entenderse dentro del cuadro general de desarrollo y transformación de las sociedades. Es sabido que estos cambios no se dan a través de procesos unilineales y rectilíneos, por el contrario, se dan a través de procesos multilineales y en forma de espiral. Los retrocesos y reflujos son circunstanciales y relativos, lo absoluto y permanente son los avances y las transformaciones.

Los procesos histórico-revolucionarios se tienen que entender relacionando íntimamente a los siguientes y ya conocidos principios. *Lo dado*, es decir, la existencia del hecho fuera y al margen de la voluntad de los hombres. *Lo lógico*, es decir cómo se desarrolla y transforma *Lo dado*, siguiendo qué leyes y qué principios lógicos.

El *determinismo*, es decir, la sociedad y los hombres como parte de ella vienen determinados por su pasado histórico y a la vez por los hechos del presente, en la medida que viven en una determinada sociedad y ésta funciona al margen de sus deseos. *El voluntarismo*, que convive en constante lucha y unidad con el determinismo, tiene un juego importante y en determinadas circunstancias y coyunturas puede determinar ciertos hechos en función del avance o retroceso de los fenómenos sociales.

El papel de las masas. Es común escuchar y leer que son los pueblos, las grandes mayorías quienes hacen la historia, esto es verdad; pero no es todo, en la medida que al interior de las masas se destacan los individuos como dirigentes u orientadores. Es por ello que se debe tomar en cuenta *El papel de los individuos en la historia*. Individuos que con sus límites y posibilidades desempeñan un rol importante, negativo o positivo, en el proceso del desarrollo histórico-social.

Las revoluciones no son hechos fortuitos, éstas ocurren en determinados momentos histórico-sociales, en ciertas partes del mundo y en coyunturas político-sociales específicas. Las revoluciones triunfantes suceden cuando estos tres pares de principios, líneas antes mencionados, se juntan o coinciden. Es decir, cuando lo objetivo y lo subjetivo se amalgaman, se rechazan y se acometen. En otras palabras, se podría decir, es cuando los fenómenos centrífugos encuentran una solución de unidad y continuidad dentro de lo contradictorio y discontinuo del proceso histórico-social dado.

La historia de la humanidad registra muchas y variadas revoluciones; sólo recordemos, en los últimos siglos, la gran Revolución Francesa de 1789 que transformó el mundo desde la base económica, pasando por la noción del tiempo hasta la conciencia moral. Revolución que a pesar de sus errores, sus traiciones y retrocesos marcó una nueva etapa en la historia de la sociedad humana. Con ella la burguesía, como clase histórica aunque no necesariamente como política, ganó por completo la batalla al mundo aristocrático-feudal.

De igual manera la Revolución Bolchevique en Rusia en 1917 con todos sus errores y su posterior derrota no niega de ninguna manera su importancia histórica y a la vez no invalida, para nada, el método de transformación histórico-social. Con esta revolución, se ha dicho, la nueva clase en la historia, el proletariado, ganó la primera batalla de la larga guerra que tiene que librar en la historia futura.

Con este preámbulo nos internaremos en la comprensión de los movimientos, frentes o partidos que han intentado hacer la revolución en esta parte del mundo. El siglo XX, para los entendidos, en medio de un sinnúmero de explosiones sociales y una buena cantidad de reformas, registra sólo dos revoluciones triunfantes en esta parte del mundo. En ellas el marxista a pesar que no ha sido un elemento predominante en su ideología y política ha sido un componente importante en estas dos revoluciones. Y en la mayoría de las muchas revoluciones derrotadas muchos de sus militantes y dirigentes se ha reclamado de esta ideología. Es por ello que pasamos a ver algunas de las características de los partidos, frentes y movimientos comunistas en América Latina y en especial su relación con el problema de la violencia y el Poder.

LOS PARTIDOS COMUNISTAS Y EL PROBLEMA DEL PODER EN AMÉRICA LATINA

En el segundo capítulo de este trabajo hemos planteado que las ideas marxistas en América Latina comienzan a desarrollarse y logran cierta influencia a partir de las dos últimas décadas del siglo XIX. Entre sus antecedentes hay que mencionar las ideas utópicas, primero, y anarquista-libertarias, después, las mismas que fueron conocidas en el continente desde los años treinta de dicho siglo; así lo demuestra el filósofo Raúl Fornet en su trabajo antes citado.

La primera tarea que se propusieron los marxistas fue difundir su ideología, después organizar a la clase obrera naciente y posteriormente influenciar en otros sectores de la sociedad, en particular, en intelectuales y campesinos. Cumplidas estas tareas se organizará el partido político. En la mayoría de países el Partido Comunista se fundó sobre la base de los Partidos Socialistas en unos casos y en otros con ese nombre. Se puede afirmar que, entre 1915 y 1930, existía ya el Partido Comunista en casi todos los países del continente.

Con el triunfo de la Revolución Bolchevique (1917) y la fundación de la Tercera Internacional (1919), las ideas comunistas y el Partido logró un gran impulso y desarrollo. A lo largo del siglo XX las bases nacionales del Partido Comunista (que también se denomina Partido Comunista seguido del nombre del país en genitivo) han tenido una trayectoria bastante zigzagueante unos y notoriamente oportunista otros. A través del camino de la vía armada, en ningún país tomaron el Poder. De igual manera, a través del camino electoral, en ningún país llegaron solos acceder al gobierno. En este último caso, lo máximo que lograron, fue compartir el gobierno como socios menores.

Un tema central en el Partido Comunista es lo relacionado con el Poder y la violencia. Recordemos que uno de los principios fundamentales de la ideología marxista es la toma del Poder a través de la revolución. Esto es lo que se lee en el último párrafo del Manifiesto Comunista: "Los comunistas consideran indigno ocultar sus ideas y propósitos. Proclaman abiertamente que sus objetivos sólo pueden ser alcanzados derrocando por la violencia todo el orden social existente. Las clases dirigentes pueden temblar ante una Revolución Comunista. Los proletarios no tienen nada que perder en ella más que sus cadenas. Tienen, en cambio un mundo que ganar." (Marx y Engels 1974: 60).

Si lo dicho es el objetivo principal de los comunistas, para la primera etapa, ahora la pregunta es: ¿Cuánto de lo anunciado en el Manifiesto los Partidos Comunistas de América Latina han llevado a la práctica? Formal y realmente, los más de veinte partidos comunistas que existen en él y en cerca de un siglo de existencia, muy poco, casi nada.

¿Cuáles son las razones para que esto haya ocurrido? Los científicos sociales han intentado, a lo largo de los últimas décadas, dar algún tipo de explicación a esta problemática. Lamentablemente la complejidad del tema y el subjetivismo han contribuido para que muchas de estas explicaciones sean, hasta hoy, bastante discutidas. A pesar de ello, al interior de los especialistas, los puntos donde hay cierto nivel de consenso, se podrían resumir así.

Se repite frecuentemente que las condiciones económicas y políticas en América Latina no estaban dadas para que se desarrolle y, más aún, para que dé buenos frutos la acción de estos partidos. En otras palabras, el capitalismo como sistema no se había desarrollado lo suficiente; como consecuencia, no había aparecido una clase obrera en cantidad y calidad capaz de cumplir su rol histórico. No hay ni la tradición ni la experiencia que tiene la clase obrera en el mundo capitalista, propiamente dicho.

El obrero latinoamericano aún no se ha forjado como tal, consecuencia de ello no es ni sabe ser obrero histórico-político, se argumenta. En contra de este punto de vista se podría decir que algo similar sucedió en la sociedad China, y a pesar de ello, la historia política en este país fue diferente, por lo menos en una primera etapa.

Luego se sostiene que los ideólogos o dirigentes marxistas no han logrado ni el nivel teórico, ni la capacidad política para orientar correctamente dichos partidos. Incluso muchos de los fundadores y participantes en estos primeros núcleos comunistas fueron dirigentes procedentes de otras partes del mundo. Un hindú, un ruso y un norteamericano en México, un sirio en Brasil, un judío en el Perú, varios italianos en Argentina, etc. Este argumento, sin creer que los individuos hacen la historia, tiene algún nivel de validez.

Recordemos que los dos dirigentes teóricos comunistas de mayor talla en el continente, el peruano José Carlos Mariátegui y el cubano Julio Antonio Mella, murieron muy jóvenes. El primero a los 35 años y el segundo a los 26 años de edad, respectivamente. Los demás dirigentes comunistas, una minoría, fueron respetables luchadores y consecuentes con su causa. La mayoría, lamentablemente, ridículos y hasta farsantes.

Se sostiene además que la mayoría de Partidos Comunistas aceptó, sin ningún tipo de análisis y menos críticas, las consignas emanadas de la Tercera Internacional. En una primera etapa la famosa táctica de "clase contra clase" que duró hasta 1935 y luego la del "Frente Popular". Esta última es la etapa cuando los Partidos Comunistas apoyaron a muchos gobiernos, en sus respectivos países, con el argumento de que representaban a la burguesía nacional y que la lucha era principalmente en contra del fascismo.

Este apoyo terminó, en la mayoría de los casos, en colaboración y cuando no en integración a los gobiernos. En esta conducta política, se dice, tuvo mucho que ver la influencia del dirigente comunista norteamericano y representante del Cominter, para supervisar a los partidos del continente, Earl Browder. Después Browder, luego de hacer un análisis del capitalismo en Estados Unidos., llegó a la conclusión de que la existencia de un Partido Comunista en este país no tenía sentido.

Por último, en el plano interno de cada país, los partidos comunistas no supieron o no pudieron influir y organizar a las masas, las que fueron canalizadas por los partidos nacionalista-populistas y filo-fascistas. En los países donde estos movimientos han tenido mayor éxito la presencia comunista fue marginal. Argentina con el justicialismo, Bolivia con el MNR, el Perú con el APRA, México con el PRI podrían ser buenos ejemplos. Mientras que en Chile, en Cuba (en alguna forma en Venezuela) la situación fue a la inversa, en la medida que los Partidos Comunistas no sólo llegaron acceder al parlamento, sino que hasta compartieron el gobierno en determinados períodos.

A pesar de todo, algunos Partidos Comunistas hicieron o apoyaron procesos armados en sus respectivos países. Pero en la mayoría de los casos se ha dado esta experiencia armada al margen de los partidos oficiales. En esta situación la actitud de los partidos ha sido diversa y hasta contradictoria. En la mayoría de los casos los Partidos Comunistas oficiales y legales se han opuesto radicalmente a este tipo de acciones y hasta terminaron, en algunos casos, delatando a los revolucionarios como aventureros o provocadores. Una de las experiencias más lamentables fue la de Ernesto "Che" Guevara en Bolivia.

Distinta ha sido la actitud de los partidos, movimientos o grupos marxistas que han organizado y participado y participan en las revoluciones armadas en el continente. Las muchas revoluciones fracasadas y las dos revoluciones triunfantes (Cuba y Nicaragua), como lo veremos después, son buenas muestras de lo aquí afirmado.

La experiencia de lucha armada y guerrillera, en una de las revoluciones triunfantes y sin la participación, en una primera etapa, del Partido Comunista oficial; pero con la participación de marxistas, es el tema que desarrollamos a continuación.

LA REVOLUCIÓN CUBANA, 1959

Tres hitos, claramente definidos, son los que caracterizan a Cuba en los más de 60 años que va de 1898 a 1959. En primer lugar la isla, por esos caprichos de la historia, fue la última colonia española en independizarse. En segundo lugar, fue el primer país latinoamericano en convertirse en una colonia primero y en una semi-colonia después del imperialismo estadounidense. Y en tercer lugar, fue Cuba el primer país latinoamericano en hacer una revolución e independizarse del mismo imperialismo norteamericano.

Por su ubicación, sus condiciones geográficas y sus características histórico-culturales, Cuba se convirtió en una zona muy apreciada por la emigración europea. A la vez, luego de ser el primer paso de millones de esclavos africanos hacia el resto de América, muchos de ellos como esclavos, libertos o cimarrones se afincaron allí. Posteriormente los chinos, en menor proporción, hicieron lo mismo. Al pasar los años será un lugar preferido para los financistas, los políticos y el turismo norteamericano principalmente. La isla tenía todas las condiciones para convertirse en un paraíso de las finanzas, de los experimentos políticos, para la diversión y el gozo.

El futuro dominio y control de EE.UU. sobre la isla, hasta llegar a ser considerado casi como un estado más de la unión, fue avizorado con mucha antelación y precisión por el llamado apóstol cubano José Martí. Cumpliéndose estas negras predicciones Cuba nace a la vida "independiente", aunque parezca paradójico, atada al poder del gran vecino del norte.

La estructura económico-social en gran medida se mantenía en Cuba desde los tiempos de la colonia, sólo se habían modernizado algunos rubros en función de la exportación y el turismo. La actividad en la siembra de caña de azúcar, su procesamiento y sus derivados, y en menor medida el tabaco y algunos minerales, seguían siendo, hasta comienzos de la década del 50, las actividades principales del proletariado cubano. En términos genéricos se sostenía que Cuba era uno de los países más atrasados y pobres del continente.

Las clases no estaban, capitalistamente hablando, muy diferenciadas. Un proletariado pequeño en número y con muy poca experiencia de organización y lucha. Un campesinado extendido en casi todo el territorio sufriendo las ataduras feudales y semi-feudales de los grandes terratenientes. Muchos de ellos se sub-dividían en colonos, sub-colonos, arrendatarios y precaristas. Además una nutrida presencia de artesanos y de pequeños productores libres. Otro sector de la población estaba ocupado en la burocracia y en el sector servicios, en el área del turismo principalmente.

A pesar de la pobreza económico-social y de la dominación cultural (¿o consecuencia de ello?) en Cuba había una rica tradición político-intelectual y naturalmente musical. Entre los escritores e intelectuales que destacaron antes y después de la independencia, hay que mencionar a José Martí, Julio Antonio Mella y Enrique José Varona (1849-1933). Luego viene el grupo de antes de la revolución, como Nicolás Guillén (1902-1990), Alejo Carpentier, José Lezama Lima (1912-1976) y Guillermo Cabrera Infante (1929-). Para terminar con el grupo que se hace conocido en y después de la revolución. Hay en diferentes niveles y disciplinas (y no necesariamente comparten las mismas simpatías políticas): José Portuondo y Eusebio Leal (historia), Roberto Fernández Retamar (crítica literaria), Jesús Días y Miguel Barnet (creación), Raúl Fornet y Pablo Gualdarrama (filosofía).

Por el lado de la producción musical, a la par de Brasil, Cuba es el centro de creación y recreación más importante en América Latina. Allí han nacido, como producto de la emigración, los cruces, el sincretismo y el mestizaje, la mayor cantidad de ritmos y tonos que hasta hoy hacen bailar y cantar al continente. La lista no sólo es larga, es muy larga. Ésta es la razón de por qué no mencionamos a nadie en particular ya que nos sería muy difícil terminar.

En Cuba, hasta antes de la revolución, el poder económico y político interno estaba en manos, como en casi todos los países latinoamericanos, de los grandes terratenientes y de una gran burguesía en alianza con las finanzas y el poder externo, principalmente norteamericano. De igual manera la democracia con su constitución, sus elecciones periódicas y sus parlamentos funcionaban en tiempos de calma social. Lo contrario sucedía en tiempos de descontento, ahí no había sistema democrático que valga. EE.UU., si no invadía, imponía, mantenía o toleraba a los llamados dictadores. Los Machado y los Batista sólo fueron los más corruptos y los más conocidos entre muchos que hicieron historia en este país.

Cuando se sostiene que Cuba fue uno de los países más atrasados y sus clases dominantes una de las más corruptas no se dice mucho, en la medida que esto es el común denominador en los países y clases dominantes en América Latina. Claro que hay ciertos estudiosos que piensan lo contrario, entre éstos está uno de los tres cruzados del anti-comunismo en América Latina, el cubano Montaner, quien al respecto escribe: "Lo cierto es que en la década de los cincuenta en el orden económico la situación de Cuba era mucho más halagüeña que de la mayor parte de los países de América Latina. Entre 1902 y 1928, y luego entre 1940 y 1958, el país había vivido largos períodos de expansión económica y se situaba junto a Argentina, Chile, Uruguay y Puerto Rico entre los más desarrollados de América Latina." (Autores varios 1998: 185).

Lo dicho párrafos antes ha sido, a grandes rasgos, la situación económico-social y político-cultural de Cuba en los años previos a la revolución, la misma que tuvo su primer ensayo el día 26 de julio de 1953 cuando un grupo de revolucionarios cubanos, al mando del joven abogado Fidel Castro (1927-), atacó el cuartel de Moncada con los resultados ya conocidos. Castro, después de ser detenido y encarcelado, en el proceso en su contra pronunciará su famoso discurso-defensa titulado *La historia me absolverá.*

En el año 1955 Fidel Castro será amnistiado, fundará el *Movimiento 26 de Julio* y luego partirá a México, allí contactará y organizará un grupo de revolucionarios para regresar a Cuba, hecho que se materializó el año 1956. Desembarcaron en la provincia de Oriente y se establecieron en la Sierra Maestra.

Despues de algún tiempo, a través de varios focos iniciaron la guerra de guerrillas, la misma que avanzó del campo a la ciudad y de la provincia a la capital de la república. A fines de diciembre del año 1958 fue decretada la huelga general, acción que concluye con la renuncia del general Fulgencio Batista el 1° de enero de 1959, el 2 entran las columnas del "Che" Guevara a La Habana y el 8 del mismo mes y año las de Fidel Castro.

La caída de Batista y la asunción al Poder de los revolucionarios sorprendió a muchos o a casi todos los interesados en política, comenzando con el imperialismo norteamericano y terminando con los Partidos Comunistas pro-soviéticos de todo el continente. Había sucedido algo nunca visto en esta parte del mundo. Las grandes mayorías en América poco sabían de la revolución bolchevique y menos de la revolución china, los precedentes inmediatos en el mundo de la Revolución Cubana.

Un tiempo después Fidel Castro se declarará marxista-leninista y a la Revolución Cubana como socialista. Se comienza la construcción de la nueva sociedad, se inician relaciones con los llamados países socialistas y de igual modo se rompe relaciones con EE.UU. Estos últimos invaden Playa Girón, en alianza con mercenarios cubanos, en abril de 1961. Algún tiempo después los norteamericanos inician el bloqueo a la isla que dura hasta nuestros días.

¿Qué había sucedido en América?, ¿qué significaba este hecho para los demás pueblos del continente? En alguna forma Leopoldo Zea da algunas respuestas a esta inquietud: "La Revolución Cubana era un ejemplo de lo que podría ser alcanzado, pese a las enormes dificultades y sacrificios que tal acción significaba. El pueblo cubano había pretendido un poco más de lo que estaba calculado permitirle, tropezando con la resistencia y la hostilidad con que otros pueblos latinoamericanos habrían ya tropezado al pretender algo semejante." (Zea 1971: 22).

Además hay que agregar que, en términos generales, la reacción de los pueblos del continente fue positiva y de positiva identificación con la Revolución Cubana. Muchos vieron en la acción cubana algo así como una segunda independencia latinoamericana. Cuba era la referencia obligada y la línea demarcatoria entre los progresista-revolucionarios y los reaccionarios en esta parte del mundo. Por fin los revolucionarios, izquierdistas y progresistas, veían que sus ideas no eran solamente sueños, que era posible hacerlas realidad.

Más aún, la Revolución Cubana fue un temblor político-espiritual que empujó y motivó a los latinoamericanos a redescubrirse y conocer sus potencialidades que por siglos yacían dormidas. Las ciencias sociales, la literatura, las artes plásticas y la música lograron un gran impulso. El Boom de la novela latinoamericana es uno de los picos más altos de esta acción. La Revolución Cubana simple y llanamente fue la acción que encandiló y cautivó a las mayorías latinoamericanas.

En la medida que, escribe Jorge Castañeda: "La Revolución Cubana era más libre, más democrática, desordenada, tropical y espontánea, así como intelectualmente más diversa y políticamente más liberal. Con el tiempo, la semejanza entre los modelos se incrementó y Cuba llegó a parecerse mucho más a la Unión Soviética. Pero al menos en las primeras etapas, era obvio que las discontinuidades rebasaban las identidades." (Castañeda 1995: 88).

El triunfo de esta revolución fue una carta de presentación de los latinoamericanos en otras partes del mundo, ya que demostraba que no sólo los europeos y asiáticos son capaces de cambiar el mundo, sino también los latinoamericanos podían hacer triunfar una revolución. Más aún, Cuba no sólo fue el referente y carta de presentación, patria y refugio para los izquierdistas, sino que, en los hechos apoyó a muchos movimientos políticos militares a lo largo del continente.

El autor líneas antes citado cree que ésta fue la etapa más heroica e importante de la revolución. Leamos: "... los intentos que hizo la Revolución de atizar el fuego de la revuelta en todo el continente fueron el capítulo más heroico de la epopeya cubana. La utopía de Fidel de exportar la revolución (...) dio lugar a algunas de las mejores horas de la experiencia cubana: generosas, idealistas, sin egoísmo alguno. En los breves momentos de victoria o de éxito y durante los largos años de derrotas y penas, los cubanos estuvieron junto a sus amigos, se preocuparon de las viudas, los huérfanos y los mutilados que sobrevivieron a la Guerra de los Treinta años del hemisferio; abrieron sus puertas a muchos que no tuvieron adónde ir y dieron lo mejor de sí mismos para contribuir al cambio en América Latina. Puede que se disienta en cuanto a la táctica y hasta en cuanto a los fines, pero los cubanos persiguieron ambos con perseverancia y dignidad." (Castañeda 1995: 67).

El buen ejemplo para unos, como no podía ser de otra manera en un mundo dividido en clases, es un mal ejemplo para otros. La experiencia cubana, como ninguna otra, fue tomada como un mal ejemplo por las clases dominantes del continente y en especial por la de EE.UU. Los norteamericanos vieron con mucha preocupación esta acción, de ahí que luego de la sorpresa vino la reacción. Zea sintetiza esta actitud así: "... origina en Norteamérica una política que tiende no sólo a reconocer la eficacia, sino también la urgente necesidad de reformas que eleven el nivel de vida social, económica y cultural de los pueblos latinoamericanos. Ese mínimo de reformas por las cuales venían pugnando los nacionalistas latinoamericanos. La Alianza para el Progreso lleva esta intención.(...) La elevación del nivel de vida de las grandes masas latinoamericanas redundará en beneficio de las fuerzas sobre las cuales, descansa el capitalismo estadounidense. La Alianza para el Progreso ofrece ayuda material para el desarrollo de los pueblos latinoamericanos, pero una ayuda condicionada a la realización de una serie de reformas sociales, económicas, fiscales, de salubridad y educativas." (Zea 1971: 21).

En los más de 40 años transcurridos entre el triunfo de la revolución y comienzos del siglo XXI, en la sociedad cubana, han ocurrido hechos que en alguna forma han contribuido, para bien o para mal, a una discusión permanente en torno a la revolución. El debate se centra en desvelar cuánto de lo prometido se ha cumplido y cuánto no. Es de alguna forma idea aceptada por el común, con excepción naturalmente de los anti-comunistas profesionales, que entre los principales logros de la revolución es el haber solucionado, en términos generales, el problema del hambre y la ocupación, el problema de la vivienda, el problema de la salud y el problema del analfabetismo. Es decir, estos logros tienen que ver, principalmente, con la justicia.

A la par no hay que olvidar, de igual modo, el gran apoyo e impulso brindado a la recreación, al deporte y a la creación. Estos logros hay que entenderlos en comparación a la Cuba de antes de la Revolución o en comparación con otros países de América Latina o del Tercer Mundo y no con Suecia, Suiza o Alemania, como algunos injustamente hacen.

Por otro lado y desde la perspectiva de las clases dominantes, en el plano ideológico-político se dice que en Cuba no hay democracia, no hay libertad y que es una dictadura. Al respecto hay que preguntar: ¿De qué democracia y de qué libertad se habla? Y si no olvidamos la esencia de todo Estado, ¿de qué dictadura se habla? Si hablamos en términos reales y no sólo formales, en Cuba no hay democracia, en Cuba no hay libertad, en Cuba hay una dictadura. Por ser simple y llanamente una sociedad dividida en clases.

De la misma manera, se puede decir, exceptuando las formas, que no hay democracia ni libertad en ninguna parte del mundo, incluso en los países que se proclaman ser los más libres y los más democráticos, porque en ellos, por ser, de igual modo, sociedades divididas en clases, lo que hay es una libertad formal para las mayorías y una libertad real en función y en benéfico, principalmente, de las minorías dominantes.

Hay una democracia formal para las mayorías y una libertad real en función y beneficio, principalmente, de las clases dominantes. Y más aún, desde el momento que existe el Estado, que en síntesis es la expresión del Poder y la violencia legalizada de una clase sobre las otras, hay una dictadura en beneficio y en función, principalmente, de las clases dominantes. De no ser así, no habría necesidad de la existencia del Estado.

No olvidemos que a diferencia de las clases dirigentes de otros países, por lo menos los cubanos han sido y son claros y sinceros. Ellos dicen que en Cuba existe un Estado de clase y un gobierno de dictadura del proletariado (que sea cierto o no, ésa es otra historia). Mientras que las clases dominantes de los países capitalistas nunca reconocen que son Estados clasistas y que sus gobiernos son de dictadura de la burguesía.

Los cubanos dicen que en Cuba hay libertad y democracia para unos, la mayoría del pueblo cubano, y dictadura para otros. Por lo menos en la teoría y en el plano de la moral son mucho más sinceros y consecuentes que la burguesía. Mientras que la burguesía, siendo su gobierno una dictadura, de la minoría en contra de la mayoría, jamás se reconocen como tales.

Que en el proceso cubano debe haber habido y debe haber aún muchos problemas de injusticias, de abusos, de desigualdad, de represión, de dominio y control ideológico-político, no lo dudamos. Que hay mucha gente cubana que está descontenta y desea salir de la isla porque no está de acuerdo con el proceso político, es verdad. Ésta es una realidad que se da desde muchos años antes de la Revolución y no sólo en Cuba, sino en todos los países latinoamericanos. La realidad es que hay millones de personas que desean salir pero no pueden, a pesar de que, según la burguesía, en estos países, "no hay dictadura, son sociedades democráticas y libres".

Lo descrito líneas arriba son algunas de las razones del por qué ciertos intelectuales, que en un momento se identificaron y apoyaron a la Revolución Cubana, no sólo se han desengañado sino que, algunos de ellos, han hecho de sus críticas a la Revolución su razón de ser y, cuándo no, el gran negocio de su vida.

Que la relación entre la razón de la política y la razón de la fantasía no es bien comprendida, que los intereses y metas de los políticos y los intereses y metas de los intelectuales no son los mismos, es un problema, sin intentar disculpar a nadie, que trasciende hoy por hoy, a los cubanos.

Todas las revoluciones triunfantes han tenido estos problemas, y no sólo estamos hablando de la inglesa, de la francesa, de la rusa y la china, es un problema algo más antiguo que tiene de positivo, entre otras cosas, el haber sido la base para la aparición de los rebeldes, de los revolucionarios, de los disidentes. En concreto, ése es un problema que seguramente se resolverá en el futuro; pero ello no quita que ya se plantee y se busquen las formas de resolverlos desde hoy.

Ligado a lo anterior y volviendo a lo de Cuba, caben algunas preguntas: ¿Cuánto de lo que en Cuba se vive es socialismo?, ¿es posible construir el socialismo en un país tercermundista y pequeño?, ¿qué pasos se han dado en Cuba para entrelazar y armonizar el desarrollo de la justicia con la libertad, elementos básicos para una auténtica democracia? Y no hablamos de la democracia burguesa, estamos hablando de la democracia proletaria que los socialistas o comunistas levantan como una de sus principales banderas a nivel político. ¿O el Partido Comunista cubano es un partido revisionista? ¿Es Cuba una sociedad capitalista disfrazada de socialista?, como algunos izquierdistas sostienen. Éstos son algunos temas sobre los cuales los sectores de izquierda vienen desarrollando la polémica para bien.

En el plano internacional, con la desaparición del llamado campo socialista, con la contraofensiva político-ideológica del capitalismo, con el tránsito del imperialismo al Imperio, con el renacimiento del provincialismo y el nacionalismo, con la ofensiva del irracionalismo imperialista que choca con el fundamentalismo religioso, con el primer ataque al corazón del imperialismo norteamericano el 11 de septiembre de 2001, Cuba, no sólo en el plano geográfico, sino en el económico-social e ideológico-político, es una auténtica isla actualmente en el mundo.

Lo más probable, a mediano plazo, es que la isla desaparezca y el mar capitalista cubra su superficie como en alguna forma ya lo viene haciendo desde hace algún tiempo. Pero todo ello no invalidará para nada el método de la revolución como camino de transformación histórico-social. Al margen de las discrepancias que pueden haber, la Revolución Cubana se mantendrá siempre en el recuerdo y como un ejemplo a seguir por los pueblos latinoamericanos cuando la necesidad así lo requiera y la hora de estos pueblos haya llegado.

En esta experiencia de la Revolución Cubana, el Partido Comunista de Cuba no participó como tal en la organización o en las acciones guerrilleras en la isla. Todo lo concerniente a ello estuvo a cargo del Movimiento 26 de Julio creado en 1955. Luego del triunfo de la revolución, el viejo PC se integra-desintegra para dar origen al nuevo Partido Comunista que se fundó el 3 de octubre de 1965.

En el plano interno, la Revolución Cubana tuvo muchos líderes; pero un solo jefe y él, naturalmente, es Fidel Castro. Castro, acusado de dictador, de ególatra, de farsante, seguramente que tiene estos y otros defectos. Pero desde su tiempo de estudiante en El Bogotazo (1948), pasando por el ataque al cuartel de Moncada (1953) y terminando en la toma de La Habana y la instauración del gobierno revolucionario en 1959, ha demostrado ser un auténtico jefe revolucionario. Que las discrepancias y diferencias no echen ceniza a los ojos para no ver sus méritos que los ganó, entre otras, a fuerza de capacidad, perseverancia y valor.

Mientras que, en el plano latinoamericano, y hasta mundial, es el argentino-cubano-latinoamericano-universal Ernesto "Che" Guevara quien simboliza la revolución. Tema sobre el cual volveremos al final de este capítulo.

Hemos tratado de las reacciones en el continente ante el triunfo de la Revolución Cubana. Resumiendo hay que decir lo siguiente. Por el lado de la izquierda, la línea ideológica y la práctica política de los viejos Partidos Comunistas fue cuestionada, muchos de ellos se dividieron y los escindidos fueron una de las vertientes que dio origen a lo que se llamó la "nueva izquierda".

Por el lado de las clases dominantes y especialmente del imperialismo norteamericano, además de imponer o apoyar a regímenes militares y desarrollar una prédica anticomunista, organizaron planes y programas de carácter económico-social y político-ideológico en el continente. A mediano plazo, la guerra total o la guerra de baja intensidad y a corto plazo, la Alianza para el Progreso, tópico que a continuación desarrollamos.

ALIANZA PARA EL PROGRESO, 1961

De todas las medidas, pactos, programas, iniciativas que ha planeado y ha llevado a cabo el gobierno de EE.UU. en Latinoamérica, es el programa de la Alianza para el Progreso el más audaz, el más avanzado, el más completo y el que en realidad marcó época en el continente. Para comprobarlo sólo habría que revisar las metas, los objetivos y sobre todo los resultados del SELA (1975), de ALADI (1980), del Plan Baker (1985), del Plan Brady (1988), de la Iniciativa para las Américas (1990) y del ALCA (2000).

Este plan tuvo sus antecedentes directos en la Operación Panamericana y en el Acta de Bogotá y se extiende, en algún nivel, hasta la guerra de baja intensidad. El programa fue elaborado durante el gobierno del presidente John F. Kennedy. Dicha carta fue presentada en la reunión de representantes de los países latinoamericanos en Punta del Este (Uruguay) en el mes de agosto del año 1961

Expongamos primero y examinemos después los principales planteamientos de este programa. En la última parte del llamado *Preámbulo* se dice: "Inspirados por los principios de la Operación Panamericana y del Acta de Bogotá, las repúblicas americanas han resuelto adoptar aquí el siguiente programa de acción para iniciar y llevar adelante la *Alianza para el Progreso*." (Autores varios 1987: 132).

En los *Objetivos* se concretiza: "La *Alianza para el Progreso* tiene como propósito aunar todas las energías de los pueblos y gobiernos de las repúblicas americanas, para realizar un gran esfuerzo cooperativo que acelere el desarrollo económico y social de los países participantes de la América Latina, a fin de que puedan alcanzar un grado máximo de bienestar con iguales oportunidades para todos, en sociedades democráticas que se adapten a sus propios deseos y necesidades." (Autores varios 1987: 132).

Con este marco general, en el punto cuatro de las metas, teniendo como centro *la industrialización*, se escribe: "Acelerar el proceso de una industrialización racional para aumentar la productividad global de la economía, utilizando plenamente la capacidad y los servicios tanto del sector privado como del público, aprovechando los recursos naturales del área y proporcionando ocupación productiva y bien remunerada a los trabajadores total o parcialmente desocupados." (Autores varios 1987: 134).

La industrialización tiene una barrera, la que al ser vencida podría transformarse en un pilar fundamental en el proceso de desarrollo de estos países. Nos referimos al problema del agro. En directa relación a este tema, en el punto seis de la carta, se dice: "Impulsar, dentro de las particularidades de cada país, programas de reforma agraria integral orientada a la efectiva transformación de las estructuras e injustos sistemas de tenencia y explotación de la tierra donde así se requiera, con miras a sustituir el régimen latifundista y minifundista por un sistema justo de propiedad de tal manera que, mediante el complemento del crédito oportuno y adecuado, la asistencia técnica, y la comercialización y distribución de los productos, la tierra constituya para el hombre que la trabaja base de su estabilidad económica, fundamento de su progresivo bienestar y garantía de su libertad y dignidad." (Autores varios 1987: 135).

Ligado a la industria y al agro, otro de los objetivos, es la educación. En el punto siete de la carta se lee: "Eliminar el analfabetismo en los adultos del hemisferio y para 1970, asegurar un mínimo de seis años de educación primaria a todo niño en edad escolar de la América Latina; modernizar y ampliar los medios para la enseñanza secundaria y vocacional, técnica y superior; aumentar la capacidad para la investigación pura y aplicada, y promover el personal capacitado que requieren las sociedades en rápido desarrollo." (Autores varios 1987: 135).

Finalmente, otro acápite que nos parece importante en el programa, es el primer punto del denominado *Apéndice*. Ahí se sostiene: "El establecimiento de metas compatibles para lograr, durante el período del programa, el aumento de la capacidad de producción en la industria, la agricultura, la minería, los transportes, la energía y las comunicaciones y el mejoramiento de las condiciones de vida en las zonas urbanas y rurales, incluso el progreso en materia de vivienda, educación y salubridad." (Autores varios 1987: 149).

El programa de la *Alianza para el Progreso* fue una respuesta a la revolución comunista en esta parte del mundo, concretizada, en ese momento, por la Revolución Cubana. Además fue un gran intento por liquidar, la aún subsistente, base feudal en muchos países de la América Latina y de esa manera hacerlos evolucionar al capitalismo y a la modernidad, teniendo como base la industrialización.

El sociólogo Jorge Zúñiga, relacionando los aspectos: subversión-comunista y subdesarrollo-tenencia de la tierra, hace algunos años, con mucha razón al respecto, escribió: "En los primeros años de esta década, aconteció un hecho fundamental: la dación de los planes de `Alianza para el Progreso´. Este Plan, que contenía objetivos políticos, económicos y sociales, se suponía vendría a ser la `solución´ que `aconsejaba´ los Estados Unidos de Norteamérica al problema del `subdesarrollo´ y al peligro comunista, presentes y latentes en los países de América Latina. Y como era de suponer, relacionado a este problema y peligro respectivos, la situación agraria ocupó un lugar importante en su lista de preocupaciones." (Zúñiga 1987: 118).

El programa logró, en alguna forma, parte de sus metas y objetivos, no importaba si se implementan a través de gobiernos civiles o militares, de gobiernos socialdemócratas, nacionalista-populistas o filo-fascistas, lo importante fue quitar argumentos y base social a la subversión comunista y hacer evolucionar las sociedades latinoamericanas por la vía capitalista. Sólo dos hechos nos pueden servir como ejemplo. El denominado gobierno revolucionario de las FF. AA. en el Perú (1968-1975) y el gobierno de Unidad Popular encabezado por Salvador Allende en Chile (1970-1973). Sus reformas, especialmente, en la industria, en el agro y en la educación cuadraron en los planes de la *Alianza para el Progreso*.

Que estos gobiernos hayan tenido contradicciones con algunos sectores nativos que controlaban la industria y el agro en sus respectivos países no implicó que se hayan salido del libreto diseñado por la Alianza para el Progreso.

Más aún, al pasar el tiempo, uno de ellos fue derrocado y el otro, no sólo derrocado, sino que su presidente, entre miles, brutalmente asesinado con directa participación de EE.UU. teniendo como brazo ejecutor a las FF. AA. chilenas, no niega que se hayan estado implementado las recomendaciones de la *Alianza para el Progreso*.

La Alianza logró pálidamente algunas de sus metas, como hacer evolucionar las sociedades de feudales a semi-feudales en los países más atrasados y en alguna forma hacia el capitalismo en los más avanzados. Diez o quince años después, ya nadie hablaba del programa; si para entonces algunos problemas en el agro habían sido solucionados en algunos países, en otros, en esencia, éstos se mantenían, de allí la necesidad de anunciar otros planes y programas actualizados.

Los años posteriores a la declaración de la *Carta de Punta del Este*, que tuvo como otro de sus objetivos evitar la subversión comunista en esta parte del mundo, América Latina, a pesar de esta medida preventiva, vivirá esta nueva experiencia casi generalizada.

En Sudamérica ninguno de los diez países que la conforman escapó a esta experiencia. Con excepción de dos o tres movimientos o partidos que hicieron y hacen lucha armada, todos los demás se declararon abierta y explícitamente como marxistas. Las causas de dichas acciones las desarrollamos a continuación en terminos muy sumarios.

*

La lucha armada, en sus diferentes formas y estilos, tiene raíces muy profundas en América Latina. La resistencia a la conquista y colonia, las luchas emancipadoras, las luchas por la independencia son experiencias importantes a tener en cuenta. Luego vendrán las experiencias de lucha armada de carácter indígeno-campesino con distinto signo y orientación, las mismas que terminaron, en lo fundamental, a fines de los años 20 del mismo siglo XX. Comenzando este siglo la práctica de la lucha armada continuará con las de orientación nacionalista-populista y finalmente con las de ideología marxista.

¿Cuáles fueron (¿aún siguen siendo?) las causas para la aparición de este tipo de acciones? Las respuestas han sido diversas. Un sector de las clases dominantes, normalmente, argumentó que detrás de la subversión armada estuvieron los intereses del comunismo ateo internacional (la Unión Soviética, China y, en Latinoamérica, Cuba). Por lo tanto la subversión era un fenómeno importado de carácter ideológico-político que nada tenía que ver con los problemas reales de estos pueblos.

Para contrarrestarlo, antepusieron al internacionalismo el nacionalismo, al ateísmo la religión católica y al colectivismo la propiedad privada. Esta manera de enfocar el problema, siendo el más primitivo y burdo, es el que más ha calado y ha durado en la mente de las mayorías latinoamericanas. Años después cuando la Unión Soviética ya había desaparecido del escenario político-social y China tenía poco o nada de socialista, muchos en Latinoamérica seguían repitiendo estos argumentos.

Algunos otros, al interior mismo de las clases dominantes, fueron algo más objetivos e intentaron dar una explicación al origen de la subversión con argumentos más coherentes y cercanos a la realidad. El tristemente célebre Henrry Kissinger es uno de ellos, cuando se refirió a las causas de la guerra revolucionaria en El Salvador, a mediados de los 80, dijo: "Cuba y Nicaragua no inventaron los padecimientos que hicieron posible la insurrección en El Salvador y en otras partes. Estos padecimientos son reales y agudos." (Pereyra 1994:15).

En concordancia y para desarrollar la idea anterior transcribimos parte del diagnóstico que sobre el tema hizo un militar de las FF.AA. peruanas. Entre las décadas del sesenta y setenta, el general Edgardo

Mercado Jarrín, influenciado por la *Teoría del Desarrollo* (Prebisch) y la *Teoría de la Dependencia* (Cardoso y Faletto), escribió algunos ensayos sobre el tema, de ellos hemos elegido el titulado: *La subversión extremista en América Latina.* Por sintetizar el pensamiento de un buen sector de las FF. AA. y de un sector de la población del continente, nos detendremos en dicho diagnóstico.

En la Introducción, sostiene que América Latina es dependiente de EE.UU., consecuencia de ello: "... los países latinoamericanos supeditaron sus desenvolvimientos histórico-económicos a las regulaciones establecidas por la metrópoli externa dominante. Las consecuencias de estas implicancias se tradujeron en estas naciones, en una creciente dependencia -en lo tecnológico, económico, social y cultural- y, por tanto, en una creciente marginación de los sectores básicos, que conforman las estructuras básicas de nuestras naciones." (Mercado 1974: 91).

Continúa describiendo la actitud de las clases dominantes internas y sus sistemas de gobierno: "Muchos regímenes demo-liberales y conservadores no hicieron sino consolidar esta vertiente política e histórica. Las instituciones fundamentales de los Estados-naciones, fueron inducidas a mantener el status vigente que respondía, en lo esencial, al sometimiento de los grupos dominantes, intermediarios de la expansión imperialista en nuestros países." (Mercado 1974: 91).

El general piensa que la Revolución Cubana fue una respuesta a este orden de cosas, leamos: "La revolución Cubana insurge en el escenario de América Latina, como un primer cuestionamiento a la situación imperante de desequilibrio estructural y de dominación y se orienta hacia los países socialistas, de los cuales recibe un total respaldo. En la década del 60 al 70 la dinámica cubana genera una serie de repercusiones de su experiencia revolucionaria a otros países del continente..." (Mercado 1974: 91).

Después de mencionar los dos hechos externos (la dependencia de los EE.UU. y la influencia de la Revolución Cubana) se adentra en el análisis de las condiciones internas de estos países. Mercado plantea que los dos problemas básicos son: el subdesarrollo y la dependencia. Sus palabras: "En América Latina existen serios problemas que conforman un estado latente de crisis económica, política y social. Esta situación comporta la existencia de vulnerabilidades en los diversos campos de las realidades nacionales. Sin embargo, es preciso recordar que dichas vulnerabilidades derivan del estado de subdesarrollo y en cierta manera lo conforman, así como de las relaciones de dependencia que caracteriza a las sociedades latinoamericanas. Por tanto, para eliminar o por lo menos para neutralizar estas vulnerabilidades, se requiere básicamente combatirlas en sus verdaderas causas." (Mercado 1974: 93).

Mercado Jarrín cree que las causas últimas de esa vulnerabilidad en América Latina son las siguientes: La falta de identificación del pueblo con los objetivos políticos y nacionales. Los grandes desequilibrios estructurales. El descontento y pérdida de confianza en los gobiernos. La dependencia económica y financiera. La resistencia al cambio de ciertos sectores. La frecuente escasez de personal adiestrado y calificado. El insuficiente desarrollo científico y tecnológico. La falta de unidad y coordinación de los esfuerzos. La limitación en la cooperación internacional para el desarrollo. La falta de control y comunicación entre el centro de decisión y las zonas rurales y termina con la falta de una verdadera conciencia política.

Luego sostiene que en América Latina, desde el punto económico-social, hay tres tipos de países. Aquellos que han alcanzado un determinado nivel de desarrollo que aleja a las masas de las condiciones de miseria. Unos segundos, que a pesar de que no han logrado superar esta condiciones, hay muchas esperanzas de que lo logren a corto plazo. Y unos terceros, donde las contradicciones de las masas son sencillamente miserables y no hay, a corto plazo, esperanzas de cambio.

A pesar de estas diferencias, el general afirma: "Lo evidente es que en la generalidad de los países latinoamericanos se presentan condiciones adecuadas para el desenvolvimiento del extremismo, cualquiera sea el grado de desarrollo alcanzado, debido a la existencia de serias contradicciones socio-económicas que ubican a las grandes mayorías al margen de los beneficios económicos y sociales, reservados sólo para los grupos dominantes. Esta situación proporciona a los extremistas los 'motivos' necesarios para darle sentido a sus acciones subversivas." (Mercado 1974: 100).

Resaltando un aspecto de la subversión en el continente, continúa: "La amenaza de la subversión en América Latina es básicamente de carácter psicológico. El proceso subversivo se origina en los grandes desequilibrios estructurales y en las formas opresivas diseñadas por los gobiernos incapaces de buscar soluciones a las verdaderas causas por medios políticos. (...) El extremista trabaja en términos sociales y políticos básicos; los gobiernos reaccionan normalmente en términos económicos, dejando de reconocer la preocupaciones espirituales de la población descontenta." (Mercado 1974: 101).

Y finalmente en torno a la lucha armada es concluyente: "En lo que se refiere a la lucha armada, el tiempo trabaja a favor de este tipo de lucha, en el tercer grupo de países, pues simultáneamente con la necesidad de incrementar los gastos militares para destruir a la organización subversiva, existe la de acelerar el proceso de desarrollo; pero la satisfacción de esta última tiene que verse postergada al tener que disponer de los escasos recursos con que se cuenta para sostener la acción represiva." (Mercado 1974: 101).

A pesar de su formación militar y la influencia de la, hoy casi olvidada, teoría del desarrollo-dependencia, el diagnóstico hecho por Mercado Jarrín nos parece, con sus limitaciones, valedero para comprender parte de las causas de la subversión en América Latina. Ya hemos dicho que lo escrito por el general fue una de las maneras de conceptuar los problemas latinoamericanos por una buena parte de las FF.AA. en América Latina. Instituciones, que a partir de la Segunda Guerra Mundial, habían sido reorganizadas y reestructuradas para no sólo limitarse a ser especialistas en táctica y estrategia sino también en otros campos de la vida económica, política y social.

En un trabajo escrito sobre el tema y publicado el año 1990, tomando como modelo de análisis las causas que determinaron la subversión en el Perú, hemos escrito que las mismas se generaron por no haberse solucionado adecuadamente: "... el problema étnico-racial, el problema nacional, el problema cultural; los mismos que tienen sus causas últimas y determinantes en el problema económico-social. Estos cuatro problemas, en su conjunto, dan forma y contenido al gran problema histórico por resolverse en el país; problema que hunde sus raíces quinientos años atrás." (Roldán 1990: 22).

¿Cuánto de lo afirmado es válido más de 15 años después? Más aún, ¿cuántos de estos argumentos pueden ser generalizados al resto de América Latina? Es posible que en las últimas décadas la realidad peruana haya cambiado, pero estamos seguros que no lo suficiente como para invalidar lo afirmado en el párrafo anterior. De igual modo, somos conscientes de que los demás países latinoamericanos tienen particularidades que los caracteriza; a pesar de ello, creemos que, en términos generales, estos problemas mencionados, de una forma u otra, se repiten y están esperando o reclamando una solución de fondo.

A estos problemas latentes, agréguese una ideología política (especialmente cualquiera de las variantes del marxismo), un aparato partidario con influencia de masas, un conjunto de dirigentes capaces de hacer lo que dicen y una coyuntura adecuada. Coincidiendo estos elementos, la subversión armada es posible en cualquier parte del continente. Que el desarrollo de la subversión no haya sido como muchos pensaban, más aún, que el desenlace no haya sido, en la mayoría de los casos, como sus dirigentes, seguidores y una parte de los pueblos esperaban o esperan, es otra historia.

En esta parte del continente, con excepción de la Revolución Cubana y la Revolución Nicaragüense, casi todos los movimientos subversivos han sido derrotados o, en el mejor de los casos, se mantienen estacionarios. La explicación del por qué escapa a nuestro conocimiento, por un lado, y a los objetivos de esta investigación, por otro.

LAS GUERRILLAS EN MÉXICO Y CENTROAMÉRICA DESPUÉS DE LA REVOLUCIÓN CUBANA

Como antecedentes inmediatos de lucha armada en la región, hay que mencionar la revolución agrarista mexicana (1910-1917), que tuvo una orientación nacionalista-populista y, de esa manera, puso fin en lo fundamental a la orientación mesiánico-pasadista de los movimientos armados indigenistas y fue el puente para la aparición de los movimientos armados de orientación marxista. Sobre la revolución mexicana hemos escrito en otros capítulos de este trabajo, ésta es la razón del por qué ya no insistiremos en ella.

De igual manera, la lucha armada en Centroamérica tiene un par de antecedentes importantes. En primer lugar, el movimiento dirigido por César Augusto Sandino en Nicaragua, que duró desde 1926 a 1934. Este movimiento tuvo un carácter nacionalista-antiimperialista. Y en segundo lugar, la revolución en El Salvador en enero de 1932. Esta insurrección tuvo otro carácter, en comparación a las anteriores, en la medida que en este país fue el Partido Comunista, con Agustín Farabundo Martí a la cabeza, quien organizó y protagonizó la insurrección. Martí fue detenido y luego fusilado por las fuerzas del orden.

Con estos tres antecedentes, ocurridos hasta antes del triunfo de la Revolución Cubana, se puede comprender mejor las que se organizaron y estallaron en las décadas posteriores. Desde 1959 la mayoría de acciones armadas son de orientación marxista (aquí comprendemos a los marxistas a secas, a los marxista-leninistas, a los trotskistas, a los maoístas, a los castristas, a los guevaristas o a la combinación de todos ellos). Su accionar, su desarrollo y desenlace han sido y son diferentes, a pesar de que las motivaciones históricas, económicas, sociales y políticas han sido y son casi las mismas.

Como preámbulo al análisis de esta nueva experiencia de lucha armada en México, leamos lo que Jorge Castañeda, ubicando su estudio a finales de los años 60, escribió: "En México imperaban condiciones maduras para el surgimiento de un movimiento armado importante. Abundaban estudiantes iracundos y campesinos empobrecidos, un gobierno represivo y los inicios de una contracción económica. La tradición, una cultura de violencia y la falta de alternativas parecían una receta perfecta para el combate armado. Algunos han especulado que muchos estudiantes no tomaron las armas precisamente porque había habido un movimiento estudiantil: estaban vacunados." (Castañeda 1995: 105).

Entre 1964 y 1975 sucedieron en México un sinnúmero de acciones armadas. Oficialmente se reconocen once organizaciones de esta naturaleza. Su accionar fue diverso y actuaron, indistintamente, tanto en el campo como en la ciudad. La ideología que predominó en estas organizaciones fue el marxismo en sus diferentes variantes y seguido por el populismo nacionalista. Por su importancia, nosotros nos detendremos en tres organizaciones armadas, en la medida que fueron las más conocidas y sobre las cuales más se ha escrito.

En primer lugar, *La guerrilla de Chihuahua* que actuó entre 1964 y 1965. Su dirigente más conocido respondió al nombre de Arturo Gámiz que a la vez era militante de la Unión General de Obreros y Campesinos con influencia del Partido Popular Socialista.

El problema comenzó cuando los campesinos dieron respuesta a la apropiación hecha por la familia Ibarra de una cantidad de tierras que deberían haber sido adjudicadas a campesinos sin tierra. Luego de algunos litigios en juzgados menores, recurrieron los campesinos a otra instancia, pero sus gestiones no dieron ningún resultado; en consecuencia: "... Gámiz constituyó un núcleo pequeño y mal armado que inició sus acciones en febrero de 1964 volando con dinamita un puente en la propiedad de los Ibarra; informes oficiales cifran en once el número de los guerrilleros." (Pereyra 1994: 181).

Continuaron con su actividad y en marzo del mismo año dieron muerte a Florentino Ibarra y extendieron su radio de acción a otras zonas. La policía y el ejército iniciaron la persecución de los guerrilleros en los Estados de Chihuahua y Sonora. En julio se produjo un enfrentamiento donde murieron cinco policías. La ciudad de Madera y los alrededores fueron atacados dos veces por los subversivos. La primera vez, en mayo de 1965, acción que fue un éxito para los alzados y en septiembre atacaron el cuartel de la ciudad; el resultado en la última acción fue un fracaso total. De los 15 atacantes, 8 resultaron muertos. De esa manera terminó esta experiencia armada.

La guerrilla de Chihuahua tenía una propuesta muy concreta. Pedía que se entregue la tierra a los campesinos, que se favorezca la industrialización del campo y de esa manera poder mejorar las condiciones de vida de los campesinos. A pesar de no haber una declaración explícita, por su relación con el Partido Popular Socialista y por estas reivindicaciones, la guerrilla de Chihuahua se inscribe en los movimientos populista-nacionalistas en América Latina.

Dos años después de la derrota de *La guerrilla de Chihuahua*, entrará en acción la guerrilla que responde al nombre de *Asociación Cívica Nacional Revolucionaria* (1967-1972) en el Estado de Guerrero. Esta organización, que cambió hasta tres veces de nombre, tuvo como dirigente mayor a un maestro de escuela llamado Genaro Vásquez. Este dirigente militó en el Partido Popular Socialista y era uno de los radicales al interior de esta organización.

El estudioso Baloy Mayo, cuando se refiere a Vásquez, dice: "Genaro fue más consecuente en la línea del radical, pero a diferencia de los `reformistas radicales´ pugnaba por el método de la lucha armada como la única línea de combate tras experimentar la `lucha cívica-democrática frente al Estado mexicano." (Mayo 1980: 45).

Su centro de operaciones fue el Estado de Guerrero, un Estado con una densa población campesina y con una larga tradición de lucha. De Guerrero, pensaban extender la lucha armada a todo el territorio nacional, en la medida que su meta fue liberar a la sociedad mexicana en su conjunto. Para su acción, según el especialista en el tema Daniel Pereyra, organizaron tres Comandos Armados de Liberación, llamados General Juan Álvarez, General Emiliano Zapata y General Vicente Guerrero. Desde 1970 actuaron también en las ciudades con dos tareas específicas: recaudar fondos para financiar la organización y liberar a los presos políticos.

Esta organización, en su accionar, secuestró a muchas personalidades como el Banquero Donaciano Luna, el ganadero y cafetalero Agustín Bautista, el rector de la universidad de Guerrero Jaime Castrejón quien era propietario de varias empresas y estaba ligado a la Coca Cola en la región. Con estas acciones ganaron mucha publicidad y además recaudaron fondos, por un lado, y lograron liberar a sus presos, por otro lado.

En el campo su accionar se centró en la zona noreste de la sierra de Guerrero. Luego de algunos enfrentamientos con la policía y el ejército sus dirigentes se repliegan a las ciudades para evitar ser aniquilados. El 2 de febrero de 1972, en un accidente automovilístico, Genaro Vásquez dejó de existir y desde esa fecha no se supo nada más de esta organización.

Cuando la guerrilla dirigida por Vásquez actuaba en Guerrero, entró también en acción, y en alguna forma coordinando con él, la guerrilla orientada por el *Partido de los Pobres* (1968-1974) que tenía como dirigente al ex-militante del Partido Comunista mexicano Lucio Cabañas. La orientación ideológica y política de este movimiento fue claramente marxista con alguna influencia trotskista.

Daniel Pereyra, en torno a esta organización, escribe: "El ideario del Partido de los Pobres, redactado en marzo de 1971, fijaba los objetivos principales: la conquista del poder político; la destrucción del Estado burgués; la construcción de un Estado proletario formado por todos los trabajadores; la construcción de una sociedad nueva sin explotados ni explotadores, sin oprimidos ni opresores; la abolición de la propiedad privada, la expropiación y socialización de las empresas capitalistas, los medios e instrumentos de producción; la expropiación y colectivización de los latifundios, haciendas y demás propiedades de los capitalistas del campo. También se proclama la necesidad de la destrucción del ejército y la policía represoras, y se reivindica un sistema de democracia socialista y la igualdad de derechos para todos los trabajadores, así como para la mujer en el trabajo y en la sociedad.

Se consideraba la lucha del pueblo mexicano como parte de un movimiento revolucionario internacional." (Pereyra 1995: 185).

Luego sostiene: "La base sobre la cual se asentó la guerrilla fueron las Comisiones de Lucha del Pueblo, pequeños grupos clandestinos que colaboraban con el PDLP en tareas de abastecimiento, información, ayuda a los campesinos, etc. Como relata Lucio, las primeras armas de su grupo fueron donadas por campesinos, así como otros elementos y equipos." (Pereyra 1995: 185).

El accionar de la guerrilla fue alternado, tanto en el campo como en la ciudad. En el campo desarrollaron guerra de guerrillas y en las ciudades, principalmente, secuestros y expropiaciones. Los enfrentamientos con el ejército fueron muchos con resultados, en una primera etapa, favorables para la guerrilla. Entre 1967 y 1970 las FF.AA. mexicanas desarrollaron cuatro campañas en función de aniquilar al Partido de los Pobres y su accionar armado.

En esas campañas, que no fueron sólo militares, se observa ya la táctica psico-social de control y utilización de la población que las FF.AA. aplicaron, con bastante éxito, en su posterior lucha contra los movimientos subversivos en otras partes del continente. A este accionar se le bautizó con el nombre de *La guerra de baja intensidad.*

Entre el año 1972 y el año 1974, además de continuar las acciones guerrilleras y las campañas de las FF. AA., sucedieron tres hechos importantes que influyeron en el desenlace final. El Partido de los Pobres se dividió, dando origen a las Fuerzas Armadas Revolucionarias. El secuestro del senador priísta Rubén Figueroa y la caída del dirigente máximo Lucio Cabañas. Lo último sucedió el 2 de diciembre del año 1974 cuando un grupo de 20 guerrilleros emprendían la retirada luego de un largo enfrentamiento con 5.000 efectivos de las Fuerzas Armadas mexicanas. Así terminó su accionar el Partido de los Pobres.

En ese lapso (11 años) también actuaron en diferentes zonas y con diversas modalidades las Fuerzas Armadas Revolucionarias (1973-1975), las Fuerzas Revolucionarias Armadas del Pueblo (1970), el Frente Urbano Zapatista (1969), el Movimiento de Acción Revolucionaria (1970), los Comandos Armados del Pueblo (1971), los Comandos Armados de Chihuahua (1972), la Liga Armada Comunista (1972) y la Liga Comunista 23 de Septiembre (1973-1975).

Han tenido que pasar más de 20 años desde el último accionar guerrillero en México, para que el 1° de enero de 1994 reaparezca nuevamente una organización de esta naturaleza en esta parte del continente. Nos referimos al Ejército Zapatista de Liberación Nacional que nace y tiene su campo de acción en el Estado sureño de Chiapas y como dirigente al denominado Sub-comandante Marcos.

Por la composición del EZLN, por su accionar en Chiapas y en México, por el momento de iniciar sus acciones, la forma de actuar y las condiciones políticas nacionales e internacionales, es uno de los movimientos armados más publicitados en todo el continente. Las interpretaciones son diversas, las condenas y rechazos no faltan, las simpatías y adhesiones igualmente abundan.

La gran pregunta es: ¿Tiene cabida, y sobre todo futuro, un movimiento armado en América Latina hoy? Teniendo en cuenta la desaparición del llamado campo socialista, la ofensiva ideológico-política del capitalismo y el aparente deterioro del método de la acción armada en esta parte del mundo. En gran medida, la respuesta pasa por saber qué se propone una organización al hacer lucha armada, creemos que ahí reside gran parte de la incógnita a despejar. Sobre este espinoso tema volveremos al final de este sub-capítulo.

El profesor Róger Ángela, haciendo una presentación muy genérica de los zapatistas, escribe: "Desde un punto de vista cronológico y explicado por Marcos, el pequeño núcleo que daría origen al EZLN surgió de las Fuerzas de Liberación Nacional (FLN) y se instaló en la Selva Lacadona en 1983. Tres serían los componentes básicos del ejército en su momento de aparición pública. De un lado, los mestizos procedentes de las ciudades, con una formación política teórica y la voluntad de provocar una guerra popular. (...) El segundo componente es lo que Marcos llama una `élite indígena politizada´, con la experiencia de lucha política adquirida en las organizaciones de izquierda y convencida ya que sólo con la violencia podrá resolver su situación. (...) El tercero y mayoritario componente surgirá del contacto cultural entre el núcleo establecido en la selva y las diferentes comunidades indígenas de la región." (Ángela 2002: 350).

Tomando como base los tres puntos enumerados en el párrafo anterior, las interpretaciones de por qué aparece el EZLN en ese momento, en Chiapas y en México, son muchas y variadas. Desde nuestro punto de vista, la interpretación hecha por el sociólogo mexicano Pablo González Casanova, sin compartir el cien por ciento de sus argumentos, nos parece bastante convincente.

Por su extensión, sólo nos limitaremos a enumerar las causas que González expone para la aparición del EZLN en Chiapas. 1.-La zona de influencia zapatista tiene una herencia real y mitológica de rebeldía armada muy larga. 2.-La crisis de la hacienda tradicional que se agudiza a partir de los años 70. 3.-La acción pastoral de curas y catequistas en la educación de los indígenas, muchos de estos agentes pastorales estuvieron influenciados por la Teología de la Liberación. 4.-El ejemplo de la revuelta estudiantil del 68 y la influencia posterior de los ex-estudiantes en la zona. 5.-Un problema que tiene raíces antiguas, la mala distribución de las tierras. Esto ocurre cuando las familias campesinas crecen, una buena cantidad se queda sin tierras. 6.- A pesar del control y el desinterés del partido gobernante (PRI) hubo una cierta politización de la población indígena-campesina en Chiapas. 7.-El papel de las leyes que sólo son cumplidas cuando al poder local o regional le conviene. Y por último, 8.-La violencia negociada y permanente con pérdidas y ganancias en la zona.

González termina resumiendo, en gran medida, el programa ideológico-político de los zapatistas. En estos términos: "Aparte de que exigen al gobierno realizar elecciones honestas, luchan por la democracia, la justicia y la libertad y aseguran su lucha con las armas. En una palabra, los zapatistas se suman a la más popular y exigida de las luchas actuales del pueblo mexicano y de otros pueblos del mundo. Al hacerlo no optan por un solo camino con una sola hipótesis: exploran para ver cuál funciona mejor. Al mismo tiempo programan una democracia nueva entre los revolucionarios; una democracia plural en las ideologías, las religiones y las políticas, que no es necesariamente camino para el socialismo, y en que no se acepta que la democracia `formal´ sea sólo `mediatización´, en que incluso se exige aplicarla efectiva y honestamente, sin trampas." (González 1997: 87 y 88).

Lo aquí expuesto, que se podría catalogar como una posición demócrata-populista radical, tiene en el Sub-comandante Marcos su portavoz. Ésta es la corriente predominante al interior de esta organización armada. Además están también los seguidores de la Teología de la Liberación, los marxistas en su versión guevarista y algunos otros grupos, desde demócratas hasta anarquistas sin mayor incidencia en el accionar general de la organización.

De ser verdad lo descrito por el sociólogo, la dirigencia de los zapatistas se inscribirían en aquella corriente de ideas y grupos que piensan que la burguesía no ha cumplido sus promesas y que las puede aún cumplir. Exigen que las clases dominantes lleven a cabo la democracia, la justicia y la libertad. Si para exigir ello hay que levantarse en armas, como los viejos jacobinos, hay que hacerlo y está plenamente justificado. El tema es provocador y a la vez plantea el retomar la discusión ideológico-política que se dio hace más de un siglo atrás.

Esta discusión, que se dio al interior de los revolucionarios, fue ganada en aquellos tiempos, gracias al triunfo de la Revolución Bolchevique primero y la Revolución China después, por los que pensaban que la burguesía ya había agotado su misión política y, más aún su rol histórico.

Lo sucedido después, el tránsito del socialismo al capitalismo en la Unión Soviética y de la democracia popular al capitalismo en China ha motivado a los científicos sociales, interesados en el tema, retomar esta antigua discusión. Y en los últimos 20 años es de igual modo tema de debate al interior de la izquierda que persiste en el marxismo. Algunos de ellos limitan su explicación al rol jugado por el revisionismo, mientras que otros creen que siendo este argumento válido no es suficiente, a estas alturas de la lucha de clases, para explicar el fondo de tamaño problema.

Los zapatistas con su accionar y sus ideas han contribuido a profundizar y acelerar este debate, sostienen unos. Los zapatistas son simples reformistas que desvían a las masas de la revolución, argumentan unos segundos. Los zapatistas no son más que una de las alas radicales del PRI que no desea la integración de México en el Tratado de Libre Comercio, afirman unos terceros. Éstas son algunas afirmaciones que aún no han sido argumentadas ni discutidas convenientemente.

Hoy, más de 10 años después de haber ocurrido el levantamiento armado en Chiapas, después de algunos enfrentamientos, decenas de muertos y mucha publicidad (como la propagada en torno a los congresos y la caravana a la capital de la república el año 2001) el EZLN sigue actuando en Chiapas, controlando ciertas partes del territorio, administrando y gobernando de igual modo algunas zonas. Se puede decir que en este enfrentamiento hay una convivencia armada consecuencia de un empate político-militar entre el zapatismo y el Estado mexicano en la zona.

*

De los seis países que conforman Centroamérica, desde el triunfo de la Revolución Cubana, sólo Costa Rica y Panamá no registraron movimientos revolucionarios marxistas que hayan realizado acciones armadas. En los demás, la situación ha sido diferente con resultados, de igual modo, disímiles. Mientras que en El Salvador y Guatemala, después de una larga y prolongada guerra civil, terminaron negociando una salida política al empate militar, en Honduras, por el contrario, las fuerzas insurrectas no llegaron a este nivel de desarrollo.

La otra cara de la medalla la representó Nicaragua, es la segunda experiencia de una revolución triunfante en el continente. Las fuerzas rebeldes aglutinadas en el Frente Sandinista de Liberación Nacional, en julio de 1979, lograron derrocar a un sector de las clases dominantes representadas por los Somoza, tomaron el Poder y dieron inicio a la construcción de una sociedad democrática y popular.

Después de la gran experiencia armada con Sandino en los años 20 y 30, entre los años 1954, 1956, 1958, 1959 y 1960 se dieron muchas acciones armadas de grupos guerrilleros en este país. El momento y la inexperiencia fueron los factores determinantes para que estas acciones no pasaran de escaramuzas, enfrentamientos indirectos e intentos de insurrecciones.

Lo planteado a nivel histórico, económico y político-social para América Latina, con algunas particularidades, es válido también para la sociedad nicaragüense. La presencia de una fuerte oligarquía asentada en el campo, algunos enclaves capitalistas controlados por una oligarquía en alianza con firmas extranjeras, especialmente norteamericanas, una población campesina sumida en la miseria y una férrea dictadura de familias oligárquico-gran burguesas en lo político, representada principalmente por las tres generaciones de los Somoza, fue lo que caracterizaba a este país hasta fines de la década del 70.

Nicaragua fue uno de los países conformantes de las famosas *Repúblicas bananeras*, no sólo por la producción de bananas en manos de firmas yanquis, sino sobre todo por la forma como fueron controladas y dominadas. Se puede decir que, hasta cierto punto, fueron haciendas gigantes explotadas por hacendados sometidos a los intereses norteamericanos. La doble moral de estos últimos, de apoyo por un lado y de desprecio por otro (es lo que siente el patrón hacia su siervo) fue expresado por el presidente norteamericano F.D Roosevelt (1882-1945) hacia el presidente nicaragüense Anastasio Somoza (1896-1956) en estos términos: "Es un hijo de puta; pero es nuestro hijo de puta." (Bersamian 2001: 8).

En medio de este marasmo social, en 1961 se fundará el Frente de Liberación Nacional, dos años después se transformará en el Frente Sandinista de Liberación Nacional. A lo largo de estos años el FSLN desarrolló un trabajo combinado en doble sentido. En el plano clandestino como en el legal. De igual modo hicieron este mismo doble trabajo en las ciudades y en el campo.

Hasta 1974 el FSLN, sin afectar la estructura misma de la organización, tuvo muchos altibajos en su desarrollo como producto de la acción contra-subversiva de las fuerzas del orden encarnadas en la Guardia Nacional. El 27 de diciembre de este año tomaron la casa de José María Castillo donde se realizaba una recepción en homenaje al embajador norteamericano Turner B. Shelton; entre otros personajes, se encontraban el canciller Montiel Agüello y Guillermo Sevilla, cuñado de Somoza.

Los resultados de esta acción fueron totalmente positivos para el Frente. Gracias a ello los subversivos lograron relanzarse políticamente, consiguieron la liberación de un grupo de dirigentes importantes, recibieron un millón de dólares y mucha propaganda como parte del rescate. La respuesta fue dura, se instauró el estado de guerra en el territorio donde la guerrilla operaba. El estado de sitio y la ley marcial se prolongaron en todo el país hasta 1977.

El año 1975, consecuencia de una serie de errores en el tratamiento de las contradicciones internas, el frente se dividió en tres tendencias. A una de las tendencias se le conocía con el nombre de *La proletaria*. Ésta sostenía que el trabajo político y militar debe ser básicamente en las ciudades. La segunda tendencia se denominaba *La Guerra Popular Prolongada*. Inspirada en la experiencia china y vietnamita, sostenía que el trabajo debe centrarse en las zonas rurales para luego golpear las ciudades. Y la tercera tendencia se le conocía como *La tercerista*. Ésta venía a ser, en lo táctico, una combinación de las dos anteriores. Sostenía que se debe aglutinar la mayor cantidad de fuerzas, incluso sectores burgueses anti-somocistas, y así facilitar el triunfo de la revolución. Este sector tenía una marcada influencia socialdemócrata y fue este sector el que al final dio la orientación al gobierno cuando la revolución triunfó.

Además hay que mencionar, si bien no en la dirección, la participación de sectores religiosos o comunidades de base cristianas, que estuvieron inspirados en la denominada Teología de la Liberación. Ésta es una experiencia que se ha dado también en otros países centroamericanos, especialmente en El Salvador.

La situación interna se deterioraba aceleradamente, las masas con o sin dirección luchaban y hasta intentaban insurrecciones. La dictadura de Somoza se desgastaba y se aislaba (el asesinato de Joaquín Chamorro, enero de 1978, fue una evidencia de esto). Las condiciones internacionales eran favorables. Los países vecinos estaban en guerra interna y los que no (Costa Rica) eran hostiles al régimen de Somoza. Más aún, estas condiciones favorables se evidenciaban en el apoyo dado a los rebeldes por un sector de la socialdemocracia europea y algunos sectores de los demócratas, que por entonces, controlaban el gobierno de EE.UU.

En estas condiciones los sandinistas, que nunca habían dejado de luchar en los diferentes frentes y formas, se plantearon la unidad de las tres tendencias internas, hecho que lograron sin mayores dificultades. Trataron e hicieron alianzas con otras fuerzas como el Frente Amplio Opositor y luego con el Movimiento Pueblo Unido de reciente creación. En este período la toma del Palacio Nacional el 22 de agosto de 1978, por un comando del FSLN al mando de Edén Pastora o "Comandante Cero", fue la acción más importante y espectacular. Los resultados, varios dirigentes importantes del frente fueron liberados. El gobierno pagó fuertes sumas de dinero por el rescate y además facilitó la propaganda de los sandinistas en todo el continente.

Después de muchos combates en todo el territorio, de muchas maniobras políticas como que EE.UU., utilizando la OEA, propugnaba una salida negociada. Después de muchas coordinaciones con otras fuerzas, los sandinistas se preparan para la insurrección y la toma de las principales ciudades que se materializó, en parte, en los primeros meses del año 1989.

El 16 de junio se formó en Costa Rica la Junta de Gobierno de Reconstrucción Nacional que reclamó el reconocimiento internacional y la unidad del pueblo nicaragüense para reconstruir el país. El 18 de julio la Junta se instaló en territorio nicaragüense, en la Universidad de la ciudad de León, la que había sido liberada el día 9 del mismo mes. El 17 de julio renuncia Somoza, viaja a Estados Unidos y deja en su reemplazo al diputado Francisco Urcuyo. Por esos días el FSLN ordena a todas sus fuerzas movilizarse en dirección a Managua. El día 20 de julio entran los miembros de la Junta y la dirección sandinista a la capital de la república, los milicianos habían tomado ya el Búnker de Somoza, la Guardia Nacional se deshizo y el presidente Urcuyo huyó del país. La revolución sandinista había triunfado y con ella muchas ideas y principios marxistas.

Para el triunfo de esta revolución, la segunda en el continente, ya hemos hablado de las condiciones nacionales e internacionales favorables. De igual modo de la ideología que no fue otra que una combinación de las diferentes tendencias del marxismo, de la socialdemocracia y de los cristianos seguidores de la Teología de la Liberación.

El gobierno sandinista fue copado y orientado por el sector radical de la socialdemocracia. Se propuso construir una sociedad democrática y popular en lo interno y con relaciones amplias y abiertas con todos los países del mundo. No aceptaron más el sometimiento a EE.UU. como hasta entonces había ocurrido.

A pesar de ello, la Nicaragua sandinista, su ejemplo armado y su modelo de sociedad salía del diseño norteamericano. La respuesta de EE.UU. fue el bloqueo económico y organizar, armar y financiar a las fuerzas que se aglutinaron en la llamada Contra, la que inició una guerra larga, dentro y fuera del país, por un lapso de 11 años.

Si se leen con detenimiento los planes y los programas económicos, políticos y sociales de la revolución triunfante, se podrá ver que lo que se propusieron fue liquidar el pasado feudal o semi-feudal en el campo. Desarrollar la empresa estatal sin liquidar la empresa privada a nivel de la industria y las finanzas, además propugnaron una empresa mixta y cooperativa. Todas estas características no apuntan a liquidar el capitalismo como sistema, más por el contrario, se podría decir, que se propugnaba un desarrollo del capitalismo en su versión socialdemócrata o neo-keynesiana. Hecho que para los monetaristas de la Escuela de Chicago y neo-liberales en general fue o anticuado o en su defecto peligroso.

Presionados por las condiciones internas y sobre todo externas, los sandinistas programaron elecciones generales para el año 1990. Los candidatos fueron Violeta Barrios viuda de Chamorro que representaba a toda la oposición, incluidos los somocistas, con un programa neo-liberal en lo económico y de democracia representativa en lo político y Daniel Ortega por el lado de los sandinistas.

La oposición ganó, se acabó la revolución, se acabaron los contras. Los sandinistas, lo que 11 años atrás habían ganado con las armas, lo perdieron en las urnas. Nicaragua volvió a transitar, en el plano externo, por el camino que había transitado desde su independencia de España, con la diferencia, a nivel interno, que los Somoza ya no tienen la importancia que tuvieron hasta antes de 1979.

A la par de lo dicho se observa un cierto desarrollo del sistema capitalista en el país, pero a pesar de ello, la pregunta es: ¿Nicaragua, como producto de la acción de los sandinistas, ya no pertenece a ese grupo de las llamadas repúblicas bananeras centroamericanas? ¿Ha dejado de ser Nicaragua la hacienda gigante y se ha transformado en un país? Sin ser la respuesta muy contundente, parece que esos tiempos ya pasaron.

Los análisis del por qué de la derrota son varios, las críticas y autocríticas de igual manera no faltan. Desde los sectores cristianos, a través del ex ministro de cultura Ernesto Cardenal (en su libro *La revolución perdida* publicado el año 2003) centrando en el plano moral, es una de las más esclarecedoras.

*

La experiencia salvadoreña de lucha armada es hasta cierto punto algo particular en el continente. En principio porque el Partido Comunista salvadoreño fue uno de los pocos en esta parte del mundo que tenía experiencia en estos menesteres. No olvidemos la insurrección del año 1934 donde fue el organizador y protagonista. En segundo lugar, porque fue una de las revoluciones armadas donde participaron una gran cantidad de cristianos radicalizados. En tercer lugar, porque fue una de las revoluciones que estuvo a punto de tomar el Poder en el pequeño país centroamericano. Y en cuarto lugar porque fue en este país donde se aplicó con mayor precisión y brutalidad la guerra de baja intensidad.

El Salvador fue considerado un país predominantemente rural y se hablaba de las famosas catorce familias que controlaban (¿aún controlan?) dicha sociedad. Pero también en ciertos sectores se habían desarrollado un cierto nivel industrial importante en comparación a las demás *Repúblicas bananeras* de esta parte del continente, como consecuencia en la década del 70 del siglo XX se podía encontrar un sector obrero-industrial significativo.

En 1962 se reinició el debate en torno a la lucha armada al interior del Partido Comunista de El Salvador. La polémica fue ganada por los llamados foquistas, los que para materializar sus acciones revolucionarias crearon el Frente Único de Acción Revolucionaria, el que dicho sea de paso no entró en acción y al cabo de un tiempo (3 ó 4 años) se desintegró.

Muchos años después (1977), la dirección del Partido Comunista decidió incorporarse a la lucha armada. Sus planteamientos ideológico-políticos, en especial en torno a las dos etapas de la revolución, fueron hechos públicos a través de su secretario general Schafik Handal. Éstos se pueden resumir así: "El problema central de la revolución es el problema del Poder. Al lograr el triunfo, las mayorías populares - proletariado en general, campesinado, capas medias- destruyen la vieja maquinaria de la represión e instalan el poder revolucionario. Entonces las tareas y los objetivos democráticos y antiimperialistas pasan a constituir la primera fase de una revolución única, que en definitiva y en esencia es socialista". (Autores varios 1977: 28).

En el año 1970, de un desprendimiento del Partido Comunista, aparecen Las Fuerzas Populares de Liberación Farabundo Martí. La idea de las dos etapas de la revolución, mencionadas anteriormente, se repetía y estaba acompañada por el principio de la guerra prolongada. Además sostenían que la acción revolucionaria correspondía principalmente a las masas, secundaria y circunstancialmente a la guerrilla, propiamente dicho.

En los años setenta lograron tener una buena influencia en los obreros y estudiantes; pero su fuerza principal descansó en el magisterio. A mediados de esta década orientaron su trabajo de masas al campesinado donde lograron, al correr de los años, una gran influencia política y organizativa.

En 1971 aparece el Ejército Revolucionario del Pueblo, el mismo que al correr de los años devino el Partido de la Revolución Salvadoreña. Lo que caracteriza a este grupo es que fue conformado por distintos sectores cristianos radicalizados. Ellos sostenían que la revolución salvadoreña es: anti-oligárquica, anti-capitalista y anti-imperialista. Y por último, socialista.

Además existieron otras organizaciones armadas como Las Fuerzas Armadas de Resistencia Nacional, que luego se transformó en el Partido de Resistencia Nacional. De igual modo el Partido Revolucionario de los Trabajadores Centroamericanos.

Las divisiones y hasta los enfrentamientos al interior de las fuerzas de la izquierda salvadoreña, como en casi todo el continente, fueron una de las razones que socavaba un mejor y mayor desarrollo de la guerra revolucionaria. Pero como producto de la necesidad, entre octubre de 1979 y octubre de 1980, la izquierda buscó y forjó la unidad. Es así como nace el Frente Farabundo Martí para la Liberación Nacional (FMLN) y a partir de ese momento se informa que las acciones serán orientadas por una sola dirección centralizada.

Los enfrentamientos en todos los niveles y de diversa naturaleza se dieron a lo largo de la década del 80. Por el lado de los rebeldes, se puede decir que el momento más alto de desarrollo fue la ofensiva de comienzos de septiembre de 1988, en la medida que no sólo fue en el campo donde se dieron los enfrentamientos, sino sobre todo en las ciudades más importantes.

Sobre lo que pasó en ese momento coyuntural hay variadas interpretaciones. Lo más común es escuchar que la dirección del Frente esperaba que las masas de las ciudades se insurreccionaran (¿huelga general?) y esto no ocurrió. La ofensiva, habiendo sido un éxito en lo táctico, fue un fracaso en lo estratégico, de igual manera habiendo sido un éxito en lo militar, fue un fracaso en lo político.

En enero del año 1989 el Frente planteó diferir las elecciones por nueve meses, hecho que no fue escuchado por el Estado y en abril del mismo año el Frente planteó propuestas de conversaciones de paz, las que se iniciaron en Costa Rica y México. En noviembre de este año el Frente efectuó una gran ofensiva con el fin de entrar en mejores condiciones a las negociaciones y un año después se repetirá esta misma acción con los mismos propósitos. Finalmente el 25 de septiembre de 1991, en Nueva York, se firmó entre el gobierno salvadoreño y el FMLN un acuerdo de paz; como consecuencia de ello se formó una Comisión para la Consolidación de la Paz.

Es pertinente mencionar algunos hechos que se desprenden de la experiencia de lucha armada en El Salvador. Tomando en cuenta el tamaño del territorio y la población del país se considera que los muertos, heridos y desplazados, tanto interna como externamente, es el mayor realizado en todo el continente. Y por otro lado, es en este país donde se experimentó, con más crudeza y detalles las enseñanzas de la denominada guerra de baja intensidad.

Lo dicho tiene que ver, posiblemente, con el alto nivel de organización y de combate alcanzado por las fuerzas revolucionarias, las que levantaban un programa de Revolución Democrática Antiimperialista y decían orientarse hacia el socialismo. El FMLN estuvo hegemonizado por las ideas marxistas, incluso es una de las pocas experiencias donde el viejo Partido Comunista participó decididamente, en comparación con otros partidos en el continente, en la revolución.

Otro hecho de importancia a mencionarse es la actividad de un gran sector de la Iglesia Católica y en particular de la orden de los jesuitas. Muchos de ellos, guiados por los postulados de la Teología de la Liberación, denunciaron la violencia estructural del sistema como la causa principal de los males en este país. Algunos de ellos se integraron a la lucha armada y otros sin hacerlo fueron asesinados por los escuadrones de la muerte organizados por el Estado con participación directa de EE. UU.

El mayor Roberto D'Aubuisson, por el lado de los asesinos, y el Monseñor de San Salvador Arnulfo Romero, por el lado de las víctimas, son los dos símbolos encontrados en este escenario. Estos asesinatos fueron parte de las recetas recomendadas en los manuales de la guerra de baja intensidad y así se demostraba que cuando el sistema está en peligro ni los curas que han tomado partida por el pueblo se salvan.

Hay que recordar que de todos los países latinoamericanos, donde hubo experiencia de la lucha armada, en las últimas cuatro décadas, fue en Nicaragua, en Guatemala y sobre todo en El Salvador donde los cristianos de la Teología de la Liberación tuvieron una participación directa e importante en el proceso. En los demás países donde se dio esta experiencia su accionar fue algo tibia a favor y de igual modo tibia en contra. Esta última experiencia se dio por ejemplo en el país de nacimiento de uno de los teóricos de la Teología de la Liberación, el Perú.

Finalmente la Revolución Salvadoreña, a través de la lucha armada, no logró culminar con la revolución democrática antiimperialista que se había propuesto. Las llamadas catorce familias oligárquicas, su Estado, sus fuerzas armadas, que contaron con el apoyo de EE.UU., vencieron. A pesar de ello, y no porque se cumplan los puntos del acuerdo de paz, sino fundamentalmente por el accionar concreto de la guerra se han quebrantado muchas bases, sobre todo en el agro, sobre las cuales se asentaban las catorce familias oligárquicas que controlaban (¿aún controlan?) el país.

Finalmente es menester decir que ha sido la acción armada, en un lapso de más de 20 años, la que ha contribuido decididamente a la democratización interna del pequeño país. Con ello se va demostrando, como en otros países del continente de carácter semi-feudal, que la democratización económica, política y cultural, en esta etapa histórica, ya no viene por la acción de las clases dominantes. La gran burguesía y la oligarquía en el continente ya no son capaces ni siquiera de ello. La democratización viene, fundamentalmente, por la acción de las clases dominadas y explotadas. Para ello tienen que recurrir, inclusive como único método efectivo, a la violencia de las armas.

*

La experiencia de lucha armada en Guatemala está muy emparentada a lo ocurrido en El Salvador, no sólo por ser países vecinos y tener un pasado histórico común, sino de igual modo, por su estructura económico-social y a la vez la dependencia externa. Como consecuencia, sus problemas político-sociales son parecidos y sus soluciones también.

En Guatemala, después de la experiencia y el derrocamiento del régimen de Jacobo Arbenz (1954), se inició un cierto descontento que afectó inclusive a las Fuerzas Armadas; como consecuencia de ello, en 1960, un grupo de oficiales del ejército se levantó y formó el Movimiento Revolucionario 13 de Noviembre, que mantuvo su acción armada hasta 1970.

Un año después (1961) el Partido Guatemalteco del Trabajo (con ese nombre actuaba el Partido Comunista) definió que es la lucha armada la vía fundamental de la revolución guatemalteca. Un año después (1962) aparecen las Fuerzas Armadas Revolucionarias como un brazo armado de las dos organizaciones anteriores. Este acuerdo durará hasta 1970. El año 1971 y 1972 aparecen, de un desprendimiento de las FAR, la Organización Revolucionaria del Pueblo en Armas y el Ejército Guerrillero de los Pobres. Con excepción de la primera organización, la de los militares, todas las demás organizaciones armadas se reclamaron del marxismo. Denunciaban la problemática de los campesinos indígenas ligado íntimamente al problema de la tenencia de la tierra. Sostenían de igual modo que su lucha tenía un carácter democrático y antiimperialista.

En enero de 1982 aparece la Unidad Revolucionaria Nacional Guatemalteca (URNG). Esta organización fue el resultado de la unión del EGP, de las FAR, de la ORPA y el PGT. En su manifiesto sostiene que la unidad se basa en la estrategia de Guerra Popular Revolucionaria, Patriótica, Popular y Democrática. En estas 6 palabras están sintetizados sus puntos de vista en torno a la problemática y a la vez la posible solución de los problemas de este país.

Desde su creación hasta 1986, la responsabilidad de la lucha armada en este país estuvo a cargo de la URNG. Las ofensivas de la guerrilla y las contraofensivas de las Fuerzas Armadas y viceversa, a lo largo de estos cuatro años, fueron de tal magnitud que sólo son comparables a lo ocurrido en el vecino país de El Salvador. De igual manera los principios de la guerra de baja intensidad se aplicaron a gran nivel en este país. Estos principios, por ser una acción político-militar generalizada en todo el continente, los detallaremos al final de este acápite.

En vista de que la revolución estaba empantanada y ante un virtual empate militar, el 25 de octubre de 1986 en una carta abierta, la URNG propuso establecer las bases mínimas indispensables para encauzar al país por el sendero de la democratización y la paz. En principio el Estado rechazó este llamado, pero posteriormente, manteniéndose las armas y las acciones a nivel nacional por los dos lados, se iniciaron las conversaciones de paz, las mismas que tuvieron su punto culminante el año 1990 en la reunión celebrada en la ciudad de Oslo.

Sin tener, posiblemente, la participación y el peso que tuvo la iglesia católica en El Salvador, en este país su acción fue significativa. Los curas denunciaban, del mismo modo que la guerrilla, la situación en extremo miserables de los campesinos indígenas. En una carta pastoral que se titula *El clamor por la tierra*, dicen: "... el grito más fuerte, más dramático y más desesperado que se escucha en Guatemala es, sin duda alguna, el clamor por la tierra" y luego continúan: "... el más devastador y humillante flagelo de nuestro país es la situación de inhumana pobreza de los campesinos." (Pereyra 1994: 234).

Como se puede ver, el problema de la tierra, del campesino, de la democratización y el antiimperialismo son temas recurrentes que se repiten en estos países y son las causas para la aparición de este tipo de movimientos, los que se ven obligados a recurrir a la palabra de las armas para intentar en realidad democratizar estas sociedades, a pesar que la mayoría de ellos declararon tener como meta el socialismo.

*

Para terminar con Centroamérica, hay que mencionar que la vecina Honduras, a pesar del fuerte control norteamericano, también registró acciones armadas desde el año 1965 hasta comienzos de la década del 90. Las organizaciones más conocidas respondieron a los nombres siguientes: Movimiento Popular de Liberación Chinchoneros que operó entre 1981 y 1988. Las Fuerzas Armadas del Pueblo y el Frente popular Marazanista. Sus reivindicaciones se pueden resumir en tierra para los campesinos, democratización de la sociedad y no al control norteamericano del país.

Finalmente, a pesar de que no es considerado como parte del continente en si, hay que mencionar las organizaciones armadas que llevaron este tipo de acciones en La República Dominicana. La Unión Patriótica Dominicana (1959), el Movimiento 14 de junio (1963) y La guerrilla de 1973 dirigida por el ex diplomático Caamaño.

Treinta años después, en 2003, hizo su aparición en este país un movimiento armado que responde al nombre de Comandos Hermanas Mirabal. El nombre es en memoria de las dos hermanas comunistas que fueron asesinadas, comenzando los años 60, en el tiempo que gobernaba el General Trujillo.

Su actividad armada fue y es tanto en la capital como en provincias. Centran su accionar en ajusticiamientos de militares y policías considerados asesinos. Se reclaman ser revolucionarios, rechazan de plano el epíteto de terroristas con el cual el gobierno y la prensa los presentan.

Se consideran; en el plano ideológico-político como nacionalistas, antiimperialistas, seguidores de Ernesto "Che" Guevara, pero no evidencian claramente cuál es su alternativa al sistema dominante en este país.

LAS GUERRILLAS EN EL CONO SUR Y LOS PAÍSES ANDINOS

Para comenzar esta parte del trabajo, no tomaremos en cuenta la antigüedad ni menos la envergadura político-militar alcanzada por los partidos, frentes o grupos que pasaron por la experiencia de lucha armada en esta parte del continente. Comenzaremos por la ubicación geográfica donde se dieron estas experiencias armadas. En el acápite anterior hemos comenzado de norte a sur, ahora lo haremos de sur a norte.

En la experiencia chilena nos detendremos más de lo normal, habida cuenta que es el único país en el continente donde una fuerza que se reclamaba de la izquierda y hasta del marxismo logró ganar las elecciones generales en 1970 y decían haber iniciado la vía chilena al socialismo. Intentemos algunos niveles de comprensión y explicación de tal hecho.

Chile, desde los años 50 del siglo XX, fue ya tipificado como uno de los países sudamericanos donde el capitalismo no sólo había logrado un cierto nivel de desarrollo sino que se consideraba dicha sociedad predominantemente capitalista. Consecuencia de ello, existiendo naturalmente el problema agrario (se dio la ley de reforma agraria en la década del 60 y se profundizó en la del 70), el problema de la tierra ya no era un tema central.

De igual manera, y ligado a lo anterior (a pesar que en los años 90 se contabilizaban un millón de indígenas), el problema de los nativos indígenas fue considerado genéricamente superado. El predomino de una población mestiza y criolla, con fuerte influencia europea, es la que daba tono y color a los habitantes del país trasandino.

También hay que mencionar que fue Chile uno de los países del sub-continente que tuvo una rica y larga experiencia de vigencia del sistema democrático-representativo. En más de 40 años (1932-1973) de vida política, el ordenamiento jurídico-constitucional en Chile no sufrió ninguna interrupción. En todo este período las FF.AA. se mantuvieron al margen de la vida política formal y a la par respetaron la constitucionalidad democrática.

Se consideraba, de igual modo, que la sociedad chilena (después o a la par de Argentina, Uruguay y Costa Rica) había terminado, en lo fundamental, con el problema del analfabetismo. Como consecuencia la población había logrado un nivel de información cultural y de politización, en comparación con los demás países sudamericanos, bastante elevado.

Por último, existía una numerosa clase media o pequeña burguesía culta y politizada. Como causa y producto de ello proliferaron las editoriales, revistas, algunas universidades con presencia popular y una buena cantidad de intelectuales. Además cuatro o cinco partidos políticos organizados, con historia, con línea ideológico-política definida y con presencia activa en la sociedad.

Por lo tanto se discutía, se analizaba, se producía y se publicaba. En este panorama, no sólo las ideas de izquierda en general, sino las ideas marxistas en particular lograron un nivel de desarrollo y aceptación en la sociedad. Muestra de lo último fue que los partidos considerados de izquierda (el comunista y el socialista) participaron, por un largo período, con cierto éxito en la vida política oficial.

Con estos antecedentes es entendible y explicable la aparición de Unidad Popular. Con su voluntad de "Avanzar sin transar por la vía chilena al socialismo" y, como dijo Salvador Allende, "Comiendo empanadas y tomando vino tinto". Con la llegada al gobierno de Unidad Popular, el año 1970, parecía aperturarse la posibilidad de llevar hasta las últimas consecuencias la democracia y la libertad burguesa y luego avanzar hacia la construcción del socialismo evitando la violencia.

Se había iniciado la revolución pacífica y la voluntad popular era respetada. La mayoría del pueblo deseaba y comenzaba la construcción de una nueva sociedad sin derramamiento de sangre. Más aún, se leyó posteriormente en los escritos de ciertos politólogos y sociólogos, que con esta experiencia la cultura política, el consenso, el diálogo, la sociedad civil había derrotado a la fuerza, al autoritarismo, al monólogo y a la sociedad política. De esa forma se convertía en la primera experiencia de proyecto socialista que respetaba las normas, las leyes y la constitucionalidad democrática. Mejor ejemplo en el mundo político, y en especial en el Tercer Mundo, imposible mostrar.

Un participante directo, en el más alto nivel, en la también llamada "revolución de las manos limpias", casi 30 años después de los hechos hace un balance de "la vía chilena al socialismo". Leamos lo que Ariel Dorfman, en torno al Poder y la violencia, escribió: "Todas las revoluciones, hasta la victoria de Unidad Popular en 1970, habían sido invariablemente violentas, concebidas con la premisa de que los cambios drásticos en la sociedad y en la economía no podían verificarse sin primero derrotar la máquina militar a través de la cual la clase dominante aseguraba su monopolio de la riqueza y del poder, y tal derrota debería ser seguida, según la teoría, por una supremacía completa (algunos dirían total o totalitaria) de los órganos ejecutivo, legislativo y judicial del Estado, un imperio sobre los medios de comunicación y, eventualmente, todas las formas de propiedad." (Dorfman 1998: 139)

Recordando que desde la izquierda chilena, particularmente el Movimiento de Izquierda Revolucionaria, criticaba estos puntos de vista, Dorfman continúa: "Los críticos de la vía chilena al socialismo predijeron que la estrategia estaba destinada al fracaso, que las clases dominantes jamás entregarían el Poder en forma voluntaria, que todo terminaría en una masacre, mostrando la mismísima Comuna de París donde la contrarrevolución inauguró su restauración fusilando a miles de *comunards*." (Dorfman 1998: 139 y 140).

A estas críticas, el escritor hace responder a Salvador Allende en estos términos: "La respuesta de Allende era que él no abrigaba ninguna ilusión respecto de las intenciones pacíficas de nuestros enemigos. Cuando vieran que la democracia que hasta ahora habían defendido sus intereses ya no podía servirles, ellos conspirarían para destruir y vandalizar aquel proceso democrático, tratarían sin duda de subvertir a los militares. La teoría de Unidad Popular estimaba que, al renunciar nosotros al terror como la partera de la historia, les quitaríamos a los derechistas la justificación de llevar a cabo su propio terror, aislándolos y, eventualmente, neutralizando su acción. Nuestra estrategia ponía el acento en la persuasión moral, postulando que era posible escapar de la espiral de la violencia y la contraviolencia que se había alimentado mutuamente con voracidad durante todo el siglo veinte. Estábamos tratando de conservar no sólo nuestras propias manos limpias de sangre, sino también la de nuestros enemigos." (Dorfman 1998: 140).

Por su parte Tomás Moulan, de igual manera muchas décadas después y desde una posición menos comprometida que la de Dorfman, cree que hubo dos grandes desencuentros en la "vía chilena al socialismo". En principio, las condiciones del país no estaban dadas para un tránsito pacífico y en segundo lugar Unidad Popular no estaba preparada para hacer una auténtica revolución o revolución tradicional. Leamos lo que el sociólogo chileno, en 1997, escribió: "La Unidad Popular no tuvo la posibilidad de triunfar porque la `vía institucional´, la forma más pacífica del tránsito del capitalismo al socialismo, no era todavía una oportunidad posible, no era una empresa que se pudiera asumir, `que la humanidad pudiera enfrentar´. Marx vuelve muchas veces sobre el tema realista de las oportunidades no posibles, no pensables, porque en él la conciencia para sí está firmemente ligada a una materialidad (las condiciones, la situación, las correlaciones de fuerzas)." (Moulan 1997: 166).

Y luego el otro desencuentro: "Hacer la revolución en la forma tradicional era hacer algo para lo cual la Unidad Popular no se había preparado. Se había preparado para negociar. Para eso tenía oficio. Pero no estaba en condiciones de ocupar el camino original, el único que en algunos momentos dio resultado: la revolución como aprovechamiento político-militar de coyunturas estratégicamente seleccionadas, esperando el momento en que el enemigo estuviera más debilitado y las fuerzas propias, subjetiva y objetivamente mejor preparadas." (Moulan 1997: 166).

El golpe de Estado del 11 de septiembre de 1973 vino a despertar a los soñadores, hizo madurar a los adolescentes, a terminar con la candidez política y las manos blancas de un sector de la sociedad chilena, mientras que el otro sector de la misma terminó con las manos teñidas de rojo y chorreando sangre.

Esa acción daba la razón a todos aquellos que sostenían, en Chile los miembros del MIR, de que en una sociedad dividida en clases sociales antagónicas, la revolución pasa indefectiblemente por el método de la violencia revolucionaria. Si los revolucionarios no hacen uso de la violencia, los contrarrevolucionarios, tarde o temprano, lo harán en contra de ellos. La tragedia chilena, iniciada el 11 de septiembre y prolongada por 17 años, simple y llanamente vino a confirmar, una vez más, este viejo principio.

El MIR aparece en la sociedad chilena el año 1965 y fue el resultado del encuentro y participación de muchos ex-militantes socialistas, comunistas y trotskistas. En su congreso de constitución fueron nombrados como dirigentes máximos un ex socialista: Miguel Henríquez, un ex trotskista: Luis Vitale y un ex-comunista: Humberto

Valenzuela. Desde su fundación desarrollaron una encarnizada polémica contra el Partido Socialista y sobre todo contra el Partido Comunista a quienes les catalogaban de reformistas pacifistas.

El MIR sostenía que la lucha armada era la única vía para terminar con el capitalismo y que en su reemplazo debería instaurarse el socialismo bajo la dictadura de los trabajadores, de los proletarios. En este proceso no cabe alianzas ni colaboración de clases con las fuerzas burguesas como sostenían los comunistas y socialistas.

El trabajo del MIR se centró en el movimiento universitario, especialmente en Santiago y en Concepción y posteriormente en las poblaciones pobres, las callampas. En 1969 dan inicio a las llamadas "acciones directas" y el movimiento se constituye en "Grupos Político-militares". En esta etapa dirigieron a los pobladores en la invasión de tierras para viviendas y realizaron expropiaciones y asaltos a bancos.

A mediados del año 1970 y en plena campaña electoral, el MIR suspende sus acciones armadas; y ante el triunfo de UP prolongó la suspensión hasta el golpe del 11 de septiembre de 1973. La actitud del movimiento ante el gobierno encabezado por Allende fue de apoyo crítico. Durante ese período fue el único, como partido, que sostenía que las FF. AA. darían un golpe y que la población debe prepararse para responder a la violencia de la derecha. Pocos hicieron caso, incluida parte de su militancia, de ahí que cuando se dio el golpe, la resistencia armada del MIR fue escasa y no cambió en nada el curso de los acontecimientos.

Durante el golpe y los días posteriores el MIR realizó un cierto nivel de resistencia armada en barrios, en fábricas; hostigamiento a patrullas militares y acciones guerrilleras en las provincias sureñas de Cautín, Valdivia y Llanquihue. Pasado estos días: "La organización decidió mantener su estructura y sus cuadros dentro de Chile; uno de sus máximos dirigentes, Bautista van Showen, fue detenido el 13 de diciembre de 1973, en marzo de 1974 cayeron varios miembros de la dirección y en octubre se produjo el mayor golpe represivo contra el MIR: murió en un enfrentamiento con la policía su secretario general, Miguel Henríquez, cayeron varios dirigentes y quedó desarticulada casi toda la organización en Santiago. Durante los largos años de dictadura de Pinochet, el MIR logró sobrevivir, no sin sufrir divisiones y crisis internas motivadas por diferencias políticas en torno a la línea a seguir." (Pereyra 1994: 133).

Además del MIR existieron en Chile, en esta etapa, otras organizaciones que realizaron algunas acciones armadas. El Ejército de Liberación Nacional, que fue fundado el año 1968 por algunos miembros del ELN boliviano refugiados en Chile, después de la muerte del "Che" Guevara, fue una de ellas. Por último algunos sectores de izquierda discrepantes con el MIR fundaron el año 1968 la Vanguardia Organizada del Pueblo, la misma que realizó algunas acciones, principalmente de propaganda armada, hasta el triunfo de Unidad Popular en septiembre de 1970. La nueva situación y las divisiones internas terminaron haciendo desaparecer a estas dos últimas organizaciones.

En la década del 80 el MIR realizó algunas acciones armadas de alguna importancia; pero fue el Frente Patriótico Manuel Rodríguez, como brazo armado del Partido Comunista chileno, quien realizó un sinnúmero de acciones de gran envergadura. Es conocida la Operación Siglo XX que tenía por objeto liquidar a Pinochet y la acción de fuga de la cárcel el 29 de enero de 1990, entre otras.

En el año 1987 surge el Frente Patriótico Manuel Rodríguez-Autónomo, como un desprendimiento del frente original y realizó acciones, fundamentalmente, en contra del régimen. Por estos años, de igual modo, apareció el Movimiento Lautaro conformado, principalmente, por jóvenes provenientes de los sectores humildes de la sociedad chilena. Con el retorno a la democracia-constitucional, da la impresión que todos estos grupos o han entrado en receso o se han desintegrado.

*

Entre los países de América Latina es Argentina, como totalidad, el país más desarrollado capitalistamente hablando. Es Argentina donde predomina, gracias a la tradición de la emigración y al desarrollo de una densa y amplia capa pequeño burguesa, un nivel cultural y político que es el más elevado en esta parte del mundo.

El analfabetismo, hasta principios de la década del 70, había sido, en lo fundamental, superado. Es asimismo en Argentina donde predomina una población blanca, criolla y mestiza. Existiendo los nativos indígenas, pero en el conjunto de la sociedad, su presencia no tiene mayor significación.

Argentina fue considerada, hasta fines del año 2001, el país más rico de esta parte del continente. Además, no sólo el más rico en términos cuantitativos, sino que fue la sociedad donde la riqueza producida se distribuía de manera más justa entre los miembros de la población. En otras palabras, la brecha entre ricos y pobres fue la menos honda, la menos injusta desde México hasta Chile. ¿Cuánto de lo afirmado se mantiene después de la crisis de fines de 2001? Sobre este punto volveremos al final de este libro.

Para evitar malos entendidos o falsas interpretaciones, es bueno hacer la aclaración, estamos hablando de un país rico del Tercer Mundo y cualquier comparación se tiene que hacer en ese nivel. No se lo compare con Holanda, ni con Dinamarca. Por último ni siquiera con España o Grecia, dos países que pertenecen al bloque de los países pobres de la Unión Europea.

Para observadores poco flexibles, con estas características descritas a nivel de base económica, estarían puestos los cimientos fundamentales para un buen funcionamiento de la superestructura político-organizativa de la sociedad. La verdad es que en la vida político-práctica no ha sido así. Argentina, en este casi medio siglo que analizamos, fue una sociedad donde el ordenamiento democrático-liberal y constitucional estuvo casi siempre cuestionado.

Y este cuestionamiento ha venido, frecuentemente, desde la vertiente de las Fuerzas Armadas. Recordemos que desde 1946, cuando ganó las elecciones el coronel Juan Domingo Perón, hasta 1983, cuando fue elegido Raúl Alfonsin, ningún gobierno civil, elegido a través del voto universal y secreto, logró terminar su período presidencial. Hay casos en que algunos gobiernos se han reducido a meses y hasta a semanas.

A la par de lo dicho y siguiendo con el ordenamiento político, en estos más de 40 años, no se puede hablar en Argentina de partidos políticos históricos (salvo la Unión Cívica Radical), menos de partidos con una clara definición ideológica y orientación política. En los procesos eleccionarios han predominado las componendas, las alianzas momentáneas, las uniones electoreras y naturalmente muchos de estos juegos políticos han sido o controlados o cancelados por el gran partido del orden: las Fuerzas Armadas.

El partido justicialista oscilando entre el populismo-nacionalista, el filo-fascismo y el neo-liberalismo por un lado y la Unión Cívica Radical con sus diversas caras y sus múltiples ropajes por otro, no tuvieron una clara línea ideológica, tampoco una definida orientación política. Los clásicos partidos demócrata, liberal, republicano, demócrata-cristiano, social-demócrata o comunista existentes en otros países (la mayoría de ellos no existieron en Argentina) y los que existieron, nunca tuvieron mayor incidencia en la vida política nacional.

Además los colectivos organizados y las ideologías sistematizadas han sido suplantados por los individuos o caudillos. Al peso de éstos en la vida política, en tiempos que rige el ordenamiento democrático-liberal, se les denomina presidencialismo. Hasta hoy se habla del radicalismo yrigoyenista y del justicialismo peronista. Asociar al nombre del partido el apellido del caudillo es bastante sintomático.

Al respecto el sociólogo argentino Melchor Armesto, comentando el libro *Las fronteras de la democracia argentina* de Gerardo Aboy, escribe: "A través del análisis de una extensa documentación de materiales discursivos, el autor demuestra cómo, lejos de concebirse cómo partes de un sistema plural, el yrigoyenismo y el peronismo no sólo rechazaron los partidos políticos, por considerar que estos introducían `divisiones artificiales en la sociedad´, sino que además aspiraron a un tipo de representación global basado en una concepción monista de la voluntad nacional que coincidía con su propia legitimidad como representantes del `verdadero país´." (Armesto 2003: 124).

La fragilidad del sistema democrático-burgués, la carencia de partidos históricos e ideologizados y el insignificante peso político-organizativo de la denominada sociedad civil argentina tiene que ver, posiblemente, con que las clases dominantes no estuvieron lo suficientemente integradas a pesar de que el sistema capitalista cumple esa misión. ¿Lo están ahora? Los bloques económico-sociales tanto a nivel geográfico como a nivel de producción, no alcanzaron ejes básicos de consenso, en la medida que nacieron bifurcadas, por un lado, y, por otro lado, atados a diferentes intereses económico-políticos extranjeros. A ello agréguese la tradicional mentalidad militarista y el poder que detentan las FF. AA. desde su fundación.

Los autores del libro *Fabricantes de miseria* encuentran una explicación a este hecho en lo siguiente: "En el Río de la Plata el fenómeno es más acusado a causa del ataque corsario inglés de 1806 y 1807 que convirtió a la aristocracia colonial en una aristocracia militar y fue a la vez la base del futuro caudillismo." (Autores varios 1999: 51).

Lo dicho puede sonar a paradoja. La sociedad más desarrollada capitalistamente hablando, la más rica, la más culta, las más politizada, la que ha producido y produce, en calidad y en cantidad, el mayor número de intelectuales en América Latina, la sociedad más blanca y europeizada (en esta parte del mundo) es donde el sistema democrático-liberal y sus pilares, los partidos políticos, no han tenido ni tienen mucho que mostrar en la vida política pública. Ese vacío ha sido llenado, frecuentemente, por las Fuerzas Armadas, las que se han presentado como los salvadores de la patria y las que garantizan la continuidad del orden.

Desde principios del siglo XX, a través de los emigrantes italianos y españoles principalmente, Argentina recepcionó las ideas izquierdistas. Primero el positivismo-socialista, luego el anarquismo-libertario y finalmente todas las variantes del marxismo. Bajo la influencia de estas ideas se organizaran los sindicatos obreros, muchos círculos intelectuales y hasta clubes de fútbol.

Posteriormente, otra de las paradojas de este país, entre los años 40 y 55, Argentina recibió, en la primera etapa, a muchos académicos e intelectuales izquierdistas españoles que escaparon del fascismo franquista. Individuos que contribuyeron, de muchas formas, a mejorar el estándar académico-cultural de esta sociedad. Y en la segunda etapa, especialmente a partir de la subida de Perón al gobierno, recibió y protegió a muchos ciudadanos alemanes y criminales de guerra nazis que contribuyeron en la formación de la mentalidad anticomunista de las FF. AA. argentinas.

Hemos dicho párrafos antes que Argentina, teniendo como base una clase obrera respetable, una densa y amplia clase media y un sector intelectual politizado que piensa, produce y publica, había logrado un considerable nivel de desarrollo académico-cultural. Es por ello que las ideas de cambio, de progreso y hasta revolucionarias estuvieron algo dispersas; pero siempre latentes a lo largo de este medio siglo que estudiamos.

Después del triunfo de la Revolución Cubana, con el gran prestigio y la admiración que despertó en el continente esta acción, estas ideas e ideales (en particular la figura del argentino Ernesto "Che" Guevara) el cuestionamiento armado al orden existente dejó de ser monopolio de las FF. AA. En los años 60, y sobre todo los 70, fueron diferentes partidos, movimientos y frentes de inspiración, principalmente, marxista quienes entraron a actuar en la escena política argentina. Antes de la revolución cubana se registra la existencia de dos grupos que actuaron armadamente en este país. La resistencia peronista que actuó entre 1955 y 1956 y tuvo en el ex diputado peronista John Cooke su jefe. Esta organización hizo estallar un sinnúmero de artefactos explosivos (se dice 7.000) en defensa de las conquistas del peronismo. Y Los Unturuncos (Hombres Tigres) que actuaron entre 1959 y 1960 y estuvieron ligados, de igual modo, al peronismo. Su jefe fue Manuel Enrique Mena (Comandante Uturunco) y su mayor acción fue la realizada a fines del año 1959 cuando tomaron la comisaría de Frías, en la provincia de Santiago del Estero.

Entre 1963 y 1964 aparece Ángel Bengoechea, quien por un buen tiempo había sido el responsable de Palabra Obrera, un grupo de inspiración trotskista. Luego de su regreso de un viaje a Cuba y al fraccionarse Palabra Obrera, decide el grupo de Bengoechea preparar la organización para iniciar acciones armadas en la provincia de Tucumán. En un accidente, cuando manipulaban explosivos en 1964 en Buenos Aires, murió Bengoechea y su plan nunca se llevó a la práctica.

Luego entre 1963 y 1964 aparece el Ejército Guerrillero del Pueblo, de inspiración marxista, que pensaba iniciar la guerra de guerrillas en la provincia de Salta. Fueron detectados por las FF. AA. y nunca entraron en acción. Tuvieron como dirigente al periodista Jorge Ricardo Masseti. En 1966 aparecen las Fuerzas Armadas Revolucionarias, la mayoría de sus integrantes procedían del Partido Comunista argentino. Coordinando acciones con otras organizaciones armadas como el ELN, la FAP y Montoneros efectuaron varias acciones de envergadura, duraron hasta 1973.

El Frente Argentino de Liberación actuó entre 1967 y 1969, mientras que las Fuerzas Armadas de Liberación, entre 1969 y 1973. Las Fuerzas Armadas Peronistas, entre 1968 y 1973; los Comandos Populares de Liberación, entre 1968 y 1963; y, por último, el Grupo Obrero Revolucionario, entre 1970 y 1979.

De todas estas organizaciones armadas actuantes en Argentina, las que lograron un nivel superior, tanto en organización, influencia de masas como en acciones directas, fueron el Partido Revolucionario de los Trabajadores (PRT) que actuó con su brazo armado el Ejército

Revolucionario del Pueblo (ERP), entre 1968 y 1976 y Montoneros, entre 1968 y 1979.

El PRT nace el año 1963 como consecuencia de la fusión de la organización trotskista Palabra Obrera y del Frente Revolucionario Indoamericano Popular. Su influencia de masas fue considerable y tenía vieja data, especialmente en el sector obrero y estudiantil. En 1968 adoptó los planteamientos de la lucha armada como el único camino hacia el poder obrero y socialista, éste fue el motivo para que el sector dirigido por Nahuel Moreno se apartara de este partido.

El PRT sostenía que la revolución es de carácter continental, que la revolución en un solo país era sencillamente imposible. Además, que la misma tendría un carácter antiimperialista, obrero-popular, socialista y, naturalmente, permanente. A pesar de que sus planteamientos generales tenían una marcada influencia ideológica del trotskismo, en la práctica, aunque parezca a muchos contradictorio, aplicaban varias de las enseñanzas desarrolladas por Mao Tsetung en la Revolución China y, de igual manera, por el "Che" Guevara en Cuba.

Muchos han visto en esta organización, en el plano ideológico-político una combinación del trotskismo-maoísmo-guevarismo. A decir verdad, la ortodoxia fue lo que menos caracterizó al PRT. La heterodoxia fue la causa para que en un determinado período hayan logrado un gran desarrollo, sostienen unos. Y otros piensan que la heterodoxa fue la causa para su posterior derrota. ¿Quién tiene la razón? Esta discusión, si hay quien siga discutiendo, durará mil años.

En 1970 el PRT celebró su V congreso. En él se creó el Ejército Revolucionario del Pueblo (ERP). Aquí es cuando aparece, con más nitidez, la figura de Mario Roberto Santucho, como uno de los dirigentes más conocidos e importantes del PRT-ERP en su experiencia armada.

Su trabajo político-militar lo centraron en las ciudades, pero desde su fundación el PRT sostenía que hay la necesidad de combinar la lucha en la ciudad y el campo; para lo último deberían trabajar en función de crear la guerrilla rural, en la medida que una sirve a la otra y ambos procesos son inseparables.

A nivel de acciones, propiamente dicho, las efectuadas por esta organización fueron muchísimas que sería imposible hacer una lista completa, de cualquier modo mencionaremos las más conocidas. Los secuestros de los industriales Stanley Sylveter, Oberdan Salustro, el asalto al Banco de la Nación en el centro de Buenos Aires, la acción que causó la muerte del general Sánchez en Rosario.

Una de las acciones más espectaculares fue la que realizaron el 15 de 1972, con la colaboración de Montoneros y las Fuerzas Armadas Revolucionarias, en el asalto a la cárcel de Rawson, utilizando un avión y liberaron a sus presos, entre otros, el propio Santucho.

Todo este activismo militar y más las discrepancias internas, llegado un momento dado, tuvieron sus repercusiones al interior de la organización. Esto se observa entre los años 1972 y 1973. Leamos cómo el especialista en el tema Daniel Pereyra enjuicia esta problemática: "Una de las últimas acciones del ERP antes de las elecciones de 1973 fue la toma del Batallón de comunicaciones 141 del ejército , ubicado en Córdoba donde los guerrilleros obtuvieron gran cantidad de armamento y municiones. La intensa operatividad militar le costó muy caro al ERP. Las miles de acciones armadas implicaron centenares de presos y numerosos militantes caídos, entre ellos muchos de la dirección. Además, implicó una disminución significativa del trabajo político, no sólo por el militarismo de la línea de la organización, sino por el traslado continuo de militantes desde los frentes de masas a la acción armada." (Pereyra 1994: 78).

A pesar de ello en el año 1974, aprovechando la legalidad y la campaña electoral, el PRT vendió miles de ejemplares de sus periódicos *Estrella Roja* y *El Combatiente*. Creó el Movimiento Sindical de Bases y el Frente Antiimperialista Socialista el que en su congreso reunió, se dice, alrededor de 25. 000 personas.

Siguieron realizando acciones y las de envergadura, casi todas, fracasaron, como la del 19 de enero de 1974 en la que intentaron tomar el cuartel Azul, luego el intento de tomar el Regimiento 17 de Infantería en Catamarca el 11 de agosto. En este mismo año el ERP intentó implementar la guerrilla rural en la provincia de Tucumán con la idea de que la guerra será larga y prolongada.

Los meses posteriores fueron de duros enfrentamientos, pero: "La última gran operación del ERP, y su más grande derrota, consistió en el copamiento del Batallón de Arsenales 601, ubicado en la localidad de Monte Chingolo, en la afueras de Buenos Aires, el 23 de diciembre de 1975." (Pereyra 1994: 80).

En 1976, en vísperas del golpe militar encabezado por Videla, el PRT-ERP se encontraba en una situación bastante difícil como consecuencia de la dura represión. En tiempos ya de la dictadura, en julio de 1976, se produjo la detención y muerte de la mayoría de los dirigentes de la organización, entre ellos de Mario Roberto Santucho y con ello prácticamente el PRT-ERP fue aniquilado. Con esta acción terminó una experiencia más de acción armada en América Latina.

Montoneros fue otra de las organizaciones que desarrollaron este tipo de acciones en Argentina durante 11 años (1968-1979). Montoneros se fundó en Córdoba en 1968 y es consecuencia de la fusión de algunos grupos cristiano-humanistas, sectores peronistas y otros guevaristas. Posteriormente, ya en la acción, se agregarán algunas ideas maoístas.

Para Montoneros, desde un principio la lucha armada era el camino de la transformación político-social. De igual modo, ellos sostenían que la guerrilla debe desarrollarse, simultáneamente, tanto en el campo como en la ciudad. En 1969 hacen público sus bases políticas y sus objetivos, en ese documento dicen: "Entonces para conquistar el Poder, para hacer posible el retorno de Perón y el Pueblo al Poder, tenemos que derrotar definitivamente al ejército de la oligarquía y el imperialismo. Para ello no bastan las movilizaciones, las huelgas, la lucha electoral, porque si bien todas las formas de lucha son legítimas, lo son encuadradas dentro de una estrategia de Guerra Popular, ya que a un ejército sólo se le derrota con otro ejército." (Mattini 1990: 45).

Luego remarca sobre la Guerra Popular y Prolongada: "... la Guerra Popular como total, nacional y Prolongada... total porque supone la destrucción del Estado capitalista y de su ejército, como previos a la toma del Poder por el pueblo... nacional porque su sentido es de la emancipación del dominio extranjero... prolongada porque hay que formar el Ejército Popular." (Mattini 1990: 45).

Su primera acción, con la cual aparecieron a la vida pública, fue en el mes de mayo del año 1970 cuando secuestraron y dieron muerte al general Pedro Eugenio Aramburu quien había derrocado a Perón en 1955 y luego fue presidente de la república. Un mes después tomaron el pueblo de la Calera, en las cercanía de Córdoba. Éstos fueron los principales pasos que dieron en función de estructurarse como una organización armada a nivel nacional. En 1973 se puede decir que habían logrado sus objetivos, Montoneros existía y actuaba a nivel nacional.

A la par de los secuestros y colocación de bombas en distintos lugares públicos oficiales y empresas extranjeras, Montoneros, en el año de 1973, dio su apoyo al candidato peronista y logró una amplia movilización de sus fuerzas. Su influencia en la Juventud Peronista era evidente y de igual manera en los barrios pobres.

Con el triunfo del peronista Héctor Cámpora las ilusiones fueron muchas al interior de Montoneros, las mismas que se desvanecieron el año 1974, cuando en la Plaza de Mayo, el mismo Perón, no sólo desautorizó, sino que hasta insultó a Montoneros y éstos terminaron por retirarse con las ilusiones totalmente perdidas de que podría haber algún cambio en la sociedad argentina a través del peronismo.

Este año 1974 Montoneros retorna a la clandestinidad y su mayor acción, en este período, fue la toma del Palacio de Justicia de la Plata. Para entonces el ya conocido dirigente Mario Firmenich explicó el regreso a las armas en estos términos: "... se han agotado todas las formas legales de continuar con la lucha, por la que sólo queda emprender una Guerra Popular integral." (Gasparini 1988: 83).

En el mes de febrero de 1975 secuestraron al cónsul de EE.UU. Egan en Córdoba y lo fusilaron. En agosto atentaron contra un avión de la Fuerza Aérea en Tucumán y contra una fragata de la Armada en la Ensenada. Luego: "El 5 de octubre realizaron la operación de mayor envergadura que cometió esta organización: el asalto al cuartel del Regimiento 29 de Infantería de Formosa, a más de mil kilómetros al norte de Buenos Aires. Participaron unos 60 combatientes. Penetraron en el cuartel, se apoderaron de armamento y se retiraron desde el aeropuerto de Formosa, previamente tomado, en un avión de Aerolíneas Argentinas capturado antes de aterrizar. En el combate, según fuente oficial, murieron 16 guerrilleros, mientras el ejército sufrió 12 bajas mortales y 19 heridos." (Pereyra 1994: 84).

En esta etapa, Montoneros logró implantar una guerrilla rural en el Chaco y en Tucumán que libraron algunos enfrentamientos con las fuerzas del orden y después de unos meses se desactivaron o fueron aniquiladas. Al interior de Montoneros, en esta etapa, se agudizaron las discrepancias y las críticas fueron cada vez más fuertes. El problema es, sostenían unos, que por centrar en el aspecto militar se había descuidado el trabajo político al interior no sólo de las masas, sino al interior de la misma organización. La vieja polémica que es común a este tipo de partidos o frentes: ¿Quién manda a quién? ¿La política o el fusil?

En estas circunstancias, 24 de marzo de 1976, es cuando ocurre el golpe y Montoneros no estuvo preparado para enfrentar la represión de los meses y años posteriores. A pesar de ello, el año siguiente, Montoneros desarrolló una amplia acción de diferentes niveles y tipos. El año 1978 prácticamente Montoneros no hizo nada y dio la impresión que había desaparecido. La dirección de Montoneros logró reunirse en el exterior y el año 1979 llamó a la contraofensiva.

Este llamado implicaba que la militancia del exterior regrese a Argentina a continuar la lucha, hecho que se materializó realizando muchas acciones; pero a la larga casi todos fueron tomados presos, desaparecidos o asesinados. De esa forma Montoneros desapareció de la escena política. Con ellos terminaron 11 años de lucha armada y una generación que dio todo para ganar el cielo a cambio de lo más valioso que tenían: su vida.

*

El desarrollo económico-social y cultural de la sociedad uruguaya es bastante similar al de Chile y en especial al de la sociedad Argentina. Las diferencias más notables se pueden resumir en dos. La extensión del territorio y la topografía en el plano geográfico. Mientras que en el plano político esta sociedad es marcada por la longeva presencia de los dos partidos históricos (el Colorado y el Blanco), hecho que ha contribuido para que el ordenamiento legal y democrático haya sido uno de los más largos y estables en el siglo XX en esta parte del mundo.

En la República Oriental del Uruguay entre la década del 60 y 70 aparecieron algunos grupos que realizaron acciones armadas. Sostenían que era la única forma de transformar revolucionariamente la sociedad. Entre 1970 y 1973 actuaron las Fuerzas Armadas Revolucionarias Orientales, un año después (1971) aparecen el Comando 22 de diciembre, en 1972 las Fuerzas Revolucionarias de los Trabajadores y finalmente la Organización Popular Revolucionaria 33 Orientales.

De todas estas fuerzas, la que en realidad copó la escena política uruguaya y logró gran resonancia continental fue el Movimiento de Liberación Nacional, más conocido como Tupamaros. Esta organización fue creada el año 1962 y desde entonces realizaron diferentes tipos de acciones armadas, las que duraron hasta el año

1973. Tupamaros nace como consecuencia de la unión de una facción desprendida del Partido Socialista con algunos grupos anarquistas y dirigentes provenientes del sector obrero sindical.

Esta organización se declaró desde un principio como marxista (seguidores y defensores de la Revolución Cubana), más propiamente guevaristas, y sostenían que aparecían en la escena política uruguaya para iniciar un proceso de lucha armada que conduciría a la toma del Poder y la instauración del socialismo en el país.

Sus planteamientos teóricos básicos, en torno a esta forma de lucha, fueron tomados de los trabajos del "Che" Guevara, con la única y sustancial diferencia de que, mientras Guevara sostenía que el grupo guerrillero (foco) se instala en el campo y al calor de las acciones se irá creando el partido revolucionario para la toma del Poder y la construcción de la nueva sociedad, los Tupamaros aceptaban esta idea afirmando que ello era posible materializarlo en la ciudad. Muchos vieron en este planteamiento un desarrollo creador de la teoría del foco guerrillero fundamentada por el "Che" Guevara.

Desde el año 1962 hasta 1967, la organización se dedicó a realizar acciones armadas para conseguir armas y explosivos; se recuerda el ataque a la Sociedad de Tiro Suizo de Nueva Helvecia, se materializaron repartos de víveres en la poblaciones marginales de Montevideo. Hubo muchas acciones en contra de empresas norteamericanas y en solidaridad con Cuba, la República Dominicana y Vietnam.

En los años 1967 y 1968 los Tupamaros se dedicaran a reorganizar sus estructuras dañadas por los enfrentamientos con la represión. Son también los años en que el movimiento obrero, estudiantil y popular en general desarrollaban un sinnúmero de luchas. Las huelgas y los paros fueron de tal envergadura que las autoridades estatales se vieron en la necesidad de declarar las llamadas Medidas Prontas de Seguridad que en realidad era una declaratoria del estado de sitio.

Además hay que mencionar que esta etapa fue de gran crecimiento de los Tupamaros, muchos pobladores venidos de diferentes sectores sociales se incorporaron a la organización. Hay que mencionar a los estudiantes, a sectores cristianos radicalizados y por último al grupo Espartaco que procedía del Movimiento Revolucionario Oriental.

Pero será: "El día 8 de octubre de 1969, aniversario de la muerte del "Che" Guevara, los Tupamaros realizaron su acción más espectacular al tomar la ciudad de Pando. Cuarenta y cinco militantes ocuparon las comisaría de policía, el cuartel de bomberos, la central telefónica y tres bancos, obteniendo armamento y una fuerte suma de dinero. (...) El balance del MLN sobre este año dice que se produjeron 100 operativos, que hubo un incremento de la acción represiva y que la organización aflojó las medidas de seguridad, por lo cual hubo `demasiados presos y casi todos cayeron en 1969'." (Pereyra 1994: 93).

En estos tiempos, los Tupamaros desarrollarán una intensa acción armada. La toma del Centro de Instrucción de la Marina, el secuestro del agente de la CIA Dan Mitrione y del cónsul del Brasil Aloisio Dias Gomide fueron las más conocidas. Los subversivos pedían a cambio de los secuestrados la libertad de todos los presos políticos. El gobierno no aceptó y el agente de la CIA fue ejecutado.

En agosto del año 1970 fue detenida la mayoría de la dirección político-militar de esta organización, incluido su secretario general Raúl Sendic. Esto implicó un cambio de dirección y como consecuencia se acentuaron las tendencias militaristas en su accionar. Los resultados finales serán desastrosos para la organización, como se verá posteriormente.

En este mismo año, los Tupamaros apoyaron al Frente Amplio que obtuvo el 20 % de los votos. Las elecciones fueron ganadas por el candidato del Partido Colorado José María Bondaverry. A la par de ello realizaron algunas acciones de importancia, como el secuestro del embajador británico Geoffrey Jackson y sobre todo las acciones de fuga de las cárceles. De la cárcel de mujeres se evadieron en el mes de julio 38 detenidas y del Penal de Punta Carretas, se lograron fugar 106 en el mes de septiembre. Entre los fugados figuraban muchos dirigentes históricos incluido Raúl Sendic.

Las distintas acciones de los subversivos continuaban, pero sin el apoyo de las luchas populares que para entonces habían disminuido considerablemente su accionar. Por otro lado la acción de los militares que coparon el gobierno de Bondaberry buscaron simple y llanamente liquidar la subversión. La represión recurrió a todos los métodos posibles para lograr sus objetivos. En agosto de 1972 es gravemente herido y detenido Raúl Sendic y esto significó un duro golpe para los Tupamaros.

A pesar de los logros obtenidos por la subversión, a partir de esta etapa el Estado y sus fuerzas armadas comenzaron a pensar que la guerra la estaban ganando, como ocurría realmente. Luego ocurrirá el golpe de Estado y una nueva etapa en la vida del país se iniciaba. Los miles de muertos, desaparecidos, encarcelados y expatriados fue el corolario de un intento por transformar revolucionariamente este país. Esta última coyuntura, con la cual terminamos con esta organización, es descrita muchos años después por Jorge Castañeda así: "Los Tupamaros fueron prácticamente barridos por la feroz represión desencadenada contra ellos (y contra toda la izquierda uruguaya) por el `golpe blanco´, o golpe militar dirigido por civiles en 1973. Pero durante un tiempo representaron el primer grupo guerrillero con éxito aparente entre los que surgieron en el hemisferio después del triunfo castrista en 1959. Después de numerosas derrotas en los sesentas, cualquier organización que sobrevivía y seguía activa era digna de mención." (Castañeda 1975: 94).

*

Brasil es, en el último medio siglo, cuantitativamente hablando, el país con más alta producción de riqueza en todo América Latina. De igual manera, es el país donde esta riqueza está concentrada en muy pocas manos, es por ello que la brecha entre ricos y pobres es una de las más hondas y amplias en todo el continente.

La gran abundancia concentrada en manos de la gran burguesía brasileña, que es parte del capital internacional contrasta vergonzosamente con la extrema pobreza de las grandes mayorías del país. En este nivel, en Latinoamérica, sólo es comparable a la República de Haití.

Dicho esto y adentrándonos en nuestro tópico, es menester recordar que Brasil es uno de los pocos países latinoamericanos que consiguió su independencia, del imperio portugués, sin recurrir a la violencia de las armas. Esto no implica que al interior de la sociedad brasileña, esta forma de lucha, no se haya dado, por el contrario, la violencia social e individual en esta sociedad es extendida y casi crónica, especialmente en las favelas que se asientan en las grandes ciudades.

Una de las acciones más violentas de enfrentamientos armados fue de carácter político-religioso sucedido en 1897. Los actores fueron las Fuerzas Armadas estatales en contra de la población de Canudos y los alrededores que deseaban formar una sociedad autónoma, siguiendo la predica de su "profeta" Antonio Conselheiro. Esta acción fue historiada magistralmente por Euclides da Cunha en su conocido libro *Os sertoes* (*campahna de Canudos*) que fue publicado en 1902. Muchas décadas después, la misma experiencia armada fue novelada por Mario Vargas Llosa en *La guerra del fin del mundo*.

A la par de lo dicho, hay que recordar que a principios de los años 20 del siglo pasado se registran movimientos armados que estuvieron ligados a grupos de militares descontentos o disidentes de las fuerzas del orden. Uno de los más conocidos es la llamada *Columna Prestes* que recurrió, en el año 1925, 26.000 kilómetros en el interior del país. Uno de sus dirigentes fue el ex-militar y futuro dirigente comunista Luis Carlos Prestes.

En el año 1934 es cuando apareció una organización armada con una orientación marxista. Ésta respondió al nombre de Alianza Nacional Liberadora y fue fundada por el mencionado Prestes. Esta Alianza realizó un pacto con el Partido Comunista brasileño y juntos organizaron levantamientos armados, a fines del mismo año, en Río Grande do Norte, Pernambuco, Natal, Recife y Río de Janeiro. Los levantamientos fueron sofocados violentamente por las fuerzas del orden, todo ocurrió en el primer gobierno de Getulio Vargas.

Por último, entre el año 50 y 62, se registran varios choques armados, que tuvieron como escenario zonas rurales. Se enfrentaron los campesinos pobres y medios contra los grandes terratenientes. Los campesinos organizaron las Ligas Campesinas, que contaron con el apoyo del Partido Comunista. El problema central fue el de la propiedad y posesión de la tierra. La más conocida fue la llamada "Guerrilla de Porecatú" y los que organizaron el territorio liberado en el Estado de Goías que se le dio en llamar "Territorio Libre de Formoso".

Después del triunfo de la Revolución Cubana, e influenciada por ella, aparecieron varios frentes y movimientos armados que tenían como meta tomar el Poder a través del método de la revolución armada. Entre los más conocidos se mencionan al Movimiento Nacional Revolucionario, el Movimiento Revolucionario 26 de Marzo, Ala Roja, Partido Comunista Revolucionario, Movimiento Revolucionario 8 de Octubre, Comando de Liberación Nacional, Movimiento de Acción Revolucionaria, Partido Comunista Brasileño Revolucionario, Partido Revolucionario de los Trabajadores, Frente de Liberación Nacional, Resistencia Armada Nacional, Resistencia

Democrática, Movimiento de Liberación Popular y el Frente de Liberación del Noreste.

De todo este conglomerado, fueron tres organizaciones las que lograron desarrollar sus acciones a un nivel superior y se mantuvieron activas por un tiempo relativamente largo. El Partido Comunista de Brasil-maoísta (1966-1976), que tuvo como dirigente más conocido a Joao Amazonas, Acción Liberadora Nacional (1967-1974), que tuvo como jefe a Carlos Marighella y la Vanguardia Popular Revolucionaria (1967-1972), que tuvo como dirigente al ex-capitán del ejercito Carlos Lamarca.

El PCB (desprendimiento del antiguo PC) tenía una orientación claramente maoísta, por lo tanto su accionar político, militar y organizativo lo centraron en el campesinado. Su mayor experiencia, por crear un Estado de Nueva Democracia, fue lo hecho en la zona del río Araguaja, que fue defendida por las Fuerzas Guerrilleras de Araguaja. La represión estatal no sólo se enfiló contra los guerrilleros sino también contra los campesinos que vivían en los alrededores, hayan tenido o no participación en dicha experiencia. La guerra de baja intensidad iniciaba sus primeros experimentos en América Latina.

Luego de la dura represión, cientos de muertos, detenidos y desterrados, en 1976 se reunió el Comité Central del Partido en Sao Paulo, que fue detectada y asaltada por las fuerzas del orden, algunos de los dirigentes fueron asesinados en el acto y los demás fueron hechos prisioneros y así terminó su accionar político-militar el PCB.

Acción Liberadora Nacional nace, de igual modo, de una escisión al interior del antiguo Partido Comunista brasileño. El grupo estuvo dirigido por Carlos Marighella quien se desligó del partido el año 1966 y viajó a Cuba. A su regreso constituyó formalmente la ALN. Su carácter fue eminentemente militarista. Marighella en su *Minimanual de guerrilla urbana* sostenía que debería desarrollar sus acciones armadas en las ciudades y que luego de lograr un cierto desarrollo en éstas recién se orientarían al campo para crear un Ejército de Liberación Nacional como instrumento para la toma del Poder y la construcción del socialismo.

A pesar de que ellos formalmente no lo suscribían, en la realidad (de la misma manera que los Tupamaros del Uruguay) la Alianza Liberadora Nacional aceptaba la teoría del foco sistematizada por el "Che" Guevara, haciendo la atingencia que su implantación debe ser primero en las ciudades y no en el campo como sostenía el cubano-argentino. No obstante ello, la ALN logró desarrollar algunas acciones guerrilleras también en el campo.

Entre las acciones más conocidas de la ALN fue la que ocurrió el año 1969 con la toma de Radio Sao Paulo y la difusión de un mensaje de Marighella. El secuestro del embajador de EE.UU. Charles Elbrick con lo que logró la liberación de 15 presos políticos y la difusión de un comunicado. A finales de este mismo año, en una emboscada policial, muere Marighella, le sucederá en la dirección de la organización Joaquín Cámara Ferreira quien, casi un año después, fue secuestrado y finalmente asesinado por las fuerzas del orden.

En 1972 la ALN intentó corregir errores, hacer cambios en la dirección y centrar su accionar en el trabajo de masas; pero al parecer fue demasiado tarde, en la medida que las fuerzas del orden, a través de detenciones, desapariciones y asesinatos el año 1974, ya habían terminado con el grueso de dicha organización.

Por último, otra de las organizaciones de importancia que realizó lucha armada en Brasil, entre 1967 y 1972, fue la Vanguardia Popular Revolucionaria. Para esta organización, con fuerte influencia cubana y guevarista, la revolución en Brasil debería tener el carácter anti-imperialista y socialista.

Su dirigente más conocido fue Carlos Lamarca. Él fue un ex-Capitán del ejército quien el año 1969, tomando armas junto con otros militares se fugó de su cuartel y se incorporó a la lucha guerrillera contra la dictadura militar que entonces gobernaba Brasil.

La VPR realizó muchas actividades, algunas de ellas tuvieron resonancia internacional, particularmente las acciones de secuestros. Se menciona la toma de una caja fuerte con 2.500.000 dólares de propiedad del ex-gobernador de Sao Paulo Adehmar de Barros. En 1970 la VPR secuestró a tres diplomáticos. En marzo hicieron lo mismo con el cónsul japonés en Sao Paulo, en junio con el embajador de la República Federal Alemana y en diciembre con el embajador de Suiza. Las recompensas por estos personajes fueron la liberación de presos políticos y difusión de las ideas y acciones de la organización.

En 1970 la Vanguardia Popular Revolucionaria logró desarrollar un núcleo guerrillero en el campo, en el Valle do Ribeira, Estado de Sao Paulo, que fue cercado por el ejército; a pesar de ello la mayoría de sus integrantes lograron romper el cerco (entre ellos Lamarca) y pudieron escapar y refugiarse en Sao Paulo. En febrero de 1971 fue muerto a manos de la policía, en Sao Paulo, Antonio Raimundo de Lucena, uno de los principales dirigentes y en septiembre del mismo año, en Bahía, Carlos Lamarca corrió la misma suerte. A pesar de la dura represión, la VPR siguió actuando armadamente hasta 1973, año en que desaparece de la escena política brasileña.

*

Paraguay, igual que Bolivia, es un país del continente que no tiene salida al mar. De igual manera, igual que Bolivia, es un país que ha librado dos guerras sangrientas con sus vecinos. A la par se sostiene que hasta la guerra de la Triple Alianza (1864-1870), este país mantenía aún su buen nivel de desarrollo logrado en los tiempos de la colonia. Esto tenía que ver con el experimento agropecuario que los jesuitas habían experimentado exitosamente en esta parte del continente.

Además de ser el único país latinoamericano que realmente es bilingüe (se habla español y guaraní), es el país que ha tenido las dos dictaduras más longevas en todo el continente. Manuel Gaspar Rodríguez de Francia gobernó desde 1814 hasta 1841 y Alfredo Stroessner desde 1954 hasta 1989. En total han sido 62 años que esta república fue gobernada como una auténtica hacienda, al mejor estilo medieval.

Uno de los hechos positivos a destacar de estas largas dictaduras fue que sirvieron para que uno de los mejores escritores del continente produzca una gran novela y así perennice esta etapa oscura de la historia paraguaya. Nos referimos al novelista Augusto Roa Bastos y *Yo el Supremo,* como se hacía llamar el doctor Manuel Gaspar Rodríguez de Francia.

A nivel de experiencia armada, es menester recordar, que a fines del año 1959 entró desde Argentina una columna armada compuesta de 80 guerrilleros. Ellos se denominaron Movimiento 14 de Mayo. Los componentes provenían de la Juventud Febrerista y del Partido Liberal. Fueron dirigidos por un ex comandante del ejército de apellido Roteli. La represión estatal fue rápida y brutal, los cercaron, la mayoría de sus miembros fueron detenidos y luego asesinados en medio de torturas, los pocos que lograron escapar regresaron a Argentina.

En este mismo año 1959 apareció el Frente Unido de Liberación Nacional que fue una creación del Partido Comunista paraguayo. Ellos sostenían que el camino pacífico para la revolución estaba cancelado, por ello lo único que quedaba es la preparación de la lucha armada sin excluir las luchas políticas de masas.

En junio de 1960 la FULNA inició sus acciones armadas con la columna guerrillera Itororo que contaba con 54 hombres; de igual manera como la anterior guerrilla, había sido adiestrada en Argentina y dirigida por el comunista Adolfo Abaloro. A poco de comenzar su accionar fue cercada y aniquilada casi enteramente.

Pereyra dice: "A partir de este revés, la guerrilla buscó relación y respaldo en el movimiento campesino y se implantó en el departamento de Caaguazú, donde mantuvo durante algún tiempo una combinación de movilización campesina y actividad guerrillera. Como parte de esta última, la columna Mariscal López ocupó la población de Eusebio Ayala en mayo de 1960." (Pereyra 1994: 90).

La combinación de la represión, de la promulgación de una ley de reforma agraria por Stroessner y más los problemas internos del PCP-FULNA fueron el motivo para que entre 1963 y 1964 toda acción guerrillera desaparezca y así terminaba otra experiencia de lucha armada en América Latina.

*

La experiencia boliviana de lucha armada, después del triunfo de la Revolución Cubana, es por un lado simbólica y por otro lado contradictoria. En principio el pueblo boliviano venía de una experiencia reciente en este tipo de acciones, en la medida que la denominada revolución del 52 (tratada en otra parte de este trabajo), que estuvo dirigida por el MNR y algunas fuerzas comunistas-trotskistas (con la reforma agraria y la nacionalización de las minas) se creía que había cumplido con las tareas por las cuales se hacía lucha armada en otros países de América Latina.

En los años 60, en el segundo gobierno de Paz Estenssoro, el MNR simple y llanamente demostraba hasta dónde pueden llegar con su prédica confucionista y oportunista este tipo de partidos. La respuesta popular a través de huelgas, paros, movilizaciones y hasta barricadas fueron los hechos que demostraban que el MNR era un partido más que defendía el orden.

A pesar de ello, en noviembre de 1964, los generales Ovando y Barrientos dieron un golpe de Estado en contra del gobierno que presidía Paz Estensoro. Y como consecuencia muchos centros mineros fueron ocupados militarmente, se implantó el estado de sitio y se asesinó a cientos de mineros.

Éstos fueron, entre otros, los antecedentes político-sociales inmediatos que seguramente tomó en cuenta Ernesto "Che" Guevara para decidir el (departamento de Santa Cruz y el valle de Ñancahuazu) país y la zona donde se implantó y se inició la lucha guerrillera algún tiempo después.

Además de ello, Bolivia es un país céntrico que colinda con cinco países, hecho que podría facilitar la comunicación, la entrada o salida de los combatientes cuando sea necesario. Por otro lado facilitaría la coordinación con otros focos guerrilleros que podrían desarrollarse en esta parte del continente.

Ernesto "Che" Guevara llegó a la zona a fines del año 1964 y hasta fines de noviembre de 1966 ya se había instalado en la finca elegida. Además se dedicó a coordinar y discutir con el Partido Comunista Boliviano quién dirigiría la lucha, el traslado de los guerrilleros a la zona y todo lo concerniente a la implementación del foco guerrillero en el lugar.

El Ejército de Liberación Nacional de Bolivia, con ese nombre fue fundado recién el 25 de marzo del año 1967, había iniciado sus acciones armadas, propiamente dicho, el 7 de noviembre de 1966 que duraron hasta la víspera de la caída del "Che" el 8 de octubre de 1967. Acciones que están registradas minuciosamente en el conocido libro de Guevara titulado: *El diario del Che en Bolivia.* Por ser bastante conocido, nosotros no repetiremos las mismas y a los interesados los remitimos a dicho documento.

Párrafos antes hemos dicho que la acción del Ejército de Liberación Nacional y el "Che" Guevara en Bolivia tiene un doble carácter que no se ha dado, hasta el momento, en ningún otro país latinoamericano con experiencia de lucha armada. Por un lado es contradictoria y por otro es simbólica.

Es contradictoria en la medida que la participación de obreros bolivianos fue mínima, de campesinos casi nula y sólo de algunas personas provenientes de la pequeña burguesía, como los tres hermanos Peredo. Además porque el Partido Comunista de Bolivia, a través del secretario general Mario Monje, tan sólo por ser boliviano, reclamaba ser la dirección político-militar de la guerrilla. (4) El internacionalismo no pasaba de una frase, como en muchos de los

Partidos Comunistas legales y oficiales. En concreto fue una revolución iniciada en Bolivia, con un mínimo de bolivianos y con la oposición y hasta boicot de los comunistas oficiales bolivianos.

Es simbólica por todo lo que significó y significa Ernesto Guevara como individuo en la historia. De igual manera fue, hasta el momento, la única guerrilla en América Latina que, no sólo en sus ideales, fue latinoamericanista-internacionalista. Hasta en la composición de los combatientes tuvo este carácter. La participación de los bolivianos, peruanos, cubanos, argentinos y de una argentina-alemana-judía prueba lo aquí afirmado.

Este hecho hacía recordar las campañas triunfantes de la etapa de la independencia, donde por necesidad y sin ningún nacionalismo reaccionario (todavía las clases dominantes no podían manipular con el patrioterismo) se luchó por la patria grande. Y por otro lado podría ser una buena lección para el futuro, en la medida que la lucha para desterrar la explotación, el dominio y la injusticia tienen en la justicia y la libertad sus únicas fronteras, sus únicas banderas y su único norte. De todo ello, El "Che" Guevara y sus compañeros fueron un pequeño embrión y son un símbolo.

Despues de la derrota de la guerrilla y la muerte del "Che", uno de los pocos que lograron sobrevivir fue el último de los hermanos Peredo. El Chato Peredo ha sintetizado su experiencia en esta primera etapa de la guerrilla en su libro titulado *Mi campaña a lado del Che Guevara*. Entre 1969 y 1970 Peredo continuará con las acciones armadas del ELN, tanto en las ciudades como en las zonas rurales, éstas fueron reprimidas duramente. Peredo y algunos de sus combatientes serán hechos prisioneros y un tiempo después serán liberados por el gobierno del general Juan José Torres que había asumido el gobierno en Bolivia.

Finalmente a comienzos de los años 90 del siglo pasado apareció en Bolivia el Ejército Guerrillero Tupaj Katari. Su accionar principal fue de atentados contra torres de alta tensión eléctricas, de acueductos y asaltos a bancos para financiar su acción. En abril de 1992 fueron detenidos la mayor parte de sus militantes, entre ellos, Álvaro García Linera considerado uno de los ideólogos de Tupaj Katari. Su ideología política fue una combinación del marxismo con el indigenismo. Desde entonces no se ha vuelto a escuchar más de dicha guerrilla.

*

La historia de la lucha armada en el Perú es relativamente larga. Sólo en el siglo XX se ha dado de diferentes formas, en diversas regiones e impulsada por diferentes grupos y clases sociales. Comenzando este siglo (1915), en el departamento de Puno se dio un movimiento campesino armado que fue dirigido por un ex-militar llamado Teodomiro Gutiérrez Cueva, más conocido por su seudónimo de Rumi Maqui (Mano de piedra, en quechua). Los campesinos indios se levantaron contra los abusos de los terratenientes, por la tierra y por el regreso a los tiempos del Tahuantinsuyo.

El historiador Alberto Flores Galindo, en su libro *Buscando un Inca: Identidad y utopía en los Andes*, sostiene que cuando Gutiérrez firmaba o hablaba con el seudónimo de "Rumi Maqui" propugnaba el regreso al Tahuantinsuyo. Mientras que cuando fue interrogado como Teodomiro Gutiérrez, negó por completo esta pretensión y se reclamó enemigo del gamonalismo y partidario de la unión entre Perú y Bolivia. La represión de las Fuerzas Armadas peruanas terminó sin contemplaciones a sangre y fuego con dicho movimiento.

En los años 20 del mismo siglo se dieron nuevamente una serie de levantamientos campesinos, en la Sierra Sur del país, que recurrieron a la violencia armada. Muchos de ellos, no sólo reclamaban la tierra, sino que propugnaban el regreso al Tahuantinsuyo. Estos movimientos, con sus incas revividos, han sido analizados por el historiador Wilfredo Kapsoli en su libro *Ayllus del Sol. Anarquismo y utopía andina.* Él tipifica a estos movimientos como mesiánico-milenaristas con influencia libertaria. Como en el caso anterior, las Fuerzas Armadas terminaron reprimiendo el mencionado movimiento sin contemplaciones.

En la década del 30 la violencia político-militar se trasladó a las ciudades no sólo serranas sino también costeñas. Las principales acciones estuvieron dirigidas por militantes apristas, muchos de ellos creían que el APRA tenía un carácter marxista y que en realidad la dirección del partido deseaba hacer la revolución en ese país. Las acciones armadas fueron rápidamente sofocadas en las ciudades de Trujillo, Huaraz y Cajamarca. Se habla de que en su conjunto el costo en vidas humanas ascendió a 6.000 muertos.

Con el triunfo de la Revolución Cubana, nuca más se dio en el país un movimiento armado que no obedezca abiertamente a la ideología marxista. La nueva etapa de movimientos armados comenzó en el mes de mayo del año 1962 en el departamento de Junín-Jauja. Allí se dio el encuentro simbólico de un dirigente obrero (Renteria, que fue militante del POR, un partido trotskista), de un dirigente campesino (Mayta), de un militar rebelde (Vallejo) y de un grupo de estudiantes secundarios.

El grupo armado tomó la cárcel, asaltó dos bancos y en sus proclamas declararon que se había iniciado la revolución socialista en el país. Después de algunas horas, en su retirada, fueron muertos unos y tomados presos otros, a manos de las fuerzas del orden. De esta forma elemental, romántica; pero sin duda lleno de valor y de emoción social se iniciaba la cadena de acciones armadas marxistas en este país.

Entre el año 1962 y 1963 se dió una serie de acciones tanto en el campo como en la ciudad. Lima y Cuzco (Convención y Lares) fueron los escenarios de enfrentamientos armados. La organización que dirigió estas acciones fue el Frente de Izquierda Revolucionario. El FIR tenía una declarada orientación marxista-trotskista y a la vez estaba vinculado a una de las facciones de la IV Internacional.

En Lima realizaron propaganda armada y asaltos a bancos para financiar la revolución. En La Convención y Lares organizaron y sindicalizaron a los campesinos pobres, principalmente arrendires. Propugnaron huelgas, retención de cosechas y tomas de tierras bajo la consigna de "Tierra o muerte". En estas circunstancias se hace conocida la figura de Hugo Blanco como dirigente máximo en la sierra cuzqueña.

Después de un año de acciones, como siempre las discrepancias internas en la organización en Lima, las que llegaron incluso hasta el fusilamiento de algún militante, la focalización de la lucha en una determinada zona, con la idea del "poder dual", y más la severísima represión de las Fuerzas Armadas terminaron liquidando al FIR en la ciudad y al movimiento campesino en la Convención y Lares.

Paralelo a estas acciones se dieron en el año 1963 la toma del puesto policial en la capital de la provincia del Marañón-Huacrachuco. Acción que estuvo al mando del dirigente trotskista conocido con el nombre de Hugo Rojo. De igual manera en mayo de este mismo año se registra la acción de Puerto Maldonado, cuando el grupo de avanzada del Ejército de Liberación Nacional tuvo un enfrentamiento con las Fuerzas Armadas y cayeron por el lado de los rebeldes, entre otros, el joven y ya conocido poeta Javier Heraud.

El ELN reaparecerá un par de años después con acciones guerrilleras en la provincia de la Mar, departamento de Ayacucho. Su acción, que sólo duró algunos meses, se concretizó en ajusticiar terratenientes y atacar puestos policiales. Como siempre la dura represión, el poco trabajo en la zona y la casi nula vinculación a nivel nacional terminaron con este intento armado.

Su dirigente mayor fue Héctor Bejar quien, después de estar algunos años preso en una cárcel limeña, publicó un libro titulado: *Perú 1965: Apuntes sobre una experiencia guerrillera*; él hace un análisis, no sólo de la experiencia del ELN, sino más bien de las condiciones económico-sociales del país que generaron dicha experiencia. Las ideas que orientaron ideológica y políticamente al ELN fueron marxistas en su vertiente castro-guevarista.

Terminamos con la década del 60 analizando las acciones guerrilleras del Movimiento de Izquierda Revolucionario (MIR). Esta organización aparece en el año 1959, con el nombre de APRA Rebelde, fue un desprendimiento del partido aprista. El dirigente que logró aglutinar a los rebeldes fue Luis de la Puente Uceda. El año 1962 en su congreso de Chiclayo adoptaran el nombre definitivo de MIR.

Desde el punto de vista ideológico político, el MIR fue una combinación del marxismo guevarismo-trostkismo-maoísmo. Esto se puede notar en sus escritos, en la formación y en las acciones de algunos de sus principales dirigentes. Desde el punto de vista organizativo, hasta antes del inicio de sus acciones armadas, el MIR hacía vida semi-pública y logró montar una estructura partidaria en gran parte del país.

Además tenían alguna influencia en el movimiento obrero, campesino y estudiantil universitario. De todas las organizaciones que hicieron lucha armada, en esta década, fue el partido más grande, más organizado, con una relativa implantación en la sociedad y con una idea, tanto táctica como estratégica, mucho más clara que las demás organizaciones que pasaron por esta experiencia.

El MIR planteó, en concreto, tres focos guerrilleros, todos en la Sierra peruana. El primero fue ubicado en la provincia sureña de La Convención en el Cuzco. En el lugar denominado Mesa Pelada, se estableció la guerrilla Pachacútec al mando de Luis de la Puente que a la vez era el jefe de la revolución en el país. La guerrilla Túpac Amaru, en la céntrica provincia de Concepción, departamento de Junín, al mando de Guillermo Lobatón. Y finalmente la guerrilla Manco Inca, en la norteña provincia de Ayabaca, departamento de Piura, al mando de Gonzalo Fernández Gasco.

Las acciones se iniciaron el 9 de junio en la zona centro del país. En esta zona hubo un sinnúmero de acciones, como toma de pueblos, ajusticiamiento de hacendados, reparto de tierras y ganado a los campesinos; asalto a minas, ataques a puestos de la guardia civil, enfrentamientos directos y emboscadas a las fuerzas del orden, etc. Con rigor, se puede decir, que la guerrilla del MIR, en un 90 % , corrió a cargo de la guerrilla del centro al mando de Guillermo Lobatón y secundado por Máximo Velando.

En las ciudades, especialmente en Lima, el MIR realizó algunas acciones de carácter meramente propagandístico que a la vez le servía para distraer la acción de las fuerzas del orden. Hicieron detonar bombas y artefactos explosivos en muchos lugares exclusivos, especialmente, donde concurrían las clases dominantes.

La contraofensiva del Estado fue total, mucho le facilitó saber de antemano dónde estaban ubicados los focos guerrilleros y sus máximos dirigentes; es así cómo de la Puente y sus camaradas son cercados y muertos, en un combate totalmente desigual, el día 23 de octubre de 1965. La guerrilla del norte no entró en acción. Mientras que la más activa, la del centro, duró con su accionar hasta mediados de diciembre cuando en un enfrentamiento fue muerto Guillermo Lobatón.

En mayo del año 1966 apareció el primero y uno de los más serios balances con respecto a más de 3 años de lucha armada en ese país. El autor fue Ricardo Letts, un político de izquierda, cercano pero no militante de ninguna de las organizaciones que hicieron lucha armada en aquel entonces. En la parte final del documento Letts reconoce, por un lado, lo doloroso y triste que son las pérdidas humanas en un proceso revolucionario; pero a la vez sostiene que no hay otro camino si es que se desea transformar revolucionariamente una sociedad.

Y por otro lado advierte que la experiencia acumulada en la lucha será muy importante para lo que vendrá después. Sus palabras: "Debemos tener siempre presente que la revolución es un proceso vasto que se da en el tiempo y en el espacio. Hemos examinado apenas una escaramuza y una batalla de la insurrección contra el orden burgués y la lucha por el Poder para el pueblo. Esta primera batalla la habrá ganado quien haga mejor uso de la experiencia; es en este sentido que se aporta esta contribución. Vendrán más adelante nuevos enfrentamientos." (Letts 1981: 54).

Cuando el autor afirmaba que "Vendrán más adelante nuevos enfrentamientos" lo hacía como alguien que conoce las leyes que orientan los procesos histórico-sociales y no como la mítica Kassandra que simplemente adivinaba el futuro. Decimos esto en la medida que, más o menos 15 años después del último enfrentamiento armado entre las fuerzas del MIR y las Fuerzas Armadas peruanas en otro contexto, en otra zona y con otros actores la historia se volvió a repetir en el país andino.

El Partido Comunista del Perú-Sendero Luminoso inició la lucha armada en el Perú el 17 de mayo de 1980 en la comunidad de Chuschi, departamento de Ayacucho. Hoy, 25 años después, en base a información oficial, se dice que una facción de esta organización persiste en su accionar armado, con un mínimo de organización político-militar en tres zonas del país.

A decir de los senderólogos, no es fácil que las FF. AA. terminen totalmente, por el momento, con la acción senderista. De igual modo sostienen los mismos, que la subversión no tiene posibilidades, por el momento, de interrumpir el proceso político-social en marcha y menos poner en peligro la existencia del Estado peruano. Sin ser lo mismo y sin tener la misma capacidad que la guerrilla colombiana, esta experiencia de alguna forma se repite en el Perú.

Entre el inicio de sus acciones hasta hoy, Sendero Luminoso desarrolló una serie de campañas en distintos niveles y de diversa envergadura y magnitud. La respuesta de las Fuerzas Armadas fue aplicar la guerra total, enseñanza que está diseñada en la doctrina de la guerra de baja intensidad.

En este proceso hubo algunos hechos que tuvieron mucho que ver con el proceso de la guerra. En principio se habla de los problemas ideológicos y políticos al interior de Sendero, que continuaron con la detención de Abimael Guzmán (llamado Presidente Gonzalo) en septiembre de 1992, luego el inicio de la negociación de una facción de Sendero con el Estado por un acuerdo de paz y la posterior detención de Oscar Ramírez en julio de 1999 quien sostenía (según la versión oficial) la idea de continuar la lucha armada.

Lo cierto es que a lo largo del siglo XX nunca el Estado peruano se vio en la necesidad de recurrir a todas sus fuerzas para frenar y aniquilar a una fuerza subversiva en este país, como tuvo que hacerlo contra Sendero Luminoso. De igual modo, nunca antes de la acción de Sendero, una fuerza rebelde, más aún marxista, llegó tan lejos en sus propósitos de toma del Poder. Lo último fue evidente en los cuatro años que fueron desde 1988 a 1992 (5). Las dos partes se midieron, se pesaron y cada uno, a su manera, debe haber sacado sus respectivas conclusiones.

Sobre Sendero, su historia, las condiciones en las cuales aparece y se desarrolla; su ideología, su trabajo de masas, las bases de apoyo, la administración del nuevo Estado, sus posibilidades y límites, etc., lo hemos desarrollado, detalladamente, en un libro publicado en 1990 titulado: *Gonzalo el mito. Apuntes para una interpretación del PCP.* Ésta es la razón del por qué aquí ya no repetiremos lo escrito en el mismo, en la medida que las ideas fundamentales en torno a la comprensión histórica, de las causas económico-sociales y de las motivaciones ideológico-culturales que dieron origen a la subversión senderista en el Perú, en lo fundamental, creemos que aún son válidas. (6)

En el año 1984, teniendo como base algunos grupos del antiguo Movimiento de Izquierda Revolucionario, hizo su aparición en la escena política peruana el Movimiento Revolucionario Túpac Amaru. Ideológicamente el MRTA se orientaba por el marxismo-leninismo más una interpretación heterodoxa del guevarismo.

La revolución para esta organización tenía un carácter socialista-antiimperialista. Ello implicaba que había que unir a todas las fuerzas populares en función de esa meta. Para el MRTA no había enemigo en la izquierda, el enemigo era la derecha personificado en la burguesía, sus partidos políticos y las Fuerzas Armadas.

Esta organización se nutrió, principalmente, del descontento al interior de la izquierda legal, a nivel de cuadros medios y en especial de sus sectores juveniles donde su romanticismo y audacia tenía una recepción positiva. La presencia de obreros fue mínima, de campesinos de igual modo, algo mayor fue la presencia de pobladores de barrios pobres.

Con la idea de que no hay enemigo en la izquierda, el MRTA pretendía convertirse en el brazo armado de la izquierda legal peruana, que para entonces se había organizado en Izquierda Unida y era una de las más importantes en América Latina. Por otro lado, con la misma idea, intentaba, quizá no acercarse, pero por lo menos evitar enfrentamientos armados con Sendero Luminoso.

El accionar armado del MRTA fue tanto en el campo como en la ciudad. Los principales centros donde se desarrollaron fueron zonas de los departamentos de San Martín en la selva, Junín en la sierra y Lima en la costa. Ellos efectuaron diferentes tipo de acciones. Las más conocidas fueron las de propaganda, los secuestros de millonarios, los ajusticiamientos de policías y militares, los repartos de víveres en las zonas pobres y sus acciones de comando.

El MRTA, demostrando que tenía un gran sentido de la propaganda, realizó muchas acciones que podrían ser calificadas de espectaculares. Entre ellas la fuga de sus presos, a través de un túnel, de la cárcel de Canto Grande en 1990 (7), el rescate de algunos de sus dirigentes en la calle y por último la toma de la Embajada japonesa en marzo de 1996 son algunos de los casos más conocidos.

En este proceso armado que duró 12 años, el MRTA así como ganó muchos adherentes, en determinados niveles de la sociedad, también fue perdiendo a sus mejores elementos. Algunos fueron tomados presos, unos segundos muertos y unos terceros terminaron en el exilio.

La toma de la Embajada japonesa en Lima fue la acción más espectacular del MRTA, después de algún tiempo, las Fuerzas Armadas peruanas, apoyadas por la inteligencia de EE.UU., de Inglaterra e de Israel (información aparecida en el diario El país de España), retomaron el local y asesinaron a todos los guerrilleros presentes en dicho local. Desde esa acción hasta hoy no se ha vuelto hablar más de acción del MRTA y se piensa que ha desaparecido de la escena política peruana como organización guerrillera.

*

En el Ecuador, en los años 60, apareció la Unión Revolucionaria de la Juventud Ecuatoriana. Este pequeño grupo estuvo formado por unos 40 jóvenes que provenían del Parido Comunista y del Partido Socialista ecuatoriano. Se ubicaron cerca de Santo Domingo de los Colorados y antes que entraran en acción las Fuerzas Armadas, en dos días, los cercaron y todos fueron capturados.

En la década del 70 apareció el Movimiento de Izquierda Revolucionario que se declaraba como socialista. Se dice que fueron ellos los que realizaron una serie de acciones armadas ocurridas en esa década en el país.

En el año 1980 aparece el movimiento guerrillero llamado Alfaro Vive Carajo y lo hizo robando el busto y la espada del general ecuatoriano Eloy Alfaro que estaban en el local del Partido Liberal. Continuó con variadas acciones, principalmente, de propaganda. Y en mayo de 1985, a través de una conferencia de prensa, hicieron público sus planteamientos ideológicos y políticos. Se declararon anti-oligárquicos, anti-imperialistas, democráticos y, fue uno de los pocos grupos armados en América Latina en esta etapa, que no se declaró marxista.

Entre sus acciones de mayor envergadura se recuerda el secuestro del banquero Nahim Isaías y por su rescate pidieron la liberación de 50 presos, 5 millones de dólares y un avión para salir a Colombia. El gobierno no aceptó y luego de ubicar la casa donde estaba el banquero secuestrado la rodearon y aniquilaron a todos, incluido al secuestrado.

La dura represión y la división interna fueron las razones para que AVC, 11 años después de haber hecho su aparición pública, decidiera entregar las armas, que lo hizo a través de la Iglesia Católica y declararon que su objetivo era formar un partido o un movimiento amplio que luche por una auténtica democracia participativa.

De una división de Alfaro Vive Carajo, en 1988, nació Montoneros Patria Libre. Sus acciones fueron principalmente la toma de emisoras radiales para difundir sus mensajes políticos. Cuando AVC decidió entregar las armas, Montoneros consideró continuar con la lucha, de allí no se sabe nada más de esta organización.

*

Teniendo como antecedentes directos las sublevaciones militares de Carúpano (1962) (donde tuvo alguna participación el PC y el MIR) y la de Puerto Cabello, Venezuela pasó por la experiencia armada desde el año 1962 a 1970. Las organizaciones que la materializaron fueron el Ejercito de Liberación Nacional formado y dirigido por dirigentes estudiantiles del Partido Comunista venezolano y las Fuerzas Armadas de Liberación Nacional que se formó un año después (1963) en base a la anterior organización.

El ELN, con la mayoría de sus miembros venidos de la ciudad, instaló un grupo guerrillero en el Estado de Falcón. Este contingente estuvo al mando de los dirigentes estudiantiles del Partido Comunistas venezolano Douglas Bravo y Teodoro Petkoll.

La primera acción de importancia que realizaron fue en abril de 1962, cuando los guerrilleros tomaron varios vehículos del Ministerio de Obras Públicas y con ellos atacaron la prefectura de Humocaro Alto. A la par de la guerrilla de Falcón, por estos mismos tiempos, aparecieron otros grupos guerrilleros en los Estados de Lara, Portuguesa, Mérida y en la zona de Charal. La coordinación de estos cuatro grupos guerrilleros dio un nuevo impulso a la organización que mantuvo su nombre original de ELN, la realidad es que no pasó de sólo impulso.

En los meses siguientes realizaron algunas acciones de importancia como la toma del cuartel de San Juan de Macaparanas y atacaron el de Quebrada Seca; tomaron la localidad de El Hatillo y por último en noviembre secuestraron un avión DC6 en vuelo y arrojaron volantes sobre Caracas. La represión oficial, dirigida políticamente por Acción Democrática, tanto en la ciudad como en las áreas rurales fue dura, a pesar de ello no lograron destruir la guerrilla, la que el año siguiente, en alianza con otras fuerzas, se transformó en las Fuerzas Armadas de Liberación Nacional.

FALN con una orientación ideológico-política marxista, en su versión castro-guevarista, estuvo conformado por cuatro frentes. El primero se asentó en Falcón y Yaracuí y se llamó Frente José Leandro Chirinos. El del Portuguesa-Charal se llamó Frente Guerrillero Libertador. El Comando Nacional Guerrillero y el movimientos de ex militares protagonizaron los levantamientos de Carúpano y Puerto Cabello.

La guerrilla se siguió desarrollando y extendió su accionar al Estado de Lara y al de Trujillo. A la par de la represión del Estado, comenzaron para entonces (1965) los problemas al interior de la guerrilla, que tenía que ver con la dirección del PCV. La mayoría del Partido hizo público su alejamiento de la lucha armada que tuvo como consecuencia la división del Partido Comunista y de las Fuerzas Armadas de Liberación Nacional.

Uno de los problemas mayores del FALN fue dónde se pone el acento principal de la acción. Se combinaba la acción rural con la acción urbana y eso traía consecuencias de traslado y a la par ser blanco fácil de la represión. Este problema parece ser mucho mayor y trasciende a la experiencia venezolana, es un problema que se ha dado en casi todos los movimientos armados en Latinoamérica.

Finalmente con problemas en la dirección, con problemas de guerrilla urbana o rural y la represión de las Fuerzas Armadas, la acción guerrillera en Venezuela ya no tenía futuro. Daniel Pereyra haciendo una especie de balance de la experiencia de lucha armada en este país, escribe: "La lucha armada que había comenzado en Venezuela a partir de núcleos urbanos que realizaban acciones de sabotaje y de propaganda armada y que había enlazado con los alzamientos militares, fue desplazando su centro de gravedad hacia la guerrilla rural, empujada por la represión y el ejemplo cubano. La base de apoyo del campo venezolano para la acción guerrillera era mucho menor que en las ciudades, lo que facilitó la acción represiva. Por otra parte, el envío de cuadros políticos a los frentes guerrilleros, junto con las caídas en la ciudad, debilitó el trabajo urbano. El fracaso de la línea abstencionista en las lecciones demostró que la guerrilla no había encontrado la respuesta concreta a la situación. A partir de ese momento, en el seno de las FALN se instaló una crisis político-militar que no fue posible revertir y que años después conduciría a la extinción del movimiento." (Pereyra 1994: 115).

En 2004 los medios de comunicación nacionales y extranjeros informaron el accionar militar del Comando Néstor Serpa (un guerrillero peruano del MRTA muerto en la embajada de Japón) quienes declaraban que su accionar era contra la oligarquía y el imperialismo y por la profundización de la llamada Revolución Bolivariana.

*

Con la experiencia de lucha armada en Colombia terminamos con este tipo de acciones ocurridas, en un lapso de casi medio siglo, en América Latina. Hay algunas razones que hacen de Colombia un caso particular. En principio es la guerrilla más antigua y de mayor continuidad en esta parte del mundo (su existencia sin interrupción como guerrilla con ideología marxista dura ya medio siglo). En segundo lugar es la guerrilla más fuerte e influyente de las que aún existen en esta parte del continente.

En otra parte de esta investigación, escribiendo sobre el Bogotazo, hemos escrito que Colombia es la sociedad de mayor violencia político-social en Latinoamérica, en la medida que a diferencia de otros países, los enfrentamientos armados se han dado entre los mismos partidos de las clases dominantes (Conservador y Liberal) e incluso entre las mismas facciones al interior de dichos partidos.

Además en el plano económico, Colombia, exceptuando Costa Rica, es el país más estable, dentro de la inestabilidad de todas las economías latinoamericanas. Los dos males crónicos del sistema capitalista, la inflación y la recesión, no han tenido ni tienen en esta economía los devastadores efectos que tienen en las economías de los demás países del área. Se sostiene que para esta relativa estabilidad, lograda en las últimas décadas, juega un rol importante las divisas captadas por la industria del narcotráfico. A pesar de que hasta el momento no se ha podido demostrar con datos convincentes, por las características de esta actividad, lo afirmado no contradice ninguna lógica.

En otro plano, si exceptuamos México con su "dictadura perfecta" y una vez más a Costa Rica, Colombia, en el plano político, es una de las democracias formales más sólidas y estables de esta región del mundo. (8) Desde 1957 hasta la actualidad, son cerca de 50 años, el ordenamiento democrático constitucional no ha tenido mayores problemas de sobrevivir. Desde esta fecha no ha ocurrido ningún golpe de Estado, como consecuencia los gobiernos elegidos por un determinado período, a través del voto secreto, han terminado su mandato para el cual fueron elegidos.

Esto tiene que ver, posiblemente, con que la oligarquía y la gran burguesía colombiana, desde el término de la dictadura del general Rojas Pinillo (1957) hasta la actualidad, en las coyunturas de mayor riesgo para el Estado, han sabido entenderse y hasta unirse coyunturalmente. De ahí se desprende la larga persistencia de los dos viejos partidos: el Liberal y el Conservador.

A lo anterior hay que agregar un hecho importante y es la sólida unidad lograda (entre sí) por las tres fuerzas armadas, también su vinculación y buen entendimiento con la oligarquía y la gran burguesía para no sólo dar viabilidad al Estado, sino de igual modo para mantener el ordenamiento legal y a los gobiernos que se han turnado. Hay que remarcar dos hechos: por un lado las Fuerzas Armadas tienen un enemigo antiguo y fuerte a quien combatir, la guerrilla. Y en segundo lugar es comprensible que en esta casi alianza cívico-militar, las FF.

AA. no tienen la necesidad de dar golpes de Estado, mejor dicho dar autogolpes de Estado.

La lista de las organizaciones que han activado armadamente en esta sociedad es larga. Las primeras guerrillas marxistas se remontan a los tiempos del Bogotazo, fueron ellas quienes constituyeron las "repúblicas independientes". En el año 1964 aparecen las Fuerzas Armadas Revolucionarias de Colombia, un año después el Ejército de Liberación Nacional y el Ejército Popular de Liberación. En la década del 70 el Movimiento Revolucionario 19 de Abril y Autodefensa Obrera. En los 80 el Movimiento de Izquierda Revolucionario-Patria Libre, el Movimiento Indígena Quintín Lama, el Partido Revolucionario de los Trabajadores y la Coordinadora Guerrillera Simón Bolívar.

A lo largo de estas décadas la acción guerrillera, tanto en el campo como en la ciudad, ha sido múltiple. La respuesta del Estado, a través de las Fuerzas Armadas y los paramilitares, ha sido recurriendo a la guerra total o guerra de baja intensidad. En esta tarea de represión, las actividades han sido divididas entre las fuerzas legales y las ilegales.

En las últimas décadas, una de estas fuerzas ilegales, los paramilitares, han logrado un nivel de desarrollo y cierta independencia del Estado que les permite incluso poner algunas condiciones. En un informe publicado hace algunos años, citando al servicio de inteligencia colombiano, se dice: "En los últimos años, su número ha aumentado lo suficiente como para permitir que Carlos Castaño se autoproclame jefe de una organización nacional de grupos paramilitares (ACU/AUC). Es, en efecto, un ejército privado. Pero existe otra versión de la historia. Según un informe del servicio nacional de inteligencia colombiano, fechado en abril de este año, Carlos Castaño está vinculado a los *jefes del cartel de Cali*. Una serie de masacres, espantosas incluso para un país que ostenta la tasa de muertes violentas más altas del mundo, ha empañado la acción de los paramilitares de que están luchando en nombre del pueblo; el terror y los desplazamientos masivos que con sus resultados revelan otros motivos." (Hilton 1999: 61).

Para el común de los colombianos, el hecho de vincular a los paramilitares de Castaño *al cartel de Cali*, sólo es una coartada, en la medida que a las FF.AA. les conviene endilgar el "trabajo oscuro" o la "guerra sucia" a este tipo de organizaciones que en ciertos casos han sido creadas por ellas y en otros los toleran como buenos aliados.

Hoy a mediados de la primera década del siglo XXI, son dos organizaciones guerrilleras que mantienen un accionar activo y de importancia en este país. Las Fuerzas Armadas Revolucionarias de Colombia y el Ejercito de Liberación Nacional. Las demás, a pesar que algunas de ellas tuvieron mucha resonancia desde la década del 70 hasta la década del 90, en la actualidad algunas (el M-19) se han integrado al orden y otra (ELN), a pesar que continúa con su accionar, ya no tiene mayor resonancia.

Hasta la actualidad se mantiene en acción, especialmente en la zona sierra norte del país, la guerrilla del Ejército de Liberación Nacional que fue la organización a la cual pertenecieron los curas Camilo Torres y José Pérez. Su implantación en el campesinado, hasta hoy, es relativamente importante en esta zona.

El ELN es una organización que tiene una relación histórica e ideológica con la Revolución Cubana y en particular con el "Che" Guevara. Por ello, su lucha la encuadran dentro del proceso de liberación nacional, por la democracia y el socialismo. El ELN es una de las pocas organizaciones guerrilleras que no ha participado en las conversaciones de paz y tampoco en las treguas con el Estado colombiano, a lo largo de las últimas dos décadas.

En cuanto al número de miembros y control de territorio es una incógnita, pero sin lugar a dudas es la segunda guerrilla de importancia en el país y es posible, tomando en cuenta el proceso político-social en Colombia, que esta guerrilla tiene ciertas condiciones quizás no para desarrollarse; pero sí para mantenerse activa por algunos años más.

Las Fuerzas Armadas Revolucionarias de Colombia viene a ser, de alguna forma, una continuación de las fuerzas (bajo la orientación del Partido Comunista Colombiano) que constituyeron las "repúblicas independientes" en los años 50. Desde su aparición en la vida política colombiana se declararon marxista-leninistas. Proclamaron desde un principio que se decidieron por la lucha armada para lograr hacer triunfar una revolución democrática-antiimperialista y como meta el socialismo.

Las FARC centraron su trabajo, principalmente, en las zonas rurales, inclusive su dirigente histórico es un ex-dirigente campesino Pedro Antonio Marín o "Manuel Marulanda Veles", conocido también como "Tirofijo". En las más de cuatro décadas de acción guerrillera, las FARC han desarrollado infinidad de acciones y han pasado por un proceso de paz, por un alto al fuego, por una tregua y por una amnistía pero sin dejar en ningún momento las armas.

Todas las medidas anteriores, con resultados más o resultados menos, han modificado muy poco las causas que han generado la violencia guerrillera en Colombia. Las FARC se mueven en varios departamentos del país, especialmente los sureños. De igual modo realiza acciones de sabotaje y de comando en las grandes ciudades. En el campo tienen bases de apoyo y zonas liberadas desde hace muchos años. Se calcula que sus componentes en armas oscilan entre 15 y 20 mil guerrilleros.

La represión estatal y paraestatal es brutal contra todos los movimientos armados, especialmente contra esta guerrilla. Naturalmente, como en todo América Latina, las FF. AA. colombianas están asesoradas y además reciben partidas en dinero y en armamento de los gobiernos de EE.UU.

En los últimos años se habla mucho del denominado "Plan Colombia", que no sería más que, a decir del especialista en el tema el profesor Guillermo Navarro, la acción de intervención militar conjunta de las Fuerzas Armadas vecinas (la base norteamericana de Manta en Ecuador y de Iquitos en el Perú serían la avanzadilla) bajo orientación estadounidense para terminar con la guerrilla, controlar y administrar la industria de la droga y el petróleo colombiano.

De estas más de cuatro décadas de lucha armada en Colombia se puede concluir que en el plano militar hay un empate entre las fuerzas subversivas (Fuerzas Armadas Revolucionarias de Colombia y Ejercito de Liberación Nacional principalmente) y el Estado colombiano. ¿Cuál será el desenlace final y en qué tiempo? No estamos en condiciones de decir nada al respecto. Todo dependerá de cómo los acontecimientos nacionales e internacionales se vayan desarrollando.

Con lo escrito en esta parte del capítulo, hemos expuesto otra de las caras de la realidad latinoamericana. Debemos recordar que sobre el tema hay una cantidad enorme de bibliografía y nosotros sólo hemos dado una pequeña y a la vez incompleta visión de la lucha armada en América Latina, teniendo como hito fundamental el triunfo de la Revolución Cubana en el año 1959.

LA GUERRA DE BAJA INTENSIDAD
EL SALVADOR COMO MODELO

En todo este análisis hemos visto una serie de actores, especialmente los internos y nos hemos reservado para el final mencionar el rol de algunos actores externos, como el llamado campo socialista con Cuba en el continente, de la República Popular China y del trotskismo internacional.

Muchas organizaciones que hicieron lucha armada estuvieron apoyadas por Cuba y para algunos inclusive los cubanos determinaron las principales acciones que deberían realizar. (9) En otras circunstancias, declarándose los actores como marxista-leninistas, no recibieron ningún tipo de ayuda de los Partidos Comunistas oficiales y legales, tampoco del denominado campo socialista.

De las organizaciones maoístas que pasaron por esta experiencia, no hay evidencias que alguna de ellas haya recibido apoyo de la República Popular China, seguramente porque los maoístas que hicieron lucha armada en esta parte del continente no fueron los partidos oficialmente reconocidos por la dirección de los comunistas chinos.

En el caso de los grupos trotskistas la situación es algo diferente, en la medida que ellos nunca tuvieron un Estado en el cual apoyarse. Las organizaciones trotskistas dieron su apoyo en tanto y en cuanto las organizaciones armadas latinoamericanas formaban parte de su organización internacional.

Por parte de la contrasubversión la situación fue y es diferente. Desde cualquier ángulo que se le mire, es claro y evidente que todos los Estados latinoamericanos que pasaron o pasan por este tipo de problemas, y especialmente, sus fuerzas represivas fueron asesoradas, apoyadas y financiadas, en unos casos directamente y en otros indirectamente, por las administraciones que se sucedieron en el gobierno norteamericano.

EE.UU., luego de su fracasada experiencia en Corea y Vietnam, recogiendo la experiencia francesa en el norte de África, de Inglaterra en Asia y la suya en Cuba, elaboró la doctrina contrasubversiva que es llamada por unos *la guerra total* y por otros *la guerra de baja intensidad*.

Lo dicho no quiere decir que este tipo de guerra sea enteramente nueva, por el contrario, se ha venido aplicando desde muchas décadas atrás. Lo último nos recuerda el especialista en el tema Walden Bello cuando, finalizando el siglo pasado, en torno al tema escribió: "Durante casi un siglo, Filipinas ha tenido el dudoso honor de haber servido como el principal campo experimental de Estados Unidos para el desarrollo y prueba de las tácticas de la guerra de baja intensidad." (Autores varios 1988: 207).

En relación directa con la información anterior y en alguna medida ampliándola, Michael Klare y Peter Kornbluh agregan: "Bajo una u otra bandera, Estados Unidos ha estado librando desde hace varias décadas guerras de baja intensidad en el Tercer Mundo: desde la de Filipinas (a fines del siglo pasado) hasta la de Nicaragua (a principios de la década del treinta). Además, el fin de la Segunda Guerra Mundial introdujo una nueva era en materia de lucha de baja intensidad. En 1946, con la doctrina Truman, Estados Unidos comenzó a desarrollar una rudimentaria estrategia contrainsurgente para encarar a las guerrillas comunistas de Grecia. En 1947, el aparato clandestino que dirigió las actividades especiales durante la guerra fue reorganizado, de acuerdo con una ley en materia de seguridad nacional, en la CIA. Durante las administraciones posteriores, la CIA se fue involucrando crecientemente en actividades paramilitares específicas en Europa, el Oriente Medio, el Sudeste Asiático y Latinoamérica." (Autores varios, 1988:19).

Teniendo en cuenta este antecedente, los estudiosos norteamericanos antes citados, para ubicarnos mejor, hacen las diferencias respectivas entre las tres formas de guerra. Leamos: "La guerra de guerrillas y otras contiendas desarrolladas por unidades irregulares son clasificados como *guerra de baja intensidad* (...); los enfrentamientos regionales donde se emplean armas modernas (como el conflicto entre Irán e Iraq son considerados *guerras de mediana intensidad*, y las conflagraciones globales (como la Primera ySegunda Guerra Mundial) o las hostilidades en que se utilicen armas nucleares, son identificadas como *guerras de alta intensidad*." (Autores varios, 1988: 15).

Planteando el objetivo fundamental y el doble carácter de la guerra de baja intensidad, (10) continúan: "... los estrategas militares retratan a la guerra de baja intensidad como una guerra oportuna en cualquier temporada, se trata de una doctrina cuyo objetivo esencial es el de combatir la revolución. La guerra de baja intensidad se divide básicamente en operativos contrainsurgentes y proinsurgentes..." (Autores varios, 1988: 16).

Las revoluciones democrático-populares o de liberación nacional se han dado principalmente en los países del Tercer Mundo, es por ello (según los nombrados) que dicha zona: "... se ha convertido en el principal lugar donde se despliega la guerra de baja intensidad. En virtud de la gran importancia de muchos países en vías de desarrollo afirma Livingstone, `el destino mundial habrá de depender de la habilidad con que se maneje esta guerra´." (Autores varios, 1988: 17).

Klare y Kornbluh terminan su ensayo diciendo: "La creencia de que cualquier medio está justificado en el marco de la lucha contrarrevolucionaria, constituye un tópico frecuente en el análisis de la guerra de baja intensidad. `Las pequeñas guerras sucias de nuestros tiempos no son hermosas´, explicó Neil Livingstone a los oficiales superiores estadounidenses; `pero, si no utilizamos medidas severas y brutales, anulamos nuestra probabilidad de lograr el éxito de la guerra de baja intensidad. Para obtener la victoria, Levingstone sugiere el empleo de las medidas siguientes: restringir el acceso de los medios de comunicación masiva a la zonas del extranjero en que se libren los combates; reducir la `microdirección´ del Congreso en materia de operaciones de la guerra de baja intensidad; contratar cazadores profesionales para que persigan y asesinen a los supuestos terroristas." (Autores varios, 1988: 25 y 26).

En el caso concreto de América Latina, desde el triunfo de la Revolución Cubana, este tipo de guerra ha sido el eje central del accionar de los Estados latinoamericanos y sus Fuerzas Armadas, que han contado, invariablemente, con el apoyo en unos casos y con la participación directa de EE.UU. Si revisamos la acción contrasubversiva en el continente se puede ver que en unos países más y en otros menos, en unos directa y en otros indirecta, en unos velada y en otros abierta, este tipo de guerra ha estado presente como respuesta a la acción de los pueblos que luchaban y luchan contra la explotación interna y la dominación externa.

Otro especialista en el tema, Charles Maechling, confirma la idea anterior cuando escribe: "Cualquier individuo que tuviera conocimientos de primera mano de América Central y del Sur sabría que los problemas revolucionarios de estas zonas respondían a la injusticia económica y social impuesta por la estructura jerárquica de las naciones latinoamericanas, así como a la violencia política -a menudo acompañada de una brutalidad sádica- que había sido empleada tradicionalmente por los tiranos y las oligarquías locales, para mantener el Poder y suprimir las reformas pacíficas." (Autores varios 1988: 35).

Para mantener el orden, dice el autor líneas antes citado, además de adiestrar a los militares latinoamericanos en las escuelas de Panamá y en EE.UU., los norteamericanos realizaron acciones de ajuste y adecuación de las fuerzas represivas a las nuevas circunstancias. Leamos: "El siguiente paso dado por el Pentágono fue reorientar el programa de ayuda militar. Por consiguiente el general Maxwell Taylor, subrayó la acción cívica-militar: el empleo de las fuerzas armadas locales en proyectos que les permitieran acercarse a la población, como las labores de alfabetización, vacunación, construcción de caminos e instalaciones sanitarias, auxilio en casos de desastres, etcétera." (Autores varios, 1988: 43).

*

De todos los países latinoamericanos, entre comienzos de los 60 y fines de los 80, sostienen los analistas norteamericanos Daniel Siegel y Joy Hackel, fue en la república centroamericana de El Salvador donde la guerra de baja intensidad se aplicó de la manera más brutal en determinados momentos y la más refinada en otros. Ésta es la razón por la que reproduciremos los detalles más saltantes del análisis hecho por los autores Siegel y Hackel, en este tipo de guerras, en el pequeño país centroamericano.

Ellos comienzan con esta afirmación: "De acuerdo con los estrategas estadounidenses, El Salvador es `el campo experimental ideal' de la nueva doctrina de la guerra de baja intensidad. El coronel John Waghelstein, ex-jefe del grupo estadounidense en El Salvador, señaló: `Lo que sucede en el laboratorio salvadoreño será una experiencia muy útil para la próxima generación de asesores por desplegar en el Tercer Mundo'." (Autores varios 1988: 147).

Este estilo de guerra de baja intensidad en El Salvador tenía algunos antecedentes, los autores nos recuerdan en estos términos: "Una intrincada red paramilitar, organizada por la CIA, los `Boinas Verdes' y el Departamento de Estado estadounidense, en el contexto de la campaña inspirada por Kennedy de la Alianza para el Progreso, ayudó a mantener el *statu quo* en El Salvador, mediante el asesinato de cualquier individuo que se opusiera al régimen." (Autores varios 1988: 148).

La estrategia contrainsurgente norteamericana, en este país, tenía tres componentes: El militar, el económico-social y el político-ideológico. Leamos: "... primero, convertir a los militares salvadoreños en una poderosa fuerza contrainsurgente, a fin de derrotar a la alianza revolucionaria político-militar, denominada FDR-FMLN; segundo, llevar a cabo los programas dirigidos a `ganar las mentes y los corazones´, para obtener el apoyo civil y contribuir al desarrollo de la economía salvadoreña, y tercero, reemplazar el régimen militar con un gobierno civil que se convierta en una `tercera fuerza´ capaz de lograr el apoyo nacional e internacional." (Autores varios 1988: 148).

Luego de plantear estos tres lineamientos generales, pasan a desarrollar el aspecto militar. En él se dieron, de igual modo, tres características que son planteadas así: "Conforme evolucionaba la estrategia militar de baja intensidad de Estados Unidos, se fueron enfatizando tres aspectos: el control de la guerra paramilitar; el readiestramiento y reabastecimiento de los militares salvadoreños, y la intensificación de las maniobras aéreas dirigidas a refrenar a la insurgencia en ascenso." (Autores varios 1988: 150).

En torno al primer aspecto, la denominada guerra sucia o paramilitar, dicen: "En 1980, la estrategia contrainsurgente de los Estados Unidos se basaba en la `guerra sucia´, librada por la amplia red paramilitar que Washington había organizado desde principios de la década del 60. Los operativos de los escuadrones de la muerte, que cada mañana esparcían cadáveres con huellas de torturas en zanjas y plazas, constituían la principal actividad del aparato salvadoreño de seguridad nacional para impedir que la oposición se organizara". Algunas líneas después agregan: "... el excapitán del ejército de El Salvador, Ricardo Fialles, admitió que los escuadrones estaban `integrados por miembros de las fuerzas de seguridad´ y que los actos terroristas eran `planeados por militares de alto rango´" . Los autores terminan esta parte diciendo: "Las frecuentes desapariciones y los crímenes perpetrados por los funcionarios de seguridad e individuos no identificados dieron paso a formas menos visibles de abuso:

encarcelamientos, detenciones temporales, y aplicación de torturas físicas y psicológicas." (Autores varios 1988: 150 y 151).

Con respecto al segundo aspecto, el apoyo económico-militar norteamericano, escriben: "Entre 1980 y 1987, Estados Unidos entregó cerca de mil millones de dólares a las fuerzas armadas de El Salvador. En estos años, la ayuda estadounidense expandió la dimensión de los militares y de las fuerzas de seguridad de 12 mil a más de 53 mil hombres, muchos de los cuales fueron entrenados por los asesores estadounidenses". Y en torno a estos últimos escriben: "A partir de 1979, un grupo de asesores estadounidenses, compuesto de 55 individuos proporcionó en suelo salvadoreño la mayor parte del entrenamiento y las tareas castrenses. Los asesores del Pentágono brindaron `observaciones y comentarios´ al alto mando militar relacionado con los `operativos, la planeación, la coordinación y el control de las principales maniobras de combate´.(...) La labor de estos asesores fue complementada con el despliegue de por lo menos 150 agentes de la CIA, quienes llevaron a cabo gran variedad de operativos psicológicos y de inteligencia."(Autores varios 1988: 152 y 153).

Y finalmente, sobre las maniobras militares aéreas, agregan: "Y, lo que es más relevante, la reorganización provocó una intensificación del combate aéreo contra la guerrilla. En 1984, la fuerza aérea salvadoreña inició una campaña más amplia y sofisticada de bombardeos aéreos, ataques realizados desde aviones en vuelo bajo, reconocimientos aéreos y operativos móviles conducidos por una flota de helicópteros importados de Estados Unidos, que incrementó sus helicópteros de 19 a 46. A principios de 1987, la fuerza aérea salvadoreña disponía de unas 175 aeronaves, con lo que se convirtió en la más importante de Centroamérica." (Autores varios 1988: 154).

Por último en el sub-capítulo llamado *La guerra por la muchedumbre* se sostiene que: "Según la teoría contrainsurgente, las masas constituyen la `retaguardia estratégica o logística´ de la guerrilla, es decir individuos que deben ser asesinados o aterrorizados para que obedezcan, u obligar a huir de las áreas disputadas, con el objeto de `separar el pez del agua´." (Autores varios 1988: 154).

Otro tipo de ayudas, como: "Los préstamos y donaciones del AID han permitido llevar a cabo una serie de operativos de acción cívica, de defensa civil y de naturaleza psicológica. Mientras tanto, las numerosas transfusiones estadounidenses de ayuda económica han compensado el alto costo de la guerra militar y evitado el colapso de la endeble economía salvadoreña, sujeta a los imperativos de la prolongada guerra de baja intensidad." (Autores varios 1988: 156).

Todo ello está acompañado de los *operativos psicológicos*: "... como el componente primordial de la estrategia de la guerra de baja intensidad. Trasladándose a los planos más remotos, en compañía de mariachis y payasos, distribuyendo dulces a los niños y propaganda entre los adultos, en medio de una lluvia de papelitos multicolores, las fuerzas castrenses se enfrascaron en una gran campaña de relaciones públicas a lo largo de todo el país. Como lo señaló un oficial del ejército encargado de la ejecución de estos operativos, se empleó `la misma técnica que los estadounidenses diseñaron para vender Coca Cola´." (Autores varios 1988: 158).

Otro factor muy importante fue el papel cumplido por *Defensa civil*: "Aunque se afirmaba que la meta de las unidades de este programa era la protección de los ciudadanos salvadoreños, sus objetivos principales fueron el establecimiento de una red informal de inteligencia y la custodia de la infraestructura vital del país ante los ataques del FMLN. El jefe del servicio territorial de El Salvador admitió que las patrullas de defensa civil no estaban dirigidas en realidad a la autodefensa, sino a la colaboración con el ejército, atrayendo los ataques del enemigo." (Autores varios 1988: 160).

Los autores terminan su ensayo con el siguiente subtítulo *Acción cívica y ayuda humanitaria. El trueque para obtener una base social*, en el que, entre otras cosas, dicen: "Además de utilizar operativos psicológicos, los militares salvadoreños intentaron mejorar su imagen por medio de programas de acción cívica, los cuales constituyeron un componente integral de los esfuerzos gubernamentales dirigidos a luchar y vencer en la guerra no convencional." (Autores varios 1988: 161).

Líneas después, finalizando su estudio sostienen: "Asesorados por técnicos estadounidenses, los soldados comenzaron a distribuir alimentos y medicinas, y a construir caminos y escuelas. (...) tales maniobras `socavan la intención guerrillera de obtener hombres y recursos entre la población indígena (...) y preparar el terreno para establecer una asociación duradera entre los militares y la ciudadanía´. Así dentro del alto mando castrense, se creó un Departamento de Acción Cívica, y los comandantes del ejército desplegados en esta labor recibieron ayuda humanitaria de las agencias gubernamentales encargadas de los proyectos de acción cívica. El objetivo de estos últimos fue otorgar una imagen caritativa de las fuerzas armadas, a pesar de que los aldeanos sabían perfectamente que los soldados que les entregaban víveres eran los mismos que previamente habían destruido sus cultivos." (Autores varios 1988: 161).

Con lo trascrito terminamos la experiencia de guerra de baja intensidad, no sólo en El Salvador, sino en América Latina en su conjunto. Seguramente que la misma ha tenido algunas variantes a lo largo y ancho del continente en estos casi 50 años de guerra, pero en líneas generales, lo aquí planteado, ha sido la norma básica de la acción contra-subversiva de los Estados y sus fuerzas represivas y en especial de la administración norteamericana en el continente.

*

Para terminar con la experiencia de la lucha armada en América Latina deseamos hacer algunas reflexiones. En primer lugar intentaremos algunas explicaciones y a la par haremos una síntesis de las implicancias y consecuencias que significó y significa dicha experiencia en América Latina. Esto lo veremos tanto en el plano colectivo como en el plano individual. En segundo lugar, desarrollaremos algunas ideas en torno a la figura más representativa de este capítulo de la historia latinoamericana. Nos referimos al significado que tiene Ernesto "Che" Guevara.

Para comenzar debemos mencionar que las causas que dieron, dan y darán origen a esta forma de lucha, que busca transformar las viejas sociedades, descansan en la injusticia, en la explotación, en la opresión, en la dominación y en la marginación de que son víctimas, históricamente, las grandes mayorías de esta parte del continente. Entrelazadas con ellas están las ideas, los deseos, los sueños, las fantasías y la voluntad de muchos individuos que buscan construir un mundo que no sólo sea diferente al actual sino, sobre todo, mejor. En pocas palabras: una nueva sociedad.

Invariablemente todos los partidos, frentes o movimientos que llevaron y llevan a cabo lucha armada han levantado y levantan las banderas de la democracia, de gobierno popular, nacional y antiimperialista. El deseo de construir no sólo un nuevo gobierno, sino fundamentalmente un nuevo Estado está siempre presente. La mayoría de ellos ha ido mucho más allá y ha propuesto el socialismo como nuevo sistema económico-social y político-cultural alternativo al actual.

La experiencia de lucha armada, en este casi medio siglo, se ha dado indistintamente en el campo, en la ciudad, en el campo y en la ciudad; en las montañas, en los valles y las selvas. Y ha tenido infinidad de formas, métodos y estilos de lucha. Desde las más tradicionales y convencionales hasta las más modernas e innovadoras.

El triunfo de la Revolución Cubana en América Latina y la polémica al interior del movimiento comunista internacional a nivel general repercutió en el seno de los partidos comunistas y a la vez fue un hecho que condicionó iniciar la experiencia armada. A partir de este momento se pasó en casi todos los países de esta parte del mundo "... del arma de la crítica a la crítica de las armas", como escribió Karl Marx en *Die heilige Familie.*

Desde el año 1959 (con excepción de Alfaro Vive Carajo en Ecuador y del Ejército Zapatista de Liberación Nacional en México) oficialmente todas las organizaciones que hicieron y hacen lucha armada se declararon explícitamente, en el plano ideológico-político, marxista-leninistas. Teniendo esta base ideológico-política han actuado los maoístas, los trotskistas, los guevaristas, los filo-anarquistas, etc.

Como siempre, en la vida y en la historia, las ironías tienen su juego. Recordemos dos casos ejemplares. En Chile, Unidad Popular se declaró marxista, sostenía que con el triunfo electoral de Salvador Allende (1970) se había iniciado "la vía chilena al socialismo". Ellos, como marxistas, daban una lección al mundo. Hacían la revolución socialista sin armas, sin violencia, sin derramamiento de sangre, respetando el orden y la constitución. Los resultados son bastante conocidos.

Cerca de 25 años después, el Ejército Zapatista de Liberación Nacional en Chiapas-México se levanta armadamente, no se proclama marxista, no se reclama del socialismo, por el contrario sostienen que su lucha es por la democracia, por la libertad, por elecciones limpias y por un gobierno que respete la voluntad nacional y popular. Para conseguir ello, creen que no hay otra forma que haciendo escuchar la voz de las armas, con la violencia revolucionaria; a través de la lucha armada. Después de más de diez años de acción en Chiapas, el EZLN continúa allí, manteniendo sus banderas y sus consignas.

Los sectores o clase sociales que han participado directamente, como militantes o combatientes, en estas acciones armadas varían de país a país y de organización a organización. Las bases han sido en su mayoría campesinos, desocupados, estudiantes y obreros. Las dirigencias y cuadros medios, en gran medida, personas provenientes de la pequeña burguesía y en algunos casos incluso hasta de la burguesía. En otro nivel, en el étnico-racial, la inmensa mayoría han sido los indios-cobrizos y mestizos la base de estos movimientos, seguido por los blancos y negros.

Los factores que han determinado el fracaso, en la gran mayoría, de las revoluciones armadas pueden ser resumidas así. Primero, que las condiciones objetivas no están dadas. El capitalismo, más que la semi-feudalidad, tenía y tiene aún espacio para extenderse y tiempo para reciclarse. La dura represión de los Estados, que demostraron tener aún capacidad de respuesta y control, la guerra de baja intensidad sería una evidencia de ello. Y por último los diversos y diferentes errores cometidos por las organizaciones armadas.

Entre estos últimos (se puede comprobar releyendo con algún detenimiento lo escrito párrafos antes) cabe mencionar las contradicciones aún no resueltas entre la teoría y la práctica, entre lo militar y lo político, entre el campo y la ciudad, entre el partido de cuadros y el partido con carácter de masas, o simplemente de masas; entre el centralismo y la democracia, la relación del trabajo abierto y secreto, la política de alianzas y la relación entre lo nacional y lo internacional. (11)

Del conjunto de temas aquí planteados, tomaremos sólo dos de ellos para ilustrar estos hondos desencuentros al interior de la izquierda latinoamericana. En principio, "todo con las masas y nada sin ellas", decían unos. "La línea ideológica-política lo decide todo", decían otros. La teoría y la práctica, conflictivamente, se vuelven a encontrar. Mientras no se llegue a entender, y sobre todo, superar esa contradicción, se seguirán con estas preguntas: ¿quiénes tienen la razón? ¿O quienes están equivocados?

Los que teniendo la razón teórica, eligen en solitario (inclusive al margen de las masas) seguir en la brega confiando en la línea correcta, corren el riesgo de convertirse en héroes que luchan solos contra el mundo; pero teniendo la razón. ¿Y con esa acción de qué manera hacen avanzar la revolución? O los otros, sabiendo que están equivocados eligieron inclusive morir junto a las masas. De igual modo, ¿de qué manera contribuye su muerte al triunfo de la revolución? Ése es el gran dilema y la gran contradicción a superar. Unos dirán, como enseñaba la teoría, la derrota estaba anunciada. Y los otros dirán, como enseña la práctica, sólo hay triunfo o hay derrota junto al pueblo.

Y luego el tema relacionado al centralismo y la democracia. Esto se concretiza en el tratamiento de las contradicciones al interior de las organizaciones que se ejemplifica en la unidad, lucha y unidad. Lo real es que cuando las discrepancias de carácter ideológico-político se creía que se habían agotado, allí es cuando han aparecido los más supuestos que reales revisionistas, y cuando no, los más supuestos que reales agentes y delatores.

En la mayoría de los casos, de esta manera, se preparaba el terreno para la solución de las contradicciones a través de métodos expeditivos. Las expulsiones, y en no pocos casos, los fusilamientos terminaron fácilmente con las discrepancias. Esta experiencia se ha dado en casi todas las organizaciones armadas de América Latina. Los casos del poeta Roque Dalton y de la comandante Ana María en El Salvador sólo son dos eslabones de la larga cadena.

Insistimos en este punto porque es un tema, además de recurrente, sumamente doloroso. Y más aún, ironías de la vida, al pasar el tiempo la mayoría de las ideas de los que fueron expulsados y hasta de los que fueron liquidados fueron aceptadas como las correctas. Los criterios de los supuestos revisionistas, de los burgueses y de los contra-revolucionarios fueron sustentados y repetidos por los otrora comisarios y censores.

Naturalmente el argumento que se ha blandido y se blande es el tiempo, el momento, las condiciones y la coyuntura en las cuales fueron estas ideas expuestas. Jean-Paul Sartre en su conocida pieza teatral titulada *Las manos sucias* ha pintado, con mano limpia y maestra, este cuadro al interior de un Partido Comunista en los años de la Segunda Guerra Mundial. Todo este drama está representado, principalmente, por personajes como Hoederer, Louis, Olga y Hugo.

Estos hechos demuestran que en estos partidos, frentes y movimientos hubo en teoría, posiblemente, suficiente marxismo, en la práctica muy poco. En la prédica, mucha democracia, en la realidad, dictadura. En las proclamas, bastante libertad, en la vida diaria, imposición. Y esto es (no digamos ideología burguesa-revisionista como comúnmente se sostiene) ideología feudal, oscurantismo, escolástica. De ahí el poco debate, la nula discusión consciente y como consecuencia la fácil repetición y aceptación de la jerarquía y la imposición. Teniendo este marco general se comprende que hayan recurrido a lo más fácil; pero no a lo más justo. A la solución militar y aniquilamiento físico antes que la solución ideológica y la lucha política.

Lo planteado tiene que ver, en gran medida, con el grado de desarrollo logrado por las fuerzas productivas en América Latina y a la par con el nivel alcanzado en el plano de las ideas y la cultura política en general. La influencia o herencia principal, en el plano ideológico-político y cultural, en los partidos, frentes o movimientos marxistas en esta parte del mundo viene del lado de la oligarquía en decadencia o de la aristocracia terrateniente en extinción.

A pesar de que estos sectores sociales casi han desaparecido de la escena político social, su presencia espiritual entremezclada con la ideología imperialista, se mantiene a nivel de las ideas, de los gustos, de los estilos y sentimientos y no sólo por años sino hasta por siglos.(12)

Lo anterior nos lleva a comprender algo más amplio, y esto tiene que ver con que los miembros de la humanidad (como el resultado de la síntesis superior de la vida y la historia) nacen, viven, mueren y vuelven a nacer determinados por la infinidad de contradicciones que subyacen y animan en el fondo de su ser. Algunas de estas contradicciones aún no aceptadas y menos resueltas es entre la vida y la muerte, en el plano de la existencia. La contradicción aún no aceptada y menos resuelta entre lo individual y lo colectivo, en el plano social. La contradicción aún no aceptada y menos resuelta entre el amor y el odio, en el plano sentimental. Son tres hechos que tienen mucho que ver con el accionar de los individuos, los grupos y finalmente con los frentes, los partidos y los movimientos que tomaron y toman la libre decisión de hacer una revolución armada.

Que las decisiones, como aparente superación de estas contradicciones, seguramente se hacen más fáciles de comprender y solucionar cuando los que deciden están animados por una ideología, por una emoción o por una necesidad, puede ser verdad; pero sólo es más fácil, lo que no significa que haya sido plenamente comprendida y menos realmente superada-solucionada. Claro que esta problemática varía de individuos a individuos, de clases a clases, de edades a edades y de momentos históricos a otros, etc. Pero sólo es variación, lo que no niega ni borra su esencia contradictoria.

Decimos esto para comprender mejor la libre decisión tomada por los individuos y las organizaciones que inician la tarea de hacer la revolución armada. Parece que en estos casos, muchos de ellos, han llegado a comprender y superar ese problema de la existencia. Son conscientes de que pueden morir en un pequeño tiempo. De igual modo han llegado a comprender y superar ese problema en lo social. El individuo se integra, pero no se diluye, en un colectivo. Y finalmente han llegado a comprender y superar ese problema en lo sentimental. Ellos dan con amor lo que casi todos aceptan y sobre todo rechazan con odio.

Las declaraciones del dirigente maoísta Antonio Díaz Martínez, semanas antes de ser asesinado en el genocidio de los penales en Lima-Perú en 1986, nos ayuda a comprender mejor esta conjunción y posible superación de estos tres pares contradictorios. Ante la pregunta de un periodista: "¿Vale realmente la pena arriesgar tanto la vida por la revolución?". Él contestó: "Amamos la vida, pero porque la amamos somos capaces de entregarla." (Roldán 1990: 81).

¿Cuánto de lo declarado es verdad?, de ser así, ¿cuántos de los que dieron la vida en este casi medio siglo de lucha armada en América Latina sintieron y pensaron como sintió y pensó Díaz Martínez? Tomando en cuenta que su decisión es libre y que a la vez son materialistas y dialécticos y no místicos ni religiosos. En la medida que para estos últimos, por una serie de razones, es muchísimo más fácil superar y solucionar este tipo de contradicciones, en primer lugar porque no creen en ellas.

Por otro lado, para el orden, así ha sido y así será, el mejor revolucionario es el revolucionario muerto. Como consecuencia, la historia es escrita y difundida, hasta convertirla en cultura cotidiana, por los vencedores. Para ilustrar un par casos. Una de las primeras polémicas filosóficas, en la antigua China, fue librada entre Lao Tsé (¿V? a.n.e.) y Kung-Fu-Tsú (V a.n.e.) (Confucio), en ella este último, unido al orden, venció y "sepultó" al primero. Consecuentemente la historia oficial de la filosofía china fue escrita y difundida según la versión del vencedor Kung-Fu-Tsú.

Luego la historia fantástica de la guerra de Troya, que fue perennizada en Ilíada, y también la nada fantástica guerra entre Atenas y Esparta que es conocida a través de *La historia de la guerra del Peloponeso*. Homero (¿IX? a.n.e.) y Tucídides (¿460-400? a.n.e.) cada uno en su nivel, con su estilo y en su momento nos cuentan la historia desde el punto de vista de los vencedores; la posibilidad de conocer la versión de los vencidos y de esa forma tener la doble información, está sencillamente esfumada.

Ésta es una regla que se repite, incesantemente, a lo largo de la historia desde la aparición de la sociedad de clases. Hace sólo algunas décadas, entre otros, Walter Benjamín nos recordaba la misión que tiene el auténtico historiador en relación a esta problemática. Leamos: "La capacidad de encender en el pasado la llama de la esperanza sólo se da al historiador plenamente convencido de que, si el enemigo vence, ni siquiera los muertos estarán seguros. Y ese enemigo no ha cesado de vencer." (Benjamín 1940: 28)

Especialmente para las clases explotadas y dominadas, trabajar y sistematizar la memoria colectiva de los vencidos es de vital importancia, en la medida que la memoria es supervivencia constante. Gracias a ella el pasado martilla pesada y persistentemente las conciencias del presente y de esa forma el sacrificio de los muertos dan sentido a la existencia de los vivos.

El escritor Ricard Vinyes relacionando memoria e historia y su importancia para las clases subalternas, escribe: "La historia recordada que genera la memoria es la materia de la que están hechas estas esperanzas y proyectos o fracasos. Pero también alimenta la sabiduría social de todos los sujetos, si bien para las clases subalternas, aún hoy, es la fuente principal de conocimiento e interpretación de su existencia. Probablemente por eso un estupendo proverbio kenyata dice que `Cuando el león encuentre a alguien que le escuche, entonces, la historia dejará de ser escrita por los cazadores´." (Vinyes: 2002: 7).

En América Latina, todos los revolucionarios que se enfrentaron al orden y perdieron fueron y son presentados, por la versión de los vencedores, como delincuentes, bandidos, criminales, hoy terroristas. Normalmente la calificación mesurada e imparcial de: subversivos, guerrilleros o revolucionarios que reclaman las ciencias sociales tiene poca cabida. En los últimos 30 años (como parte de las enseñanzas de la guerra de baja intensidad) no sólo los directamente vencedores sino especialmente, los ex-izquierdistas y ex-comunistas han negado a los vencidos todo significado histórico, político, social y naturalmente espiritual. Les han reducido y reducen, utilizando terminología psíquico-policial, a psicópatas-terrorista.

Lo que llama la atención es que ni siquiera los directamente afectados son tan radicales en contra de los vencidos como los otrora comunistas. Éstos en sus tiempos de revolucionarios fueron de los sectores más radicales, y hoy, en su etapa de conservadores son, de igual modo, de los sectores más extremistas (13). La conducta de estos ex-comunistas y ex-izquierdistas aún no ha sido abordada con seriedad por la psiquiatría y la psicología.

Indudablemente, en el nivel que analizamos, estos personajes son los que mejor expresan el *en sí* de las conciencias desgarradas, de los espíritus desgraciados de los cuales hablaba Hegel. En los países latinoamericanos la lista es larga de los ex-izquierdistas, de los ex-comunistas devenidos hoy anti-comunistas profesionales.

A principios del siglo XXI después de miles de muertos, miles de desaparecidos, miles de huérfanos y viudas, miles de detenidos, miles de expatriados y millones de desplazados, muchos de los actores directos se hacen la gran pregunta: ¿Valió la pena emprender este tipo de lucha con costos humanos tan altos? Los que estuvieron y están directamente comprometidos, especialmente la dirigencia, están divididos. Un sector sostiene que no valió la pena tanto sacrificio; para saber quiénes son hay que mirar dónde están. Otro sector cree, por muy doloroso que sea, que es parte del proceso histórico-social, la mayoría de estos están o en la clandestinidad o en las cárceles. Y unos terceros se mantienen a la expectativa, normalmente mirando las dos orillas del camino.

En América Latina, en tres países, se mantiene activa la guerrilla. En Colombia la más fuerte e importante, en México la más llamativa y popular; y en el Perú la más focalizada y con la peor prensa. A pesar de ello, o por ello, cabe un par de preguntas: ¿Hay razones económico-sociales y motivos histórico-políticos para la lucha armada en América Latina? El historiador y especialista en el tema Daniel Pereyra contesta: "... no debe de sorprenderse si la lucha armada vuelve a aparecer: es un recurso que no está descartado en América Latina mientras subsista una política que condene a la gran mayoría a condiciones insoportables de existencia en un continente donde es grande la tradición combativa." (Pereyra 1994: 254).

Y luego: ¿Tiene futuro la lucha armada en esta parte del mundo? Nuevamente al interior de la izquierda latinoamericana las opiniones están divididas como en las preguntas anteriores y las respuestas son similares, de igual modo, a las respuestas anteriores.

Para terminar con este punto, y si vemos todo el proceso de lucha armada en su verdadera dimensión y amplitud y a la par con algo de distancia, llegamos a la conclusión de que la lucha armada fue y es uno de los métodos más eficaces a través del cual se ha hecho y se hace avanzar el proceso de transición de las sociedades semi-feudales a cualquiera de las formas del capitalismo en el continente

Las acciones armadas, especialmente en el campo, en contra del poder local y regional, han quebrantado en unos casos y en otros han liquidado, en la mayoría de países, el poder terrateniente y de campesinos ricos. Claro que hay otras acciones como el movimiento natural de las sociedades, las reformas agrarias de las décadas del 60 hasta el 90, la industria del narcotráfico y las reformas neo-liberales efectuadas en las últimas tres décadas.

En el caso de las acciones armadas, dando la tierra a los campesinos han democratizado las relaciones económicas, al quebrantar el poder local y regional, de igual manera, han democratizado las relaciones sociales, políticas y culturales. Que es una democratización a la fuerza y muchas veces con imposición es verdad, pero democratización al fin y al cabo.

Lo que el capitalismo, por su condición de imperialista, no ha podido o no ha querido hacer en 150 años de penetración en esta parte del mundo, las organizaciones político-militares lo han hecho, en gran medida, sólo en 5 décadas. En América Latina los rezagos de la semi-feudalidad están aún ahí pero como aspecto dominado y subordinado al proceso y a las necesidades del capitalismo-imperialista.

En resumidas cuentas, en la realidad, casi todas las organizaciones político-militares, por no decir todas, han trabajado con sangre y con muertos, no para el socialismo como la mayoría de organizaciones teóricamente se propusieron, sino más bien para la transición de la feudalidad a la semi-feudalidad en algunos países y de la semi-feudalidad a cualquier forma de capitalismo en otros países. Y todo ello teniendo como blanco de su lucha la alianza de la oligarquía con la gran burguesía y el imperialismo.

La respuesta de las clases dominantes a nivel político-militar ha sido diversa. En algunos casos han recurrido a los gobiernos de dictaduras militares, en otros casos han elegido a una variante de las anteriores, los gobiernos cívico-militares. Y por último, han cumplido sus propósitos represivos, manteniendo los gobiernos civiles y las democracias formales. Estos tres estilos tenían y tienen una matriz general en la lucha anti-subversiva, ha sido y es la aplicación de las enseñanzas de la guerra de baja intensidad.

Sobre el tema, tratado en esta parte del capítulo, hay muchos trabajos de interpretación, destacando los conocidos escritos de Régis Debray. En la década del 90 fueron escritos (en los dos extremos de América Latina Argentina y México) dos de los más importantes libros sobre el proceso de lucha armada, de las últimas décadas, en América Latina. *Del Mocada a Chiapas. Historia de la lucha armada en América Latina* (1994). del historiador argentino Daniel Pereyra y *La utopía desarmada. Intrigas, dilemas y promesa de la izquierda en América Latina* (1995) del politólogo mexicano Jorge Castañeda.

En los dos libros, que han sido frecuentemente citados en esta investigación, se puede observar las actitudes y los intereses que anima a los autores al historiar el tema. El primer trabajo escrito por Pereyra, sin haber tenido la difusión del libro de Castañeda, entiende el proceso como la acción más dura y dolida de la histórica política social de esta parte del mundo. A pesar de sus grandes costos sociales y políticos, él cree, que no hay mucho que elegir, si es que se desea terminar con los problemas básicos en América Latina.

Despues de leer el libro del argentino, cabe la siguiente reflexión, a manera de pregunta: ¿Es lícito, y sobre todo justo, salir de la violencia estructural y permanente a través de la violencia circunstancial y coyuntural? Pregunta que se traduce, en términos filosófico-morales, en lo escrito por Víctor Hugo, en su novela *El noventa y tres*, de que "Hay la necesidad de salir del mal a través del mal". Daniel Pereyra, en el libro, implícitamente cree que es así.

El segundo es escrito por un intelectual con fresca militancia comunista; pero para el gusto y el dominio de la Social Democracia. Sin dejar de ser interesantes los temas que aborda, lamentablemente se desluce cuando toca el tema de la lucha armada. Allí intenta hacer una historia política; pero frecuentemente se olvida de la política y hace historia policíaca. Es la figura metamorfoseada del politólogo devenido un detective político. Y siguiendo esa lógica y con esa argumentación intenta demostrar que la utopía socialista se ha quedado sin argumentos teóricos, sin planteamientos políticos.

En otras palabras, sigue siendo una utopía; pero utopía sin táctica y sin estrategia. Posteriormente el autor dió el gran salto utópico de su vida y terminó como Ministro de Relaciones Exteriores del ex gerente de la Coca Cola (del gobierno encabezado por Vicente Fox) en México.

Terminamos esta parte diciendo que el fracaso (las derrotas y el pesimismo son la otra cara del triunfo y del optimismo) del 95 por ciento de los movimientos revolucionarios en América Latina fueron de alguna forma reflejadas en parte por un poema del poeta argentino Juan Gelman. Leamos: "¿se apagaron esos pedazos de sol ahora?/ahora que los compañeros murieron/ ¿se apagaron sus pedazos de sol?/ ¿no siguen alumbrándonos el alma/ memoria/ corazón/ calentándoles el calcañar/ los huesos disparados de sombra? Solcito que se apaga así/ todavía alumbras esta noche/ en que estamos mirando la noche hacia el lado por donde nace el sol." (Gelman 1980: 23).

ERNESTO "CHE" GUEVARA
EL LATINOAMERICANO-UNIVERSAL

Ligado a la Revolución Cubana primero, a la revolución en Latinoamérica después, a la protesta, a la rebeldía, al descontento y la revolución posteriormente, en muchas partes del mundo, aparece la figura y la personalidad del argentino-cubano Ernesto "Che" Guevara. Pocos son los revolucionarios que gozan del cariño, la admiración y el respeto que tiene el "Che" Guevara, hoy por hoy, en cualquier lugar del planeta. Sencillamente el "Che" es el latinoamericano-universal más conocido y querido por unos y odiado naturalmente por otros, en cualquier parte del mundo.

La verdad es que muy pocos conocen su pensamiento ideológico-político, de igual manera pocos conocen su trayectoria como médico-humanista, como guerrillero en dos continentes o como revolucionario en una revolución triunfante. No importa, lo real y concreto es que en las protestas, en los enfrentamientos, en las movilizaciones callejeras, por último hasta en los estadios de fútbol, casi siempre, aparece las tres letras "CHE" debajo del rostro de Guevara.

Si en las luchas del pueblo francés aparece normalmente la hermosa Marean mostrando los pechos semidesnudos y ondeando la bandera tricolor, en la mayoría de las luchas de los latinoamericanos es la estampa de Guevara, en rojo y negro, con su mirada profunda hurgando el horizonte, la que casi nunca falta.

Sobre este personaje se ha escrito mucho y hasta en exceso, entre otras razones porque su nombre y foto se vende y venden bastante bien. Consecuencia de ello, se intenta prostituir su figura y banalizar su pensamiento, para ello se busca convertirlo en una figura pop o sexy al servicio del sistema. Lo cierto es que Ernesto "Che" Guevara, junto a José Carlos Mariátegui, cada uno en su respectivo nivel y su tiempo, son los marxista-leninistas más esclarecidos y apreciados en esta parte del continente.

Algunos de sus puntos de vista en torno a la revolución seguramente nunca se ajustaron a la realidad (no es objetivo de esta investigación tratar ello). Otros deben haber sido superados por los hechos transcurridos en las últimas cuatro décadas. Lo dicho no debe emparentarnos con los puntos de vista de aquellos que antojadizamente separan al hombre de su contexto, al hombre de sus ideas, al hombre de sus ideales, al hombre de su vida y de su muerte. El "Che" Guevara no es más ni menos que una totalidad indivisible.

Este estilo nada honesto de dividir al hombre, y luego enfrentar las partes al todo o el todo a las partes, es lo que hace el escritor peruano-español Mario Vargas Llosa, cuando con motivo del 25° aniversario de la muerte del "Che" Guevara hizo algunas afirmaciones que merecen ser leídas y analizadas con algún cuidado. Veamos algunas de ellas. Primero, haciendo una descripción afirma: "El legendario comandante de largos cabellos y boína azul, con la metralleta al hombro y el habano humeante entre los dedos, cuya imagen dio la vuelta al mundo y fue durante los sesenta símbolo de la rebeldía estudiantil, inspirador de un nuevo radicalismo y modelo para las aspiraciones revolucionarias de los jóvenes de cinco continentes..." (Vargas Llosa 1994: 167).

Con el noventa por ciento de lo descrito por Vargas Llosa, en este párrafo, estamos de acuerdo y hasta lo podríamos suscribir. Sólo hay que recordar que no sólo se trató de "... jóvenes de cinco continentes..." los que se identificaron con Guevara, que haya sido lo que más se conoció o que haya sido la mayoría, no quiere decir, que hayan sido los únicos como se afirma.

Luego el sentimiento anticomunista invade su razón y Vargas Llosa se desboca y escribe: "... es ahora una figura semiolvidada que a nadie inspira ni interesa, cuyas ideas se han petrificado en libros sin lectores y al que la historia contemporánea desdibujó hasta confundirlo con esas momias históricas de tercera o de cuarta arrumbadas en un lugar oscuro del panteón." (Vargas Llosa 1994: 167).

En el párrafo transcrito, Vargas Llosa, sin más ni más, afirma que el "Che" Guevara "... es una figura semiolvidada que a nadie inspira ni interesa... ". Examinemos detenidamente esta frase y vayamos por partes. Si el "Che" Guevara "... a nadie inspira ni interesa..." simplemente sería una figura olvidada y no semiolvidada. Con lo de *a nadie* se está haciendo una negación absoluta. Pero Vargas Llosa dice que "... es una figura semiolvidada". El término "semi" significa que no es total, ni completa, entonces el "Che" interesa e inspira a esa otra parte. En resumen: si es semioldidada no se puede afirmar que a nadie inspira ni interesa. Consecuentemente Vargas Llosa tiene que ponerse de acuerdo consigo mismo. O el "Che" Guevara es una figura olvidada que a nadie inspira ni interesa o el "Che" Guevara es una figura semiolvidada que inspira e interesa a alguien. (14)

Por otro lado, él es muy amigo de las generalizaciones, afirma que Guevara ".... a nadie inspira ni interesa..." ¿Cómo sabe él? A favor de su argumento no muestra ninguna prueba. Sólo es una afirmación de un famoso novelista y ésa no es razón suficiente para que sea aceptada como verdad. Habría que ir a una protesta social o a un mitin político popular, no sólo en Latinoamérica, sino en cualquier país de Europa, para ver si a nadie interesa. Y a la par revisar la producción histórico-político-literaria en torno a Guevara sólo en los últimos 5 años, la verdad es y lamentablemente, para el absolutismo del novelista, lo contrario.

Luego hay que recordar que en América Latina la mayoría de partidos políticos de izquierda, grandes o pequeños, la figura primero y las ideas de Guevara después tienen lugar preferencial. De igual manera en la mayoría de organizaciones subversivas el "Che" siempre, de una forma u otra, está presente. Para ello sólo hay que revisar lo escrito sobre la lucha armada en América Latina, en los últimos 40 años, para poder comprobarlo.

Es probable que los trabajos del "Che" Guevara sean "... libros sin lectores... " si es que los comparamos con las novelas de García Márquez, con las de Vargas Llosa, incluso con las de Zoe Valdés e Isabel Allende. En principio son géneros distintos y eso marca una diferencia significativa. En segundo lugar, el interés de las editoriales y la publicidad es vender ceniza por oro, en esta dirección los libros de Guevara no tienen cabida. Y en tercer lugar, la ofensiva ideológica en contra de las ideas de cambio y progreso "... es un monstruo grande que pisa fuerte" y no perdona a nadie que haya escrito o hecho algo contra el orden. Guevara está entre los primeros de los condenados.

En la página siguiente, Vargas Llosa continúa: "Ahora, detrás de las barbas y las melenas al viento de aquel prototipo que hace veinte años parecía un generoso idealista se vislumbra la fanática y cobarde silueta del terrorista que, emboscando en las sombras, vuela coches y asesina inocentes. Encender `dos o tres Vietnam´ pareció a muchos, entonces una consigna apasionada para movilizar a toda la humanidad doliente contra la explotación y la injusticia; ahora, un auténtico delirio psicopático y apocalíptico del que sólo podría resultar más hambre y violencia de los que ya sufren los pobres del mundo." (Vargas Llosa 1994: 158).

Vargas Llosa antes que analizar en función de la ciencia, hace propaganda ideológica, mediática, efectista; para él, el "Che" Guevara sería, hoy por hoy (la palabrita de moda) un "terrorista". Y por otro lado un "psicópata". Es decir el análisis psicológico-policíaco y mediático remplazan a la historia, a la sociología y a la politologia. Con estos adjetivos de "terrorista" y "psicópata" se hace buena propaganda y publicidad pero no análisis, tampoco síntesis y menos ciencia. Bueno, tampoco exijamos mucho, Vargas Llosa es un buen novelista (un gran novelista) y no siempre los buenos novelistas son buenos científicos sociales. Ese viejo principio que reza "zapatero a tu zapato" es ocasional recordarlo.

Por último el novelista se auto-consuela y duerme en paz, ya que cree que no sólo las ideas sino que hasta la figura del "Che" Guevara ya pasaron de moda. Leamos: "Es bueno que el iluminismo revolucionario y el ejemplo nihilista y dogmático del "Che" Guevara se hayan desprestigiado y que ya no movilice a los jóvenes de este tiempo la convicción que a él lo animó, según la cual la justicia y el progreso no dependen de los votos y las leyes aprobadas por instituciones representativas sino de la eficacia bélica de una esclarecida y heroica vanguardia." (Vargas Llosa 1994: 160)

El problema de Vargas Llosa es confundir la realidad con los deseos. La verdad es que los problemas económicos, políticos y sociales en contra de los cuales luchó Guevara, entre otros miles, no sólo no se han solucionado, por el contrario, en muchos casos, se han acentuado. Los votos y las instituciones legales para lo que han servido es para mantener o profundizar "... la explotación y la injusticia..." en términos de Vargas Llosa.

Que se tenga puntos de vista discrepantes a los de Guevara no quiere decir que cerremos los ojos ante la realidad viva y doliente de la actual América Latina. La realidad injusta, contra la cual luchó el "Che" Guevara, y más aún creemos que seguirán luchando muchísimos más hasta terminar materializando sus ideales, están allí esperando una solución de fondo.

Claro que Vargas Llosa y los que piensan como él, por el momento, pueden seguir durmiendo en paz; pero los nietos de sus nietos no sólo dormirán en paz sino que vivirán con tranquilidad, cuando estos ideales, por los cuales vivió, luchó y murió Ernesto "Che" Guevara hayan pasado del sueño a la realidad.

Sobre Guevara, a favor y en contra, se ha escrito y se escribe mucho, mal grado el desinterés, según Vargas Llosa. Aquí sólo hemos tomado algunas ideas del novelista en la medida que es uno de los más conocidos y en alguna forma sintetiza el gran sentir y el poco razonar de un sector de las clases dominantes de América Latina.

En un trabajo anterior sobre él, hemos demostrado que Vargas Llosa es un caso típico de esos espíritus excluyentes, de afirmaciones en blanco y negro, que siente obsesión por los absolutos, siendo él, filosóficamente, un ecléctico o un agnóstico como a él le gusta autodefinirse. Vargas Llosa es un adjetivador de primera línea, es muy amigo de las generalizaciones irresponsables y bastante contradictorio, no sólo en su discurrir mental, también en su historia política y hasta en su trayectoria personal

Volviendo al "Che" Guevara, hemos dicho que él pertenece y simboliza al pueblo latinoamericano por sus hechos, por sus ideas, por sus sentimientos y por sus sueños. En un conocido discurso Guevara planteó su latinoamericanismo así: "He nacido en Argentina; no es un secreto para nadie. Soy cubano y también soy argentino y, si no se ofenden las ilustrísimas señorías de Latinoamérica, me siento tan patriota de Latinoamérica, de cualquier país de Latinoamérica, como el que más y, en el momento en que fuera necesario, estaría dispuesto a entregar mí vida por la liberación de cualquiera de los países de Latinoamérica, sin pedirle nada a nadie, sin exigir nada, sin explotar a nadie." (Autores varios 2003: 10)

¿Cuánto de verdad y cuánto de mentira hay en lo declarado? Su trayectoria a lo largo del continente, su acción en Cuba y por último su muerte en Bolivia son testimonios contundentes que se puede mostrar como prueba que en él no hay diferencia entre lo que se dice y hace, entre las ideas y las acciones, entre el sentimiento y la razón. ¿Cuántos, especialmente de sus críticos, pueden mostrar esa unidad y coherencia? Pocos, muy pocos, casi nadie.

Por otro lado, todo lo que él hizo fue en función del ser humano, de esa forma Guevara reivindicaba, en el mejor sentido, lo que Inmanuel Kant recomendaba, el de no considerar al Otro como un medio sino como un fin. Él revaloró, como muy pocos de los que se reclaman de esas ideas, el vilipendiado y casi olvidado humanismo proletario. Leamos parte de un discurso, donde se dirige, precisamente a estos últimos: "... el marxista debe ser el mejor, el más cabal, el más completo de los *seres humanos* pero, siempre, por sobre todas las cosas, *un ser humano*; un militante de un Partido que vive y vibra en contacto con las masas; un orientador que plasme en directivas concretas los deseos a veces oscuros de la masa; un trabajador sufrido que entrega sus horas de descanso, su tranquilidad personal, su familia o su vida a la Revolución, pero nunca es ajeno al calor del *contacto humano*." (Harnecker 1977: 20).

Las ideas aquí planteadas tienen importancia fundamental, en la medida que muchos de los que se reclaman de las ideas del marxismo se han presentado (y cuando no han sido presentados por la propaganda del orden) con una actitud extremadamente racional, super disciplinados, amargados, mal contentos y hasta deshumanizados. De allí la importancia del humanismo proletario que será, según el "Che" la base y el cuadro sobre los cuales se generará y se desarrollará el *hombre nuevo*.

Hombre nuevo como la mejor expresión de que la humanidad ha dejado atrás la prehistoria de la explotación, la enajenación y la alienación. Y en esta nueva etapa escribe el "Che": "... el hombre realmente alcanza su plena *condición humana* cuando produce sin la compulsión de la necesidad física de venderse como mercancía." (Guevara 1993: 13).

En este sentido Guevara de igual modo, en embrión, es un buen ejemplo. Normalmente en su vida cotidiana se le ve contento, lleno de vida, tanto física como espiritualmente. Es el revolucionario que ríe, que sufre y que goza de los pequeños y grandes placeres de la vida.

El "Che" fuma un cigarrillo con placer y degusta una copa de ron con satisfacción. Se casa más de dos veces, tiene varios hijos, cavila, escribe, lucha y triunfa. Vuelve a luchar y vuelve a triunfar, sigue luchando y pierde. Muere contento y en su ley, seguro sin ningún arrepentimiento cobarde y menos lloriqueos inútiles.

Estamos seguros que él había logrado comprender y superar el problema existencial, el problema social y el problema sentimental párrafos antes mencionados. Ello le llevó a comprender a cabalidad, como muy pocos de su especie, lo que el otro latinoamericano-universal hace algunas décadas atrás había escrito: "... si la revolución exige violencia, autoridad, disciplina, estoy por la violencia, por la autoridad, la disciplina. Las acepto, en bloque, con todos sus horrores, sin reservas cobardes." (Mariátegui 1984: 236 y 237).

Esto se da sólo en aquellos seres humanos que llegaron a esas ideas, a esas acciones por convicción y libre albedrío. En aquellos seres humanos que se sublimizan material y espiritualmente en la tarea que se han propuesto. En aquellos seres humanos donde el amasijo de la razón y la emoción, de lo individual y lo colectivo, del presente y el futuro han logrado un nivel de unidad y armonía que bordea los contornos de la metafísica.

A lo anterior hay que agregar que el momento, el lugar, las circunstancias, la edad y la forma cómo lo mataron han hecho del "Che" Guevara el gran fantasma que recorre el mundo. Los ojos abiertos, la barba bastante crecida y desordenada, el semblante pálido y el rostro un tanto agotado (que se observa en la foto después del fusilamiento) han hecho del "Che" Guevara, en ese nivel, el latinoamericano-universal más querido y apreciado. Todos estos hechos han contribuido a la formación del mito "Che" Guevara que sopla un aire fresco por los cuatro costados del planeta.

Los neoliberales autores del libro *Fabricantes de miseria*, contradiciendo de plano lo escrito por su compañero de armas Mario

Vargas Llosa, sin ocultar su desazón se ven obligados a escribir lo siguiente: "... el Che Guevara es visto en el imaginario colectivo como una especie de Cristo revolucionario que dio su vida por una causa redentora de los pobres. Ese mito fue levantado sobre dos artificios. El primero se detiene en las intenciones generosas de su lucha sin ver los medios que puso a sus servicios y las supersticiones ideológicas que la sustentaron. Otro artificio es de carácter iconográfico y se relaciona con la imaginería cristiana puesta al servicio, en esta ocasión, de la cruzada revolucionaria. Tal es el efecto subliminal de la famosa fotografía de Korda, reproducida en millares de carteles a lo largo y ancho del mundo, y sobre todo esa imagen final, fotográfica también, que nos lo muestra tendido en una mesa, en Vallegrande, muerto y con una extraña palidez en el rostro, misteriosamente parecido al Cristo yacente de Mantenga." (Autores varios 1999: 86).

Finalmente hay que repetir, una vez más, que América Latina, especialmente el pueblo latinoamericano, entra a la historia mundial hilvanando por un lado y fraguando por otro muchas acciones en los diferentes niveles de la vida y la fantasía. La Revolución Cubana en lo político-social, la literatura; la música y el fútbol, cada cual con sus respectivos símbolos, son buenos ejemplos.

De todos ellos, para una buena parte del mundo, la expresión mayor del latinoamericano-universal son estos tres personajes casi contemporáneos: Gabriel García Márquez, Edson Arantes Donacimento y Ernesto Guevara de la Serna. O simplemente "Gabo", "Pelé" y el "Che". Son, en pocas palabras, las trompetas mayores del latinoamericano integrado en el coro universal y a la vez son los representantes del nosotros universal en el yo latinoamericano.

En el capítulo siguiente tratamos sobre las dos principales corrientes ideológicas y políticas que han copado la escena política, académico-intelectual en América Latina en los últimos 50 años.

QUINTO CAPÍTULO

DE LA REFLEXIÓN MARXISTA AL

NEOLIBERALISMO

DESDE EL TRIUNFO DE LA REVOLUCIÓN CUBANA HASTA LA CAÍDA DEL MURO DE BERLÍN

"La ortodoxia marxista de los intelectuales latinoamericanos ha sido desafiada por escritores como Hernando de Soto, Mario Vargas Llosa y Carlos Rangel, que han encontrado una creciente audiencia para sus ideas sobre una economía liberal orientada por el mercado".

Francis Fukuyama,
El fin de la historia y el último hombre (1992)

En la última parte del segundo capítulo de esta investigación hemos tratado sobre algunos tópicos de la figura, y sobre todo, de la producción teórico-política del más relevante marxista-leninista latinoamericano: José Carlos Mariátegui.

De igual modo, en el cuarto capítulo hemos desarrollado la acción práctica de las ideas comunistas, que han tenido su momento culminante en el período de la lucha armada. Su pico más elevado, en el triunfo de la Revolución Cubana. Y su figura emblemática, en Ernesto "Che" Guevara, llamado también por muchos: El guerrillero heroico.

La variada y profunda producción teórico-política de José Carlos Mariátegui es realmente impresionante. Esto se puede observar en sus investigaciones orgánicas y de llegada y hasta en sus ensayos sueltos y de comienzo. De igual manera en sus trabajos de carácter histórico-económico-político hasta su producción artístico-literaria.

Hay que reiterar que la producción teórico-política del llamado Amauta (maestro, en quechua) es doblemente importante por lo siguiente: En primer lugar, por el momento en que fueron producidas, en la medida que como consecuencia del triunfo de la Revolución Bolchevique (1917) y la fundación de la Tercera Internacional (1919), el marxismo, y luego el marxismo-leninismo, logró tal prestigio y difusión al interior de las fuerzas comunistas y de izquierda que se pensó que todo estaba dicho, que todo estaba escrito y, como consecuencia, lo único que cabía era aplicar lo ya demostrado en la práctica revolucionaria.

La proliferación del mecanicismo, del dogmatismo, que se tradujo en la repetición de citas y textos de los clásicos del marxismo, fue su resultado inmediato. Ello terminó limitando a las mentes más claras y a las conciencias más lúcidas, que, en el mejor de los casos, no pasaron más allá de buenos repetidores y honestos difusores. Aquel conocido principio de que "El alma viva del marxismo es el análisis concreto de la situación concreta" fue, por muy pocos marxistas latinoamericanos, cabalmente comprendido.

En segundo lugar, el tiempo en que se materializó su producción fue relativamente corto. Para la mayoría de especialistas, en el caso de Mariátegui, se reduce a sólo 7 años, desde 1923 hasta 1930. Sea como fuere, en esta etapa Mariátegui también, además de su producción teórica, realizó una prolífera labor político-organizativa de obreros y campesinos. A la vez fundó, de igual modo, el Partido Comunista del Perú con el nombre de Socialista, en 1928.

Y en tercer lugar, el mal en la rodilla adquirido por Mariátegui en la infancia se agudizó en este período. Se le amputó uno de los miembros inferiores, y buena parte de estos últimos años, los de mayor actividad, la pasó en silla de ruedas con fiebres altas y permanentes y, más aún, con el persistente acoso policíaco-estatal.

En base a lo dicho, se podría pensar que la experiencia de Mariátegui fue un caso extraordinario y anómalo en la sociedad latinoamericana. Nosotros pensamos que no. Que este tipo de individuos no aparezcan todos los años, tampoco en todas las décadas e incluso ni todos los siglos no implica que el fenómeno escape al cuadrante general que rige el desarrollo de los fenómenos histórico-sociales. En la medida que sólo en ese escenario y en relación activa con él, la labor de los individuos cumple un papel importante en el avance o en el retroceso de las sociedades.

Nosotros sostenemos, a pesar de las condiciones adversas ya mencionadas, que para comprender a cabalidad estos casos, se tienen que tomar en cuenta tres principios básicos. En primer lugar: la ley de la necesidad. En segundo lugar: la ley de la compensación y su intercambio dialéctico permanente. Y en tercer lugar: la voluntad o el deseo del o de los individuos para cumplir sus tareas y metas de antemano propuestas.

Para terminar con Mariátegui, recordemos que incluso un anti-comunista se ve obligado a reconocer los méritos del amauta, y a la vez evidencia una verdad con respecto a sus seguidores. Mario Vargas Llosa, relacionando la infecundidad de la izquierda en abierta contradicción con la fecundidad teórica de Mariátegui en Latinoamérica, escribió: "Y, sin embargo, el pensamiento de izquierda tenía un ilustre precursor en el Perú: José Carlos Mariátegui (1894-1930). En su corta vida, produjo un impresionante número de ensayos y artículos de divulgación del marxismo, de análisis de la realidad peruana, y trabajos de crítica literaria o comentarios políticos de actualidad notables por su agudeza intelectual, a menudo por su originalidad y en los que se advierte una frescura conceptual y una voz propia, que nunca más reapareció en sus proclamados seguidores." (Vargas Llosa 1993: 310).

Hemos dedicado algunos párrafos a José Carlos Mariátegui en la medida que, después de casi un siglo de su desaparición física, no ha aparecido en América Latina una figura teórico-política capaz de emularlo.(1) Lo dicho no implica que todas las conclusiones a las cuales arribó en sus investigaciones sean, a estas alturas de la historia, válidas. Más bien nos referimos a cómo entendió el marxismo y cómo lo razonó creadoramente en el análisis y síntesis de la problemática histórica y política latinoamericana.

Volviendo al tema de la producción teórica marxista en América Latina, a pesar del fructífero precedente de Mariátegui, sólo se hicieron algunas y bien intencionadas investigaciones. Pero el vacío teórico siguió allí y duró tres décadas; hasta que el triunfo de la Revolución Cubana, la polémica al interior del movimiento comunista internacional y el agotamiento y crisis de los llamados regímenes desarrollistas (instaurados después de la Segunda Guerra Mundial) abonaron la tierra, removieron las aguas y echaron las semillas. Los buenos frutos se cosecharon algunos años después a lo largo y ancho de América Latina.

En un lapso de 30 años, que va desde el triunfo de la Revolución Cubana (1959) hasta la caída del Muro de Berlín (1989), se dio una especie de explosión en las investigaciones orientadas por la concepción y el método marxista en Latinoamérica. Los campos investigados fueron todos, en todos los países, en todas las regiones y los resultados, en lo fundamental, fueron positivos.

En otras expresiones del alma y del espíritu, la experiencia fue parecida. Es la etapa en la cual se dio el comentado Boom de la novela latinoamericana. La poesía se desarrolló a gran nivel. Las creaciones de Parra, Benedetti, Heraud, Dalton, Cardenal, Gelman, etc., lograron un gran nivel y se acercaron en parte a la creación poética de la década del 20. Por el lado del teatro y el cine se puede afirmar otro tanto. Por último, la música politizada y de protesta, en todos sus géneros, alcanzó elevados niveles de expresión.

Es la etapa en la cual, gracias a estas investigaciones y su difusión, el común del latinoamericano comenzó a conocer y reconocer en forma más profunda y amplia sus grandezas y sus miserias, que anidan en el fondo de su pasado histórico y de su presente político-social. Gracias a ello, la comprensión de la realidad latinoamericana en transición, creció en diferentes sentidos y direcciones.

Se ha dicho, con mucha razón, que fueron los 30 años de oro de la influencia político-intelectual marxista en América Latina. En el nivel académico-intelectual, en las universidades, en los institutos de investigación y en las revistas de humanidades y ciencias sociales, la concepción materialista y el método dialéctico e histórico hegemonizaron las investigaciones y las publicaciones.

En el nivel político, los partidos de izquierda marxistas, los legales y los ilegales, crecieron significativamente y lograron influenciar en amplios sectores de la sociedad. Se pudo observar su influencia en federaciones y sindicatos de obreros, de campesinos y de estudiantes. Los legales, normalmente desde la oposición y la denuncia, contribuyeron al debate y la democratización de sus respectivas sociedades. Los ilegales, quienes pasaron en su mayoría por la experiencia de la vía armada, a pesar de haber sido casi todos derrotados, de igual modo contribuyeron a la toma de conciencia y a la democratización de América Latina.

Ésta es una de las razones del por qué el ensayista Pablo Guardarrama, hace algún tiempo atrás, escribió: "La historia latinoamericana del siglo XX se puede escribir desde cualquier perspectiva ideológica, ya sea atacando al marxismo o identificándose con él, pero jamás ignorando su significación intelectual para esta región y mucho menos el efecto político de la actividad de quienes han militado en organizaciones de tal carácter o de forma independiente han ejecutado su labor política y cultural inspirados en su presupuesto." (Guardarrama 2002: 60).

De la abundante producción teórica, especialmente en ciencias sociales, en América Latina hay dos trabajos de investigación, aparecidos en la década del 70, importantes no sólo por la cantidad de ejemplares vendidos, sino más bien por la profundidad y actualidad (a pesar del tiempo transcurrido desde su publicación) de la mayoría de sus conclusiones.

Ellos son *Las venas abiertas de América Latina* (1971) del escritor uruguayo Eduardo Galeano (1940-) y *El desarrollo del capitalismo en América Latina* (1977) del sociólogo ecuatoriano Agustín Cueva (1937-1992). Dichas investigaciones fueron escritas en los dos extremos geográficos de América Latina: México y Uruguay.

ADUARDO GALEANO
LAS VENAS ABIERTAS DE AMÉRICA LATINA.

La primera edición del libro de Eduardo Galeano apareció el año 1971 y desde esa fecha, además de ser el libro, en ciencias sociales, más vendido de todos los aparecidos en y sobre América Latina, es uno de los trabajos más influyentes e ilustrativos sobre la realidad histórico-económica y político-social de esta parte del mundo.

Galeano es uno de los pocos periodistas, en América Latina, que ha sabido elevarse "del diarismo a la doctrina", como reclamaba J.C. Mariátegui. Que ha logrado pasar de la impresión coyuntural a la comprensión estructural del fenómeno investigado. Y, por último, que ha podido navegar en el océano de información empírico-sensorial en el cual se ahoga la mayoría de los periodistas hasta llegar a las profundidades del conocimiento lógico-racional que caracteriza a los científicos sociales.

El libro ha sido pensado de principio a fin. En él, el autor combina con mucha precisión la información económico-social y el dato histórico-político. Galeano ha dividido el trabajo en dos grandes bloques con sus respectivos subtítulos. En la primera parte (en la cual centraremos nuestro análisis) estudia la contradicción entre la naturaleza y el hombre. Este hecho se concretiza en y a través de la extracción y la producción de materias primas. Es titulado *La pobreza del hombre como resultado de la riqueza de la tierra*.

En la segunda parte, de igual manera, con sus respectivos subtítulos, analiza cómo la producción determina la circulación y a la vez la vida política y social en América Latina. Es titulado *El desarrollo de un viaje con más náufragos que navegantes*. Por haber sido tratado en forma indirecta en otras partes de esta investigación y para no repetir, ahora sólo nos limitamos a mencionar el título y transcribir una cita de esta segunda parte del libro del escritor uruguayo.

En la introducción de su trabajo, Galeano, relacionando pasado y presente, plantea cuál es el objetivo de su investigación. Leamos: "Por eso este libro, que quiere ofrecer una historia del saqueo y a la vez contar cómo funcionan los mecanismos actuales del despojo, aparecen los conquistadores en las carabelas y, cerca, los tecnócratas en los jets, Hernán Cortés y los infantes de marina, los corregidores del reino y las misiones del Fondo Monetario Internacional, los dividendos de los traficantes de esclavos y las ganancias de la General Motors. También los héroes derrotados y las revoluciones de nuestros días, la infamia y la esperanza muertas y resurrectas: los sacrificios fecundos." (Galeano 1996: 12).

En la primera parte, desarrolla los siguientes tres subtítulos. *Fiebre del oro y fiebre de la plata*, *El azúcar y otros monarcas agrícolas* y, finalmente, *Las fuentes subterráneas del poder*. En el primer subtítulo, sostiene que el descubrimiento tiene que ver con dos hechos: Las necesidades del Renacimiento, como expresión del sistema capitalista naciente, por un lado, y el mito y la leyenda, por el otro lado.

Es por estas dos razones que después, cuando los conquistadores tomaron posesión de las tierras en el Nuevo Mundo, sabían el significado que tenía el oro. Los obsequios enviados por Monctezuma a Hernán Cortés y el rescate dado por Atahualpa a Francisco Pizarro venían a confirmar, en parte, lo que algunas leyendas al respecto narraban. En esta enfermedad por el oro, Tenochostutlán fue devastada y el Cuzco corrió la misma suerte.

Después vendrá el ciclo de la plata, las minas de Potosí, Guanajuato y Zacatecas se convirtieron en el centro y eje de la explotación y exterminio. La cantidad de plata que se logró extraer y enviar a Europa fue realmente impresionante. En el caso de la ciudad de Potosí, todos sus lujos crecían hasta llegar a convertirse en una de las metrópolis más grandes del mundo; pero, a la par, el cerro y la población indígena disminuían, se empobrecían y eran exterminados masivamente.

El autor cree, no sin razón, que gran parte de la acumulación originaria de capital que el sistema capitalista en Europa necesitaba para poner las bases de su desarrollo y de la futura Revolución Industrial, fueron de América, de la extracción del oro y la plata; la que estaba fundida con el sudor, la sangre y las lágrimas de los nativos del Nuevo Mundo. En base a ello se desarrollaron los banqueros alemanes, genoveses, flamencos y, muy escuálidamente, los españoles. En esa dirección, los apellidos Függer, Walser, Sherz y Grimaldi hicieron historia.

El hecho de ser España, por el momento histórico, simple intermediaria del traspaso de la fabulosa riqueza, el autor lo expresa a través de una metáfora: *España tenía la vaca, pero otros tomaban la leche*. Aquí sus palabras: "Los metales arrebatados a los nuevos dominios coloniales estimularon el desarrollo económico europeo y hasta puede decirse que lo hicieron posible. Ni siquiera los efectos de la conquista de los tesoros persas que Alejandro Magno ha volcado sobre el mundo helénico podrían compararse con la magnitud de esta formidable contribución de América al progreso ajeno. No al de España, por cierto, aunque a España pertenecían las fuentes de la plata americana. Como se decía en el siglo XVII, "España es como la vaca que recibe los alimentos, los mastica, los tritura para enviarlos enseguida a los demás órganos, y no retiene de ellos por su parte, más que un gusto fugitivo o las partículas que por casualidad se agarran a sus dientes". Los españoles tenían la vaca, pero eran otros quienes bebían la leche. Los acreedores del reino, en su mayoría extranjeros, vaciaban sistemáticamente las arcas de la Casa de Contratación de Sevilla, destinadas a guardar bajo tres llaves, y en tres manos distintas, los tesoros de América." (Galeano 1996: 34).

Tiempo después ocurrirá la decadencia de estos tres centros, (Potosí, Zacatecas y Guanajuato) otrora símbolos del lujo, de la ostentación y la riqueza, por un lado, y de la miseria, la degradación y la liquidación de los nativos, por el otro. El exterminio fue tan evidente que algunos autores hablan, metafóricamente, de "mil muertos diarios". Por su parte Galeano, al respecto, dice: "Los indios de las Américas sumaban no menos de sesenta millones, y quizás más, cuando los conquistadores extranjeros aparecieron en el horizonte; un siglo y medio después se habían reducido, en total, a sólo tres millones y medio." (Galeano 1996: 59).

La mita, el pongaje y la encomienda, aparte de las enfermedades de blancos, fueron las tres formas a través de las cuales se exterminó a gran parte de la población nativa. En un momento dado, especialmente en los dos centros de mayor dominio y explotación, Perú y México, se dieron asimismo las dos mayores respuestas en contra del orden colonial. El autor recuerda las rebeliones anticolonialistas encabezadas por los mestizos José Gabriel Condorcanqui (Túpac Amaru II) (1781) en el Perú y de los sacerdotes Miguel Hidalgo y José María Morelos (1810) en México. Todas ellas fueron derrotadas, los líderes hechos prisioneros, y de diferentes formas, exterminados.

Lo que fue Potosí, en una primera etapa, con la fiebre de la plata para España, fue la Villa Rica de Ouro Preto, en una segunda etapa, con la fiebre del oro para Portugal. Galeano sostiene que con la aparición de esta mina: "La región de Minas Gerais entró así, impetuosamente, en la historia: la mayor cantidad de oro hasta entonces descubierta en el mundo fue extraída en el menor espacio de tiempo. (...) A lo largo del siglo XVIII, la producción brasileña del codiciado mineral superó el volumen total del oro que España había extraído de sus colonias durante los dos siglos anteriores." (Galeano 1996: 80).

Si en Potosí fueron los millones de indios, en el fondo de los socavones y en los trapiches quienes transformaron su dolor, su cansancio y su vida en plata pura; en Ouro Preto serán, principalmente, los millones de negros esclavos importados desde Guinea quienes repitieron la misma historia con el oro. De igual modo, Portugal y Lisboa sólo fueron los intermediarios que veían pasar el metal a las arcas holandesas primero e inglesas después.

Recordando el parecido rol jugado por Portugal con respecto a España, el autor escribe: "De la misma manera que la plata de Potosí rebotaba en el suelo de España, el oro de Minas Gerais sólo pasaba en tránsito por Portugal. La metrópoli se convirtió en simple intermediaria (...) Portugal no producía prácticamente nada y tan ficticia resultaba la riqueza del oro que hasta los esclavos negros que trabajaban las minas de la colonia eran vestidos por los ingleses." (Galeano 1996: 87).

En la medida que: "El centro financiero de Europa se trasladó de Ámsterdam a Londres. Según las fuentes británicas, las entradas de oro brasileño en Londres alcanzaban a cincuenta mil libras por semana en algunos períodos. Sin esta tremenda acumulación de reservas metálicas, Inglaterra no habría podido enfrentar, posteriormente, a Napoleón." (Galeano 1996: 88).

Finalmente termina esta parte de la fiebre del oro viendo la otra cara de la medalla: "Nada quedó, en suelo brasileño, del impulso dinámico del oro, salvo los templos y las obras de arte. A fines del siglo XVIII, aunque todavía no se habían agotado los diamantes, el país estaba postrado. El ingreso *percápita* de los tres millones largos de brasileños no superaba los cincuenta dólares anuales al actual poder adquisitivo, según los cálculos de Furtado, éste era el nivel más bajo de todo el período colonial." (Galeano 1996: 88).

El segundo subtítulo es llamado *El rey azúcar y otros monarcas agrícolas*. En él, el autor hace ver cómo cada momento histórico tiene sus necesidades y sus demandas. El desarrollo del capitalismo en las metrópolis europeas era diferente a los tiempos del oro y la plata. Como consecuencia de esta necesidad, comienza la etapa de lo que nosotros podríamos llamar la era del *oro dulce*. Recordando los orígenes de esta planta, Galeano escribe: "El azúcar, que se cultivaba en pequeña escala en Sicilia y en las islas Madeira y Cabo Verde y se compraba a precios altos, en Oriente, era un artículo tan codiciado por los europeos que hasta en los ajuares de las reinas llegó a figurar como parte de la dote. Se vendía en las farmacias y se le pesaba por gramos. Durante poco menos de tres siglos, a partir del descubrimiento de América, no hubo, para el comercio de Europa, producto agrícola más importante que el azúcar cultivado en estas tierras. Se alzaron los cañaverales en el litoral húmedo y caliente del Noreste de Brasil y, posteriormente, también las islas del caribe -Barbados, Jamaica, Haití, y la Dominicana, Guadalupe, Cuba, Puerto Rico- y Veracruz y la costa peruana resultaron sucesivos escenarios para la explotación, en gran escala, del `oro blanco´... " (Galeano 1996: 91).

Continuando con su natural complemento humano, dice: "Inmensas legiones de esclavos vinieron de África para proporcionar, al rey azúcar, la fuerza de trabajo numerosa y gratuita que exigía: combustible humano para quemar. Las tierras fueron descastadas por esta planta egoísta que invadió el Nuevo Mundo arrasando los bosques, malgastando la fertilidad natural y extinguiendo el humus acumulado por los suelos." (Galeano 1996: 92).

Cuando las necesidades y las ganancias se juntan, hasta las etapas históricas hacen lo mismo. En relación a la fuerza de trabajo que materializó la producción del *oro dulce* en el Nuevo Continente, Galeano sostiene: "La plantación, nacida de la demanda de azúcar en ultramar, era una empresa movida por el afán de ganancia de su propietario y puesta al servicio del mercado que Europa iba articulando internacionalmente. Por su estructura interna, sin embargo, tomando en cuenta que se bastaba a sí misma en buena medida, resultaba feudal alguno de sus rasgos predominantes. Utilizaba, por otra parte, mano de obra esclava. Tres edades históricas distintas - mercantilismo, feudalismo, esclavitud- se combinaban así en una sola unidad económica y social, pero era el mercado internacional quien estaba en el centro de la constelación del poder que el sistema de plantaciones integró desde temprano." (Galeano 1996: 92).

Junto al rey azúcar se cultivó, en diferentes zonas América Latina, cacao, algodón, café, tabaco, frutas; además de la cría de ganado que dio carnes, leche, cueros y lanas. La mayoría de estos productos fueron producidos y extraídos en función de la exportación. La base sobre la cual se dio esta actividad, en lo interno, fue en primer lugar el gran latifundio y en segundo lugar, su pariente pobre, el minifundio. Y en lo externo, fueron las grandes empresas, primero europeas y luego norteamericanas, las que controlaron, dirigieron y, sobre todo, las que se beneficiaron con estas actividades.

Si por un lado es cierto que el oro y la plata pusieron las bases, en gran parte, para la acumulación originaria del capitalismo europeo, por otro lado los productos agropecuarios sirvieron para consolidar y alimentar directamente la Revolución Industrial. Galeano, centrando en el azúcar, escribe: "El azúcar del trópico latinoamericano aportó un gran impulso a la acumulación de capitales para el desarrollo industrial de Inglaterra, Francia, Holanda y, también, de los Estados Unidos, al mismo tiempo que mutiló la economía del Noreste de Brasil y de las islas del Caribe y selló la ruina histórica de África. El comercio triangular entre Europa, África y América tuvo por viga maestra el tráfico de esclavos con destino a las plantaciones de azúcar." (Galeano 1996: 123).

Luego vendrá el Boom del caucho y del petróleo. Por un lado el Estado de Acre en Brasil y parte de la selva peruana y colombiana fueron los principales centros de donde se extrajeron la leche de las siringas. Este látex fue a parar, de igual manera como el oro, la plata y el azúcar, a los centros de gran producción y procesamientos de gomas primero y de neumáticos después. Y por otro lado, el llamado *oro negro*, que mueve al mundo, tuvo y tiene en Venezuela su primer centro de producción en el continente. Este producto cumplió y cumple, de igual manera, un gran rol en el funcionamiento del sistema. (2)

En vista de que los indios nativos fueron casi exterminados en la fiebre del oro y la plata, los esclavos negros traídos de África fueron, principalmente, los que pusieron el sudor, la sangre y la vida en las plantaciones de azúcar, de algodón, cacao, tabaco, frutas, etc. A pesar de sus condiciones infrahumanas, o quizás por ello, hubo en el continente muchas rebeliones de esclavos. Las más recordadas son: la que se dio en Haití en 1791 (3) y fue comandada por el general Toussaint-Louverture, la de los esclavos de la Guayana Holandesa y, en especial, la que se dio en Brasil. En torno a esta última acción, nuestro autor escribe: "Pero tiempo antes de la fuga de los *djukas*, los esclavos cimarrones de Brasil habían organizado el reino negro de los Palmares, en el Noreste de Brasil, y victoriosamente resistieron durante todo el siglo XVII el asedio de las decenas de expediciones militares que lanzaron para abatirlo, una tras otra, los holandeses y los portugueses." (Galeano 1996: 132).

Atados al latifundio, a través de varias formas de servidumbre, estuvieron en muchos países los campesinos-indios. Su reclamo histórico ha sido y es el Poder y la posesión de la tierra. Con diferentes acciones han reclamado lo que posteriormente se dio en llamar la Reforma Agraria. Reformas, que dicho sea de paso, se han dado muchas en el continente, sobre todo después de la publicación de la Alianza para el Progreso. Galeano recuerda la lucha por la tierra en México encabezada por los curas Hidalgo y Morelos, pasando por las que fueron propugnadas por Bolívar y Artigas en Sudamérica hasta llegar al movimiento agrarista iniciado en los años diez del siglo XX, encabezado por el gran Emiliano Zapata en el sur de México.

Este movimiento nacionalista-agrarista, a pesar de su gran envergadura, se ahogó en sí mismo, y esto se dio, dice Galeano, porque: "El nacionalismo no derivó al socialismo y, en consecuencia, como ha ocurrido en otros países que tampoco dieron el salto decisivo, no realizó cabalmente su objetivo de independencia económica y de justicia social." (Galeano 1996: 201).

Lo que se inició y no pudo concretizarse en México se intentó de igual modo, en forma directa, en otros países de América Latina. Los movimientos encabezados por C. A. Sandino en Nicaragua, F. Martí en El Salvador; en alguna forma la del MNR en Bolivia y J. Arbenz en Guatemala son algunas evidencias. Galeano cree que sólo en Cuba, algunos años después, se logró materializar lo que en los demás países fueron deseos y en otros sólo intentos fallidos.

En todo es movimiento de saqueo de las riquezas naturales y exterminio de hombres en América Latina, las burguesías latinoamericanas han sido las directamente responsables. Por su naturaleza y su razón de ser, han cumplido lo que tenían que cumplir desde los días de la independencia. El rol desempeñado por esta burguesía, es expuesto por Galeano así: "... nuestros países se ponían al servicio de los industriales ingleses y de los pensadores franceses. ¿Pero qué 'burguesía nacional' era la nuestra, formada por los terratenientes, los grandes traficantes, comerciantes y especuladores, los políticos de levita y los doctores sin arraigo?" (Galeano 1996: 186).

Y luego, en torno al ordenamiento democrático-constitucional que la burguesía había levantado, escribe: "América Latina tuvo pronto sus constituciones burguesas, muy barnizadas de liberalismo, pero no tuvo, en cambio, una burguesía creadora, al estilo europeo o norteamericano, que se propusiera como misión histórica el desarrollo de un capitalismo nacional y pujante. La burguesía de estas tierras había nacido como simple instrumento del capitalismo internacional, próspera pieza del engranaje mundial que consagraba a las colonias y a las semi-colonias." (Galeano 1996: 186).

Y nuevamente, reiterando el papel de la burguesía intermediaria latinoamericana, lo hace en estos términos: "Los burgueses de mostrador, usureros y comerciantes, que acapararon el poder político, no tenían el menor interés en impulsar el ascenso de las manufacturas locales, muertas en el huevo cuando el libre cambio abrió las puertas a la avalancha de las mercancías británicas. Sus socios, los dueños de la tierra, no estaban, por su parte, interesados en resolver la 'cuestión agraria', sino a la medida de sus propias conveniencias." (Galeano 1996: 187).

Galeano termina este sub-capítulo haciendo la ya conocida diferencia entre el desarrollo de la llamada América Sajona y la América Latina. Sostiene que en el Norte: "El dominio público se colonizó con rapidez asombrosa; la población aumentaba y se propagaba como una enorme mancha de aceite sobre el mapa. La tierra accesible, fértil y casi gratuita, atraía a los campesinos europeos como un imán irresistible: cruzaban el océano y también los Apalaches rumbo a las praderas abiertas. Fueron granjeros libres, así, quienes ocuparon los nuevos territorios del centro y del oeste. Mientras el país crecía en superficie y en población, se creaban fuentes de trabajo agrícola y al mismo tiempo se generaba un mercado interno con gran poder adquisitivo, la enorme masa de los granjeros propietarios, para sustentar la pujanza del desarrollo industrial."

Mientras que en el Sur, caso Brasil: "En cambio, los trabajadores rurales que, desde hace más de un siglo, han movilizado con ímpetu la frontera interior de Brasil, no han sido ni son familias de campesinos libres en busca de un trozo de tierra propia, como observa Ribeiro, sino braseros contratados para servir a los latifundios que previamente han tomado posesión de los grandes espacios vacíos. Los desiertos interiores nunca fueron accesibles, como no fuera de esta manera, a la población rural. En provecho ajeno, los obreros han ido abriendo el país, a golpes de machete, a través de la selva. La colonización resulta una simple extensión del área latifundista." (Galeano 1996: 212).

Lo dicho es sólo una parte, las diferencias tienen raíces más hondas y vienen de allende las fronteras. El autor escribe: "En realidad, al norte y al sur se habían generado, ya en la matriz colonial, sociedades muy poco parecidas y al servicio de fines que no eran los mismos. Los peregrinos de *Mayflower* no atravesaron el mar para conquistar tesoros legendarios ni para explotar la mano indígena escasa en el norte, sino para establecerse con sus familias y reproducir, en el Nuevo Mundo, el sistema de vida y de trabajo que practicaban en Europa. No eran soldados de fortuna, sino pioneros; no venían a conquistar, sino a colonizar: fundaron colonias de poblamiento' (...) Los colonos de Nueva Inglaterra, núcleo original de la civilización norteamericana, no actuaron nunca como agentes coloniales de la acumulación capitalista europea; desde el principio, vivieron al servicio de su propio desarrollo y del desarrollo de su tierra nueva: las trece colonias del norte sirvieron de desembocadura al ejército de campesinos y artesanos que el desarrollo metropolitano iba lanzando fuera del mercado de trabajo. Trabajadores *libres* formaron la base de aquella nueva sociedad de este lado del mar." (Galeano 1996: 214).

Mientras que: "España y Portugal contaron, en cambio, con una gran abundancia de mano de obra servil en América Latina. A la esclavitud de los indígenas sucedió el transplante en masa de los esclavos africanos. (...) Pero además, a diferencia de los puritanos del norte, las clases dominantes de la sociedad colonial latinoamericana no se orientaron jamás al desarrollo económico interno. Sus beneficios provenían de fuera; estaban más vinculados al mercado extranjero que a la propia comarca. Terratenientes y mineros y mercaderes habían nacido para cumplir esa función; abastecer a Europa de oro, plata y alimentos. Los caminos trasladaban la carga en un solo sentido: hacia el puerto y los mercados de ultramar. Ésta es también la clave que explica la expansión de los Estados Unidos como unidad nacional y la facturación de América Latina: nuestros centros de producción no estaban conectados entre sí, sino que formaban un abanico con el vértice muy lejos." (Galeano 1996: 214 y 215).

El último subtítulo de este primer bloque es titulado *Las fuentes subterráneas del poder*. El autor evidencia cómo las riquezas naturales, a pesar que ha cambiado la época y el destino, sigue siendo la base de las exportaciones y como consecuencia de la dependencia de esta parte del mundo. A partir del siglo XX, y más concretamente desde la Primera Guerra Mundial, América Latina había cambiado su centro de dependencia. Europa cedía a la voracidad y el empuje de las empresas norteamericanas.

Galeano comienza con este subtítulo: *La economía norteamericana necesita los minerales de América Latina como los pulmones necesitan el aire*. Es por ello que el petróleo, el cobre, el cinc, el hierro, el manganeso, el níquel, el cromo, el tungsteno extraídos en América Latina tienen una importancia fundamental en la economía de EE.UU. Sus palabras: "Esta dependencia, creciente, respecto a los suministros extranjeros, determina una identificación también creciente de los intereses de los capitalistas norteamericanos en América Latina, con la seguridad nacional de los Estados Unidos. La estabilidad interior de la primera potencia del mundo aparece íntimamente ligada a las inversiones norteamericanas al sur del río Bravo. Cerca de la mitad de estas inversiones está dedicada a la extracción de petróleo y a la explotación de riquezas minerales, indispensables para la economía de los Estados Unidos tanto en la paz como en la guerra'." (Galeano 1996: 218).

Dando un salto hacia atrás, recuerda el rol jugado por el guano de las islas en la formación de la burguesía guanera en el Perú y el sufrimiento y muerte de miles de trabajadores, especialmente chinos, en el traslado y amontonamiento del producto que fue a parar en los desnutridos campos de cultivo europeos. A este producto le sucederá el salitre que fue causante de la llamada Guerra del Pacífico.

Como siempre sucede en una sociedad colonial o semi-colonial sujeta al vaivén de intereses ajenos: "La historia del salitre, su auge y su caída, resulta muy ilustrativa de la duración ilusoria de las propiedades latinoamericanas en el mercado mundial: el siempre efímero soplo de las glorias y el peso siempre perdurable de las catástrofes." (Galeano 1996: 226).

Lo dicho tenía que ver con que: "Las tierras del viejo continente dedicadas al cultivo del trigo, empobrecidas por la erosión, recibían ávidamente los cargamentos de nitrato de soda provenientes de las salitreras peruanas de Tarapacá y, luego, de la provincia boliviana de Antofagasta. Gracias al salitre y al guano, que yacían en las costas del Pacífico `casi al alcance de la mano que venía a buscarlos', el fantasma del hambre se alejó de Europa." (Galeano 1996: 227).

En la guerra de 1879, Chile se adueñó de las provincias de Tarapacá peruana y de Antofagasta boliviana y así, aparentemente, controlaba el negocio del salitre en el mundo; pero como siempre la historia se repite: "Al abrirse la década del 90, Chile destinaba a Inglaterra las tres cuartas partes de sus exportaciones, y de Inglaterra recibía casi la mitad de sus importaciones; su dependencia comercial fue todavía mayor que la que por entonces padecía la India. La guerra había otorgado a Chile el monopolio mundial de los nitratos naturales, pero el rey del salitre era John Thomas Nort." (Galeano 1996: 230).

Y finalmente: "Chile funcionaba como un apéndice de la economía británica: el más importante proveedor de abonos del mercado europeo no tenía derecho a la vida propia. Y entonces un químico alemán derrotó, desde su laboratorio, a los generales que habían triunfado, años atrás, en los campos de batalla." (Galeano 1996: 232).

A pesar de lo anterior, la naturaleza parece ser pródiga con este país, en la medida que: "A todo lo largo de las faldas de la cordillera, Chile posee las mayores reservas de cobre del mundo, una tercera parte del total hasta ahora conocido. El cobre chileno aparece por lo general asociado a otros metales, como oro, plata o molibdeno. Esto resulta un factor adicional para estimular su explotación. Por lo demás, los obreros chilenos son baratos para las empresas: con sus bajísimos costos de Chile, la Anaconda y la Kennecott financian con creces sus altos costos en Estados Unidos,..." (Galeano 1996: 236).

Después de la fiebre de la plata en Potosí, vino en el siglo XIX el auge del salitre de Antofagasta. Posteriormente Bolivia vivirá, en gran parte del siglo XX, con el Boom del estaño. Esta etapa y este mineral estaban directamente asociados al patriarca de la familia Patiño. Galeano lo describe así. "Aquel hombre se convirtió en el rey del estaño, y cuando murió, la revista *Fortune* afirmó que era uno de los diez millonarios más multimillonarios del planeta. Se llamaba Simón Patiño. Desde Europa, durante muchos años alzó y derribó a los presidentes y a los ministros de Bolivia, planificó el hambre de los obreros, organizó sus matanzas, ramificó y extendió su fortuna personal. Bolivia era un país que existía a su servicio." (Galeano 1996: 239).

Su heredero, Antenor Patiño, continúa con el gran negocio del estaño hasta la nacionalización de las minas efectuada en los primeros años de la década del 50 del siglo XX. A pesar de ello, los Patiño siguieron controlando el movimiento de las ganancias: "Porque la nacionalización, conquista fundamental de la revolución del 52, no había modificado el papel de Bolivia en la división internacional del trabajo. Bolivia continuaba exportando el mineral en bruto, y casi todo el estaño se refinaba todavía en los hornos de Liverpool de la empresa Williams, Havey and Co., que pertenece a Patiño. La nacionalización de las fuentes de producción de cualquier materia prima no es, como lo enseña la dolorosa experiencia, suficiente." (Galeano 1996: 240).

Por último el paisaje, las condiciones de trabajo y de vida de los mineros del estaño es descrita por el autor de esta forma: "En estas tierras áridas y pedregosas, a casi cuatro mil metros de altura, donde no crece el pasto y donde todo, hasta la gente, tiene el oscuro color del estaño, los hombres sufren estoicamente su obligado ayuno y no conocen la fiesta del mundo. Viven en los campamentos, amontonados en una casa de una sola pieza de piso de tierra; el viento cortante se cuela por las rendijas. (...) En la superficie, los trabajadores independientes usan picota y pesados combos de doce libras para pelear contra la roca, exactamente igual que hace cien años, y quimbaletes, cribas y cernidores para concentrar el mineral en la canchamina. Ganan centavos y trabajan como bestias." (Galeano 1996: 243, 244 y 245).

Además de mencionar el papel que juega el hierro que produce Brasil como elemento básico para la producción de acero en EE.UU., el autor termina este subtítulo, y a la vez este primer bloque, mencionando el rol del petróleo extraído en Venezuela.

Leamos cómo Galeano describe la importancia del petróleo y sus dueños: "Ningún otro imán atrae tanto como el `oro negro´ a los capitales extranjeros, ni existe otra fuente de tan fabulosas ganancias; el petróleo es la riqueza más monopolizada en todo el sistema capitalista. No hay empresario que disfrute del poder político que ejercen, en escala mundial, las grandes corporaciones petroleras. La Standard Oil y la Shell levantan y destronan reyes y presidentes, financian conspiraciones palaciegas y golpes de Estado, dispone de innumerables generales, ministros y James Bonds y en todas las comarcas y en todos los idiomas decide el curso de la guerra y de la paz. La Standard Oil Co. De Nueva Jersey es la mayor empresa industrial del mundo capitalista; fuera de los EE.UU. no existe ninguna empresa más poderosa que la Royal Dutch Schell." (Galeano 1996: 255).

Teniendo como base las dos firmas, párrafos antes mencionadas, se ha formado el cártel del petróleo que ha copado prácticamente todo el mundo: "Las estructuras del cártel implica el dominio de numerosos países y la penetración en sus numerosos gobiernos; el petróleo empapa presidentes y dictadores, y acentúa las deformaciones estructurales de las sociedades que pone a su servicio. Son las empresas quienes deciden, con un lápiz sobre el mapa del mundo, cuáles han de ser las zonas de explotación y cuáles las de reserva, y son ellas quienes fijan los precios que han de cobrar los productores y pagar los consumidores."(Galeano 1996: 259).

Pasando de lo general al caso de América Latina, dice: "La riqueza natural de Venezuela y otros países latinoamericanos con petróleo en el subsuelo, objetos del asalto y el saqueo organizados, se ha convertido en el principal instrumento de su servidumbre política y su degradación social. Ésta es una larga historia de hazañas y de maldiciones, infamias y desafíos." (Galeano 1996: 259).

Sobre el primer productor de petróleo, en esta parte del mundo, agrega: "Aunque su participación en el mercado mundial se ha reducido a la mitad en los años sesenta, Venezuela es todavía, en 1970, el mayor exportador de petróleo. De Venezuela sale casi la mitad de las ganancias que los capitales norteamericanos sustraen a toda América Latina. Éste es uno de los países más ricos del planeta y, también uno de los más pobres y de los más violentos." (Galeano 1996: 271).

En torno a la capital del país: "Caracas, la capital, creció siete veces en treinta años; la ciudad patriarcal de frescos patios, plaza mayor y catedral silenciosa se ha erizado de rascacielos en la misma medida en que han brotado las torres de petróleo en el lago de Maracaibo. (...) Caracas ama los productos sintéticos y los alimentos enlatados; no camina nunca, sólo se moviliza en automóvil, y ha envenenado con los gases de los motores el limpio aire del valle; Caracas le cuesta dormir, porque no puede apagar la ansiedad de ganar y comprar, consumir y gastar, apoderarse de todo. En las laderas de los cerros, más de medio millón de olvidados contemplan, desde sus chozas armadas de basura, el derroche ajeno. Relampaguean los millares y millares de automóviles último modelo por las avenidas de la dorada capital." (Galeano 1996: 272).

Luego continúa: "Tres millones y medio de barriles de petróleo produce Venezuela cada día para poner en movimiento la maquinaria industrial del mundo capitalista, pero las diversas filiales de la Standard Oil, la Shell, la Gulf y la Texaco no explotan las cuatro quintas partes de sus concesiones, que siguen siendo reservas invictas, y más de la mitad del valor de las exportaciones no vuelve nunca al país. (...) Ningún país ha producido tanto al capitalismo mundial en tan poco tiempo. Venezuela ha drenado una riqueza que, según Rangel, excede a la que los españoles usurparon a Potosí o los ingleses a la India." (Galeano 1996: 273).

Y citando al escritor Salvador Garmendia, termina así: "`Un sesenta por ciento del país vive marginado de todo. En las ciudades prospera una atolondrada clase media con altos sueldos, que se atiborra de objetos inservibles, vive aturdida por la publicidad y profesa la imbecilidad y el mal gusto en forma estridente. Hace poco el gobierno anunció con gran estruendo que había exterminado el analfabetismo. Resultado: en la pasada fiesta electoral, el censo de inscritos arrojó un millón de analfabetos entre los dieciocho y los diecinueve de edad´." (Galeano 1996: 279).

Haciendo una vez más la aclaración, para evitar repeticiones, nosotros saltamos la segunda parte del libro y sólo tomamos de ella el último párrafo con el cual termina *Las venas abiertas de América Latina*. Como consecuencia de la situación descrita anteriormente en América Latina, Galeano avizora que la respuesta de los pueblos o sectores de los mismos será violenta. Las acciones armadas ocurridas en las décadas del 70, 80 y 90, en esta parte del mundo, terminaron dándole la razón.

Leamos cómo el autor plantea esta problemática: "Los despojados, los humillados, los malditos tienen, entre sí, en sus manos, la tarea. La causa nacional latinoamericana es, ante todo, una causa social: Para que América Latina pueda nacer de nuevo, habrá que empezar por derribar a sus dueños, país por país. Se abren tiempos de rebelión y de cambio. Hay quienes creen que el destino descansa en las rodillas de los dioses, pero la verdad es que trabaja, como un desafío candente, sobre las conciencias de los hombres." (Galeano 1971: 436).

Las críticas, la gran mayoría, han sido positivas. De las otras, en la mayoría de los casos, no han pasado del adjetivo; como que el libro ha sido escrito por un izquierdista que odia la libertad, que detesta la democracia, y como si eso fuera poco, por alguien que está divorciado de la verdad. Éstas son las críticas superficiales que, en el mejor de los casos, no han pasado de la introducción. El caso representativo son los autores de *El manual del perfecto idiota latinoamericano.*

Los autores afirman: "No existe un mejor compendio de errores, arbitrariedades o simples tonterías que pueblan las cabecitas de nuestros más desencaminados radicales. No hay, además, un libro de su género que haya tenido tantas ediciones, traducciones y alabanzas. No se conoce en nuestra lengua, en suma, una obra que -como ésta-

merezca ser considerada como la *Biblia* del idiota latinoamericano o, por la otra punta, como el gran culebrón del pensamiento político." (Autores varios 1998: 374 y 375).

En torno a la introducción, continúan: "En el prólogo se resume el contenido de la obra. Se puede leer el prólogo e ignorar el resto, pues todo queda atropelladamente dicho en las primeras veinte páginas. A partir de ahí, lo que se hace es poner los ejemplos para apuntalar las afirmaciones que se han ido vertiendo." (Autores varios 1998: 375 y 376).

Y terminan dando su opinión sobre el autor: "No hay duda: existe algo que Galeano odia con mayor intensidad aún que a los propios gringos, que a las multinacionales, que al liberalismo: la verdad, la sensatez y la libertad. No las soporta. No cree en ellas. No le merecen el respeto. Su única y más firme devoción es alimentar de errores y locuras a los latinoamericanos más desprovistos de luces hasta perfeccionar la legendaria idiotez ideológica que los ha hecho famosos." (Autores varios 1998: 378 y 379).

El trabajo del escritor uruguayo aquí analizado es, en términos generales, la historia de cómo se estructuran las economías coloniales y semi-coloniales que el sistema capitalista necesitó y necesita para lograr, primero, en base al excedente, poner las bases de la acumulación originaría. Luego, desarrollar el mercado interno a nivel nacional. Continuar con la Revolución Industrial y, finalmente, con el fenómeno del imperialismo, ampliarlo a nivel mundial. Hoy se le denomina globalización, de esa forma, intentan convertir al mundo en un gran mercado, a los seres humanos transformarlos en mercancía, sus vidas concretas en ilusiones y sus actividades diarias en una cadena de consumos.

A decir de Adam Smith, el capitalismo no sólo ha recurrido al colonialismo en América Latina. La historia comenzó con el saqueo de las Indias Orientales y se profundizó con el renacimiento del esclavismo en el continente africano. A la par con ello recurrió, también, a la sobreexplotación despiadada de las masas obreras al interior de Europa, principalmente, en la etapa de la acumulación originaria y los inicios de la Revolución Industrial.

Como consecuencia, estas economías dependientes, están expuesta al vaivén del tiempo, de las necesidades y hasta del capricho de las clases dominantes de los países colonizadores, y en las últimas décadas, de sus organizaciones económicas internacionales. Es por ello que, en su momento, fueron el oro y la plata, luego el zinc, el salitre, el cobre, el caucho y el petróleo y en otro momento el azúcar, el cacao, el café, el tabaco, el algodón, los cueros, las lanas y las frutas los de mayor demanda.

Estas acciones de acumulación hacia adentro (de los países metropolitanos), de creación de su mercado interno nacional, fuerte y auto-sostenido es la base para la creación, la extensión y el control del mercado internacional. Ligado a ello, como parte de la división internacional del trabajo, que el capitalismo en su etapa imperialista ha impuesto, no permite que este proceso se repita en los países coloniales o semi-coloniales que viven un proceso de acumulación y transición casi "eterno".

Eduardo Galeano ha planteado como solución a los problemas de los países semi-coloniales o atrasados dos posibles caminos. Uno radical, el que consistiría en terminar con las clases dominantes a través de la revolución y avanzar hacia el socialismo. Y el otro se concretizaría en las nacionalizaciones y las estatizaciones de sus materias primas y riquezas nacionales. Siendo la primera opción, históricamente poco discutible, veamos la segunda.

Las nacionalizaciones y estatizaciones se han dado en América Latina. El gran problema es saber: ¿quién o quiénes (hablamos de clases) nacionalizan?, ¿quién o quiénes estatizan? Y más aún: ¿en función de qué se nacionaliza o se estatiza? Aquí se puede observar con meridiana claridad el rol, no de los gobiernos que son circunstanciales y pasajeros, sino del Estado. Mal que nos pese, quien controla el Estado controla todo.

América Latina ha pasado por la experiencia de las nacionalizaciones y las estatizaciones. Éstas, en la práctica, han demostrado, después de todo, que no son más que formas que tolera y hasta propugna el sistema para conjurar sus crisis, reimpulsar su reacumulación, ampliar el mercado y asegurar sus ganancias. John Maynard Keynes, en su libro publicado en 1936 titulado *Teoría general de la ocupación, el interés y el dinero*, demostró todo esto con meridiana claridad.

Estas dos acciones pueden tener muy buenas intenciones, pero en la medida que se viva dentro de un sistema económico mundial, profundamente interconectado, con estas medidas no se rompe con el sistema, más por el contrario, casi siempre, le sirven para su reciclaje. Los resultados de las dos estatizaciones y nacionalizaciones más radicales en América Latina son ilustrativas. Nos estamos refiriendo a la nacionalización y estatización del petróleo en México (1938) y del estaño en Bolivia (1953).

AGUSTÍN CUEVA
EL DESARROLLO DEL CAPITALISMO
EN AMÉRICA LATINA

Eduardo Galeano, en su trabajo aquí analizado, demuestra cómo las riquezas naturales de América Latina, en parte, financiaron la acumulación originaria primero, la industrialización después y el imperialismo (de Europa y de EE.UU.) finalmente. El sociólogo ecuatoriano Agustín Cueva centra su análisis en el excedente, en la acumulación originaria, en la creación del mercado y en la industrialización al interior de América Latina. Además, sus complementos políticos (la conformación del Estado nación) y sociales (el rol de la lucha de clases). En otras palabras, en el desarrollo del sistema capitalista y sus implicancias político-sociales en esta parte del mundo.

El trabajo es el resultado de una investigación, de más de tres años, efectuada en la Facultad de Ciencias Sociales de la Universidad Autónoma de México. El mismo consta de una introducción y doce capítulos. El orden de los temas demuestra que el trabajo ha sido pensado de principio a fin. Dichos capítulos los iremos desarrollando, evitando las repeticiones, siguiendo las pautas y el orden establecidos por el autor.

Cueva es muy sintético al respecto, en la introducción del libro, sostiene que su investigación: " ... no es más que la presentación de un conjunto de proposiciones para el análisis de las modalidades específicas que ha asumido el desarrollo del capitalismo en América Latina." (Cueva 1978: 7).

El primer capítulo es denominado *Las estructuras precapitalistas, antesala del subdesarrollo*. En él sostiene que el subdesarrollo: "... no es otra cosa que el resultado de un proceso en el cual la burguesía de los Estados más poderosos abusan de las naciones económicamente débiles, aprovechando precisamente esta condición, a la vez que esos abusos perpetúan y hasta ahondan tal debilidad, reproduciendo en escala ampliada, aunque con modalidades cambiantes, los mecanismos básicos de explotación y dominación." (Cueva 1978: 11).

Cueva dice que la herencia colonial es un punto clave para comprender cómo estas economías se someten posteriormente al capitalismo que se desarrolla en América Latina. Capitalismo, que dicho sea de paso, iniciaba ya su etapa imperialista. Leamos: "Pues es claro que la plena incorporación de América Latina al sistema capitalista mundial, cuando éste alcanza su estadio imperialista en el último tercio del siglo XIX, no ocurre a partir de un vacío, sino sobre la base de una matriz económico-social preexistente, ella misma moldeada en estrecha conexión con el capitalismo europeo y norteamericano en su fase protoimperialista." (Cueva 1978: 11 y 12).

Esta fase tiene que ver con los hechos y las consecuencias de la independencia. Acción, que de una forma u otra, contribuyó a ahondar el vacío y acelerar la desarticulación del sistema económico colonial en su conjunto. El sociólogo, desarrollando la idea de la acumulación-desacumulación, prosigue con su argumentación: "Si con el movimiento fundamental de la historia ha de relacionarse la colonización de América Latina, es con la acumulación originaria en escala mundial, entendida como un proceso que a la par que implica la acumulación sin precedentes en uno de los polos del sistema, supone necesariamente la desacumulación, también sin precedentes, en el otro extremo." (Cueva 1978: 13).

Esto implica: "Por lo tanto, y a condición de no tomar la concentración esclavista o feudal de la tierra en América por su proceso de acumulación originaria local, es evidente que el movimiento metropolitano de transición al capitalismo frenó, en lugar de impulsar, el desarrollo de este modo de producción en las áreas coloniales. Tal como lo percibió Marx, el excedente económico producido en estas áreas no llega a transformarse realmente en capital en el interior de ellas, donde se extorsionaba al productor directo por vías esclavistas y serviles, sino que fluía hacia el exterior para convertirse, allí sí, en capital." (Cueva 1978: 13).

Agustín Cueva, siguiendo a Enrique Semo, sostiene que en América Latina se ha dado un largo período de desacumulación originaria del capital, y esto es lo que caracteriza a la herencia colonial. Sus palabras: "... lo que queremos decir, sencillamente, es que la estructura económico-social heredada del período colonial se caracteriza por un bajísimo nivel de desarrollo de las fuerzas productivas y por relaciones sociales de producción basadas en la esclavitud y la servidumbre, hecho que constituyó un *handicap*, por decir lo menos, para el desarrollo posterior de nuestras sociedades. Lo cual no significa negar la conexión evidente de las formaciones esclavistas o feudales de América Latina con el desarrollo del capitalismo en escala mundial." (Cueva 1978: 15).

La concentración de la tierra en pocas manos (privadas o estatales, con la cual se reforzaba la propiedad feudal), la creación y el reforzamiento de las unidades semi-esclavistas que tienen su natural complemento en las masas campesinas e indígenas, los esclavos africanos y, en menor medida, la servidumbre asiática. Esto fue, en la mayoría de países de América Latina, la base sobre la que se dio esa desacumulación originaria que tenía su fuente en las relaciones sociales de producción feudal-esclavistas.

El movimiento de la producción, el mercado, el intercambio y su manifestación exterior y directa, la moneda, fueron, hasta casi finales del siglo XIX, eventuales o marginales en América Latina. Teniendo en cuenta este hecho, Cueva escribe: "Sin mayor riesgo de error se puede pues afirmar que una economía premonetaria persistió en inmensas porciones del cuerpo social latinoamericano del siglo XIX, al mismo tiempo que su segmento más desarrollado iba monetarizándose y ampliando sus circuitos de circulación simple. Para este nivel regía efectivamente la fórmula mercancía-dinero-mercancía, ya que, como afirma Carmagnani (...) `son las mercancías anticipadas las que dan vida a la circulación de mercancías´. Fórmula que sólo se quebrará de manera definitiva, aunque no homogénea, hacia 1870-80, es decir, al iniciarse el desarrollo ya propiamente capitalista." (Cueva 1978: 22).

Y finalmente, con esto terminamos el capítulo, fueron en estas mismas décadas cuando: "El marasmo feudal, esclavista o pequeño campesino va rompiéndose sin duda, aunque no precisamente por caminos revolucionarios. La economía latinoamericana tomada en conjunto está ya bastante monetarizada hacia 1870, cuando los primeros bancos comienzan a aparecer; sin embargo, en más de un país estas instituciones, naturalmente extranjeras, se hacen presentes antes de que exista un signo monetario unificado a nivel nacional. Es evidente que algo nuevo se anuncia en nuestro horizonte histórico, forzando y a la vez distorsionando los ritmos locales de desarrollo." (Cueva 1978: 29).

Del plano económico, el sociólogo traslada su análisis al político. Es por ello que el segundo capítulo es titulado *La problemática conformación del Estado nacional*. Agustín Cueva parte afirmando que: "Desde la perspectiva ideológica del colonizador, todo pueblo colonizado carece de historia; por definición no la posee, ya que tal categoría es un atributo de la `civilización´ y no de la `barbarie´. (...) El propio intelectual criollo se adhiere a menudo a esta perspectiva. Convencido de pertenecer a sociedades sin historia, termina por elaborar un *ersalz* de la misma, configurando la imagen de un mundo gelatinoso cuyas dilataciones o contradicciones no obedecen a otra lógica que la de los movimientos veleidosos de caudillos bárbaros y soldados de pacotilla, caciques atrabiliarios y déspotas de pretensión iluminista." (Cueva 1978: 31).

En la medida que ésta ha sido la forma común y fácil de abordar los problemas de América Latina por muchos científicos sociales, especialmente en el siglo XIX, el autor, navegando contra la corriente, dice: "Por esto se vuelve indispensable formular algunas reflexiones sobre la problemática constitución de los Estados latinoamericanos en el siglo pasado, aun a riesgo de insistir en algo que debería darse por sentado al menos desde el punto de vista de una concepción materialista de la historia. En efecto, conviene recordar que la edificación de un Estado nacional no se realiza jamás en el vacío, ni a partir de un maná que se llamaría `madurez política´, sino sobre la base de una estructura económico-social históricamente dada y dentro de un contexto internacional concreto, factores que no sólo determinan las modalidades históricas de cada entidad estatal mas también la mayor o menor tortuosidad del camino que conduce a su constitución." (Cueva 1978: 32).

Y luego, coincidiendo con G. Lukács, hace la diferencia del Estado estructurado sobre bases capitalistas con el Estado estructurado sobre bases precapitalistas. Leamos: "No es lo mismo construir un Estado sobre el cimiento relativamente firme del modo de producción capitalista implantado en toda la extensión de un cuerpo social, que edificarlo sobre la anfractuosa topografía de estructuras precapitalistas que por su misma índole son capaces de proporcionar el fundamento objetivo de cualquier unidad nacional, esto es, un mercado interior de amplia envergadura." (Cueva 1978: 32).

Al no haberse desarrollado el mercado interno a nivel nacional (menos a nivel latinoamericano) con todas sus implicancias y consecuencias, ésta es la causa que ha condicionado las diferentes formas de autonomía de los segmentos económicos, lo que tiene su correlato, a nivel político, en la carencia de un Estado centralizado con estructura nacional y en el movimiento social expresado en los llamados regionalismos, provincialismos y localismos: "En tales condiciones -sostiene- la misma lucha de clases adquiriría necesariamente una fisonomía `regional´ o `provincial´, de acuerdo con la `moldura física´ en que se asentaba cada forma productiva, con la infinita gama de peculiaridades propias de todo modo de producción precapitalista." (Cueva 1978: 35).

Tomando algunos casos concretos, sostiene que esta lucha regional (contradicciones al interior de las clases dominantes) se dio en Brasil entre "el poder central" y "las provincias". En Argentina entre "el interior" y el "litoral", que tuvo también su traducción entre los "unitarios" y los "federalistas". En el Perú, entre los "regionalistas" y los "centralistas". De los "independentistas" y los "unionistas" en la República Dominicana". Ahondando sobre el tema Cueva continúa: "Podríamos seguir abundando en ejemplos que demuestran fehacientemente que el problema de la construcción de los Estados nacionales latinoamericanos no puede ser tratado de modo que a partir de la matriz económica-social que genera las condiciones concretas de conformación de la superestructura jurídico-política y por supuesto determina la constelación específica de fuerzas que intervienen en el complejo proceso de constitución." (Cueva 1978: 38).

De todos ellos el único país donde se logró tempranamente formar, hasta cierto nivel, un Estado nacional fue en Chile. En los otros países, siguiendo a Mariátegui, sostiene que: "... la posibilidad de conformación de Estados nacionales verdaderamente unificados y relativamente estables en América Latina varió en función directa de la existencia de una burguesía orgánica de envergadura nacional. El desarrollo de tal burguesía estuvo naturalmente determinado por el grado de evolución de la base económica de cada formación social, evolución que en la primera mitad del siglo XIX no pudo medirse de otra manera que por su menor o mayor tendencia general de desarrollo *hacia* el capitalismo." (Cueva 1978: 40).

Las oligarquías latinoamericanas dueñas de los Estados, o de lo que había de él, fueron siempre precarias y como consecuencia de ello no pudieron lograr imponer su hegemonía sobre los demás sectores sociales. En cuenta de unificar, centralizar y armonizar fueron la razón para la discordia y dispersión. La experiencia de la división de la Gran Colombia y la balcanización de la Federación Centroamericana son hechos ejemplares. Y por último se dieron casos como México que logró organizar en alguna forma su Estado, a pesar del acoso franco-norteamericano. Y por último es conocido el experimento de Uruguay que fue el "Estado tapón", solución inglesa, al conflicto argentino-brasileño, según el autor.

El tercer capítulo es titulado *Las luchas sociales y sus perspectivas democráticas*. El período analizado es el mismo de los anteriores capítulos, el siglo XIX. El sociólogo comienza con una verdad bastante conocida en ciencias sociales. Idea que le sirve de marco general para comprender los movimientos sociales en esta etapa de la historia latinoamericana.

Leamos: "Las masas hacen la historia, pero no son ellas quienes la escriben. Hasta el momento en que el proletariado logra construir su partido, y por tanto organizar su propia `memoria´, éste constituye el patrimonio exclusivo de las clases dominantes, que aún después de rota esta exclusividad sigue imponiéndonos, como línea hegemónica, su representación del devenir histórico." (Cueva 1978: 48).

La discusión al interior de las fuerzas de izquierda residía (¿aún reside?) en dilucidar qué carácter, y sobre todo, qué perspectiva tenían las luchas político-sociales en esta etapa en América Latina. Cueva, deslindando con los izquierdistas que desean ver en toda acción la lucha por el socialismo, escribe: "Enmarcaban, pues, en un horizonte cuyos límites objetivos eran los de una revolución democrático-burguesa, perspectiva en la que hay que ubicarlas evaluando la profundidad de cada movimiento en función del predominio del elemento democrático -es decir popular- sobre el elemento propiamente burgués, y sin olvidar que su posterior derrota o desvirtuamiento no los reduce a la condición de simple `astucia´ de una vía reaccionaria trazada de antemano." (Cueva 1987: 49).

Continúa mencionando las luchas sociales en Haití, que lograron la independencia y a la vez abolieron la esclavitud. Las de México encabezadas por Muñecas-Morelos y continuadas por Maldonado, las mismas que reclamaron la devolución de la tierra a los campesinos indígenas. Las de la Banda Oriental del Río de la Plata, donde Artigas planteó una Reforma Agraria sumamente radical. Y por último las rebeliones y levantamientos en Brasil, que van desde 1813 hasta 1849; Cueva cree que, a pesar de su poca homogeneidad y dispersión, son acciones populares y de contenido democrático.

Interpretando estos hechos, en particular estas últimas acciones, dice: "La dialéctica de estos movimientos es sin duda harto compleja, puesto que en ellos el contenido popular nunca aparece en Estado `puro´, con perfiles de clara autonomía; por el contrario, siempre está inmerso en el marco de oposiciones `regionales´ y `locales´ cuya índole tratamos de esclarecer en los capítulos precedentes." (Cueva 1978: 52).

En los capítulos anteriores se ha dicho que la segmentación y el aislamiento social es típico de sociedades precapitalistas. El sociólogo, reafirmándose en esta idea, continúa: "Una matriz de este tipo produce además complejos sistemas de diferenciaciones étnico-culturales capaces de conferir a la estructura clasista una dimensión de `castas´, hecho que a su turno repercute sobre la lucha de clases mediante la frecuente `deformación o desplazamiento de los frentes de combate reales´. El área andina, por ejemplo, es uno de los factores determinantes de que las rebeliones indígenas, constantes por lo demás, rara vez superen el nivel de la clásica *jacquerie*. Allí donde estos límites estructurales tienen un peso menor, el campesinado logra hacerse sin embargo presente, `estampando su signo social´ a movimientos que por su envergadura superan el marco meramente local o regional." (Cueva 1978: 53 y 54).

Además de los esclavos, de los campesinos y campesinos-indios, en el siglo XIX, serán testigos y protagonistas de las luchas los artesanos de las ciudades. Ellos lucharon, básicamente, en contra de las importaciones que los arruinaba. El autor recuerda las luchas de los artesanos de Caracas, Bogotá, Santiago y Buenos Aires. De todas ellas, fueron los artesanos de Bogotá quienes lograron incluso instaurar, entre el 17 de abril de 1854 hasta el 4 de diciembre del mismo año, la recodada República Artesana de Bogotá. Experiencia que fue liquidada por la alianza de conservadores y liberales, como siempre, a sangre y fuego.

Por último, termina el capítulo mencionando que hay una continuidad democrático-popular entre las luchas por la tierra de Muñecas, Morelos, Maldonado, pasando por la de Benito Juárez hasta culminar con la revolución nacional agrarista iniciada en 1910 en México. De igual manera encuentra, el sociólogo, una continuidad democrático-popular en las luchas anticoloniales en Cuba, que tienen uno de sus héroes en Antonio Maceo, continúa con la lucha encabezada por el llamado "apóstol" José Martí y su Partido Revolucionario de Cuba y culmina, el único caso en América Latina, en una revolución democrático-popular que enlaza con el socialismo, gracias al triunfo de la Revolución Cubana en 1959.

En el cuarto capítulo, el sociólogo retoma un tema, en alguna forma ya tratado, pero lo hace en una nueva etapa histórica. Fines del siglo XIX. Se llama *El proceso de acumulación originaria*. Él parte de esta idea: "... el modo de producción capitalista sólo puede implantarse sobre la base de dos premisas que poseen toda la fuerza de una ley: la constitución de la propiedad capitalista de los medios de producción y la creación de una mano de obra `libre´, es decir, `liberada´ de cada propiedad, incluida la de los medios necesarios para su reproducción social. Separada ocasionalmente en el espacio de formaciones sociales distintas, tales premisas forman sin embargo parte de un solo y único movimiento histórico que consiste en el establecimiento de un divorcio entre el productor directo y los medios de producción, `secreto último´ y por lo tanto concepto de la denominada *acumulación originaria*. " (Cueva 1978: 65 y 65).

Esta tendencia histórico-natural del fenómeno sólo podría ser alterada por un cambio brusco desde el exterior. Cueva lo expresa así: "La única modificación susceptible de ocurrir en este proceso de disociación es la introducción por la vía revolucionaria de desarrollo del capitalismo en el agro, vía que al destruir la propiedad terrateniente e instalar en su lugar la pequeña hacienda campesina, convierte a la forma de producción mercantil simple en eje de la transición hasta el momento en que el proceso de *descomposición del campesinado* se encarga de separar al productor directo de los medios de producción, instaurando de esa manera el régimen capitalista propiamente dicho en el sector agrario." (Cueva 1978: 66).

Siendo esto lo general, Cueva se interesa en analizar la forma particular en que se dio la acumulación originaria en América Latina. Para ello, él parte entendiendo la etapa en que se encuentra el sistema y dice: "Comencemos por observar que este proceso, con carácter ya dinámico y masivo, se realiza, y no por casualidad, una vez que el capitalismo mundial entra en su fase imperialista, determinando un nuevo modo de vinculación entre los países metropolitanos y las áreas `periféricas´." (Cueva 1978: 66).

En base a ello hace la gran diferencia: "Mientras en Europa el proceso se complementó y amplió con el excedente económico extraído de las áreas coloniales, que como ya vimos fluía a las metrópolis para convertirse allí en capital, en América Latina la acumulación originaria sólo podía realizarse sobre una base interna y, lo que es más grave, afectada desde el principio por la succión constante que esas metrópolis no dejaron de practicar por la vía del intercambio desigual, la exportación de superganancias e incluso el pillaje puro y simple en los países neocoloniales." (Cueva 1978: 67).

Y a renglón seguido reitera: "Además, la inserción de nuestras economías en la división imperialista del trabajo impedía de plano la aplicación de ese sistema proteccionista que, según Marx, `era un medio de fabricar fabricantes, de expropiar trabajadores independientes, de capitalizar los medios de producción y de subsistencia nacionales, de abreviar por la violencia la transición entre el modo de producción antiguo y el moderno´. Aquí no se trataba de `fabricar fabricantes´ y acelerar de ese modo el desarrollo industrial, sino de constituir una economía primario-exportadora `complementaria´ del capitalismo industrial de las metrópolis." (Cueva 1978: 67 y 68).

En estos tiempos fue el capitalismo inglés quien controló la estructura bancaria y financiera e impuso la circulación monetaria en América Latina. Circulación que experimentaba el tránsito lento de la fórmula simple o primitiva (M-D-M) a la forma ampliada o desarrollada (D-M-D). Tomando en cuenta este hecho, el autor agrega: "Acicateada y al mismo tiempo limitada desde el exterior, volcada preponderantemente `hacia afuera´, la economía latinoamericana empezó pues a transitar hacia el capitalismo en condiciones muy particulares, pero que no la eximía de realizar, como requisito *sine qua non*, la acumulación originaria de capital. Este proceso se efectuó

426

en lo sustancial durante el último tercio del siglo XIX, revistiendo en cada caso las peculiaridades exigidas por la índole concreta de la matriz económica social que entraba en transformación." (Cueva 1978: 69).

El autor continúa analizando cómo se ha dado este proceso económico donde las relaciones serviles de producción fueron las predominantes. Casos: México, Guatemala y Colombia. En estos países, las actividades urbanas, mineras, agropecuarias, de transportes y de comercio se fueron abriendo paso lentamente. Mientras que las tierras de las comunidades, de la iglesia y del Estado fueron quienes, consecuencia de las expropiaciones, cedieron los trabajadores "libres" para que se cumplan estas nuevas actividades. A estos países que constituyen un primer caso se podría agregar, con sus variantes, el Perú, Bolivia y Ecuador.

El segundo caso, el de Brasil, fue según el autor algo distinto. Leamos: "... el predominio del modo de producción esclavista hasta el momento de la transición plantea una situación muy particular. No se trata aquí de expropiar a una iglesia feudal ni a comunidades campesinas, pues tales instancias no existían como obstáculo para la implantación del capitalismo, sino más bien de liberar el capital comercial involucrado en el tráfico de esclavos y convertir a éstos en población `libre´. El proceso de acumulación originaria se identifica por lo tanto con el proceso de disolución del régimen esclavista que se inicia con la supresión del tráfico internacional de esclavos, hecho que de por sí tiene hondas repercusiones en la vida económica de este país." (Cueva 1978: 72).

Y por último, los países donde las relaciones esclavistas no existían y las serviles estaban en franca descomposición constituyen otro bloque. Cueva lo expone así: "Una tercera situación que cabe señalar es la de aquellas formaciones latinoamericanas en que los elementos esclavistas o feudales son extremadamente débiles, pese a haber ya una concentración bastante grande de la tierra. Sería el caso de Chile y el área rioplatense, donde, como se vio, las relaciones capitalistas de producción empiezan a despuntar temprano. El proceso de acumulación originaria arrancó aquí antes, de modo que en el momento al que ahora nos referimos no hace más que consolidarse y ampliarse. La conocida `difusión del alambrado´ es una de las formas típicas de conformación definitiva de la propiedad capitalista del suelo." (Cueva 1978: 73 y 74).

El siguiente capítulo es llamado *El desarrollo oligárquico dependiente del imperialismo*. El autor parte recordando y afirmando: "Estas condiciones, a las que ya nos hemos referido brevemente en el capítulo anterior, están constituidas en lo esencial por dos hechos: el de que el capitalismo no se implanta mediante una revolución democrático-burguesa que destruya de manera radical los cimientos del antiguo orden, y el de que nazca y se desarrolle subordinado a la fase imperialista del capitalismo." (Cueva 1978: 79).

A lo que Kautky y Lenin llamaron "vía junker" o "vía prusiana" de desarrollo del capitalismo en el agro, el autor lo denomina la "vía reaccionaria u oligárquica". Teniendo como sustento esta idea general escribe: "Sin embargo, que en el desarrollo de nuestro capitalismo agrario existe una especie de unidad en la diversidad dada por el hecho que este desarrollo ocurre -salvo en contados puntos de excepción- de acuerdo con una modalidad que lejos de abolir el latifundio lo conserva como eje de toda la evolución." (Cueva 1978: 80).

En base a los estudios de Mariátegui y de Bartra, cree que lo descrito tendría en la evolución del agro en México y en el Perú sus mejores exponentes y luego agrega: "En otras situaciones nacionales la incorporación de elementos de semiesclavitud o semiservidumbre es de tal magnitud, que hasta pábulo que el mismo punto de arranque del modo de producción capitalista sea percibido como una especie de retorno a los peores rigores del régimen feudal. Este `retorno´ no es tal sino en apariencia, pero el mantenimiento y hasta la recreación de formas semiesclavistas o semiserviles a lo largo del proceso es un hecho muy real, que por sí solo está definiendo una modalidad específica de desarrollo." (Cueva 1978: 81).

En otra parte reitera: "La vía oligárquica seguida por nuestro capitalismo no conduce desde luego a un estancamiento total de las fuerzas productivas, pero sí es una de las causas principales de su desarrollo lento y lleno de tortuosidades, mayor en extensión que en profundidad. Resulta claro, por lo demás, que en América Latina el ritmo de este desarrollo varía en razón inversa del grado de `hibridez´ de las relaciones sociales de producción. Allí donde los elementos semiesclavistas o semifeudales siguen `envolviendo´ por largo tiempo el movimiento del capitalismo, las fuerzas productivas se desarrollan de manera morosa y desigual; en las áreas en que el trabajo libre se impone como regla, ese desarrollo es incomparablemente más acelerado y homogéneo. Un ejemplo de la primera situación podemos encontrar en la hacienda porfiriana típica, mientras que la segunda situación puede ilustrarse con la estancia rioplatense, donde las fuerzas productivas se desarrollan con bastante celeridad *hasta el límite permitido por la estructura latifundaria de la propiedad.*" (Cueva 1978: 83 y 84).

Esta forma del desarrollo del capitalismo en América Latina, que no ha permitido la liberación de las fuerzas productivas y por los efectos producidos en la estructura social en su conjunto ha tenido ciertos resultados: "Entre éstos merece destacarse, en primer término, el de la rémora en la constitución de un proletariado moderno. (...) Observemos entre tanto que en el otro extremo de la estructura social del desarrollo reaccionario del capitalismo produce un fenómeno correlativo del anterior, es decir, una rémora en la conformación de una burguesía realmente moderna." (Cueva 1978: 85).

Y todo esto, una vez más, está influenciado por el fenómeno del capitalismo en general. Cueva, citando a Samir Amin, dice: "`Lo que ocurre es que en las formaciones del capitalismo central , los ingresos dominantes son los beneficios capitalistas, mientras que, en las del capitalismo periférico, suele ser la renta del propietario de la tierra, clase dominante beneficiaria de la integración al mercado internacional. En economías capitalistas, los beneficios constituyen la renta elástica que responde más a la variación de la coyuntura. Los beneficios excepcionales realizados en períodos prósperos son a la vez invertidos (...) En una economía agraria integrada en el mercado internacional, no ocurre lo mismo. Las rentas de los propietarios terratenientes, que se levan en la fase de prosperidad, no se invierte, sino que se gastan..." (Cueva 1978: 86).

Además insiste en algo y éste tiene que ver con la articulación de las economías latinoamericanas y el capital imperialista. Leamos: "Buena parte de `nuestro´ mercado interior no era más que una prolongación del mercado metropolitano. Esto es notorio sobre todo en las situaciones de `enclave´, donde los salarios podían ser incluso más elevados que en el resto de la economía." (Cueva 1978: 89).

Y continúa diciendo: "... en el modelo de desarrollo del capitalismo que venimos examinando, toda la acumulación gravita en torno de la actividad primario-exportadora, de suerte que aún el desarrollo industrial depende de los vaivenes y altibajos de ésta, que a su vez depende del movimiento general del capitalismo imperial. En ese sentido resulta interesante constatar cómo los mismos autores que caen en la ilusión de suponer que su país ha avanzado por el camino de la industrialización gracias a un coyuntural `aflojamiento de la dependencia´ terminan consignando datos que prueban lo contrario." (Cueva 1978: 95 y 96).

Antes de terminar el capítulo, sostiene que la presencia del capital imperialista en Latinoamérica tiene tres consecuencias fundamentales, sus palabras: "El primero y más obvio consiste en la desnacionalización de la economía latinoamericana, con todas las derivaciones, incluso políticas, que ello supone. El segundo radica en que tales inversiones constituyen un elemento más de deformación del aparato productivo local (...) Y el tercero, en que tales inversiones son el vehículo más expedito para la succión de excedente económico." (Cueva 1978: 98).

Y finalmente cierra este capítulo afirmando: "... el desarrollo latinoamericano sólo se torna comprensible al conceptualizarlo como un proceso de acumulación muy particular de contradicciones que no derivan únicamente de los elementos históricos que hemos enfatizado en este capítulo (`prusianismo´ agrario, `deformación´ del aparato productivo capitalista debido a nuestra integración en el orden económico mundial, succión de excedente en el capital monopólico), sino también de una heterogeneidad estructural más amplia, explicable en términos de articulación de modos diversos de producción." (Cueva 1978: 100).

Cueva continúa con el capítulo que es titulado *La estructuración desigual del subdesarrollo.* El autor parte aceptando que si bien es cierto hay características comunes a todos los países de América Latina, de igual modo, hay ciertos hechos que los diferencian. La razón y luego la interpretación de las mismas, en la etapa analizada, son desarrolladas en esta parte de la investigación.

Él sostiene que una de las características del desarrollo del capitalismo en América Latina en cuenta de uniformizar la sociedad, como es idea común, por el contrario ha acentuado las diferencias en esta parte del mundo y de esa manera ha ido "... generando situaciones que en uno de sus extremos podrían ejemplificarse con los casos de Argentina y Uruguay (...), mientras el otro extremo podría ilustrarse con ejemplos como el de Haití o Bolivia, donde el atraso absoluto fue la regla. Resulta importante destacar que aún en la actualidad muchos países latinoamericanos están lejos de igualar el nivel de desarrollo que las naciones rioplatenses lograron hace medio siglo." (Cueva 1978: 101).

Luego polemiza con las ideas de algunos estudiosos en torno a sus esquemas interpretativos. Comienza su discrepancia con los autores de *La teoría de la dependencia* y dice: "Cardoso y Falleto proponen un modelo explicativo basado en la distinción de la materia heredada de la colonia según que ella provenga de las `colonias de explotacion´, las `colonias de población´ o las `reservas territoriales prácticamente inexplotadas´, a la vez que para el período de `desarrollo hacia fuera´ establecen una marcada diferencia entre las `economías de enclave´ y las `economías nacionalmente controladas´." (Cueva 1978: 102).

Y concluye con los planteamientos de Osvaldo Sunkel y Pedro Paz; ellos, según Cueva, comienzan "... por distinguir cuatro situaciones básicas en el punto de arranque: los `centros coloniales´, que serían México y el Perú; las `áreas de subsistencia´, que comprenderían regiones como Chile, Ecuador, el Noreste argentino y Centroamérica; las `áreas vacías´, constituidas por la Pampa argentina y el Uruguay; y las `áreas de subsistencia y plantación´, que englobaría a Brasil, Venezuela y el Caribe." (Cueva 1978: 102 y 103).

En contraposición a lo expuesto, sus puntos de vista los sustenta el sociólogo de esta manera: "... todos ellos poseen a juicio nuestro un denominador común que constituye al mismo tiempo su gran limitación: omiten de manera sistemática el análisis de lo que es fundamental, es decir, de los modos de producción articulados en cada formación social, base sobre la cual se definen incluso las modalidades específicas de vinculación de tales formaciones con el sistema capitalista imperialista mundial, en una cadena de recíprocas determinaciones claro está." (Cueva 1978: 104).

Líneas después continúa: "... las tipologías elaboradas por los autores que hemos mencionado no parecen sustituir con ventaja a una conceptualización basada en el materialismo histórico, como enseguida trataremos de demostrar mediante el análisis comparativo de varias situaciones nacionales." (Cueva 1978: 104).

Cueva comienza haciendo la diferencia en la llamada: "... `área de subsistencia´ que supuestamente fueron Chile y Ecuador, de ninguna manera se explica por la temprana incorporación del primero y la tardía incorporación del segundo a la economía mundial (...) Cabe además aclarar que en Ecuador no hubo `enclave´ alguno en dicho período, si por ello se entiende la propiedad extranjera de los centros productivos más dinámicos. Tal sería más bien el caso de Chile, al menos desde el momento en que el capital imperialista pasa a controlar la explotación del salitre." (Cueva 1978: 104).

Hecha la aclaración respectiva, en el caso de Chile y Ecuador, continúa: "... por otro tampoco se justifica que países estructuralmente más afines como Ecuador, el Perú y Bolivia aparezcan en categorías distintas, por más que este último haya sido en su momento un centro virreinal. Pese a que Ecuador inicia su transición al capitalismo por la vía de la actividad agropecuaria, mientras Bolivia lo hace por medio de una actividad exclusivamente minera y el Perú, por una vía más compleja que combinó la recolección del guano con la actividad propiamente minera y agrícola de exportación; parece claro que en los tres países hay una problemática común, determinada por la inserción del carácter primario exportador en una matriz dominada por el régimen de servidumbre y consiguientemente caracterizada por un bajísimo desarrollo de las fuerzas productivas." (Cueva 1978: 108).

Y en torno a las llamadas "áreas vacías", sostiene: "En el caso del área ríoplatense, la peculiaridad está en que ese valor local es un `vacío´, que históricamente será llenado, *aquí sí, al menos en el período que venimos examinando*, por un valor de tipo internacional, concretamente europeo. Éste es el elemento `histórico-moral´ que fija el nivel de salarios en un punto incomparablemente superior al de otras áreas latinoamericanas, marcando diferencias con el propio proceso chileno. A la luz de las reflexiones que hemos formulado, se explica la relativamente precoz constitución de un mercado interior de bastante amplitud en la zona ríoplatense, la rápida integración nacional que aquí se da con contingentes humanos paradójicamente `extranjeros´." (Cueva 1978: 117).

Luego pasa a ver el caso de Brasil: "... ya lo dijimos, se caracteriza por uno de los desarrollos más desiguales que se registra en el área latinoamericana. En este contexto de extrema heterogeneidad hay sin embargo un `polo´ que se destaca de inmediato, constituido fundamentalmente por el área cafetalera paulista que, no por azar, será también el eje del posterior desarrollo industrial." (Cueva 1978: 119 y 120).

Y una página después, sobre este mismo país, concluye: "Lo que primó en este caso es la enorme fuerza conservadora de la matriz precapitalista, que tiende `naturalmente´ a reproducir *ad infinitum* las relaciones sociales de producción que le son propias. En la economía cafetalera brasileña, tal tendencia sólo se quebrará al entrar en contradicción antagónica con la posibilidad de importar la mano de obra necesaria para la expansión económica, dando paso, entonces, a una segunda fase de características menos distintas." (Cueva 1978: 121).

Cueva, antes de terminar con Colombia y México, añade: "No es posible hacer aquí un examen exhaustivo del desarrollo particular de cada uno de los países latinoamericanos, así que a los ejemplos anteriores sólo añadiremos algunos más, destinados a comprobar la importancia que en este sentido tiene cada articulación concreta de modos de producción. Nos referiremos, en primer término, al caso de Colombia, sólo para observar que aquí también el polo de desarrollo estuvo constituido por la economía cafetalera, que no surgió a partir de la hacienda feudal o esclavista sino que se basó, en una importante medida, en la pequeña propiedad campesina." (Cueva 1978: 124).

Y termina el acápite refiriéndose a México: "... cuyo acelerado desarrollo a partir de 1940 tiene un fundamento histórico bien conocido: la revolución democrático-burguesa iniciada en 1910 y que culmina con el cardenismo. Lo único que queremos poner de relieve es que incluso antes de este período, es decir, durante el `porfiriato´, el capitalismo se había desarrollado ya, aunque fuese por la vía oligárquica, en una amplia extensión del cuerpo social, razón por la cual los mismos `enclaves´ extranjeros no eran meros islotes en un cuerpo precapitalista" (Cueva 1978: 125).

En el séptimo capítulo, desarrolla todo lo concerniente a la estructuración del llamado *Estado oligárquico*. Cueva encuentra una correspondencia directa entre la situación de la base económica y la estructuración del Estado. La primera etapa, la llamada "anarquía" política en América Latina, tiene que ver con la etapa precapitalista propiamente dicha. Luego al darse inicio a la acumulación originaria y la creación del mercado interno, para ampliarse o por lo menos mantenerse, necesita de un Estado-nacional que contribuya primero y garantice después dicho proceso.

A este Estado, correspondiente a esta primera etapa de desarrollo del capitalismo, que surgió entre las cuatro o tres últimas décadas del siglo XIX y se prolongó hasta después de la Segunda Guerra Mundial, el autor lo denomina "El Estado liberal-oligárquico". Tomando como prototipo al Estado Mexicano, escribe: "Teóricamente liberal, supuesto continuador, incluso, del liberalismo juarista, pero de una esencia autoritaria por demás manifiesta, el Estado `porfiriano´ (1876-1910) probablemente sea el ejemplo más acabado de esta modalidad política absolutista que tiende a imponerse por doquier en América Latina." (Cueva 1978: 127).

Por otro lado hace notar que "El Estado liberal-oligárquico", como no podía ser de otro modo, estuvo ligado a la figura del caudillo, del déspota o del héroe según mejor parecer. Algunos estudiosos han acuñado el término "caudillismo" para caracterizar a estos regímenes. El autor recuerda algunos casos como Justo Rufino Barrios y Manuel Estrada Cabrera en Guatemala, Antonio Guzmán Blanco y Juan Vicente Gómez en Venezuela, Rafael Reyes en Colombia, Ulises Heureaux en la República Dominicana, Tomás Guardia en Costa Rica, Juan Manuel Rosas y Julio Argentino Roca en Argentina, Lorenzo Latorre en Uruguay y los regímenes que se sucedieron en Chile después del suicidio de José Manuel Balmaceda.

Para él: "... la implantación de este tipo de regímenes a lo largo y ancho de América Latina es algo más que una simple coincidencia, incluso cronológica. Obedece, sin la menor duda, a la conformación de un nuevo tipo de Estado acorde con las necesidades, también nuevas, de la evolución económica y social de nuestros países. Tal Estado, que en síntesis no es sino la expresión de un proceso de acumulación originaria de poder capitalista, con la consiguiente concentración del mismo, emerge de una manera sinuosa, a través de un movimiento que por un lado se encarga de *supeditar* a los elementos de poder precapitalista, por la fuerza cuando es menester, y por otro lado de aniquilar, *mano militari* casi siempre, a los elementos democrático-burgueses que levantan una alternativa progresista de desarrollo capitalista." (Cueva 1978: 130).

Con este tipo de personajes, de regímenes políticos y sobre todo de Estados: "De lo que se trata, en suma, es de asentar la hegemonía de los `junkers´ o `boyardos´ locales, de los grandes comerciantes exportadores e importadores (burguesía compradora) y del capital monopólico extranjero, que estrechamente entrelazados conforman el eje del nuevo bloque dominante. Para lograr dicho propósito es necesario quebrantar el poderío económico y social de instituciones como la Iglesia, pero sólo en cuanto representan instancias feudales o eventualmente esclavistas que obstruyen el desarrollo del capitalismo." (Cueva 1978: 131).

Esta misma actitud, rechazo-liquidación y absorción-integración, del "Estado liberal-oligárquico" se da con los antiguos señores dueños del poder local, provincial o regional. El sociólogo, en torno al punto, continúa: "Expresión de una vía de desarrollo del capitalismo como la que hemos examinado, el Estado `oligárquico´ latinoamericano no puede tener, en cada caso, otra función que la de ser la instancia encargada de crear las condiciones superestructurales necesarias para ese tipo de desarrollo. Su primera tarea histórica consiste, por ello, en forjar un marco jurídico-político adecuado a la realización de la acumulación originaria de capital. Erigiéndose en una potencia suficientemente autoritaria como para vencer toda resistencia que los grupos afectados pudiesen ofrecer." (Cueva 1978: 134).

Y finalmente reitera: "En tales circunstancias el poder de los `junkers´ locales, la burguesía `compradora´ y el capital monopólico podía presentar una fachada a veces civil y en otras francamente militar, en ocasiones mostrar incluso un rostro `parlamentario´ como el de Chile y hasta proclamarse formalmente liberal, como correspondía a las relaciones de intercambio, sobre todo internacionales que lo sustentaban. Mas en el fondo no podía instituirse de otro modo que a través de una superestructura política cerrada y absolutista, notoriamente ubicada por encima y en contra del grueso de la sociedad civil. Por eso, la cadena dialéctica de represión y manipulación implícita en todo proceso de dominación burguesa, estaba en este caso desbalanceada a favor del primer término; el Estado `oligárquico´ era el Estado del `orden y el progreso´, que no el del `consenso´ y la `conciliación´ de intereses." (Cueva 1978: 142)

El estudio continúa con el título *La lucha de clases y la transformación de la sociedad oligárquica*. El autor sostiene que "...

la modalidad oligárquica-dependiente de desarrollo del capitalismo latinoamericano..." duró, en la mayoría de países de América Latina, cerca de cien años (desde 1870-80 hasta 1960-70). Luego aclara qué entiende él por período oligárquico: "Entendemos por etapa oligárquica aquella fase caracterizada por el predominio de los `junkers´ locales y la burguesía `compradora´, en alianza con el capital monopólico ubicado fundamentalmente en los sectores de la actividad primario-exportadora." (Cueva 1978: 144).

La liquidación de la etapa oligárquica en América Latina ha tenido diferentes ritmos, estilos, períodos y métodos. El método "revolucionario" ha sido claramente predominante en México y Bolivia. Y el método "evolutivo" en el Perú, Argentina, Chile y Brasil: "Y es natural que estas diferencias se den, ya que la transición de la fase oligárquica a la fase simplemente burguesa involucra modalidades que dependen de la particularidad de cada matriz estructural, de la correlación de fuerzas sociales que ella genera así como de la orientación que va adquiriendo la lucha de clases en el marco nacional, y no solamente de la vinculación que nuestros países establecen con el exterior. Hay en realidad una intrincada cadena de relaciones dialécticas en la que el factor externo se incluye ciertamente, pero no para actuar como *deus ex machine*, sino como sobredeterminante, de procesos internos de cuya configuración depende, en última instancia, el desarrollo de la historia." (Cueva 1978: 146).

Esta transformación, en términos gruesos y generales, del feudalismo al capitalismo, cree el autor, que se ha concretizado en la etapa oligárquica, por ello: "La tarea principal de la revolución democrático-burguesa en América Latina no consistía, por tanto, en la abolición de un orden rigurosamente feudal que, como quiere que sea, fue subordinado al desarrollo del capitalismo desde por lo menos el último tercio del siglo pasado, sino en transformar la modalidad reaccionaria de desarrollo de ese capitalismo en una modalidad democrática y progresista. Lo cual no impide que, al menos en las situaciones de mayor atraso como las del Perú, Bolivia, Ecuador, Haití, etc., estuviesen también presentes, de manera acumulativa, ciertas tareas de tipo netamente antifeudal." (Cueva 1978: 148).

En este proceso la actitud de las diferentes clases sociales ha sido naturalmente heterogénea. En el caso del campesinado, el autor dice:

"La paradoja de las luchas todavía campesinas estriba pues en que, al mismo tiempo que sus reivindicaciones apuntan a una destrucción de la estructura de la propiedad latifundaria, y por lo tanto a un cambio de vía de desarrollo del capitalismo, por otro lado no logran articular un proyecto propio de reestructuración completa de la sociedad. Además el campesinado no es fuerza hegemónica a lo largo y ancho del continente y ni siquiera en el interior de cada formación social. La propia estructura desigual del desarrollo determina un abanico bastante abierto de situaciones que van desde el analizado por Mariátegui, en la cual la masa de campesinos está compuesta fundamentalmente por siervos y semisiervos, hasta casos como el de los enclaves bananeros centroamericanos, donde la constitución de un proletariado agrícola es un fenómeno bastante temprano." (Cueva 1978: 153).

Cueva hace la aclaración de que el campesinado, por su misma ubicación en la producción, es un sector proclive a alinearse con la revolución de igual modo que con la contrarrevolución. Su actitud en la "contrarrevolución cristera", algunos años después de la revolución en México y su actitud bajo el gobierno de Barrientos, de igual modo años después de la reforma del 53 en Bolivia son conocidas y a la vez ilustrativas.

Con respecto al proletariado que surge principalmente en las minas, en las manufacturas y en la incipiente industria, sostiene lo siguiente: "Hay, en primer lugar, el hecho de su reciente formación como clase y, en la mayor parte de los casos, de su reciente ubicación urbana. En segundo lugar está la cuestión de su aislamiento o dispersión física, que no deja de plantear dificultades tanto en el plano de la transformación de su conciencia social como en el de la organización propiamente política. Combativo como pocos, el proletariado de los enclaves sobre todo, sufre las consecuencias de hallarse confinado en aquellos ʼislotesʼ de que hablamos en capítulos anteriores. En tercer lugar, la clase obrera se encuentra muchas veces ubicada en una situación en que los frentes de combate económico y político aparecen relativamente disociados durante el período oligárquico." (Cueva 1978: 154 y 155).

Una página después insiste: "Lo cierto es que el proletariado latinoamericano, numéricamente débil y de reciente formación, se mueve en aquel entonces en un horizonte en el cual comienza a despuntar la perspectiva de una transformación socialista, como lo prueba la conformación de los partidos proletarios a partir de la segunda década de este siglo; pero en donde también están presentes, objetivamente, las tareas democrático-burguesas que hemos señalado." (Cueva 1978: 156).

En torno al proletariado, dice: "La trayectoria del proletariado latinoamericano es desde luego mucho más compleja y rica de lo que sugieren nuestras breves reflexiones, encaminadas a asentar una sola conclusión; la depuración del carácter proletario de las luchas de los trabajadores sólo ocurre en la fase posoligárquica, o sea cuando la propia matriz estructural ha ido decantando la estructura de clases en un sentido cada vez más capitalista. Antes, incluso los sectores estrictamente proletarios se encuentran inmersos en un contexto muy particular, que se caracteriza por poner en el primer plano la posición oligarquía/pueblo que, por así decirlo, constituye el lugar de confluencia de las distintas luchas democráticas. Este eje de confrontación social va naturalmente articulando al que genera la oposición nación/imperio..." (Cueva 1978: 158).

Y termina el capítulo con el papel de las clases medias o pequeña burguesía. Clases que han tenido un rol importante en la democratización de América Latina. Estos sectores han recurrido incluso a la violencia armada y así han resquebrajado, en parte, el poder de la oligarquía. La verdad es que ninguna de ellas ha culminado una auténtica revolución democrático-burguesa. Los casos de México, Bolivia y Guatemala serían los experimentos más conocidos.

Al respecto el autor da la siguiente explicación: "El papel de las clases medias en el proceso de desmoronamiento de la sociedad oligárquica no es pues de menospreciar, pese a todas sus contradicciones y limitaciones. No creemos, como Weffort, que los movimientos surgidos de estas capas hayan sido `incapaces de ir más allá de la esfera política donde nacieron´; de hecho fueron más allá al coadyuvar, en más de un país, a la organización de un Estado `modernizante´, dotado de un proyecto burgués industrial, que se detenía, empero, en las puertas de una revolución democrático-burguesa al no emprender una transformación radical del agro. La influencia de tales capas suple, en gran medida, la debilidad o ausencia de un proyecto industrializador proveniente de la facción burguesa correspondiente, pero lo hace con las mismas vacilaciones y limitaciones de dicha facción, o sea, con igual temor de resquebrajar el principal mecanismo establecido de acumulación de capital." (Cueva 1978: 162).

Cierra el capítulo volviendo al comienzo diciendo lo siguiente: "En la generalidad de los casos, la transición de la fase oligárquica a la propiamente burguesa ocurrió, pues, sin la intermediación de transformaciones verdaderamente radicales. Ello no impidió que el Estado y la sociedad civil misma fueran decantándose en una dirección capitalista e inclusive desarrollando un importante sector industrial. Pero este mismo proceso de industrialización adquirió características particulares, derivadas no sólo de la situación de dependencia sino también de la no cancelación radical de la base oligárquica." (Cueva 1978: 1649.

El noveno capítulo es titulado *El proceso de industrialización y el problema de las crisis*. En él, Cueva desarrolla las dos hipótesis clásicas sobre el crecimiento y sobre las crisis en América Latina. Él toma tres hitos para ilustrar sus puntos de vista: la Primera Guerra Mundial, la crisis del 29 y la Segunda Guerra Mundial.

En contraposición a aquellos que hablan"... que las crisis de los países `centrales´ producen automáticamente el auge de las economías `periféricas´", sostiene que "... la tendencia general del capitalismo es más bien transferir el costo de la crisis de las áreas metropolitanas a las áreas dependientes; es natural que así sea puesto que éstas constituyen, por definición, el punto más vulnerable del sistema. Lo cual no quiere decir que sean entidades pasivas, incapaces de generar fuerzas que eventualmente contrarresten o por lo menos atenúen dicha tendencia, a través de una lucha de clases que produzca los efectos pertinentes." (Cueva 1978: 165).

Y por otro lado: "... no cabe olvidar que, dada la forma de inserción de nuestras sociedades en el sistema imperialista y el mecanismo básico de acumulación de capital que de esto se deriva, el proceso de industrialización latinoamericano nace y se desarrolla estructuralmente vinculado a dicho mecanismo, que convierte al sector primario exportador en polo `dinámico´ de toda economía. El desarrollo de la industria local está supeditado, por ende, a las posibilidades de acumulación de capital-dinero por la vía de las exportaciones, aunque el grado de conversión de este tipo de capital en capital productivo industrial depende, en última instancia, de las condiciones estructurales internas... " (Cueva 1978: 166).

Analizando la situación particular de algunos países latinoamericanos y dando abundante información estadística sobre el crecimiento o estancamiento de los mismos en los tres períodos mencionados, termina diciendo: "Por todas estas razones preferimos mantener nuestra tesis de que las crisis del capitalismo, por sí solas, no hacen más que producir efectos negativos en los puntos débiles del sistema, a menos que la lucha de clases arroje resultados favorables a las fuerzas portadoras de progreso." (Cueva 1978: 183).

El antepenúltimo capítulo, tomando como punto central de análisis las consecuencias de la Segunda Guerra Mundial, en las economías latinoamericanas, es titulado *Auge y declive de la economía de posguerra*. Esto tiene que ver mucho con el vaivén en la economía norteamericana. En la medida que para entonces las economías de América Latina estaban casi totalmente atadas a la de EE.UU.

Cueva sustenta las causas del auge así: "Queremos destacar en este análisis que hasta comienzos de la década del cincuenta parece predominar en América Latina un patrón de desarrollo caracterizado por la ampliación del empleo y el incremento real, aunque muy modesto, de los salarios, factores que contribuyen a la expansión del mercado interior. En esta fase gran parte del desarrollo industrial está todavía impulsado por la producción de bienes-salario, y la acumulación se realiza no tanto mediante la drástica reducción de éstos ni por cambios bruscos en la composición orgánica del capital, sino más bien sustentada en la significativa mejoría de los términos de intercambio." (Cueva 1978: 190).

Líneas después, además de demostrar este auge en cifras, también con datos hace ver la otra cara de la medalla, leamos: "El impulso generalizado de la economía latinoamericana se manifiesta, todavía en el quinquenio 1950-55, por un crecimiento anual del producto interno bruto del orden del 5.1 %, lo que en término percápita equivale al 2.2 %. Pero a partir de allí el declive comienza. El producto por habitante sólo crece al ritmo anual de 1.7 % en 1955-60, a 1.5 % en 1960-65, y se estanca en 1965-66. La época de la `bonanza´ sin duda ha concluido al deteriorarse los términos de intercambio internacional en un porcentaje que oscila entre el 15 y el 20 % en el lapso 1955-65.

Prebisch no tardará en constatar, con asombro, que el valor percápita de las exportaciones latinoamericanas había sido bastante más elevado en 1929 que en 1960." (Cueva 1978: 190 y 191).

El penúltimo capítulo es llamado *Acumulación de contradicciones y crisis generalizada del sistema*. El autor sostiene que los "regímenes oligárquico-dictatoriales" o las "tiranías semicoloniales" de los años treinta y cuarenta fueron insostenibles. Las contradicciones sociales y políticas en América Latina fueron tan agudas que fue menester una salida, que para el momento, se planteó la democracia a secas.

En muchos países reapareció la figura del "caudillo populista" y en algunos casos hasta el "filo fascista". En esta coyuntura entran en escena Velasco Ibarra en Ecuador, Paz Estenssoro en Bolivia, Perón en Argentina, Vargas en Brasil, etc. Este populismo instaló el llamado Estado "populista" o "benefactor" que, "... por un lado sería la forma en que el sector burgués industrial impone su hegemonía al sector agroexportador, y por otro la manera en que supedita al proletariado, mediante un hábil juego manipulador." (Cueva 1078: 209).

Luego define a este tipo de Estado: "En principio, el Estado denominado `populista´ no es más que el Estado capitalista moderno, que refleja tanto el predominio de la fracción burguesa industrial como determinados efectos de la lucha de las clases trabajadoras y en particular del proletariado. Pero ocurre que este tipo de Estado que ha venido transformándose a partir del declive del Estado oligárquico, adquiere características específicas al amparo de la coyuntura internacional de 1945-55, que le permite desarrollar una dimensión `arbitral´ y `benefactora´, `antioligárquica´ y `nacionalista´." (Cueva 1978: 209).

A este cuadro escapan las experiencias revolucionarias de Guatemala y Cuba. La primera, en los tiempos de Jacobo Arbenz, en la medida que se combinó la lucha por la tierra (democrática) y la lucha antiimperialista (nacional). El sociólogo sostiene que "... toda revolución consecuentemente antiimperialista posee, por el solo hecho de serlo, claros perfiles anticapitalistas. El imperialismo lo sabe mejor que nadie y en Guatemala actúa en consecuencia." (Cueva 1978: 203 y 204).

En el caso de Cuba, *El movimiento 26 de Julio* comenzó como un movimiento en contra de la "tiranía de Batista", luego en contacto con los campesinos se propone la "transformación de la estructura agraria"; teniendo claro estos dos principios entran los revolucionarios a La Habana. Algún tiempo después, consecuencia de los acontecimientos nacionales e internacionales, la revolución fue declarada socialista.

El triunfo de la Revolución Cubana fue el inicio de una cadena de guerra de guerrillas en el continente. La mayoría de ellas se declararon democráticas, populares, antiimperialistas y tuvieron como objetivo estratégico el socialismo. Casi todas han sido liquidadas, muy poco de ellas se mantiene hasta la actualidad. Estas experiencias armadas probaron diversos métodos y caminos. Del campo a la ciudad, de la ciudad al campo, en el campo y en la ciudad. La respuesta del orden ha sido, según Cueva, la instauración de los "Estados contra insurreccionales".

Cueva termina su libro, y nosotros también con él, con *Problemas y tendencias actuales*. Lo de actuales se refiere a mediados de la década del setenta. Él comienza discutiendo con aquellos estudiosos que sostienen que las sociedades latinoamericanas son "sociedades bloqueadas en su desarrollo", que son "sociedades de crecimiento sin desarrollo", o de igual modo que son "sociedades de desarrollo con pobreza".

Para él: "En efecto, ningún proceso capitalista se caracteriza por la estagnación, y el de América Latina no constituye una excepción a la regla. Pese a todas las vicisitudes señaladas en su oportunidad, el producto global de la región se ha cuadruplicado en los últimos veinticinco años y la producción industrial se ha multiplicado por cinco en igual lapso." (Cueva 1978: 219).

Luego planteará un problema que al correr del tiempo ha devenido el garrote más visible que estrangula a las sociedades latinoamericanas: La denominada deuda externa. A pesar de que en la última década (66-76) la tasa de crecimiento en América Latina es bastante alta, "El endeudamiento se eleva a más de 60 millones de dólares en 1975 y sobrepasa los 70 millones en 1976; en fin, el producto interno bruto de la región sólo incrementa en un 2.5% en 1975, decreciendo por tanto en términos percápita (-0.5%)." (Cueva 1078: 222 y 223).

Si en un momento dado el centro de la acumulación fue la empresa estatal y sus regímenes populistas y hasta filo fascistas, hoy el nuevo estilo de acumulación es la empresa privada, las privatizaciones, su palanca. Leamos: "De 1973 para acá la ofensiva del gran capital es más clara todavía y el proceso de centralización propiamente dicho aparece con nitidez mayor. El Fondo Monetario Internacional viene exigiendo, como requisito para la concesión de créditos, la aplicación de una estricta política `liberal´, vale decir, de una política de rendición incondicional a los intereses del capital monopólico. El hecho no es nuevo, mas sí su nivel de eficacia en esta crítica coyuntura en que la obtención de préstamos se ha convertido en cuestión de vida o muerte para las economías dependientes." (Cueva 1978: 232 y 233).

Continúa diciendo: "La `privatización´ masiva de las empresas públicas, que sólo en una mínima porción pasan a manos de capitalistas nacionales, forman parte pues del movimiento de centralización del capital, con las modalidades específicas que ello adquiere en una región dependiente como la nuestra. El resto se verifica bajo la forma de una `quema´ despiadada de los niveles empresariales `obsoletos´, que no por azar son justamente los de propiedad nacional." (Cueva 1978: 233 y 234).

Este nuevo sistema de acumulación a través de la empresa privada tiene su correlato a nivel político en la democracia liberal y en ella están interesados los que impulsan la nueva acumulación tanto interna como externa. De igual modo el movimiento popular tiene interés de terminar con las dictaduras militares y fascistas en América Latina y luchar por la democracia. Aquí viene la interrogante: ¿sobre qué tipo de democracia?

El autor hace la diferencia: "El problema del fascismo y en general de los regímenes autoritarios que asolan América Latina plantea al movimiento popular una meta inmediata, cual es la de la lucha en pro de la democracia. La cuestión parece diáfana, mas en el mismo momento de anunciarla surge la pregunta clave: ¿de qué democracia se está hablando? En este espacio de contornos indecisos, es obvio que cada quien coloca los contenidos de su conveniencia: la democracia por la que dice bregar Carter o la que nos propone como `alternativa´ la socialdemocracia internacional son una cosa; la democracia avanzada que busca establecer el proletariado y los demás sectores progresistas de Latinoamérica, como etapa conducen al socialismo, indudablemente es otra." (Cueva 1978: 237).

Y luego: "El establecimiento de esta etapa no es tarea sencilla ni el socialismo está a la vuelta de la esquina. El aparato fascista de dominación al que se ve enfrentado el movimiento popular no es más que un engranaje de la gran maquinaria represiva del imperio, a la que por lo demás están acoplados casi todos los ejércitos de América Latina." (Cueva 1978: 237).

Y termina formulando esta pregunta: "¿Cómo revertir estas situaciones y tendencias y avanzar con paso firme en dirección de la liberación nacional y el socialismo? He aquí el gran reto que el momento actual ha lanzado al movimiento de masas latinoamericano y muy en particular a sus vanguardias, es decir a nuestros partidos obreros." (Cueva 1978: 237 y 238).

*

Veamos en forma muy somera qué fue del socialismo años después de haber sido publicados los libros de Galeano y Cueva aquí analizados. Sobre el siglo XX, como sobre todos los siglos (en especial cuando con ellos se cierra y se abre un nuevo milenio) se ha escrito bastante. El historiador Eric Hobsbarwm dice que fue un "siglo corto". Por su parte el francés Claude Julien sostiene que fue "El siglo de los extremos". Siglo que habría comenzado con el inicio de la Primera Guerra Mundial en 1914 y habría terminado con la caída del muro de Berlín en 1989. Este último hecho simbolizaría, a la vez, el fin del llamado "socialismo real" con la URSS a la cabeza.

Como en muy pocos siglos, en este siglo hubo de todo. Gran parte de las ambiciones fueron saciadas y de igual modo la mayoría de curiosidades satisfechas. En el siglo XX se realizaron para su tiempo, incluso en grados extremos, todas las potencialidades humanas. Todos los campos fueron explorados, todas las materias analizadas. Como resultado final, el horizonte humano se amplió y el espíritu provinciano cedió, por primera vez en la historia, al espíritu universal.

Hubo guerras de las más brutales. Hubo revoluciones de las más idealizadas. Hubo revueltas de las más sorprendentes. Hubo creaciones de las más insólitas. Hubo, de igual modo, encantos y desencantos que endulzaron y amargaron la existencia. Y por último este siglo reafirmó, como ningún otro, al ser humano como amo y señor de este y de todos los mundos.

Para los explotados y oprimidos, para los soñadores y utopistas, para los izquierdistas y comunistas, fue el siglo que les brindó la oportunidad de tomar, de un solo vaso, el trago dulce y el trago amargo. Siglo que les permitió saborear la miel y degustar el vinagre a la misma vez. Además fue el siglo que les dio la oportunidad de vivir el encanto y el desencanto de su existencia en un mismo lapso.

A la alegría del triunfo de la revolución bolchevique vino la tristeza de la transición y la restauración del capitalismo en la URSS. La misma historia agridulce se repitió con la Revolución China. A pesar de todos estos hechos muy evidentes, un buen sector de la izquierda siguió discutiendo, hasta el último momento, la veracidad de estas afirmaciones.

Por su parte la caída del Muro de Berlín tuvo la felicidad para unos y la desgracia para otros de poner fin a la polémica entre el socialismo real y el revisionismo. La mayoría de la izquierda tuvo que aceptar, como en los viejos cuentos fantásticos, que el oro se había transformado, como resultado de un juego de manos, en ceniza.

Las clases dominantes y sus ideólogos conocían de cerca lo que ocurría en estas sociedades. Desde un principio instrumentalizaron un conjunto de términos para vincular a los comunistas con los fascistas y así descalificarlos. Con distintos colores y con diferentes signos era el mismo monstruo que deseaba terminar con el mundo libre y democrático. Sabían que de comunistas, por muchas razones, tenían muy poco o casi nada, a pesar de ello constantemente asociaban (lo siguen haciendo hasta hoy) los términos y así mataban dos pájaros de un solo tiro.

Algunas corrientes de la izquierda, los trotskistas y los maoístas, anticipándose en algunas décadas habían advertido que la dirigencia de la URSS había traicionado la revolución. Desde la subida de Stalin al control del Partido Comunista, para los trotskistas, y desde la muerte de Stalin, para los maoístas. El mismo argumento se repitió, desde el fallecimiento de Mao Tsetung, con la Revolución China. Pero en el concierto internacional sólo fueron voces aisladas y sin mayor eco en las grandes mayorías. El común siguió pensando y creyendo que el "bloque" o "campo socialista" existía y que la URSS seguía siendo "la patria del socialismo".

De cualquier modo para los trotskistas, maoístas y algunos otros izquierdistas la caída del Muro de Berlín significó la caída del "socialismo burocrático" o "socialimperialismo" y sus "satélites". Esto implicó que la confusión y el descrédito que había sufrido el socialismo con tamaños representantes "revisionistas" o "estalinistas" allanaba el camino para una auténtica lucha frontal contra la burguesía y sus representantes, a favor del socialismo.

De ser verdad todo ello, son estas corrientes las que podrían tener mayores posibilidades, a mediano plazo, de influenciar en los sectores populares y levantar un nuevo proyecto revolucionario y socialista en América Latina. Los otros sectores, que apoyaron al "campo socialista", tienen la pesada carga del pasado que se traduce en una profunda desmoralización en el presente.

En Latinoamérica, en términos generales, esta historia se repitió. La caída del socialismo (real o falso, es tema aún discutible) fue triste y dolorosa para gruesos sectores de la población. Un viejo comunista latinoamericano resume, de alguna forma, este estado de ánimo. Leamos lo que Jorge Amado, un año y medio después de la caída del Muro de Berlín, escribió: "Fragmentos de lo que fue el sueño y el combate, la esperanza y la certeza de millones de seres humanos, están siendo vendidos por el mundo en pequeños pedazos por ávidos comerciantes norteamericanos a coleccionistas de reliquias, junto con los fragmentos del muro de Berlín. Sé de hombres y mujeres, magníficas personas, que de repente se encuentran desamparados, vacíos, sumergidos en la duda, en la incertidumbre, en la soledad, perdidos, enloquecidos. Lo que los inspiró y condujo por la vida, el ideal de justicia y de belleza por el cual tantos sufrieron persecuciones y violencias, exilio, cárcel, tortura, y otros muchos fueron asesinados, se transformó en humo, en nada, en algo sin valor, apenas fue mentira e ilusión, mísero engaño, ignominia." (Amado 1991: 23).

A la par de lo escrito, hay también los otros, que sin dejar de preocuparse por el acontecimiento, creen que la historia no ha terminado y que esa pérdida histórica debe ser asumida críticamente. Uno de ellos es el sociólogo chileno Tomás Moulian. Leamos sus declaraciones al respecto: "Sí, yo siempre parto de un análisis global, en el sentido de que la izquierda ha sido víctima de una gran pérdida, de lo que significó históricamente el derrumbe de los socialismos reales, (...) Pero eso se ha traducido en desesperanza, y muchos la viven todavía. Esa pérdida no demuestra la fortaleza del capitalismo, y menos sus virtudes, porque lo que se desplomó fue una forma de socialismo, pero no el socialismo. Entonces, creo que esa pérdida la debemos asumir." (Moulian 2004: 1).

La verdad es que cayó el Muro de Berlín. El campo socialista desapareció en un abrir y cerrar de ojos. La URSS terminó hecha "una mierda". Es verdad de igual modo que la injusticia no cayó. Que la desigualdad no desapareció. Que el hambre y la miseria de miles de millones aumenta en el mundo. Y esta es la espada envenenada en el corazón del sistema. Éste es el primer problema que tendrá que solucionar la sociedad del futuro, si es que hay futuro, en la medida que esto no es tarea del capitalismo resolverla.

Por último el ya citado Pablo Guardarrama, relacionando capitalismo con marxismo, sostiene: "El marxismo y la búsqueda de opciones socialistas a las inhumanas condiciones de existencia que genera por naturaleza el capitalismo siguen tan vivos a inicios de este siglo XXI como la propia sociedad capitalista. No en balde parecen existir razones que motivan los desvelos actuales de los enemigos del socialismo y del marxismo a seguir combatiéndolos. Alguna razón tendrán en mantener tal preocupación." (Guardarrama 2002: 59).

El capitalismo triunfante, momentáneamente, desde las dos últimas décadas del siglo XX, se desbocó y exhibió sus mejores armas. Las guerras brutales y la sobreexplotación de los pueblos se pusieron a la orden del día. Y con arrogancia ideológico-política sentenciaba el fin de las ideologías, con excepción del neoliberalismo naturalmente. El fin de la historia, la que terminaba en el capitalismo, la economía de mercado y la democracia liberal encarnada en EE.UU. de Norteamérica.

LA CONTRAOFENSIVA NEOLIBERAL

En el primer capítulo hemos expuesto, grosso modo, las principales ideas de las distintas corrientes liberales que están asociadas a los diversos conceptos de democracia. En otras palabras, la democracia-liberal en lo político y el libre mercado en lo económico.

A la par hemos visto sus representantes, y sobre todo, el rol positivo desempeñado, en dichos niveles, en contra del orden feudal y su economía cerrada, de la aristocracia decadente a nivel social y del tomismo y la escolástica en el plano de las ideas.

A principios de la década del 70 del siglo XX, la necesidad de salir de las crisis cíclicas, obligó a las clases dominantes a buscar nuevas o retomar las viejas formas de acumulación. Esto implicó abandonar las recomendaciones keynesianas (que salvaron al sistema de las consecuencias de la crisis del 29 y sirvió para una colosal acumulación, especialmente en EE.UU., luego de la Segunda Guerra Mundial) y retomar algunas de las recomendaciones de la escuela clásica, agregar algunas ideas nuevas y así aparece el neoliberalismo.

Es menester decir una vez más que la acumulación a través de la empresa privada, con libre mercado y con participación mínima del Estado en la planificación y administración de la economía es una fórmula válida para un determinado momento del desarrollo. Cuando esta fórmula se agota, la acumulación se da a través de la empresa estatal o mixta, con control del mercado y teniendo al Estado como ente de la planificación y administración económica, de igual modo es válida, para otro momento del desarrollo.

En el fondo las recomendaciones teóricas de D. Ricardo y A. Smith no son antagónicas, en función de una nueva acumulación, por el contrario son complementarias a las recomendaciones del profesor Keynes, y viceversa.

Finalizando la década del 80 y comenzando la década del 90 aparecen los dos mayores teóricos, en el plano ideológico-político, del neoliberalismo. Por mera coincidencia los dos son norteamericanos. Uno de ellos, desde la historia y la filosofía, decía basarse en Hegel, Marx y Kojéve: sostenía que la historia, con la economía de libre mercado y la democracia liberal, ha llegado a su fin. El autor: Francis Fukuyama. El libro: *El fin de la historia y el último hombre*.

El otro, recurriendo a la etnología y la antropología cultural, sostenía que la lucha de clases no es más el motor de la historia, que el motor de ésta es la lucha cultural y en particular la lucha religiosa. El autor: Samuel Huntington. El libro: *El choque de civilizaciones y la reconfiguración del orden mundial*.

Estas ideas han tenido distinta suerte. Mientras que Fukuyama, diez años después, tuvo que retractarse de su hipótesis central, por su parte Huntington, con la nueva ofensiva imperialista contra una parte del mundo árabe y la respuesta de éstos blandiendo como arma ideológica la religión islámica, parece vivir su momento de gloria, en la medida que sus tesis habrían sido, aparentemente, confirmadas por la realidad.

En América Latina ha sido difundida, en las dos últimas décadas, una de las variantes del neoliberalismo. Variante que tiene dos conceptos básicos: Primero, la idea de *Estado de derecho* del filósofo John Locke, y segundo, la idea de *libre mercado* del economista Adam Smith.

Teniendo estos dos conceptos como principios generales, un autor latinoamericano sintetiza en siete puntos el contenido ideológico-político del neoliberalismo. Leamos: "Creemos en la libertad y la responsabilidad individuales como valor supremo de la comunidad. Creemos en la propiedad privada, para que ambas -libertad y responsabilidad- puedan ser realmente ejercidas. Creemos en la convivencia dentro de un Estado de derecho regido por una Constitución que salvaguarde los derechos inalienables de la persona. Creemos en que el mercado -un mercado abierto a la competencia y sin controles de precios- es la forma más eficaz de realizar las transacciones económicas".

Luego agrega: "Creemos en la supremacía de una sociedad civil formada por ciudadanos, no por súbditos, que voluntaria y libremente segregue cierto tipo de Estado para su disfrute y beneficio, y no al revés. Creemos en la democracia representativa como método para la toma de decisiones colectivas. Creemos en que el gobierno -mientras menos, mejor-, siempre compuesto por servidores públicos, totalmente obedientes a las leyes, debe estar sujeto a la inspección constante de los ciudadanos." (Montaner 1997: 96 y 97).

Como consecuencia del renacimiento del viejo liberalismo o neoliberalismo, al interior de la izquierda en América Latina se dieron tres actitudes. La primera comenzó profesando mucho respeto, respeto que se transformó en admiración primero e integración después. Este fenómeno se dio, principalmente, en las dirigencias políticas e intelectuales. La lista, desde fines de los años 70 hasta la actualidad, es realmente larga y conocida en cada país latinoamericano.

Para una buena parte de estos individuos, el ser comunista o izquierdista fue una fiebre y para otros una moda, sin descartar el cálculo oportunista, naturalmente. Así lo confirmó, hace un tiempo atrás Jorge Edwards, un antiguo comunista chileno, cuando escribió: "... eran tiempos de apariencias, de modas políticas, de verbalización excesiva, cosas, todas, que terminaron mal." (Edwards 2004: 13).

Un segundo grupo se afirmó y reafirmó en sus puntos de vista y hasta se ensimismó. Con el argumento de que son reaccionarios, de que ya fueron desenmascarados por los clásicos del marxismo, no dieron la lucha ideológico-política y terminaron reducidos a grupos en sí y para sí. Autoconvenciéndose con citas y escritos de los clásicos, terminaron abandonando la lucha ideológico-política.

Un tercer grupo, los menos, mordieron la manzana envenenada y dieron la polémica en esta nueva etapa histórica. Que los neoliberales son reaccionarios, que justifiquen el sistema capitalista y todas sus consecuencias, que levanten la bandera de la democracia formal, la libertad en abstracto, el individualismo y el consumismo no quiere decir, por lo menos en América Latina, que en sus investigaciones y análisis sea todo invento, sea todo ideología, o sea todo manipulación.

Claro que en el discurso teórico hay mucho efectismo, bastante propaganda y muy poca lógica; pero ello es menester esclarecerlo con argumentos y no sólo anteponer propaganda a contra-propaganda. Con este espíritu analicemos un par de ideas, expuestas por el autor neoliberal párrafos antes citado.

En torno a la ideología liberal, Luis Alberto Montaner niega al liberalismo la condición de tal, leamos: "... se debe rechazar la errada suposición de que el liberalismo es una ideología. Una ideología es siempre una concepción del acontecer humano (...), concepción que parte del rígido criterio de que el ideólogo conoce de dónde viene la humanidad, por qué se desplaza en esa dirección y hasta dónde debe ir. De ahí que toda ideología, por definición, sea un tratado de `ingeniería social´ y cada ideólogo sea, a su vez, un `ingeniero social´." (Montaner 1997: 92).

Si el liberalismo no es una ideología, ¿qué es entonces? Montaner no sabe qué es. A lo sumo llega a decir lo siguiente: "Un liberal, por el contrario, lejos de partir de libros sagrados para reformar a la especie humana y conducirla al paraíso terrenal, *se limita a extraer consecuencias de lo que observa en la sociedad*, y luego propone instituciones que probablemente contribuyan a alentar la ocurrencia de ciertos comportamientos benéficos para la mayoría." (Montaner 1997: 92).

Si el liberalismo no es una ideología, tampoco una religión, menos una mitología, lo único que podría ser es una ciencia. Tampoco aceptan este concepto, en la medida que una de las características de la ciencia es descubrir y sistematizar las leyes generales y particulares que rigen los fenómenos naturales, los hechos histórico-sociales y las ideas en cualquiera de sus niveles y expresiones. Como consecuencia, con la ciencia, es posible conocer las tendencias histórico-sociales y así, hasta cierto punto, avizorar o predecir, en términos generales, lo que puede suceder.

El autor, en la cita transcrita, dice que el liberalismo "... se limita a extraer consecuencias de lo que observa en la sociedad". En base a la observación saca sus conclusiones y organiza su cuerpo teórico. Hay que recordar que la observación, ya lo dijeron Hume y Kant en su debido momento, es la primera etapa del conocimiento. Limitarse a ella, sacar conclusiones, generalizar y elaborar un cuerpo teórico en base a la observación, en teoría del conocimiento, se llama empirismo. ¿Y dónde queda el conocimiento racional, lógico y científico? Para los liberales, en la nada, porque para ellos sólo tiene valor la observación, lo sensorial.

El liberalismo simple y llanamente fue una ideología progresista y revolucionaria de la burguesía en ascenso en un momento dado del desarrollo histórico-social. El neoliberalismo es hoy la ideología de una de las facciones de la burguesía en la etapa imperialista del capitalismo.

En segundo lugar, en el plano político, mencionando a John Locke quien: "... para evitar las guerras civiles, la dictadura de los tiranos, o los excesos de la soberanía popular, era conveniente fragmentar la autoridad en diversos ´poderes´, además de depositar la legalidad de gobernantes y gobernados en un texto constitucional que salvaguardara los derechos inalienables de las personas, dando lugar a lo que luego se llamaría un Estado de derecho. Es decir *una sociedad racionalmente organizada*, que dirime pacíficamente sus conflictos mediante leyes imparciales que en ningún caso pueden conculcar los derechos fundamentales de los individuos." (Montaner 1997: 93).

Aquí, nuestro autor es claro y contundente cuando aboga por "... una sociedad racionalmente organizada...". La razón humana que previamente ha investigado, analizado y sistematizado en base a ese cuerpo teórico de leyes, categorías y principios es la que organiza la sociedades.

Recordemos que la razón humana tiene que ver mucho con el momento histórico, con la clase social, con la cultura y la subjetividad.

Por lo tanto, en este nivel, para Montaner, la razón humana nada deja al azar, nada a la inconsciencia, nada a la espontaneidad, nada al mundo ciego y sordo y así se evita que "el hombre sea el lobo del hombre", en palabras de Hobbes.

Luego, en el plano económico, se expone la otra cara de la medalla. Montaner escribe: "Otro liberal inglés, Adam Smith, un siglo más tarde, siguió el mismo camino deductivo para inferir su predilección por el mercado. (...) El mercado era un sistema autónomo de producir bienes y servicios, no controlado por nadie, que generaba un orden económico espontáneo, impulsado por la búsqueda del beneficio personal, pero autorregulado por un cierto equilibrio natural provocado por las relaciones de conveniencia surgidas de las transacciones entre la oferta y la demanda."

Luego continúa: "Los precios no eran `justos´ ni `injustos´, simplemente eran el lenguaje con que funcionaba ese delicado sistema, múltiple y mutante, con arreglo a los imperdonables deseos, necesidades e informaciones que mutua e incesantemente se transmitían los consumidores y productores. Ahí radica el secreto y la fuerza de la economía capitalista: el mercado." (Montaner 1997: 93 y 94).

En primer lugar, él hace un corte subjetivo y separa la economía de la política, teniendo en cuenta que muy pocos discuten el conocido principio de que   "... la política no es más que la expresión concentrada de la economía". Y en segundo lugar, él acepta que el gobierno y el Estado sea consecuencia de una acción "...racionalmente organizada...", pero la economía, que tiene su alfa y omega en el mercado, no puede ser controlado por nadie, tiene que regirse por la espontaneidad y sola tiene que buscar su equilibrio natural.

Aquí se observa las inconsecuencias y las contradicciones en el discurrir teórico-conceptual de los neoliberales. A la política, el reino de la razón. A la economía, el reino de la sinrazón. A la política, el control. A la economía, el descontrol. A la política, el equilibrio racional. A la economía, el equilibrio natural. A la política, el laboratorio. A la economía, la ley de la selva.

A pesar de sus incoherencias, muchos de los problemas por ellos analizados son reales, por un lado, y correctamente entendidos, por otro. La gran diferencia reside en la salida teórico-política que ellos proponen. Y ésta es la clave que despeja todas las incógnitas. Sus soluciones, para los problemas de América Latina, con diferentes nombres y tonos, es que se debe propugnar el desarrollo del capitalismo con toda fuerza, en su versión neoliberal, en esta parte del mundo. En otras palabras, transformando la razón del mal en razón del remedio.

Sólo a través del desarrollo de este sistema los países latinoamericanos llegarán a ser desarrollados y modernos como los del Primer Mundo. Ante el argumento de que eso no es posible por el momento histórico en que se encuentra el capitalismo, es decir el imperialismo, sostienen que otros países, incluso en esa etapa, lograron un alto desarrollo. Los llamados Tigres del Asia les sirve como ejemplo en un caso, y en otro, ponen la experiencia del modelo chileno como vía a imitar en Latinoamérica.

Como hemos visto, páginas antes, los dos autores marxistas (Galeano y Cueva) aquí trabajados, concluyeron sus respectivas investigaciones, sosteniendo que si el pueblo latinoamericano, consecuencia de su realidad, desea dar una solución a sus problemas seculares, tiene un norte y éste no es otro que el sistema socialista, entendido como una etapa histórico-social que sucede al sistema capitalista, como éste sucedió al sistema feudal.

Las respuestas teórico-prácticas a las ideas plasmadas en las conclusiones de estas investigaciones se dieron de dos formas. Por un lado, teniendo el antecedente de la lucha armada en los años 60, en las décadas del 70, 80 y 90 en la mayoría de países latinoamericanos se llevó a la práctica esta forma de lucha. Casi todas las organizaciones, como hemos visto en el capítulo anterior, tenían como ideología el marxismo y como meta el socialismo.

La segunda respuesta a la alternativa socialista en general, y a estas dos investigaciones en particular, se dio en América Latina, algunos años después, desde la vertiente del neo-liberalismo. Ideología que, a nivel general, está representada por Fukuyama y Huntington, y tiene en Hernando de Soto, Plinio Apulayo Mendoza, Luis Alberto Montaner y Álvaro Vargas Llosa, en América Latina, algunos de sus exponentes.

Comencemos analizando la investigación hecha a mediados de la década del 80 del siglo pasado por el economista peruano Hernando de Soto.

HERNANDO DE SOTO. EL OTRO SENDERO

Antes que la contra-ofensiva internacional del neoliberalismo se concretizara en Inglaterra con la elección de Margaret Thatcher (1979) y en los EE.UU. con la elección de Ronal Riegan (1980), en América Latina ya había comenzado su experimento, algunos años antes, con Pinochet (1973) en Chile, Morales Bermúdez (1975) en el Perú, Videla (1976) en Argentina, etc.

Si esto se daba en el plano de la *realpolitik*, en el nivel académico-intelectual esa contra-ofensiva ideológico-política fue total. Una de las primeras consecuencias de esta acción fue el cambio de política de muchos individuos, en especial, al interior de lo que genéricamente se denominó la "izquierda" en América Latina.

Desde fines de los años 70 se observó que muchos comunistas devinieron izquierdistas, éstos progresistas, gran parte de los mismos socialdemócratas, la mayoría de los socialdemócratas emprendieron el camino hacia el neoliberalismo. Mientras que otros se ahorraron el sinuoso camino y dieron el "salto triunfal" de un extremo al otro.

Estos cambios son interpretados como oportunismo ideológico por unos, como madurez política por otros. O como la combinación de las dos anteriores por unos terceros. ¿Quién tiene razón? Es un tema sobre el cual se continuará discutiendo, seguramente, por mucho tiempo más. Además, como ya lo hemos dicho anteriormente, la psicología y la psiquiatría tienen mucho que decir al respecto.

También hubo, como no podía ser de otro modo, los que se ahorraron las lecturas básicas de Marx y Engels, de Lenin y Mao Tsetung, de Trotski y Gramsci, de Lukásc y Althusser, del "Che" Guevara y Regís Debray, etc. Éste es el caso del economista peruano Hernando de Soto, quien hizo su presentación pública en la sociedad latinoamericana como un empresario de éxito. Como un hombre a quien la fortuna le sonríe; y expresaba con orgullo y sin mala conciencia que el sistema capitalista, en su versión neo-liberal, debe implementarse radicalmente en América Latina.

Despues de algunos años de investigación económica, antropológica y jurídica en la sociedad peruana, su modelo para América Latina y el Tercer Mundo, llegó a la conclusión de que las estructuras "mercantilistas" de las sociedades latinoamericanas, con su expresión político-social, los empresarios "mercantilistas", tienen en la "informalidad" económica y los empresarios "informales" su contraparte. Teniendo estos dos ejes centrales, *mercantilismo-informalidad*, se estructura el libro que publicó en 1986 y fue titulado *El otro sendero*.

Antes de entrar al análisis del contenido del libro, hay que recordar que su mercadeo y su publicidad fueron realmente impresionantes cuando el trabajo apareció. Todo estuvo cuidadosamente preparado, desde la presentación escrita por Mario Vargas Llosa, pasando por el diseño y los colores de la carátula, hasta cómo fue propalado el video clip en la televisión. El objetivo fue convertir el libro en un *best seller* en todo América Latina.

En el Prefacio, de Soto advierte al lector lo siguiente: "No creo que sea presuntuoso hacer una recomendación a mis lectores: si bien este libro será controversial, porque propone la superación del *status quo* -y el estatus conviene a mucha gente-, no deseo que se piense que es innecesariamente agresivo. En primer lugar, porque su objetivo explícito es sustituir la opción de los cambios azarosos por una alternativa pacífica y deliberada." (de Soto 1987: XXXV).

Líneas después termina esta parte (donde el investigador es remplazado por el político y el científico social cede al publicista) formulando estas preguntas: "¿Cuál es la finalidad de esta obra? ¿Por qué hice este libro? Una sola respuesta dio sentido a este trabajo en los últimos años: porque quiero una sociedad libre y próspera, donde la inteligencia y la energía de la gente estén empleadas en hacer cosas productivas y en lograr cambios políticos beneficiosos; ..." (de Soto 1987: XXXV).

El libro está dividido en dos grandes partes con sus respectivos capítulos y sub-capítulos. El primer capítulo de la primera parte es la *Introducción*. En ella desarrolla tres puntos. *Las migraciones* del campo a la ciudad o de la provincia a la capital que se han incrementado en los últimos cuarenta años: "... ha hecho que la población urbana se quintuplique y que necesariamente la ciudad se reorganice. Han aparecido, así, nuevas actividades que poco a poco vienen reemplazando a las tradicionales. Viviendas modestas apiñadas en torno a la ciudad, una multitud de talleres instalados en éstas, ejército de ambulantes vendiendo en las calles e incontables líneas de microbuses surcándolas parecen haber brotado de la nada, ensanchando y densificando el espacio urbano." (de Soto 1987: 3). Esta situación de hecho tiene sus consecuencias en el plano legal (la mayoría de ellos viven fuera de la ley), en el plano personal (se acentúa el individualismo), en el plano cultural (se forja una nueva identidad cultural) y sobre todo en el plano estatal, el mismo que ha sido desbordado o restringido y como consecuencia: "Al retroceso del Estado ha venido aparejado el retroceso de la sociedad tradicional." (de Soto 1987: 5).

Pero este traslado del interior, del campo o de la provincia, no ha sido fácil para el emigrante, en especial para los primeros, en la medida que la gran ciudad lo rechaza de muchas formas, de Soto lo llama *La recepción hostil*. Comenzando por la falta de trabajo y de vivienda, pasando por la legislación en contra de los migrantes y terminando en los traumas, consecuencia de los cambios y trastornos psíquico-culturales de los recién llegados.

El autor termina esta parte con el título *De migrantes a informales* y en él desarrolla el concepto de "informalidad" que es uno de los ejes de la investigación. Leamos: "La noción de informalidad que utilizamos en el presente libro es, pues, una categoría creada en base a las observación empírica del fenómeno. No son informales los individuos, sino sus hechos o actividades. La informalidad no es tampoco un sector preciso ni estático de la sociedad, sino una zona de penumbra que tiene una larga frontera con el mundo legal y donde los individuos se refugian cuando los costos de cumplir las leyes exceden a sus beneficios. (...) También son informales aquellas actividades para las cuales el Estado ha creado un sistema legal de excepción a través del cual un informal puede seguir desarrollando sus actividades, aunque sin acceder necesariamente a un *status* legal equivalente al de aquéllos que gozan de la protección y los beneficios de todo el sistema legal..." (de Soto 1987: 12 y 13).

El segundo capítulo, llamado *La vivienda informal*, ilustra con casos concretos cómo ha sido el proceso desde la invasión del terreno para la vivienda hasta llegar a la formalización del hecho y convertirlo en propiedad privada legal. La misma historia se repite en el tercer capítulo, que es llamado *El comercio informal* hasta su legalización y termina, esta parte del libro, con el cuarto capítulo (con el diagnóstico de bases) denominado *El transporte informal*.

Del análisis de la base sobre la que se levanta la informalidad pasa a la segunda parte del libro y comienza con el título *Los costos y la importancia del derecho*. En él hace ver, con datos y cifras, lo difícil y costoso que resulta para el *informal formalizarse* y esto tiene que ver con las leyes obsoletas, la burocracia corrupta, las barreras de la sociedad mercantilista y con el papel del Estado, que vive de espaldas a la informalidad.

En el sexto capítulo desarrolla la relación Estado y derecho. De Soto lo titula *La tradición distributiva* y afirma: "Al parecer, entre quienes formulan la ley en nuestro país existe una tradición de utilizar el derecho como un instrumento para redistribuir la riqueza y no para facilitar su creación. En este sentido, la ley es vista esencialmente como un mecanismo que permite repartir un stock fijo de propiedad entre los distintos grupos de interés que así lo demandan." (de Soto 1987: 239).

Y a renglón seguido añade lo siguiente: "Para un Estado que no entiende que la riqueza y los recursos pueden crecer y ser facilitados por un adecuado sistema institucional y que inclusive los pobladores de condición más humilde pueden generar riqueza, la distribución por vía directa aparece como la única ética aceptable." (de Soto 1987: 239).

Hasta aquí ha trabajado uno de los aspectos del problema: la informalidad y sus implicancias. En el capítulo séptimo desarrolla la otra parte del problema: la sociedad mercantilista. Él lo denomina *El paralelo mercantilista*, que dicho sea de paso está íntimamente relacionado con la *tradición distributiva*. Leamos: "En realidad, la tradición distributiva no es privativa de peruanos y latinoamericanos, no resulta únicamente de las características culturales de determinados pueblos, ni tampoco es única en la historia. Antes bien, es la característica principal de un sistema de organización social en el que actualmente parece estar inmerso el Perú, América Latina y quizá buena parte del Tercer Mundo, como antes lo estuvieron los países desarrollados. Nos referimos concretamente al mercantilismo." (de Soto 1987: 251).

El autor, recordando lo que significó el mercantilismo en Europa, dice: "Esencialmente el mercantilismo significaba una economía políticamente administrada, cuyos agentes económicos estaban sometidos a una reglamentación específica y detallada. El Estado mercantilista no permitía que los consumidores decidieran lo que se debería producir. Se reservaba, más bien, el derecho exclusivo de indicar y promover las actividades económicas que consideraba deseables y proscribir o desalentar las que no creía conveniente. (...) Para lograr sus objetivos, el Estado mercantilista concedía privilegios a productores y consumidores favorecidos por medio de reglamentaciones, subsidios, impuestos y licencias." (de Soto 1987: 252).

Teniendo en cuenta el momento histórico y la relación del Estado con los empresarios, el autor resume en pocas palabras en qué consiste el mercantilismo: "Así pues, el mercantilismo europeo se caracterizó por las amarras tendidas entre un Estado ubicuo y un poder empresarial privilegiado y excluyente." (de Soto 1987: 253).

Hablando sobre la relación del derecho y el Estado continúa: "Ambos comparten, en mayor o menor grado, características como la producción autoritaria de la legislación, un sistema económico directamente intervenido por el Estado, una reglamentación engorrosa, detallada y `dirigista´ de la economía, acceso difícil o imposible a la empresa por parte de los que no tienen vínculos estrechos con los gobernantes, burocracias abigarradas y una ciudadanía obligada en muchos casos a organizarse en coaliciones distributivas y en gremios poderosos." (de Soto 1987: 259).

Hernando de Soto, tomando como ejemplo su país de origen, critica a una de las facciones de la gran burguesía. La llama "la derecha tradicional" y lo hace en estos términos: "Se podría decir, entonces, que el Perú de hoy vive dentro de un sistema predominantemente mercantilista que poco tiene que ver con uno de economía de mercado moderno. Sin embargo, los portavoces de la derecha tradicional confunden continuamente un sistema con otro, en su intento de darle sustento racional a las actividades comerciales y empresariales de sus representados y de granjearse también las simpatías de los abanderados del sector privado en occidente. Estos últimos rara vez se dan cuenta de que sus contrapartes latinoamericanos no funcionan en economías regidas por el mercado sino por la política." (de Soto 1987: 259).

La misma crítica es extendida en contra de lo que él llama "la izquierda tradicional", leamos: "Por su parte, portavoces de la izquierda tradicional confunden también los dos conceptos, pero con el objeto de concluir que, a pesar del predominio de la propiedad privada de los medios de producción, no se ha logrado el desarrollo que el país requiere. Por lo tanto, argumentan que es obvio que el capitalismo ha fracasado y que se hace necesario pasar a un modelo colectivista." (de Soto 1987: 259 y 260).

En resumen sostiene: "... tanto la derecha como la izquierda tradicionales han logrado, por distintos motivos, desacreditar la causa del desarrollo por vía de un sector privado formal, simplemente por que al aludir a él, en realidad ambos se están refiriendo a un sistema mercantilista anacrónico. Ni una ni otra se han puesto a pensar que tanto los particulares como el Estado producen resultados distintos según cómo sean las instituciones legales dentro de las cuales operan, y que los incentivos dentro de una economía de mercado o dentro de un sistema mercantilista tienen consecuencias radicalmente diferentes." (de Soto 1987: 260).

¿En qué han terminado estas sociedades mercantilistas? Tomando el ejemplo europeo, de Soto afirma: "El mercantilismo de la mayoría de países extranjeros se derrumbó entre fines del siglo XIX y principios del XX, cuando las contradicciones de un sistema incapaz de gobernar una sociedad más compleja y más organizada llegaron a sus límites." (de Soto 1987: 273).

El autor recuerda cuatro experiencias históricas de cómo se derrumbó la sociedad mercantilista. Comienza con la sociedad inglesa, que fue una solución pacífica; continúa con los casos de Francia, España y Rusia que fueron soluciones violentas. Reflexionando sobre el agotamiento del mercantilismo y la posible salida violenta, escribe: "La lección europea es que un mercantilismo decadente que se resiste a un cambio institucional apropiado es el umbral de la violencia y el desorden. Con medidas represivas y mucho sufrimiento podrá postergarse el desenlace final, pero tarde o temprano las contradicciones probablemente serán resueltas por la dictadura comunista o la convivencia de un sistema democrático y una economía de mercado." (de Soto 1987: 282).

En el último capítulo que es titulado *Conclusiones* sostiene que las instituciones legales y formales en las sociedades mercantilistas latinoamericanas están en crisis y cada día se acentúa más la misma. Ésta es una de las razones del por qué la violencia en general y sobre todo la violencia política es vista cada día, por mayores sectores sociales, como solución a esta crisis y a la sociedad mercantilista en general.

Finalmente, en *Agenda para el cambio*, plantea la solución pacífica orientada desde el punto de vista de la ideología neoliberal. Sus palabras: "El reto consiste, entonces, en llegar a un sistema legal e institucional que deje funcionar ordenadamente la economía espontánea surgida del pueblo, que les permita producir con seguridad a los empresarios y comerciantes formales competitivos en lugar de obstaculizarlos, y que transfiera a los particulares aquellas responsabilidades e iniciativas que el Estado ha monopolizado sin éxito. La consecuencia de todo esto sería que el derecho cobraría vigencia social." (de Soto 1987: 299).

Luego menciona que al interior de una misma sociedad (en este caso el Perú y, por extensión, Latinoamérica) conviven varios países: "Hay un país mercantilista al que hasta el día de hoy se le trata de reanimar con distintas fórmulas y técnicas políticas, pero que ya tiene todos los síntomas del cuerpo de que no da más; hay también un segundo país, el de quienes se angustian buscando salidas, pero que se pierden entre los objetivos de destrucción de la violencia terrorista y las exhortaciones carentes de soluciones prácticas de muchos progresistas; y finalmente, existe un tercer país, que constituye lo que nosotros llamamos `el otro sendero´: el país que trabaja duro, es innovador y forzosamente competitivo, y cuya provincia más resaltante es, por supuesto, la informalidad." (de Soto 1987: 313).

Y termina reiterando la importancia del país de la *informalidad* como alternativa al país *mercantilista* y al país de la *revolución violenta*. Leamos: "Este último país es la alternativa directa a cualquier violencia subversiva o criminal, porque sustituye la energía desperdiciada en el resentimiento y la destrucción, por la energía bien invertida en el progreso económico y social. Los informales nos lo prueban todos los días. Están siempre dispuestos al diálogo, a la prudencia y a la adaptación social. Las personas motivadas por sus ansias de progreso y superación están siempre muy bien dotadas para vivir en un Estado de derecho. El odio y la rabia de los subversivos sólo encuentra terreno fértil ahí donde la informalidad no ha podido establecerse y donde la formalidad mercantilista ya fracasó." (de Soto 1987: 313 y 314).

Estas ideas son los ejes sobre los cuales se mueve el razonar de Hernando de Soto. Sobre las mismas que fueron plasmadas en *El otro sendero*, hay que decir sucintamente lo siguiente: En primer lugar, para el autor no existe el imperialismo y todas sus implicancias económicas y políticas en la vida de las sociedades latinoamericanas. De igual modo, para él sólo existen los monopolios públicos o estatales, mas no los monopolios privados que en muchos casos son tan "mercantilistas" como los otros.

En segundo lugar, los informales son una de las muchas consecuencias de la transición de la semi-feudalidad a cualquiera de las formas del capitalismo. Ellos, en su gran mayoría, no están ubicados directamente en la producción de mercancías. Su ubicación, normalmente, está en la circulación de las mismas. Su posición social es fluctuante y su ideología, si es que la tienen, cambiante. Son personas sin conciencia de lo que son y menos de lo que podrían hacer con la sociedad en su conjunto.

En tercer lugar, después de casi 20 años de haber sido publicado *El otro sendero*, los informales en ningún país latinoamericano han hecho la revolución pacífica, democrática y teniendo como base la economía de mercado como de Soto lo había anunciado. Por el contrario, todos los informales, cuando han tenido la oportunidad de convertirse en mercantilistaslo han hecho sin pérdida de tiempo.

Y en cuarto lugar, este hecho no sólo se ha dado en aquella masa amorfa, por esencia oportunista y arribista, que el capitalismo, en su etapa de transición, ha generado, sino también en los ideólogos y teóricos de la revolución informal. Hernando de Soto es el mejor ejemplo.

Su otrora patrocinador, Vargas Llosa, amargado y decepcionado, después de algunos años de haber escrito la presentación a *El otro sendero*, escribió: "De Soto celebró una discreta entrevista con Alan García en Palacio de Gobierno que sentó las bases de una provechosa colaboración entre el gobierno aprista y el Instituto Libertad y Democracia que catapultaría al personaje en una carrera de un arribismo desalado (que alcanzaría nuevas cumbres, luego, con el gobierno y con la dictadura del ingeniero Fujimori)." (Vargas Llosa: 1993: 176).

¿Qué importancia tenían estos dos encuentros? Vargas Llosa responde: "Significaban, simplemente, que quien había descrito con tanta precisión el sistema mercantilista en el Perú había terminado por ser su mejor prototipo. Quienes lo promovimos y, en cierta forma, hasta lo inventamos- debemos decirlo sin ambages: no servimos la causa de la libertad, ni la del Perú, sino los apetitos de un criollo Rastignac." (Vargas Llosa 1993: 177).

La madre experiencia nos demuestra que la realidad es amarga para unos y el arribismo es dulce para otros. "Los informales" presentados como los abanderados en contra del mercantilismo, en contra de la revolución de orientación marxista; y a la vez, como la única alternativa para construir una nueva sociedad en el Perú, América Latina y el Tercer Mundo, según Hernando de Soto y algunos otros, terminaron, comenzando por sus teóricos y mayores propagandistas, convertidos en los más vulgares "mercantilistas".

MENDOZA, MONTANER Y VARGAS LLOSA FABRICANTES DE MISERIA.

Los periodistas, autores del libro que analizaremos, aparecieron juntos en 1998 publicando *Manual del perfecto idiota latinoamericano*. Libro que, como el de Hernando de Soto, fue prologado por el novelista Mario Vargas Llosa. El colombiano Plinio Apuleyo Mendoza y el cubano Carlos Alberto Montaner son hombres ya entrados en años y con una larga trayectoria político-periodística. Mientras que el hijo de Vargas Llosa, Álvaro, es uno de los neoliberales que apareció en la campaña electoral de su padre el año 1987 en el Perú.

Fabricantes de miseria centra su análisis en el campo ideológico-político y abarca varios temas que están repartidos en los nueve capítulos que conforman el libro. Además hay una introducción y un epílogo. Cada sustantivo que da nombre al capítulo lleva su respectivo adjetivo. De esa manera, desde el comienzo, se evidencia la intencionalidad de los autores de hacer propaganda ideológico-política.

A *La introducción* se le agrega el adjetivo de *El pecado original*. En esta parte, los autores exponen escuetamente el contenido del libro, leamos: "Trata de las ideas y de las actitudes que mantienen en la miseria a grandes muchedumbres latinoamericanas y a algunos bolsones de españoles y de otros europeos de la zona mediterránea." (Autores varios 2000: 9).

Estas ideas y actitudes tienen nombres y apellidos. Comienzan con: Los políticos: El vendedor de milagros. Los militares: Hombres sin cuartel. Los guerrilleros: Robin Hood contra los pobres. Los curas: Con la iglesia hemos topado. Los intelectuales: La intelligentsia enajenada. Los sindicatos: La aristocracia sindical. Los empresarios: La bolsa y la vida. Las universidades: La funesta manía de pensar. Y terminan con El Estado: Estado del malestar.

En *Los políticos. El vendedor de milagros* sostienen: "Son nuestros fabricantes de miseria por antonomasia. Es contra quienes se alza primero el dedo acusador de la sociedad, quizá por ser los más visibles de nuestros ciudadanos. Ser político en nuestros días es ser el payaso de las bofetadas. El prestigio es mínimo. El descrédito es enorme. Las burlas son constantes. La falta de crédito resulta casi total. Hemos llegado al extremo de que los políticos tienen que asegurar que son otra cosa si desean aspirar a un cargo público." (Autores varios 1999: 19).

La acusación central en contra de los políticos es de orden moral: son corruptos. Ellos tienen una relación directa con el Estado y gobiernan a través de los partidos políticos. Estos últimos son la base sobre la que se organiza la democracia. Caracterizando esta forma de organización política, en las sociedades desarrolladas, los autores escriben: "No en balde -y es bueno reiterarlo machaconamente- las veinte sociedades más prósperas del planeta son democracias. Son prósperas porque son democracias y -admitámoslo- también son democracias porque son prósperas. Es más fácil ser demócrata con el estómago lleno." (Autores varios 1999: 26).

El sistema democrático en Latinoamérica siempre ha tenido una vida azarosa y al garete. Ellos explican este hecho así: "No es que los latinoamericanos sean, por naturaleza, autoritarios o estén genéticamente predispuestos a rechazar el sistema plural de partidos. Es que no ven una mínima coherencia entre el bello discurso oficial y los resultados tangibles que se obtienen." (Autores varios 1999: 27).

Una de las peores expresiones de los políticos latinoamericanos son los caudillos, algunos de ellos devienen dictadores. Este personaje político es descrito de esta manera: "Es alguien al que le atribuimos un liderazgo que lo pone por encima de nuestras instituciones y leyes porque la esencia del caudillismo es precisamente ésta: no son iguales ante las normas. Pueden saltar los reglamentos a la torera porque ésa es la demostración de su singularidad. Por otra parte, los caudillos pesan mucho más que sus propios partidos. Pesan tanto, que a veces los aplastan." (Autores varios 1999: 28 y 29).

Terminan el acápite *Otros males* mencionando que la afiliación hereditaria y la democracia interna en los principales partidos políticos de América Latina son males que contribuyen a crear mayor miseria. Los primeros porque no permiten que la militancia tome decisiones conscientes y los segundos porque están predispuestos sólo a obedecer las decisiones que vienen de arriba.

El segundo capítulo trata sobre *Los militares*. Son llamados *Hombres sin cuartel*. Ellos son presentados de la siguiente manera: "Un elemento clásico del subdesarrollo latinoamericano -y del español hasta fines de los años sesenta- han sido, pues, los militares, que en lugar de funcionar como institución han querido hacerlo como gobierno, y a veces como Estado, aun cuando el déspota no lucía charreteras." (Autores varios 1999: 41).

A renglón seguido mencionan una de las actividades de los militares. Leamos: "La guerra ha sido, por supuesto, uno de los aportes políticos de los militares, con la colaboración resuelta de muchos civiles, al subdesarrollo. (...) nuestros militares han sido el factor determinante en la crueldad, el costo y las nefastas consecuencias políticas derivadas de dos siglos con demasiadas guerras." (autores varios 1999: 43).

Ellos creen encontrar en las guerras de la independencia una de las razones fundamentales para esta tradición: "A la vieja clase dirigente colonial -la aristocracia virreinal- sucedió una nueva aristocracia: la de los generales. Nuestros militares habían pertenecido, en muchos casos, a los ejércitos reales antes de volverse contra España, y en otros se habían forjado desde las primeras rebeliones. (...) Una vez liberados sus países de España, nuestros militares se dedicaron a disputarse el poder a punto de `pronunciamientos´ (...), bajo la apariencia de una lucha entre liberales y conservadores, y entre partidarios del federalismo y partidarios del centralismo." (Autores varios 1999: 49 y 50).

Pero como no todo podía ser malo, los autores mencionan algunos méritos de algunos de ellos: "Posteriores generaciones de dictadores tendrán, así, signos `positivos´ como la obra pública, la legislación laboral, la reforma agraria: maneras de sustentar sus regímenes sobre una justificación social. El caudillo militar de la obra pública -versión tardía y latinoamericana del faraón egipcio- se encarna en un Pérez Jiménez, un Trujillo, un Odría. El caudillo socializante despunta en un Vargas, un Perón, un Arbenz, un Torrijos, un Velasco y -versión extrema- un Castro. El militar anticomunista que quiere salvar a la patria del anticristo rojo palpita en un Videla, un Pinochet." (Autores varios 1999: 54).

Otro aspecto que destacan de los militares latinoamericanos es su profesionalización, que comienza entre la Primera y la Segunda Guerra Mundial. Leamos: "Los modelos extranjeros jugaron un papel de importancia en la profesionalización. En particular el modelo `prusiano´, con su rígida verticalidad y jerarquía y su capacidad de organización. (...) Una de las consecuencias de la profesionalización, y de la consiguiente mejora de la organización, fue el aumento de la capacidad represiva y de las labores de inteligencia. La profesionalización ayudó a superar algunos de los viejos vicios, como la proliferación de facciones y alianzas con grupos civiles, pero dio una mayor consistencia a la institución, que siguió interviniendo en política y en algunos casos copando sectores enteros de la economía. Los militares se convirtieron en un Estado dentro del Estado." (Autores varios 1999: 57 y 58).

En muchos de los casos de regímenes militares en América Latina, creen los autores que han sido tolerados y hasta apoyados por EE. UU.: "El hecho de que, aplicando la política del mal menor, muchos gobiernos estadounidenses toleraran, en el mejor de los casos, y respaldaran militarmente en no pocas ocasiones, a regímenes castrenses latinoamericanos, contribuyó a alimentar una fobia contra el país más poderoso de la Tierra, que no necesitaba de muchos pretextos para expresarse." (Autores varios 1999: 61).

Y terminan el capítulo mencionando la relación de los militares con la economía: "No hay dictadura que no se alíe con intereses económicos. La concatenación de intereses económicos y políticos civiles y militares es lo que hace posible, junto con la fuerza bruta, sostener a un gobierno espurio. Incluso los gobiernos militares que han llevado a cabo políticas económicas liberales han beneficiado a grupos de civiles, a los que han incorporado a su estructura, en unos casos, y a los que han beneficiado fuera del poder, en otros". (Autores varios 1999: 68).

El tercer capítulo es titulado *Los guerrilleros. Robin Hood contra los pobres*. Analizando esta parte de la historia político-militar de América Latina, los autores sostienen: "Mirada en la luz crepuscular de este fin de siglo, cuando el comunismo sólo aparece como un accidente más en la historia teñida en sangre de las utopías totalitarias, la realidad de la opción revolucionaria no puede ser más desastrosa. Quienes pretendían liberar a los pobres con ayuda de bombas y fusiles, destruyendo los fundamentos de un régimen democrático, sólo han traído a sus países ruina y sangre. Tal vez han sido ellos -ya lo veremos- los mayores fabricantes de miseria." (Autores varios 1999: 82).

Lo afirmado en la cita anterior creen que se cumple, inclusive, en los casos de las revoluciones triunfantes, Cuba y Nicaragua, en la medida que fueron los pobres quienes perdieron. Esta idea es argumentada así: "La revolución cubana y la revolución sandinista fracasaron en su propósito de crear una sociedad más justa. Quizá acabaron con los ricos pero no con los pobres; al contrario, los aumentaron considerablemente." (Autores varios 1999: 85).

En base a las ideas del sociólogo francés Jean Francois Revel expuestas en su libro *El conocimiento inútil,* sostienen que las fuentes que orientan las acciones prácticas de los movimientos guerrilleros se reducen a tres. Leamos: "La primera de ellas es una dispensa intelectual pues constituye el análisis objetivo de los hechos y el conocimiento de realidades complejas, con todas sus variables, por esquemas teóricos más o menos simplistas que retienen sólo los elementos útiles a sus pretendidos postulados o demostraciones. (...) La segunda dispensa es moral. Ella, dice Revel, `liquida toda la noción de bien y de mal para los actores ideológicos; o más bien, el servicio de la ideología ocupa el lugar de la moral´. (...) Y la tercera dispensa es práctica. No es necesario verificar si los presupuestos ideológicos llegan a cumplirse. Los fracasos no cuentan. Siempre hay una excusa, una explicación para los terminantes desmentidos que la propia realidad inflige a los sueños del revolucionario." (Autores varios 1999: 83 y 84).

Los personajes más analizados, aparte de Fidel Castro y Ernesto "Che" Guevara, son Abimael Guzmán, Camilo Torres, Fabio Vásquez

Cataño, Manuel Pérez, Raúl Sendic y Ricardo Santucho. Son ellos quienes con diferencias más o diferencias menos, con buena o mala voluntad, los que con sus "sueños de construir el paraíso para los pobres" sólo lograron "darles el infierno". Infierno que se traduce en la instalación de feroces dictaduras militares en la mayor parte de países latinoamericanos.

Los miles de muertos, de desaparecidos, desplazados y exiliados es el gran resultado: "Ninguno de estos horrores cometidos por la cúpula militar es justificable. Pero nunca debe olvidarse que la violencia genera violencia, aunque venga acompañada de los más altruistas propósitos." (Autores varios 1999: 114).

Al respecto sólo habría que decir tres cosas. En primer lugar los autores, en su análisis, no encuentran ninguna razón objetiva-interna que haya dado origen a esta respuesta extrema que es la lucha armada. Todo se reduce a un problema de carácter ideológico-intencional. En segundo lugar, hay casos de los más brutales (Pinochet en Chile) donde no fueron movimientos guerrilleros los que generaron esa dictadura militar. Y en tercer lugar, hay otras experiencias en las que las democracias han sido más represivas que las dictaduras. En Colombia desde 1957 no hay dictaduras y la represión es igual o superior a Argentina. De igual modo en el Perú, en los diez años de gobierno democrático de 1980-1990 encabezado por Belaúnde y García, el número de muertos y desaparecidos ha sido superior a los diez años de la dictadura encabezada por Fujimori.

El IV capítulo es titulado *Los curas* y subtitulado *Con la iglesia hemos chocado*. Después de hacer un recuento de los enjuagues ideológicos y del oportunismo político de la iglesia católica (desde que bajo el emperador Constantino (en el año 313), se convirtió en religión oficial del Imperio Romano) desarrollan La doctrina social de la iglesia, El concilio Vaticano II, Populorun progressio hasta llegar a Cristianismo y marxismo en Latinoamérica.

En esta parte comienzan afirmando: "A partir del pontificado de Juan XXIII, en todo el mundo político latinoamericano comenzó a percibirse un acercamiento entre ciertos sectores cristianos y las posiciones marxistas. En esta relación contra-natura, los marxistas sin renunciar al materialismo dialéctico y a su connatural ateísmo, redujeron al mínimo el habitual anticlericalismo de la secta, y -a cambio- estos cristianos hicieron suyos muchos de los diagnósticos comunistas, así como el recetario terapéutico que los acompañaba, simbiosis que acabó pagando la sociedad como consecuencia de las disparatadas políticas publicadas defendidas por unos y otros." (Autores varios 1999: 150).

Después del triunfo de la Revolución Cubana dicen que esta alianza se concretiza en los hechos. Los autores lo plantean de esta forma: "Muy pronto la estrategia castrista y sus vínculos con los cristianos radicales se hicieron sentir. A mediados de la década del sesenta, el sacerdote colombiano Camilo Torres moriría en un enfrentamiento con el ejército tras haber creado un frente guerrillero. Aunque el término se acuñará algunos años más tarde por el teólogo peruano Gustavo Gutiérrez, Torres fue el primer representante genuino de la Teología de la liberación." (Autores varios 1999: 152).

A continuación exponen algunos de los planteamientos de esta corriente de ideas al interior de la iglesia católica. Leamos: "Según sus ideólogos, como hemos señalado, América Latina no podía desarrollarse como consecuencia de un modo y de una clase de producción impuesta desde el centro desarrollado -los países imperialistas-, aliados con la burguesía local, grupo que no era otra cosa que una correa de trasmisión de los grandes poderes capitalistas internacionales. Ante esta infame alianza no quedaba más que el levantamiento armado y la creación de un gobierno revolucionario." (Autores varios 1999: 153).

El último subtitulo es llamado *El peso del CELAM*. Se recuerda que el Consejo Episcopal Latinoamericano es la máxima autoridad en América Latina y lo que diga tiene mucha importancia para las bases cristianas. Luego agregan: "Pero el asunto es que el CELAN suele incurrir en notorios disparates de tipo conceptual que acaban generando un mayor número de problemas que los que pretende solucionar. En cierto sentido, los obispos, cuando se reúnen a opinar de cuestiones económicas, se convierten en unas eficientes máquinas de fabricar miseria." (Autores varios 1999: 156).

Para los obispos, las causas de la miseria residen en cinco puntos que son resumidos de esta forma: "Primero, la injusta asignación de los términos de intercambio (...). Segundo, la fuga de capitales económicos y humanos. Tercero, la evasión de impuestos y la fuga de ganancias y utilidades. Cuarto, la creciente deuda externa. Quinto, lo que llaman el `imperialismo internacional del dinero´, aquellas fuerzas que `inspiradas por el lucro sin freno, conducen a la dictadura económica...´" (Autores varios 1999: 160).

A estas afirmaciones de los obispos, los autores responden con estos términos: "Si los gobiernos hubieran utilizado sabiamente esos recursos, si no los hubieran dilapidado o robado, habrían servido para incrementar la riqueza de nuestros pueblos. El culpable no es el sistema financiero, sino quienes los utilizan perversamente. Pagar intereses por el capital no devuelto no es una práctica infame, sino lo que permite la existencia de créditos a largo plazo." (Autores varios 1999: 161).

Y terminan el capítulo diciendo: "Si los obispos no son capaces de entender el enorme peso ético que hay detrás de la libertad económica y lo que eso significa como responsabilidad individual; si no comprenden el mercado como expresión de la soberanía del individuo; si no son capaces de valorar la importancia de la competencia y no entienden el carácter ineludible del afán de lucro; si pretenden que una burocracia, generalmente ineficiente y corrupta, fije `precios justos´ a la infinita variedad de bienes y servicios que circulan en la ciudad; si permanecen ciegos ante el único mecanismo racional que tienen los seres humanos para la satisfacción de sus necesidades materiales (...), entonces lo mejor es ignorar a estos santos varones, por lo menos en asuntos que tan poco conocen..." (Autores varios 1999: 166).

El capítulo quinto *Los intelectuales. La intelligentsia enajenada*, comienza con esta generalización: "Los intelectuales, mediante su comportamiento y pensamiento político contribuyeron a impedir durante mucho tiempo que la democracia y la economía de mercado - la única capaz de generar prosperidad- arraigaran en nuestras tierras de un modo firme. Incluso ahora, casi una década después del desplome del Muro de Berlín, los intelectuales parecen empeñados en justificar formas autoritarias de poder bajo el pretexto del `progreso´ y enfilan sus baterías, a veces con lenguaje nuevo, contra el viejo enemigo: el capitalismo." (Autores varios 1999: 168).

Luego afirman: "... por lo general nuestros intelectuales han estado relacionados con el poder sólo en la medida que lo han servido desde posiciones medias -muchas veces mediocres- o lo han combatido y han pagado un precio por ello. Se da esta constante: el período más mediocre, o menos glorioso para los intelectuales ha sido el democrático. En dictadura, por lo general han servido a un poder que los necesitaba para justificarse, mientras que una minoría, a veces numerosa, se le ha puesto al frente. Cortesanos o disidentes parecen ser sus dos funciones políticas." (Autores varios 1999: 170).

Continúan con la influencia teórico-filosófica en América Latina. Mencionan al positivismo y sus variantes como el liberalismo que tendría en los argentinos Alberdi, Sarmiento y Mitre, el chileno Bilbao y el mexicano Fernández sus mayores exponentes. Luego continúan con el nativismo del argentino Hernández, el brasileño Alecar, el cubano Villaverde y el ecuatoriano Olmedo.

Sobre esta base se dio lo que ellos denominan *Universalismo y americanismo* que tiene su correlato en el hispanismo e indigenismo. Por el lado del universalismo mencionan a la argentina Victoria Ocampo y sus compatriotas Borges y Bianco y por los hispanistas, a los peruanos de la Riva Agüero, Belaúnde y los hermanos García Calderón. La otra corriente habría comenzado con la peruana Matto de Turner continuada con el ecuatoriano Icaza, el colombiano Rivera, el brasileño de Andrade, el venezolano Gallegos, el argentino Gürnaldes, el brasileño Amado y terminan con el guatemalteco Asturias y el paraguayo Roa Bastos.

En otro nivel mencionan al mexicano Vasconcelos y su apoyo al muralismo mexicano de Rivera, Siqueiros y Orozco. Para terminar con el grupo de peruanos, donde se combinarían el marxismo con el indigenismo por un lado y el indigenismo con el populismo por otro, de los años veinte: J.C. Mariátegui, L.E. Valcárcel, U. García, V. R. Haya de la Torre, C. Alegría y J. M. Arguedas.

En otra etapa, además de mencionar el caso especial y nada agradable de Vallejo y los ex-embajadores Paz y Fuentes, centran en los casos de Darío, Asturias, Neruda y Guillén quienes, los tres primeros, han pasado gran parte de su vida como embajadores de muchos regímenes, sean estos militares o civiles. Y el último, como un protegido por las dictaduras de Machado, Batista y Castro.

En el subtítulo *Otros genuflexos* mencionan el caso de Borges y su relación con Pinochet, del dominicano Henríquez Ureña y su relación con Trujillo, del peruano García Calderón y su relación con el filo-fascista Benavides y termina con el peruano Santos Chocano quien podría ser una especie de un Fouché criollo. De ser secretario de Pancho Villa pasó a ser secretario de Estrada Cabrera por ejemplo. Y terminan con *Víctimas y cómplices* mencionando, entre los primeros, a Lezama Lima y entre los segundos, a García Márquez.

Los autores terminan el capítulo sosteniendo que la izquierda en América Latina tiene un gran poder al cual es muy difícil de penetrar. Leamos: "Gracias a una estructura de la que participan medios de comunicación, universidades, editoriales, institutos de investigación y otras entidades, la izquierda está en capacidad de someter al intelectual a un chantaje mediante el cual, para tener algún eco -o simplemente poder vivir de su trabajo-, éste debe pasar por el aro. Los medios con que cuenta, si su integridad intelectual le dicta no ser de izquierda, son muy inferiores a la de otros, y por lo general las instituciones que no están en las manos de la izquierda viven una parálisis -cierta forma de complejo- frente a la izquierda, que hace que el intelectual disidente tampoco encuentre demasiada `protección´ en la otra orilla." (Autores varios 1999: 236).

El sexto capítulo está dedicado a *Los sindicatos*. Son denominados *La aristocracia sindical*. Ellos comienzan reconociendo lo siguiente: "Nadie, en efecto, puede negar que, en Europa y Estados Unidos, durante la revolución industrial y a lo largo del siglo XIX los trabajadores estuvieron sujetos a condiciones inhumanas de trabajo. La explotación denunciada por Flora Tristan o descrita por novelistas como Zola, Dickens o, en Estados Unidos, por Theodore Dreiser, existió realmente; de ello no cabe duda." (Autores varios 1999: 241).

Pero en América Latina el poder del sindicalismo es muy grande y perjudicial para la sociedad, creen los autores. Mencionando a Argentina y la influencia del peronismo y México bajo la influencia del PRI, escriben: "Los países de América Latina donde el sindicalismo ha llegado a tener un poder más tiránico son, sin duda, México y Argentina. (...) Como sucedería en Argentina con el peronismo, también en México se las arregló el partido oficialista para tener al sindicalismo como su principal sustento político." (Autores varios 1999: 246).

Y luego añaden: "... en otros países de América Latina las centrales sindicales han sido primero infiltradas, luego controladas por la extrema izquierda haciéndolas participes de sus cartillas ideológicas y de sus propósitos de abierta confrontación social. (...) Detrás de estas posiciones no hay sólo, en todo el movimiento sindical de América Latina, un ingrediente ideológico trasnochado, detrás del cual asoman las barbas de Marx y de Lenin, sino algo más terrenal y tangible: la defensa de privilegios obtenidos para categorías reducidas, realmente elitistas, de trabajadores del Estado, mediante leoninas convenciones o contratos colectivos." (Autores varios 1999: 248 y 249).

A continuación ponen como casos extremos al sindicato de la empresa estatal colombiana de petróleos, al sindicato de la compañía aérea Viasa de Venezuela, al sindicato Petroecuador de Ecuador y a los sindicatos de las cervecerías del Perú como la mejor expresión de la burguesía o aristocracia obrera. Los que con sus paros, huelgas, chantajes y convenios colectivos: "... drenan sin piedad los recursos de la empresa, y en especial las del sector público que no tienen doliente, colocan sin remedio a este sindicalismo voraz entre los fabricantes de miseria al lado del Estado, los políticos corruptos, de los empresarios mercantilistas, ..." (Autores varios 1999: 2569).

Líneas después plantean lo siguiente como solución: "Inevitablemente, la realidad del mundo de hoy, la noción de `aldea global´ y la apertura de la economía, exigen la liberación del mercado de trabajo. Los costos laborales representan un componente de mucho peso en la producción. No es lógico liberar precios, tasas de cambio e importaciones si paralelamente no se liberaliza el mercado laboral." (Autores varios 1999: 257).

Poniendo como ejemplos de esta nueva actitud a los sindicatos de la empresa bananera de la región de Urabé en Colombia y al sindicato de la empresa Magma Tintaya en el Perú terminan con el caso chileno diciendo: "Es la realidad de los nuevos tiempos. Ella exige un trabajo de demolición no sólo de conceptos sino de políticas y de estructuras laborales y legales. Este saludable proceso de rectificación se ha iniciado ya en varios países. En Chile, por ejemplo, la reforma laboral realizada allí ha sido la condición esencial para permitir que este país tenga la más alta y sostenida tasa de crecimiento económico en todo América Latina." (Autores varios 1999: 260).

Los empresarios. La bolsa y la vida es llamado el sétimo capítulo. De esta parte sólo mencionaremos algunos hechos puntuales, en la medida que el sistema, los empresarios, sus métodos y sus formas de ganancia, los denominados empresarios mercantilistas, ya fueron analizados por Hernando de Soto.

A diferencia del autor de *El otro sendero*, en primer lugar, Mendoza, Montaner y Vargas Llosa sostienen que los empresarios mercantilistas existen también en EE.UU. y en Europa. Aquí se dan la mano con el Estado, se aprovechan de la legislación y de esa forma permiten seguir manteniendo los mercados cautivos.

En segundo lugar, sostienen que no todas las privatizaciones llevadas a cabo en las dos últimas décadas en América Latina han sido correctas, ya que los resultados así lo demuestran. Ponen algunos ejemplos, las privatizaciones de las compañías de teléfonos en México, Argentina y el Perú como sinónimo de fracaso para el pueblo que ha generado muchas ganancias para los mercantilistas.

En tercer lugar, todo ello tiene que ver con que el rey del mercado no es el que decide y como consecuencia no es el que se beneficia como teóricamente se supone. Estamos hablando del consumidor. Consumidor que está obligado a consumir lo que los monopolios mercantilistas le imponen.

Además mencionan otros hechos como los controles, la falsa liberalización, el proteccionismo arancelario, las exenciones del pago de impuestos, los gravámenes y los impuestos de toda naturaleza. Si esto se da en América Latina: "Nada de lo cual quita, por supuesto, el que países como Estados Unidos merezcan ser criticados por entorpecer, y muchas veces impedir, el ingreso de productos agrícolas de nuestros países." (Autores varios 1999: 298).

Los autores cierran el capítulo volviendo sobre el sistema mercantilista y los empresarios mercantilistas. Leamos: "Nuestros empresarios y nuestros sistemas económicos han contribuido, a través de esta infinita variedad de prácticas injustas y antiliberales, a la pobreza de nuestros países, y en el caso de aquellos países que están progresando, dificultar, para no decir impedir, el tránsito definitivo a la vanguardia del desarrollo." (Autores varios 1999: 301).

El penúltimo capítulo es dedicado a *Las universidades* y es llamado también *La funesta manía de pensar*. En esta parte nos recuerdan la importancia de las universidades como centro de poder. Consideran que las universidades latinoamericanas desde su fundación cumplieron esta función. En una primera etapa para difundir y recrear las ideas aristotélico-tomistas con las cuales fueron fundadas.

Posteriormente hacen resaltar la reforma universitaria de Córdova (1918) que reclamó la autonomía y hasta cierto punto consiguió cierta independencia del Estado y de la iglesia. Esta autonomía adquirió tal poder que incluso en Cuba la universidad, y especialmente los estudiantes, llegó a nombrar en 1933 a Ramón Grau como presidente de la república.

Ellos sostienen, que en los últimos 50 años, la mayoría de las universidades en Latinoamérica se han convertido en centros de control y adoctrinamiento marxista. Incluso algunas de ellas han sido el centro donde se han formado los futuros guerrilleros, terroristas y subversivos. El ejemplo mayor sería la universidad San Cristóbal de Huamanga en el Perú cuna de Sendero Luminoso y donde Abimael Guzmán fue profesor de filosofía y la universidad Autónoma de México donde se formó en filosofía y comunicación social Rafael Guillén o sub-comandante Marcos jefe del FZLN.

Los autores sostienen que las universidades deben ser reorganizadas y modernizadas y que los estudiantes deben pagar por el servicio recibido. Leamos; "Claro, que este modelo exige una gran oferta `privada´ en la que los estudiantes deben pagar por los estudios que reciben, pero, en rigor, así debería ser siempre, y no sólo en las universidades privadas. También deberían pagar en las públicas el costo total del servicio educativo que reciben." (Autores varios 1999: 332).

Si bien es cierto que en lo referente a la privatización son inflexibles, en otros aspectos entienden mejor la realidad. Leamos cómo conceptualizan el problema de las oportunidades: "Quienes creen en la igualdad de oportunidades para luchar por el éxito individual, saben que es una broma macabra hablar de `competencia´ cuando el punto de salida es, por ejemplo, entre el hijo de una familia de campesinos analfabetos y el de una acomodada familia urbana de clase media. (...) pues es también una tomadura de pelo de hablar de `igualdad de oportunidades´ entre un muchacho bien alimentado y sano y otro enfermo y víctima de un déficit proteico que afecta su capacidad de aprendizaje." (Autores varios 1999: 335).

Terminan el capítulo con una verdad sobre las universidades: "Llama la atención que varias universidades iberoamericanas tengan más de cuatrocientos años de fundadas, pero más significativo aún es que en ese larguísimo período no hayan producido una sola idea original, una teoría capaz de imantar la curiosidad de occidente, una máquina prodigiosa destinada a modificar los medios de producción." (Autores varios 1999: 336).

El último capítulo es *El Estado. Estado de Malestar*. Ellos parten sorprendiéndose de que a pesar que el Estado es la fuente principal que genera los males en esta parte del mundo lo: "... más extraño aún, el conocimiento y denuncia de estos males endémicos de América Latina, cuyo corolario es la pobreza y la inseguridad, no invalidan el discurso populista, que propone siempre como remedio la causa misma del mal: un Estado dirigista, cuya vocación es la de poner trabas a una libre economía de mercado, clave del desarrollo y de la riqueza en todas partes, en detrimento de sus funciones esenciales." (Autores varios 1999: 342).

La importancia alcanzada por el Estado en América Latina tendría tres fuentes. Uno de carácter histórico, otro de carácter ideológico y por último el que estaría relacionado con las políticas económicas que se habrían seguido desde la Segunda Guerra Mundial. Éstos son los pilares sobre los cuales se ha levantado el llamado Estado de bienestar o el Estado benefactor.

Otra de las características de América Latina relacionada con este Estado benefactor es el populismo y el clientelismo que tiene su expresión mayor en la corrupción. Corrupción que ha llegado a niveles muy altos y que incluso tiene que ver mucho con la democracia en el plano electoral.

Ellos dicen: "En casi toda la América Latina el dinero se ha convertido en un gran elector. Trátese de dinero limpio o de dinero sucio, el hecho es que está jugando un papel indebido en procesos electorales. Para demostrar que es así, bastaría recordar el costo millonario de una campaña electoral hoy en día y preguntarse de dónde sale el dinero para pagarla." (Autores varios 1999: 351).

En la geografía de la corrupción, creen ellos que los Estados más corruptos en esta parte del mundo son el de México, gracias al papel del PRI, de Argentina debido al rol de Perón y el peronismo, de Colombia por la acción del narcotráfico, de Venezuela gracias al petróleo y terminan con el de Ecuador y el Perú.

Ante esta situación sostienen: "Se trata, ante todo, de disminuir su ingerencia directa en la producción de bienes y servicios y limitar su intervención allí donde la iniciativa debe corresponder al empresario privado. En cambio es preciso fortalecer su papel en las áreas que son esencialmente suyas: la administración de justicia, la seguridad ciudadana, la soberanía nacional y, desde luego, las obras necesarias a la infraestructura económica y social del país, ..." (Autores varios 1999: 363).

Terminan con el Estado planteando lo siguiente: "En síntesis, la condición para un real despegue de América Latina hacia el Primer Mundo requiere la sustitución del Estado patrimonialista, voraz y burocrático que cargamos a cuestas desde siglos por otro más liviano y eficiente que permita el libre juego y desarrollo de las fuerzas productivas de la sociedad. En vez de ser, como lo ha sido entre nosotros, otro fabricante de miseria, ..." (Autores varios 1999: 364).

En el *Epílogo* llamado también *El furgón de cola*, plantean que como primera condición para que esta realidad se transforme, se tiene que cambiar de mentalidad y adoptar una nueva cosmovisión de la vida y la política. Este cambio de mentalidad implica que se acepte el principio de que sólo a través de la economía de mercado, del Estado de derecho, de la democracia representativa, y de lucha sin cuartel en contra de la corrupción se podrá lograr lo deseado.

Además algo muy importante, según ellos, hay que terminar con la concepción de la lucha de clases, en la medida que en una economía libre de mercado las personas son a la vez obreros y capitalistas. Ellos creen que en algún sector de la economía chilena se ha dado ya esta nueva y buena experiencia

Leamos directamente lo que dicen y con esto terminamos con *Fabricantes de miseria*: "En Chile, gracias al modelo de previsión social creado por José Piñero, los asalariados cuentan con un fondo de inversión en el tejido industrial y financiero del país, con el cual las personas son todas, al mismo tiempo, trabajadores y capitalistas, interesados, por tanto, en la solución pacífica de los conflictos y la buena marcha de los negocios." (Autores varios 1999: 376).

Respecto del contenido del libro hay que decir en términos muy escuetos lo siguiente: Parte de lo vertido en sus páginas son verdades y de dominio público. En contraposición a ellas hay otras afirmaciones que se pretende sean verdades sin mostrar ninguna prueba argumentativa al respecto. Se afirma mucho y se demuestra poco. Las fuentes que las ciencias sociales reclaman para dar sustento y seriedad a una investigación son escasas a lo largo de sus cerca de cuatrocientas páginas.

El libro está, en lo fundamental, elaborado con este tipo de afirmaciones. Veamos a manera de ilustración algunas de ellas. Los autores afirman que en EE.UU. hay cerca de cuatro mil universidades y que "... unas veinticinco son excelentes, tal vez las mejores del mundo." (Autores varios 1999: 330).

La pregunta es: ¿Cuál es la regla o medida y quiénes y con qué criterio han elaborado las mismas para poder afirmar que estas universidades "tal vez sean las mejores del mundo". Si son excelentes, en función de qué y de quiénes es esa excelencia? El criterio para calificar de excelentes y tal vez las mejores del mundo a estas universidades es, en este caso, de carácter eminentemente ideológico.

En otros casos se recurre al juego de palabras o simplemente a la buena fe de alguien y así la afirmación deviene verdad. Leamos lo que dicen sobre Neruda y el problemático gobierno de Salvador Allende en Chile. Sus palabras: "Su amigo, el escritor chileno Jorge Edwads, ha dicho en distintos lugares (...) que Neruda tuvo en los últimos tiempos de su vida lucidez acerca del desastre de Allende, y que lo expresó en privado. Si lo dice Edwads, no hay duda de que fue cierto." (Autores varios 1999: 221).

Nosotros no discutimos si fue verdad o mentira lo dicho por Neruda a Edwads, en este caso eso es secundario. Lo que sí discutimos es el método de investigación y análisis. Aquí no se indaga más, no hay cruce de información, no se coteja la hipótesis con la realidad. Es suficiente que un individuo (que comulga con las ideas de los autores) lo haya dicho y eso basta y sobra para que una simple afirmación se trasforme en verdad. Así no se hace ciencias sociales. Así se hace simple y llanamente propaganda.

De igual manera, en muchos casos, no ven el fenómeno en su conjunto, toman una parte para enfrentarlo al todo. O de lo contrario, contraponen afirmaciones a otras afirmaciones. Lo último se da en el caso de García Márquez. Cuando con motivo de la guerra de las Malvinas el novelista escribió una nota periodística sobre el accionar de los mercenarios ghurkas nepaleses en la isla.

Leamos cómo los autores aquí analizados presentan lo dicho: "En otras apreciaciones suyas, es visible que el imaginario del novelista llega a infiltrarse en sus escritos periodísticos y políticos. Luego de la breve guerra de las Malvinas, en la cual apoyó a la Argentina de Galtiere en su conflicto con el Reino Unido, García Márquez aseguró en *El país*, en 1983, que los ghurkas de Nepal utilizados por los británicos, habían cortado cabezas de prisioneros argentinos cada siete segundos. (En realidad los ghurkas sólo fueron usados una vez terminada la guerra para limpiar minas)." (Autores varios 1999: 233). Aceptemos que lo escrito por García Márquez puede ser una exageración y hasta una falsedad, a pesar que él menciona como fuente un testigo presencial. (4) Pero los autores no brindan ninguna prueba que demuestre lo contrario, simplemente afirman que no fue así. Como consecuencia, nos obligan a preguntarles: ¿Cómo saben ellos que "En realidad los ghurkas sólo fueron usados una vez terminada la guerra"? ¿Dónde están las pruebas? ¿En qué fuentes se basan? ¿Tenemos que aceptar como verdad tan sólo porque Mendoza, Montaner y Vargas Llosa lo dicen? Aquí no hay seriedad, sólo hay periodismo irresponsable y propaganda ideológica.

Luego, cuando estos acérrimos defensores de la libertad plantean como solución al problema de la explotación, y su consecuencia la lucha de la clases, la armonía social, en la medida que "... estas personas son, simultáneamente, capitalistas y trabajadores." (Autores varios 1999: 375).

Con lo dicho, por un lado, están negando las clases y la lucha entre ellas y retoman la teoría corporativista del nazi-fascismo a quien dicen, en muchos pasajes del libro, combatir. Y por otro lado, sabiéndolo o no, dan una vez más la razón a la paradoja de Platón, (5) aquella que dice que los extremos se juntan.

Terminamos diciendo que con estos casos citados hacemos ver, sin negar las importancia de algunas interesantes y provocadoras afirmaciones, de que *Fabricantes de miseria*, por un lado, es un libro de propaganda ideológica política a favor del neoliberalismo. Y por otro lado, a diez años de la caída del Muro de Berlín y de la supuesta muerte del marxismo, es un libro pensado y trabajado para combatir esta corriente de ideas.

A estas alturas caben algunas preguntas: ¿Por qué tanto interés en combatir a una ideología "antihistórica"? ¿Por qué tanto empecinamiento en contra de un muerto? ¿Es que no hay otro enemigo contra quien luchar? Lo cierto es que, como algunos han afirmado, su ceguera ideológica y su sordera política les lleva a asistir a un falso velorio, acompañar un falso cortejo y a enterrar a un falso muerto. Todo hace pensar que para los neoliberales los deseos pesan más que la realidad y los "muertos" generan más temor que los vivos.

En el sexto y último capítulo sintetizaremos lo desarrollado a lo largo de este libro, en especial, los dos conceptos básicos: la democracia y la transición. A la par actualizamos los mismos y veremos cómo se da a comienzos del siglo XXI en América Latina.

SEXTO CAPÍTULO

AMERICA LATINA.

DEMOCRACIA Y TRANSICIÓN A

COMIENZOS DEL TERCER MILENIO

UNA NUEVA ACUMULACIÓN DE CAPITAL EN AMÉRICA LATINA

"La situación de la mayoría de las economías nacionales refleja un cuadro crítico para América Latina que tiene claras manifestaciones en los desequilibrios que presenta la balanza de pagos, el creciente endeudamiento externo, la agudización de la espiral inflacionaria dentro de un contexto de caída del producto global e incremento sostenido del desempleo y del subempleo. La situación está influida decisivamente por la crisis económica internacional, que no reviste las características convencionales de una depresión de carácter coyuntural, sino que es de orden estructural: estamos presenciando una *transición* traumática y prolongada hacia nuevas formas de *acumulación* y desarrollo productivo que conllevarán ajustes en la estructura productiva mundial y un cambio sustancial en la distribución de los beneficios del comercio y del progreso técnico".

Autores Varios,
Pensamiento iberoamericano (1993).

Hace pocos años expiró el segundo milenio y a la par se inició el tercer milenio de nuestra era. Lo que se ha dado inexorablemente en el tiempo no se ha repetido necesariamente en el espacio. Y menos aún en el movimiento histórico político-social.

Consecuencia de lo último podemos ver, al inicio del nuevo milenio, que algunos de los principales problemas que vienen arrastrando las sociedades latinoamericanas, desde su aparición como "repúblicas independientes", siguen esperando una solución de fondo.

A lo largo de esta investigación hemos podido evidenciar los diferentes intentos por modernizar, capitalistamente hablando, estas sociedades. Unos con planes teóricos y programas políticos, otros con acciones prácticas y hechos concretos, han propugnado el gran salto hacia adelante.

La verdad es que hasta hoy, especialmente en los últimos 50 años, los distintos proyectos o modelos de acumulación, lo único que han logrado es acelerar, en alguna forma, la natural transición de las sociedades pre-capitalistas en general hacia alguna forma de capitalismo, que dicho sea de paso, está muy lejos del capitalismo que se desenvuelve en el Primer Mundo.

A fines de la década del 80 del siglo pasado, los especialistas hablaron de la década perdida. Diez años después nuevamente se repitió la misma historia. Juan Jesús Arnárez resume un informe que publicó en el diario *El país*, en noviembre del 2002, así: "Otra década perdida en América Latina. El 43 % de la población sigue siendo pobre después de varios años de reformas frustradas." (Arnárez 2002: 2).

En resumidas cuentas, son dos décadas perdidas en un territorio de 480 millones de habitantes. Esta situación ha contribuido no sólo para dificultar más la acumulación sino para volver al punto cero y una vez más recomenzar, como muchas veces, dicha acción. Además tal hecho significa ahondar más las diferencias que separan al Primer Mundo moderno y desarrollado de la tercermundista América Latina.

Un conocedor de la problemática latinoamericana, el español Joaquín Estefanía, se preguntaba hace algún tiempo atrás: "¿Qué es lo que ha fallado en América Latina para que la segunda parte de los noventa haya devenido otra media década perdida, a pesar de que los países del área cumplieron como pocos las recomendaciones más ortodoxas de los organismos internacionales?" (Estefanía 2002: 15).

A reglón seguido continuaba: "América Latina fue sinónimo del *consenso de Washington*, caracterizado por disciplina presupuestaria, cambios en la prioridad del gasto público, liberalización financiera y comercial, privatizaciones, desregulación, derechos de propiedad, etcétera. Las respuestas de los técnicos son múltiples, aunque la mayor parte se pronuncia por una descomposición de las tres *D*: Poco desarrollo, poca democracia y mucha desigualdad." (Estefanía 2002: 15).

La última *D*, la mucha desigualdad en el reparto de la riqueza producida, es la fuente principal de la pobreza. Para probarlo, sólo algunos datos oficiales sobre el sector infantil. En un informe redactado por funcionarios del Banco Interamericano de Desarrollo (BID), hecho público a comienzos del nuevo milenio, se dice: "En América Latina, el 58 por ciento de los niños viven por debajo de la línea de pobreza; 33 por ciento de los menores de dos años están desnutridos, crece el número de pequeños que viven en las calles en total desamparo."

Y continua: "Un reporte de Bernardo Kliksberg (...) del (BID), señala que la región es la que tiene un reparto más desigual de la riqueza en todo el planeta. Según este informe, detallado por la analista del BID Christiane Culloch, el 10 por ciento más rico tiene 84 veces el ingreso del 19 por ciento más pobre." (Autores varios 2001: 1).

Consecuentemente, las sociedades de América Latina, a pesar de que algunas economías han crecido en estas dos últimas décadas, expresándose en el incremento de su producto bruto interno, las diferencias sociales se han acentuado y las condiciones de vida de las grandes mayorías, comenzando por la niñez, se han deteriorado significativamente. (1)

Las dos década perdidas, los problemas en la acumulación y la agudización alarmante de la pobreza en América Latina son las causas para que el tiempo-económico que separa a los países latinoamericanos de los países industrializados, a quienes tratan de imitar, se haya prolongado.

Otro especialista del organismo antes mencionado, sobre el tema escribe: "Un siglo de distancia separa a América Latina de los llamados países desarrollados. Son cerca de 100 años los que se necesitaría para que los latinoamericanos pudiéramos alcanzar los actuales niveles de ingreso de los países desarrollados, lo cual demuestra que nuestra región aún no logra curarse de su enanismo económico." (Laoyza 2001: 1).

Hasta aquí lo epidérmico, lo visible y lo poco discutible. Hurgando más en esta problemática descubrimos la clave sobre la cual, con distintos tonos y desde diferentes perspectivas e intereses, se vuelve a hablar nuevamente a comienzos del tercer milenio. Es el tema de la acumulación de capital. Nueva acumulación que permitiría el despegue acelerado de las economías de América Latina por la vía capitalista. Hecho que significaría, de igual modo, una particular y, a la vez, una sui géneris y tardía revolución industrial.

Esta polémica tiene larga data. La actual se reinició a fines de los años 70 y se prolonga hasta nuestros días. Se enfrentan en este debate, principalmente, los neoliberales, los socialdemócratas, los populistas y la izquierda marxista en sus diferentes variantes, en particular "la izquierda institucional" en términos de James Petras.

En varios capítulos de este trabajo hemos desarrollado las principales tesis ideológico-políticas de estas corrientes de pensamiento. Para evitar repeticiones, examinaremos sumariamente en qué nivel se encuentra la discusión actual y además algunos de sus reales o supuestos logros prácticos.

Comencemos por las coincidencias. Todas las corrientes políticas mencionadas están de acuerdo en que debe terminarse con la sociedad tradicional. Pasado que es denominado sociedad semi-feudal por unos, sociedad mercantilista por unos segundos, sociedad patrimonial por unos terceros y para unos cuartos, sociedad de capitalismo dependiente o atrasado.

En una palabra, hay que terminar con el pasado, acelerando y culminando la transición de cualquiera de estos modos económico-sociales, líneas antes mencionados, hacia el capitalismo propiamente dicho. Éste es el marco general y a la vez los límites del concepto de transición que venimos desarrollando a lo largo de la presente investigación.

Con la diferencia de la izquierda ex-legal (leninista, trotskista, maoístas y guevaristas), todos coinciden en que la sociedad tradicional debe ser remplazada por una sociedad moderna. Modelo a imitar, el denominado Primer Mundo. Sociedad que tiene como sustento las relaciones capitalistas de producción con un alto desarrollo científico-tecnológico. De allí la importancia que tiene la acumulación de capital, en la medida que es la base sobre la cual se desarrollan y estructuran dichas sociedades. Hasta aquí las coincidencias fundamentales.

Las discrepancias se dan en torno a la forma cómo debe concretizarse dicha acumulación de capital, en la medida que, hasta hoy, la teoría económica reconoce, principalmente, tres formas de acumulación. La acumulación en base a la empresa privada, la acumulación en base a la empresa pública o estatal y la acumulación en base a la empresa mixta. (2) Formas de acumulación que tienen directa relación con el ahorro interno o los préstamos (internos o externos).

En el proceso de desarrollo del sistema capitalista, hasta llegar a su etapa imperialista, la acumulación de capital ha pasado por las tres formas antes mencionadas. Las mismas han tenido directa relación con la época y la experiencia concreta en cada país. Si esto ha sido un hecho en la forma, en el fondo tiene otra trama.

Esta historia ha sido y es sinónimo de sobreexplotación de los que directamente venden su fuerza de trabajo en la producción de mercancías. Los únicos que con su trabajo inyectan valor a las mismas: el proletariado moderno. Esa gran masa de capital acumulado tiene su fuente básica en la plusvalía y sus formas. Formas que se desarrollan según el momento y las necesidades del movimiento del capital.

En la producción económica concreta, con el predominio de una de ellas, las tres formas de acumulación no son antagónicas, por el contrario, son complementarias. La acumulación que pretende apoyarse en una sola palanca nunca existió. Sólo existió y existe en la cabeza de los teóricos por motivos metodológicos y de los políticos por motivos ideológicos.

Es por ello que antagonizar la discusión en torno a la acumulación (que puede ser en base a la empresa privada o la acumulación en base a la empresa pública) más allá de un buen ejercicio mental, no conduce muy lejos, naturalmente dependiendo de cada país y sobre todo de cada época.

Los neoliberales, o la mayoría de ellos, apuestan a ojo cerrado por una acumulación en base a la empresa privada, con libre mercado y con participación mínima o nula del Estado. Además debe cumplirse escrupulosamente con las recomendaciones de los organismos económicos internacionales. Todo ello teniendo un marco legal, que se concretiza en el Estado de derecho, como parte del sistema de democracia representativa.

Esta fórmula, a nivel económico, fue reaplicada en Latinoamérica en los últimos treinta años. Los denominados *Chicago Boys* en Chile hicieron historia al respecto. Los resultados, después de más de tres décadas de haber sido experimentadas, con las privatizaciones como centro y eje, están a la vista. La medicina resultó peor que la enfermedad como dicen la mayoría de chilenos.

A pesar de ello, los neoliberales, sostienen que la teoría no falló. Lo que ha fallado, en algunos casos, ha sido la práctica. En la medida que las privatizaciones en América Latina fueron hechas (por no liberales y hasta en contra de los liberales) favoreciendo a grupos monopólicos que coactan directamente el libre desarrollo de la economía de mercado.

Además, agregan otro elemento de orden moral. La corrupción. Leamos: "No es de extrañar: en países como en la Argentina, bajo el gobierno de Carlos Menem, y en el Perú bajo la dictadura de Fujimori, las privatizaciones, en vez de servir para abrir mercados, estimular la competencia, bajar los precios y mejorar los servicios, fueron operaciones concebidas para privilegiar a determinados grupos particulares y para encubrir cuantiosos latrocinios que desviaron cientos de millones de dólares hacia los paraísos fiscales." (Vargas Llosa 2004: 2).

Con todo, los neoliberales creen que, en América Latina, la economía chilena y la sociedad en su conjunto es donde la teoría económica y la política neoliberal ha dado los mejores resultados. Para hacer conocido el "éxito chileno" (el cual examinaremos con algún detenimiento por ser un modelo), el neoliberalismo ha estructurado un doble, y hasta eficaz, discurso que se complementan mutuamente.

En el plano externo. Las ideas difundidas son: "Chile es un país desarrollado". "Chile es un país de éxito económico, político-social". "Chile es el tigre de América Latina" para unos, y para otros, "Chile es el dragón del continente". "Chile es la vanguardia de la modernidad en esta parte del mundo". Todos estos logros son consecuencias positivas de la "revolución" neoliberal iniciada el año 1973.

Con el éxito chileno se demostraría, de igual modo, que la idea de la imposibilidad del desarrollo de los países del Tercer Mundo por la vía capitalista, por la presencia del imperialismo, es falsa. La pregunta, más allá de la propaganda, es: ¿En realidad la sociedad chilena es moderna y en la actualidad está en el nivel, capitalistamente hablando, de las sociedades española o griega? En la medida que estas sociedades iniciaron el despegue hacia la modernización en tiempos más o menos paralelos al país trasandino. La respuesta es sencillamente, no. A pesar que los dos países mencionados son considerados en el grupo de los países atrasados o en vías de desarrollo en la Unión Europea.

Es cierto que en Chile, el programa neoliberal es el que ha dado los mejores resultados en todo América Latina. Eso tiene que ver con dos hechos que los neoliberales olvidan. Uno, junto a Argentina, Uruguay y Costa Rica, a comienzos de la década del 70 del siglo XX, fue la economía chilena una de las más avanzadas capitalistamente hablando y a la vez una de las mejor integradas al circuito de la economía capitalista mundial.

Dos, la aplicación de las medidas neoliberales se hicieron sin Estado de derecho y sin régimen democrático constitucional como en la mayoría de países del Sudeste asiático. Los 17 años de dictadura de las fuerzas armadas en este país fue una de las más duras en el continente.

En lo interno se repiten y se machacan las mismas ideas vendidas en el exterior. El sociólogo chileno Tomás Moulian nos dice: "Las exageraciones semánticas que se han usado en esta campaña publicitaria (Chile jaguar, Chile puma, Chile líder, Chile desarrollado) no son azarosas. Forman parte de una estrategia de exaltación, destinada a suscitar el `orgullo patriótico´, la idea de que somos triunfadores."

A renglón seguido continua: "Efectivamente esta campaña buscó y busca un efecto externo, para el consumo de inversionistas y decidores. Pero también pretende crear efectos internos, que consoliden el modelo, en este caso que generen identificación con él a través de una idea fuerza, `Chile admirado´. O sea Chile en boca de todo el mundo, Chile envidiado. ¿Qué mejor posicionamiento para una sociedad obsesionada por la grandeza, para un país de un inconfesado nacionalismo, competitivo y exitista?" (Moulian 1997: 98).

En este mismo plano, como consecuencia de esa campaña de triunfo y autosuficiencia, la mayoría de la población se siente autorizada para hacer uso de la tarjetita de crédito en exceso. Este pequeño objeto se ha convertido, por un lado, para la gran mayoría de chilenos, en el símbolo de la modernidad y, por otro lado, en la llave maestra que les permite abrir todas las puertas del crédito y el endeudamiento. En gran medida, se puede afirmar, que la sociedad chilena vive al debe. Es una sociedad hipotecada.

En esta acción fríamente calculada, en particular por los organismos económicos internacionales, es donde se observa el efecto de uno de los más difundidos mitos modernos. Mito que en gran medida nueve al capitalismo en el mundo. Mito que se ha instalado o ha sido instalado en el imaginario y sobre todo en la "necesidad" cotidiana del chileno común: El consumismo.

En esa dirección y profundizando su interpretación, el sociólogo líneas antes citado, escribe: "La cultura cotidiana del Chile Actual está penetrada por la simbólica del consumo. Desde el nivel de la subjetividad esto significa que en gran medida la identidad del Yo se constituye a través de los objetos, que se ha perdido la distinción entre `imagen´ y ser. El decorado del Yo, los objetos que dan cuenta del status, del nivel de confort, se confunden con los atributos del Yo. No solamente la estratificación del individuo se realiza a través de la exterioridad, por su consumo."

Por último: "También se constituye en ese plano la imagen de sí mismo, su `self-estime´, su relación con la sociedad y su conciencia social. El decorado o la fachada pasa a ser parte del Yo, núcleo íntimo de ese Yo. Éste se ha vuelto `imagen en su espejo´, atrapado en la cultura de la exterioridad." (Moulian 1997: 106).

Pasando a otro plano, si bien es cierto que el producto bruto interno y la producción en su conjunto se ha elevado en los últimos treinta años en Chile, el mismo no es directamente proporcional al mejoramiento de las condiciones de vida de la población en su conjunto. Esto tiene que ver, como ya se ha dicho, de cómo se distribuye la riqueza producida al interior de las diferentes clases sociales. Y estas diferencias se han acentuado en los últimos treinta años en esta sociedad.

Un experto en el tema, hace algún tiempo atrás, escribió: "A estas alturas es claro que el tema de la pobreza de la región no puede verse al margen de la desigualdad que la caracteriza. El argumento neoliberal frente a este punto sostiene que un largo período de elevado crecimiento económico, en un contexto abierto y desregulado, permite la reducción de la desigualdad.

La experiencia chilena, que ha sido su paradigma en la región, demuestra claramente lo contrario: sin subsidios, sin ningún tipo de protección y movido por el sector privado y el mercado, la economía chilena creció grandemente a partir de 1984; sin embargo, todos aceptan que Chile es hoy más desigual que en 1970 e, incluso, en 1975, y que el ingreso está más concentrado que antes, teniendo los pobres menos participación en el mismo." (Ballon 1997: 53).

Algún tiempo después, otro especialista insiste en el problema de la desigualdad, leamos: "Sin desconocer los esfuerzos hechos en los últimos años bajo la orientación del principio de igualdad de oportunidades, lo cierto es que no podríamos afirmar que se ha cambiado sustantivamente la estructura social chilena. La distribución del ingreso sigue siendo un escándalo y un tema pendiente, lo que queda en especial evidencia en los períodos de crisis económica donde la igualación de oportunidades demuestra su inoperancia." (Martínez 1999: 118).

Ballón sostiene que la sociedad chilena es hoy "más desigual" que en los años 70. Por su parte Martínez dice que la distribución del ingreso, a comienzos del nuevo milenio, es "un escándalo". Lo dicho es confirmado, en un caso concreto, por el escritor español Manuel Corrada. En un estudio, relacionando basura y hambre en Chile, escribe: "La voracidad chilena por la basura se halla en cualquier esquina. Al fin de la tarde, apenas las cafeterías sacan a la acera las bolsas de basura caen manadas de hombres, mujeres y niños para revolver los desperdicios. Buscan algo para comer, un resto de bocadillo o un trozo de pizza. Cuando se marchan los últimos sobre las diez de la noche, el espectáculo es desolador. Patatas fritas, vasos de Coca Cola, sobras de pan y restos de tomate, servilletas sucias de papel. De la tristeza y fealdad de este paisaje urbano incluso se ha sacado provecho político." (Corrada 2000: 115).

La "revolución" neoliberal, hecha por las fuerzas armadas, al haber terminado en gran medida con los rezagos de la sociedad tradicional-patriarcal y el haber llevado el capitalismo al agro, entre otras medidas, ha democratizado en parte la sociedad chilena. Pero subrayemos, sólo en parte, veamos por qué.

En lo político, la transición del régimen militar al civil no tiene cuándo terminar. Nunca va a terminar, sostienen unos, porque las fuerzas armadas tienen un rol preponderante en la vida cotidiana de la población del país. Además su discurso ideológico y su práctica política, de cerca de veinte años, no sólo está legalizado y constitucionalizado, sino que ha penetrado, y esto es lo más peligroso, en el subconsciente colectivo del chileno.

Éste es el motivo para que algunos politólogos hablen de la "democracia tutelada", otros de la "democracia protegida" y unos terceros de la "democracia reglamentada" en Chile. De igual modo ciertos sociólogos hablan de "la vía neoliberal-militar al capitalismo". Por su parte los psicólogos y psiquiatras hablan del "síndrome Pinochet" como parte de "la cultura del miedo".

Lo cierto es que, para el chileno promedio, el punto referencial para aproximarse al entendimiento de muchos fenómenos histórico-políticos del último medio siglo, más que las fuerzas armadas, es el personaje Augusto Pinochet. Odiado o querido, es un referente de primera importancia. La psiquiatra chilena María Luisa Cordero, refiriéndose a dicho personaje, escribe: "... fue un gran manipulador del miedo, logró aterrorizar por décadas a todo un país." (Cordero 1999: 63).

El gran problema es que ese miedo sigue instalado en el imaginario colectivo de dicha sociedad. El miedo es una de las peores herencias de la dictadura, para unos. Para otros, ya no es herencia, en la medida que es parte del ser, del cotidiano, del día a día del chileno común. Es la "cultura del miedo" que ha permitido a Pinochet mantenerse como el poder tras el Poder. Esto es lo simbólico. Lo real es que son las Fuerzas Armadas las que tienen a la democracia chilena bajo el sobaco, para unos, o esclavizada, para otros.

Además, hay que recordar que, su asiento de senador vitalicio en el parlamento chileno (hasta octubre del año 2004) es un sarcasmo a la democracia representativa. La misma que puede ser liberal, autoritaria o "popular" según las circunstancias. Pero no importa, si para mantener la formalidad democrática hay que soportar vergüenzas y miserias, hay que soportarlas. Así piensan los que se desvelan por el cumplimiento de los principios de la democracia formal.

En casi todos los países de América Latina, con gobiernos civiles o militares, el plan neoliberal ha sido complementado con parecidas medidas aplicadas en Chile, los resultados han sido disímiles. A la sazón cabe recordar la desastrosa experiencia del proyecto neoliberal en Argentina en el plano económico. A la vez, la suerte que han tenido, por lo menos, algunos jefes militares en este país. En estas dos experiencias de países vecinos, con muchas similitudes económico-sociales, se puede apreciar el grado de eficacia alcanzado por la "revolución" neoliberal y su complemento, en el plano psico-ideológico, "la cultura del miedo" en Chile.

Para terminar con los neoliberales, en esta parte, hay que mencionar dos ideas que han sido y son difundidas en América Latina. En primer lugar, sostienen que los países latinoamericanos, como parte de sus compromisos internacionales adquiridos, deben pagar escrupulosa y puntualmente los créditos adquiridos con organismos financieros internacionales, con otros Estados y con entidades privadas. El certificado de buen pagador es condición clave para tener abierto el crédito en el mundo. En otras palabras, deben pagar la deuda externa.

Y en segundo lugar, estos países deben abrir sus fronteras económicas y hasta geográficas para la libre circulación y competencia de las mercancías. En la medida que se vive la etapa de la globalización, acción que significa llevar la modernidad, incluso la civilización, hasta los rincones más alejados y atrasados del planeta.

En este mundo global de libre competencia, los grandes beneficiarios son los consumidores, en la medida que la globalización quebranta las barreras y los controles impuestos por el Estado y la economía tradicional, y de esa forma los consumidores tienen la libre oportunidad de decidir por el mejor producto que el libre mercado les oferta.

Si vemos el fenómeno desde el punto de vista histórico, aunque no sea de nuestro agrado sus consecuencias sociales e ideológicas, el capitalismo ha cumplido y aún cumple esa función de convertir todo en mercancía con su respectivo valor de uso y valor de cambio. De igual modo, teniendo como base sus leyes económicas, ha simplificado considerablemente la vida social de la sociedad, pero a la vez ha complicado el mundo del alma y el espíritu.

En oposición a las recetas del modelo neoliberal, el sector "izquierdista" de la socialdemocracia es el que ha copado el escenario ideológico-político. Los denominados populistas y la izquierda legal han cerrado filas en torno a ella. Sabiendo o no, repiten las mismas críticas y levantan las mismas alternativas al neoliberalismo.

Ellos, con ciertos matices, sostienen que la acumulación debe tener como base el Estado. Las empresas públicas o estatales deben ser el eje, sin liquidar las empresas privadas, tampoco la economía de mercado, sobre la cual se debe materializar la acumulación, especialmente, en tiempo de crisis como la que se vive. A la desenfrenada y simple fórmula de "economía de mercado" de los neoliberales, estos últimos oponen el principio de la "economía social de mercado".

Su argumento, en base a Keynes, es que gracias a la planificación con participación estatal en los rubros básicos de la economía, la economía mundial pudo recuperarse exitosamente de la crisis del 29. Y la fórmula keynesiana habría permitido de igual modo la colosal acumulación lograda por EE.UU. a partir de la Segunda Guerra Mundial. Acumulación que habría sido el punto de partida para su futura hegemonía planetaria y, décadas después, iniciar la contraofensiva general con la denominada globalización.

Más aún, sostienen que no puede volverse a la ley de la selva. El Estado tiene que poner controles al descontrol del capitalismo sin corazón. Es misión del Estado garantizar el cumplimiento de las tareas básicas en la sociedad: salud, educación, recreación, servicio social y protección a los más débiles, en la medida que la pobreza y la miseria se ha multiplicado en América Latina, en los últimos treinta años, como consecuencia del modelo neoliberal aplicado.

Seguir aplicando a rajatabla el modelo neoliberal significa, para los pobres, algo así como saltar de la sartén al fuego, para unos, y, para otros, pasar del zoológico a la selva. Ellos, con algún sentido humanitario y algo de optimismo, no creen en aquella fatalidad dicha por Poul Samuelson. El Premio Nóbel de Economía, a mediados de la década del noventa, declaró: "Con la globalización, la guerra contra la pobreza terminó, y los pobres la perdieron." (Moffatt 2001: 3).

Por el contrario, creen que cambiando de modelo de acumulación, sin liquidar la economía de mercado y la empresa privada, acercándose a una economía mixta, se puede reiniciar una nueva acumulación de capital y reestructurar las sociedades latinoamericanas siguiendo el ejemplo de las sociedades escandinavas (en alguna forma también la alemana) que desde el punto de vista social ha dado muy buenos resultados.

Otro elemento, sostienen estos sectores, que dificulta para que la acumulación en América Latina sea irrisoria, es la "impagable" deuda externa. Aquí es donde se observa con mayor claridad el carácter semi-colonial de los países del Tercer Mundo. En Latinoamérica no se sabe en realidad, exactamente, a cuánto haciende la deuda en total.

Carlos Gaveta nos da una cifra referencial hasta comienzos de este milenio, leamos: "La deuda regional pasó en diez años, entre 1991 y 2001, de 492.000 a 787. 000 millones de dólares." (Gaveta 2003: 3). La razón es que por un lado se habla de la deuda pública de Estados a Estados. De la deuda de los Estados a los organismos económicos internacionales. De la deuda del Estado a particulares. Y por otro lado de la deuda privada. Las cifras publicadas de los montos varían. Lo seguro es que la deuda de Brasil, Argentina y México bordea el 50 % de la deuda de América Latina en su conjunto.

El problema de la deuda se agudiza más, en la medida que ningún país latinoamericano, está en condiciones de pagarla. Los préstamos frescos que reciben son para pagar los intereses de la deuda y no la deuda en sí. A más prestamos, más endeudamiento, mayor endeudamiento, mayores intereses y, para pagar los intereses de los préstamos, más préstamos. Con esa lógica, el círculo de préstamos-pago de intereses-nuevos préstamos-pago de intereses de los intereses, la deuda se eleva hasta el infinito.

Teniendo este pesado lastre de la deuda, ninguna sociedad latinoamericana está en condiciones de iniciar en serio y en forma sostenida una acumulación interna de capital. Eso implica que dentro del sistema, estas sociedades están sentenciadas a una acumulación y una transición "eterna". La plenitud, mientras estas leyes perduren, será siempre una ambición, un buen deseo y una ilusión.

Por último, de igual modo, se considera que un elemento negativo para la acumulación de capital en América Latina es el fenómeno de la globalización. Este hecho tiene varias caras y distintos significados. Los sectores socialdemócratas, populistas y la izquierda legal, en torno al tema, están divididos.

Un sector de ellos se opone radicalmente, son los anti-globalización por naturaleza. Ellos han hecho de la anti-globalización no sólo una táctica sino una estrategia, no sólo un programa sino una doctrina. Consecuencia de ello, muchos sectores afirman que ser anti-globalización significa ser anti-imperialista y hasta ser revolucionario. La defensa del Estado-nación, de la cultura nacional en un nivel, la defensa de las empresas públicas, el control de importaciones, el subsidio a la industria y a la agricultura son algunas de sus principales banderas en otro nivel.

Otros que se reclaman de izquierdistas creen que la globalización no está mal, que hay que trabajar a su interior y controlarla. Lo escrito por Carlos Fuentes sintetiza en gran medida las ideas de estos últimos: "Si algo une a la nueva izquierda europea es sujetar la globalización a la ley y la política. `El darwinismo global´ sólo genera inestabilidad y crisis financiera y desigualdades crecientes. La misión de la nueva izquierda es controlar la globalización y regular democráticamente los conflictos que de ella se derivan. Ello no significa que la izquierda tema a la globalización. Al contrario, se ve en los procesos de mundialización un nuevo territorio histórico en el cual actuar." (Fuentes 2002: 1).

Para terminar con el tema de la acumulación de capital y los modelos de industrialización o modernización en América Latina, algunos estudiosos han querido ver en las ganancias de "la industria del narcotráfico" una base factible para iniciar el despegue industrial en esta parte del mundo.

Sobre el fenómeno del narcotráfico, la historia es relativamente antigua, pero a partir de la década del 70 del siglo pasado se comenzó a desarrollar, con mayor fuerza, en distintos niveles y con diferentes productos (especialmente la coca, la marihuana y la amapola) la denominada industria del narcotráfico en el continente.

Las razones, las ganancias, el destino y las consecuencias, entre otros de este fenómeno, es una larga cadena que nosotros no la vamos a deslabonar en esta investigación. Sólo nos limitaremos a desarrollar algunas ideas que tienen que ver directamente con la acumulación. Siendo desde el punto de vista moral, la acumulación en base a esta actividad condenable, no lo es desde el punto de vista económico y menos desde el histórico. (3)

Las ganancias de esta actividad no se pueden calcular por las características clandestinas o semi-clandestinas en la que se nueve. Es por ello que todo lo que se afirme, son cifras aproximadas y a la vez hipotéticas. Los cálculos, que varían bastante, hablan de una cantidad enorme de masa de circulante que se mueve anualmente.

Lo visible es que con el movimiento de capital, producto de esta actividad, que se mueve hacia afuera, se repite la historia del oro, la plata, el azúcar, el café y el petróleo, etc. Los enormes dividendos que se adquieren como ganancias de esta actividad no regresan a los países productores de materias primas. El 90 % se queda en los bancos de los países consumidores, en el caso de América Latina, en EE.UU. principalmente.

En lo afirmado reside el problema central, en función de la acumulación de capital en esta parte del continente. Como el 90 % de las ganancias no regresan, no hay inversión-reinversión; al no haber reinversión, el mercado con todas sus implicancias (dinero-mercancía-dinero) no se amplía y esto significa que tampoco hay capitalización. El círculo vicioso se repite y simplemente remacha sus aristas, una y otra vez, con enormes flujos de materias que salen y pequeños flujos de capital-ganancia que retorna.

Esto se acentúa más en la medida que los grandes narcotraficantes nacionales, son sectores de las clases dominantes o son grupos que se han metamorfoseado y han diversificado su actividad de acuerdo con los nuevos tiempos y las nuevas necesidades. Por su parte los "nuevos ricos" emergentes, que son los menos, no se han desprendido total ni radicalmente de estas clases.

Estos "nuevos ricos" no han tenido la fuerza ni la voluntad para liquidar a sus predecesores, más por el contrario, con algunas excepciones, se han coludido, se han "blanqueado", se han culturizado y se han integrado al sistema de explotación y dominación predominante; de esa manera la ilusión de la acumulación impulsada por una nueva clase burguesa emergente, en base a la industria del narcotráfico, sigue siendo una ilusión, para algunos, y sencillamente un imposible, para otros.

Todo lo contrario sucede en los países consumidores, que dicho sea de paso, son los que manejan las reglas de juego, y esta enorme masa de capital que se acumula, les sirve para reactivar sus economías y relanzar sus planes de otra y mayor naturaleza.

El profesor ecuatoriano Diego Delgado, al respecto, afirma: "No olvidemos que según el más importante estudioso de los problemas latinoamericanos de los EE.UU., James Petras, el monto anual que deja el negocio de la droga en los bancos de este país, supera los 500.000 (quinientos mil) millones de dólares, situación indispensable para el sostenimiento de la economía de esta enorme potencia en constantes aprietos." (Delgado 2004: 60).

La actividad de los llamados grandes carteles del narcotráfico en Colombia, México, Bolivia, Brasil, y los pequeños en los demás países, son bastante conocidos. EE.UU., desde hace algunas décadas atrás, ha creado un organismo especial para controlar, combatir y exterminar estas organizaciones. La Agencia Anti Drogas (DEA), se argumenta, es la encargada de liquidar estos carteles por ser organizaciones criminales y así proteger a la humanidad, en especial a la juventud, del flagelo de la drogadicción.

En lo dicho hay mucho de mentira y poco de verdad. Sabiendo que esta industria es parte del tejido general del sistema, tiene muchas implicancias, algunas de ellas a manera de preguntas, son resumidas por el ya citado Delgado así: "¿Por qué, si el combate a la droga va en serio, nunca capturan a los miembros de los carteles de la droga que distribuyen los estupefacientes en Nueva York, Washington, Miami, Chicago, los Angeles, California, Texas, y miles de otras ciudades norteamericanas? ¿Quién les cree que sólo hay carteles en Colombia o México, por ejemplo? ¿Entonces quiénes distribuyen el producto dentro de los EE.UU.?"

Luego: "El capitalismo tiene sus leyes. ¡Sólo se produce lo que tiene demanda! ¡Nadie crea bienes que carecen de mercado! ¿Cuál es la mejor manera de quebrar cualquier producto? ¡Destruir o desaparecer la demanda!" Además: "Si en verdad luchan contra las drogas: ¿Por qué no combaten el hachís, la heroína y el opio, negocios que, como conoce el mundo entero, manejan sus primos ingleses? ¿Acaso no es sabido que el primer país productor de marihuana del planeta es EE.UU., y que sólo California produce cinco veces más que todo Colombia?" (Delgado 2004: 60 y 61).

Y por último insiste: "¿Si son razones humanitarias las motivaciones que les mueven: ¿Por qué no luchan contra el tabaco, que produce 400 mil muertos al año en los EE.UU.? (...) ¿Por qué no luchan contra el alcohol que produce el triple de muertos que el tabaco?" (Delgado 2004: 62).

Anticipándose, en parte, a las ideas expuestas por Diego Delgado, Milton Friedman, hace algunos años atrás, sostuvo que los norteamericanos tendrían que comenzar, además de controlar la demanda, terminando con la suya. Leamos lo que el Premio Nóbel de Economía escribió: "El caso más claro es la marihuana, cuyo uso se ha generalizado lo suficiente como para remedar la pauta que se desarrolló cuando la prohibición del alcohol. En California, la marihuana hoy, si no es el primero, es el segundo de los cultivos en cuanto a importancia económica. En grandes sectores del Estado, los agentes de la ley hacen la vista gorda a los cultivadores de marihuana de modo parecido a lo que hacían los funcionarios con los fabricantes ilegales y traficantes de alcohol en los años veinte." (Friedman 1984: 166).

De lo expuesto se deduce que la verdad es otra. Aquí se expresa una vez más la doble moral de la gran burguesía que controla el negocio. Por un lado combaten a los que no controlan para evitar la competencia y por otro lado, con esta lucha debidamente publicitada, ganan opinión pública, diciendo combatir a los que ellos mismos toleran, organizan y de quienes se benefician.

En resumidas cuentas, el modelo de acumulación en base a la industria del narcotráfico sería, como ocurrió con los productos y actividades anteriores, un nuevo intento que lleva a un nuevo fracaso, en la medida que es un intento al interior de un sistema que tolera cierto tipo de acumulación, en ciertas condiciones, y liquida otros cuando rompen sus reglas o salen de su control.

En medio de estos enfrentamientos, fracasos de modelos de acumulación y de discrepancias en torno a la globalización entre los neoliberales y la socialdemocracia, los populistas y la izquierda legal, la otra izquierda, la ilegal, no cree que el problema es de modelos aplicados o proyectos fracasados.

Por ser sus puntos de vista relativamente conocidos, para terminar con este tópico, acumulación y los famosos modelos o proyectos, recogemos las opiniones del profesor argentino José Pablo Feinmann y del ya citado Diego Delgado, en la medida que ellos, con algunas diferencias, resumen en alguna forma los puntos de vista de esta corriente de ideas.

En el año 2002, relacionando sistema, acumulación, modelo y crisis, el argentino escribió: "Siempre que esto ocurre se habla del `modelo´. Algunos, los moderados, hablan de las fallas del modelo. O de las insuficiencias del modelo. Otros, menos moderados o francamente no moderados, hablan de la necesidad de cambiar el modelo. Todos el mismo error. El error radica en la utilización de este concepto que se ha impuesto desde ya tiempo y que es falaz hasta la última de sus raíces." (Feinmann 2002: 24).

Como Feinmann no cree en los cambios del llevado y traído modelo o modelos, sostiene que la solución de fondo pasa por: "`Romper con la matriz de la desigualdad´. De acuerdo ¿qué fuerza política lo hará? Y, también, un `shock distributivo´. Por supuesto. Pero esto se hace desde el Estado, desde un Estado nacional. ¿Cómo construirlo? (...) Pero, aquí, mi punto es otro. Es llevar claridad sobre esta cuestión: cuando proponemos `romper la matriz de la desigualdad´ no estamos proponiendo otro `modelo´. Tampoco cuando proponemos un `shock distributivo´. Romper la matriz de la desigualdad es romper con el capitalismo, ya que el capitalismo es el sistema de desigualdad, su matriz."

Luego añade: "Un `shock distributivo´ no es una alternativa al modelo, no es otro modelo posible del capitalismo, otro rostro, un rostro `humanizado´. Es `otra cosa´ del capitalismo. Porque si se trata de decir la verdad, digámosla: no es el `modelo´ lo que hay que cambiar sino el sistema (...) de la desigualdad y de la concentración de riquezas. Y este sistema es el capitalismo." (Feinmann 2002: 26).

Finalmente Diego Delgado, hablando de los proyectos que no son más que sinónimos de los modelos, escribe: "Muchos poderosos, para no presionar tanto en la garganta de la gente, quieren cambiar el neoliberalismo por otro proyecto `menos duro´, pero preservando el capitalismo. El neoliberalismo es sólo una de las muchas caras del capitalismo. Pero la raíz del mal está en este sistema lleno de injusticias y privilegios. ¡Y la socialdemocracia es uno de los centinelas más hábiles, y disimulados para precautelar a rajatabla al capitalismo como sistema de opresión !" (Delgado 2004: 47).

Terminamos este acápite recordando que a nivel mundial, la globalización no es más que una nueva forma que adopta el imperialismo, bastante acelerada, de reacumulación de capital. En este escenario, a comienzos del nuevo milenio, se encuentran dos colosos. Uno, al parecer, "cuesta abajo" y el otro, al parecer, "cuesta arriba". A continuación desarrollemos algunas ideas de lo que podría ser un nuevo escenario de lucha en este nuevo milenio.

*

El fenómeno de la globalización, siendo un tema amplio, discutido y complejo, se podría resumir así. En primer lugar, la causa fundamental para su aparición es la necesidad del sistema capitalista (en su etapa imperialista) de mantenerse como sistema dominante. En la medida que es, por un lado, bastante conocido que: "La burguesía no puede existir sino a condición de revolucionar incesantemente los instrumentos de producción y, por consiguiente, las relaciones de

500

producción, y con ello todas las relaciones sociales." (Marx y Engels 1970: 35).

El capitalismo es el primer sistema económico mundial. El capitalismo no tiene fronteras, no tiene patria, no tiene bandera. Como consecuencia, para mantener su predominio y propugnar su desarrollo, en su acción diaria, tiene que liquidar las economías cerradas-tradicionales y abrir las fronteras nacionales en función, principalmente, de una mayor circulación de capital, lo que redunda en una mayor acumulación en los países más desarrollados industrialmente y una descapitalización, o en el mejor de los casos en estancamiento, en los países semi-coloniales.

En segundo lugar, implica que el capitalismo-imperialismo ha logrado, por un lado, un reimpulso interno y por otro, demuestra que tiene aún espacio en los países de economía pre-capitalista para desarrollar las fuerzas productivas y al mismo tiempo generar nuevas relaciones sociales de producción.

Que esa acumulación no contribuya a la transformación de estos países atrasados, no implica que esta acción no acelera la normal transición de estas zonas y las integra al mercado capitalista mundial. Claro que por la vía burocrática en lo interno y en condiciones de semi-colonias en lo externo.

En tercer lugar, significa la presencia político-militar de este Primer Mundo, con EE.UU. a la cabeza, en las zonas más importantes y estratégicas del planeta. La acción es orientada por la corriente filosófica del pragmatismo. Corriente que se concretiza a nivel político en la democracia-liberal cuando las circunstancias lo requieren o en una dictadura llana y simple cuando las condiciones, de igual modo, así lo exigen.

En cuarto lugar, en el plano social la globalización muestra su doble carácter. A la vez que integra a los países en función de los requerimientos del Primer Mundo, por otro lado, excluye a las clases explotadas al interior de sus respectivas sociedades. Por un lado unifica a las sociedades en función de las ganancias de unos pocos y por otro lado divide más a la población en cuanto al reparto de la riqueza producida. Es una globalización que desglobaliza, margina y sentencia a millones de seres humanos a ser "desaparecidos sociales", como afirma el psicólogo argentino Alfredo Moffatt.

En quinto lugar, si no liquida, por lo menos cuestiona seriamente la estructura y la forma del antiguo Estado-nación que la burguesía, por necesidad, en un momento dado construyó. Los símbolos que identifican a la nación y al Estado (bandera, colores, himno, escudo y hasta fronteras geográficas) sólo sirven para manipular a los pueblos con fines políticos o para hacer más vistosas las competencias deportivas.

Y en sexto lugar, las culturas nacionales, los idiomas, la música, la danza, la moda y hasta los gustos, sus componentes y derivados ceden ante la ofensiva general que proviene del Primer Mundo, en particular de EE.UU. Ofensiva que se concretiza a través de los medios de comunicación, y en especial de la TV, la misma que orienta y controla, en gran medida, el gusto y la conciencia de la mayoría de la población del planeta. Es a través del poder mediático que: "... el sistema puede manipular fácilmente la `opinión pública´ cultivando su estupidez." (Armin 2004: 6).

Y esto es muy significativo, generan estupidez, lo reelaboran y lo instrumentalizan. Luego la venden por todas partes y así generan mayor estupidez y de esa forma, ya habiendo idiotizado a las mayorías, controlan mejor la conciencia de la población. En esta dirección hay que mencionar, por ejemplo, el aún viviente "sueño americano". Es vendido como sinónimo de sociedad libre, democrática y de las grandes oportunidades. Sociedad donde todos pueden llegar a ser millonarios y vivir como la gente que las películas de multimillonarios muestran. Es una de las mayores estupideces, pero ahí está recorriendo en el mundo como la más preciada moneda.

En el plano de clase, el gran mentor y beneficiario de la globalización es la gran burguesía que domina el mundo. Lo hace a través de sus organismos internacionales y en especial de sus Estados. Para ello necesitan un Estado protector, un Estado gendarme. El único Estado que está en condiciones de garantizar y llevar a la práctica estos planes, en el mundo y en las condiciones actuales, es el Estado de EE.UU. de Norteamérica. Ha sido estructurado desde sus orígenes con esta vocación.

Por ser este hecho bastante evidente, y por el rol que desempeña en el mundo, detengámonos un momento a examinar algunas características del Estado y el régimen norteamericano. Y en particular el gobierno iniciado el año 2000 y reelegido el año 2004 con G. W Bush a la cabeza.

*

En ciertos círculos político-intelectuales se discuten dos temas. En el plano interno, el interés se centra en saber si el Estado y el régimen norteamericano sigue siendo una democracia-liberal con libre juego de partidos. O, en su defecto, se ha transformado en un Estado y en un régimen fascista. Y en lo externo, de igual modo, se discute si Estados Unidos de Norteamérica sigue siendo aún sólo imperialismo o ha devenido ya Imperio.

Oficialmente el régimen es declarado como una democracia-liberal con libre juego de partidos. El cuestionamiento a dicho calificativo viene desde el interior de la sociedad norteamericana y desde posiciones ideológico-políticas disímiles. El historiador Gore Vidal, en plena campaña electoral en 2000, declaró: "Ese sistema está muerto. Los dos candidatos son representantes de un solo partido que tiene dos alas de derecha. Los dos son de los Estados del sur, los dos vienen de la vieja dinastía,..." (Luik 2000: 96).

Por su parte la escritora Susan Sontag, dos años después, añade: "Pero ha habido un error al creer que hay dos partidos políticos en EE.UU. En verdad sólo hay uno con dos alas políticas, el demócrata y el republicano, entre el uno y el otro no hay más diferencias." (Rohwe 2002: 2).

Finalmente el lingüista Noam Chomsky, en el año 2002, dice: "Nosotros no tenemos en realidad un sistema político, no hay partidos. Sólo hay un proyecto de partido con dos alas. Y eso es así ya largo tiempo. ¿La elección presidencial de 2000 fue un fraude? ¿A quién interesa eso? Las tres cuartas partes de la población ve todo el espectáculo electoral como una farsa, como una forma privada de diversión para las mejores ganancias controladas por la participación de la industria de propaganda." (Fusch 2002: 3).

El común denominador de las opiniones aquí vertidas, es que en EE.UU. hay una dictadura de un partido, con dos facciones, que se turnan en el gobierno y que las elecciones no pasan más allá de una simple formalidad. De ser cierto lo afirmado, algunas de las bases fundamentales que caracterizan a la democracia representativa estarían cuestionadas. Como los autores citados se limitan a la denuncia, nosotros hurgamos algo más y así intentamos entender en qué ha devenido el Estado y el régimen norteamericano.

Si dos bases fundamentales de la democracia liberal, libre juego de partidos y elecciones libres, están cuestionadas, preguntamos: ¿Cuál es el régimen político que domina este país? ¿El Estado y el régimen norteamericano es fascista? De ser la respuesta afirmativa, ¿con cuál de los fascismos del pasado se le compara? ¿O es un fascismo sui géneris? De ser afirmativa la última pregunta, ¿cuáles son las características de ese nuevo y particular fascismo?

La mayor parte de especialistas en el tema no están muy claros ni muy seguros al respecto. De cualquier modo, algunos de ellos, nos dan determinados indicios que nos conducen a ciertas conclusiones. El sociólogo brasileño Theotonio Dos Santos, ubicando las fuentes ideológico-políticas del régimen encabezado por Bush, sin hacer ninguna afirmación, en relación a las preguntas formuladas, escribe: "La reacción presidida por Bush congregó el fundamentalismo neoliberal más radical, las fuerzas políticas y económicas más conservadoras, los ideólogos más cerrados del puritanismo y del ultra-individualismo. Para unificar estas corrientes retomó el mito del destino americano como centro,..." (Dos Santos 2002: 2).

Teniendo estas fuentes, las que dicho sea de paso no fueron suficientes para llegar al gobierno, el sociólogo cree que recurrieron al "fraude-electoral-judicial". Hecho que significa, algo así, como un semi-golpe de Estado. Leamos: "Si es verdad que todo este esfuerzo no fue suficiente para ganar las elecciones presidenciales, por lo menos lo hizo aproximarse a los votos demócratas, lo que, con la ayuda (ya comprobada por la comisión de los principales periódicos del país) del aparato electoral del Estado gobernado por el hermano de G.W. Bush y de una Corte Suprema, nombrada fundamentalmente por su padre, le aseguró la presidencia." (Dos Santos 2002: 3).

Hasta aquí los orígenes, no muy claros democráticamente hablando, del régimen encabezado por Bush. Luego viene el gran argumento, para unos o el gran pretexto, para otros. Éste fue el 11 de septiembre de 2001. Después de los acontecimientos ocurridos en esta fecha, todas las condiciones estaban dadas, especialmente en el plano psico-mediático, para consumar legalmente el cambio de un régimen a otro, sostienen algunos estudiosos.

Las principales medidas en el plano interno (para unos, de corte autoritario, y para otros sólo entendibles en tiempos de guerra) son resumidas por Ignacio Ramonet así: "El 26 de octubre de 2001 el Congreso aprobó una ley bautizada oportunamente Partriot Act (Proporcionar las herramientas necesarias para interceptar e impedir el terrorismo). Esta ley otorga poderes excepcionales a la policía y a los servicios de informaciones, reduce el papel de la defensa y pone en tela de juicio el *hábeas corpus*, que garantiza las libertades individuales."

Y continua: "Además, autoriza la detención, la deportación y la incomunicación de los sospechosos, mientras que las autoridades pueden encarcelar por tiempo indefinido a cualquier extranjero. Por último, suprime cualquier trámite judicial para proceder a allanamientos, escuchas telefónicas, controles de correspondencia postal y de comunicación vía Internet." (Ramonet 2004: 40).

Líneas después agrega: "Profundizando esta tendencia a reforzar la `seguridad', el presidente George W. Bush firmó el 13 de noviembre de 2001 un decreto que instaura tribunales militares especiales para los extranjeros. Se creó además el penal de Guantánamo. Por último, el 15 de enero de 2004, entró en vigor el programa US Visit, que obliga a todos los extranjeros que llegan a Estados Unidos munidos de visa a apoyar sus dos dedos índice sobre un lector de impresiones digitales y a dejarse fotografiar. Este arsenal de medidas, insólito en tiempos de paz y propio de un Estado autoritario, rápidamente sirvió de modelo a otros países." (Ramonet 2004: 40).

Lo anotado, párrafos antes, es la razón para que la filósofa norteamericana Susan George escuetamente afirme: "En Estados Unidos se ha instalado un régimen pro-fascista que gobierna a través de una especie de golpe de Estado latente desde los atentados del 11 de septiembre." (Marti Font 2004: 19).

Por su parte, el sociólogo norteamericano, James Petras, desarrollando estas ideas, comienza con este epígrafe: "... del fascismo en casa y el imperialismo en el exterior...", para enseguida afirmar: "La versión estadounidense del fascismo es en algunos aspectos bastante distinto de la de su predecesor alemán. Compra los votos con centenares de millones de dólares en propaganda en los medios de comunicación; no obliga a la población, no aterroriza abiertamente a la población, simplemente siembra paranoia respecto a los 'Otros'. No hay organización de masas y espectáculos de masas para mesmerizar a la población; en su lugar hay frivolidad y mentiras banales para enajenar a los votantes y producir una tasa de abstención de más del 50%. (...) 'Éste es el fascismo blando' pero lleva en sí el potencial para el otro, la versión dura." (Petras 20004: 3).

De igual manera el sociólogo norteamericano, profesor de la London School of Economics, Richard Sennett en su ensayo *Sobre el fascismo solapado*, despues de la reelección de Bush, sostiene: "Los norteamericanos están paralizados y divididos exacto en el medio. Ya no hay más ideal colectivo, la tendencia oculta es construir un frente artificial y negociado. Todo esto camina en la dirección de un fascismo solapado."(Matussek 2004: 136).

Mientras que Sarmin Armin, examinando el fenómeno desde otro ángulo, afirma: "Hoy, EE.UU. está gobernado por una junta de criminales de guerra que llegaron al poder a través de una especie de golpe de Estado. Aquel golpe pudo haber estado precedido por unas dudosas elecciones: pero no debemos olvidar que Hitler fue igualmente un político elegido. En esta analogía, el 11 de septiembre cumple la función del 'incendio del Reichstag', permitiendo a la junta garantizar sus poderes de fuerza policial similares a aquéllas de la Gestapo. Tienen su propio *Mein Kampf -La Estrategia de Seguridad Nacional-*, sus propias asociaciones de masas -las organizaciones patrióticas- y sus predicadores." (Armin 2004: 1 y 2).

Finalmente Jaime Galarza, centrando en el aspecto de la represión, hace algún tiempo atrás escribió: "Si Hitler persiguió y exterminó masivamente al pueblo judío, Bush ha universalizado el discrimen contra árabes y musulmanes, aun si se trata de ciudadanos perfectamente norteamericanos. Del clásico y ostentoso linchamiento de negros, en EE.UU. se ha pasado al silencioso linchamiento de cualquier barbudo que recuerde las barbas de Mahoma. Y más todavía. Washington sostiene y protege a Ariel Sharon, el genocida israelí que ha convertido el sionismo en nazionismo, por su obsesión de erradicar del planeta al pueblo palestino." (Galarza 2002: 1).

Las ideas de una "especie de golpe de Estado latente" y del régimen "pro-fascismo" de George, "el fascismo blando" de Petras, "el fascismo solapado" de Sennet, la "analogía con el social-nacionalismo alemán" de Armin y por último las "coincidencias de Bush con Hitler" de Galarza son algunas ideas sueltas. Diríamos, son impresiones aún no lo suficientemente documentadas ni trabajadas racionalmente, que no nos permiten, por el momento, verter alguna afirmación concluyente al respecto.

El fascismo, el clásico, como ya es harto conocido, dispone de una concepción filosófica (una combinación del neotomismo con el pragmatismo-imperialista), una orientación política (antidemocrática-anticomunista), una línea organizativa para controlar la sociedad (el corporativismo), todo ello fraguado con el nacionalismo-chauvinismo y hasta de gran potencia.

Si bien es cierto que el régimen norteamericano tiene muchos de estos rasgos, eso no implica que se le puede tipificar ya como fascista. Hasta el momento no ha aparecido un trabajo ordenado y sistematizado que demuestre, a pesar de las afirmaciones anteriores, que el régimen y el Estado de EE.UU. se ha transformado en un régimen fascista. Eso no implica que las impresiones recogidas, afirmando lo contrario, sean necesariamente falsas, pueden ser el heraldo de lo que vendrá o de lo que ya está en camino.

Lo poco discutible es que en el plano ideológico (control de la población a través del chantaje y el terror traducida en "la cultura del miedo") no sólo en este régimen, pero en especial éste, son los norteamericanos los que mejor han desarrollado las teorías sistematizadas por el nacional-socialismo alemán. Con sus particularidades, en otras condiciones y bajo otras necesidades, han perfeccionado la propaganda ideológica y política del *Dritte Reich* a gran nivel. Bastaría con leer nuevamente el libro de Herber Marcuse *Feindanalysen: über die Deutschen* (Análisis del enemigo: sobre los alemanes) publicado en 1942 para darnos cuenta de ello.

Si lo descrito se da en el plano interno, en el externo el debate se centra en saber si EE.UU. sigue siendo un simple imperialismo o se ha transformado ya en un Imperio. Este tema ha sido desarrollado en el primer capítulo de este trabajo y la polémica sigue abierta.

Para terminar con este acápite, desarrollamos un par de ideas respecto al Estado y al régimen norteamericano. En primer lugar, siendo aún discutible si Estados Unidos es sólo imperialismo o ya ha devenido Imperio, lo indiscutible es que este país es la única super-potencia en el mundo actual. Ello no sólo se reduce al plano político-militar sino que se hace extensivo al ideológico-cultural. Nos estamos refiriendo al llamado "poder blando". En esa medida la gran burguesía y el gran poder económico en el mundo piensa y siente a este Estado y a este país como su patria, su respaldo y su reserva. Esa idea y sentimiento se repite, como es natural, no sólo en las clases dominantes de este país

Sea como Imperio, o sea cómo imperialismo tiene la tarea, entre otras, de concentrar las centrífugas actividades económicas, centralizar las dispersas fuerzas políticas y unificar los pensamientos a nivel ideológico. Ésa es la esencia y la tarea del capitalismo-imperialista.

Despues de todo, no hay que olvidar, que con esa mentalidad nació, con esta lógica se desarrolló y con esta bandera se mantiene como sistema dominante. Con esos principios liquidó al mundo feudal y toda su representación de mitos y símbolos y con los mismos argumentos ahogó al naciente socialismo.

Por último, el siempre llevado y traído tema de los intelectuales y su acción frente al capital y al imperialismo. Con pocas excepciones, la inteligencia latinoamericana, en las últimas dos décadas, ha claudicado o ha capitulado ante el poder del capitalismo en general y del imperialismo norteamericano en particular.

Hay que repetirlo que unos por miedo, otros por oportunismo y unos terceros por convicción callan, hablan a media voz y hasta justifican las peores acciones del Estado y el régimen norteamericano en cualquier parte del mundo.

Lo triste es que esa misma actitud, con sus naturales excepciones, se repite en todo el mundo y en especial en la intelectualidad europea. La mayoría, y los más prestigiados intelectuales, o siguen la conducta de los latinoamericanos o los latinoamericanos imitan la actitud de sus pares europeos. Lo último es más probable.

Si bien es cierto que la hegemonía ideológico-cultural, en los dos últimos siglos, ha sido de la burguesía, en las dos últimas décadas ésta se ha acentuado con la anuencia de unos y con la colaboración de otros. La situación se complica aún más, en la medida que muchos de estos intelectuales se declararon y aún se declaran ser de izquierda y anti-imperialistas.

El profesor James Petras, conocedor directo de estos menesteres, escribe: "La hegemonía burguesa es producto de numerosos factores, incluyendo los medios de comunicación y las instituciones culturales del Estado. Sin embargo, es también el resultado del pensamiento y los métodos de trabajo de la intelectualidad de izquierda, que busca legitimar su producción intelectual en el mundo burgués." (Petras 2001: 1).

Ante este panorama sombrío, se observa que las investigaciones más serias y los trabajos mejor documentados sobre el Estado, el régimen y la sociedad norteamericana provienen del interior mismo de esta sociedad. Es la inteligencia norteamericana, seguramente una minoría al interior de este segmento, pero significativa para el resto del mundo, que sin temor al chantaje, al silencio y hasta a la cárcel son los que denuncian sin medias tintas los planes y programas de dominio y control, internos y externos, de las clases dominantes norteamericanas.

Los nombres de algunos de estos disidentes se pueden encontrar leyendo las páginas de este libro. Es realmente sintomático que "el arma de la crítica" provenga, hasta el momento, fundamentalmente del interior del país más opulento, más poderoso y el más opresor en el mundo actual.

Este hecho sería un argumento más a favor de las tesis de los que como el historiador alemán Ralph Bollmann, comparando al viejo Imperio Romano con el hoy imperialismo norteamericano, anuncian la decadencia y el fin de este último. El símil no es antojadizo, bastaría con leer una vez más los ensayos *Julio Agrícola* y *Germania*, escritos al comienzo del primer milenio de nuestra era, del historiador y político romano Cornelio Tácito para comprender más claramente esta relación y a la vez la actitud de la actual disidencia intelectual norteamericana.

Por otro lado no hay que olvidar, lo que la historia y la vida diaria enseñan, que: "De todos modos, el arma de la crítica no puede reemplazar a la crítica de las armas; la fuerza material debe ser abatida por la fuerza material; pero también la teoría se transforma en fuerza material en cuanto se apodera de las masas." (Marx 1974: 45).

Para terminar, como ya comenzó "el arma de la crítica", la pregunta es: ¿Evolucionará la misma hasta transformarse en "la crítica de las armas"? Recordando ese principio contradictorio de que algunas veces los extremos se juntan, caben algunas otras preguntas: ¿Será posible que la sociedad más individualista esté más cerca de una sociedad solidaria? ¿Será posible que el país que garantiza la injusticia en el mundo devenga una donde la justicia social se instaure? ¿Será posible que el Estado más guerrerista del planeta desaparezca y así contribuya a la construcción de la paz en el mundo? ¿Será posible que el Estado más opresor de los pueblos del planeta sea un arma para conquistar el reino de la libertad?

Los que vuelven los ojos a las fuentes primogénitas del marxismo creen que eso no sólo es deseable, sino que es posible y hasta factible. En la medida que las bases materiales están dadas en este país como en ninguna otra sociedad. La ciencia y la tecnología han llegado a un nivel muy alto de desarrollo y de esa forma permitirían la liberación de las fuerzas humanas en direcciones más nobles. Además la socialización de la producción ha terminado con la producción particular, anárquica e individual.

La estructura y el funcionamiento social de los grandes consorcios hacen pensar que al socialismo, estas bases y estilos de trabajo, le facilitarían su desarrollo. Claro que eso implicará que "el arma de la crítica" se transforme en "la crítica de las armas": ¿Será tamaña empresa factible? De ser la respuesta afirmativa, seguro que no será a corto plazo

*

Desde la caída del Muro de Berlín, y en especial desde el derrumbe de lo que fue la Unión de Repúblicas Socialistas Soviéticas (URSS), el escenario mundial que había sido configurado después de la Primera Guerra Mundial, y con ciertas modificaciones, fue ratificado al finalizar la Segunda Guerra Mundial, ha cambiado sustancialmente. Estados Unidos al devenir la única super-potencia tiene las manos sueltas para llevar adelante sus planes de dominio y control en el mundo. Acción que es llamada en los últimos tiempos globalización. (4).

Daría la impresión que los norteamericanos, cuando no tienen enemigo a la vista contra quién luchar (así fue a lo largo de su historia y en particular en el siglo XX), buscan enemigos; si no hay razones valederas, éstas se inventan o se fabrican. Los talibanes de Afganistán y el régimen de Sadam Hussein en Iraq son algunos de los chivos expiatorios que cumplen disciplinadamente esta función a comienzos del nuevo milenio. El régimen de Irán y el de Corea del Norte pueden ser los siguientes.

Todo ello es el rodeo y hasta la mentira necesarios en lo táctico. La verdad apunta más allá, a lo estratégico, sostienen algunos expertos, con quienes coincidimos. El verdadero problema es la nueva gran potencia que apenas aparece en el horizonte: la República Popular China. Y no se piense porque China sea socialista ni nada por el estilo. De República Popular sólo tiene el nombre, más bien porque es la nueva potencia capitalista que lenta pero segura entra a tallar en la escena mundial.

El lugar que ocupó la URSS y sus satélites comienza a ser ocupado en la última década por China y su gran influencia en el mundo asiático. Para ello China cuenta con algunas características que no pueden ser ignoradas. En lo histórico China es una civilización milenaria y es el Estado más antiguo que existe sobre la Tierra. Este Estado tiene más de 3,000 años de existencia y a lo largo de ellos ha sufrido una serie de agresiones e invasiones; pero nunca ha podido ser destruido.

En lo geográfico, China es un país-continente, su territorio es el tercero de mayor extensión en el planeta. Por otro lado China tiene a su interior distintas y diversas regiones geográficas y variados eco-sistemas. Su ubicación en el Globo es óptima. Además tiene a la India, el segundo país más poblado del planeta, a su lado.

Por estas condiciones naturales y por sus características culturales, pueden los chinos vivir aislados del resto del mundo por mil años. La dependencia y los bloqueos no tienen ni tendrían mayor efecto en el desarrollo de esta sociedad en comparación a otras.

En el plano político. En el siglo XX China ha pasado por una basta experiencia histórica, política, ideológica y cultural que ningún país en el mundo ha tenido. Hubo una revolución nacional, democrática y popular. Una etapa de construcción socialista y una revolución cultural.

Las clases dominantes de este país han sistematizado cuidadosamente estas experiencias y así intentarán evitar que se repitan en el futuro. En la actualidad creen que es una garantía, hasta cierto punto, para su sostenido y acelerado desarrollo capitalista.

Además China cuenta con la mayor población del planeta y trae en su memoria un cúmulo de inventos-descubrimientos y más una poderosa influencia cultural-comercial en casi todo el mundo. China es un país donde la industria es relativamente independiente y cuenta con tecnología atómica-nuclear propia.

En las últimas dos décadas, es el país que ha tenido el mayor crecimiento económico y la más alta tasa de acumulación de capital interno en todo el planeta. En un informe aparecido, a mediados del año 2004, en la revista alemana *Stern* (Estrella) se dice que los países industrializados: "... tienen miedo por el desarrollo arrollador de la economía china. La economía en los últimos veinte años ha tenido un promedio del 10 % de crecimiento anual. Ahora la fábrica-pabellón del mundo es China."

Luego agrega: "Este país produce y vende más de la mitad de cámaras en todo el mundo, un cuarto de todas las refrigeradoras, seis de diez bicicletas y el 70 % de encendedores." (Schepp 2004: 68).

Otro informe, ampliando por un lado y precisando por otro los datos sobre el mismo tema, apareció en la revista también alemana *Der Spiegel* (El espejo) N° 42 a fines del año 2004. Se comienza con el sugerente título *Der Sprung des Drachen* (El salto del dragón). Centra en el acelerado desarrollo industrial de las principales ciudades del otrora Imperio Celestial y en el espectacular crecimiento de la ciudad de Shanghai, la misma que para el año 2010 será la ciudad más habitada del planeta.

A comienzos del tercer milenio, en una mesa redonda celebrada en Pekín, esta acumulación acelerada y sus consecuencias fueron sintetizadas por el filósofo y sociólogo alemán Jürgen Habermas de la siguiente manera: "Lo que ha pasado en Asia en 30 años duró en Europa 250 años. El primer estadio de la modernización, lo que Marx llamó la acumulación originaria, fue especialmente cruel. La gran emigración del campo a la ciudad formó un proletariado urbano. Detrás de palabras muy abstractas se escondían vidas totalmente destruidas, como sucede hoy con muchos seres humanos en China." (Blume 2001: 40).

Que ese proceso de desarrollo, industrialización y modernización se esté logrando en base a la despiadada sobre-explotación de la gran mayoría de la población del país (es la lógica del capitalismo y especialmente en las etapas de acumulación acelerada y extensiva) no niega este desarrollo. En el mismo informe de la revista citada se dice que trabajan arriba de las 50 horas semanales y no tienen feriados ni vacaciones.

Y además, como consecuencia de las malas condiciones de trabajo: "En los dos grandes centros industriales pierden todos los días

27 obreros las manos, los brazos y las piernas. En todo el país mueren cada año 136 000 personas como consecuencia de los accidentes de trabajo. La misma cantidad de población que tiene la ciudad alemana de Heidelberg." (Schepp 2004: 70).

No hay que soslayar un detalle. Las clases dominantes chinas, dirigidas por el "Partido Comunista de China", oficialmente siguen hablando que todo ese gran sacrificio se hace dentro del marco de la construcción del socialismo. De igual manera muchos sectores de la población china creen realmente que vale tamaño esfuerzo en función del socialismo. Con mucha razón los auténticos izquierdistas tendrían que repetir una vez más. "Querido socialismo, cuántas mentiras se dicen en tu nombre."

En este conjunto de características descansa el poder chino y a la vez es el gran problema para el imperialismo norteamericano. Para mantenerse dueño de la escena tendría que evitar que el "Dragón amarillo" despierte, levante la cabeza y comience a caminar, piensan los entendidos. ¿Tendrán tiempo y capacidad para mantenerlo dormido? ¿O el dragón ya despertó? ¿Y quizás el dragón está ya caminando?

Los próximos 30 ó 50 años, darán respuestas a estas interrogantes. Y de ser afirmativas las respuestas a las preguntas planteadas, las que hasta hoy sólo son hipótesis, es posible que se cumpla la sentencia atribuida a Napoleón Bonaparte. En el año 1816, "El gran corzo" habría dicho: "Cuando China despierte (...) el mundo temblará." (Peirefitte 1973: 1).

¿Qué pasará con América Latina ante este nuevo escenario mundial? ¿Tendrá que aceptar pasivamente vivir a la sombra de un nuevo imperialismo-Imperio o luchar para liberarse definitivamente, y en función de qué? La situación, por lo menos a comienzos del nuevo milenio, no es muy clara que digamos.

Mientras que las clases dominantes y el Estado de Estados Unidos, como no puede ser de otra manera, se tendrá que aferrar mucho más a sus semicolonias latinoamericanas. Para ello, como ya han dicho otros, seguirá su lógica histórica. Morirá explotando, dominando y matando así como vivió explotando, dominando y matando.

LA "ETERNA" TRANSICIÓN EN AMÉRICA LATINA

"El contexto internacional se caracteriza por ser un período de *transición* generalizado, donde convergen una tendencia al multipolarismo, el unipolarismo militar, la globalización con la resultante de una creciente interdependencia (...), una tercera revolución tecnológica en un entorno interdependiente y transnacionalizado, la inmediatez de las comunicaciones, y el resurgimiento de conflictos que aunque latentes, estuvieron sumergidos en el contexto bipolar, entre otros."

Isabel Jaramillo,
Cuadernos de Nuestra América (2001)

La vieja transición de las sociedades semi-feudales, tradicionales-pre-capitalista en América Latina tiene varios hitos que se mantienen latentes, los mismos que le dan continuidad al fenómeno. En algunos períodos, este ritmo se acelera para luego volver a su ritmo normal. Algunas veces este aceleramiento es condicionado por fenómenos político-sociales y en otros, estos mismos fenómenos, son motivo de estancamiento y hasta de retroceso de la larga transición.

Los motivos para todo ello, los venimos desarrollando a lo largo de este trabajo, descansan en resumidas cuentas en lo siguiente. Primero, en cómo se han construido las bases del devenir histórico. Segundo, la forma cómo se han estructurado las relaciones económico-sociales de producción al interior de estas sociedades. Tercero, en cómo se han conformado las clases sociales y sus respectivos intereses político-culturales. Cuarto, en cómo las clases dominantes han estructurado el Estado. Quinto, en cómo estas mismas clases han impuesto la democracia representativa como régimen político de control y dominación. Sexto, en cómo han reflexionado las diferentes concepciones político-filosóficas. Y séptimo, en cómo han sido recreadas las influencias y creaciones culturales en América Latina.

Néstor García Canclini, desarrollando algunos de estos aspectos, escribe: "No hemos tenido una industrialización sólida, ni una tecnificación extendida de la producción agraria, ni un ordenamiento socio-político basado en la racionalidad formal y material que, según leemos de Kant a Weber, se habría convertido en el sentido común de Occidente, el modelo de espacio público donde los ciudadanos convivirían democráticamente y participarían en la evolución social. Ni el progresismo evolucionista, ni el racionalismo democrático han sido entre nosotros causas populares." (García Canclini 1990: 20).

En esta nueva etapa de transición a comienzos del nuevo milenio, teniendo como telón de fondo las dificultades de la facción neoliberal de la burguesía que propugnaba una acumulación en base a la empresa privada y el libre mercado para modernizar América Latina, vuelve a escena, una vez más, la facción de la gran burguesía que se expresa ideológica y políticamente en el populismo-socialdemócrata.

Estos últimos intentan una acumulación muy cercana a la mixta, con participación relativamente activa del Estado. Con ello, daría la impresión de que las sociedades latinoamericanas han recobrado su ritmo "normal" de transición. Ritmo que equivale, a lo que nosotros llamamos transición "eterna". No porque sea eterna, en realidad ésta no pasa de ser una expresión semántica, sino por ser tortuosa, lenta y sumamente prolongada.

Transición que consiste en administrar los problemas, evitar los movimientos bruscos, en cualquiera de los planos de la sociedad, y esperar que la solución de los problemas, sin alterar el funcionamiento del sistema en su conjunto, sea suave y si es posible que caiga por su propio peso. Es la transición por inercia. En las palabras de un ex-presidente latinoamericano podría estar resumido este ritmo de transición. Manuel Prado (1889-1967), dijo: "El Perú tiene dos clases de problemas: los que no se solucionan nunca y los que se solucionan solos." (Autores varios 1998: 392).

Hay que diferenciar la transición de una forma de acumulación a otra forma de acumulación, que ocurre al interior del sistema. A ella la denominamos transición a corto plazo. Ella es una parte y a la vez un condicionante de la transición "eterna" o a largo plazo. En otras palabras, de un sistema a otro sistema. La última tiene en América Latina sus fronteras en la formación económica pre-capitalista por un lado y en la formación económica capitalista propiamente dicho por otro lado.

La excepción de lo planteado líneas antes, a comienzos del nuevo milenio, podría ser la sociedad Argentina, que desde fines del año 2001 ha experimentado un retroceso evidente. Se podría decir que es una transición hacia atrás. Pero como es natural en un sistema económico como éste, no todos pierden; los que pierden son siempre los pobres, pero en el caso argentino han perdido, de igual modo, los sectores medios o pequeñoburgueses. Son ellos los que más han llamado la atención de este salto hacia atrás. Y los que ganan, como siempre, son principalmente los grandes capitalistas, la gran burguesía, en este caso las 1700 familias dueñas de Argentina, que viven entrelazados, como socios menores, del gran capital internacional.

Argentina fue, a pesar de todo es posible que siga siendo, uno de los países más ricos de América Latina. La crisis y sus consecuencias económico-sociales y culturales, siendo denominador común en la mayoría de países latinoamericanos, en la sociedad argentina, particularmente en esa amplia capa pequeño-burguesa, es nueva. Por ello lo difícil, y el calificativo de traumática a esta experiencia, en este sector mencionado. El pobre en Argentina vivió en la estrechez, es verdad; pero no en la pobreza extrema o miseria (como es común en otros países de América Latina) como se observa, en los últimos años, en algunos sectores sociales de este país.

En el resto de países, encabezados por Brasil, seguido por Venezuela y Bolivia, se intenta una transición barnizada y no muy ordenada que digamos. Manteniendo las reformas y las privatizaciones, se intenta devolver, sólo en parte, su rol al Estado. Papel que cumplió desde la Segunda Guerra Mundial hasta mediados de la década del 70 cuando comenzó la ofensiva neoliberal. Sin estatizaciones y corrigiendo los excesos del libre mercado, el Estado, se proclama en los discursos, debe orientar sus energías a velar por la educación, salud, servicio social, recreación, etc.

Si lo dicho es patrimonio de las alturas, en el nivel donde se decide la vida de la sociedad, en la base, en la llamada sociedad civil, el ritmo de movimiento interno de la población, en términos generales, se mantiene. El campo y las pequeñas ciudades evidencian un despoblamiento permanente. Las ciudades grandes crecen sin planes arquitectónicos, sin proyectos urbanísticos, en unos casos, y con profundas diferencias a su interior, en otros.

En un estudio, hecho hace poco, sobre las ciudades de México, La Habana, Bogotá y Buenos Aires, el especialista Oswaldo Román, centrando en el aspecto urbanístico, escribe: "Existe la ciudad formal conducida desde los poderes administrativos, ordenada, dotada de infraestructuras, donde encontramos unos niveles de equipamiento, zonas ajardinadas, con áreas de oficinas y tejido residencial de increíble calidad. Muy cerca, a pocos pasos se extiende `la otra ciudad´, la ciudad informal, construida directamente por los pobladores, fértil, vital, peligrosa y resistente, creciendo a un ritmo imposible de contemplar por la acción planificadora." (Román 2004: 32).

Otros autores van mucho más allá, al ver el desmesurado crecimiento y en parte la modernización de las grandes capitales en América Latina, dudan si se les puede seguir llamando modernas y hasta ciudades. García Canclini es uno de ellos. Él comienza preguntándose: "Pero ¿cómo hablar de la ciudad moderna, que a veces está dejando de ser moderna y de ser ciudad? Lo que era un conjunto de barrios se derrama más allá de lo que podemos relacionar, nadie abarca todos los itinerarios, ni todas las ofertas materiales y simbólicas deshilvanadas que se presentan. Los migrantes atraviesan la ciudad en muchas direcciones, e instalan, precisamente en los cruces, sus puestos barrocos de dulces regionales y radios de contrabando, hierbas curativas y videocasetes." (García Canclini 1990: 16).

No hay ciudad, grande o mediana, en América Latina en que no se observe la presencia de este ejército de pobres provenientes del interior o de las provincias. Los nombres que se les da y los lugares donde habitan varían de país a país. Es el sector social que se ocupa en todo y es capaz de todo. Se calcula que, más o menos, bordean el 30 % de la población en América Latina. Su condición económica es sobrevivir el día, su condición social, marginal, ilegal o "desaparecido social", y su situación psíquico-cultural, vivir en el limbo.

Sobre este sector, los estudios de toda naturaleza son abundantes. La mayoría ven el fenómeno pero no la causa. Otros creen que son los sectores abanderados de la modernidad y portadores de la revolución pacífica y silenciosa. En el plano literario, en el cual América Latina es pródigo, hasta el momento no ha aparecido el émulo de Víctor Hugo para que escriba la versión latinoamericana de *Les misérables*. Consecuencia de esta transición larga y dolorosa, otros sectores sociales, desplazados por otras razones, de igual modo sufren las consecuencias. La psiquiatra chilena María Luisa Cordero expresa, en alguna forma, el sentir de este segmento cuando escribe: "Nuestra falta de esencia espiritual se debe también a que habitamos una ciudad capital que no ayuda al decoro necesario para desarrollar una espiritualidad. Vivimos en una ciudad de ruidos, en una ciudad de concreto, no sólo arquitectónico, sino de momentos de vida absolutamente concretos, de trabajo vertiginoso, sin pausas." (Cordero 1999: 98).

Si la "crisis de la espiritualidad" se da en la gran metrópoli o en las ciudad capital, ella, idealizando algo la pequeña ciudad provinciana, agrega: "Las ciudades de provincias, con todo el brusco adelanto que deben de soportar, siguen siendo más gentiles. Todavía es posible encontrar familias de provincia donde sus miembros se relajan tocando piano o grupos de profesionales que se reúnen para integrar una banda de jazz." (Cordero 1999: 99).

Estos dos sectores sociales, los migrantes, informales-ilegales o "desaparecidos sociales" y la pequeña burguesía, con actitudes encontradas en el corto plazo y coordinadas a largo plazo, son los que inclinan la balanza en los procesos electorales. Son de igual manera los que alimentan las organizaciones radicales en cualquiera de sus vertientes. La mayoría de ellos han sido los electores de los Pinochet, de los Bánzer, de los Menem, de los Fijimori, de los Chávez, de los Gutiérrez, etc. A la par, la mayoría de los movimientos guerrilleros en América Latina tienen en este sector social su fuente de apoyo social y hasta político-militar.

La conducta política, propiamente dicho, de estos sectores, es moverse en los extremos. El oportunismo es lo más común y a la vez lo más normal. Siempre buscando en qué o en quién apoyarse. Los políticos (civiles o militares) que tienen algún pasado similar o característica común a ellos, manipulan a estos sectores recordando y exacerbando sus rasgos en común y de esa manera son los que casi siempre cosechan el apoyo de estos sectores desarraigados y sin norte.

Estos sectores que han sido y son los actores y sujetos de la transición (más la pequeña burguesía, por sus características ya conocidas) es donde se puede observar mejor los resultados traumáticos de este proceso de transición en América Latina. A su pobreza material se agrega su miseria espiritual. Al vacío del vientre corresponde también el del alma.

Ya lo hemos dicho en otra parte de esta investigación, son millones de seres que vieron irse el pasado y que aún no ven venir el futuro. Millones de seres para quienes el presente, que implica el paso de generaciones enteras, es arena movediza donde no hay seguridad para nada. Es el sector de marchas y contramarchas sin lugar ni tiempo para la pausa y menos para la reflexión.

En estas condiciones de transición descontrolada, no sólo los marginales han perdido la noción de los límites. "Todo vale" tiene una plena justificación, de igual modo, en otros sectores de la sociedad. Moulian expone algunas de estas manifestaciones así: "En las coyunturas de modernización rápida se concatenan múltiples factores de inestabilidad e inseguridad. Modificaciones aceleradas de estructuras claves ponen en jaque los valores establecidos, produciendo grandes trastornos en la 'vieja moral'" de masas y élites, se producen modificaciones de la estructura económica que generan la mudanza de zonas enteras o de sectores económicos amenazados, aparecen nuevas necesidades, grupos pujantes emergen dando codazos y sectores establecidos deterioran sus condiciones de vida. La delincuencia, o lo que la sociedad denomina así, aparece como un camino de autodefensa de los desplazados sin fortuna o como la forma de hacer dinero fácil de emergentes obsesiones por las nuevas pautas de éxito." (Moulian 1998: 138).

En este terreno de tira y afloja que es la transición social en América Latina, la institución familiar es otro campo donde se observa, de igual modo, este fenómeno. En algunos casos la familia grande se mantiene a costa de muchos sacrificios y concesiones de los mayores hacia los menores, de los padres hacia los hijos, y viceversa.

En algunos otros casos, los menos, por necesidad de afrontar juntos las crisis de transición, se han fortalecido. En unos terceros, sencillamente se ha desmembrado y cada miembro ve cómo mejora o agrava su problema personal. De estas últimas familias desmembradas, la mayoría de sus miembros terminan en las peores condiciones socio-personales.

Pasando a otro nivel de la transición, se manifiestan también los problemas que tienen que ver con el deterioro del alma, con la descomposición del espíritu. En una breve observación sobre la sociedad latinoamericana, especialmente en ese sector sujeto de la transición, podemos observar cómo se exterioriza esta problemática. Con diferencias más o diferencias menos, las causas y las consecuencias del hecho son las mismas.

Comencemos con la experiencia chilena. El ya citado Moulian habla del "bloqueo", el mismo que se: "Expresa, sin embargo, con silencio de elocuencia bajo las formas de la depresión, la desesperanza, el fatalismo, la sensación de ahistoricidad de la historia, que en Chile Actual, son las compañías mudas de la euforia, el exitismo, la competitividad y la creatividad mercantil." (Moulian 1998: 32).

En Argentina, centrando en el sector masculino y sin empleo, el psicólogo Waldo Ansaldi, años antes de la crisis, escribió: "En efecto, la desocupación está llevando a muchos varones a la pérdida de autoestima, estados depresivos, afecciones psicosomáticas (incluyendo impotencia sexual), pulsiones de muerte (autodestrucción), pulsiones agresivas o destructivas, violencia familiar, entre otras patologías psíquicas." (Ansaldi 1997: 19).

Por su parte en Brasil, exponiendo la otra y poco difundida interpretación de la fiesta y en especial del carnaval en los sectores populares, el ensayista Basilio Lozada, hace algún tiempo atrás, dijo: "... el sentido de la fiesta en Brasil hay que contemplarlo desde una especial perspectiva. Puedo decir que no he visto espectáculo más triste que el carnaval de Bahía, o el de Río. Todo exceso en la celebración es la expresión de frustraciones profundas, y bajo la alegría fingida y a plazo fijo se ocultan la desesperanza, la frustración, una amargura insoportable. Dos días para disfrazarse de lo que uno sueña, pero `todo se acaba el miércoles´ como se canta en *Orfeo negro*." (Lozada 2003: 9 y 10).

Mientras que en Centroamérica, en Guatemala, el año 2000 la entonces ministra de educación Otilia Lux de Coti, en torno al estado anímico de estos mismos sectores, "... en pocas palabras sintetizó: `Tristeza, apatía, alcoholismo, un elevado número de suicidios´." (Keppeler 2000: 5).

Todo lo anotado, en este nivel y en esta coyuntura histórica, tiene que ver con la pérdida de reglas y principios. Con la pérdida de bases, tanto en el plano económico-social como en el psico-cultural. Experiencias parecidas fueron descritas y tipificadas por Emile Durkheim con el concepto de *amomía*, que dicho sea de paso, para el sociólogo francés, fue un momento positivo en las sociedades desestructurizadas o en transición de su tiempo.

En estas sociedades, en especial en estos sectores sujetos víctimas directas de la transición, que viven en constante movimiento y transformación (no necesariamente hacia adelante como lo demuestra la sociedad argentina en los últimos años) la conservación de bases o de "apuntalamiento", como dice el psiquiatra argentino Darío Lagos, es de primera importancia.

Leamos: "Cuando hablamos de apuntalamiento nos referimos a la triple función que éste cumple, es decir, la de apoyo y sostén, la de modelización y de espacio transicional, espacio en última instancia del fuego y la creatividad. El sujeto se apuntala en su propio cuerpo, en las figuras parentales, en la familia, en los grupos, en las instituciones, en el cuerpo social." (Lagos 2002: 3).

La situación se complica terriblemente cuando estas bases o "apuntalamiento" se resquebrajan o se pierden: "La pérdida del apuntalamiento produce en el sujeto lo que denominamos angustia de no asignación, pérdida de un lugar en el reconocimiento del otro, pérdida de un lugar en el mundo (...) La vivencia de no tener asegurada la sensación de pertenencia quita sentido a la subjetividad, ya que sólo el reconocimiento del otro permite el acceso a la dimensión social." (Lagos 2002: 3).

Además de la explicación dada, que es válida para ciertos sectores, hay que anotar otra de las características típicas de las sociedades en transición vistas en su conjunto. Son sociedades a medio hacer o por culminar, son sociedades incompletas. Lo último parece tener algún tipo de explicación en el pasado.

Las culturas precolombinas se quedaron a mitad de camino. El feudalismo impuesto por Europa, además de "impuro", no terminó con el pasado, fue un feudalismo a medias. El capitalismo que se desarrolla e impone, desde hace un siglo y medio, está a medio hacer. Son sociedades incompletas. Son sociedades semi-semi, sociedades casi-casi, sociedades del aún-aún. Y eso sólo genera mucha frustración que muchas veces es barnizada con un optimismo meramente oportunista.

El estudioso inglés Perry Anderson completa esta idea cuando, refiriéndose a sociedades parecidas a la latinoamericana actual, escribió: "... un pasado clásico aún utilizable, un presente técnico aún indeterminado y un futuro político aún imprevisible (...) Surgió en la intersección de un orden dominante semi-aristocrático, una economía capitalista semi-industrializada y un movimiento obrero semi-emergente o semi-insurgente." (Anderson 1984: 43).

Ésta es la esencia de la transición. *Ya no es, pero tampoco es*. Ya no es feudal, tampoco, con rigor, es capitalista. Claro, si pensamos en presupuestos fronterizos. Se dirá. *Ya no es-todavía no es*, ¿Pero algo debe ser? Efectivamente: son sociedades en transición, donde las relaciones económicas de producción y las relaciones sociales se entremezclan y a la vez reproducen varias formas de vida social.

Las organizaciones políticas (Estado y partidos políticos) y el ordenamiento democrático, como consecuencia de este zarandeo permanente, siempre están al garete. De ahí que es relativamente fácil la aparición de los aventureros políticos, que muchas veces terminan siendo presidentes de estas repúblicas y hasta son reelegidos más de una vez.

Más aún, esta realidad condiciona que en el plano de las representaciones se crucen varios mundos, varios proyectos de vida y al no tener concreción terminan expresándose en las profundas frustraciones que han sido ya anotadas. Ésta es la razón para que Adalberto Ronda escriba: "En la América Latina del período en que encaja este análisis, la transición de lo tradicional a lo moderno tiene características, entre ellas las siguientes: La relación entre historia y tiempo combina la secuencia con la simultaneidad (...) Esta forma de ser de América Latina, que además tenía y tiene aún, como subsuelo un mosaico multiétnico y multicultural tanto en la región como en el interior de la inmensa mayoría de estos países, (...) Las mezclas culturales, los procesos de hibridación en América Latina que van del Río Bravo a la Patagonia, no pueden ser analizados con arreglo a la historia vivida y sufrida por nuestros pueblos sólo queriendo entender y explicar los procesos interculturales y deculturales en el entorno de la multiculturalidad latinoamericana, aunque se incluya en el análisis tanto las expresiones autóctonas como las foráneas, pues el resultado podría ser una historia-rosa." (Ronda 2002: 176 y 177).

Este mosaico multiétnico y este abanico multicultural, creen algunos estudiosos, ha dado en América Latina resultados altamente positivos. Los mismos se expresarían en la afectividad, la cordialidad, la familiaridad, la amistad y la solidaridad del común de los latinoamericanos. ¿Cuánta objetividad y cuánta subjetividad encierran estas afirmaciones? Desarrollemos estos puntos de vista y así intentemos dar respuesta a la pregunta formulada.

LA AFECTIVIDAD, LA CORDIALIDAD, LA FAMILIARDAD Y LA SOLIDARIDAD LATINOAMERICANA

"Las leyendas inventadas en Europa volvían a América y eran reinventadas por los propios americanos, en un viaje permanente de ida y vuelta. En algunos casos, con signo positivo, y en otros, negativo, pero en todos se trataba de contraponer a la Europa racional, prosaica, la América mágica, fuera de la historia y del tiempo".

Juan José Sebreli,
El asedio a la modernidad (1992).

En el año 2000, los ensayistas brasileños Renato Janine y Joao Cezar de Castro, retomaron, una vez más, el discutido tema de la *afectividad* y la *cordialidad*, como virtudes fundamentales del ser del brasileño. Recordemos que estos calificativos no sólo se reducen a los habitantes de este país, por el contrario, hay otros estudiosos que lo hacen extensivo al carácter del ser del latinoamericano en su conjunto, de ahí nuestro interés, en principio, de examinar estas dos expresiones con algún detenimiento.

Comencemos con los brasileños. El eje central sobre el cual gira la polémica es comprender la *diferencia* del carácter del ser del brasileño, por extensión del latinoamericano, con respecto al ser del carácter del poblador de los países industrializados, concretamente del habitante de EE.UU. Dicha diferencia se evidenciaría en la *afectividad* y la *cordialidad*.

La existencia de estos valores tiene dos interpretaciones. Para unos es consecuencia del *atraso* económico-social de la sociedad, por lo tanto es de alguna forma un rezago *negativo*. Para otros es consecuencia del *mestizaje* étnico-cultural producido en esta sociedad, por lo tanto es en lo fundamental un hecho *positivo*.

Para los que defienden la tesis de que es consecuencia del atraso de la sociedad, estos valores sólo serían pasajeros y circunstanciales que caracterizan al ser y la personalidad del brasileño. Para los que afirman lo contrario, estos valores serían permanentes y duraderos y son la esencia misma del ser y la personalidad de los mismos.

Las fuentes principales sobre las que descansa la discusión actual son casi las mismas. Como defensores de la primera tesis, Renato Janine menciona a Paulo Prado y su libro, publicado en 1928, *Retrato do Brasil* y a Sergio Buarque de Holanda y su libro, publicado en 1936, *Raíces do Brasil.* Y como defensores de la segunda tesis, a Gilberto Freyre con *Casa grande e senzala* publicado en 1933 y el relativamente actual Roberto Da Matta con *Carnaval, malandros e heróis* publicado en 1978.

Una de las ideas centrales que Janine trabaja, sin olvidar que el capitalismo es sinónimo de individualismo, el que está relacionado con su desmesurado deseo de lucro, y viceversa, es la diferente conceptualización del mestizaje y su relación con la cultura entre el mundo capitalista industrializado y el mundo no industrializado. En este caso concreto, EE.UU. y Brasil.

Leamos: "La visión norteamericana de la mezcla racial sostiene que sólo puede ser blanco quien lo es enteramente: todo lo impuro es negro. Hay negros puros, pero eso no importa, porque toda negritud es impura. La idea brasileña es lo contrario: no valoriza la pureza. Hay blancos, hay negros y hay mulatos. Nadie es puro ni impuro."

Luego añade: "Por ello, aquí el peso de la raza es leve y el color de la piel se tizna de cultura. La pureza es una ficción que conduce a una hipertrofia de la biología y al fascismo. Ya escoger lo impuro significa optar por la cultura. No hay asociación más fecunda y más firme que ésta: cultura es impureza. Brasil es un país impuro por convicción. Tal vez por ello su cultura sea hoy tan sólida." (Janine 2000: 11).

Por otro lado sostiene que los habitantes de las sociedades industrializadas, donde la vida "... social reside en la competencia y no en la colaboración, en la concurrencia y no en la solidaridad", son las que más sufren estas consecuencias, porque: "El congelamiento y el vínculo con el otro conforme a una relación de imparcialidad, lleva a tratarlo como a un desconocido que merece respeto. El respeto se relaciona, así, con la distancia, el apartamiento, el enfriamiento. En la vida social es frecuente alternar el afecto caluroso por el desconocido, socio, pariente, amigo, aliado y el afecto hostil por el desconocido, enemigo, miembro de otro clan o sociedad." (Janine 200: 13).

Luego agrega: "Pero no existen sólo esas dos posibilidades de trato con el desconocido -el calor de la hostilidad y el frío del respeto- con el otro en tanto otro (porque el aliado no es exactamente el otro porque no es sino otro incorporado a nosotros). Muchas sociedades muestran hacia el desconocido una curiosidad generosa, acogedora." (Janine 2000: 13).

Renato Janine continúa generalizando: "... una señal importante del fracaso occidental como civilización es que el Atlántico Norte considera que las civilizaciones hospitalarias son atrasadas. El respeto caluroso por el desconocido suena a estupidez. (...) Podrían tener peor fama, la de infantilismo irresponsable, lugar poco serio. Una receptividad cálida suena a inmadurez. Ante el otro Occidente construye dispositivos de prevención y cuidado que, sin llegar a la hostilidad hobbsiana de la guerra de todos contra todos, apenas la atenúa." (Janine 2000: 13).

Recordando, en el plano político, que la afectividad puede ser canalizada tanto por la izquierda como por la derecha (los fascistas la instrumentalizaron a gran nivel), el ensayista cree que es misión dar una nueva orientación a este sentimiento humano. En esta dirección cree que Brasil, Latinoamérica, puede contribuir a democratizar y humanizar la democracia en las sociedades industrializadas.

Su ensayo termina con dos conclusiones, que son expuestas así: "La primera es que nuestra parte del mundo necesita desarrollar el aspecto afectivo de la política, a fin de mantener la pasión como base, para construir una política de costumbres y no autoritarias; tal es nuestro desafío."

"La segunda es que ésta puede ser nuestra contribución al resto del mundo: podríamos cuestionar el modelo mandevillano triunfante

525

en el Atlántico Norte, que funciona en la gestión política del Estado y la economía pero con un enorme costo afectivo, convirtiendo la sociedad en una casa inhóspita. ¿Será posible construir un modelo alternativo, democrático y afectuoso?" (Janine 2000: 14).

Por su parte Joao Cezar de Castro trae a colación el otro libro de Gilberto Freyre *Sobrados e mucambos*, que frecuentemente ha sido olvidado en la polémica en torno al tema en Brasil. En dicho libro, a decir de Castro, además de coincidir con la fecha de publicación del libro de Buarque, narra la descomposición del mundo atrasado-rural y su trasvase a la vida urbana-moderna.

De Castro, sin olvidar el encuentro de europeos, nativos y africanos en Brasil, defiende las tesis de Prado y sobre todo de Buarque de Holanda. Este último sintetizaría su pensamiento en el concepto de que: "... la cordialidad como el tipo de sociabilidad desarrolladas en las condiciones históricas brasileñas" no es más que la expresión de una sociedad atrasada que ha generado una familia patriarcal. Tipo de familia que es directamente proporcional a este mundo rural en descomposición.

La familia patriarcal es descrita en estos términos: "... tiene la tendencia a reconocerse como autosuficiente. Sus miembros vislumbran en el círculo doméstico el destino final de los gestos y de las intenciones. Una vasta red de amistades garantiza la ampliación de ese círculo, hecho que refuerza su poder, además de afirmar su funcionalidad. Característica del medio rural, ésa es una familia cuyos parientes y agregados componen un universo propio, con reglas y códigos particulares. La familia patriarcal, en suma, suele encontrarse en situaciones históricas en las cuales las condiciones definidoras de la modernidad no logran imponerse." (de Castro 2000: 17).

Recordando los orígenes del término cordialidad, continúa: "... el hombre cordial es hijo legítimo de la familia patriarcal y el estudio de la etimología del concepto es muy útil para esa discusión. ˋCordial´ es derivado de *cor, cordis*: corazón en latín. Bajo el control de los sentimientos, el hombre cordial rechaza los principios característicos de la vida moderna, toda vez que, al vivir de corazonadas, razona siempre en función de intereses privados, en los cuales incluye el afecto que brinda a sus amigos, además del odio que consagra a los enemigos." (de Castro 2000: 17).

Por su parte la idea de Gilberto Freire, en torno a la cordialidad brasileña como expresión del mestizaje, con la cual discrepa de Castro, la expone así: "Freire consideraba la cordialidad bajo un doble registro: de un lado, es el resultado del proceso de formación de la sociedad misma, esto es, del mestizaje; de otro, es un indicio de una práctica específica de relación social, o sea, la cordialidad sería una `técnica de bondad´ y como tal constituiría un rasgo típicamente brasileño." (de Castro 2000: 21).

Finalmente, a este hombre cordial, producto del mestizaje que daría carácter y personalidad al brasileño de Freire, lo contrapone al otro hombre cordial de Buarque. Leamos: "En Raíces do Brasil todo pasa de un modo muy distinto. La creciente urbanización no sólo amenazaba la supervivencia de relaciones cordiales sino que la condenaba a una desaparición inexorable."

"Por ello, Sergio Buarque no tiene ningún aprecio especial por la figura del hombre cordial, prefiriendo concentrarse en los cambios implicados en el fenómeno de la urbanización. En otras palabras, en tal esquema imperativo, cordialidad no se confunde con nacionalidad sino que se revela un instrumento valioso de descripción de determinada constelación histórica; constelación dominada por la familia patriarcal: el hombre cordial es síntoma de la herencia rural." (de Castro 2000: 24).

Nosotros pensamos que *la afectividad* y *la cordialidad*, tratados por los dos autores, son productos tanto del mestizaje como del atraso de la sociedad brasileña y, por extensión, de la latinoamericana. Pero quedarnos en esta afirmación implicaría dar la razón, en la misma proporción, a las dos corrientes en pugna. Pero como es bastante conocido, la ciencia no se desarrolla así.

A cargo de seguir argumentando nuestros puntos de vista, afirmamos que estas dos expresiones son productos principalmente, como lo plantea de Castro siguiendo a otros, del pasado, de las sociedades tradicionales, de las sociedades en transición, las que tienen su eje determinante en la necesidad y secundariamente en el sentimiento o deseo de afectividad o cordialidad producto del mestizaje como lo plantea, siguiendo a otros, Janine.

Además de lo expuesto, líneas arriba, por los estudiosos brasileños, existe en otros países la idea de que la alegría, el gozo y el placer son rasgos típicos del poblador de este país. Sus vecinos argentinos, más que cualquier otro, son los primeros en reconocer esta predisposición vital para la existencia del habitante del país más grande de América Latina.

El psicólogo Alfredo Moffatt, diferenciando a los héroes del mundo fantástico argentino de los héroes del mundo fantástico brasileño, declara: "Me gusta más Macunaíma, el héroe brasileño, jodón, sexuado, trasgresor, a veces confundido y desorientado, pero muy humano; ..." (Moffatt 2001: 2).

De igual manera José Pablo Feinmann, en un pasaje de su novela *La crítica de las armas*, escribe: "... los brasileños cantan, bailan, sudan, juegan al fútbol, son negros, brillan bajo el sol, descansan bajo las palmeras, festejan desenfrenadamente el Carnaval, tocan la guitarra, inventan el *bossa nova*, andan en bolas y en el alma llevan el sexo y no la culpa." (Feinmann 2003: 93).

Nos hemos detenido algo en algunos rasgos de la cultura brasileña, y en particular en la polémica sobre la *afectividad* y la *cordialidad*, en la medida que ésta nos sirve de entrada para comprender la tan comentada, verdadera o falsa, fama de *solidaridad, familiaridad y generosidad* de la cual goza el latinoamericano en algunos sectores sociales del Primer Mundo y también al interior, en algunos casos, de la misma América Latina.

Estos calificativos no sólo vienen de los turistas que por algunas semanas visitan, pasean, comen, beben y gozan de lo mejor (hasta donde les permite su dinero) que les brinda América Latina. Vienen también de algunos estudiosos, aparentemente muy racionales, que terminan enamorados de la naturaleza, de alguna gente y de la cultura de esta parte del mundo.

El historiador francés F. Clevalier, con muchos años de estadía en el continente americano y a la par un latinoamericanista reconocido, es un buen ejemplo de lo que venimos tratando. Leamos en el párrafo siguiente la valoración que le merece el habitante del llamado también Nuevo Mundo: "Por encima de esta modernidad, mezclada de arcaísmo y vanguardias, el continente iberoamericano ofrece no pocas características con raíces en tradiciones muy antiguas: un gusto innato por las relaciones personales y los contactos de hombre a hombre, un sentido de la familia y de la amistad por encima de otros intereses, la generosidad natural de aquellos para quienes los bienes de este mundo son precarios o efímeros, y frecuentemente, en el pueblo, una fe de masas que, con mayor fuerza que en otras partes, da al mundo su dimensión religiosa, en el más amplio sentido del término."

Luego continua: "Se encuentra por doquier una savia y una juventud que, lejos de la escéptica Europa, parece volver a la naturaleza y a las fuentes de la vida. Son valores primordiales; es una esperanza en un mundo incierto de su destino, que duda sobre sus metas y busca los caminos del porvenir." (Chevalier 1999: 629).

De todas las afirmaciones, cargadas de admiración, tomamos algunas de ellas para, luego de cotejarlas con la realidad latinoamericana, poder diferenciar la fantasía de la realidad. El historiador francés afirma que el habitante de esta parte del mundo tiene un "... gusto innato por las relaciones personales (...), un sentido de la familia y de la amistad por encima de otros intereses...". Lo de innato, si es una figura retórica, es aceptable en la medida de que en el proceso histórico-cultural y psico-moral, si es que existe, sólo es un aspecto bastante secundario.

Aquí volvemos una vez más al concepto de necesidad en el sentido más lato. La necesidad es la fuente principal de lo bueno y de lo malo, de lo grande y lo pequeño, etc. Los fenómenos que nacen, viven y mueren en permanente enfrentamiento, intercambio, asimilación y superación tienen su base en la necesidad. Como pares dialécticos que son, lo bueno y lo malo o lo grande y lo pequeño, siempre vienen juntos, en un proceso largo, impulsados por sus contradicciones internas, dando origen a nuevas unidades contradictorias y de esa forma van superando sus contradicciones para dar origen a nuevas y así la espiral continúa.

Si esto se da en el nivel de la abstracción, en el imperio de la vida y en el reino de la fantasía la necesidad está entremezclada de hechos histórico-económicos, político-sociales e ideológico-culturales, que son los componentes básicos de toda sociedad. Al interior de ellos muy poco es innato, lo determinante es producto de la necesidad que se compagina con otros hechos como la temporalidad, la voluntad o el libre albedrío del individuo en la historia. Necesidad que puede ser histórica, económica, social, cultural, psicológica y moral.

Regresando "al gusto innato para las relaciones personales", que tiene poco de innato, hay que decirlo una vez más, es producto fundamentalmente de la necesidad en la cual se desenvuelven los seres humanos. De no ser así, terminaríamos afirmando que otros pueblos, el europeo por citar un caso, no tiene un gusto innato para las relaciones personales, más bien tiene un gusto innato para la enemistad, hecho que se traduciría en otro nivel, en un gusto innato para la confrontación, para el dominio, para el colonialismo, para el racismo en la medida que han sido y son ellos los que más han practicado (practican) estas acciones, nada amistosas, durante muchos siglos.

La verdad es que lo realizado por Europa, las clases dominantes europeas, es producto del momento y la necesidad histórica, económica y social y no porque lleven impreso en la sangre o en los genes ese sentimiento innato de ser poco amigables, colonialistas y racistas. Otros pueblos, en otro momento y en otras condiciones y necesidades, cumplieron similar papel.

Luego se vierte otro concepto. El "sentido de la familia". De igual modo es un producto histórico-social; como consecuencia, tal o cual tipo de familia (5) es producto fundamentalmente de la necesidad. La familia tradicional o grande (cuando aún se mantiene) donde se encuentran hasta cuatro generaciones en Latinoamérica, en lo fundamental, se mantiene porque algunos de sus miembros no tienen los medios económicos para hacer una vida independiente y muy secundariamente por el sentimiento o amor familiar.

La descendencia se queda a vivir en la casa de los padres y hasta de los abuelos, de esa manera se dan la mano los abuelos y los nietos, los ancianos cuidan y protegen a los pequeños y los pequeños ayudan y cuidan, de igual modo, a los ancianos. El albergue o asilo para los ancianos y las cunas o jardines para los infantes no tienen la misma demanda que tienen en las sociedades industrializadas donde esta familia ya no es la predominante.

Esta historia se repite muchas veces con los tíos y con los primos. La ayuda y colaboración de la parentela es mutua, podría ser lo positivo. En la misma proporción se da el control y el dominio de la familia sobre el individuo, podría ser lo negativo. Pero no olvidemos, y esto es la tendencia general, que, cuando algunos de sus miembros tienen las condiciones básicas para vivir aparte, lo hacen. El comentado amor, sentimiento y sentido familiar se diluye inexorablemente.

Las sociedades industrializadas tienen otro tipo de relaciones, demandas y necesidades en comparación a las sociedades tradicionales y en transición. Por lo tanto la familia está estructurada de otra manera y tiene otra característica que le imprime el ritmo y las necesidades de la sociedad en su conjunto.

Las familias tradicionales, en algunos casos en sociedades en transición, se ayudan mutuamente, tanto en el plano económico-social, como en el psicológico-emocional. En estas familias grandes normalmente el cura sigue siendo el consejero principal de los espíritus pecadores. El tiempo para el psicólogo y para el psiquiatra aún no ha llegado. Los cuerpos no han abandonado aún a sus almas al vaivén individual. La familia en la tierra y Dios en el cielo, a través del cura, les brindan piso y les proporcionan techo.

Pero por otro lado, en este tipo de familia, en especial el padre, ejerce un dominio y control asfixiante sobre sus hijos, especialmente sobre las mujeres. Las acciones fundamentales que realizan algunos de sus miembros tienen que tener la aprobación de la familia, como los viajes, los estudios, el lugar de vida y el matrimonio. Conclusión: la familia grande, en una sociedad atrasada, da bastante y en la misma proporción recibe. En la familia pequeña, de las sociedades industrializadas, da poco y en la misma proporción, de igual modo, recibe.

Se continua diciendo que "la amistad por encima de todo" es otra de las características del latinoamericano (la que tiene como base la fidelidad y la lealtad). De ser cierto esta afirmación, hay que decir que son valores morales que, principalmente, corresponden al tipo de sociedad en la cual se desenvuelven. De ninguna manera son virtudes innatas de los latinoamericanos, otros pueblos y culturas también las tienen. Además, hay que recordar que hubo traidores e infieles en todas partes y en todas las épocas. Sin caer en el historicismo o en el relativismo cultural, habría que recordar que estos valores, además de ser históricos, son culturales.

Sólo dos casos concretos, a manera de ilustración, sobre los orígenes de la sociedad latinoamericana nos ayudan a comprender mejor este tópico. En México se habla de la traición de Malinche y que sobre esta acción se habría configurado la sociedad mexicana. Malinche no fue azteca, se dice que fue tolteca, de un pueblo que se encontraba en guerra con los aztecas cuando llegó Hernán Cortés a estas comarcas. Al aliarse Malinche con Cortés, en otras palabras, al aliarse los toltecas con los españoles en contra de los aztecas, ella, como amante y traductora de Cortés, sería, para los aztecas, una traidora. La figura, desde este punto de vista, es diáfana.

Pero desde la otra perspectiva, para con los suyos, su pueblo, su cultura, sus toltecas, no hay ninguna traición en la acción de Malinche; más bien sería todo lo contrario, pero como se le sigue mirando con los ojos y los intereses de los aztecas, continúa siendo una traidora y el símbolo de la madre chingada.

La misma historia se repite en el Perú. Se habla de la traición de Felipillo y que sobre esa acción se habría construido gran parte del futuro de la sociedad peruana. Hasta hoy se utiliza con frecuencia, en este país, este término. Decir "felipillo" es sinónimo de mendaz, traidor, enemigo, despreciable.

De haber existido en realidad el tal Felipillo, él habría sido un miembro de la cultura Huanca, la misma que se encontraba en parte sometida y en parte en guerra permanente con la cultura Inca, según la información del historiador Waldemar Espinoza. Se dice que Felipillo fue el guía y el traductor de Francisco Pizarro y así le facilitó la conquista del Imperio de los Incas.

La situación de Felipillo es semejante a la de Malinche. Consecuentemente viene la gran pregunta: ¿Quiénes hacen la historia? Sabemos que la hacen los pueblos, las grandes mayorías. Pero ¿quiénes la cuentan?, ¿quiénes la escriben?, ¿quiénes la razonan? Y, finalmente, ¿quiénes la utilizan y hasta instrumentalizan?, escapa naturalmente al poder de quienes la hacen.

Finalmente podemos ver que la amistad, con sus bases, la fidelidad y la lealtad, en lo fundamental, no es innata en los latinoamericanos ni en ningún pueblo del mundo. Si somos optimistas, podríamos decir que es un rasgo de todos los pueblos del mundo y, si somos pesimistas, que no es característica de ningún pueblo del mundo. Pero la verdad es otra, en gran medida depende de la necesidad, de las circunstancias y del momento en el cual se da.

Además, no olvidemos algo elemental, quienes escriben y manejan la historia son normalmente los vencedores. Consecuentemente su versión, a fuerza de repetirse una y mil veces, convierte al amigo en enemigo, al traidor en fiel, al malo en bueno, al triunfo en derrota y hasta al negro en blanco, y viceversa.

Para terminar con lo "innato para las relaciones personales", el "sentido de familia" y la "amistad por encima de todo", recordemos lo que el psicólogo Erich Fromm escribió al respecto: "Las inclinaciones humanas más bellas, así como las más repugnantes, no forman parte de una naturaleza humana fija y biológicamente dada, sino que resultan del proceso social que crea el hombre. En otras palabras, la sociedad humana no ejerce solamente una función de represión - aunque no deja de tenerla-, sino que posee también una función creadora. La naturaleza del hombre, sus pasiones y angustias son un producto cultural; en realidad, el hombre mismo es la creación más importante y la mayor hazaña de ese incesante esfuerzo humano cuyo registro llamamos historia." (Fromm 1990: 33 y 34).

La forma de valorar del historiador francés se repite en algunos intelectuales de América Latina. El psicólogo argentino Alfredo Moffatt, varias veces aquí citado, evidencia, en alguna forma, lo aquí afirmado. Él cree que lo nativo-positivo es abandonado y lo extranjero-negativo es adoptado. Leamos: "Podemos decir que abandonamos muestra cultura criolla generosa, comunitaria y elegimos la del imperialismo que nos explota. Dejamos la cultura de la gauchada y compramos carísima la de la soledad individualista y competitiva donde se gana pisando la cabeza al otro." (Moffatt 2001: 2).

Después del lamento viene la alternativa: "Yo propongo rescatar esa hermosa cultura y enriquecerla con lo que nos falta para ser latinoamericanos. Santos Vega, Martín Fierro, Moreira son héroes solitarios, son perdedores. Los brasileños tienen héroes grupales como los `cangaceiros´, Lampiao con su mujer María Bonita y el pícaro Macunaíma. De modo que si recobramos la cultura criolla va a ser imprescindible agregar un poco de erotismo y fantasía tropical." (Moffatt 2001: 2).

De las afirmaciones hechas por el psicólogo argentino, nosotros deducimos lo siguiente. Primero, "recuperar la cultura criolla generosa y comunitaria". Segundo, agregar a ella algo "... de erotismo y fantasía..." de la cultura brasileña. De ser esto factible, sólo podría tener algún asidero en Argentina, Uruguay y parte de Chile mas no en Latinoamérica en su conjunto. La razón es que la formación del carácter y la cultura en América Latina es mucho más compleja, profunda y rica que la simplificación hecha por Alfredo Moffatt.

Por otro lado, al plantear como base única la cultura criolla (¿cómo sinónimo básicamente de lo español-europeo?) sin especificar cuáles son sus bases, expresiones, límites y alcances, se está reduciendo el fenómeno sólo a una de las fuentes con las cuales está conformada América Latina.

Preguntamos: ¿Qué trato se le tendría que dar a los pueblos donde la cultura nativa es aún fuerte y la criolla fue y es la dominante y opresora. Son cerca de 30 millones de seres humanos en esta condición. Y luego: ¿Qué hacer con los aportes de otros pueblos, de otras culturas y del mundo moderno en general? No todo lo que ha producido culturalmente la modernidad capitalista es individualismo y personalismo. Hay grandes logros que ya son parte de la cultura universal y de la vida cotidiana de los pueblos.

"Lo criollo", si es que aún existe, sólo es un componente más del tejido cultural con el cual está formado el manto general en América Latina. Citemos a García Canclini, en la medida que él hace una descripción más completa del fenómeno tratado por Moffatt. :"Los países latinoamericanos son actualmente el resultado de la sedimentación, yuxtaposición y entrecruzamiento de tradiciones indígenas (sobre todo en las áreas mesoamericanas y andinas), del hispanismo colonial católico y de las acciones políticas, educacionales y comunicacionales modernas. Pese a los intentos de dar a la cultura de élite un perfil moderno, recluyendo lo indígena y lo colonial en sectores populares, un mestizaje interclasista ha generado formaciones híbridas en todos los estratos sociales."

A continuación añade: "Los impulsos secularizadores y renovadores de la modernidad fueron más eficaces en los grupos `cultos´, pero ciertas élites preservan su arraigo en las tradiciones hispano-católicas, y en zonas agrarias también en tradiciones indígenas, como recurso para justificar privilegios del orden antiguo desafiados por la expansión de la cultura masiva." (García Canclini 1990: 71).

Lo mismo sucede con los otros valores. La solidaridad no es natural y menos innata de los latinoamericanos. Es una consecuencia, hasta hoy fundamentalmente, una vez más, de la necesidad. Las actuales organizaciones humanitarias, de salvación, de emergencia, las antiguas cofradías, asociaciones, cuadrillas y las más antiguas como los trabajos comunitarios, la reciprocidad andina y la vida comunal son determinados y movidos, primeramente por la necesidad y secundariamente por el deseo o sentido de solidaridad.

En el pasado fue así y en el presente, de igual manera, se repite. Recordemos una reseña, hecha en un diario español, con respecto a solidaridad en la crisis argentina de principios del milenio. Se comienza así: "La revolución de la solidaridad. Nueve millones de voluntarios tratan día a día de aliviar la desesperación de un país devastado por las clases dominantes." (Autores varios 2002: 3).

Las colectas, las ollas comunes, los comedores populares, los clubes de Madres, etc. Son actos y expresiones de solidaridad humana, especialmente de los pobres para con los pobres, motivados, en principio, por la necesidad. Las clases dominantes, siendo argentinas y latinoamericanas, no son solidarias con los más necesitados. Todo lo contrario, si fueran solidarias, América Latina, Argentina, no estaría en la situación en la cual están.

La burguesía es solidaria con su clase y no es solidaria con los demás. Si fuera solidaria con todos, la burguesía no existiría como tal, y como lógica consecuencia, el capitalismo tampoco. Por lo tanto no podemos utilizar el término genérico y decir que los argentinos o los latinoamericanos son solidarios. La solidaridad se da como consecuencia, principalmente, de la necesidad y al interior de los diferentes grupos o clases sociales.

Muy distinto sería, posiblemente será, cuando la solidaridad, la familiaridad, la hospitalidad, la cordialidad y la generosidad no sean ya consecuencia sino causa. Esto significaría que se ha superado la necesidad, que se ha abolido la obligación, por el contrario, estas actitudes serán consecuencia de la acción consciente y del libre albedrío de los individuos como parte de un colectivo.

En otras palabras, serán expresiones de la voluntad y el deseo de los seres humanos libremente adoptadas. Cuando se haya llegado a este nivel, se podrá decir que la humanidad ha pasado del reino de la necesidad al reino de la libertad. Sólo entonces se habrá superado la edad de piedra y habrá comenzado la verdadera historia humana.

En lo planteado por el historiador Chevalier y por el psicólogo Moffatt se observa, hasta cierto punto, una idealización de la cultura y de algunas reglas morales en América Latina. Se contrapone América Latina al resto del mundo, especialmente, al industrializado o moderno. Se sublimiza la parte en desmedro del todo. Por esa vía se termina idealizando la provincia, la aldea, al hombre natural, denigrando a la metrópoli, a la ciudad y al hombre moderno. Se contrapone el nacionalismo y el provincianismo al internacionalismo y al cosmopolitismo. Por último se enfrenta el pasado al presente y en esa dirección también al futuro.

Lo moderno, en este caso el capitalismo, el imperialismo, como todo fenómeno histórico, económico-social, trae de todo. Lo bueno y lo malo están integrados el uno en el otro. No podemos rechazar ese hecho histórico, económico, político, cultural, por más horrible que nos parezca, en nombre de la "moral tradicional" y menos levantar como alternativa el pasado.

La única oposición humana, histórica y válida es oponer al capitalismo y al imperialismo el futuro, un nuevo sistema, una nueva sociedad y no lo anti-histórico por muy hermoso, agradable y bueno que haya sido. La vida, la historia, se hace y se predica con los vivos y no con los muertos, por muy venerables y queridos que éstos hayan sido.

Los deseos y los sentimientos, anteriormente expuestos, tienen una razón de ser. Expresan un descontento social-individual, un deseo de mejorar la vida y como no se ve el mundo en su verdadera dimensión y profundidad, tampoco el mañana con los dos ojos, se vuelve la mirada al pasado, a la aldea. El movimiento romántico europeo fue muy ilustrativo y hasta maravilloso en su momento, pero luego vino el fascismo, que en alguna medida lo heredó, en parte lo continuó y fue algo más que espantoso.

En la relación entre Europa y América Latina persiste aún una antigua tradición. La idea de ver al Nuevo Mundo como la reserva moral y espiritual de la vieja y cansada Europa ha sido, desde hace más de 500 años, una constante. Y este hecho ha tenido una consecuencia. La idealización permanente del paisaje, del nativo en abstracto y de la cultura de esta parte del mundo.

Para ello han contribuido, no sólo los románticos europeos, sino también algunas ilustres y elevadas conciencias latinoamericanas. Hace apenas cerca de medio siglo, Alfonso Reyes presentaba a la América Latina así: "Y hoy, ante los desastres del Antiguo Mundo, América cobra el valor de una esperanza. Su mismo origen colonial, que la obliga a buscar fuera de sí misma las razones de su acción y de su cultura, la ha dotado precozmente de un sentido internacional, de una elasticidad envidiable para concebir el vasto panorama humano en especial de unidad y conjunto. La cultura americana es la única que podrá ignorar, en principio, las murallas nacionales y étnicas." (Reyes 1986: 109).

Si entendemos el Viejo Mundo como sinónimo de Europa y EE. UU. (más aún de capitalismo-imperialismo), en la realidad actualmente hay variadas ideas en torno al Nuevo Mundo. Para los grandes empresarios e inversionistas, América Latina es sinónimo de extracción-producción de materias primas y mercado para sus productos. Ese Nuevo Mundo comienza con Brasil, continúa con Argentina y termina con México. El resto de países son simple y llanamente "resto".

Otros sectores sociales, quienes han rebautizado a los habitantes de América Latina con el nombre de *latinos*, son los que mantienen aún la vieja y romántica idea sobre esta parte del mundo. Para ellos el mexicano, el centroamericano, el colombiano, el brasileño, el argentino o el chileno son los *latinos*. Cuando hablan o piensan en los *latinos* los asocian directamente con la música y el fútbol. El *latino*, para ellos, es el que canta, toca guitarra, baila salsa, merengue y juega bien el fútbol. Este sector es el que hace turismo y es el que difunde la idea de un territorio aún puro y natural.

Esta denominación de *latino* es aceptada por la mayoría de "latinos" que viven fuera de Latinoamérica. Este fenómeno es interesante porque, casi siempre es así, son los otros los que le han endilgado el nombre, y en este caso, los nombrados de buena gana han aceptado. Normalmente, en el contexto europeo y norteamericano, desaparece la procedencia particular y aparece la procedencia general. Incluso hay una cierta identificación. Ante la pregunta ¿quién eres?, responden ¡soy latino! Y ante la pregunta ¿de dónde vienes? responden de Latinoamérica. ¡Soy latino!

Por último, hay el sector intelectualizado y politizado para quien América Latina es sinónimo del Boom de la novela. Los llamados cuatro grandes del publicitado y aún recordado fenómeno son conocidos, leídos y estudiados, especialmente García Márquez. Y además, el sector izquierdista de ellos, sigue aún aferrado "... a tu querida presencia, Comandante Che Guevara", como dice una canción de Carlos Puebla.

Lo cierto es que estos valores positivos de afectividad, cordialidad, familiaridad, generosidad, solidaridad, etc., que caracterizaría al ser del latinoamericano tiene que ver, de igual modo con la idealización de unos, los extranjeros, y con el buen deseo y en parte con la frustración de otros, los latinoamericanos.

Hay que recordar, y esto es válido para todas las sociedades, cuando se afirma que los latinoamericanos son de tal o de cual manera, en negativo y en positivo, se está encasillando en bloques cerrados sin comunicación ni matices. Y las generalizaciones, como correctamente dice el psiquiatra Michael Brune, son válidas sólo hasta determinado punto, son más o menos ideas promedio. Muchas veces las mismas, cuando se trata de individuos concretos, expresan muy poco el cliché con el cual venían precedidos.

Frecuentemente las generalizaciones, en particular las culturales, terminan en comparaciones, y ello siempre es problemático porque son manifestaciones que no se pueden cuantificar, en la medida que allí entran a tallar elementos subjetivos como el gusto, el sentimiento que son consecuencia y parte del entorno histórico-cultural en general y del desarrollo psíquico-emocional en particular.

En la comida, la música, la belleza, etc., sólo se puede decir, en términos relativos, que tal o cual es mejor que el otro. En la medida que estas expresiones tienen que ver mucho con experiencias personales-culturales. Las generalizaciones existen y son válidas pero no las confundamos, como se hace comúnmente, con las absolutizaciones. Recordemos que al interior de las sociedades hay grupos, clases, sectores y generaciones que sienten, piensan y actúan de forma diferente a las generalizaciones. (6)

Se dan casos en que esta forma diferente de sentir, pensar y actuar, que comienza siendo de las minorías, al interior de las generalizaciones, germina la semilla de los cambios, de las transformaciones y las revoluciones que han ocurrido en el proceso histórico de la humanidad. En concreto, en este nivel, aceptemos las generalizaciones sólo como promedios y hay que tener mucho cuidado con las absolutizaciones.

A pesar de las diferentes ideas y las valoraciones encontradas, lo descrito líneas arriba, podría ser la cara bonita y dulce de América Latina. En otras palabras *Lo real maravilloso* de lo cual habló el cubano Alejo Carpentier. La misma tiene su contraparte en la vida política que vendría a ser la cara fea y amarga de esta parte del mundo. En otras palabras, *Lo real espantoso* del que habló el ecuatoriano Jorge Enrique Adoum (1926-).

Pasemos a ver, a comienzos del tercer milenio, cómo se intenta construir la democracia representativa, liberal y formal en América Latina.

LA DEMOCRACIA EN AMERICA LATINA

"El tema de la democracia es una de las zonas oscuras del pensamiento social y político latinoamericano, en el que se constata el carácter dominante de las ideas de quienes dominan en la sociedad, lo que dice, obviamente, de las insuficiencias del pensamiento crítico en nuestra región. Razón suficiente para empezar desde allí la reflexión para desentrañar cómo se ha impuesto la concepción más conservadora de la democracia liberal como la noción general de democracia, que ha permitido dar legitimidad política y aceptación ideológica al orden social más antidemocrático que haya existido en la época moderna en la región".

Beatriz Stolowicz
Cuadernos de nuestra América (2001).

Al comienzo del tercer milenio, todos los países latinoamericanos disfrutan, en el plano político, de regímenes democráticos liberales. Nunca antes, este sistema de organización ha tenido tanta aceptación, como en estos últimos años, en esta parte del mundo. Lo afirmado es lo formal y lo evidente a primera vista. Lo concreto y poco visible tiene otra lógica, se desarrolla por otras vías. Los científicos sociales tenemos la obligación de develar y exponer esta otra realidad.

Casi todos los especialistas, no sin razón, coinciden con la idea de que la democracia es uno de los pilares fundamentales de la vida político-social, no sólo de los latinoamericanos, sino, como ya lo hemos desarrollado en el primer capítulo de esta investigación, de la humanidad en su conjunto.

Pero como no podía ser de otra manera, en una sociedad dividida en clases sociales con intereses antagónicos, la conceptualización y valoración de esta forma de organización político-social varía. Las diferencias no sólo son de forma, de grado, sino también de fondo, de esencia.

Examinemos someramente algunas de estas diferencias. Para la mayoría de teóricos liberales y neoliberales, la democracia se reduce a un régimen fundamentalmente legal-formal. El politólogo Francisco Sanabria sintetiza esta corriente así: "... la democracia es el menos malo de los regímenes políticos, y seguirá siéndolo siempre que continúe asentándose sobre las bases firmes que lo hicieron posible, bases que son sociales y culturales y derivan de una tradición que cree en la dignidad del hombre en cuanto tal y de que a éste corresponden en consecuencia unos derechos inalienables que les permiten gobernar su propia vida e intervenir activamente en el gobierno de las sociedades a que pertenecen." (Sanabria 2004: 99).

Detengámonos un momento en algunas de estas afirmaciones. Se sostiene que "... la democracia es el menos malo de los regímenes políticos...". La pregunta es: ¿para quién o para quienes? Lo afirmado seguramente es verdad para la minoría gobernante y algunos más. ¿Tendrá el mismo significado para la gran mayoría de la población este enunciado genérico y abstracto?

Los regímenes dictatoriales, sean militares o civiles, de la mano con la represión (muchas veces brutal) y el control de la población, han desarrollado muchas reformas radicales en beneficio de las mayorías, acciones que los regímenes democráticos, en largos períodos, no han sido capaces de materializar. Con estas reformas, las dictaduras cumplieron dos objetivos. Por un lado quitaron argumentos a los sectores radicales y subversivos y por otro lado aceleraron la transición de las estructuras económico-sociales atrasadas y tradicionales hacia alguna forma de modernidad capitalista.

A la larga, aunque parezca contradictorio, en muchos de los casos estos regímenes dictatoriales, por necesidad, han democratizado mucho más rápido las sociedades latinoamericanas que los regímenes democráticos. En los últimos 60 años es menester recordar el caso de Vargas en Brasil, Perón en Argentina, Gualberto Villaroel y Juan José Torres en Bolivia, Odría y Velasco en el Perú y Torrijos en Panamá podrían ser algunas de las experiencias a tomarse en cuenta.

Lo mismo se ha dado, de igual manera, con la acción de los partidos populistas y hasta filo-fascistas, como en el capítulo IV de esta investigación lo hemos demostrado. Y eso no queda ahí, la mayoría de Partidos Comunistas o movimientos revolucionarios que han pasado por la experiencia de la lucha armada, a pesar de que casi todos han sido derrotados, han contribuido radical y significativamente en la democratización de las estructuras económico-sociales y político-culturales que los regímenes demo-liberales muchas veces apañaron, en las sociedades latinoamericanas.

Más allá de temores o intereses bastardos, liberados del sustantivo maquiavelismo y del adjetivo maquiavélico, pero sí con las enseñanzas teórico-metodológicas del gran Nicolás Maquiavelo (7), los científicos sociales tenemos la obligación de evidenciar todos estos hechos, en la medida que en la realidad se ha dado de esa manera y no hay razón válida para ocultarla.

Mencionar estos hechos políticos que han ocurrido en la realidad, no implica que estemos de acuerdo con este tipo de regímenes. Sólo estamos anteponiendo la realidad a los deseos, ya que esto es lo que enseñan las ciencias sociales. Otros, como el profesor argentino Rubén Dri, recuerdan que esta experiencia ha sido casi una constante en la historia política en general y como consecuencia también en América Latina. Cuando analiza el caso de los dictadores extremos, los tiranos (8), dice: "Los tiranos surgen en general de los sectores medios, pero expresan a los pobres. Se hacen del poder con la promesa de reformas que efectivamente realizan. Protegen el comercio y la industria y rompen con el gobierno de la aristocracia." (Dri 1999: 97).

Despues de todo, si revisamos con algún detenimiento la historia política de América Latina, llegamos a la conclusión de que tanto los regímenes de democracia representativa como los regímenes dictatoriales (civiles o militares) no son más que formas o estilos de gobierno a los cuales recurren las clases dominantes, según las circunstancias y coyunturas, para superar o amainar sus contradicciones internas y controlar los desbordes populares y las revoluciones sociales.

Teniendo en cuenta que el problema de fondo, para estas clases, es preservar, con reformas o sin ellas, el orden existente. Seguir controlando el Poder y mantener incólume el Estado. En la medida que el Estado es el alma y el corazón, no sólo de la burguesía, sino de todas las clases dominantes que se han sucedido en la historia.

En las sociedades latinoamericanas, donde las bases político-sociales y la cultura democrática no se han desarrollado, este tipo de regímenes no ha calado en la vida de la población, de allí el desinterés en esta forma de ordenamiento político. En estos países la democracia se reduce al acto de depositar el voto cada cierto período. Con el agravante que las elecciones, en la mayoría de países, son compulsivas. Ese acto compulsivo sirve para dar legalidad y legitimidad a los gobiernos. En conclusión: hasta en el acto de elegir, el ciudadano no es libre, es presionado a ello.

Ligado a la idea anterior, se habla de la democracia a secas, de la democracia sin apellido ignorando totalmente que la misma tiene distintos significados al interior de las diferentes clases sociales que conforman la sociedad. La idea y la práctica de la democracia representativa, formal y liberal, en una palabra, la democracia burguesa, es la que se ha impuesto en alguna forma en América Latina. A ella se le hace pasar como si fuera la única democracia posible, como la democracia universal y válida para todos los seres humanos, para todas las latitudes y todos los tiempos históricos.

Con lo expuesto se cumple fiel y cabalmente aquel principio que reza: "Las ideas dominantes son las ideas de la clase dominante". Estas ideas se generalizan y se difunden como si fueran las ideas del conjunto. La democracia pensada por los teóricos de la burguesía, en función de su beneficio e interés, deviene la democracia de todos, a pesar que casi siempre está en contraposición con los intereses de las mayorías. De esa forma, la democracia formal, devino la mejor expresión del "poder blando", de la dominación.

Otro tema de discusión, al interior de los teóricos de la democracia formal, es sostener que la misma en América Latina está en crisis. El venezolano Arturo Valenzuela, entre otros, sostiene que: "... la crisis de la democracia contemporánea en América Latina tiene dos dimensiones importantes. Por un lado está lo que podemos llamar la crisis de la participación democrática; por otro, el de la responsabilidad gubernamental. La crisis de participación se relaciona al complejo problema de la traducción de la voluntad ciudadana al seno de la toma de decisiones de la sociedad, cómo ejerce el pueblo su soberanía. Por un lado la crisis de participación tiene que ver con el sistema de representación, o sea la relación del ciudadano con sus

representantes, tanto en el parlamento como en el poder ejecutivo."
(Valenzuela 2002: 5).

Para autores como el citado, los problemas se reducen a la "... participación democrática" y a la "... responsabilidad gubernamental". En otras palabras, es una crisis de método, una crisis de estilo. Ello implicaría que corrigiendo esos métodos burocráticos y esos estilos administrativos, la democracia burguesa en América Latina, no tendría mayores problemas para funcionar con la misma eficacia que funciona en el mundo moderno y desarrollado.

Otros estudiosos, sin abandonar la lógica de este razonar, con una orientación política que combina el populismo con la socialdemocracia, intentan flexibilizar estas ideas dogma y profundizan estos conceptos superficiales que los liberales o neoliberales defienden. Un eje importante de discusión, para esta corriente de ideas, son las condiciones en las cuales este régimen intenta echar raíces y desarrollarse, además la relación democracia-Estado.

Un grupo de sociólogos peruanos exponen estos puntos de vista de la siguiente manera: "En América Latina la democracia es extremadamente precaria e inestable. Ella no tiene los mismos antecedentes que la del mundo desarrollado, ni tiene tampoco las mismas características. La democracia en América Latina no reposa ni en el Estado de bienestar, ni en la ciudadanía plena, sino más bien en Estados autoritarios, que experimentan esporádicos remansos democráticos, en una ciudadanía frágil con derechos frecuentemente cercenados y cuestionados. En base de ambas realidades se encuentran sistemas de dominación patrimonial con débiles incrustaciones de modernidad. Por ello son más frecuentes en América Latina los gobiernos autoritarios que los democráticos." (Autores varios 1993: 6).

Trascendiendo las condiciones y circunstancias objetivas descritas por los autores citados y a la vez complementándolas, el también sociólogo Gino Germani explora otras vetas, que están relacionadas con la auto-responsabilidad y personalidad de los ciudadanos que tienen la ocasión-obligación de construir la democracia. Leamos: "... la expresión ulterior de la democracia depende de la capacidad de autogobierno por parte de los ciudadanos, es decir, de su actitud para asumir decisiones racionales en aquellas esferas en las cuales, en tiempos pasados, dominaba la tradición, la costumbre, o el prestigio o la fuerza de una autoridad exterior. Ello significa que la democracia puede subsistir solamente si se logra un fortalecimiento y una expansión de la personalidad de los individuos, que los haga dueños de una voluntad y un pensamiento auténticamente propio." (Germani 1990: 19).

De lo escrito se desprende que en América Latina no se han dado las condiciones económico-sociales, ni político-culturales para que se desarrolle, y menos dé frutos, la democracia burguesa, la democracia formal al estilo del Primer Mundo. Por el contrario, muchas veces, esta democracia se ha convertido en el manto que cubre las peores acciones de los regímenes autoritarios, en la medida que se levantan sobre estructuras tradicionales-precapitalistas, acompañadas por el consabido dominio patrimonial y más la sombra del control externo.

Tomando la cultura política como base para el desarrollo de la democracia en América Latina, García Canclini aporta otros elementos al debate; leamos lo que hace algún tiempo atrás el sociólogo argentino escribió: "... existe la opinión generalizada de que, si bien el liberalismo y su régimen de representatividad parlamentaria llegaron a las constituciones, carecemos de una cohesión social y una cultura política moderna suficientemente asentadas para que nuestras sociedades sean gobernables. Los caudillos siguen manejando las decisiones políticas sobre la base de alianzas informales y relaciones silvestres de fuerza. Los filósofos positivistas y luego los científicos sociales modernizan la vida universitaria, dice Octavio Paz, pero el caciquismo, la religiosidad y la manipulación comunicacional conducen el pensamiento de las masas. Las élites cultivan la poesía y el arte de vanguardia, mientras las mayorías son analfabetas." (García Canclini 1990: 20).

Un tercer grupo, con una orientación ideológico-política de izquierda, sin confundir y menos adornar los términos, intentan llegar al fondo del fenómeno y desentrañar la esencia del problema de la democracia en América Latina. Eso implica comenzar cotejando las ideas con la realidad, ver en qué medida esa democracia tiene respaldo en la vida y el accionar diario de las grandes mayorías.

Comencemos con la profesora Beatriz Stolowcz, ella escribe: "No hay un tema de reflexión más permanente que el de la democracia, porque su desarrollo es un proceso histórico siempre inacabado. Pero en América Latina, donde desde los años 90 por primavera vez todos los países tienen regímenes democráticos-liberales, el tema padece de síntomas paradójicos: cuando más se consolida la democracia peor vive la gente, y cuando más se reflexiona sobre el asunto menos se aclara por qué." (Stolowcz 2001: 9).

De lo dicho hay que resaltar lo siguiente: "... cuando más se consolida la democracia peor vive la gente...". Esto significa, una vez más, que esta democracia se reduce sólo a una democracia política, a una democracia formal, una democracia para unas minorías, y realmente, en la práctica, una dictadura para las mayorías.

Líneas después, con toda razón, agrega: "La democracia como problema no es una novedad, pues es inherente a la contradicción entre capitalismo y democracia, entre desigualdad social e igualdad política, que ha marcado la historia no sólo del debate sobre la democracia sino su propia realización." (Stolowcz 2001: 9).

En esta contradicción aún no resuelta, entre "igualdad política y desigualdad social", estriba la razón del por qué la democracia formal tiene poca importancia en América Latina. Una de las formas como se evidencia este poco interés en el pueblo, en esta forma de democracia (a pesar de ser compulsiva) es a través del ausentismo en los procesos eleccionarios. Grandes masas, por intuición o por convicción, no asisten a las convocatorias y cuando lo hacen simplemente vician su voto.

A comienzos del tercer milenio, Eduardo Galeano nos da una información elocuente en relación al desinterés y al ausentismo: "Las encuestas dicen que América Latina es, hoy por hoy, la región del mundo que menos cree en el sistema democrático de gobierno. Una de esa encuestas, publicada por la revista The Economist, reveló la caída vertical de la fe de la opinión pública en la democracia, en casi todos los países latinoamericanos: hace medio año, sólo creían en ella seis de cada diez argentinos, bolivianos, venezolanos, peruanos y hondureños, menos de la mitad de los mexicanos, los nicaragüenses y los chilenos, no más que un tercio de los colombianos, los guatemaltecos, los panameños y los paraguayos, menos de un tercio de los brasileños y apenas uno de cada cuatro salvadoreños." (Galeano 2001: 1).

Por su parte la historiadora costarricense Josette Altmann, en la línea de la profesora anteriormente citada, vinculando la democracia con la justicia, con la igualdad, sostiene: "Persiste la idea hoy, muy generalizada, de concebir la democracia sólo referida a las cuestiones esencialmente políticas, de acceso al gobierno o de vigencia de sistemas electorales. Vinculado a ello se ha llegado a relacionar democracia con vigencia de los derechos humanos, pero no se asocia democracia con desigualdad o discriminación y ello sigue colaborando con la propia desigualdad." (Altmann 1995: 16).

En consecuencia, continúa: "El problema de esta discusión gravita en que faculta para reconocer que la democracia, entonces, se asocia hoy, de modo cada vez más determinante, a cuestiones más allá de lo político, es decir al mundo también de lo laboral, de lo social, de la educación, de lo jurídico, de lo económico, al de la infancia, al de la tercera edad y de los adultos mayores, al de los ciudadanos en general y, por qué no, al mundo de la pobreza y hasta del disfrute de la vida cotidiana." (Altmann 1995: 17).

Josette Altmann termina diciendo: "Podemos desarrollar la democracia en la medida que enfrentemos realmente estos problemas de modo integral y hagamos efectiva en la realidad la posibilidad de acceso de todos los ciudadanos y ciudadanas a la educación, la cultura, al trabajo, a la economía, a la calidad de vida y a la participación pública." (Altmann 1995: 17).

Lo escrito, especialmente por las estudiosas Stolwecz y Altmann, de que la democracia debe ampliarse también al derecho al trabajo, a la salud, a la educación, a la justicia y a la igualdad para las mayorías, nos obliga a retomar la pregunta, que en otra parte de este trabajo nos hicimos: ¿Son éstas las tareas de la democracia liberal-formal? En otras palabras: ¿Son éstas las tareas de la burguesía como clase política y como clase histórica que la revolución de 1789 enarboló?

Los que creen que sí, tendrían que exigir a la burguesía que cumpla con sus tareas hasta agotarlas por completo. Los que creen que no: ¿quién o quienes deben cumplir estas tareas? Lo cierto es que el capitalismo, como sistema, sólo puede desarrollar y tolerar la democracia política formal. Y ésta ha sido llevada hasta sus últimas consecuencias con el "Estado de bienestar", en el marco general de la experiencia socialdemócrata. Pero a pesar de sus logros en el campo social, no ha dejado de ser democracia formal, democracia burguesa.

Si bien es cierto que en estas sociedades, para la mayoría de su población, los problemas de alimentación, vivienda, vestido, salud e instrucción básica han sido, en alguna forma, solucionados, este beneficio tiene un costo muy alto. Se ha cambiado bienestar económico-social por malestar psíquico-emocional. El capitalismo, hasta incluso en su versión más humana, da con una mano y quita con la otra. Ha llenado el vientre a condición de dejar vacía el alma, ha alimentado y engordado el cuerpo a condición de debilitar y hasta destruir el espíritu.

Retomando el tema de la democracia formal en América Latina, las declaraciones del ex presidente argentino Raúl Alfonsín sobre este tipo de sistema, primero como candidato y después como presidente, son ilustrativas. Siendo candidato, en 1983, declaró: "... con la democracia se come, se cura, se estudia." (Strubbia 1989: 13).

Meses después de haberse restaurado dicho régimen político en Argentina, al ver que los problemas económicos, de salud y educación se mantenían, un periodista preguntó: ¿Qué hace la democracia para amainar esos problemas? El entonces ya presidente Alfonsín contestó, más o menos, lo siguiente: Yo he sido elegido para restaurar y mantener la democracia y no para terminar con los problemas económico-sociales. Ésa no es nuestra tarea, ésa es tarea del socialismo. Nosotros no somos socialistas, nosotros somos demócratas.

Por lo tanto la idea de la democracia está reducida a un procedimiento, a un conjunto de técnicas para elegir a los gobernantes y como un estilo de competencia para gobernar determinada sociedad, sostenida por los teóricos liberales del *Círculo de Viena* Joseph Schumpeter y Hans Kelsen, muchas décadas después de haber sido enunciadas, se volvían a repetir en las comarcas latinoamericanas.

Todo lo anterior tiene que ver con que el capitalismo como sistema en su proceso de producción, reproducción, circulación y hasta consumo, sin olvidar que ha democratizado las relaciones económico-sociales aristocrático-feudales, se realiza vertical y no horizontalmente. Aparece, se construye, se desarrolla y se mantiene de arriba hacia abajo, teniendo en la subordinación y la dependencia su razón última de ser.

Más aún, en la actividad vital de la sociedad: el trabajo y toda su reproducción es vertical, jerarquizada, subordinada y eso es todo lo contrario a la horizontalidad, a la paridad, a la justicia y la libertad que son las bases sobre las que se estructura y construye, lo que se entiende en sentido profundo, la democracia.

Con algunos cambios menores, la misma historia se repite en otros niveles de la sociedad. La familia, el barrio, la escuela, la universidad, el club social o deportivo, los partidos políticos y todo el engranaje cultural está pulido con la misma herramienta y construido bajo el mismo molde. El verticalismo, la subordinación y el autoritarismo son el alfa y el omega en el trabajo, en la vida familiar, en la vida social, en el esparcimiento, en la relación sentimental y anida en la cabeza y hasta en el corazón de la población.

Todas estas características se pueden resumir a nivel político-social con el concepto de *autoritarismo*. (9) Naturalmente es lo que predomina, lo que marca y orienta el sistema. Lo afirmado no implica que a su interior esté ausente su contrario. Siempre está allí, como un aspecto dominado y, a la par, luchando. Lo último se manifiesta a través de acciones solidarias de grupos o conductas horizontales de personas, entre otras formas.

En conclusión, la expresión del capitalismo en el plano político, en esencia, es vertical, autoritario, jerarquizado; de allí que sólo puede compaginar con la democracia formal, con la democracia de la clase que la ideó y luego la hizo posible en la historia política, la burguesía.

Se dirá, en contraposición a lo aquí planteado, que el ser humano tiene también voluntad, deseo y libre albedrío para contribuir, en el plano político-cultural, a transformar la verticalidad en horizontalidad y así poner las bases sobre la cual se construya la paridad democrática. Eso es cierto teóricamente, pero hasta hoy en la realidad, incluyendo los voluntarismos colectivos más radicales y mejor logrados, las revoluciones comenzaron arrastrando y terminaron repitiendo los mismos estilos y figuras, que el sistema capitalista alimenta diariamente.

Todo ello implica dos cosas. Primero: ¿Hemos llegado al fin de la historia con el capitalismo y la democracia formal, como lo pronosticó, hace algún tiempo atrás, Francis Fukuyama? Segundo: ¿o el sistema capitalista, sabiendo que sólo es un sistema histórico, tiene aún fuerza, espacio y tiempo suficiente para poder sobrevivir un tiempo más y de paso ir derrotando, uno a uno, a sus oponentes?

Las experiencias recientes de cómo terminaron la Revolución Rusa y la Revolución China son ilustrativas y a la vez abonan a favor de esta última argumentación. Mientras que el pronóstico de Fukuyama, como él mismo lo admitió posteriormente, no pasó de ser un disparate.

A pesar de todas las derrotas infligidas por el capitalismo y su arma política la democracia formal, a las experiencias revolucionarias y socialistas, este sistema parece tener aún ciertos bemoles que no le permiten vivir en paz. Jorge Castañeda sostiene que algo no tan grato queda aún flotando en el ambiente político-social latinoamericano.

Leamos lo que a fines del siglo pasado, el politólogo mexicano escribió: "Una de las consecuencias de la caída figurativa y literal del Muro de Berlín fue la desaparición aparente del mal mayor. En nuestro continente, por lo menos, ya no hay a qué ni a quién temerle, y por tanto, se han desvanecido los motivos de las clases pudientes y poderosas para aceptar reformas al statu quo. No obstante, argumentaba que el `síndrome Sendero´ permanece vivo en América Latina." (Castañeda 1994: 7).

"El síndrome Sendero" (10) significa, por el lado de las clases dominantes, el temor a la posibilidad de una transformación radical de las estructuras económico-sociales de las sociedades latinoamericanas. Y por el lado de las clases subalternas, se traduce en la esperanza de una transformación radical de las mismas estructuras en esta parte del mundo. En otras palabras, a pesar de todo, el fantasma de la revolución sigue siendo el terror de unos y la esperanza de otros.

Por último, los marxistas en general, a pesar de estar viviendo una de las etapas más difíciles de su existencia, siguen apostando por el socialismo como sistema alternativo al capitalismo. La primera razón que esgrimen es que el capitalismo como sistema, a pesar de sus cambios, sigue vivo. En esencia mantiene sus leyes y principios con los cuales se erigió como sistema dominante.

En consecuencia el diagnóstico y la alternativa sistematizada por Karl Marx y algunos de sus continuadores sigue siendo, en lo fundamental, válida. Sólo cuando el capitalismo haya desaparecido como sistema dominante, se puede anticipar, que una buena parte del cuerpo teórico del marxismo dejará de tener vigencia.

Otro tema debatido al interior de las fuerzas socialistas, es que hasta hoy no se ha hecho un balance serio y profundo de las experiencias socialistas, especialmente de la ex URSS, de la ex República Popular China y de América Latina. Ese balance crítico contribuiría a sacar las enseñazas negativas y positivas de lo sucedido. Y luego de ser sistematizadas, saber cuáles fueron las causas de fondo que determinaron que estas experiencias tuvieran el fin que tuvieron. Lo negativo, para no volver a repetirlas y lo positivo, para aplicarlas creadoramente, cuando las condiciones y las necesidades así lo requieran.

De igual modo se plantea otro tema, el problema de relación entre la justicia y la libertad como elementos determinantes del proyecto socialista. Leamos lo que el politólogo argentino Juan Carlos Portantiero, al respecto, escribe: "... la lucha contra las iniquidades de todo tipo, de clase, de género o edad y por la equiparación de las oportunidades de partida, sigue tan vigente como siempre en su condición de puerta para una acción colectiva. Así, una fórmula que define al socialismo como la tensión hacia el logro del máximo de igualdad compatible con el máximo de libertad, sigue siendo, dentro de su simplicidad, un supuesto válido como guía para la confección de una agenda de trabajo." (Portantiero 1994: 78).

Páginas después, en torno al Estado y el mercado, continúa: "La tarea del nuevo socialismo es la de impugnar ética y políticamente tanto a la tiranía del Estado cuanto a la del mercado, proponiendo una visión de la sociedad y de la política en la que la dimensión de lo político puede ser recuperada." (Portantiero 1994: 79).

Y por último, retoma un acápite tratado en gran parte de este trabajo, el tema de la democracia, dice: "Por fin, toda propuesta de un socialismo renovado debería plantear la profundización de la democracia política. No para negar la democracia representativa `formal´ del Estado de derecho, sino para ampliarla." (Portantiero 1994: 82 y 83).

Por su parte el sociólogo cubano Fernando Martínez, comenzando de alguna forma un balance del socialismo aborda otros temas, leamos: "El proyecto de socialismo para el siglo XXI, tendrá que ser mucho más radical y ambicioso que los que han existido. Un socialismo de las personas y para las personas, de los grupos sociales y para ellos. Pero, ¿cómo será factible ese socialismo? Sin organización no llegaremos jamás a parte alguna. Entonces se trata de no crear monstruos y llamarles organizaciones, y reverenciarlas como ídolos. Crear instrumentos para que caminen, piensen, y sientan el hombre y la mujer que quieren ser libres." (Martínez 1997: 110).

A reglón seguido retoma la relación socialismo y libertad, lo expone en estos términos: "La libertad y el socialismo tienen que ser muy amigos, y si es posible deben tener amores. Luchar por hacer realidad el proyecto socialista, y no por menos, es a mi juicio imprescindible. Para eso siempre será necesario osar construir un poder de transición socialista, y defenderlo. Tendrán que marchar unidos el Poder y el proyecto. No se trata de que el uno niegue al otro, pero el primero tiene que estar al servicio del segundo." (Martínez 1997: 110).

Como se ha podido ver en los escritos de los dos teóricos citados, el socialismo sigue siendo el tema central de su preocupación teórica. Acompañando al mismo están los tres conceptos que en el primer capítulo de esta investigación hemos desarrollado con alguna amplitud. A saber: *la justicia, la libertad y la democracia*. Cualquier proyecto socialista, si no desea repetir los errores del pasado y a la vez superar la prédica burguesa, tendrá que poner estos tres elementos como piedra angular de una nueva sociedad.

Una democracia socialista se levantará sobre la justicia y la libertad, la una no puede existir sin la otra. La justicia tiene que ver con dar solución a los problemas relacionados con la igualdad, la solidaridad y la reciprocidad. La libertad, con la liberación de la fantasía y la creación. Con la justicia y libertad se compagina la democracia dentro del marco general del socialismo, piensan los entendidos.

La misma idea es compartida por el historiador Juan José Sebreli. Leamos lo que él, hace algunos años atrás, escribió: "La realización de la justicia, la libertad, el ascenso a una mayor racionalidad, no son leyes históricas inexorables, sino tan sólo decisiones libres de los hombres; pero sí existen leyes históricas que señalan las condiciones objetivas y la forma en que estas aspiraciones humanas pueden realizarse." (Sebreli 1992: 371).

Antes de terminar con esta parte de la justicia y la libertad como bases fundamentales para la construcción de la democracia y el socialismo, recordemos lo que los antiguos decían. Muchas veces la naturaleza inerme, ciega y muda nos da sabias lecciones, sólo hay que saber observarla. La metáfora del ave es ilustrativa. Sin rama y sin nido, si existe, será un infeliz mendigo. Sin alas y sin viento, si existe, será un triste esclavo. La humanidad debe imitar, pero sobre todo superar, al ave.

Esta contradicción entre la justicia y la libertad está ligada a otra antigua contradicción que ha golpeado la cabeza de los filósofos por milenios. La emoción y la razón, ¿quién debe gobernar a quién y cómo deben de conjugarse ambas? En las sociedades industrializadas organizadas y planificadas se sostiene que es la razón la que orienta y gobierna, en desmedro de la emoción que se ha reducido a la nada.

Mientras que en otras sociedades, como las de Latinoamérica en transición, aún no capitalistas, espontáneas, emocionales y poco racionales, es la emoción, principalmente, se dice, la que orienta la vida de la sociedad. Nosotros creemos que esta contradicción, de existir, tendrá que ser superada con algunos sacrificios mutuos, pero sin que ninguna pierda su esencia. De allí que suscribimos lo que un escritor libanés, hace cerca de un siglo atrás, escribió.

Khalil Gibran (1883-1931), en su conocido libro *El profeta*, sostiene: "La razón y la pasión humanas no son enemigas irreconciliables, sino que están llamadas a entenderse si cada una desempeña su papel. El predominio exclusivo de la razón torna al hombre frío y calculador; la pasión desencadenada y sin frenos que le guíen `es una llama que se quema hasta su propia destrucción´. La primera ha de gobernar a la segunda, pero ésta ha de vivificar a la primera, transmitirle su ímpetu y su energía. El profeta aconseja, entonces, `descanzar en la razón y moverse en la pasión´." (Gibran 1998: 16).

Lo analizado a lo largo de este libro son las bases históricas, económicas, sociales y filosófico-culturales sobre las cuales se han experimentado los diferentes proyectos de construcción de la democracia, con sus diversos significados, en América Latina a comienzos del tercer milenio. La mayoría de las cartas han sido ya jugadas, especialmente las de la burguesía en sus versión liberal, populista, socialdemócrata o neoliberal. La situación miserable de las mayorías en esta parte del mundo es la mejor respuesta a estos planes, programas y proyectos.

Como consecuencia, ¿qué queda? ¿Será posible que el proyecto socialista, superando los errores de las experiencias pasadas, pueda dar norte y futuro a América Latina? ¿Tendrán los futuros teóricos de esta corriente de ideas la capacidad de desentrañar y sistematizar los problemas venideros y así contribuir a que América Latina, como parte de la humanidad, pase del reino de la necesidad al reino de la libertad?

De ser negativas estas respuestas, significaría que la vida del hombre sobre la Tierra es triste y miserable que no merece llamarse tal y menos ser vivida. De ser positiva, implicaría que el paso de la humanidad de la pre-historia a la historia, a pesar de ser lento, largo y tortuoso, es factible. Y ésta es posiblemente la razón para que, en las últimas décadas, millones de seres humanos a lo largo y ancho del planeta, decididamente, afirmen que otro mundo mejor que el capitalismo para la humanidad es posible.

NOTAS

CAPÍTULO I

(1) Es pertinente mencionar que en el plano político, encontramos muy tempranamente esta clase de reacción ideológica. Vale citar los escritos del francés José de Maistre (1754-1821), los mismos que fueron desarrollados y perfeccionados a su máximo nivel por los teóricos del nacional-socialismo alemán en las primeras décadas del siglo XX. Carl Schmitt (1888-1985) en el nivel jurídico-político y Alfred Rosenberg (1893-1946) en el plano geo-político han devenido sus mayores representantes.

(2) Respecto de la reacción imperialista-neotomista, especialmente en Alemania, en el plano filosófico-político, ver el libro del filósofo húngaro György Lukács titulado: *Die Zerstörung der Vernunft* (El asalto a la razón).

(3) Martín Heidegger expuso su teoría en su conocido libro *Sein und Zeit* (Ser y tiempo). Ésta es interpretada frecuentemente como el tiempo histórico, en principio espera y luego activa la realización de su ser político, cristalizado en el *Dasein* (ser ahí).

El historiador argentino Ricardo Piglia, en torno a *Sein und Zeit,* tiene una interpretación un tanto provocadora, no por ello carente de sentido. Él pone en la boca de uno de sus personajes en *Respiración artificial* lo siguiente: "Por eso Heidegger, pensaba yo, pudo decir en julio de 1933, en su célebre *Völkischer Beobachter*, siempre en Friburgo: `Ni los postulados, ni las ideas son las reglas del Ser. Sólo la persona del Führer es la razón presente y futura de Alemania y también su ley´ (...). Este tipo, Heidegger, ha leído *Mi lucha* y después, sentado frente a la chimenea, quizás en la casa del vecino, en Friburgo, se ha puesto a pensar. El ser y el tiempo: hay que darle tiempo al ser para que se encarne en el Führer..." (Piglia 1994: 196).

(4) El caso de Nicolás Maquiavelo por su importancia en el desarrollo de las ideas políticas lo hemos tratado en un ensayo aparte que lleva por título *Abogados del diablo. Maquiavelo nuevamente en debate*. A los interesados en el tema les remitimos a este ensayo.

(5) Si bien es cierto que Hegel desarrolló estos conceptos, básicamente en la *Phänomenologie des Geistes*, es principalmente Alexandre Kojéve quien les dio mayor importancia, sin llegar a ser el centro principal de su reflexión, naturalmente, en su libro titulado *Kommentar zur Phänomenologie des Geistes Anhang Hegel, Marx und das Christentun.* (Introducción a la fenomenología del espíritu. Apéndice: Hegel, Marx y el cristianismo.)

(6) Ver el artículo de Francis Fukuyama titulado: *Pensando sobre el fin de la historia diez años después*, aparecido en el diario El País (Madrid) 17-06-1999.

(7) La burguesía comenzó haciendo la revolución en los Países Bajos, luego en Inglaterra y posteriormente en EE.UU. y Francia. Tomamos la Revolución Francesa como símbolo en la medida que fue allí donde se hizo la revolución

político-social más acabada y como consecuencia también fue allí donde evidenció sus grandes limitaciones.

(8) En el mundo alemán los principios y la experiencia de la Revolución Francesa fueron muy bien recibidos, especialmente por la intelectualidad democrática que vivía bajo el régimen despótico de los Junker-prusianos. Además de los ya citados filósofos, deseamos mencionar a dos célebres intelectuales de esta época. En primer lugar al poco difundido en Europa y casi desconocido en América Latina Georg Büchner (1813-1837) quien refiriéndose al nuevo gobierno instaurado en Francia con la revolución de 1789, decía: "Die Revolutionsregierung ist der Despotismus der Freiheit gegen die Tyrannei." (El gobierno revolucionario es el despotismo de la libertad en contra de la tiranía.) (Büchner 1980: 17).

Y en segundo lugar a Heinrich Heine (1797-1856) quien en un poema escrito a mediados del siglo XIX, titulado Die Tendenz (La tendencia) hacía este llamado: "¡Canta la libertad alemana, cantor alemán! Que tu canto se apodere de nuestras almas y nos inspire actos heroicos al compás de la marsellesa. No te quejes ya como un Werther que se consume por su Carlota... Lo que ha anunciado la campana debes decírselo a tu pueblo. ¡Grita puñales! ¡Grita espadas! Deja de ser la dulce flauta, los idílicos sentimientos... Sé la trompeta de la patria, sé cañones, sé artillería, sopla, retumba, atruena, mata. Sopla y atruena cada día hasta que huya el último esbirro; canta sólo en este sentido, pero cuida de que el poema sea lo más general posible." (Heine 1994: 264 y 265).

(9) Esta confusión para unos y manipulación para otros, el confundir los conceptos y entender como sinónimo al Estado y al gobierno, tiene una historia de más de dos mil años. Platón fue uno de los primeros en alimentar el susodicho mal entendido, cuando en La república o El Estado se hacía esta pregunta: "¿No sabes que los diferentes Estados son tiránicos, democráticos o aristocráticos?" (Platón 1996: 76).

En otra parte, en el mismo trabajo, tomando sólo un aspecto del problema: la necesidad, escribe: "Así es que, habiendo la necesidad de una cosa obligado a un hombre a unirse a otro hombre, y otra necesidad a otro hombre, la aglomeración de estas necesidades reunió en una misma vivienda a muchos hombres con la misión de auxiliarse mutuamente, a esta sociedad hemos dado el nombre de Estado; ¿No es así?" (Platón 1996: 113).

Pero para ser justos, tenemos que mencionar, que muchas páginas después vuelve sobre el punto y se acerca, en alguna forma, a una definición correcta: "Digo que aquí no hay más que una sola forma de gobierno -proseguí; porque el que el mando esté en manos de uno solo o en las de muchos, esto no alterará en nada las leyes fundamentales del Estado, ..." (Platón 1996: 216).

(10) En los últimos 50 años muchos estudiosos, desde distintas perspectivas y con resultados diferentes, han tratado el tema del Estado-Poder, régimen-democracia, sus particularidades e implicancias. Deseamos mencionar entre los más conocidos a Louis Althusser, Nico Pulantzas, Michel Foucault, Hanna

Harendt, Norberto Bobbio, Giovanni Sartori, Guillermo O'Donnell y Jürgen Habermas, entre otros.

A la par con ello, el politólogo Isidro Cisneros, siguiendo a Giovanni Sartori, sostiene que hay cinco diferentes teorías en torno a la democracia, leamos: "... la teoría democrática radical, representada por las concepciones clásicas de la democracia directa griega; la nueva teoría democrática radical representada por el `nuevo radicalismo´ de los años sesenta; la teoría democrática pluralista representada principalmente por el mencionado Robert Dahl; la teoría del elitismo democrático representada por Joseph Schumpeter y; finalmente, la teoría democrática liberal representada por aquel filón del pensamiento político que se inicia con Locke, Tocqueville y Stuart Mill." (Cisneros 1997: 167 y 168).

(11) El problema de fondo es que el sistema capitalista nace liquidando, se desarrolla en competencia y se estructura vertical y no horizontalmente. Las jerarquías y los roles son claramente diseñados en el trabajo (donde los menos están colocados en los escalones más altos de la escalera y los muchos desperdigados en los últimos) y en la escuela se repite esta misma estructura, por no hablar de los clubes y de la iglesia. Y estos dos elementos básicos se reproducen automática y magistralmente en la base de la sociedad que es la familia, la misma que deviene una pequeña empresa. Sobre esta base se levanta el mundo de las ideas y la cultura. En este intercambio, activo y pasivo, cuantitativo y cualitativo, ya comprendemos de qué tipo de libertad y de democracia se puede hablar y más aún organizar.

Por otro lado el sistema propugna el individualismo y el consumismo en extremo y éste es otro hecho que nada tiene que ver con la democracia, al contrario, es su antípoda, en la medida que la democracia se asienta en la colaboración, la reciprocidad, la solidaridad y la tolerancia; conceptos que adquieren vida y sangre sólo en la práctica de los hombres en sociedad. Sólo puede haber democracia donde hay comunidad y la comunidad puede ser democrática por necesidad o democrática por convicción.

La democracia por necesidad fue un logro del pasado, la democracia por convicción será un logro del futuro. Esto implica que se anula al individuo, en el pasado en alguna forma fue así, en el futuro de ninguna manera será así. El individuo estará condicionado y potencializado para convertirse en lo mejor de la sociedad en lo suyo, y a la vez respetando y aceptando lo mejor de los demás de igual modo en lo suyo. Sólo sobre este mutuo respeto y mutua aceptación se podrá construir una nueva sociedad.

(12) En el año 1968 Alexander Kojéve, meses antes de morir, concedió una entrevista a Robert Minder. En ella el filósofo sostiene que la idea de Hegel, de que con la batalla de Jena (1806) y con Napoleón como personaje central, la historia de la humanidad ha llegado a su fin, no es verdad. Por el contrario, él se inclina a pensar que ello ocurrió con la Revolución Rusa y con Stalin, leamos: "Hegel sólo cambió su idea por ciento cincuenta años. El fin de la historia no fue con Napoleón, sino con Stalin,..." (Minder 1981: 122 y 123).

(13) Si los mitos y las utopías colectivas son torrentes que irradian energía hacia afuera, los mitos individuales son torrentes que irradian energía hacia adentro. Los primeros son explicados por Carl Justav Jung de esta manera: "Las afirmaciones de la conciencia pueden ser engañosas, mentirosas y caprichosas; pero esto no ocurre con las afirmaciones del alma. Las afirmaciones del alma son trascendentes a nosotros, pues apuntan a realidades trascendentes a la conciencia. Estas realidades son el arquetipo del inconsciente colectivo, los cuales producen complejos de ideas en la forma de motivos mitológicos." (Jung 1998: 10).

Y los últimos transformándose muchas veces en mitos colectivos condicionan a las multitudes a su materialización. Estos mitos individuales son sintetizados por la escritora Rosa Montero, así: "De todos es sabido que la realidad es infinitamente más grande que nosotros y que el universo nos desborda, de modo que, para enfrentarnos a esa vastedad aniquilante, los humanos hemos tenido que inventar los mitos, que son pequeñas narraciones con las que traducimos lo indecible, pequeña historias que nos permiten ir aguantando. Esto es, reducimos la inmensidad insoportable a un relato lo suficientemente diminuto como para que nos quepa en la cabeza." (Montero 1998: 10).

(14) En una determinada dirección, principalmente con este libro, Rousseau inicia la ruptura con un determinado sistema de ideas que dominó por más de veinte siglos el quehacer filosófico-político en Occidente. Por otro lado, con *El contrato social*, continúa con la tradición política iniciada por Platón con el libro *La república*, Aristóteles con *La política*, Sun Tzu (100 a.n.e) con *El arte de la guerra*, por Maquiavelo con *El príncipe* y por Hobbes con su *Leviatán*. Éstos son libros manifiestos, libros programas de una clase o una determinada fracción de clase en un momento determinado del desarrollo histórico-político.

(15) Por las características de este trabajo (principalmente sociológico-político), en esta parte del texto sólo hemos citado directa y frecuentemente a Rousseau y muy esporádicamente a Smith y Hegel, en la medida de que tanto el economista como el filósofo realizaron estudios y hasta hicieron aportes de carácter político-sociológico estos temas no fueron el centro fundamental de su preocupación como fue en el caso del autor de *El contrato social*.

(16) El politólogo norteamericano Samuel Huntington, resaltando el encuentro anual de Davos, él lo llamada la "cultura Davos", escribe: "Cada año, aproximadamente, un millar de hombres de negocios, banqueros, funcionarios estatales, intelectuales y periodistas de decenas de países se reúnen en Davos, Suiza, en el Foro Económico Mundial. Casi todas estas personas tienen titulación universitaria en ciencias de la naturaleza, en ciencias sociales, empresariales o derecho, trabajan con palabras y/o números, hablan con razonable fluidez el inglés, están contratados por organismos oficiales, empresas e instituciones académicas con amplias relaciones internacionales y viajan con frecuencia fuera de sus respectivos países. (...) Estas personas de Davos controlan prácticamente casi todas las instituciones internacionales,

muchas de las administraciones estatales del mundo y la mayor parte del potencial económico y militar del mundo. La cultura Davos, por lo tanto, es tremendamente importante." (Huntington 1997: 66 y 67).

Para él, lo pensado, analizado y planificado en Davos tiene su correlato en lo que hacen los demás organismos; cuando se refiere a uno de ellos, dice: "A través del FMI y otras instituciones económicas internacionales, Occidente promueve sus intereses económicos e impone a otras naciones las directrices económicas que considera oportunas. Sin embargo, en cualquier encuesta que se llevara a cabo entre pueblos no occidentales, el FMI sin duda obtendría el apoyo de los ministros de finanzas y unos pocos más, pero recibiría de forma aplastante una valoración desfavorable de casi todos los demás." (Huntington 1997: 218).

(17) La importancia de los organismos económicos internacionales, la crisis del Estado-nación, la privatización de la violencia (es decir que el monopolio de la violencia ha sido arrebatado a los Estados). El paso del imperialismo al Imperio y sobre todo la no ubicación del poder económico en un determinado Estado o Estados con nombre y apellido hace recordar la polémica en torno al imperialismo y sus consecuencias políticas desarrollada a principios del siglo XX entre Lenin y Karl Kautsky. Para algunos, el presente habría dado la razón al jefe bolchevique, pero el futuro habría dado la razón al socialdemócrata alemán. En particular, con respecto a su teoría del *ultraimperialismo*. ¿Cuánto de verdad encierra esta afirmación?

Lo cierto es que la base sobre la cual se levanta el sistema en su conjunto no ha cambiado, nos estamos refiriendo a la contradicción capital-trabajo o producción social y apropiación privada. La forma pre-monopólica y monopólica del capital ya fue analizada y precisada. La tarea es sintetizar la forma pre-imperial e imperial propiamente dicho si es que hay razones objetivas para utilizar esos términos. En lo que debemos estar seguros es que la mundialización, la globalización o el ultraimperialismo en esencia no es más que una nueva forma de acumulación acelerada de capital al interior del capitalismo.

(18) La relación económico-financiera de la familia Bush con la familia saudí Bin Laden no se reduce a la de armas y bioquímica, parece tener sus orígenes, hace muchos años atrás, en el petróleo. Así nos lo hace saber la estudiosa Rosa Townsend cuando dice que el abuelo y ex-senador del actual presidente norteamericano, Prescott Bush, inició en los años cincuenta estas relaciones, las que fueron continuadas por el ex-presidente George Bush hasta llegar al actual George W. Leamos: "Su socio en la primera aventura petrolera en 1979 fue James Bath, representante en EE.UU. de Salen Bin Laden, hermano del terrorista Osama. Bath también tenía vínculos con el extinto BCCI, Banco de Crédito y Comercio Internacional, a través de Jalid Bin Mahfuz, cuya hermana es una de las esposas de Osama Bin Laden." (Townsend 2002: 3).

En el año 2004 el cineasta, escritor e investigador norteamericano Michael Moore publicó un libro titulado: *Amigo, ¿dónde está mi país?*. La pregunta está dirigida directamente al presidente Bush. Moore demuestra con datos precisos, de igual modo que la anteriormente citada, las relaciones comerciales y financieras de la familia saudita Bin Laden y la familia Bush.

Por último el escritor y periodista francés Thierry Meyssan en este mismo año publicó su libro titulado *La terrible impostura*, en dicho libro sostiene que la cúpula del gobierno de EE.UU., coincidiendo con el investigador norteamericano Shoenman en el texto citado, tenía conocimiento con antelación de lo que iba a suceder el 11 de septiembre.

(19) La relación de la caída de Cartago con la asunción de Roma como la única potencia de entonces y luego la comparación de la Roma de los Césares con EE.UU. de los yanquis fue planteado por Oswald Spengler (1880-1936) muy sintéticamente, a comienzos del siglo pasado, así: "... las grandes finanzas de la Roma de los emperadores es comparable con la de los yanquis." (Spengler 2003: 4).

(20) En relación con la creencia en la eternidad de los imperios, Ernesto Akaizer, citando el libro *Misión* de Dana Priest, nos informa que la administración norteamericana, en el año 2002: "Encargó a una institución privada un amplio estudio sobre los grandes imperios de la historia: Macedonia bajo Alejandro el Grande, la Roma republicana y los mongoles. Las preguntas a contestar eran muy simples: ¿cómo mantener el poder de un imperio?, ¿cuál es la mejor manera para conservar su capacidad de dominar el mundo? El panel de expertos concluyó: `EE.UU. no puede evitar la historia. Nosotros no podemos ser una excepción. Todos los Estados predominantes han creído que su poderío sería eterno. Todos fracasaron´." (Akaizer 2003: 37).

CAPÍTULO II

(1). El desarrollo acelerado del capitalismo en EE.UU. en comparación al resto de América, según los especialistas, tiene dos razones: internas y externas. Las internas tienen que ver con el bajo nivel alcanzado, en comparación a incas y aztecas principalmente, por los pueblos que habitaron el hoy territorio de EE.UU. Consecuentemente los nativos no estuvieron en condiciones, en ninguno de los niveles, de resistir y combatir al invasor.

Las externas están relacionadas con el sistema económico y la mentalidad de los conquistadores y colonizadores de estas tierras. En otras palabras, con el feudalismo y todo su mundo medieval desde México hasta Chile y con el capitalismo como sistema económico, el racionalismo como sistema filosófico y el protestantismo con su espíritu puritano y de empresa en EE.UU. y Canadá.

También hay los que dan un peso importante al religioso-cultural. Estos últimos se orientan por el trabajo de Max Weber: *Die Protestantische Ethic und der Geist des Kapitalismus*, pasando por los trabajos de Waldo Frank, hasta el ensayo del profesor Constantin von Barloewen quien sintetiza esta diferencia entre las dos Américas, así: "La cultura norteamericana se orienta por la `realidad real' calvinista en contraposición a la `realidad utópica' de Latinoamérica." (von Barloewen 2003: 36).

(2). Algunos estudiosos han acuñado el término militarismo para describir a este fenómeno de influencia y presencia militar en la vida político-social latinoamericana. Esta etapa que venimos analizando podría ser la génesis de este fenómeno si es que en realidad existe como tal. El ex-militar Víctor Villanueva y especialista en el tema, sostiene: "Militarismo -intervención de las instituciones en la vida política- es, pues, un fenómeno social cuyas causas determinantes se originan en esas contradicciones de la sociedad en que vive. Las actitudes militares de nuestras fuerzas armadas no se ha debido al capricho, ni a la mala o buena voluntad de generales o caudillos." (Villanueva 1962: 12).

(3) En cada país latinoamericano ha existido y existe este tipo de personajes que realmente confunden al más esclarecido. En Bolivia hubo un tal Mariano Melgarejo (1818-1871), el mismo que fue presidente de esta república entre los años 1864-1871. Este Melgarejo, en un lapso de semanas, de ser cabo llegó a comandante, de ahí a general y luego a presidente de la república. Fue este mismo personaje quien cambió el antiguo departamento boliviano del Acre (152,000 kilómetros cuadrados) por un caballo con un hacendado brasileño. Desde entonces ese territorio pertenece al Brasil y hoy es el Estado del mismo nombre.

Se dice también que: "Allá por 1870, un diplomático inglés sufrió en Bolivia un desagradable incidente. El dictador Mariano Melgarejo le ofreció un vaso de chicha, la bebida nacional hecha de maíz fermentado, y el diplomático agradeció pero dijo que prefería chocolate. Melgarejo con su habitual delicadeza lo obligó a beber una enorme tinaja llena de chicha y después lo paseó en un burro, montado al revés, por las calles de la ciudad de La Paz." (Galeano 2003 1).

Por último fue este Mariano Melgarejo quien "... hizo desfilar a sus soldados hacia el interior del Palacio presidencial en honor de un dignatario extranjero, con tanta presunción en la voz de mando que los soldados, al no recibir instrucciones para detenerse, siguieron marchando más allá del balcón y cayeron al vacío." (Autores varios 2000: 44).

De igual manera la vida política del abogado ecuatoriano José María Velasco Ibarra (1893-1979) (para algunos ecuatorianos, más María que José) desde 1934 hasta 1972 fue cinco veces presidente de este país y en ninguna de las cinco oportunidades pudo terminar su período presidencial. Velasco Ibarra es conocido también por su frase: "Dadme un balcón y seré presidente".

En México la figura de Antonio López de Santa Anna es simbólica. Carlos Fuentes con sangre en el ojo lo describe así: "... nadie ha sido capaz de hacerle verdadera justicia literaria a Santa Anna, un personaje que parece escapar de las manos de la recreación literaria, por el simple hecho de que su vida es mucho más ficticia que cualquier imaginación novelística. (...) Pero ello conviene a Santa Anna, el prototipo del dictador latinoamericano de opereta. Astuto y seductor, logró combinar estas características con una enorme dosis de audacia y caradura, ejerciendo la presidencia de México once veces entre 1833 y 1854. Figura grotesca, jugador de gallos y tenorio, Santa Anna incluso cayó en la tentación de darse golpes de Estado a sí mismo. (...) En 1838, Santa Anna perdió una pierna en la Guerra de los Pasteles con Francia, (...) Santa Anna enterró su extremidad en la catedral de México con pompa y la bendición arzobispal. La pierna fue desenterrada y arrastrada por turbas enardecidas cada vez que Santa Anna caía del Poder sólo para ser enterrada de nuevo, otra vez con pompa y bendiciones, cuando el tirano regresaba a la silla. Cabe preguntarse: ¿fue siempre la misma pierna, o, finalmente, un sustituto teatral, una extremidad de utilería?" (Fuentes: 2000: 170).

(4) En su trabajo *Die Agrarfrage*, Karl Kautsky sintetiza estas dos experiencias históricas de la siguiente manera: "Esta transformación se produjo en Francia ilegal y violentamente; esto es, inopinadamente y de tal manera, que los campesinos no sólo se vieron libres de sus cargas, sino que además adquirieron tierras confiscadas al clero y a los emigrados, yendo más allá que la burguesía" , a renglón seguido, pone la otra experiencia: "En Prusia, aquella transformación fue la necesaria consecuencia de la derrota de Jena. Se produjo, como en toda Alemania, de un modo pacífico y legal; es decir, que la burocracia operó los cambios inevitables con tanta lentitud y tantas vacilaciones, gastando tanto dinero como le era posible, y esforzándose en obtener el asentimiento de los señores, en provecho de los cuales vino a hacerse todo, que el movimiento no se había terminado en 1848. Los campesinos hubieron de pagar caro a los señores esta vía pacífica y legal con una parte de su tierra, en dinero cantante y con nuevos impuestos." (Kautsky 1972: 35).

En base a estas ideas Lenin profundizó y desarrolló sus estudios sobre las vías de desarrollo en el agro, él habló de la vía Junker o burocrática y de la vía Farmer o democrática. Al respecto ver sus libros: *El desarrollo del capitalismo en Rusia* y *El programa agrario de la socialdemocracia rusa*.

(5) Lo aquí planteado está sintetizado en lo que el Conde de Mirabeau (1715-1789) con respecto al imperio prusiano, dijo: "Prusia no es un Estado que tiene un ejército, sino un ejército que tiene su Estado". Más de cien años después el general alemán Paul von Hindenburg (1847-1934) sostuvo que: "... Alemania existe porque tiene su ejército, por ese ejército y no por el Kaiser que ni alemán era.".

En la actualidad, a decir del estudioso alemán-israelí Uri Avnery (1923-), el Estado turco como totalidad y el Estado israelí, en especial en el plano político-militar, serían los directos herederos de sus antecesores prusianos y alemanes. En estas sociedades el Estado, y dentro de él las Fuerzas Armadas, ha tenido y tiene una incidencia gravitante en la vida y el accionar de estas sociedades.

En el caso del Estado israelí desde su fundación, en el año 1948, hasta la actualidad, con la excepción de la ex-primera ministra Golda Meir (1898-1978), todos los miembros importantes de los gobiernos que se han sucedido han sido militares o ex-militares, que nunca dejan de ser tales.

Leamos lo que Avnery en un artículo titulado *Israel: El ejército tiene su Estado*, comparando al actual Estado de Israel con el antiguo Estado prusiano y con el actual Estado turco, escribe: "Turquía es una democracia; hay un presidente, un parlamento, un gobierno elegido. Pero el ejército se considera guardián supremo del Estado y de sus valores. Cuando el Estado decide que el gobierno se está desviando, le dice que se corrija. En casos extremos, el ejército lleva al gobierno a renunciar. En Israel, los procesos son más ocultos y complejos, pero el resultado es el mismo." (Avnery 2002: 3).

(6) Los científicos sociales han trabajado esta etapa histórica con alguna proliferación y éxito. Pero los que se han llevado la bandera (recreando en el nivel de la fantasía esta experiencia histórico-política, aunque no necesariamente, todos, el momento histórico aquí analizado) han sido los escritores del y ligados al Boom de la novela latinoamericana. Comenzando con el guatemalteco Miguel Ángel Asturias con *El señor presidente* (Manuel Estrada Cabrera), continuando con el paraguayo Augusto Roa Bastos con *Yo el supremo* (José Gaspar Rodríguez de Francia), el cubano Alejo Carpentier con *El recurso del método* (Gerardo Machado), el colombiano Gabriel García Márquez con *El otoño del patriarca* (Juan Vicente Gómez) y terminando, hasta el momento, con el peruano Mario Vargas Llosa con *La fiesta del chivo* (Rafael Leonidas Trujillo).

(7) Sobre la Revolución Mexicana la producción en ciencias sociales es realmente frondosa. De igual manera en el plano de la creación artística en general y literaria en particular. Todos los gustos encontrarán en lo producido ahí plena satisfacción. Bastaría mencionar, en este último nivel, la extraordinaria novela de Juan Rulfo: *Pedro Páramo* (1955) y las de Carlos Fuentes: *La muerte de Artemio Cruz* (1962) y *Gringo viejo* (1985), o *El poder de la gloria* de Graham Greene y *La serpiente emplumada* de David Herbert Lawrence.

Por sus características, por la situación, por el momento, por las vivencias y convicciones del autor estamos de acuerdo con aquellos que piensan que la historia-novelada escrita por el médico Mariano Azuela: *Los de abajo* (1915), es la sangre y el símbolo de la revolución. Una crónica donde todos están, todos aparecen y todos actúan. País: México; hecho: la revolución agraria; actores: todos, principalmente, el campesinado; autor: Mariano Azuela.

(8) El maridaje de las ideas de Darwin y de Spencer, que en un primer momento parecían inofensivas y hasta se convirtieron en credo para muchos intelectuales, en realidad fueron totalmente peligrosas como nos lo recuerda la historiadora Rukhsana Qamber: "... el darwinismo social fue responsable, entonces, de gran parte del pensamiento racista del siglo XIX y de la idea de que la gente `superior´ tiene derecho a convertirse en la élite de una sociedad menos avanzada desde el punto social y económico." (Qamber 2002: 158).

(9) Esta tendencia del biologismo continuará incluso con algunos estudiosos que ya no comulgan con las ideas del positivismo y tampoco con las del neo-positivismo. Los casos del argentino Ezequiel Martínez Estrada (1895-1964) con su *Radiografía de la pampa* y el peruano Carlos Miro Quezada (1903-1976) con

su *Radiografía de la política peruana* y *Autopsia de los partidos políticos* serían buenos ejemplos a mediados del siglo XX en América Latina. Sin olvidar que José Ortega y Gasset (1883-1955) publicó, en las primeras décadas del mismo siglo, su libro *España invertebrada*.

(10) Lo de la inconsecuencia de estos personajes con el positivismo es confirmado por uno de los especialistas en el tema de las ideas en América Latina. Leopoldo Zea escribió al respecto: "No hay que olvidar que el porfirismo, la larga dictadura porfirista, no es sino una corrupción del liberalismo mexicano, que no alcanzó a realizar la utopía. En el lema plagiado al positivismo: orden para la libertad, se hace patente esa corrupción del liberalismo." (Zea 1971: 50).

(11) De la generación de Domingo Faustino Sarmiento, los que de alguna forma compartieron, en términos generales, sus concepciones político-sociológicas, podrían ser mencionados los argentinos Juan Bautista Alberdi (1810-1884), Bartolomé Mitre (1821-1906), el chileno Francisco Bilbao (1823-1865), el venezolano Antonio Guzmán Blanco (1829-1899) y, algo más lejano en ideas y edad, el también venezolano Andrés Bello (1781-1865).

(12) El historiador Fernando Lecaros sintetiza estos hechos de la siguiente manera: "La Federación Americana del Trabajo en la Convención realizada en Chicago acordó luchar por la conquista de la jornada de ocho horas a partir de 1886, coordinó movimientos huelguísticos en todo el país. (...) En este año más de un millón de obreros demandaban de los capitalistas las ocho horas diarias de trabajo. Algunos empresarios cedían a la presión de los trabajadores, reconociendo la demanda; pero la mayoría de capitalistas la rechazaba. (...) Precisamente en Chicago, gran centro industrial y bastión de los trabajadores anarquistas o libertarios, el primero de mayo comienzó la huelga bajo la consigna: ¡8 horas de trabajo! ¡8 horas de descanso! ¡8 horas de educación! El tres de mayo, en un choque de los huelguistas con los rompe-huelgas, interviene la policía, matando a seis trabajadores. Al día siguiente, durante un gigantesco mitin de protesta, estalla una bomba -colocada por un agente provocador- entre las filas policiales muriendo varios de ellos. La policía abrió fuego contra la multitud causando numerosos muertos y heridos.

Las autoridades detuvieron a los principales dirigentes libertarios, y luego de un proceso amañado, ahorcaron a cuatro de ellos. A los 7 años de ejecución, las autoridades reconocieron que el tribunal había cometido un 'error judicial'. En recuerdo de este suceso se instituyó el Primero de Mayo como la fecha que conmemora el Día Internacional de los Trabajadores." (Lecaros 1980: 140 y 141).

(13) El proyecto mestizo-independiente (razas, culturas e idiomas) para construir América Latina que José Martí esboza de manera algo vaga, tiene algunos antecedentes en el continente latinoamericano. Uno de los primeros esbozos, digno de mención, fue formulado en los tiempos de la conquista española por el ideólogo y consejero de Gonzalo Pizarro (1502-1548), el maestre de campo Francisco de Carbajal (1464-1548), quien aconsejó a su jefe que se casara con

una princesa inca, que se rebelara a la corona de España y que se coronase rey del nuevo mundo. Leamos: "Debéis declaraos rey de estas tierras conquistadas por vuestras armas y las de vuestros hermanos. Harto mejores son vuestros títulos que el de los reyes de España. ¿En qué cláusula de su testamento les legó Adán el imperio de los Incas? No os intimidéis porque hablillas vulgares os acusan de deslealtad. Ninguno que llegó a ser rey tuvo jamás el nombre de traidor, los gobiernos que creó la fuerza, el tiempo los hace legítimos." (Carbajal 1994: 494).

(14) En el plano artístico literario, con excepción de Sarmiento, los tres escritores aquí tratados y analizados son considerados, por los especialistas en el tema, como miembros de la escuela literaria que nació precisamente entre fines del siglo XIX y comienzos del XX en América Latina. Nos estamos refiriendo al Modernismo. Escuela que tuvo como jefe y fundador al nicaragüense Rubén Darío (1867-1916).

Darío, sin dejar en ningún momento de ser el gran poeta que fue, también se interesó por los problemas político-sociales de América Latina. Incluso escribió un conocido poema, que sin rebajar un milímetro su calidad artística, contiene una requisitoria y denuncia en contra de EE.UU. Nos referimos al poema titulado *A Roosevelt*, que en una de sus partes, dice: "Eres los Estados Unidos, eres el futuro invasor de la América ingenua que tiene sangre indígena, que aún reza a Jesucristo y aún habla en español. Eres soberbio y fuerte ejemplo de tu raza; eres culto, eres hábil; te opones a Tolstoy. Y domando caballos, o asesinando tigres, eres Alejandro-Nabucodonosor. (Eres un profesor de Energía como dicen los locos de hoy.) Crees que la vida es incendio, que el progreso es erupción, que en donde pones la bala el porvenir pones. No." (Darío 1987: 107).

(15) Como es sabido en casi todos los países del continente, aparte de los aquí tratados, existieron grupos de intelectuales que se orientaron por esta corriente de ideas. El estudioso argentino Daniel Omar de Lucía nos da un ejemplo concreto, él sostiene que en la ultima década del siglo XIX y las dos primeras décadas del XX en el sur del continente, especialmente en Argentina, existió una fuerte presencia del positivismo.

De Lucía menciona, en primer lugar, a los cuatro exiliados peruanos que desarrollaron una fecunda labor teórica en este país. La doctora Margarita Praxedas Muñoz, las escritoras Mercedes Cabello de Caboneda, Clorinda Matto de Turner y José María Madueño. Continúa con Ángel Bassi, Pedro Scalabrini y Manuel Bermúdez. Y termina con los conocidos socialistas-positivistas Juan Bautista Justo, José Ingenieros y Alfredo Palacios. Los puntos de unidad teórica, de esta generación de positivistas, los sintetiza, de Lucía, de la siguiente forma: "Estos grupos se formaron alrededor de: a) un núcleo de exiliados de una república autoritaria y clerical; b) equipos de educadores encargados de modernizar el aparato educativo en algunas regiones del país; c) respondiendo a las aspiraciones de cuadros intermedios del Estado en su defensa del espacio que ocupaban en los aparatos ideológicos secularizados por las leyes laicas de los ochenta. Las utopías positivistas criollas eran pensadas desde espacios periféricos del poder oligárquico o desde ámbitos autónomos y hasta críticos al orden conservador. Sus elementos básicos son: a) fe en la integración del mundo por la ciencia, la industria y las comunicaciones; b) papel de la educación en la ampliación del sistema político; c) regeneración de la sociedad por élites del mérito y la virtud; d) búsqueda de un sistema religioso que acompañe la expansión de la civilización moderna y sienta las bases de una moral laica." (de Lucía 1998: 108).

(16) En base a la información que nos brinda el filósofo Fornet, en su libro aquí citado, mencionamos a los más conocidos marxistas latinoamericanos hasta las tres primeras décadas del siglo XX. El chileno Luis Emilio Recabarren, los cubanos Carlos Boliño, Rubén Martínez Villena (1899-1934) y Julio Antonio Mella (1903-1929). Los ítalo-argentinos Rodolfo Ghiordi (1897-1985) y Victtorio Codovillo (1894-1970), el mexicano Michail Boroni y el brasileño Luis Carlos Prestes (1898-1990), etc.

(17) En contraposición a esta afirmación, muchos lectores superficiales de Mariátegui, al no encontrar una declaración explícita del autor sobre el materialismo dialéctico en el libro, sostienen que no fue marxista. Esto hace recordar la polémica llevada cabo, a fines del siglo XIX, entre Lenin y el representante del populismo ruso Nikolái Mijailovski (1842-1904), en torno al materialismo dialéctico de Karl Marx plasmado en *El capital*. Dicha polémica fue hecha pública en el libro del dirigente bolchevique: *¿Quiénes son "los amigos del pueblo" y cómo luchan contra la socialdemocracia?*

CAPÍTULO III

(1) Con respecto a la acumulación originaria del capital, ver el libro de Adam Smith *Una investigación sobre la naturaleza y las causas de la riqueza de las naciones*, en especial el Capítulo III y el subtitulado: *De la acumulación del capital, o del trabajo productivo e improductivo*. Para Smith la acumulación originaria descansa en el ahorro, en el gasto frugal o moderado que tiene su contraparte en el derroche y la frivolidad.

En el caso de Karl Marx, ver el Capítulo XXIV del Primer Tomo de El Capital que lleva por título *Die sogenannte ursprüngliche Akumulation* (El origen de la llamada acumulación), para él *Das Geheimnis der ursprünglichen Akkumulation* (El secreto de la acumulación originaria) descansa básicamente en *die Waren Produktion und der Mehrwert* (la producción de mercancías y la plusvalía) y sus formas. Especialmente la plusvalía absoluta.

(2) El sociólogo alemán Norbert Elias y el inglés John Scotson en su libro *Etablierte und Außenseiter* (Lo establecido y lo marginal), nos recuerdan que la polémica en torno a la *anomia* no es nueva. Ella se remonta a muchas décadas atrás con lo planteado por los sociólogos norteamericanos Robert Merton (1910-1980) y Talcott Parson (1902-1979). Los mencionados recuerdan a la vez, que hace más de cien años, el sociólogo francés Emilie Durkheim (1858-1917) entendía la *anomia* como una nueva forma de organización y estructuración

social. Y que a la vez era un momento positivo dentro de la des-estructuración social de lo oficial. Ver el capítulo del libro titulado *Notiz über die Begriffe `social Struktur´ und `Anomie´* (Notas sobre el concepto de estructura social y anomia).

(3) En América Latina se habla muchísimas lenguas, de todas ellas destacan el quechua que se habla en el Perú y en Ecuador, el quechua y el aymara en el Perú y en Bolivia, el guaraní en Paraguay y Bolivia, el quiché en Guatemala y el náhuatl en México. Además en el norte de México y el sur de EE.UU. ha aparecido en las últimas décadas una mezcla del inglés y el español al cual se le ha denominado: spanglish.

Se piensa que este último idioma, el spanglish, puede desarrollarse y tener algún futuro, mientras que los demás idiomas, por el contrario, su tendencia es a desaparecer. Lo cierto es que hasta el momento no hay ninguna obra, que merezca mencionarse, escrita en las lenguas que mueren, tampoco en la que nace. El español y el portugués, en este nivel, siguen siendo el alma y la voz absolutamente mayoritaria del continente.

(4) En un libro titulado *Las dos caras de América Latina y otros ensayos* (2002), hemos desarrollado, con alguna extensión, los aportes de América Latina al mundo entero en literatura (poesía: Darío, Mistral, Vallejo, Neruda, Guillén; cuento: Borges y Rulfo, y en novela, toda la producción del Boom), en música (especialmente la salsa) con sus dos centros principales: Cuba y Brasil, y en fútbol con sus 9 campeonatos mundiales ganados (Brasil 5, Argentina 2 y Uruguay 2).

(5) La relación del capitalismo como sistema, la aparición de la burguesía como clase histórica, de las ciudades, la quiebra de la cultura religiosa-católica, la aparición de la novela moderna; y todo esto, para Latinoamérica, relacionado con la producción del Boom de la novela lo hemos desarrollado, con alguna profundidad, en varios capítulos de nuestro libro *Vargas Llosa entre el mito y la realidad. Posibilidades y límites de un escritor latinoamericano comprometido.* (2000).

(6) Un tema bastante discutido y hasta diríamos trillado es el problema del racismo. En América Latina, por su origen colonial, tiene variadas complicaciones y hasta hoy dolorosas consecuencias. El psiquiatra Max Hernández da una explicación que nos parece bastante convincente al respecto, leamos lo que declaró: "La mayor parte del mestizaje fue de padre blanco en madre india o negra, lo cual quiere decir que el mestizaje fue producto las más de las veces de una imposición, las más de las veces sin reconocimiento legal; si añadimos a eso el hecho que los grupos dominantes españoles y criollos representaban esa presencia de lo blanco con todo el mito de la limpieza de sangre, el mestizaje en lugar de ser una posibilidad creativa de la mezcla se transformó en un proyecto detergente, un producto de blanquear negros y blanquear indios, entonces el indio mestizado es muy capaz de negar en sí mismo la presencia de lo que lo contamina, y entonces es perfectamente fácil que se asocie con lo blanco de la piel, lo blanco limpio, lo blanco pulcro, con lo

blanco occidental, se comienza a depositar debajo todo lo que no es aceptado ni respetado y se construye verdaderamente un caldero donde están como almas en pena todas aquellas porciones que configuran la identidad mestiza y que los mestizos pretenden negar con una concepción blanquista de lo mestizo y con una conducta esencialmente discriminatoria y negadora de sí mismo que está presente en actitudes, en palabras, en vocablos, en pantallas de televisión, en la vida cotidiana." (Hernández 1994: 35 y 36).

(7) Como producto de la transición en Latinoamérica de feudal a semi-feudal y de la semi-feudalidad a cualquiera de las variantes del capitalismo, ocurrieron en esta década, algunos hechos significativos a nivel político-social. La explosión social en Colombia el año 1948, conocido con el nombre El Bogotazo. La reforma agraria boliviana en 1953, la revolución cubana en 1959 y a la par una serie de movimientos guerrilleros y subversivos en casi todo el continente que se prolongaron hasta la década siguiente.

De igual manera en el plano teórico-cultural, además de la *Teología de la liberación*, en el plano de los estudios económicos nace en los años 50-60 la *Teoría del desarrollo* impulsado por los organismos económicos internacionales (Banco Mundial, Banco Interamericano de Desarrollo) pero en especial le dio el nombre la producción hecha por los investigadores de la CEPAL, en particular las del argentino Raúl Prebisch. Posteriormente aparece la *Teoría de la dependencia* apadrinada por Fernando Henrique Cardoso y Enzo Faletto, la *Pedagogía de la liberación* asociada al brasileño Paulo Freire, la *Filosofía de la liberación* representada, principalmente, por el argentino Enrique Dussel y por último *Lo real maravilloso* que tiene su traducción, para la exportación y el mercado en *El Boom de la novela latinoamericana*.

Estas tres "liberación" tienen su sustento en conceptuar América Latina como un sub-continente dominado. Consecuentemente la dominación devino el principal problema a resolver, esto implica desarrollar su contraparte y elevar la misma a la condición de discurso teórico, de doctrina e incluso de filosofía. Su formulación simplista y mecánica, al estilo de acción-reacción y más el proceso histórico-político-social que es mucho más hondo, más complejo y más rico que la fórmula elemental dominación-liberación, terminó por hacer ver que los alcances de las tres "liberación" eran cortas y sus raíces poco profundas.

Por otro lado, de todo este esfuerzo por comprender, crear, recrear y transformar América Latina, a comienzos del nuevo siglo, pasó de moda. La única que ha tenido resonancia mundial y es posible que transcienda a sus autores y a lo circunstancial es *El Boom de la novela latinoamericana*. La razón es simple. Siendo grandes latinoamericanistas en la forma, son universales en el contenido y, por ser universales en el contenido, son grandes latinoamericanistas en la forma. Uno de sus representantes, Gabriel García Márquez, sigue siendo, desde hace más de 10 años, el escritor más famoso en el mundo. *Cien años de soledad*, a la par *Del ingenioso hidalgo don Quijote de la Mancha*, está considerada como la mejor novela escrita en habla castellana y entre las 20 mejores novelas producidas desde que se creó la escritura.

(8) La susodicha carta data del 5 de marzo de 1852, dice: "... Por lo que a mí se refiere, no me cabe el mérito de haber descubierto la existencia de las clases en la sociedad moderna ni la lucha entre ellas. Mucho antes que yo, algunos historiadores burgueses habían expuesto ya el desarrollo histórico de esta lucha de clases y algunos economistas burgueses la anatomía de éstas. Lo que yo he aportado de nuevo ha sido demostrar: 1) que la existencia de las clases sólo va unida a determinadas fases históricas del desarrollo de la producción; 2) que la lucha de clases conduce, necesariamente, a la dictadura del proletariado; 3) que esta misma dictadura no es de por sí más que el tránsito hacia la abolición de todas las clases y hacia una sociedad sin clases..." (Marx y Engels 1974: 703 y 704).

(9) El fenómeno del mestizaje a nivel de grupos humanos es un hecho natural que se ha dado y en los últimos siglos se da con mayor intensidad-velocidad, como producto del desarrollo del capitalismo y su necesidad de romper con las fronteras económicas, nacionales, culturales y raciales. Las ganancias no tienen cultura, nacionalidad, país o raza. Tienen, fundamentalmente, interés y propietarios.

Por otro lado otros sostienen que este cruce y re-cruce de grupos y etnias debe alegrarnos, ya que de esa forma desaparecerá el odiado racismo y como consecuencia el pretexto para muchas guerras. La verdad es que lo dudamos, en la medida que cuando hay intereses de por medio, sobre todo económico-políticos, si no hay razones o pretextos se los inventarán.

Volviendo al mestizaje en América Latina, José Vasconcelos entiende la *Raza cósmica* como uno de los grandes logros de la humanidad. Leamos: "En América española ya no repetirá la naturaleza uno de sus ensayos parciales, lo que esta vez salga de la olvidada Atlántida; no será la futura ni una quinta ni una sexta raza, destinada a prevalecer sobre sus antecesoras; lo que allí va a salir es la raza definitiva, la raza síntesis, raza integral, hecho con el genio y con la sangre de todos los pueblos y, por lo mismo, más capaz de verdadera fraternidad y de visión realmente universal." (Vasconcelos 1948: 59).

(10) Esta relación de dependencia y de dominación psico-ideológica fue totalmente evidente entre los esclavos y los amos en el esclavismo, entre el señor y el siervo en el feudalismo. Y según Karl Marx, Györg Lukács y Herbert Marcuse, entre otros, se da, de igual manera, en la sociedad moderna, entre el capitalista y el obrero. De ahí que la mayoría de los obreros piensan, se identifican y aspiran a imitar la vida de los capitalistas burgueses. Aunque, por su condición de vida material, no siempre sienten lo que sienten sus opresores.

En la misma línea de los anteriores, el lingüista Noam Chomky sostiene lo siguiente: "La opresión tiene lugar porque se ha interiorizado su legitimidad. Esto es cierto para los casos más extremos. (...) Tal y como Biko dijo, es un éxito tremendo por parte de los opresores el inculcar sus presunciones como la manera en que uno ve las cosas que suceden en el mundo. A veces se hace de un modo totalmente consciente, como en el caso de la industria de las relaciones públicas. Otras veces, es una especie de rutina, la manera como uno vive.

Liberarnos de todas estas preconcepciones y perspectivas significaría un paso enorme hacia el vencimiento de la opresión." (Bersamian 2001: 1).

(11) Esta experiencia es por demás conocida en los pueblos colonizados. En la colonización de América fue realmente impresionante. Para ilustrar sólo un caso, deseamos transcribir la información-opinión del escritor guatemalteco Miguel Ángel Asturias quien vio con muy buenos ojos la acción del *bautizo y la evangelización* de los indios. En otras palabras la extirpación de idolatrías y la imposición de una religión que nada tenía que ver con los nativos: "Las Verapaces eran dos regiones muy importantes de la Capitanía General de Guatemala de la zona donde se encontraban los indios más rebeldes. Fue don Fray Bartolomé de las Casas (...) quien logró, con apoyo de los favoritos de la Corte española, que se le permitiera, mediante contrato, ir a pacificar la región, ésta de indios sumamente levantiscos y que no daban cuartel (...) Fray Bartolomé se pone al frente de los dominicos y avanza a pie hacia las Verapaces, logrando la pacificación de todos los indígenas, su bautismo y evangelización." (López 1974: 42).

(12) Esta contraposición entre la "madre abnegada" y la "mala mujer" o entre la virgen y la prostituta es frecuente en el mundo occidental. En Homero se puede ver con mucha claridad esta polarización. En *Ilíada* la causante de la guerra de Troya fue Elena que abandonó a su marido, su pueblo, su isla. Ella se fue con un desconocido. Elena es sinónimo de la mujer mala, de la mujer abierta, de la prostituta, de la infiel. En el otro extremo, en *Odisea*, está Penélope que haciendo una serie de malabares e incluso recurriendo a mentiras se mantiene en el hogar, no acepta a ningún hombre, no sale de su isla y espera que regrese su marido, que lo hace después de 20 años. Ella simboliza la señora, la madre abnegada, la mujer fiel.

Esta misma historia se repite en la religión judeo-cristiana. La Eva de *El antiguo testamento* es la pecadora, la culpable por todos los males de la humanidad, es la serpiente encarnada. En *El nuevo testamento* aparece la Virgen María, la madre del hijo de Dios y como tal fuente de todos los bienes en este y todos los mundos. En resumidas cuentas nuestras Elenas-Penélopes y nuestras Evas-Marías están en una buena parte del mundo, no sólo juntas, sino que hasta revueltas.

En México tienen sus representantes en el imaginario popular en la virgen de Guadalupe y en la Madre chingada (¿doña Marina o Malinche?). Paz los describe así: "En contraposición a Guadalupe, que es la Madre virgen, la Chingada es la Madre violada.(...) Guadalupe es la receptividad pura y los beneficios que producen son del mismo orden: consuela, serena, aquieta, enjuaga las lágrimas, calma las pasiones. La chingada es aún más pasiva. Su pasividad es abyecta: no ofrece resistencia a la violencia, es un montón inerte de sangre, huesos y polvo." (Paz 1982: 77).

(13) Octavio Paz comenzó su vida política-intelectual muy influenciado por el anarquismo, su viaje a España, a solidarizarse con la causa de la República, en los tiempos de la guerra civil, los poemas escritos en homenaje a hechos y

personajes de esta experiencia evidencian la influencia de esta corriente de ideas. Al pasar los años esta simpatía evolucionó al marxismo, en su versión trotskista, y en particular a su admiración personal por la figura de León Trotski. Cuando escribió el libro que aquí comentamos, él se reclamaba aún de estos principios y adhería a estos ideales.

(14) Paz, muchos años después, reconoce que ya en América Latina había una producción intelectual en esa dirección. El caso de los trabajos de Ezequiel Martínez Estrada y Jorge Luis Borges en Argentina habían sido ya publicados. En México los trabajos de Samuel Ramos, de igual manera. En el caso de este último cree que hay una influencia bastante acentuada de Alfred Adler de quien, indirectamente, Paz toma distancia. Leamos: "Las observaciones de Ramos fueron sobre todo de orden psicológico. Estaba muy influenciado por Adler, el psicólogo alemán, discípulo más o menos heterodoxo de Freud. El centro de su descripción era el llamado `complejo de inferioridad´ y su compensación: el machismo. Su explicación no era enteramente falsa pero era limitada y terriblemente dependiente de los modelos psicológicos de Adler." (Paz 1990: 18).

(15) Ese trato ha sido y es una constante del mundo oficial. Todos los revolucionarios, y sobre todo los perdedores, han sido adjetivados hasta la satanización. Una muestra es cómo un periódico de la época, en cinco líneas dedicadas a la muerte de Emiliano Zapata, utiliza seis adjetivos: "Emiliano Zapata, el *Atila del Sur*, comparable por sus crímenes al rey de los hunos que saqueó Roma; Zapata, el *bandido vagabundo* que desde 1910 atentaba contra la República desde los cerros de Morelos, llevando el luto a tantos hogares; Emiliano Zapata, superior por sus atentados al legendario Atila; Zapata, el *destructor* de Morelos, el *volador* de trenes, *el sanguinario* que bebía en copa de oro..." (Jamis 1993: 55).

(16) Este sentimiento de querer conocer o el de la búsqueda del padre es un hecho que se ha dado y se da en casi todas las culturas. Que los resultados hayan sido diversos y las posteriores reacciones de igual modo, no niega este hecho. Al comienzo de la llamada cultura occidental Homero en su *Odisea* presenta el cuadro de Telémaco que enrumba por los mares torrentosos y vías desconocidas en busca de su padre Odiseo. De igual manera Gómez Suárez de Figueroa (después conocido como el Inca Garcilazo de la Vega) enrumba a España en busca de su padre-metrópoli a reclamar la herencia cultural y también la pecuniaria. De igual modo Juan Preciado se encamina a la búsqueda de su padre en *Pedro Páramo* de Juan Rulfo. Así como estos tres ejemplos hay muchos en la historia.

(17) Un especialista en el tema, el desaparecido historiador Juan José Vega, dijo hace algunos años: "El inca Huáscar tenía 1000 mujeres que lo esperaban en todo el territorio del imperio. La gran mayoría de ellas no lo conocían directamente y otras ni siquiera habían sido tocadas. Estas llamadas escogidas, no estaban consideradas entre las principales, es por ello que posiblemente se

brindaron libremente a los extranjeros por venganza o por decepción."
(Entrevista con el autor, 04.10.1993).

(18) Esta palabra *analéctica* tiene un origen griego y en español es entendida comúnmente como sinónimo de antología. Es decir la reunión o selección de capítulos o partes de una obra que con ello forman otra. La utilización en el plano filosófico, hasta donde conocemos, es una novedad.

(19) El aporte de otros pueblos, aparte del europeo, a la humanidad es grande; que muchos de ellos los conozcamos a través de Europa no implica que sea patrimonio privado de Europa. Además esto tiene su explicación en la medida que en esta parte del mundo apareció y se desarrolló el primer sistema económico social universal y la primera clase histórica universal. Como es lógico y natural, lo han hecho todos los pueblos que han pretendido lo mismo (en la América precolombina fue la misma actitud de aztecas e incas por citar los dos casos más conocidos), intentan de igual modo universalizar su cultura y por ende su filosofía.

Sólo a manera de ilustración, todos los descubrimientos del mundo chino (la rueda, la pólvora, el papel, la imprenta, la brújula, el fideo, el fútbol, etc.) son conocidos en América a través de Europa. Todo el conocimiento en ciencias naturales que almacenaron y recuperaron los árabes del mundo antiguo y oriental a lo largo de la Edad Media son conocidos en América a través de Europa.

(20) Transcribamos una síntesis de las principales ideas de los románticos y luego veamos hasta qué punto se emparentan con las ideas del autor aquí tratado. Juan José Sebreli dice: "Los románticos anti-iluministas oponían al universalismo las particularidades nacionales, étnicas y culturales; a la razón abstracta, la emoción; al progreso, la tradición; al contrato social, la familia; a la sociedad, la comunidad. El iluminismo buscaba todo lo que los hombres tienen en común, en tanto que el romanticismo anti-iluminista buscaba todo lo que los hombres tienen de diferente: la nacionalidad, la raza, la religión. Contra lo racional, aquello en que todos los hombres pueden ponerse de acuerdo, los románticos anti-iluministas priorizaban lo irracional, la parte singular e incomunicable de cada hombre. La ciencia y la filosofía eran lenguajes universales; el romanticismo anti-iluminista prefería la religión, las artes, las costumbres, aquello que diferenciaba a un pueblo del otro. El iluminismo estaba encerrado en una minoría ilustrada, los sabios, los filósofos; el anti-iluminismo romántico pretendía ser el portavoz de las masas ingenuas y espontáneas, de los pueblos primitivos, de los campesinos analfabetos." (Sebreli 1992: 30).

CAPÍTULO IV

(1) Sobre esta experiencia del desarrollo del capitalismo en el agro, y las dos posibles vías en las reformas agrarias, ver la nota 4 en el segundo capitulo de este trabajo; ahí se transcriben los puntos de vista de un especialista en el tema, el socialdemócrata alemán Karl Kautsky.

(2) Es historia conocida que el vencedor y primer beneficiario de la Guerra del Pacífico fue el empresario británico John Thomas North. Más aún, el historiador peruano Jorge Basadre ha demostrado, con documentos irrefutables, que detrás de la guerra, además del nombrado North, estuvieron otros empresarios salitreros ingleses como socios mayores y algunos empresarios chilenos como socios menores. Leamos: "Los apellidos Codo, Kicks, Gallagher, Hunter, Miller, tienen claro significado británico. El ministro de Gran Bretaña en Santiago Francis J. Pakenhan escribió a su gobierno que los fondos de la Compañía chilena de Antofagasta eran `principalmente de los Gibbs y Edwards y Co.´, ricos capitalistas de extracción inglesa, el primero conectado con la famosa casa A. Gibbs de Londres." (Basadre 1981: 96).

Por su parte la estudiosa francesa Jacquelin Cobo, en torno a la Guerra del Chaco, sostiene que EE.UU., en su proceso de expansión y control sobre Latinoamérica, se vio en la necesidad de controlar: "Para ello fue preciso a veces eliminar rivales extranjeros; el mejor ejemplo es la matanza de la Guerra del Chaco (1932-1935), que impuso militarmente a Bolivia y Paraguay, pero donde en realidad se enfrentaban dos compañías petrolíferas, la Standard Oil norteamericana y la Royal Dutch anglo-holandesa, por la posesión de territorios desérticos del Chaco con fama, que luego no se confirmó, de ser ricos en yacimientos petrolíferos." (Cobo 1997: 71).

(3) Un cuadro estadístico, más o menos completo, sobre la situación del agro boliviano, principalmente en cuanto a la tenencia de la tierra, según el censo nacional del año 1950 y antes de la reforma, se puede encontrar en el trabajo de la estudiosa boliviana Silvia Rivera varias veces aquí citada.

(4) De los tres puntos de discrepancia entre el "Che" y Monje, el punto central fue el segundo, el que es expuesto por Guevara así: "La dirección político-militar de la lucha correspondería a él mientras la revolución tuviera un ámbito boliviano". Párrafos despues, agrega: "Sobre el segundo punto no podía aceptarlo de ninguna manera. El jefe militar sería yo y no aceptaba ambigüedades en esto. Aquí la discusión se estancó y giró en un círculo vicioso." (Guevara 1972: 50).

(5) El comandante de la policía antiterrorista Benedicto Jiménez (responsable de la captura de Abimael Guzmán) algunos años después escribió: "El problema es que no queremos sentarnos a conversar, dialogar y discutir el Tema del Terrorismo entre nosotros. Tratamos en todo momento de eludirlo. Si no dialogamos, menos reflexionamos siquiera para comprender el por qué el Perú es diferente después de la década del 80 y por qué Sendero Luminoso, en 1992, casi colapsa el Estado peruano. Nunca hemos tratado de comprender sobre qué base o fuerza descansaba el poder de Sendero Luminoso. Cómo explicamos el hecho de que pudo mantenerse en la clandestinidad durante doce años y que su contingente aumentaba cada día más." (Jiménez 2000: Introducción).

(6) Esto no implica que todo lo escrito sea correcto, ahora después de 15 años de haber sido publicado y releyendo el libro encontramos algunos puntos de vista cargados de subjetivismo y por lo tanto alejados de la realidad. Para ello tuvo que ver mucho el agitado momento político que se vivió y que no permitió tener la

claridad suficiente y así comprender el fenómeno en su verdadera dimensión y profundidad.

(7) Algunas publicaciones, como la revista limeña Oiga, teniendo como fuente de información los partes del Servicio de Inteligencia de la Marina, sostuvo que el gobierno aprista, a través de su entonces ministro del Interior Agustín Mantilla, habría facilitado dicha fuga. Nunca se volvió hablar más del caso.

(8) Hay algunos estudiosos, especialmente sociólogos y politólogos, que se han especializado en adjetivar estas democracias. Se les dice por ejemplo "democracias protegidas", "democracias tuteladas", "democracias sometidas", "democracias regentadas", "democracias cautivadas", "democracias autoritarias", "semi-democracia". Pero la que más se acerca a describir la realidad es que son democracias formales o seudo-democracias.

(9) Al respecto, ver el libro del sociólogo mexicano Jorge Castañeda varias veces aquí citado. Él sostiene que la mayor parte de movimientos armados de orientación cubano-guevaristas en América Latina fueron apoyados y en parte su acción fue determinado por los cubanos, en particular por el especialista en la subversión latinoamericana, Manuel Piñero.

(10) Cuando los autores hablan del doble carácter: contrainsurgente y proinsurgente de la guerra de baja intensidad, lo último entra en acción cuando hay un gobierno no adicto o en su defecto hostil a la administración norteamericana. En América Latina las numerosas acciones en contra y la liquidación del presidente Jacobo Arbenz (1954) en Guatemala, en contra del gobierno encabezado por Juan Bosch (1965) y su posterior derrocamiento en la República Dominicana, en contra de la Revolución Cubana y el gobierno de Castro en Cuba, el golpe fascista en contra del gobierno de Unidad Popular y Salvador Allende (1973) en Chile y en contra de la Nicaragua sandinista (toda la década del 80) son buenos ejemplos de cómo la guerra de baja intensidad actúa a favor de los proinsurgentes.

(11) Uno de estos problemas aquí mencionados es presentado por el escritor argentino José Pablo Feinmann, en su novela *La crítica de las armas*, así: "Que rompieran esa puerta de una patada feroz, que entraran con sus capuchas y sus metralletas y se lo llevaran de los pelos, no sin antes destrozar su casa, aterrorizar a Teresa, despertar a sus hijos (...) y meterlos a todos a un baño, gritándoles que no griten, y entonces se lo llevarían, agarrado de los pelos, puteándolo, diciéndole zurdo de mierda, judío de mierda, subversivo de mierda, o, por su puesto, montonero de mierda, a él, que se había peleado con los Montoneros en octubre de 1973, cuando lo mataron a Rucci, ahí, ahí mismo se había peleado, se había ido, no quiso ya saber nada con nada más, manga de locos, mesiánicos de mierda, fierreros y enemigos de la política, de la verdadera política, la política de masas, la única política, no la de los fierros." (Feinmann 2003: 51).

(12) En los países donde el capitalismo como sistema tiene larga data, como consecuencia el proletariado y la burguesía son dos clases históricas, dos clases políticas que desarrollan su ideología y su cultura como un cuerpo ordenado y sistematizado. En estas sociedades la influencia de la burguesía sobre los

partidos, frentes o movimientos comunistas tiene su fuente allí. Ello no ocurre en los países donde la clásica burguesía no se ha impuesto ni como clase histórica ni como clase política. El capitalismo llega a su fase imperialista, es por ello que su ideología y cultura se entremezclan, en el mejor de los casos, o se subordinan a las de la aristocracia terrateniente o a las de la oligarquía y esta mezcla perdura en la sociedad por décadas.

(13) La historia política registra un buen número de estas personalidades políticas no sólo en Latinoamérica sino en el mundo entero. Un caso representativo y algo extremo (con lo cual no queremos decir que todos los ex-comunistas en América Latina hayan devenido fascistas) fue la vida política de Benito Mussolini. José Carlos Mariátegui lo describe así: "Mussolini, como es sabido, es un político de procedencia socialista. No tuvo dentro del socialismo una posición centrista ni templada sino una posición extremista e incandescente. Tuvo un rol consonante con su temperamento. Porque Mussolini es, espiritual y orgánicamente, un extremista. Su puesto está en la extrema izquierda o en la extrema derecha." (Mariátegui 1976: 11).

(14) Sólo a manera de anécdota, cuatro años después de haber sido escrito lo que aquí transcribimos, Vargas Llosa recuerda las andanzas de su hijo Álvaro como supuesto izquierdista radical. Negando de ese modo su afirmación de que a *nadie* (por lo menos a él y a su hijo les interesa) interesa el "Che" Guevara. Uno, al enfundarse la boína y, el otro, al escribir sobre el tópico. Leamos: "Los tres pasaron en algún momento de su juventud por la izquierda (Álvaro dice que no, pero yo descubrí que cuando estaba en Princeton formó parte de un grupo radical que, enfundado en boínas "Che" Guevara, iba a manifestar contra Riegan a las puertas de la Casa Blanca." (Autores varios 1998: 12).

CAPÍTULO V

(1) En otros niveles, especialmente en el artístico-literario, en la generación de Mariátegui y en algunas posteriores, sí hubo muchas figuras de militantes y simpatizantes comunistas e izquierdistas en general, realmente sobresalientes.

Son dignos de mencionar los poetas Pablo Neruda, César Vallejo, Nicolás Guillén y el primer Octavio Paz. Los pintores David Alfaro Siqueiros, Diego de Rivera, Frida Kahlo y Oswaldo Guayasamín. Luego los escritores, el último Julio Cortázar, Jorge Amado, Alejo Carpentier, Juan Rulfo, David Viñas, Gabriel García Márquez, Manuel Escorza, Miguel Barnet, José Revueltas y el primer Miguel Gutiérrez. De igual modo los poetas Nicanor Parra, Roque Dalton, Javier Heraud, Mario Benedetti y Juan Gelman. Los canta-autores como Violeta Parra, Atahualpa Yupanqui, Horacio Guaraní, Jorge Cafrune, Alfredo Zitarrosas, Víctor Jara, Pablo Milanés, Silvio Rodríguez, Carlos Puebla, Walter Humala y Rubén Blades, entre otros. Y por el lado de las humanidades y las ciencias sociales, Aníbal Ponce, Mario Bunge, Luis Segal, César Augusto Guardia Mayorga, Emilio Choy, de nuevo al primer Octavio Paz, Aníbal Quijano, Luis Vitale, Rodney Arismendi, Luis Guillermo Lumbreras, Juan José

Sebreli, Alfredo Torero, etc. Y por último en la crítica literaria, Ángel Rama, Antonio Cornejo Polar, Roberto Fernández Retamar, etc.

Para los especialistas en el tema caben algunas preguntas:¿En la obra de los nombrados, especialmente en los de creación (poetas, canta-autores, novelistas y pintores), se puede encontrar una relación, sea conflictiva o armoniosa, no importa, entre las ideas e ideales comunistas de los autores en sus creaciones? De ser así, ¿es posible ser comunista en el nivel ideológico-político y ser también comunista en la fantasía y la creación? De no ser así, entonces, la razón y la pasión, la fantasía y la realidad ¿son dos campos que no se tocan y que a la distancia se repelen?

Nosotros pensamos que sin ser lo mismo y manteniendo sus respectivos espacios y vías, son fuerzas que se enfrentan, se acometen y se influencian mutuamente en todo instante, a pesar que su existencia no es nada armoniosa, la una no puede existir sin la otra. ¿Quién predomina sobre quién, en qué momento y en qué dirección? Aquí entra a tallar la acción consciente, principalmente, del individuo-actor por un lado y por otro lado las circunstancias histórico-sociales. En esta dirección, César Vallejo podría ser un buen ejemplo.

(2) Hay que recordar que el petróleo fue motivo de una guerra entre Bolivia y Paraguay en los años 30 del siglo pasado, la llamada Guerra del Chaco. Murieron cerca de 80,000 pobres (por los dos lados) y los que ganaron fueron principalmente tres compañías petroleras (una inglesa, una holandesa y una norteamericana que fueron quienes organizaron y financiaron la guerra.

(3) Alejo Carpentier se inspiró en este hecho para escribir una de sus mejores novelas titulada *El reino de este mundo*. La misma fue publicada el año 1949. En el prólogo a ella, planteó por primera vez, la idea de "lo real maravilloso" para unos o la de "el realismo mágico" para otros, con los cuales se conoce también al Boom de la novela latinoamericana.

(4) En la nota de García Márquez sobre el tema en cuestión, entrecomillada, dice: "`Avanzaban gritando y degollando´, ha escrito un testigo de aquella carnicería despiada. `La velocidad con que decapitaban a nuestros pobres chicos con sus cimitarras de asesinos era de uno cada siete segundos´." (García Márquez 1993).

(5) En La república, el filósofo planteó esta problemática así: "Por consiguiente, lo mismo con relación a un Estado que con relación a un simple particular, la libertad excesiva debe producir, tarde o temprano, una extrema servidumbre (...) que a la libertad más completa y más ilimitada sucede el despotismo más absoluto y más intolerable." (Platón 1996: 365).

CAPITULO VI

(1) Analizando esta problemática. Bernardo Kliksberg, con mucha razón, sostiene: "En una sociedad puede crecer el producto bruto, el producto bruto per cápita puede cumplir con los indicadores de ciertos organismos financieros

internacionales que confeccionan cifras sobre América Latina y, sin embargo, a pesar de todo eso, la gente puede estar cada vez peor. Ésta no es una hipótesis de laboratorio sino lo que desgraciadamente está sucediendo en América Latina en la última década. Ha bajado el standard de vida de la mayoría de la gente. Resulta que no hay una correlación mecánica entre los indicadores macroeconómicos positivos e indicadores macrosociales exitosos. La cuestión es mucho más compleja. La llamada `teoría del derrame´ se ha caído definitivamente. Alcanzar objetivos macroeconómicos no derrama automáticamente beneficios sobre el conjunto de la sociedad." (Kliksberg 1995: 34).

(2) Se habló también de la acumulación autogestionaria y se puso como ejemplo concreto la autogestión materializada en los tiempos del socialismo en la ex-Yugoslavia. Además se habló, de igual modo, de la acumulación socialista que se habría dado en los llamados países del bloque socialista.

(3) El capitalismo como sistema histórico, como sistema político y la burguesía como la clase que lo expresa no ha respetado, para nada, la moral feudal. Tampoco ha tenido ningún reparo moral en explotar, especialmente, a los campesinos y artesanos arruinados, los padres y abuelos de la clase obrera que ha materializado con lagrimas, sudor y sangre la acumulación originaria de capital. Todo ello está sintetizado en esa conocida frase que Marx escribiera en *El Capital*: "... el capital viene al mundo, de los pies a la cabeza, chorreando sangre y lodo por todos los poros." (Marx 1980: 788).

(4) La globalización es una expresión de ello, por lo tanto, oponerse consecuentemente a la globalización es oponerse al sistema capitalista que es su fuente y sustento. Más aún, la historia no termina con la oposición, el problema es que se le antepone como alternativa a ese sistema. Los puntos de vista de la socialdemocracia, el populismo y la izquierda legal se resumen en cambios al interior del sistema y así humanizar al capitalismo. La otra izquierda sostiene que si el sistema es el causante de ello hay que cambiar el sistema. ¿Con qué sistema hay que reemplazarlo? La mayoría cree que el socialismo sigue siendo el sistema llamado histórica y políticamente a suceder al capitalismo.

(5) En el siglo XIX los especialistas en el tema, los historiadores Juan Jacobo Bachofen (1815-1887), Juan Fergusson Mac Lennan (1827-1881) y Luis Enrique Morgan (1818-1881) trabajaron sobre los tipos de familia y de matrimonio. En base a estas investigaciones se habla de la Familia consanguínea, de la Familia punalúa, de la Familia sindiásmica y de la Familia patriarcal.

(6) Circula un pequeño ensayo, entre serio y en broma, titulado *Los argentinos*. Leamos algunos párrafos: "Los argentinos están entre vosotros, pero no son como vosotros. No intentes conocerlos, porque su alma vive en el mundo impenetrable de la dualidad. Los argentinos beben en una misma copa la alegría y la amargura. Hacen música de su llanto -el tango- y se ríen de la música de otro; toman en serio los chistes y de todo lo serio hacen bromas.

Ellos mismos no se conocen. Creen en la interpretación de los sueños, en Freud y el horóscopo chino, visitan al médico y también al cura todo al mismo tiempo. (...) Cuando los argentinos viajan, todo lo comparan con Buenos Aires. Hermanos, ellos son `el pueblo elegido´ por ellos mismos. Indudablemente se caracterizan por su sabiduría y su inteligencia, en grupo son insoportables por su griterío y apasionamiento. Cada uno es un genio, los argentinos no se llevan bien entre ellos; por eso es fácil reunir argentinos, unirlos imposible.

Un argentino es capaz de lograr todo en el mundo, menos el aplauso de otros argentinos. (...) Los argentinos son hiperbólicos y desmesurados, van de un extremo a otro en sus opiniones y sus acciones. (...) Aman tanto la contradicción que llaman `bárbara´ a una mujer linda, a un erudito lo bautizan `bestia´, a un mero futbolista `genio´ y cuando manifiestan extrema amistad te califican de boludo y si el afecto y confianza es mucho más grande, eres un Hijo de puta. (...).

Cuando alguien les pide un favor no dicen simplemente `sí´, sino `cómo no´. Son el único pueblo del mundo que comienza sus frases con la palabra no. Cuando alguien les agradece, dicen: `No, de nada´ o `No´ con una sonrisa. Los argentinos tienen dos problemas para cada solución. Pero incluyen las soluciones a todos los problemas. (...) Tienen un tremendo súper ego, pero no se lo mencionen porque se desestabilizan y entran en crisis. Tienen un espantoso temor al ridículo, pero se describen a sí mismos como liberados. Son prejuiciosos, pero creen ser amplios, generosos y tolerantes. Son racistas al punto de hablar de `negros de mierda´ o `cabecitas negras´.

Los argentinos son italianos que hablan español. Pretenden sueldos norteamericanos y vivir como ingleses. Dicen discursos como franceses y votan como senegaleses. Piensan como comunistas y viven como burgueses. Alaban el emprendimiento canadiense y tienen una organización boliviana. Admiran el orden suizo y practican un desorden tunecino. Son un misterio." (Autor anónimo).

En la extensa cita se puede observar esa generalización y hasta la absolutización irresponsable de la que venimos hablando. Los argentinos tienen muchos sectores y clases sociales, viven en la capital y en las provincias y tienen distintos niveles culturales y, por último, diferentes concepciones político-filosóficas. Es posible que esta generalización se cumpla en algún sector de la pequeña burguesía bonaerense y ese sector no representa ni expresa a todos los habitantes de Buenos Aires y menos a todos los argentinos, como se afirma en el ensayo. Además de la generalización, se trasluce un racismo a flor de piel contra los senegaleses, bolivianos y tunecinos. Es probable que el autor o la autora del ensayo provenga de un sector de la clase media de Buenos Aires.

(7) En nuestro trabajo sobre Nicolás Maquiavelo titulado *Abogados del diablo. Maquiavelo nuevamente en debate* hemos escrito lo siguiente: "... se ha dicho que Maquiavelo es consecuencia de la necesidad de la burguesía, él la expresa, la orienta, lleva hasta sus últimos límites y finalmente la desborda. La desborda

precisamente en el plano donde el ideólogo, con lógica razón, es más duramente criticado por la propia burguesía. Estamos hablando del aspecto moral. Maquiavelo levanta como primera bandera de la moralidad, la virtud de la verdad. Para él hay que *decir lo que se hace y hacer lo que se dice*, en otras palabras, *ser y también parecer*. Su pensamiento está totalmente reñido con la mentira y el embuste. En consecuencia, en este punto capital, su alejamiento es total y radical de la hipócrita moralidad burguesa y de todas las clases dominantes hasta hoy existentes.

Ésta es la razón del por qué la burguesía deshereda y maldice a uno de sus mejores hijos, devenido, para ella, cuervo. Es de esperar que las clases dominantes del futuro, sin reclamar herencia, sean lo suficientemente coherentes y consecuentes con alguien que hizo de la moral sincera, aunque los espíritus superficiales no lo entiendan, su mayor bandera. (...).

Maquiavelo fue un renacentista, un hombre de su tiempo. Un hombre que más que enfrentarse y psicoanalizarse en el pasado se enfrentó al presente y se proyectó hacia el futuro. Del pasado fue un visitante, en el mejor de los casos, un inquilino precario. En cambio del presente y en especial del futuro fue y sigue siendo aún un militante, un ciudadano imperecedero." (Roldán 2003: 27 y 28).

(8) Hay que recordar que la historia político-social, en los tiempos de las democracias, está manchada con mucha sangre humana. En nombre de la misma se han cometido miles de horrores y crímenes que siguen siendo la vergüenza de la humanidad. La democracia en general y la esclavista en particular tienen el triste antecedente de haber terminado con el primer filósofo universal. No fue el gobierno de los tiranos, sino el gobierno democrático, quien condenó a Sócrates (470-399.a. n. e) a beber la cicuta en la Grecia antigua.

Por otro lado no hay que olvidar las múltiples acciones violentas y hasta dictatoriales en pro de la democracia tanto en Francia como en Europa realizadas por la Revolución de 1789 primero y por un dictador, por un Emperador, Napoleón Bonaparte después.

(9) El concepto *autoritarismo* hay que diferenciarlo del concepto *autoridad*, entendido este último en la línea de Erich Fromm como el "tipo racional de autoridad", que se da muchas veces en la relación entre padres e hijos, maestros y alumnos y entre buenas amistades. En la medida que muchas veces en esta relación, los intereses y proyecciones mutuos, tienen un mismo sentido de ayuda y el mismo ideal de realización y liberación.

Todo lo contrario sucede en las relaciones autoritarias que tienen el interés del control, de la dominación, de la explotación que termina en la felicidad de unos a costa de la infelicidad de los otros. *La autoridad racional* tiene sus consecuencias psicológicas que son muy distintas de las consecuencias de *El autoritarismo*. Erich Fomm hace la siguiente distinción entre ellos: "La situación psicológica es distinta en cada una de estas relaciones de autoridad. En la primera prevalecen elementos de amor, admiración o gratitud. La autoridad representa a la vez un ejemplo con el que desea uno identificarse parcial o totalmente. En la segunda se originarán sentimientos de hostilidad y resentimiento en contra del explotador, al cual uno se siente subordinado en contra de sus propios intereses." (Fromm 1990: 166).

(10) Jorge Castañeda, coincidiendo con otros estudiosos del fenómeno Partido Comunista, Sendero Luminoso, los denominados "senderólogos ", sostuvo lo siguiente: "Sendero Luminoso es una de las organizaciones armadas más eficaces y prósperas, aterradoras y misteriosas que hayan surgido en América Latina. Aunque posee ciertas similitudes con organizaciones secretas e hipernacionalistas en otros países y zonas del mundo -los Boxers chinos a fines del siglo pasado y el Mau Mau en Kenia en los años cincuenta-, Sendero es un fenómeno único en Latinoamérica. Tan puede tratarse de una aberración debido únicamente a las peculiaridades del altiplano peruano y a su constitución étnica, como representar un presagio de lo que aguarda a otros países de la región." (Castañeda 1995: 140).

BIBLIOGRAFÍA

ESTUDIOS

Alas, Leopoldo	Estudio crítico. En: José Enrique Rodó. Ariel, Madrid 1991.
Alepe, Arturo	El Bogotazo, Bogotá 2000.
Alsina, Valentín	En: Domingo Faustino Sarmiento. Facundo. Civilización y barbarie, Madrid 1997.
Ángela, Roger	Chiapas: 500 años de resistencia indígena. En: Conflictos y violencia en América, Barcelona 2002.
Autores varios	Historia de las ideas políticas, México 1981.
Autores varios	Contrainsurgencia, proinsurgencia y antiterrorismo en los 80. El arte de la guerra de baja intensidad, México 1988.
Autores varios	Los mitos de la democracia, Lima 1978.
Autores varios	El marxismo en América Latina, Buenos Aires 1972.
Autores varios	Clases sociales y crisis política en América Latina, México 1979.
Autores varios	El manual del perfecto idiota latinoamericano, Madrid 1996.
Autores varios	Los fabricantes de miseria, Barcelona 2000.
Azuela, Manuel	Los de abajo, México 1915.

Basadre, Jorge	Sultanismo, corrupción y dependencia en el Perú republicano, Lima 1981.
Benjamín, Walter	Begriff über die Geschichte, Köln 1940.
Bejarano, Jesús Antonio	Campesinado, luchas agrarias e historia social en Colombia: notas para un balance histórico. En: Historia política de los campesinos latinoamericanos, México 1985.
Benedetti, Mario	El ejercicio del criterio, México 1995.
Bernales, Enrique	El desarrollo del Estado liberal. En: Burguesía y Estado liberal, Lima 1979.
Boron, Atilio	La filosofía política clásica y la biblioteca de Borges. En: La filosofía política clásica, Buenos Aires 1999.
Büchner, Georg	Werke und Briefe, München 1980.
Campra, Rosalva	América Latina: la identidad y la máscara, México 1987.
Carbajal, Francisco	Carta. En: Ricardo Palma. Tradiciones peruanas, Madrid 1994.
Carpentier, Alejo	La novela latinoamericana en vísperas de un nuevo siglo y otros ensayos, Madrid 1981.
Carpentier, Alejo	Literatura y conciencia política en América Latina, Madrid 1969.
Castañeda, Jorge	La utopía desarmada. Intrigas, dilemas y promesas de la izquierda en América Latina, Barcelona 1995.

Cordero, María Luisa — Jurel tipo Salmón. Mapa de la extrema locura chilena, Santiago de Chile 1999.

Correa, Pedro — Historia de la literatura española, Madrid 1985.

Covo, Jacqueline — América Latina, Madrid 1995.

Cueva, Agustín — El desarrollo del capitalismo en América Latina, México 1978.

Chevalier, Francois — América Latina. De la independencia a nuestros días, México 1999.

Darío, Rubén — Poesía, Barcelona 1987.

Deborin, Abram Moiséievich — Ensayos sobre el pensamiento político social en Alemania, Montevideo 1968.

Delgado, Diego — Colonialismo y soberanía, Quito 2004.

De Soto, Hernando — El otro sendero, Bogotá 1986.

De Unamuno, José — Del sentimiento trágico de la vida, Madrid 1995.

Dorfman, Ariel — Rumbo al sur, deseando el norte, Buenos Aires 1998.

Dri, Rubén — Filosofía política aristotélica. En: La filosofía política clásica, Buenos Aires 1999.

Dussel, Enrique — América Latina, dependencia y liberación, Buenos Aires 1973.

Elias, Norbert y Scotson, John — Etablierte und Außenseiter, Baden-Baden 1993.

Feinmann, José Pablo — La crítica de las armas, Buenos Aires 2003.

Fernández Retamar, Roberto — Introducción a Martí. En: José Martí. Cuba, Nuestra América, Los Estados Unidos, México 1973.

Fornet, Raúl — Ein anderer Marxismus? Die philosophische Rezeption des

	Marxismus in Lateinamerika, Mainz 1994.
Friedman, Milton	La tiranía del statuquo, Barcelona 1984.
Fuentes, Carlos	Valiente mundo nuevo, Madrid 1990.
Fuentes, Carlos	Los cinco soles de México, Barcelona 2001.
Fromm, Erich	El miedo a la libertad, Barcelona 1990.
Galeano, Eduardo	Las venas abiertas de América Latina, Madrid 1996.
García Canclini, Néstor	Culturas Híbridas. Estrategias para entrar y salir de la modernidad, México 1990.
García Márquez, Gabriel	Vivir para contarlo, México 2002.
García Márquez, Gabriel	Notas de Prensa, Buenos Aires 1993.
Gasparini, Juan	Montoneros, final de cuentas, Buenos Aires 1988.
Gelman, Juan	Sí dulcemente, México 1980.
Germani, Gino	Prefacio a la edición castellana de El miedo a la libertad de Erich Fromm, Barcelona 1990.
Gibran, Khalil	El Profeta, Madrid 1998.
Gramsci, Antonio	Notas sobre Maquiavelo y sobre el Estado moderno, México 1975.
Gonzaléz Prada, Manuel	Páginas libres, Lima 1894.
González Prada, Manuel	Horas de lucha, Lima 1970.
González Prada, Manuel	Ensayos escogidos, Lima 1976.
Guevara, Ernesto	El socialismo y el hombre en Cuba, Madrid 1993.
Guevara, Ernesto	Escritos y discursos, La Habana 1972.
Gutiérrez, Gustavo	Teología de la liberación. Perspectivas, Lima 1971.

Harnecker, Marta — Cuba ¿Dictadura o democracia?, México 1977.

Haya de la Torre, Víctor Raúl — El antiimperialismo y el APRA, Lima 1972.

Heidegger, Martin — Sein und Zeit, Leipzig 2001.

Hegel, Georg Wilhelm Friedrich — Phänomenologie des Geistes, Berlin 1983.

Hegel, Georg Wilhelm Friedrich — Recht, Pflichten und Religionslehre für die Unterklasse, Köln 1991.

Hegel, Georg Wilhelm Friedrich — Vorlesung über die Geschichte der Philosophie, Nürnberg 1989.

Hegel, Georg Wilhelm Friedrich — Enzyklopädie der philosophischen Wissenschaften im Grundriss, Berlin 1997.

Heine, Heinrich — Gesammelte Gedichte und Verse, Schweiz 1994.

Hobbes, Thomas — Leviatán, Madrid 1999.

Hobsbawm, Eric — Rebeldes primitivos, Barcelona 1983.

Humboldt, Wilhelm — Ideen zu einem Versuch, die Grenzen der Wirksamkeit des Staates zu begrenzen, Berlín 1998.

Huntington, Samuel — El choque de civilizaciones, Barcelona 1997.

Jamis, Rauda — Frida Kahlo, México 1993.

Jiménez, Benedicto — Inicio, desarrollo y ocaso del terrorismo en el Perú, Lima 2000.

Jung, Carl Gustav — Antwort auf Hiob, Zürich 1998.

Kant, Inmanuel — Der Streit der Fakultäten, Köln 1789.

Kautsky, Karl — Die Agrarfrage, München 1972.

Kelsen, Hans — Was ist Justiz?, Marburg 1992.

Kelsen, Hans	Enseñanza y valoración de la democracia. En: La democracia, Bolonia 1981.
Kojéve, Alexander	Kommentar zur Phänomenologie des Geistes. Anhang Hegel, Marx und das Christentum, Frankfurt/Main 1975.
Kundera, Milán	La identidad, Barcelona 1998.
Le Bon, Gustave	Pychologie du Socialisme, París 1894.
Lecaros, Fernando	Historia del Perú y del mundo S. XIX, Lima 1980.
Lefebvre, Georges	1789: Revolución francesa, Barcelona 1982.
Lenin	El Estado y la revolución, Moscú 1970.
Lenin	El imperialismo, fase superior del capitalismo, Moscú 1974.
Letts, Ricardo	La izquierda peruana, organizaciones y tendencias, Lima 1981.
López, Luis	Conversaciones con Miguel Ángel Asturias, Madrid 1974.
Lukcács, György	Geschichte und Klassenwebusstsein, Berlín 1924.
Mann, Heinrich	Für eine demokratisch Kultur, Köln 1910
Marcuse, Herbert	Der eindimensionale Mensch, Berlín 1985.
Mariátegui, José Carlos	7 Ensayos de interpretación de la realidad peruana, Lima 1978.
Mariátegui, José Carlos	Temas de nuestra América, Lima 1974.
Mariátegui, José Carlos	Ideología y política, Lima 1975.

Mariátegui, José Carlos	Defensa del marxismo, Lima 1978.
Mariátegui, José Carlos	La escena contemporánea, Lima 1976.
Mariátegui, José Carlos	Correspondencia, Tomo I, Lima 1984.
Martí, José	Cuba, Nuestra América, los Estados Unidos, México 1973.
Martín-Baró, Ignacio	Del opio religioso a la fe liberadora. En: Buscando América Latina, Caracas 1990.
Martínez Estrada Ezequiel	Diferencias y semejanzas entre los países de América Latina, México 1972
Marx, Karl	Die Heilige Familie, Leipzig 1974.
Marx, Karl	Contribución a la crítica de la filosofía del derecho de Hegel, México 1980.
Marx, Karl	Das Kapital. Erster Band, Berlín 1980.
Marx, Karl y Engels, Friedrich	Obras escogidas, Moscú 1974.
Mattini, Luis	Hombres y mujeres del PRT-ERP, Buenos Aires 1990
Moulian, Tomás	Chile actual. Anatomía de un mito, Santiago de Chile 1998.
Mayo, Baloy	Diez años de guerrilla en México. 1964-1974, México 1980.
Mercado Jarrín, Edgardo	Ensayos, Lima 1974.
Mesa, Carlos	Presidentes de Bolivia: entre urnas y fusiles, La Paz 1990.
Montaner, Carlos Alberto	No perdamos también el siglo XXI, Barcelona 1997.
Mao Tsetung	Obras escogidas Tomo V, Pekín 1977.

Nietzsche, Friedrich	Also sprach Zarathustra. Ein Buch für alle und keinen, Hamburg 1995.
Nietzsche, Friedrich	Jenseits von Gut und Böse, Köln 1998.
Negri, Toni y Hardt, Michael	Imperio, Madrid 2002.
Ortega y Gasset, José	La rebelión de las masas, Madrid 1995.
Paz, Octavio	El laberinto de la soledad, México 1982.
Paz, Octavio	Tiempo nublado, Barcelona 1990.
Paz, Octavio	El ogro filantrópico, Barcelona 1990.
Pecaut, Daniel	Política y sindicalismo en Colombia, Bogotá 1973.
Peirefitte, Alain	Cuando China despierte, Barcelona 1973.
Pereyra, Daniel	Del Moncada a Chiapas. Historia de la lucha armada en América Latina, Madrid 1994.
Pinglia, Roberto	Respiración artificial, Barcelona 1994.
Platón	La república o el Estado, Madrid 1996.
Posadas, Francisco	Los orígenes del pensamiento marxista en Latinoamérica, La Habana 1968.
Popper, Karl	Die offene Gesellschaft und ihre Feinde, Berlín 1994.
Prelot, Marcel	Historia de las ideas políticas, Buenos Aires 1971.
Puiggrós, Adriana	Imperialismo y educación en América Latina, México 1980.
Qamber, Rukhsana	Ideas y armas en las tierra públicas: México y la Argentina durante el siglo XIX. En: Conflicto y violencia en

	América Latina, Barcelona 2002.
Reyes, Alfonso	Antología general, Madrid 1986.
Rivera, Silvia	Apuntes para una historia de las luchas campesinas en Bolivia. En: Historia política del campesinado latinoamericano, México 1985.
Rodó, José Enrique	Ariel, Madrid 1991.
Roldán, Julio	Perú, mito y realidad, Lima 1986.
Roldán, Julio	Gonzalo el mito, Lima 1990.
Roldán, Julio	Vargas Llosa entre el mito y la realidad. Posibilidades y límites de un escritor latinoamericano comprometido, Marburg 2000.
Roldán, Julio	Las dos caras del continente americano y otros ensayos, Marburg 2002.
Rubio, Marcial	Los orígenes del Estado burgués 1789-1848. En: Burguesía y Estado liberal, Lima 1979
Rousseau, Jean-Jacques	El contrato social, Barcelona 1994.
Rousseau, Jean-Jacques	Emilio o De la educación, Madrid 1995.
Sábato, Ernesto	El escritor y sus fantasmas, Barcelona 1997.
Salazar Bondy, Augusto	Historia de las ideas en el Perú contemporáneo Tomo I, Lima 1965.
Sánchez, Luis Alberto	Historia general de América, Santiago de Chile 1963.
Sarmiento, Domingo Faustino	Facundo. Civilización y barbarie, Madrid 1997.

Schumpeter, Joseph	Capitalismo, socialismo y democracia, Barcelona 1989.
Sebreli, Juan José	El asedio a la modernidad, Barcelona 1992.
Silva, José	Política y bloques de poder, México 1976.
Simmels, Georg	Exkurs über den Fremden. In: Der Gast, der bleibt, Frankfurt/Main 1992.
Smith, Adam	Investigación sobre el origen de la riqueza de las naciones, Madrid 1999.
Strubbia, Mario	¿Por qué fracasó Alfonsín?, Rosario 1989.
Spengler, Oswald	Der Untergang des Abendlandes, München 2003.
Tácito, Cornelio	Agrícola, Germania, Diálogo sobre los oradores, Madrid 1988.
Tocqueville, Alexis	La democracia en América, Madrid 1998.
Tolstói, Liev	Guerra y paz, Barcelona 1979.
Vargas Llosa, Mario	Desafíos a la libertad, Madrid 1994.
Vargas Llosa, Mario	El pez en el agua, Barcelona 1993.
Villanueva, Víctor	El militarismo en el Perú, Lima 1962.
Villanueva, Víctor	El CAEM y la revolución de la Fuerza Armada, Lima 1972.
Weber, Max	Die protestantische Ethik und der Geistkapitalismus, Tübingen 1998.
Weber, Max	Die Wissenschaft als Beruf. Die Politik als Beruf, Marburg 1992.
Wilde, Oscar	El alma del hombre bajo el socialismo, Barcelona 1975.

Zea, Leopoldo	Latinoamérica. Emancipación y neocolonialismo, Caracas 1971.
Zea, Leopoldo	El pensamiento latinoamericano, México 1965.
Zúñiga, Jorge	El problema agrario y los dos caminos de desarrollo capitalismo en el agro. En: Apuntes teóricos y metodológicos sobre el problema agrario, Lima 1997.

PERIÓDICOS, REVISTAS E INTERNET

Alameda, Sol	Entrevista con Jon Sobrino. A la izquierda de Dios. En: El país semanal (Madrid) 05-12-1999.
Altmann, Josette	Mientras haya desigualdad no hay democracia plena. En: Espacios (San José) N° 5.1995.
Amado, Jorge	Sólo el futuro es nuestro. En: La Jornada (México) 23-12-1991.
Anderson, Perry	Modernidad y revolución. En: New Left Review (Londres) N° 144. 1984.
Ansaldi, Waldo	Fragmentados, excluidos, famélicos y, como si eso fuera poco, violentos y corruptos. En: Revista paraguaya de sociología (Asunción) N° 98. 1997.
Armesto, Melchor	La democracia argentina. En: Cuadernos hispanoamericanos (Madrid) N° 637-638-2003.
Autores varios	Una democracia deseable y posible. En: Cuestiones de Estado (Lima) N° 4 y 5. 1993.

Autores varios	Personajes. En: El hispano (Barcelona) 10-2003.
Autores varios	Más de la mitad de los niños de Latinoamérica viven en la miseria. En :La jornada (México) 27.12.2001.
Autores varios	Pensamiento iberoamericano (Madrid) N° 4. 1993
Autores varios	La revolución solidaria. En: El país (Madrid) 24.11.2002.
Avnery, Uri	Israel: El ejército tiene su Estado. En: Internet 02.08.2002.
Aznárez, Juan Jesús	El declive del Vaticano en América Latina. En: El país (Madrid) 01-09-2002.
Aznárez, Juan Jesús	Otra década perdida en América Latina. En: El país (Madrid) 17.11.2002.
Ballon, Eduardo	La estrategia de lucha contra la pobreza en América Latina y la región andina en la década de los noventa. En Desarrollo y cooperación (Madrid) N° 12. 2003.
Barsamian, David	La entrevista de Barsamian a Chomsky. En: Internet 05-03.2001.
Boccanegra, Silvio	La nación-estado pierde control, y eso crea inseguridad y violencia. Entrevista con Eric Hobsbawn. En: El país (Madrid) 15.09.2002.
Bollmann, Ralph	Ist Amerika das neue Rom? In: tazmag (Hamburg) 31.09.2002.
Blume, Georg	Schmerzen der Gesellschaft. In: Die Zeit (Frankfurt) 10.05.2001.

Carlín, John	El Pentágono tiene pasión por terminar en Irak la labor de 1991.Entrevista con Gareth Evans. En: El país (Madrid) 08.12.2002.
Carlín, John	El americano herido. En: Internet 12.09.2001.
Castañeda, Jorge	La utopía desarmada: un año después. En: Espacios (San José) N° 2. 1994.
Cisneros, Isidro	Ámbito, política e instituciones de la democracia. En: Perfiles latinoamericanos (México) N° 10-1997.
Corrada, Manuel	Carta de Chile. La basura. En: Cuadernos hispanoamericanos (Madrid) N° 628. 2002.
Daniel, Jean	Después del 11 de septiembre. En: El país (Madrid) 15.09.2002.
De Lucía, Daniel Omar	La antorcha del progreso por los caminos del sur. Los espacios positivistas en Argentina y su proyección iberoamericana (1895-1900). En: Cuyo (Córdova) N° 14. 1998.
De Castro Rocha, Joao Cezar	Las raíces y los equívocos de la cordialidad brasileña. En: Cuadernos hispanoamericanos (Madrid) N° 601 y 602. 2000.
Dos Santos, Theotonio	Estados Unidos y América Latina: contradicciones y aproximaciones. En: Internet 22.7.2002.
Dri, Rubén	Antonio Negri o la evaporación de la dialéctica. En: Internet 22.08.2002.

Edwards, Jorge — La ampliación al Este. En: El país (Madrid) 09.05. 20004.

Ekaizer, Ernesto — Rumsfeld, el señor de la guerra. En: El país semanal (Madrid) 23.03.2003.

Estefanía, Joaquín — América Latina: ¿qué fallo?. En: El país (Madrid) 07.07. 2002.

Feinmann, José Pablo — Modelo y sistema. En: Página 12 (Buenos Aires) 24.08. 2002.

Fuchs, Stefan — Kommando: Unternehmen Angst. Gespräch mit Noam Chomsky. In: Freitag (Berlín) 27.12. 2002.

Fuentes, Carlos — Salvados por la memoria. En: Internet 02.04. 2002.

Fuentes, Carlos — Por la izquierda. En: El país (Madrid) 27.01. 2002.

Galeano, Eduardo — Los invisibles. En: Página 12 (Buenos Aires) 30.12. 2001.

Galeano, Eduardo — Bolivia. En: Internet 12.11. 2003.

Gaitán, Gloria — Yo acuso a Bush de ser el cerebro de los actos terroristas del 11 de septiembre. En: Internet 24.09. 2001.

Galán, Lola — Entrevista con Antonio Negri. En: El país (Madrid) 27.10. 2001.

Galarza, Jaime — Bush y la resurrección de Hitler. En: Internet 04.10. 2002.

Gaveta, Carlos — Entre Washington y Brasil. En: Le Monde diplomatique (Buenos Aires) 01. 2003.

González Casanova, Pablo — Causas de la rebelión en Chiapas. En: América libre (Buenos Aires) N° 10. 1997.

Guadarrama, Pablo   La conflictiva situación actual del marxismo en América Latina. En: Cuadernos hispanoamericanos (Madrid) N° 627. 2002.

Hernández, Max   ¿El que no tiene de inga tiene de mandinga? En: Idéele (Lima) N° 69. 1994.

Hilton, Isabel   Colombia. En: El país semanal (Madrid) N° 1162. 1988.

Janine Ribeiro, Renato   El papel del afecto. Una contribución del Tercer Mundo a la teoría democrática. En: Cuadernos hispanoamericanos (Madrid) N° 601 y 602. 2000.

Jaramillo Edwards, Isabel   Los atentados terroristas al WTC Pentágono como punto de reflexión en las relaciones interamericanas. En: Cuadernos de Nuestra América (La Habana) N° 28. 2001.

Kapuscinski, Ryszadt   La globalización del mal. En: El país (Madrid) 29. 09. 2002.

Keppeler, Toni   An der Schwelle zum Aufstand. In: Die Tageszeitung (Hamburg) 01. 11. 2000.

Kliksberg, Bernardo   El problema social en América Latina: Algunas interrogantes. En: Revista venezolana de economía y ciencias sociales (Caracas) N° 1.1995.

Lagos, Darío   La crisis y el rol profesional. En: Internet 10.07. 2002.

Laoyza, Jorge   Todo un siglo separa Latinoamérica de países desarrollados. En: La República (Lima) 15.10. 2001.

Losada, Basilio

Luik, Arno

Magris, Claudio

Marti Font, J.M

Martínez, Fernando

Martínez, Marcelo

Matussek, Matthias

Meiksins, Ellen

Minder, Robert

Jorge Amado y Bahía. En:
Cuadernos hispanoamericanos
(Madrid) N° 633. 2003.
Ich habe mehr Einfluss als die
Präsidenten. Interview mit Gore
Vidal. In: Stern (Deutschland)
N° 26.2000.
Horror y grandeza de la
revolución. En: Cuadernos
hispanoamericanos (Madrid)
N° 601 y 602. 2002.
Entrevista a la filosofa
norteamericana-francesa Susan
George. En: Página 12 (Buenos
Aires) 20.03. 2004.
Balance y recreación del
socialismo. En: América libre
(Buenos Aires) N° 10. 1997.
Comprensión del déficit de
ciudadanía en Chile: la
paradoja de su desarrollo. En:
Revista paraguaya de
sociología (Asunción) N° 104.
1999.
Permanenter Alarm. Interview
mit Richard Sennett. In Der
Spiegel N° 46 (Hamburg)
08.11.2004.
El imperio capitalista y el
Estado-nación: ¿Un nuevo
imperialismo Norteamericano?.
En debates marxistas. Against
the Current Vol. XVIII N° 6.
Hegel, das Ende der Geschichte
und das Ende des
philosophischen Diskurses.
Gespräch mit Alexander
Kojéve. In: Deutsch-

	Französisches Jahrbuch 1, Frankfurt/Main 1981.
Moffatt, Alfredo	Civilización y barbarie ¿Cuál es cuál? En: Página 12 (Buenos Aires) 13.07. 2001.
Montero, Rosa	El poder de los viejos mitos. En: El país semanal (Madrid) 28.07.1998.
Moulian, Tomás	La tarea es formar un gran frente antiliberal. En: El siglo (Santiago de Chile) 23.01. 2004.
López, Sinesio	Los partidos políticos: crisis, renovación y refundación. En: Cuestiones de Estado (Lima) N° 7.1994.
Ortega, Andrés	El diseño del nuevo imperio. En: El país (Madrid) 01.12. 2002.
Peregrino, Umberto	El pensamiento de la Escuela Superior de Guerra. En: Cuadernos brasileros (Sao Paulo) N° 38. 1966.
Petras. James	Los intelectuales de izquierda y su desesperada búsqueda de respetabilidad. En: Internet 14.03.01.
Petras, James	El `efecto Boomerang´. En: Internet, 20.08.2002.
Petras, James	Discurso de Bush sobre el Estado del imperio. En: Internet 24.01.2004.
Portantiere, Juan Carlos	Los socialismos ante el siglo XXI. En: Espacios (San José) N° 2. 1994.
Ramonet, Ignacio	Antiterrorismo. En: Le Monde diplomatique (Buenos Ares) N° 57.2004.

Ridao, José María

Rohwer, Jörn-Jacob

Román, Oswaldo

Ronda, Adalberto

Sanabria, Francisco

Schepp, Matthias

Stolowics, Beatriz

Touraine, Alain

Townsend, Rosa

Valenzuela, Arturo

El derecho internacional no se
aplica en Israel. Entrevista con
Georges Corm. En: El país
(Madrid) 24.11.2002.
So schlimm steht es um die
USA. Interview mit Susan
Sontag. In: Magazin
Frankfurter Rundschau
(Frankfurt) 07.09.2002.
Grandes operaciones urbanas
en Hispanoamérica. En:
Cuadernos hispanoamericanos
(Madrid) N° 645. 2004.
Transculturación e hibridez en
el debate de la especificidad
latinoamericana. En: Cuadernos
de Nuestra América (La
Habana) N° 28. 2001.
Desafíos actuales de la
democracia. En: Cuadernos
Hispanoamericanos (Madrid)
N° 645. 2004.
China - Fabrikhalle der Welt.
In: Stern (Hamburg) N° 33.
05.08.2004.
Democracia gobernable:
Instrumentalismo y
conservador. En: Cuadernos de
nuestra América (La Habana)
N° 28. 2001.
Cuando se instala la duda. En:
El país (Madrid) 21.12.2001.
La azarosa aventura
empresarial de George W.
Bush. En: El país (Madrid)
14.07.2002.
La crisis de la democracia en
América Latina. En: El

	universal (Caracas) 30.06. 2002.
Vargas Llosa, Mario	El futuro incierto de América Latina. En: Revista Caretas (Lima) 29.10.2004.
Vinyes, Ricard	La razón de la memoria. En: Cuadernos hispanoamericanos (Madrid) N° 623. 2002.
Von Barloewen, Constantin	Hundert Jahre Einsamkeit. Macht der Mythen: Warum Lateinamerika die Segnungen des nordamerikanischen Fortschritts nicht geheuer sind. In: Die Zeit (Frankfurt) 01.08.2002.
Yahya, Naief	El 11 de septiembre fue un trabajo interno. Entrevista con Ralph Shornman. En: Internet 28.10.2002.

www.ingramcontent.com/pod-product-compliance
Lightning Source LLC
Chambersburg PA
CBHW020446270326
41926CB00008B/506